Soziologie der Konventionen

Reihe herausgegeben von
Rainer Diaz-Bone, Soziologisches Seminar, Universität Luzern, Luzern, Schweiz
Lisa Knoll, Wirtschafts- und Sozialwissenschaften, Universität Hamburg, Hamburg, Deutschland

Konventionen sind Koordinationslogiken, die in Situationen von kompetenten Akteuren pragmatisch ins Werk gesetzt werden. Die in Frankreich entstandene, transdisziplinäre Wissenschaftsbewegung der Konventionentheorie („Economie des conventions") hat sich seit einigen Jahren in den deutschsprachigen Sozialwissenschaften etabliert. War es anfangs die Rezeption durch die Wirtschaftssoziologie und die Sozioökonomik, die die Konventionentheorie prominent gemacht hat, so hat sich schnell gezeigt, dass der Ansatz ein deutlich breiteres Anwendungsspektrum hat wie Arbeit und Organisation, Erziehung und Bildung, Recht, Gesundheit und andere sozialwissenschaftliche Forschungsbereiche. Die Konventionentheorie liefert sowohl grundlegende Beiträge zur sozialwissenschaftlichen Theoriebildung sowie zur Methodologie im Spannungsfeld zwischen Pragmatismus und Strukturalismus also auch empirische Anwendungen und Forschungsbefunde in verschiedenen institutionellen Bereichen, so dass man von diesem Ansatz auch als von einem komplexem pragmatischen Institutionalismus sprechen kann.
Um diese weite Perspektive auf die Konventionentheorie zum Ausdruck zu bringen hat sich in der deutschsprachigen konventionentheoretischen Forschung die Bezeichnung „Soziologie der Konventionen" etabliert – dabei wird „Soziologie" weit verstanden und nicht nur auf die Fachwissenschaft beschränkt. Die Transdisziplinarität dieses Ansatzes ermöglicht nicht nur die Vermittlung mit anderen institutionentheoretischen Ansätzen, sondern auch die gegenstandsbezogene Integration sozialwissenschaftlicher Forschung, die bislang in „Bindestrichdisziplinen" getrennt bleibt.
Die SPRINGER VS-Buchreihe „Soziologie der Konventionen" präsentiert aktuelle deutschsprachige Beiträge zu diesem transdisziplinären Feld. Es werden sowohl Monographien als auch thematisch fokussierte Herausgeberschaften publiziert.

Weitere Bände in der Reihe http://www.springer.com/series/15571

Robert Salais · Marcel Streng ·
Jakob Vogel
(Hrsg.)

Qualitätspolitiken und Konventionen

Die Qualität der Produkte in historischer Perspektive

Springer VS

Hrsg.
Robert Salais
Arcueil, Frankreich

Marcel Streng
Düsseldorf, Deutschland

Jakob Vogel
Berlin, Deutschland

Soziologie der Konventionen
ISBN 978-3-658-26642-4 ISBN 978-3-658-26643-1 (eBook)
https://doi.org/10.1007/978-3-658-26643-1

Die Deutsche Nationalbibliothek verzeichnet diese Publikation in der Deutschen Nationalbibliografie; detaillierte bibliografische Daten sind im Internet über http://dnb.d-nb.de abrufbar.

Springer VS

Springer VS ist ein Imprint der eingetragenen Gesellschaft Springer Fachmedien Wiesbaden GmbH und ist ein Teil von Springer Nature.
Die Anschrift der Gesellschaft ist: Abraham-Lincoln-Str. 46, 65189 Wiesbaden, Germany

Vorwort

Thema des vorliegenden Bandes ist der historische Prozess, der von der Emergenz der Qualitätskonventionen (Teil I) zu ihrer Institutionalisierung (Teil II) führt. Die Unterscheidung von Emergenz und Institutionalisierung wird dabei jedoch nicht als scharfer Gegensatz betrachtet. Sie betont vielmehr sowohl die Autonomie als auch die Interaktion zweier je spezifischer Prozesse. Denn tatsächlich trifft jede Konvention in der historischen Dynamik ihrer Emergenz auf bereits vorhandene Institutionen, einen institutionellen Text gewissermaßen, in dem sie einen Platz finden muss, um verallgemeinert werden zu können. Doch weder die Institution noch die Konvention gehen aus diesem Zusammentreffen unverändert hervor. Am Ende des Prozesses stabilisiert sich die Konvention, ist jedoch mit ihrer Ursprungsform ebenso wenig identisch wie der institutionelle Text. Auch dieser erfährt Anpassungen, die über bloße Zusätze hinausgehen und mehr oder weniger starke Rückwirkungen auf den gesamten Text haben.

Auf diese Weise hat sich auch die Konventionenökonomie („économie des conventions“) entwickelt, sie interessierte sich anfänglich für die Konventionen, weitete ihr Interesse aber später auch auf die Dialektik zwischen Konvention und Institution aus. Die Anordnung der Beiträge zum vorliegenden Band folgt dieser Logik. Wir gehen davon aus, dass die Rezeption der Konventionenökonomie im deutschsprachigen Bereich von diesem, von der Konvention zur Institution fortschreitenden Aufbau profitieren wird.

Der vorliegende Band steht am Ende eines langen Wegs. Begonnen hat er im Sommer 2007 mit einer Tagung zum Thema „Die Produkte und ihre Qualitätsnormen“ in Berlin, die von Robert Salais (Ecole Nationale Supérieure de Cachan, Unité Mixte de Recherche CNRS „Institutions et dynamiques historiques de l'économie et de la société – IDHES“, Paris), zu jener Zeit am Wissenschaftszentrum Berlin tätig, und Jakob Vogel, damals am Centre Marc Bloch in Berlin, in

Zusammenarbeit mit dem Bureau de coopération universitaire in Berlin/Französische Botschaft (CCCL) veranstaltet worden ist. Teilgenommen haben Historikerinnen und Historiker aus Frankreich und Deutschland, die zu Produktqualität oder verwandten Themen arbeiteten und am Austausch über Ansätze und Materialien interessiert waren. Zwischen diesem Workshop, auf dem eher informelle Diskussionen auf der Grundlage älterer Texte geführt wurden, und dem nun vorgelegten Sammelband hat ein langer Reifungs- und Reflexionsprozess stattgefunden, in dem sich uns Kolleginnen und Kollegen anschlossen, die beim ersten Treffen noch nicht dabei waren. Alle Kolleginnen und Kollegen, deren Beiträge wir hier veröffentlichen, haben ihre Texte für die Publikation grundlegend überarbeitet. Wir danken ihnen an dieser Stelle – ob sie von Anfang an dabei waren oder später hinzugekommen sind – ganz herzlich für ihr Interesse und ihre Geduld.

Die ursprünglich auf Französisch verfassten Beiträge sind ins Deutsche übertragen worden, um dem deutschsprachigen Publikum den Zugang zu erleichtern. Finanziell unterstützt wurde die Übersetzung durch die CNRS-Forschungseinrichtung IDHE (inzwischen IDHE.S – das „s." steht für „société"), Paris, die Universität zu Köln sowie Science Po, Paris, wofür wir ihnen ebenfalls sehr danken.

Der Verlag Albin Michel, Paris, hat uns freundlicherweise erlaubt, den Text von Alain Dewerpe in einer leicht gekürzten Fassung auf Deutsch zu veröffentlichen. Dafür sei dem Verlag herzlich gedankt. Der Text erschien zuerst auf Französisch in dem 1996 von Bernard Lepetit herausgegebenen Band „Les formes de l'expérience. Une autre histoire sociale" – beide Kollegen sind viel zu früh verstorben.

Zu unserer großen Freude haben sich Rainer Diaz-Bone und Lisa Knoll bereit erklärt, den Band in die von ihnen im Verlag Springer VS, Wiesbaden, herausgegebene Reihe „Soziologie der Konventionen" aufzunehmen. Damit bieten sie unserem Band die Möglichkeit, ein über die Geschichtswissenschaft hinausgehendes Publikum zu erreichen und nicht zuletzt auch jene Soziologinnen und Soziologen anzusprechen, deren Interesse an der Soziologie der Konventionen und ihren Anwendungsweisen im Wachsen begriffen ist. Dafür möchten wir uns herzlich bedanken.

Robert Salais
Marcel Streng
Jakob Vogel

Inhaltsverzeichnis

Institutionen der Qualität

Postskriptum

Herausgeber- und Autorenverzeichnis

Über die Herausgeber

Robert Salais, emeritierter Professor an der Ecole Normale Supérieure de Paris-Saclay, Wirtschaftswissenschaftler.
E-Mail: rsalais@wanadoo.fr

Marcel Streng, Dr. phil., Historiker und Übersetzer. Düsseldorf.
E-Mail: marcel.streng@googlemail.com

Jakob Vogel, Direktor des Centre Marc Bloch, Berlin, und Professor für Geschichte Europas (19. und 20. Jahrhundert) an Sciences Po Paris, Frankreich, Historiker.
E-Mail: jakob.vogel@sciencespo.fr

Autorenverzeichnis

Alain Dewerpe, Directeur d'études an der Ecole des Hautes Etudes en Sciences Sociales (EHESS, Paris), Historiker (am 16. April 2015 verstorben).

Alexander Engel, Akademischer Rat auf Zeit, Dr. phil., Historiker. Institut für Wirtschafts- und Sozialgeschichte, Göttingen.
E-Mail: aengel@wiwi.uni-goettingen.de

Anne-Françoise Garçon, emeritierte Professorin, Université de Paris I Panthéon-Sorbonne, Frankreich, Historikerin.
E-Mail: afgarcon@univ-paris1.fr

Vera Hierholzer, Dr. phil., Historikerin. Leiterin Museum Industriekultur Osnabrück.
E-Mail: v.hierholzer@ub.uni-mainz.de

Dominique Margairaz, emeritierte Professorin, Université de Paris I Panthéon-Sorbonne, Frankreich, Historikerin.
E-Mail: Dominique.Margairaz@univ-paris1.fr

Philippe Minard, Professor an der Université de Paris 8, Directeur d'études an der Ecole des Hautes Etudes en Sciences Sociales (EHESS, Paris), Historiker.
E-Mail: philippe.minard@ens.fr

Manuel Schramm, Dr. phil., Historiker, Privatdozent. Institut für Europäische Geschichte, Wirtschafts- und Sozialgeschichte, TU Chemnitz.
E-Mail: manuelschramm@freenet.de

Alessandro Stanziani, Directeur d'études à l'Ecole des Hautes Etudes en Sciences Sociales (EHESS, Paris, Frankreich), Historiker. Centre de Recherches Historiques (CRH).
E-Mail: alessandro.stanziani@ehess.fr

Abbildungsverzeichnis

Ein außerordentliches Metall? Die Topiken der Stahldefinition vom 11. bis zum 19. Jahrhundert

Konventionen und Normen der Produktqualität

Das Produkt: Objekt und/oder Ding? Neue Dimensionen einer Pragmatik der Konventionen

Einleitung: Qualitätspolitiken und Konventionen. Die Qualität der Produkte in historischer Perspektive (18.–20. Jahrhundert)

Robert Salais, Marcel Streng und Jakob Vogel

Inhaltsverzeichnis

R. Salais (✉)
Ecole Normale Supérieure de Paris-Saclay, Paris, Frankreich
E-Mail: rsalais@wanadoo.fr

M. Streng
Düsseldorf, Deutschland
E-Mail: marcel.streng@googlemail.com

J. Vogel
Centre Marc Bloch, Berlin, Centre d'histoire, Science Po Paris, Paris, Frankreich
E-Mail: jakob.vogel@sciencespo.fr

R. Salais et al. (Hrsg.), *Qualitätspolitiken und Konventionen*, Soziologie der Konventionen, https://doi.org/10.1007/978-3-658-26643-1_1

Die Frage nach der Qualität von Produkten führt mitten ins Zentrum der Märkte und Produktionssysteme. Grundlegend für die Organisation und Konfiguration von Vermarktung und Herstellung ist die Verständigung darüber, was genau, auf welche Weise, mit wem und für wen produziert werden soll. Dabei geht es nicht im eigentlichen Sinn darum, (über Preise) zu verhandeln oder eine Einigung zu erzielen. Vielmehr müssen die Akteure eines Marktes für ein bestimmtes Produkt, um überhaupt produzieren und handeln zu können, in einen Prozess eingebunden sein, der eine zwischen ihnen existierende Konvention hervortreten lässt, sodass sie ihre gegenseitigen Erwartungen bezüglich all dieser Fragen aufeinander abstimmen können. Wie François Eymard-Duvernay (1989) gezeigt hat, handelt es sich bei dieser Konvention um eine *Qualitätskonvention.*

Im Folgenden (Teil 1) definieren wir zunächst in wenigen Worten, was unter Qualität, Konvention, gemeinsamer Identifizierung, Qualitätspolitik und Pragmatik zu verstehen ist und diskutieren Methodenfragen. Für uns ist Konventionenökonomie[1] weniger ein Spezialbereich der Wirtschaftswissenschaft, der Soziologie usw., als vielmehr eine spezifische, transdisziplinäre Art des Zugangs zur Wirklichkeit. Sie kann in diesem Sinn grundsätzlich von allen Sozial- und Humanwissenschaften verwendet werden – die jeweils notwendigen Anpassungen vorausgesetzt. Da sie jedoch stets Phänomene behandelt, die eine zeit-räumliche Dimension aufweisen, kommt die Konventionenökonomie grundsätzlich nicht ohne die Geschichtswissenschaft aus. Tatsächlich haben sich Historikerinnen und Historiker bereits immer wieder mit Fragen der Produktqualität beschäftigt. Der Überblick im zweiten Teil dieser Einleitung zeigt indes, dass das Thema dabei bisher meist nicht als Problem *sui generis* aufgefasst, sondern im Rahmen von Untersuchungen zur Konsum-, Kultur- oder Marktgeschichte, zur Geschichte des Marketings und der Werbung, zur Wissenschafts- oder schlicht zur Wirtschaftsgeschichte mehr berührt als wirklich behandelt wurde. Seit der Formulierung der Konventionenökonomie in Frankreich 1989 ist eine Reihe von Untersuchungen zur Produktqualität erschienen, die mit diesem Ansatz arbeiten, zunächst in den Wirtschafts- und Sozialwissenschaften, anschließend auch in der Geschichtswissenschaft. Obwohl die Grenzen nicht so eindeutig zu ziehen sind, konzentrieren wir uns im zweiten Teil zunächst auf die Arbeiten, die sich nicht ausdrücklich auf den konventionenökonomischen Ansatz beziehen. Im dritten Teil fassen wir die theoretischen Grundlagen der Konventionenökonomie und die

[1] Wir übersetzen „économie des conventions" im Folgenden aus Gründen der Lesbarkeit mit „Konventionenökonomie" (gebildet in Analogie zu Institutionenökonomie). Zur Frage der Terminologie sei auf die Einführung in Diaz-Bone (2018, S. 2) verwiesen.

wenigen, in der Geschichtswissenschaft bislang vorliegenden empirischen Untersuchungen zu Qualitätskonventionen zusammen. Schließlich werden im vierten Teil die Beiträge zum Band vorgestellt, wobei die Gliederung der Geschichte der Qualitätskonventionen folgt: Zunächst geht es um Prozesse der Emergenz von Konventionen, sodann um die Interaktionen zwischen Konventionen und Institutionen. Alle Beiträge basieren auf historischen Untersuchungen. Das Postskriptum wirft bisher noch zu selten gestellte Fragen auf, insbesondere mit Bezug zur Umwelt und zur Mensch-Natur-Beziehung.

1 Die Qualität der Produkte: Definitionen und Methoden

Für die Marktakteure ist neben Preis und Menge eine dritte Dimension zentral: die Qualität. Wenn von der Qualität eines Produkts (oder einer Dienstleistung) die Rede ist, geht es jedoch nicht um gute oder schlechte Qualität, sondern um *die Gesamtheit der Eigenschaften, Merkmale oder Spezifizierungen, die ein Produkt definieren und kennzeichnen* (es „qualifizieren"). Qualität in diesem Sinn meint etwa die Menge der Eigenschaften, die ein Auto zu einem Auto machen und von einer Schubkarre oder einem Kipplaster unterscheiden. Dabei hängt die Qualität „Auto" vor allem von dem gemeinsamen Urteil einer Gruppe von Personen und Akteuren ab, die aus irgendeinem Grund Interesse an dem „Auto" genannten Produkt haben (Unternehmen und ihre Angestellten, die Teile herstellen oder zu einem Auto zusammensetzen, Händler, Nutzer und Konsumenten, finanzierende Banken, Berufsverbände, öffentliche Verwaltungen usw.).

1.1 Qualität: eine kollektive, unablässig erneuerte Suchbewegung

Aus den genannten Gründen sollte eigentlich jede bzw. jeder ein vitales Interesse daran haben, sich an der Implementierung einer Politik der Produktqualität auf den verschiedenen Ebenen der Gesellschaft zu beteiligen. Macht man sich jedoch auf die Suche nach einer objektiven, vollständigen, allgemeinen und unstrittigen Beschreibung von Qualität, wird schnell klar, dass die Dinge sehr viel komplizierter zu liegen scheinen. Wäre eine solche Definition der Qualität nämlich überhaupt möglich (etwa aufgrund der Allwissenheit des rationalen Akteurs der Wirtschaftswissenschaften), könnten sich wahrscheinlich sämtliche Beteiligten und alle Interessen, so unterschiedlich, ja gegensätzlich sie auch sein mögen, ohne Probleme darauf einigen: Sie könnten dann nämlich gar nicht anders, als sich ihrer Vollkommenheit zu beugen. Wir haben es also mit einem Paradox zu tun: Eine „ideale" Definition der Qualität ist unmöglich und doch zugleich wesentlich für das Gelingen von Handel und Produktion. Sie ist wesentlich, wird aber zugleich von der Wirtschaftswissenschaft kaum berücksichtigt – vor allem nicht von der dominanten Strömung, die auf dem perfekten Markt der Standardtheorie (oder erweiterten Standardtheorie) basiert (Favereau 1989).

Eine Politik der Produktqualität kann also nicht auf die Suche nach Wahrheit gegründet werden. Die Konventionenökonomie geht deshalb davon aus, dass sie in unseren gegenwärtigen Ökonomien nur aus einer kollektiven, nie abgeschlossenen Suchbewegung hervorgehen kann, die von Momenten der Spannung, der Konfrontation und der Krise, aber auch der Stabilisierung geprägt ist. Sie entsteht aus einer vielfältigen, differenzierten Suche nach Übereinkünften zwischen Akteuren der verschiedenen Märkte, auch jener der öffentlichen Instanzen, aus Beratungen und Verhandlungen, die dem Zweck dienen, sich über eine gemeinsame Definition und Beschreibung der Eigenschaften von Produkten und Dienstleistungen zu verständigen. Diese Definition unterliegt einem Sachzwang: Sie muss sich den permanent wechselnden Realitäten so weit wie möglich anpassen (Salais 1999).

Die Notwendigkeit einer gemeinsamen Identifizierung ist umfassend, sie betrifft nicht nur die Bezeichnung des Produkts und die für seine Produktion zentralen technischen Merkmale (Materialen und ihre Eigenschaften, Standards, Ausrüstungsspezifikationen, Fähigkeiten der Arbeitskräfte usw.), sondern auch die zahlreichen Nutzungsformen, die mit ihm verbunden bzw. von ihm erwartet werden. Deshalb muss man sogar von einem Prozess sprechen, in dem sich eine vielschichtige Kenntnisgrundlage über das Produkt konstituiert. Diese stellt wiederum den Kontext dar, auf dem jede Qualitätskonvention basiert. Sie bildet sich also aus den Wissensbeständen der verschiedenen Akteure bzw. derjenigen, die sich gegenseitig als zur Teilnahme am Prozess legitimiert betrachten. Qualitätskonventionen beruhen ebenso auf gelehrtem oder technischem Wissen wie auf in der Praxis gewonnenen Erfahrungen, auf Gefühlen, Intuitionen und Glaubenssätzen, die von den Beteiligten nicht unbedingt in Worte gefasst werden können.

1.2 Qualitätskonvention und stichhaltige Kenntnis

Eine gemeinsame Identifizierung eines Produktes bleibt möglich, auch wenn die verschiedenen am Prozess Beteiligten mit ihren jeweils spezifischen Interessensbereichen nicht dieselben Dinge kennen und qualifizieren – weder hinsichtlich der einzelnen Details, noch bezüglich aller Aspekte oder Eigenschaften des Produkts. Sie spielen auch nicht alle dieselbe Rolle, haben eine beherrschende oder randständige Bedeutung für die Ausarbeitung der Konvention oder ihre Umsetzung. Die verschiedenen Elemente, die von den Beteiligten für ihre Entscheidungen als stichhaltig und relevant betrachtet werden, sind meist nicht für alle Protagonisten gleich und unterscheiden sich etwa für den Konsumenten oder den Produzenten. Die Identifizierung hängt folglich nicht von einer Übereinkunft im gewöhnlichen Sinne zwischen ihnen ab, sondern von einer gemeinsamen Pragmatik, in der jeder die Elemente und nur diejenigen Elemente auftauchen sehen und erkennen kann, die es ihm erlauben zu handeln (Diaz-Bone und Salais 2011; Dodier 2011; Salais 2009; Vogel 2008, siehe auch unten Salais, Postkriptum). Für den Konsumenten sind zum Beispiel oft Marke und Qualitätsmerkmale wichtiger – manchmal zu Unrecht – als die genaue Kenntnis des Produktionsprozesses.[2]

Eine „Qualitätspolitik" zielt darauf ab, zwischen den Akteuren einen Prozess in Gang zu setzen, der für ein Menge an Handlungen, Orientierungen, Gegenständen und Ressourcen mit Blick auf ein gemeinsames Ziel Ordnung und Kohärenz stiftet. Dieses ohne Unterlass erneuerte Ziel stellt für jedes einzelne Produkt (jede einzelne Dienstleistung) die Möglichkeit dar, einen Markt und eine Koordination zum Zweck der Produktion zu schaffen, die sich um das Produkt (die Dienstleistung) herum entfalten, reproduzieren und dabei den Entwicklungen anpassen können. Wenn dies alles der Fall ist, taucht im Kollektiv der Beteiligten eine Konvention darüber auf, was das infragestehende Produkt (die Dienstleistung) definiert und ausmacht – anders gesagt bezüglich seiner (ihrer) Qualität. Es handelt sich dabei um eine Konvention in dem Sinn, dass sie nicht eine erschöpfende und umfassende Kenntnis, sondern nur ein von den Akteuren als stichhaltig betrachtetes Wissen über das Produkt voraussetzt. Alle finden darin das, was sie vom Produkt kennen, verstehen und erwarten.[3] Diese Konvention wird die wechselseitigen Erwartungen der Beteiligten hinsichtlich der Qualität des Angebots bzw. der Nachfrage regulieren, sowohl auf dem Markt als auch im Herstellungsprozess. Einmal etabliert und in Bewegung gesetzt, wird diese Konvention allen – und speziell den Unternehmen – als Referenz dienen, um ihren Platz im Markt und der Branche zu finden, die produzierten Mengen zu bemessen, die Preise nach gemeinsamen Maßstäben auszuwerten, kurz: Antizipationen zu bilden.

[2]Diese Ungleichheiten im Wissen und in der Bestellung lassen Räume für Phänomene der Fälschung, der Böswilligkeit, d. h. für rationelle Manipulation der Konventionen und der Glaubenssätze.

[3]Statt von Kompetenz (Boltanski und Thévenot 1999) spricht man hier besser von *capability* im Sinn Amartya Sens (J. De Munck 2008) – verstanden als Kombination aus Kompetenz und dem Erwerb tatsächlicher Handlungsfreiräume.

1.3 Transdisziplinarität und der Rückgriff auf die Geschichte

Im Unterschied zu den gewöhnlich in den einzelnen Disziplinen vorherrschenden Praktiken wurde der konventionenökonomische Ansatz von Anfang an als Methode des Zugangs zu sozialen Wirklichkeiten, als gemeinsames Lektüreraster für ihre Diversität konzipiert und nicht als weitere, ergänzende Unterteilung, die in die Fächer einzuführen wäre. Es geht also nicht darum, etwa neben der Kulturgeschichte, der Konsumgeschichte, der Wirtschafts- und Sozialgeschichte oder der Ideengeschichte einen weiteren Sachbezug einzuführen und auf dieser Ebene eine Geschichte der Konvention oder der Produktqualität zu etablieren. Es geht auch nicht darum, in den Wirtschaftswissenschaften eine neue Spielart der Institutionenökonomie einzuführen, d. h. der Regulationstheorie oder der Mainstreamökonomie Konkurrenz zu machen oder sie gar zu ersetzen. Der Konventionsansatz zeichnet sich unserer Auffassung nach vielmehr vor allem dadurch aus, dass er das Feld für neue Forschungsfragen öffnet. Daraus folgt, dass es bis zu einem bestimmten Punkt nicht notwendig ist, den Begriff Konvention zu benutzen, um mit ihr zusammenhängende Phänomene zu beschreiben. Fatal wäre auch umgekehrt, ihn auf falsche Weise zu benutzen und zu essenzialisieren. Der Ansatz zielt vielmehr darauf ab, in einer transdisziplinären Perspektive eine vertiefende Analyse der Koordinationsleistung zwischen Akteuren und/oder Personen bei der Bestimmung der Produktqualitäten zu erreichen.

Obwohl ökonomische Praktiken im Zentrum stehen, erfordert die Behandlung der Konvention für Produktqualität also, die etablierten Fächergrenzen in den Human- und Sozialwissenschaften zu überschreiten. Unser Ansatz zielt damit über die Wirtschaftswissenschaften im engeren Sinn hinaus; er integriert Fragestellungen, die im Allgemeinen von der Soziologie, aber auch in den Politik-, Rechts- und Geschichtswissenschaften behandelt werden (so etwa Fragen der Beratung, der Übereinkunft, der rechtlichen Rahmenbedingungen oder der öffentlichen Politiken sowie ihres Wandels in der Vergangenheit).

In der Tat macht die äußerst komplexe Geschichte der konkreten Emergenz- und Verständigungsprozesse über die Produktqualität dieses „Übertreten" der verschiedenen Fächergrenzen notwendig. Der Zusammenhang zwischen den von den Akteuren in Sachen Qualität zu leistenden Aushandlungsprozesse und den von den verschiedenen Sozialwissenschaften angebotenen theoretischen Konzepten ist komplex, denn die jeweiligen Lösungen – wenn es überhaupt welche gibt – materialisieren sich nicht nur in menschlichen Praktiken, sondern schreiben sich auch in die Materialität der hergestellten Produkte ein. Sie konstituieren sie, und zwar – wie die Konventionenökonomie herausgearbeitet hat – nicht nur in ihrer Form (Thévenot 1994), sondern auch in ihrer Substanz und ihrer Dynamik. Nur eine Rekonstruktion der soziohistorischen Prozesse, die zur Emergenz und Entwicklung dieser Konventionen führen, kann diese Charakteristiken herausarbeiten. Dabei gibt es kein klares Vorbild, weder einen institutionellen noch organisationellen Zweck oder eine Konsolidierung am Ende des Weges.

Die Forschung über die Konventionen der Produktqualität steht vor den gleichen Herausforderungen wie die Akteure dieser Prozesse: Je weiter sie in ihrer Arbeit fortschreitet, desto besser kennt sie ihr Feld, desto stärker wird sie aber auch Dimensionen dieser Wirklichkeit gewahr, die sie verfehlt hat. Für die Akteure ist jede gefundene Lösung provisorisch, sie unterliegt dem Wettbewerb zwischen ihnen und wird daher selbst zum Gegenstand, auf den sich der Wettbewerb um Innovation und Qualität konzentrieren wird. Keiner der Akteure hat dabei für sich allein die Lösung; vielmehr tritt sie erst in einer unablässigen kollektiven „Arbeit“ hervor. Das gilt auch für die Forschung.

1.4 Neue Herausforderungen?

Der kollektive Prozess der Suche nach einer gemeinsamen Identifizierung des Produkts ist gewissermaßen „unterhalb“ der eigentlichen Qualitätskonvention angesiedelt. Er bringt eine Pragmatik der Konventionen hervor, die über das hinausgeht, was man gewöhnlich als Effizienzlogik bezeichnet, da er wechselseitige Vorannahmen und Fragen von Ethik oder Gerechtigkeit einschließt.

Die Qualitätsinstitutionen stützen sich auf die von den Akteuren ausgearbeiteten Konventionen und können dabei auch staatliche Funktionen übernehmen (etwa den Schutz von Minderheiten, Kampf gegen Ungleichheiten). Sie versuchen, einen Kompromiss zwischen Konvention und Staatsaufgaben herzustellen, was erneut die Frage nach dem Verhältnis des Staates zu den Qualitätsregelungen aufwirft.

Neue Fragen ergeben sich aber auch mit Blick auf die Umwelt, die einen wichtigen Stellenwert bei der gemeinsamen Identifizierung der Produkte besitzt und damit in die Qualitätspolitik integriert werden muss. Denn die Qualitätsbestimmung schließt notwendigerweise auch eine Regulierung zwischen Mensch und Natur ein, die sowohl die Wahrnehmung der Qualität und der Konvention betrifft als auch die Fragen nach der Produktionsweise und der Vermarktung der Produkte beinhaltet. Aus diesen Gründen haben wir dem vorliegenden Band ein Postskriptum angefügt, das die Konventionenökonomie dazu aufruft, einen Schritt weiter zu gehen. Kritisiert wird insbesondere die zu weitgehende Generalisierung des Konzepts der Qualitätskonvention. Es erscheint in der Tat notwendig, eine zweite Kategorie von Konvention zu entwickeln, die auf dem Prinzip der Besonderheit basiert. In diesem Sinn wird die übliche Unterscheidung zwischen Objekt und Ding infrage gestellt, nach der das Objekt vom Menschen beherrscht wird, während das Ding zur Autonomie fähig ist.

2 Geschichtswissenschaft und Produktqualität

Trotz der zentralen Stellung, welche Fragen der Produktqualität, der Wareneigenschaften und des Geschmacks in der Produktion und in der Werbung, aber auch in der Konsumpraxis der Verbraucher einnehmen, hat die historische Forschung diesen Aspekten lange Zeit vergleichsweise wenig Aufmerksamkeit geschenkt (als Ausnahme: Schivelbusch 1980). Tatsächlich verortet die traditionelle Wirtschaftsgeschichte das wirtschaftliche Geschehen üblicherweise in enger Anlehnung an die klassische Wirtschaftstheorie vor allem in einem lokal oder national gedachten „Markt", der etwa durch aggregierende Statistiken für Stückzahlen, Warenflüsse und Preisbewegungen oder lokale Unternehmensgeschichten untersucht wurde, während die hergestellten Produkte und ihre Eigenschaften selbst nur vergleichsweise wenig Interesse erfuhren (dazu mit weiteren Angaben: Berghoff und Vogel 2004; Margairaz und Minard 2006). So ist etwa einer Untersuchung des europäischen Weizenhandels zwischen 1500 und 1900 (Persson 1999) zu entnehmen, dass und wie an verschiedenen Handelsplätzen die Weizenpreise bzw. Preisbewegungen im Lauf der Zeit immer stärker konvergierten, sodass im Rahmen der klassischen Theorie des perfekten Marktes von einer zunehmenden Integration des europäischen Weizenmarktes gesprochen werden kann. Um welche Weizensorten es sich jeweils genau handelte, welche Eigenschaften sie konkret aufwiesen, welche Sorten an welchen Orten von welchen Händlern vorrangig nachgefragt wurden und welche Auswirkungen dies auf die Preise hatte, bleibt dagegen als exogener Faktor aus der Analyse vollständig ausgeklammert. Auch die Fokussierung auf die Produktionsmittel Kapital und Arbeit, auf die Fabrik als maßgeblichen Ort der Produktion, auf Angebot und Nachfrage sowie die Unternehmer und Arbeiter als Hauptakteure des Wirtschaftsgeschehens trug dazu bei, dass Fragen zur historischen Verortung der Produktqualität nur selten in den Mittelpunkt der Aufmerksamkeit der Wirtschaftshistoriker rückten.

Selbst die seit Mitte der 1990er Jahre florierende Konsumgeschichte (Trentmann 2017, 2012; Schramm 2012; Haupt und Torp 2009; Berghoff 1999; Siegrist et al. 1997) hat Fragen der Qualität und des Geschmacks nur am Rande thematisiert, da sie in der Erweiterung einer älteren Sozial- und Wirtschaftsgeschichte ihre Schwerpunkte zunächst vor allem auf die Rolle des Konsums als Marker von sozialer

Ungleichheit und Geschlechterdifferenzen (siehe die Beiträge in Siegrist et al. 1997, S. 395–545; Schramm 2012, S. 8 f.; De Grazia und Furlough 2008; Heinze 2000) sowie den Einsatz von Marketing und Werbung (Berghoff et al. 2012; Berghoff 2007; Nadau 2005; Gries 2003; Gries et al. 1992) zur Beeinflussung des Verbraucherverhaltens legte. So wurden etwa die Entstehung und Verbreitung von Markenwaren im späten 19. und im 20. Jahrhundert in diesem Sinne zwar als wichtige Elemente bei der Schaffung eines neuen Konsumentenvertrauens im Industrialisierungsprozess betrachtet (Wadle 1997; Spiekermann 2004), ihre konkrete materielle Form aber weniger untersucht. Auch der sogenannte „material turn" der Kulturwissenschaften brachte hier zunächst nur wenig Änderungen, verharrten doch die meisten Studien hierzu noch meist auf der Ebene der Analyse materieller Symbolsysteme (Mentges et al. 2000; vgl. Trentmann 2009).

Im Zuge der kulturgeschichtlichen Hinwendung zu traditionellen Themen der klassischen Ökonomie sind allerdings in der jüngsten Zeit im deutschsprachigen und internationalen Raum eine Reihe von geschichtswissenschaftlichen Studien entstanden, die über konkrete Produkte und Güter Zugang zu wirtschaftshistorischen Zusammenhängen suchten. So existiert inzwischen eine ganze Reihe solcher Produktgeschichten im weitesten Sinne, die allerdings oft noch stark auf die jeweiligen Produktionszusammenhänge und Handelsbedingungen fokussieren (vgl. u. a. Epple und Wierling 2007; Becker 2014). Daneben entstanden aber auch einzelne Arbeiten, die sich im engeren Sinne mit den komplexen Fragen der Bestimmung der Qualität in der Produktion wie in der gesamten „commodity chain" auf dem Weg bis zu den Verbrauchern beschäftigen. Diskutiert wurden diese Fragen etwa am Beispiel von Genussmitteln wie des Kaffees (Rischbieter 2011; Vogel 2015) oder der Schokolade (Rossfeld 2007), an Lebensmitteln wie dem Soja (Prodöhl 2010) oder dem Salz (Vogel 2008), an Farbstoffen (Engel 2009) oder Medikamenten (Haller 2012), sowie an Rohstoffen wie etwa der Baumwolle (Dejung 2013) oder der Kohle (Sougy 2004).

Gemeinsam ist diesen Studien bei allen Unterschieden, dass sie die Produktion, den Handel und die Vermarktung der Rohstoffe und Produkte – teilweise unter Rückgriff auf neuere institutionenökonomische Ansätze – in ihrer kultur-, gesellschafts- und politikgeschichtlich Einbettung rekonstruieren. Gezeigt wurde in diesem Zusammenhang beispielsweise, wie sehr Vorstellungen der Konsumenten über wesentliche Produkteigenschaften von Anfang an eine entscheidende Rolle für die Produktion und den Handel spielten. Dies galt etwa für den Kontext der Salzherstellung schon in der Frühen Neuzeit, in der sich Salinen wie die Händler bei der Herstellung und dem Verkauf des Salzes nicht nur an einem ideal-abstrakten Bild der „Reinheit" des Stoffes orientierten, sondern auch die Wünsche der Konsumenten über andere Produkteigenschaften berücksichtigten, etwa die zur Nutzung des Salzes bei der Herstellung von Fleisch- und Wurstwaren oder beim Einlegen von Fisch (Vogel 2008, S. 385–428): Salz war in diesem Sinne nicht gleich Salz, da es sich durch seine Qualitätsmerkmale und Eigenschaften nicht nur äußerlich, sondern auch in seinen Anwendungsweisen deutlich unterschied. Die Vorstellungen der Konsumenten über die mit einem Produkt notwendiger Weise verknüpften Eigenschaften beeinflussten daher in vielfältiger Art und Weise direkt den Prozess der Produktion sowie die Marketingstrategien des Handels – und dies nicht erst, seitdem die Wirtschaftswissenschaften ein „konsumentenorientiertes Marketing" entdeckt haben. Sie flossen auf diesem Weg zudem direkt in die Preisgestaltung für die Produkte ein.

Anknüpfend an diese neueren Tendenzen der Forschung thematisiert der vorliegende Band die komplexen Zusammenhänge einer „Qualitätspolitik" der Produkte und Waren im 19. und 20. Jahrhundert. Mithilfe des in der französischen Wirtschaftsgeschichte bereits seit langem etablierten, im deutschsprachigen Raum allerdings noch wenig explizit aufgenommenen Ansatzes der „économie des conventions" (Konventionenökonomie) wird versucht, den „gefühlte[n] Bruch zwischen Wirtschaftsgeschichte und Kulturgeschichte" (Dejung et al. 2014, S. 8) zu überwinden und weitere Perspektiven für die Kooperation zu öffnen (Kocka 2010, S. 49–54). Angeregt von der Konventionenökonomie hat sich in der französischen Wirtschaftsgeschichte im Laufe der Zeit eine sehr lebendige Geschichte der Produktqualitäten entwickelt, die ihre Originalität aus einer Verknüpfung von wirtschafts- und rechtsgeschichtlichen, sozial- und kulturhistorischen Fragestellungen erhält (Margairaz und Minard 2006). Sie zeigt, dass die Frage nach der Geschichte der Produktqualität, nach den Mechanismen der sozialen Konstruktion von Qualitätsnormen und -standards, nach der mit der Bestimmung und Kontrolle der Qualität verbundenen Expertise, nach der Zirkulation des entsprechenden Wissens und den damit befassten professionellen oder semi-professionellen Experten sowie nach den mit der Qualität bzw. dem Geschmack verbundenen Bildern und Vorstellungen den Historikern die Chance eröffnet, neue Perspektiven für eine Geschichte der Produkte zu entwerfen, die sowohl Produktions- als auch Konsumgeschichte in einem wirtschafts-, kultur- und sozialgeschichtlichen Tableau integriert (Stanziani 2003, 2005; Atkins et al. 2007).

3 Die „Ökonomie der Konventionen" und Produktqualität

Die dieses Buch leitende Konventionenökonomie ist ein transdisziplinärer Ansatz zur Erforschung ökonomischer Zusammenhänge und Dynamiken, der – gemessen an der inzwischen erreichten Bandbreite der behandelten Themen und der Fülle an Forschungsliteratur (Eymard-Duvernay 1989, 2006; Salais 1989, 1998; Thévenot 1989, Batifoulier 2001, 2016; Eymard-Duvernay et al. 2011) – im deutschsprachigen Bereich lange Zeit überraschend wenig bekannt war. Während einschlägige Grundlagentexte und Forschungsergebnisse in jüngster Zeit vor allem in der deutschsprachigen Wirtschafts- bzw. Organisationssoziologie rezipiert wurden (vgl. Diaz-Bone 2018; Knoll 2015; Beckert et al. 2007; vgl. auch Salais 2007), steht in der Geschichtswissenschaft eine eingehendere Beschäftigung mit diesem Ansatz noch am Anfang (Jeggle 2011, 2017). Dabei bietet der konventionenökonomische Ansatz eine Reihe von Anknüpfungspunkten, die für die Geschichte des Wirtschaftens und der Wirtschaft fruchtbar gemacht werden können (Diaz-Bone und Salais 2011; vgl. Kocka 2010, S. 52).

3.1 Die Entstehung des Konzepts der Konventionenökonomie in Frankreich

Das Konzept der Konventionenökonomie entstand während der 1980er Jahre aus der Zusammenarbeit einer Gruppe von Statistikern und Ökonomen am *Institut national de la statistique et d'études économiques* (INSEE) in Paris, die sich in späteren Jahren in wechselnden Konstellationen auch an anderen Orten fortsetzte (Desrosières 2011; Didier 2016; Diaz-Bone 2018). Einige der heutigen Referenztexte etwa zu konventionellen Klassifikationen am Beispiel der Arbeitslosigkeit (Salais 1985; Salais et al. 1986), zu verschiedenen „möglichen Produktionswelten" (Salais und Storper 1992, 1993; Storper und Salais 1997, 2008), zu „Äquivalenzkonventionen" (Desrosières 2009), „Forminvestitionen" (Thévenot 1984) sowie „Qualitätskonventionen" (Eymard-Duvernay 1986) sind aus dieser Kooperation hervorgegangen. Luc Boltanski und Laurent Thévenot systematisierten einige dieser Konzepte und bauten sie zu einer pragmatischen Soziologie der Wertordnungen („ordre de grandeur" bzw. „order of worth") und Rechtfertigungen aus (Boltanski und Thévenot 1991; deutsch 2007).

Die frühen Arbeiten zur Konventionenökonomie (Dupuy et al. 1989; Thévenot und Salais 1986) beruhten auf der Erkenntnis, dass sich die zur Messung und Quantifizierung des Sozialen konstruierten und kodierten statistischen Kategorien im Realitätstest als fundamental uneindeutig erwiesen, da sie von den Befragten höchst verschieden interpretiert wurden. Daraus ergab sich im Umkehrschluss, dass von vielen gemeinsam geteilte Interpretationen oder Definitionen bestimmter sozioprofessioneller Kategorien auf impliziten oder ausdrücklichen

Übereinkünften – auf Konventionen – beruhen mussten[4] (Desrosières 2011). Die Kritik an der statistischen Quantifizierung, die die genuinen Eigenschaften, Merkmale und Kennzeichen der gemessenen und quantifizierten Größen kaum oder gar nicht berücksichtigte, ließ sich im nächsten Schritt auf die mathematischen Modelle der ökonomischen Neoklassik ebenso übertragen wie auf die cliometrischen Ansätze der Wirtschafts- und Sozialgeschichte, in denen die Vielfalt der Eigenschaften produzierter, gehandelter und konsumierter Waren und Produkte ebenfalls wenig beachtet wurde.

Wenn also vor diesem Hintergrund davon ausgegangen werden muss, dass Akteure unter ein und demselben Produkt wie Automobil, Schubkarre oder Banane nicht zwangsläufig eindeutig dasselbe verstehen; wenn die Identität von produzierten, gehandelten und konsumierten Gütern also nicht an jedem Ort zu jeder Zeit als immer schon eindeutig gegeben vorausgesetzt (und damit als exogener Faktor aus der Analyse ausgeklammert) werden kann, dann rückt der Prozess der gemeinsamen, kollektiven Qualifizierung und Identifizierung der Produkte und Waren in den Fokus. In Raum und Zeit stabilisiert wird das Ergebnis dieses Qualifizierungsprozesses durch eine implizite, aus der Interaktion hervorgegangene Konvention,[5] die der Koordination des Handelns der beteiligten Akteure auf ein gemeinsames Ziel hin dient. Davon ausgehend lassen sich Produktion und Markt als dynamische Konstellationen verstehen, in denen Akteure ihr Handeln auf der Basis von Qualitätskonventionen für die betreffenden Güter koordinieren (Storper und Salais 1997; Eymard-Duvernay 1986).

In dieser Konzeption weist Produktqualität (bzw. weisen Qualitätskonventionen) eine eigene Historizität auf, weshalb geschichtswissenschaftliche Perspektiven in der konventionenökonomischen Forschung von Beginn an eine mehr oder minder wichtige Rolle spielten (Thévenot 2012; Desrosières 2005). Als besonders fruchtbar hat sich der Ansatz im Bereich der Lebensmittelgeschichte erwiesen (Bourdieu et al. 2004). So liegen Forschungen zur Vermarktung von

---

[4]Pierre Bourdieu, der an der Ausbildung einiger der Protagonisten der Konventionenökonomie beteiligt war (Desrosières 2011), knüpfte an dieser Stelle sein Habitus-Konzept an, um die Gleichförmigkeit bestimmter, gleichsam hinter dem Rücken der Akteure wirksamer kognitiver Muster und Beurteilungsweisen mit gesellschaftlichen Strukturen verknüpfen zu können (siehe Bourdieu 1976); die Vertreter der Konventionenökonomie orientierten sich dagegen mehrheitlich an einem pragmatischen Verständnis des Handelns und betrachten Akteure als mit bewussten Wahrnehmungs- und Beurteilungsfähigkeiten ausgestattete Wesen (Diaz-Bone 2018).

[5]Zum Begriff der Konvention siehe Salais, Konventionen und Normen, in diesem Band; siehe auch Tilly (2006).

Erdbeeren (Garcia-Parpet 2017), zur Qualität von Camembert (Boisard 1991; Boisard und Letablier 1987), zur Kaffeequalität (Daviron und Ponte 2005) und besonders zur Qualität von Wein vor (Stanziani 2006; Diaz-Bone 2005).

Insbesondere Alessandro Stanziani hat mit seinen Forschungen zur Lebensmittelqualität in Frankreich im 19. und 20. Jahrhundert Pionierarbeit geleistet (Stanziani 2005). Seine Untersuchungen unterstreichen unter anderem die Bedeutung wissenschaftsgeschichtlicher Aspekte für die Historisierung der Produktqualität. Dabei arbeitet er besonders die entscheidende Rolle von wissenschaftlichen Experten – Chemikern, Veterinären, Physiologen, aber auch Rechtsgelehrten – für die Qualifizierung von Lebensmitteln heraus. Deutlich wird etwa an Konflikten wie dem während der 1880er Jahre in Frankreich zwischen verschiedenen Produzentenverbänden ausgetragenen Streit, was Margarine und Butter voneinander unterscheidet, und ob Margarine als Butter bezeichnet und verkauft werden darf, indes nicht nur die Bedeutung der Experten und ihrer wissenschaftlichen Identifizierungsverfahren. Exemplarisch wird hier vielmehr auch verständlich, wie Konventionen im politischen Prozess verändert oder, wie in diesem Fall, in rechtliche Normen umgewandelt und darüber Marktmacht neuverteilt wurde (Stanziani 2005, S. 171–190). Stanziani hat an anderer Stelle gezeigt, wie das in der zweiten Hälfte des 19. Jahrhunderts ausdifferenzierte Fälschungsstrafrecht von Produzentenverbänden mobilisiert wurde, um zu versuchen, Produkte mit nur leicht veränderten oder ganz neuen Eigenschaften – d. h. Innovationen, für die es noch keine Qualitätskonvention gab – vom Markt zu drängen (Stanziani 2007b).

Der Fokus auf die Produktqualität kann eine ganze Reihe von weiteren Perspektiven und Fragen für die Geschichte der sog „commodities" (Robbins 2005) eröffnen, wie dies beispielsweise an der Geschichte des Kaffees demonstriert wurde (Vogel 2015). Unterschiedliche Vorstellungen von Qualität und divergierende Praktiken ihrer Bestimmung charakterisieren nämlich die gesamte „commodity chain" dieses Produkts, von der Bestimmung des Reifegrades der Kaffeepflanzen über die Identifikation der verschiedenen Handelssorten bis hin zur Herstellung eines „Qualitätskaffees" durch die Verbraucher (Daviron und Ponte 2005). Die Versuche der „Standardisierung" können sich dabei recht verschieden gestalten, da einzelne Marktteilnehmer unterschiedliche Standardisierungs- und Normsysteme durchzusetzen versuchten.

Die Frage nach der jeweiligen Bestimmung der Qualitätseigenschaften unterstreicht insofern nicht nur die enge Verzahnung der Produktgeschichte mit der Geschichte der konventionellen Kategorisierung und Standardisierung der den Produkten zugrunde gelegten „Rohstoffe" – eine Beziehung, die Jérôme Bourdieu am Beispiel des amerikanischen Mineralölmarktes und der Kategorisierung der verschiedenen Rohölsorten (Bourdieu 1996) oder Nadège Sougy am Fall der Kohlesorten des Bergbaus im französischen Departement Nièvre herausgearbeitet haben (Sougy 2004, 2008). Die genannten Beispiele verdeutlichen auch, wie eng die Geschichte der Produktqualität von Konsumgütern des 20. und 21. Jahrhunderts mit technikhistorischen Fragen verknüpft ist, insofern technische Instrumente und Maschinen einen zunehmenden Einfluss auf die Qualitätsbestimmung und -kontrolle der einzelnen Produkte erhalten haben (so etwa Haller 2012).

Mit ihrem auf die Eigenschaften und Merkmale von Produkten und Gütern gerichteten Fokus bewegt sich die an der Konventionenökonomie orientierte Forschung zur Produktqualität auf einer Ebene zwischen Stofflichkeit und Diskursivität. Ähnlich wie von alltagsgeschichtlichen oder praxeologischen Theorieansätzen und Forschungsarbeiten in der Geschichtswissenschaft wird eine Binnensicht auf die Akteure und das Soziale eingenommen. Es geht um die Rekonstruktion von Abstimmungs-, Qualifizierungs- und Koordinierungsprozessen zwischen Akteuren und der ihnen inhärenten Logik. Im Vordergrund stehen die Praktiken und Akteure, denen im pragmatischen Sinn die Kompetenz zugeschrieben wird, ihr Handeln zu reflektieren, zu begründen und zu rechtfertigen (Salais et al. 1998; Boltanski und Thévenot 2007).[6]

3.2 Qualitätsfragen in der Geschichtswissenschaft

Wie das oben erwähnte Beispiel der Auseinandersetzung zwischen Produzentenverbänden über die genaue Definition von Butter und Margarine in Frankreich während der 1880er Jahre zeigt, war (und ist) die Frage der Produktqualität auch

[6]Gleichzeitig bietet die Konzentration auf die Relationalität der Produktqualifizierung einige Berührungspunkte und Überschneidungen mit der von Bruno Latour, Michel Callon und anderen entwickelten Akteur-Netzwerk-Theorie, die für die Wirtschaftsgeschichte relevant sind (vgl. etwa Callon 1998; vgl. zur Abgrenzung auch Salais, Postskriptum, in diesem Band). In seiner Untersuchung der niederländischen Zünfte im 17. und 18. Jahrhundert argumentiert z. B. Bert De Munck (2011), dass diese sich in Übereinstimmung mit der Naturrechtsphilosophie und dem Merkantilismus auf eine Konvention des „intrinsischen Werts" stützten, sich also nicht auf besondere handwerkliche Fertigkeiten, sondern auf die Eigenschaften der verwendeten Rohstoffe beriefen, um bürgerschaftsfremde Konkurrenten auszugrenzen und ihre politische Macht zu erhalten. Den Bedeutungsverlust der Zünfte im 18. Jahrhundert führt De Munck vor diesem Hintergrund unter anderem darauf zurück, dass die Aufklärung und die entstehenden Naturwissenschaften das Verhältnis des Menschen zur Natur veränderten. De Munck plädiert deshalb dafür, im Anschluss an diskursgeschichtliche Perspektiven oder die Akteur-Netzwerk-Theorie wissensgeschichtliche Aspekte stärker in Untersuchungen der Produktqualität einzubeziehen.

eine eminent politische Frage. Der Streit wurde letztlich vom Gesetzgeber entschieden, der die unterschiedlichen Merkmale von Butter und Margarine unter Rückgriff auf die zugrundeliegenden Rohstoffe gesetzlich detailliert festschrieb. Generell lassen sich in historischen Untersuchungen, die an konventionenökonomische Ansätze anknüpfen, Bezugnahmen auf Institutionen der öffentlichen Hand wie Gesetzestexte, Reglements, Aufsichtsbehörden, Beratungsgremien, Beamte usw., kaum vermeiden – auf Aspekte mithin, die in der Regel auch der Politikgeschichte zugeordnet werden. Drei Aspekte sollen hier hervorgehoben werden.

Erstens ist festzuhalten, dass die mit Qualitätsfragen befasste Produktgeschichte der historischen Entwicklung von offiziellen Produktstandards und -normen besondere Aufmerksamkeit geschenkt und dabei vor allem die Geschichte der Entstehung der staatlichen bzw. städtischen Lebensmittelüberwachung und -kontrolle um die Wende vom 19. zum 20. Jahrhundert in den Fokus genommen hat (Streng 2017; Heinert 2016; Hierholzer 2010; Tanguy 2005; Bruegel und Stanziani 2004). Zentrale Akteure der Entwicklung waren zum einen diejenigen Politiker und Beamten, die im Rahmen der Hygienebewegung des 19. Jahrhunderts die Überwachung des Lebensmittelmarktes zu einem wesentlichen Anliegen öffentlicher Politik machten; des Weiteren die nicht zuletzt von professionellen Interessen geprägten Mediziner und Lebensmittelchemiker, die in den neu geschaffenen Kontrollinstitutionen ein einträgliches Aktionsfeld sahen und eine spezifische Wissenspraxis entfalteten (vgl. den Beitrag von Stanziani in diesem Band sowie Geisthövel und Hess 2017); und nicht zuletzt die lokalen, regionalen und sogar transnationalen Branchenzusammenschlüsse von Handwerkern und Händlern (vgl. den Beitrag von Minard in diesem Band, sowie De Munck 2011).

Mehr oder weniger reglementierte Normen für Produkte und ihre strafbewährte Kontrolle waren jedoch keine Erfindung des modernen, von wissenschaftlichen Experten und ihrer Expertise dominierten Fürsorge- und Versorgungsstaates des späten 19. Jahrhunderts. Schon in der Frühen Neuzeit existierten in verschiedenen Marktzusammenhängen Kontrollmechanismen, in deren Wirkungsbereich bestimmte Grundstandards für die Qualität der Produkte Geltung erlangten und ihre Übertretung bzw. die Verfälschung von Produkten mit Sanktionen belegt wurden. Dies zeigen beispielsweise Studien über die Regulierung der Produkt- und Wareneigenschaften durch Zünfte und Gilden in der Textilindustrie oder im Schuhmacherhandwerk seit dem 17. Jahrhundert (Jeggle 2011; Minard 2011, 2003), die von Ärzten spätestens seit dem 18. Jahrhundert übernommene Kontrolle des Arzneimittelmarktes oder die Überwachung von Lebensmittelmärkten und Schlachthöfen im Rahmen der öffentlichen „Gesundheitspolicey“ (Wahrig 2008; Watts 2004; Kaplan 1996a, b).

Zweitens sind Institutionen und Konventionen der Produktqualität keineswegs miteinander gleichzusetzen (vgl. Salais, Konventionen und Normen, in diesem Band). Insofern auf die Qualität bestimmter Produkte bezogene Konventionen aus der Interaktion zwischen Marktakteuren hervorgehen, gleichsam Sedimente komplexen sozialen Handelns zum Zweck der Koordination darstellen, sind sie als genuin (zivil-)gesellschaftliche Regulationen anzusehen, die – etwa im Falle von Konflikten – einen Politisierungsprozess durchlaufen und in institutionelle, staatlich abgesicherte Arrangements überführt werden können (vgl. die Beiträge von Garçon und Vogel in diesem Band). Das Konzept der Qualitätskonvention hebt insofern nicht auf eine Konsensorientierung der Akteure ab, sondern schließt Konfliktualität ausdrücklich ein (Thévenot 2012). In den von Luc Boltanski und Laurent Thévenot beschriebenen „Wertordnungen" und den von ihnen jeweils geprägten „Welten" sind Konventionen stets der Kritik ausgesetzt, die zu Rechtfertigungen herausfordert, welche sich auf das spezifisch Allgemeine dieser als „cité" – Gemeinwesen – bezeichneten Welten beziehen (Boltanski und Thévenot 1991; deutsch 2007; Diaz-Bone 2018; vgl. auch Salais und Storper 1992, 1997).

In diesem Sinn hat etwa Steven Kaplan die im 18. Jahrhundert auf dem Pariser Brotmarkt immer wieder auftretenden, teilweise gewalttätigen Konflikte (food riots) als rituelles Element eines „social contract of subsistance" (Kaplan 1996b, S. 492, 519) bezeichnet, der alle am Weizen-, Mehl- und Brotmarkt beteiligten Akteure im Rahmen eines impliziten Übereinkommens auf bestimmte Rollen und Funktionen festlegte: die Sicherung der Brotversorgung der Pariser Bevölkerung (Kaplan 1976, 2015; vgl. Streng 2013). Ein weiteres Beispiel für die Politisierung von impliziten Qualitätskonventionen durch Konflikte ist der kollektive Protest gegen die Festlegung der „Champagner-Grenze" in Frankreich im Jahr 1910. Im Zuge der Umsetzung des französischen Lebensmittelreinheitsgesetzes von 1905 wurde das Anbaugebiet festgelegt, innerhalb dessen Weinbauern und Keltereien ihre Erzeugnisse als „Champagner" verkaufen durften; das Herkunftslabel wurde gesetzlich geschützt und erhielt objektivierte Grundlagen. Bei der Grenzziehung drohten jedoch einige Ortschaften und Produktionsgegenden ausgeschlossen zu werden, was sie erhebliche Umsatzeinbußen erwarten ließ. Die Einwohner dieser Gegenden zogen in Orte jenseits der Champagner-Grenze und verwüsteten Weingüter und Weinkeller. Die Marke Champagner wurde in diesem Konflikt allerdings nicht infrage gestellt, im Gegenteil: Die ausgegrenzten Bauern protestierten gerade dafür, dass diese nun in eine institutionelle Norm umgewandelte Konvention für ihre eigenen Produkte Gültigkeit behielt (Guy 1999).

Schließlich erreichen Institutionen und Konventionen nicht durch ihre bloße Existenz Wirksamkeit, etwa indem sie „Anreize" setzen oder Zwang auf die Akteure ausüben. Vielmehr müssen sie von den Akteuren verstanden, interpretiert und in die Koordination ihres Handelns eingebunden werden, um Wirkung zu entfalten (Salais et al. 1998; Diaz-Bone 2012; anders dagegen: Bessy 2012, 2015). Hier sind analytisch interessante Differenzierungen möglich: Untersucht worden sind z. B. Situationen, in denen Konventionen über die Gültigkeit oder Illegitimität von rechtlichen Normen entstanden (Cottereau 2002). Die Unterscheidung zwischen institutionellen Normen und Konventionen öffnet zeitliche Horizonte und macht so Prozesse beschreibbar, in denen sich das Verhältnis von rechtlichen Normen und konventionellen Standards für Produktqualität wandelt. Im Grunde bedürfen beide der Mobilisierung durch die Akteure in der Koordination ihres gemeinsamen Handelns, um wirksam zu werden (Diaz-Bone 2012) [7]

4 Perspektiven der Qualitätspolitik

Die Beiträge dieses Bandes gliedern sich in zwei thematische Bereiche: Der erste Teil untersucht an Hand einzelner Produkte unterschiedliche Facetten jener soziohistorischen Faktoren, die in die Konstruktionsprozesse von Qualitätsmerkmalen eingehen. Am Beispiel so unterschiedlicher Produkte wie des Stahls (Anne-Françoise Garçon), des Kali (Jakob Vogel), der Farbstoffe (Alexander Engel) und der Ozeandampfer (Alain Dewerpe) zeigt sich die große Bedeutung der professionellen Milieus, die ihre eigenen Anschauungen über die Qualität der Produkte und die Praktiken ihrer Bestimmung in zunehmendem Maß an den im wissenschaftlichen und universitären Umfeld zirkulierenden Vorstellungen und Techniken orientierten. Allerdings sind diese Beziehungen ebenso komplex und unterschiedlich wie die Absichten der einzelnen Akteure. In dem letzten Beitrag dieses

[7] Ob die Konventionenökonomie aufgrund ihrer Forschungsstrategie dem Feld der Institutionenökonomie zugerechnet werden sollte, ist umstritten (Diaz-Bone 2012, 2017; Lemercier 2007; Stanziani 2007a; Kädtler 2011). In diesem Kontext wird insbesondere an amerikanischen Neo-Institutionalismen grundlegende Kritik geäußert (Diaz-Bone et al. 2015; Diaz-Bone 2011). Mit ähnlicher Zurückhaltung wie dem Neo-Institutionalismus begegnet die Konventionenökonomie historischen Argumenten bezüglich der sozialen „Einbettung" der Wirtschaft bzw. ihrer „Ent-Bettung" im langen 19. Jahrhundert, wie sie von Karl Polanyi in *The Great Transformation* entwickelt worden sind (Polanyi 1944). VertreterInnen der Konventionenökonomie argumentieren, dass es nicht ausreicht, die wechselseitige Vernetztheit und Beeinflussung ökonomischer Akteure zu rekonstruieren, um zu verstehen, wie sie ihr Handeln in der Produktion oder im Handel koordinieren. Ob „stark" oder „schwach": die sozialen Beziehungen sind der Ökonomie gerade nicht äußerlich, sondern konstitutiv mit ihr verknüpft (Diaz-Bone 2017; De Munck 2012).

Abschnitts untersucht Marcel Streng die gegensätzlichen Konventionen der Brotqualität, die während des Zweiten Kaiserreichs in Frankreich mobilisiert wurden, um auf den traditionell kommunal stark regulierten Brotmärkten liberale Reformen durchzusetzen.

Die Beiträge im zweiten Teil des Bandes behandeln demgegenüber Aspekte und Prozesse der Feststellung von bestimmten Qualitätseigenschaften: Betrachtet werden die Funktionsweise von Märkten (Philippe Minard) ebenso wie politische Maßnahmen der öffentlichen Hand, die sich auf produktklassifizierende Nomenklaturen stützen und entsprechend ihren eigenen Bedürfnissen auf von professionellen Milieus eingerichteten Qualitätskonventionen aufbauen. Dies betrifft beispielsweise die Binnenzölle in Frankreich (Dominique Margairaz) ebenso wie die staatlichen Qualitätsregeln (Vera Hierholzer) im Deutschen Kaiserreich oder die Informationspflichten und den Verbraucherschutz (Alessandro Stanziani). Ein weiterer Beitrag thematisiert die qualitätspolitischen Strategien im Rahmen planwirtschaftlicher Praktiken zur Qualitätssicherung in der ehemaligen DDR (Manuel Schramm). Den Abschnitt abschließend wird die konventionenökonomische Auffassung des Verhältnisses von Institutionen, Normen und Konventionen der Produktqualität vor dem Hintergrund der neoklassischen Wirtschaftstheorie dargestellt (Robert Salais). Der Band schließt mit einem Postskriptum (Robert Salais), das die Frage aufwirft, welche neuen wissenschaftlichen und politischen Horizonte sich für die Pragmatik der Qualitätskonventionen öffnen, wenn auf der konzeptuellen Ebene des Produkts zwischen Ding und Objekt differenziert wird. Die Beiträge dieses Bandes schreiben sich in das in den letzten Jahrzehnten stark verbreiterte Feld einer kulturwissenschaftlich geprägten Wirtschaftsgeschichtsschreibung ein (Bänziger und Suter 2017; Dejung et al. 2014; Hilger und Landwehr 2011; Diaz-Bone und Krell 2009; Berghoff und Vogel 2004; Tanner 2004; Siegenthaler 1999), in dem in den letzten Jahren viele besonders anregende Studien entstanden sind.

4.1 Die Erfindung der Qualität

Wie komplex im Einzelfall die Geschichte der Produktqualität ist, zeigt der Beitrag von *Anne-Françoise Garçon*. Er widmet sich der Geschichte der Identifikation von Stahl als Rohstoff, d. h. der Konstruktion jener Eigenschaften dieses Materials, die für alle damit befassten Akteure gleichermaßen Sinn ergaben. Die Identifizierung – ja, man könnte auch von „Erfindung“ sprechen – des Stahls dank der Unterscheidung von Eisen und Gusseisen, war dabei historisch von der Entwicklung der Herstellungsverfahren ebenso abhängig wie von seiner Nutzung und dem professionellen und wissenschaftlichen Wissen über seine Materialeigenschaften.

> „Einen Rohstoff normieren, das heißt [...], ihm einen Personalausweis auszustellen, ihm einen Status als technisches Objekt zuzuschreiben. Die Norm erlaubt eine Rationalisierung sowohl im Hinblick auf seine Verwendung und seinen Einsatz als auch im Hinblick auf seine Weiterverfolgung und seine Reparatur. In dieser Perspektive ist die Norm also zugleich eine Gebrauchsweise und ein Referenzpunkt." (S. 51).

Alle Beteiligten mussten einen „Gemeinplatz" finden, eine „Topik", wie *Anne-Françoise Garçon* schreibt, mit der alle das identifizieren konnten, was sie selbst wussten und taten (d. h. auch, sich mit anderen in einer Gruppe zu bewegen und von ihnen anerkannt zu werden, also handlungsfähig zu sein). Garçon zeigt, dass dies ein großes und schwieriges, da nie durch die sich wandelnden Praktiken, Akteure und Wissensbestände stabilisiertes Unterfangen war. Es ging dabei um eine komplexe und von Zufällen geprägte Operation, so sehr unterschieden sich die Facetten des Gegenstands, die wiederum selbst Objekt verschiedener Ausarbeitungen sein konnten, die von unterschiedlichen Gesichtspunkten ausgingen. Um dies zu erreichen, war von den Beteiligten eine Reihe von wesentlichen Materialeigenheiten zu berücksichtigen. Dabei handelt es sich um natürliche Eigenschaften, wie sie etwa von der Wissenschaft zum jeweiligen Zeitpunkt definiert und gemessen wurden oder sich aus den verwendeten Verfahren ergaben und in den praktischen Gebrauchsweisen des Stoffes evident schienen. „Hinter" den verschiedenen Anschauungen der einzelnen Eigenschaften standen jeweils die einzelnen Akteursgruppen, die sich wiederum in einem deutlichen Spannungsverhältnis zueinander befanden: Wissenschaftler, Produzenten und Verbraucher (in dieser Reihenfolge) – sie alle waren auf diese Weise an der Qualitätsdefinition beteiligt. Gleichzeitig aber war der Stoff für Kontroversen unerschöpflich: Wo man geglaubt hatte, eine bestimmte Stoffeigenschaft zu kennen, zeigte eine Innovation der Forschung, des Herstellungsverfahrens oder des Gebrauchs das Ungenügen dieser – manchmal irrigen – Annahme; dann startete der Prozess von neuem und die Konfiguration der Qualitätsidentifizierung wurde neu organisiert. Für die Zeit zwischen dem 11. und dem 19. Jahrhundert unterscheidet *Anne-Françoise Garçon* vier solcher Konfigurationen. Auf diese Weise lässt sich im Übrigen auch der Unterschied zwischen Konvention und Norm genauer fassen.

Abschließend nimmt *Anne-Françoise Garçon* noch einmal ihre Interpretation der Konvention als „Kollektiverzählung", als „Ergebnis eines Dialogs" auf und schlussfolgert, es sei „übertrieben, alles immanenten Kräften zuzuschreiben" (S. 70): Auf der einen Seite sind die Akteure des für eine Qualitätskonvention konstitutiven Prozesses und ihr Wissen heterogen und ihre Macht, Vorschriften zu machen und durchzusetzen, ungleich. Auf der anderen Seite sind die technischen Objekte weder verhandelbar, noch passen sie sich den Anforderungen an. Man muss sie „in den Griff bekommen" (Bessy und Chateauraynaud 2014), um handeln zu können, und dazu die Zwänge und Möglichkeiten akzeptieren, die sie bieten. Eine Konvention ist daher weder ein förmliches Abkommen, noch kann sie ausgehandelt werden. Sie ist Element eines ergebnisoffenen Prozesses, in dem Wissen, Ziele und Erwartungen des Handelns der beteiligten Akteure in der Verwirklichung eines Produkts konvergieren. In einem solchen Moment, der durchaus länger andauern kann, tritt eine Kompatibilität zwischen dem Wissen, den Zielen und Erwartungen zutage, die zu einem gemeinsamen Ergebnis, dem Produkt führt. Die an der Koordination beteiligten Akteure erkennen dies, und die Kompatibilität stützt die Konvention, wenn sie sich in der Abfolge der Situationen enthüllt und wiederholt; sie stabilisiert sich als Konvention, d. h. als System wechselseitiger Erwartungen.

Was *Anne-Françoise Garçon* über die Norm sagt, gilt auch für die Qualitätskonvention. Die Norm schreibt sich in eine „Topik" ein, in einen dynamischen Definitionsraum, der sie transzendiert und ihr seine Dynamik verleiht. Aber worin besteht dann der durchaus vorhandene, wichtige Unterschied zwischen Norm und Konvention? Es sind die Akteure um den Stahl selbst, die den Unterschied zwischen Norm und Konvention in ihrer Praxis etablieren. Genau genommen waren es zwei „Normen", die erarbeitet wurden und koexistierten, nämlich die der Wissenschaftler, deren Arbeit auf das Verhältnis zwischen der industriellen Produktionsweise und ihrer eigenen Referenz, der Naturwissenschaft, konzentriert war; und die der Metallurgen, denen es darum ging, wie *Anne-Françoise Garçon* hervorhebt, „sich stets problemlos untereinander und mit den Verbrauchern verständigen zu können, denn falls das technische, konkrete Wort fehlt, benutzen sie eine Umschreibung [...]" (Alexandre Pourcel, zit. von Anne-Françoise Garçon, S. 67 f.).

„Sich zu verständigen" – das ist an dieser Stelle der Schlüssel: verstehen, was die anderen Beteiligten sagen, und gleichzeitig wissen, dass sie einen selbst verstehen. Das ist die Quintessenz einer Qualitätskonvention zwischen den Metallurgen und ihren Kunden sowie der Ankerpunkt dieser Konvention, die Sicherheit der wechselseitigen Vorwegnahmen. Metallurgen und Kunden, die ihre Aktivitäten ökonomisch koordinieren, suchen nicht nach der Wahrheit wie die Wissenschaftler, sondern nach einer gemeinsamen Sprache, von der sie wissen, dass sie

sie untereinander verbindet: auf der einen Seite also die technische Norm, auf der anderen die Qualitätskonvention.

Welche Macht moderne chemische Nomenklaturen und völlig neuartige Stoffe gegenüber traditionellen Gütern und Vertriebsnetzen entfalten konnten, welche Anpassungen der Qualitätskonventionen notwendig waren, um industriell hergestellte „Rohstoffe" am Markt einzuführen und durchzusetzen, ist auch Gegenstand des Beitrags von *Alexander Engel* über den Farbstoffhandel vom 18. bis 20. Jahrhundert. Am Beispiel des Farbstoffs Indigo zeigt er, welchen Beitrag die historische Perspektive zur Untersuchung von Qualitätskonventionen leisten kann. *Alexander Engel* weist auf, dass Farbstoffe bis ins 19. Jahrhundert hinein nachfrageseitig, vom Gebrauch und vom Nutzen für die Verbraucher her, definiert wurden. Im 18. Jahrhundert gab die britische *East India Company* den Erzeugern in der indischen Kolonie genau vor, welche äußere Beschaffenheit der Rohstoff Indigo als „commodity" haben musste, um in London abgesetzt werden zu können. Ob in Form runder Klumpen gelieferter Indigo dieselben Färbeeigenschaften aufwies wie solcher, der in eckigen Klumpen angeboten wurde, spielte dabei keine Rolle, wenn die Kunden diese Eigenschaften ausschließlich mit eckigen Klumpen verbanden. Der Überseehandel drohte zusammenzubrechen, wenn die Kunden das Vertrauen in die Ware verloren – was offenbar bereits aufgrund der unbekannten Form nicht auszuschließen war. Doch auch die Qualität der Ware war aufgrund der Herstellungsverfahren kaum stabil zu halten. Die Verbraucher verließen sich bei ihrer Kaufentscheidung auf die geografische Herkunft des Produkts und prüften Stichproben der angebotenen Ware organoleptisch. In der Regel ging der Verwendung in der Produktion zudem ein Probefärben voraus, anhand dessen die Verwendung zur Erzielung der gewünschten Farbe durch Beimischen anderer Stoffe eingestellt wurde.

War die Welt der Färbemittel traditionell auf die praktische Kenntnis der Eigenschaften weniger natürlicher Rohstoffe begrenzt, änderte sich dies unter dem Einfluss der modernen chemischen Analyse im Verlauf des 19. Jahrhunderts, die in vergleichsweise kurzer Zeit die Anzahl färbender Substanzen vervielfachte. *Alexander Engel* argumentiert vor diesem Hintergrund, dass die Einführung des von der *Badischen Anilin und Soda-Fabrik* (BASF) Ende des 19. Jahrhunderts synthetisch hergestellten Farbstoffs „Indigo-rein" ein überaus komplexer Prozess gewesen ist. Im Wettstreit mit den Anbietern des traditionell aus Pflanzen gewonnenen Indigo musste die BASF die Verbraucher von den verbesserten Färbeeigenschaften ihrer Innovation erst mühsam überzeugen. Dabei stand infrage, ob die von diesen erwarteten Eigenschaften nur auf das chemisch gewonnene reine Indigo zurückzuführen waren oder ob die Verunreinigungen des natürlichen Farbstoffs zu den gewünschten Farbeffekten beitrugen.

Um die von den Verbrauchern gewünschte Farbtiefe des natürlichen Indigo zu imitieren, brachte die BASF weitere Produkte auf den Markt, die Beimischungen zum „Indigo-rein" enthielten, mit der Zusammensetzung des natürlichen Stoffs jedoch nichts mehr gemein hatten. Zudem vertrieb die BASF ihre Stoffe in geschlossenen und versiegelten Behältern, die mit einem BASF-Etikett versehen waren und den Verbrauchern stets identische Färbeeigenschaften suggerierten. In Broschüren und Handreichungen – den „ersten Gebrauchsanweisungen" – erläuterte sie, welche Verwendung die Verbraucher von den angebotenen Stoffen machen konnten. Letztlich wandelte sich Indigo damit nicht nur von einer „commodity" zu einer „specialty", veränderte die BASF nicht nur die traditionell von den Verbrauchern dominierte Konvention für die Färbeeigenschaften von Indigo: Vielmehr konstituierte sie eine völlig neue, auf den Produzenten zentrierte Qualitätskonvention, die auf vorweggenommenen Kundenerwartungen an ein industrielles Massenprodukt beruhte.

Wie wichtig eine gemeinsame Sprache oder doch zumindest die Verständigung über einen Begriff ist, der das infrage stehende Gut für alle beteiligten Akteure mit ausreichender Sicherheit identifiziert, zeigt auch der Beitrag von *Jakob Vogel* über den Rohstoff „Kali" und die Staßfurter „Kaliindustrie" ab der Mitte des 19. Jahrhunderts. Tatsächlich herrschte lange Zeit – und selbst noch, als sich der Begriff „Kali-Syndikat" in den 1880er Jahren als Sammelbegriff und Selbstbeschreibung für die in der Staßfurter Region ansässigen Unternehmen einbürgerte – ein regelrechtes „Begriffswirrwarr" um den Rohstoff, der von ihnen verarbeitet wurde. Präzise verzeichnet *Jakob Vogel* die unterschiedlichen Begriffssysteme und Wissensordnungen, vor deren Hintergrund die beteiligten Akteursgruppen die Identität des geförderten und verarbeiteten Stoffs konstruierten.

In diesem Prozess gerieten die Wissensordnungen der traditionellen chemischen Gewerbe ab den 1850er Jahren unter den Einfluss der modernen Chemie und erzwangen allmählich die Anpassung des praktischen Wissens der chemischen Handwerker an die moderne Nomenklatur. So wurden in Staßfurt Mineralien zur Kaliumchloridgewinnung verwendet, die nicht für die Fabrikation von Kochsalz genutzt werden konnten. Die Unterscheidung zwischen Kali und chlorsaurem Kali, das der französische Chemiker Anselme Payen 1850 mit chlorsaurem Natrium (Kochsalz), Chlor und Salpetersäure zusammengefasst hatte, war damit ebenso hinfällig wie die ältere Ordnung pharmazeutischer Begriffe, die mit „Alkali" generell stark basische Lösungen bezeichnet hatte; alkalische Produkte in diesem traditionellen Sinn waren keineswegs nur Mineralien, sondern vielmehr auch aus Pflanzen- und Holzasche gewonnene Stoffe („Pottasche").

Zur chemischen Bestimmung des in Staßfurt geförderten und zu Dünger verarbeiteten Rohstoffs stand das Begriffssystem der Mineralogie in Konkurrenz, die zunächst mit „vergleichsweise unpräzisen Begriffen“ versuchte, die verarbeiteten „Steinsalze“ zu beschreiben und ebenfalls zu Anpassungen gezwungen wurde. Während die Praktiker mit dem vagen und allgemeinen Begriff „Abraumsalze“ hantierten, stabilisierte sich unter Fachwissenschaftlern zwar der Gebrauch des Begriffs „Carnallit“, der einerseits in Bezug auf seine chemische Zusammensetzung definiert wurde, andererseits jedoch neue Unsicherheiten hervorbrachte, weil der Stoff in Staßfurt in unterschiedlichen Mischverhältnissen vorkam und Unklarheit darüber bestand, welches Verhältnis der enthaltenen chemischen Anteile „Carnallitt“ genau ausmachte.

Der Beitrag von *Jakob Vogel* deutet damit auf zwei Aspekte von Qualitätskonventionen hin: Erstens kam es offenbar weniger darauf an, einen wissenschaftlich präzisen Begriff als vielmehr einen praxistauglichen Konsens über die Eigenschaften des geförderten Rohstoffs zu haben, der vor Ort gefördert, verarbeitet und als Düngemittel vermarktet wurde. Zweitens erlaubte, ja erzwang diese relative Unklarheit geradezu die Erfindung der „Kaliindustrie“ als homogene Branche der deutschen Wirtschaft. In der „Kali-Propaganda“ der Staßfurter Unternehmen fielen etwa die traditionellen, mit pflanzlichen Rohstoffen arbeitenden Gewerbe unter den Tisch – eine umso bemerkenswertere Entwicklung, als später die Wirtschaftsgeschichte relativ nahtlos an die begriffliche Verengung durch die preußische Statistik anschloss.

Für Produkte wie Ozeandampfer, die über einen längeren Zeitraum als Einzelstücke oder in Reihen mit sehr geringen Stückzahlen von Werfen gebaut werden, stellt sich die Konventionalisierung der Qualität notwendiger Weise komplexer dar, wie der Beitrag von *Alain Dewerpe* über den Schiffbau um 1900 zeigt. Aber auch in diesen Fällen wird zwischen den beteiligten Akteuren eine Übereinkunft darüber erzielt, was einen Ozeandampfer von einem Ruderboot oder, was näher liegt, von einem Kriegsschiff unterscheidet. Vor dem Hintergrund des Wettrennens um das „Blaue Band“, das jeweils dem Passagierschiff verliehen wurde, dem die schnellste Atlantiküberquerung gelang, untersucht *Alain Dewerpe,* an welchen Qualitätskonventionen sich der Schiffbau orientierte.

Reedereien und Werften, Ingenieure und Passagiere richteten sich zunächst nach den Schiffstypen, für welche der militärische Schiffbau mit dem Panzerkreuzer die Vorlage bot. Diese Kriegsschiffe waren mit Dieselmotoren ausgestattet und besaßen eine relativ genau festgelegte Tonnage und Bewaffnung. Um 1900 wurden sie in England, Frankreich und im Deutschen Kaiserreich industriell gefertigt und von den nationalen Kriegsmarinen in Dienst gestellt. Ein wesentlicher Aspekt der Konventionalisierung im Schiffbau war der Herstellungsprozess und insbesondere die Entwicklung geeigneter Bauzeichnungen mit den richtigen Abmessungen für Bauteile, an deren Fertigung Ingenieure und Arbeiter zusammenwirkten. *Alain Dewerpe* weist darauf hin, dass die soziale Hierarchie zwischen diesen Berufsgruppen unter anderem deshalb durchlässig war, weil es gut ausgebildete Facharbeiter brauchte, die von den Ingenieuren erstellte Konstruktionszeichnungen lesen konnten. Im Prozess ihrer Umsetzung erwies sich die Einhaltung von zunächst nicht ausgezeichneten Toleranzen von hervorragender Bedeutung, die erst später theoretisch gefasst wurde. Auch wenn also die Schiffe Einzelstücke blieben, beruhte ihr Fertigungsprozess wie das Ergebnis selbst auf vielfältigen Konventionen, über die Typisierung der Schiffe in der Reederei und der Öffentlichkeit, die Standardisierung der Bauzeichnungen in Lehrbüchern der Ingenieure, die Ausführung der Bauten in den Büros und Werkshallen der Werften bis zur Komforterwartung der Passagiere.

Auf welche Weise gegensätzliche, an unterschiedliche Produktionswelten geknüpfte Qualitätskonventionen in politischen Reformprozessen mobilisiert werden, thematisiert der Beitrag von *Marcel Streng* über die Neuorganisation des französischen Bäckereigewerbes und Brotmarktes während des Zweiten Kaiserreichs. Da es sich beim „täglichen Brot" um ein wichtiges Grundnahrungsmittel handelte, unterlagen Produktion und Vermarktung dieser Ware traditionell einer ganzen Reihe an kommunalen Sonderregelungen, die während und nach der Französischen Revolution lediglich systematisiert und vereinheitlicht, nicht aber aufgehoben worden waren. Dazu zählten Gewerbeordnungen, welche den Lokalbehörden weitreichende Aufsichtsbefugnisse gegenüber den Bäckern einräumten, Vorschriften bezüglich der Brotsorten und -eigenschaften sowie Preisfestsetzungsbefugnisse (Taxierung). In den Jahren um 1860 trieb die Regierung des Zweiten Kaiserreichs eine grundlegende Reform voran, mit denen diese aus dem Ancien Regime stammenden, kommunalen Gewerbe- und Marktordnungen an die gemeinrechtlichen, postrevolutionären Standards angeglichen werden sollten.

Der Beitrag zeigt, wie weitgehend Politiker, hohe Beamte, Wissenschaftler, Weizenhändler, Müller und Bäcker aus dem gesamten Einzugsgebiet des Pariser Brotmarktes in den Reformdiskussionen auf unterschiedliche Qualitätskonventionen rekurrierten. So beriefen sich etwa Bäcker auf ihr handwerkliches *savoir faire,* während andere Qualitätsmaßstäbe für Brot als industrielles Massenprodukt diskutierten. Zugleich, so stellt der Beitrag dar, scheiterten liberale Politiker (bzw. das klassische Marktdenken, das sie der Reform zugrunde legten) daran, das Problem der widerstreitenden Konventionen zu lösen. Es gelang ihnen nicht, eine realistische Vorstellung von der sozialen Bedeutung des Brotes und der Bäckerei und folglich eine realpolitische Reformstrategie zu entwickeln. Es war daher auch ein anfänglich reformskeptischer, konservativer Sozialwissenschaftler und Mitglied des Staatsrates, Frédéric Le Play, der anhand einer umfangreichen Anhörung und empirischer Vergleichsstudien zu Brotpreisen und -qualitäten in Paris, London und Brüssel herausarbeitete, was in der Reform nicht nur ökonomisch, sondern auch gesellschaftlich auf dem Spiel stand: nämlich die Vielzahl der zwischen Bäckern, Verbrauchern und lokalen Behörden fein abgestimmten, traditionellen Konventionen der Brotqualität – an die, so lange Brot das Grundnahrungsmittel eines großen Teils der lokalen Bevölkerung bildete, ein fundamentaler „Sozialvertrag" geknüpft war, der die Viabilität des Gemeinwesens insgesamt sicherte.

Marcel Streng legt dar, dass die Reform nicht nur die Entbindung der kommunalen Behörden von den mit diesem „Sozialvertrag" verknüpften politisch-moralischen Pflichten zum Ziel hatte. Sie implizierte auch eine Pädagogik des freien Marktes, mit der Bäckereikunden durch die Zwänge der neuen Marktsituation zu ökonomischen Subjekten erzogen werden sollten. Der tatsächliche Wandel fand auf der Ebene der Konventionen statt: Althergebrachte Übereinkünfte bezüglich der Brotsorten und -eigenschaften wie Mehlmischung und Schrotanteile, Größe und Form, Gewicht und Preis hob die Reform auf und überließ es explizit den Marktakteuren, Qualität und Preis, Angebot und Nachfrage in situ auszuhandeln. Dies verunsicherte vor allem die ärmeren Verbraucher, weil Bäcker, in deren Kreditabhängigkeit sie sich befanden, die Brotqualität zu ihren eigenen Gunsten verändern konnten. Der damit einhergehende Vertrauensverlust wurde immerhin prinzipiell dadurch aufgefangen, dass Betrug am Kunden auch – oder ganz besonders – nach der Reform justiziabel war.

4.2 Von der Qualitätskonvention zur Institution

Im zweiten Teil des Bandes, der sich der institutionellen Dimension der Qualitätskonventionen zuwendet, zeigt *Dominique Margairaz* auf der Grundlage einer Analyse von Akten der „Ferme Générale" (Generalsteuerpachtamt) im Frankreich des 18. Jahrhunderts, dass Qualitätskonventionen und die Einrichtung von Nomenklaturen für die Qualität von Handelswaren die wirklichen Grundlagen für die Verkehrssteuern auf Güter waren: zugleich kognitive und pragmatische Grundlagen der Ausarbeitung fiskalischer Regeln und ihrer Durchsetzung, der Systeme zur Untersuchung der Waren, Akteure und Marktgeschäfte, der Entwicklung beruflichen Wissens… und schließlich auch der Märkte selbst. Konventionen und Nomenklaturen waren eine wesentliche Bedingung für die Besteuerung sowie die Suche nach Effizienz und Ertrag für den Staat (und natürlich die Steuerpächter, denen die Ausbeutung übertragen wurde). *Dominique Margairaz* unterstreicht die Vielfalt der Auseinandersetzungen über den Zugang durch Qualität in der Wirtschaftsgeschichte, die es erlaubt haben, die Divergenzen zwischen der Ökonomie, der Anthropologie und der Geschichtswissenschaft zu überwinden. An konkreten Beispielen führt sie vor, welche generellen Lehren sich dabei gewinnen lassen:

Aufgabe der „agents de perception“, der Angestellten der Steuerverwaltung des Ancien Regime (Régie des traites), war die Erhebung der Steuern, d. h. der Abgaben, die von den Zollbestimmungen für den Warenverkehr im Inneren und über die Grenzen hinweg festgelegt waren. Das Verb *percevoir* – wahrnehmen – hat im Französischen dabei eine doppelte, sowohl kognitive als auch pragmatische Bedeutung. Im vorliegenden Fall ging es einerseits darum, kognitiv wahrzunehmen, welche der Unterschiede und Ähnlichkeiten zwischen den Produkten für die Besteuerung ausschlaggebend waren, zum anderen aber auch darum, das Recht wahrzunehmen und zu handeln, d. h. Steuern zu erheben. „Bevor sie den zu entrichtenden Betrag ausrechnen konnten, bestand die wichtigste Aufgabe der Zöllner in der Überprüfung und Einordnung der Waren.“ (S. 201). Für die Angestellten der Steuerpächter bedeutete dies, sich ihr Urteil über die Qualität ausgehend von Qualitätskonventionen zu bilden, die von den Herstellern, Händlern und Nutzern gebraucht wurden, um die Produkte nach den Merkmalen ihrer Herstellung, ihrer Vermarktung und ihrer Gebrauchsweisen genau zu unterscheiden. Ihre Prüfung und Beurteilung der Waren verfolgte dabei ein anderes Ziel, nämlich die Anwendung der Zollreglements (oder Prohibition), die von der königlichen Verwaltung nach ihren eigenen Zwecken erlassen wurden (etwa zum Schutz und zur Förderung der Manufakturen oder, im Gegenteil, zur Förderung des Zugangs zu den in Frankreich benötigten Waren aus dem Ausland usw.).

Die Beurteilung musste als Grundstoff diese Konventionen nutzen und sie zu einer Nomenklatur der Produkte gruppieren. Das Problem war dabei weniger die Gruppierung nach dem anzuwendenden Tarif, als vielmehr *Ähnliches* zu identifizieren, das man in die gleiche Rubrik einordnen konnte, und es vom *Unterschiedlichen* zu trennen, dessen Einzigartigkeit man um den Preis bewahren musste, schädliche Verwirrung zu stiften. Denn es handelte sich nicht nur um Besteuerung, vielmehr ging es auch darum, die Ware in situ zu inspizieren, die entsprechenden Zoll- und Verkehrsordnungen heranzuziehen, die Konformität der Ware mit den sie definierenden Normen und Kennzeichen zu kontrollieren, die gesiegelten Verträge zwischen den Handelspartnern zu verbürgen oder anzufechten, die Lauterkeit des Geschäfts zu bestätigen oder betrügerische Zollerklärungen zu entlarven, usw. Auf diese Weise, so die Autorin, objektivierte sich nach und nach „in einem unablässig angepassten und umgestellten Ensemble von Praktiken und Artefakten“ ein „System ‚verteilter Kognition‘“ (S. 187).

Dies lässt letztlich auf eine nie abbrechende Suchbewegung schließen. Diese setzte mit Untersuchungen von Produkten und singulären Marktkonfigurationen ein, mit den Zweifeln und Unklarheiten, die sie hervorriefen. Zur gleichen Zeit mobilisierte sie theoretische Grundfragen wie etwa die, was ein Handelsuniversum ausmacht, seine Funktionsweise, seine Dynamik, sowie nicht weniger grundlegende methodologische Fragen der Taxonomie und Klassifikation. Ohne ins Pittoreske abzugleiten gibt *Dominique Margairaz* dafür einige in jeder Hinsicht anschauliche und instruktive Beispiele, etwa über die Notwendigkeit und Mühe, Stoffe nach ihrem Rohmaterial (Baumwolle, Leinen, Pelzware ohne oder mit Haaren), ihrer geografischen Herkunft (Sedan, Elsass, Laval, Nanking), Farbe und Abmessung (Länge, Breite, Dicke) zu unterscheiden. Für all diese Aspekte mussten von den Akteuren Produktnomenklaturen erstellt und an den einen oder anderen Punkt angepasst werden. Die Kontinuität des Forschungsgegenstands und der Fragestellungen zwischen dem Angestellten des Zolls des 18. Jahrhunderts und dem Sozialwissenschaftler des 20. Jahrhunderts ist frappierend.

Die Identifizierungsarbeit, an der Akteure in Behörden und Geschäftswelt gleichermaßen beteiligt waren, blieb den Bewegungen von Wirtschaft und Gesellschaft nicht äußerlich. Im Gegenteil, sie durchdrang sie und verband sich mit ihnen auf das Engste: in den konkreten, von Händlern und Produzenten benutzten Konventionen, deren Entwicklung sie förderte, sogar in den Dingen selbst, ob es sich um Produkte oder Techniken handelte, in kollektiven Praktiken und, auf einer höheren Ebene, im Innen- und Außenhandel Frankreichs, in seinem Produktionssystem und seinen Spezialisierungen. Dies trug wiederum entscheidend dazu bei, die historische Entwicklung zu formen.

Dominique Margairaz äußert hier eine radikale Kritik an den Theorien der *social embeddedness* des Ökonomischen (siehe auch den Beitrag „Konventionen und Normen" von Robert Salais in diesem Band). Diesem Ansatz zufolge, der die Ökonomie in den Sozialwissenschaften im Verhältnis zur Soziologie strategisch zu marginalisieren versuchte, sind die ökonomischen Beziehungen in soziale Strukturen eingebettet, die ihre Möglichkeiten *von Außen* bedingen. Tatsächlich sind Wirtschaft und Gesellschaft jedoch eng miteinander verknüpft. Das eigentliche Ziel muss daher darin bestehen, eine Sozialökonomie ohne Bindestrich zu konstruieren. Der Beitrag von *Dominique Margairaz* zeigt in diesem Zusammenhang ebenso wie derjenige von *Philippe Minard,* wie problematisch es ist, Angebot und Nachfrage auf einem Markt voneinander zu trennen oder die eine Seite ohne die andere zu behandeln. Beide sind durch ihr gemeinsames Fundament, die Qualitätskonventionen, miteinander verknüpft, d. h. was die eine Seite beeinflusst, beeinflusst beide Seiten. Dabei insistiert die Autorin darauf, dass dies das „Ergebnis eines Differenzierungsprozesses [sei], der sich auf die Gesamtheit der nicht nur potenziell, sondern auch virtuell verfügbaren Waren bezog, die sich durch ihren Gebrauchswert ebenso wie durch die Zusammensetzung ihres Tauschwerts charakterisierten" (S. 188).

Ein solcher Prozess ist Teil der kollektiven Wahrnehmung des Marktes als eines nach Verallgemeinerung strebenden Systems. Ist ein solches System allerdings, wie sie in ihrer Zusammenfassung nahe zu legen scheint, auf ein einziges Leitprinzip gegründet, das uns ausschließlich auf die Welt der Industrie verweist? Nein, denn das würde die Vielfalt der Qualitätskonventionen und in der Folge auch die Koexistenz – und Konkurrenz – verschiedener Märkte eines einzigen Produkts (oder einer einzigen Dienstleistung) verkennen.

Philippe Minard betrachtet in seinem Beitrag die Marktvorstellung des klassischen Liberalismus des 18. Jahrhundert und nimmt dabei die ungelöste Frage nach Moral und Gerechtigkeit im Handel auf. Die Frage brachte damals ebenso wie heute die Verfechter der Idee des freien Marktes in Verlegenheit, weil sie ihr Vertrauen in seine schrankenlose Effizienz konterkarierte. Wie bereits bemerkt, bietet eine allzu pragmatische Auffassung von Qualitätskonventionen keine offensichtliche Antwort auf diese Frage. Daher wenden sich die Befürworter des freien Marktes regelmäßig gegen die Existenz von Qualitätsregeln, Standards und Produktspezifizierungen, mit einem Wort: gegen Qualitätskonventionen. Sie sehen in diesen Konventionen Hindernisse, ja unerträgliche „Hemmnisse" (wie sie heutzutage etwa im Kontext der europäischen Wettbewerbspolitik genannt werden) für die Handelsfreiheit, die Marktineffizienzen und Wachstumsdefizite hervorbringen würden.

Der Rückblick auf das 18. Jahrhundert erweist sich in diesem Zusammenhang als besonders interessant, weil der frühe Liberalismus jener Epoche mit der christlichen Tradition von der Scholastik bis zu Thomas von Aquin konfrontiert war, die nicht müde wurde, den moralischen Imperativ des gerechten Preises in Erinnerung zu rufen. Es galt in diesem Sinn als moralisch falsch und illegal, teurer zu verkaufen oder billiger zu kaufen als zum intrinsischen Wert. Sicher bot die Berufung auf den intrinsischen Wert eines Produktes der Kritik genug Angriffsfläche, denn er war (und ist) natürlich schwierig objektiv zu definieren, aber man sollte hier hinzufügen, dass auch eingefleischte Vertreter des Freihandels über die Fähigkeit verfügen, im Moment des Geschäftsabschlusses Abweichungen von diesem Wert zu bemerken.

Von Smith bis Turgot versuchten die frühen Liberalen, das individuelle Interesse zu rehabilitieren und es von diesem moralischen Imperativ zu befreien. Doch so einfach war die Sache nicht, denn das Problem existierte weiter und harrte einer glaubwürdigen Lösung. In seinen *Lectures on Jurisprudence* merkte Adam Smith an:

> „Wo immer es zu häufigen Abschlüssen kommt, erwartet ein Einzelner nicht, nur mit einem einzigen Vertrag so viel zu verdienen wie aufs Ganze gesehen mit Rechtschaffenheit und Pünktlichkeit, und ein kluger Händler, der sein wahres Interesse

> kennt, würde sich eher dafür entscheiden, verloren zu geben, worauf er doch ein Recht hat, als auch nur den geringsten Verdacht zu erregen." (Smith 1978, S. 538 f., zit. nach Philippe Minard, S. 225).

Smith schlug eine Lösung in zwei Schritten vor. Zunächst brachte er einen bewussten Rekurs der Marktakteure auf eine soziale, das heißt, von allen antizipierte Konvention ins Spiel, die Ehrlichkeit und Reputationseffekt kombinierte. Anschließend sollte die „unsichtbare Hand" des Marktes die Konvention durch ihren selbst-erfüllenden Mechanismus des Gleichgewichtspreises ersetzen, den er als den gerechten Preis identifizierte. Diese Lösung läuft darauf hinaus, dass die Akteure, weil sich ihnen keine Alternative bietet, letztlich gar keine echte Wahl haben. Die der Welt des Handels eigene Ehrlichkeitskonvention ist damit lediglich eine Pseudokonvention,[8] weil die Freiheit, sich daran zu halten oder nicht, nur eine rein formale Freiheit ist. Diese Lösung wird seither, ergänzt um den Hinweis auf die Eigenverantwortlichkeit der Käufer oder ihre Unfähigkeit, insbesondere von Liberalen unablässig wiederholt – ja, manche gehen dabei bisweilen soweit, ein gewisses Maß an Trickserei durchaus für tolerierbar zu halten, weil der Markt und die mit ihm verknüpften ökonomischen Gewinnchancen dadurch noch fluider gestaltet werden könnten.

Diese Lösungen verkennen zwar den Opportunismus nicht, reduzieren ihn aber auf einige besondere Ursachen und Umstände. Vor allem aber kann man auf diese Weise der sonst schwierig zu beantwortenden Frage nach den notwendigen und zureichenden Bedingungen für die freie Wahl eines an Gerechtigkeit orientierten Verhaltens *(fair play)* entgehen. Warum das Streben nach dem eigenen Vorteil immer weitertreiben, nur weil man es tun kann, z. B. wenn Mängel eines Produkts, das man anbietet, nicht sofort wahrzunehmen sind und den Käufern die Zeit oder Kompetenz fehlen, sie zu erkennen? Und was wäre, wenn die Qualitätskonventionen – besonders die an den Staat, seine Regelungen und seinen Apparat angelehnten – zur Folge hätten, dass die Marktteilnehmer sich auf richtige Weise frei verhalten, also richtigen Gebrauch von ihrer Freiheit zu machen lernten? *Philippe Minard* kehrt gewissermaßen die Grundfrage der Liberalen um: Bedarf es nicht, damit sich Vertrauen und Gutwilligkeit überhaupt einstellen können, genau dieser Art von staatlich garantierten Konventionen?

Während des Ancien Regimes bestand die Antwort auf diese Grundfrage Jean-Yves Grenier zufolge in der Einrichtung einer „Ökonomie der Identifizierung".

[8]Der Gedanke einer „Pseudokonvention" stellt sich beim Lesen des Beitrags unwillkürlich ein (Robert Salais).

In der Tat ist bemerkenswert, das zeigt auch *Dominique Margairaz* in ihrem Beitrag, wie wichtig soziale Taxonomien (Judde de Larrivière 2008) und damit die Entwicklung einer Kultur der feinen Produktunterschiede waren, die sich etwa in die Verwendung von Stempeln manifestierte, d. h. von Signaturen, die Herkunft und Ursprung des Produkts beglaubigten (häufig den Produktionsort). Diese Signaturen waren die Vorfahren der heutigen Produktmarken; sie verpflichteten Ehre und Würde des Handwerkers oder der Manufaktur darauf, dass die Qualität ihrer Produkte jene kontinuierliche Konformität aufwies, die die Nutzer kennengelernt hatten und erwarteten.

Im Stoffhandel entwickelten die Inspektoren der Manufakturen und andere „Experten" Nachschlagewerke und Nomenklaturen, die zur Formung jener gemeinsamen Sprache beitrugen, derer die Welt der Produzenten und Händler bedurfte. In diesem Zusammenhang fiel gar der Begriff der „Konvention" in einem Sinn, der dem diesem Band zugrunde liegenden Verständnis durchaus verwandt ist: Marken, Codes und Nomenklaturen waren Elemente, welche „die Händler selbst in ihre Geschäfte eingeführt und übernommen haben. Sie sind die Frucht einer Konvention zwischen ihnen" (Morellet 1980, S. 71, zit. nach Philippe Minard, S. 231). Abbé Morellet spricht dabei von „wertvoller Unterstützung bei ihrer Identifizierung [der Produkte]", die es den Händlern erlaubte, bei der Warenprüfung Zeit zu gewinnen, bzw. jenen, die weder in diesem Bereich kompetent waren noch über ausreichend Informationen verfügten, Garantien zu bieten.

Mit *Philippe Minard* erscheint der Hinweis darauf wichtig, dass diese Praktiken in aller Regel von amtlichen Reglements der öffentlichen Hand ratifiziert wurden. Sie waren daher mehr als nur ein informelles Informationssystem, denn sie boten echten Schutz im Sinn einer minimalen Qualitätsgarantie. Indem sie die gegenseitigen Vorannahmen absicherten, begünstigten sie das effiziente Funktionieren der Märkte. An dieser Stelle drängt sich eine wichtige, zugleich praktische und theoretische Frage auf: Wie ist das Verhältnis zwischen Konvention und Reglement zu verstehen? Sind Konventionen schlicht die Anwendung von offiziellen Regelungen? Oder gehen – im Gegenteil – die amtlichen Reglements aus Konventionen zwischen Akteuren hervor? *Philippe Minard* kann überzeugend darlegen, dass zumindest im Fall des Ancien Regimes die amtlichen Reglements die Konventionen der Akteure mit ihren Taxonomien und Nomenklaturen übernahmen, sodass in diesem Fall die Konventionen den Reglements eindeutig vorausgingen.

Die Beiträge von *Alessandro Stanziani* und *Vera Hierholzer* behandeln beide jene historischen Prozesse, die vom 19. bis zu Beginn des 20. Jahrhunderts in mehreren Ländern (Deutschland, USA, Frankreich und Großbritannien) die öffentliche Hand dazu bewegten, Herstellung und Vermarktung von Lebensmitteln zu regulieren. In all diesen Ländern wirkten sehr ähnliche Sorgen um Volksgesundheit,

Verbraucherschutz und fairen Wettbewerb. Sie wurden aber von Problemstellungen, Maßnahmen, Konzeptionen des Staates und seines Verhältnisses zu den anderen Akteuren und Prozessen geprägt, die sich je nach Unterschieden und Ähnlichkeiten in jedem Land anders darstellten. *Alessandro Stanziani* vergleicht in seinem Beitrag vor allem die Rechtsordnung der einzelnen Länder bzw. den Grad, die Mittel und die Probleme der Verrechtlichung, während *Vera Hierholzer* sich auf Deutschland konzentriert, um an diesem Beispiel die Originalität des hier umgesetzten, kollektiven Zugangs zur Regelung der Lebensmittelqualität darzustellen. Sie arbeitet dabei die Schlüsselrolle der wissenschaftlichen (Lebensmittelchemie) sowie der industriellen Milieus heraus und demonstriert die komplexe, sich historisch wandelnde Artikulation zwischen der Rolle des Staates, der Lebensmittel produzierenden bzw. vermarktenden Berufe und der Wissenschaftler. Beide Beiträge beleuchten damit die Langzeitentwicklung der Qualitätskonventionen für Lebensmittel während der Industrialisierung.

Die „Konsumentin" bzw. der „Konsument" war dabei das Ende der Wertschöpfungskette, die von den landwirtschaftlichen und chemischen Inhaltsstoffen über die Produktion, den Transport, den Groß- und Einzelhandel bis zu jenen reichte, die die Dinge benutzten und verbrauchten. Der Begriff der „Konsumentin" bzw. des „Konsumenten" war eine sprachliche Neuschöpfung der Juristen, die im Rahmen der Industrialisierungsprozesse seit dem Ende des 19. Jahrhundert auftauchte. Als eigenständige soziale Kategorie spielte er im Entstehungsprozess von Qualitätskonventionen für Lebensmittel allerdings lange nur eine untergeordnete Rolle. Zwar entstanden Interessenvertretungsvereine der Konsumenten zu dieser Zeit, doch „der Konsument" war von den Figuren des Bürgers oder des Arbeiters noch kaum geschieden. Mehr und mehr formulierten jedoch einflussreiche Akteure in seinem Namen und zu seiner Verteidigung Forderungen und gestalteten ihren Wettbewerb in Sachen Qualitätskonventionen. Auf diese Weise blieben die Wünsche der Konsumenten hinsichtlich der Qualitätskonventionen allerdings vielstimmig und uneindeutig, und es war der Staat, der je nach Land auf unterschiedliche Weise zwischen diesen Stimmen vermitteln sollte.

Der Staat ist in diesem Zusammenhang aber nicht als ein Kollektivwesen zu verstehen, sondern repräsentiert eher eine Konstellation, die sich aus verschiedenen politischen Institutionen, Instrumenten und Praktiken zusammensetzte. Er war daher auch selbst das Ergebnis von mehr oder weniger gelungenen Prozessen, in denen Konkurrenzen und Kooperationen zwischen den „Konsumenten" und ihren Vertretern eine Rolle spielten, die ihre eigenen Vorstellungen davon hatten, was die öffentliche Hand auf welche Weise tun sollte oder nicht tun durfte, und die für durch ökonomische und soziale Interessengruppen ausgeübten Druck mehr oder weniger empfänglich waren (vgl. Diaz-Bone 2018, S. 233 f.).

Fügt man hinzu, dass diese politischen Prozesse sozial und historisch in spezifischen, nationalstaatlichen Formationen verankert waren, wird verständlich, dass ihre Gestaltung bei allen übergreifenden Dynamiken sehr eng mit der jeweiligen nationalen Geschichte verknüpft, aber auch in hohem Maße unvorhersehbar ist. Das Ergebnis ist ein mehr oder weniger abgeschlossener Wandel der Qualitätskonventionen für Lebensmittel, wobei die vom Staat initiierten Gesetze, Regelungen, Anreize und die Delegation von Verantwortung die Triebkräfte dieses Wandels darstellten.

Alessandro Stanziani und *Vera Hierholzer* legen in ihren Beiträgen nahe, dass der vielstimmige Diskurs über die Konsumenten und ihre Wünsche bei aller Diskordanz auf ein gemeinsames Thema hin konvergierte: das Thema der Volksgesundheit. Dieses Thema wurde einerseits weitgehend von der Hygienebewegung getragen, andererseits aber auch von den Standpunkten einer ganzen Reihe anderer Gruppen geprägt. Es umfasste die Entwicklung der Produkte, ihrer Inhaltsstoffe, Techniken und Vermarktungswege und umspannte damit eine Vielzahl sozialer, politischer und ökonomischer Aspekte, für deren Berücksichtigung und Durchsetzung sich die Akteure an den Staat wandten. Dabei diente es als willkommenes Vehikel der – je nach Land unterschiedlichen – moralischen Diskurse über die Wettbewerbsdisziplin.[9]

Das Thema hatte aber auch wichtige politische Implikationen: Betrug, Fälschung, Veränderung und Nachahmung von Produkten wurden in dem Maße zum Gegenstand eines wuchernden Negativdiskurses, in dem Ärzte und Wissenschaftler ihre Gesundheitsschädlichkeit nachweisen konnten. Verurteilt wurde nun im Namen der Volksgesundheit das Beimischen von Wasser (die sogenannte „mouillage") und verschiedener Substanzen (etwa Gips, Fuchsin, Salizylsäure, Zucker u. a.) zum Wein, an denen sich vorher lange Zeit niemand gestört hatte, wenn es etwa um billige Getränke für Arme, städtische Handwerker oder Arbeiter ging. Wer Wein panschte und verkaufte, konnte nun wegen Wettbewerbsbetrug gegenüber seinen Kunden verurteilt werden, da man ihm den Vorwurf machen konnte, einen illegitimen Wettbewerbsvorteil realisiert und die Erwartungen hinsichtlich der Qualität nicht erfüllt zu haben. Dieses Argument wurde vor allem vom Großhandel gegen den Einzelhandel verwendet, der als für diese Art von Betrug hauptverantwortlich galt.

---

[9]Wettbewerbsdiziplin ist freilich ein älteres Thema wie u. a. Philippe Minard in seinem Beitrag darstellt. Erinnert sei hier auch daran, dass die Europäische Kommission während der Präsidentschaft Delors im Namen der Wettbewerbsgerechtigkeit eine Reihe von Direktiven zur Arbeitssicherheit und -gesundheit entwickelte (Salais 2012, 2013).

Fragt man in diesem Kontext nach der Entwicklung der Qualitätskonventionen und den in erster Linie betroffenen Akteuren, so kann man grob drei Entwicklungsmodelle unterscheiden: erstens die vom Liberalismus und dem „Common Law" geprägten Länder wie Großbritannien und die USA; zweitens Länder wie Deutschland, in denen Wissenschaftler bei der Festlegung von Qualitätskonventionen eine dominierende Rolle spielten, und schließlich als dritte Variante Staaten wie Frankreich, die Wirtschaftsliberalismus und zentralstaatliche Intervention kombinierten. Freilich heißt das nicht, dass nicht auch hin und wieder gewisse Abweichungen in die eine oder andere Richtung auftraten. In den von der angelsächsischen Tradition geprägten Ländern wurde den Konsumenten – mit Ausnahme einiger Phasen, in denen Einfuhrbeschränkungen galten – in der Regel unterstellt, zu einer freien Wahl fähig zu sein. Anders gesagt, es wurde davon ausgegangen, dass sie die Qualitätskonventionen kannten, auf die sich das ihnen angebotene Produkt bezog, und entsprechend abschätzen konnten, inwieweit man versuchte sie zu betrügen; sie waren damit also für ihre Kaufentscheidung selbst verantwortlich und daher auch selbst schuld, wenn sie sich irrten. Hierfür benötigten sie aber gleichzeitig auch korrekte Informationen sowie Zugang zu diesen Informationen, die folglich zirkulieren mussten.

Auch das französische Recht, mit seiner Betonung der Gleichheit der Vertragspartner hinsichtlich ihres freien Willens, entwickelte sich in diese Richtung. In den Debatten an der Schwelle zum 20. Jahrhundert wurde in Frankreich von der Notwendigkeit ausgegangen, dass die Konsumenten durch eine rechtliche Regelung vor Betrug und Fälschung zu schützen bzw. die Justiz zu autorisieren sei, den Kaufvertrag gegebenenfalls zu annullieren. Die Konsumenten, so wurde argumentiert, hätten nicht die (reelle) Möglichkeit, die charakteristischen Merkmale eines Produkts zu kennen, selbst wenn sie über die entsprechenden Informationen verfügt und daher den Betrug hätten erkennen können.[10] Vor diesem Hintergrund erhielt die naturwissenschaftliche Expertise eine neue Bedeutung, da zwischen den technischen Merkmalen und der juristischen Qualifizierung des zu prüfenden Falls ein enges Verhältnis hergestellt wurde. Die juristische Einschätzung bezog sich dabei weniger auf die Interpretation des freien Willens der beteiligten Parteien. Vielmehr interessierte sie sich gewissermaßen für die „Natur" der Dinge. Gleichzeitig aber blieb die technische Expertise dem Recht und seinen Regelungen unterworfen.

[10]Vgl. das Gesetz über die Weinpanscherei von 1894, siehe den Beitrag von Alessandro Stanziani in diesem Band.

Vera Hierholzer zeigt ihrerseits, dass dieser Prozess in Deutschland einen ganz anderen Weg nahm. Dies lag nicht zuletzt am föderalen Charakter des Deutschen Kaiserreiches (und auch der heutigen Bundesrepublik), in dem sich die Vorstellung eines überall einheitlichen, zentralisierten Rechts nur teilweise durchgesetzt hatte bzw. sich das Recht darauf beschränkte, einen offenen Rahmen zu setzen, innerhalb dessen die konkreten Regelungen von den Bundesstaaten (heute den Bundesländern), Berufsverbänden und wissenschaftlichen Milieus auf dem Kooperationsweg festgelegt wurden. Das Deutsche Kaiserreich besaß ein dezentralisiertes Forschungssystem mit auf die Länder verteilten, spezialisierten Laboren. Aufgrund der schnellen und machtvollen Industrialisierung Deutschlands folgte die Zusammenarbeit zwischen Wissenschaftlern, Ingenieuren und Industriellen auf dem Gebiet der Lebensmittelkontrolle dem Leitprinzip der gegenseitigen Anerkennung ihrer unterschiedlichen Interessen. Daraus folgte, dass Wissenschaftler und Ingenieure bzw. ihre jeweiligen Berufsverbände in Verbindung mit der Industrie die Verantwortung übernahmen (oder sie wurde ihnen übertragen), etwaige Gesundheitsregeln festzulegen und damit auch die industriellen Normen und Standards zu bestimmen. Ziel war dabei weder vorrangig der Schutz der Konsumenten, noch ausschließlich das Verbot gesundheitsgefährdender Produkte oder Substanzen. Es ging vielmehr um Risikoprävention und insofern um eine kollektive Arbeit an den technischen Verfahren und Zusatzstoffen, insbesondere im Bereich der Lebensmittelchemie. Die Verbände monopolisierten gleichsam Aufgaben der technischen Information, der Entwicklung von Standards und der Expertise für Regierungsbehörden und Gerichte. Ohne eine wirkliche rechtliche Grundlage nahmen sie Funktionen wahr, die weder vom öffentlichen Recht noch von offiziellen Ordnungen erfüllt wurden.

Einer der großen Vorteile des deutschen Systems gegenüber der zentralistischen Gesetzgebung war die kontinuierliche Erneuerung und Anpassung der Normen, technischen Verfahren und Produkte an Ereignisse und Forschungsfortschritte im Bereich der Gesundheitsvorsorge. Im Gegensatz dazu war die Regulierung per Gesetz oder Verordnung, deren Anwendung auf ein von Außen herangetragenes Urteil über die Befolgung der Normen begrenzt ist, allmählich mehr oder weniger ausgeprägt politischen Kompromissen unterworfen. Weil in diesem Fall der Staat die Norm setzte, wurde sie als unveränderlich und unflexibel betrachtet. Auch in Bezug auf die Wettbewerbsregeln hat das deutsche System der kontinuierlichen Anpassung einen zwar nicht irreversiblen, aber doch wichtigen Vorsprung vor den anderen nationalen Systemen errungen (ein absoluter Wettbewerbsvorteil, wie es in der Industrieökonomie heißt).

Aus der Perspektive des Ansatzes der Qualitätskonvention ist der deutsche Fall bemerkenswert, weil sich hier die technische Norm von der Qualitätskonvention, wie wir sie verstehen, nicht mehr unterscheidet (siehe hierzu den Beitrag von Anne-Françoise Garçon) – ja, mehr noch: Die Qualitätskonvention verdrängt die Norm. Sie ist nämlich Gegenstand einer Qualitätspolitik (d. h. eines Systems der Beratungen, Verhandlungen und der Suche nach Übereinkunft zwischen den Akteuren), die im vorliegenden Fall zugleich sich selbst bewusst, kollektiv und kontinuierlich ist. Sie hat deshalb auch größere Chancen, sich an die Wirklichkeit „anzuschmiegen" als die Rechtsnorm.

In allen Ländern wurde die Einführung von Gesundheitsschutzregeln nicht nur vom Staat, sondern auch von großen Unternehmen und dem Großhandel unterstützt, die mit großen Produktmengen umgingen und ein vertieftes Verständnis von Produktivität hatten. Bereits vor dem Zweiten Weltkrieg ergab sich bei den Qualitätskonventionen für Lebensmittel daher eine Dynamik der Standardisierung. Allerdings bleiben Fragen offen, etwa die nach dem konkreten Gegenstand der Standardisierung, nach ihrem Umfang in einzelnen Ländern und Marktsegmenten, nach dem Widerstand anderer, an die Tradition anknüpfender Konventionen oder nach dem Geschmack jenseits der Gesundheitsfragen.

Ganz andere Perspektiven auf das Verhältnis von Qualität und Standardisierungsprozessen, Rechtsnormen und Staatlichkeit in Bezug auf Produkte und Dienstleistungen ergeben sich aus der Untersuchung der realsozialistischen Diktaturen. Die Standardökonomie mit ihren klassischen Grundannahmen über Freiheit, Handel und ökonomische Subjektivität tut sich naturgemäß schwer mit der Untersuchung von Planwirtschaften, in denen Produktion und Distribution vollständig staatlich organisiert sind. Was kann daher eine Sozialökonomie der Konventionen mit ihrer Betonung gesellschaftlicher Konstruktionsprozesse von Produktqualität in einem solchen Fall leisten? Der Beitrag zu Produktqualität in der DDR von *Manuel Schramm* ist hier aufschlussreich. Von der Feststellung ausgehend, dass in der heutigen Wahrnehmung „Qualität und DDR" kaum zusammenpassen wollen, untersucht er die Bemühungen der Behörden, die Qualität von in der DDR produzierten Gütern zu kontrollieren und sicherzustellen. Dabei wird deutlich, dass die Qualität der Produkte in der Mangelwirtschaft DDR meistens nachrangig behandelt wurde – dies gilt vor allem für die ersten Jahrzehnte nach der Staatsgründung, als der Massenausstoß an Konsumgütern im Vordergrund stand. Dies zeigt *Manuel Schramm* an der Produktion von Betrieben, die traditionell hochgeschätzte Qualitätsware herstellten wie Carl-Zeiss in Jena oder die Porzellan-Manufaktur in Meißen. Beiden Betrieben fehlten nach dem Krieg entweder wichtige Experten oder sie mussten auf billige Massenartikel umstellen. Zwar führte die DDR im Zuge wirtschaftspolitischer Reformen Anfang der 1960er Jahre ein eigenes Qualitätssiegel und „Weltstandsvergleiche" ein, die die Produktqualität an internationalen Standards messen sollten. Doch die Betriebe hatten so erhebliche Spielräume bei der Prüfung und

Verleihung des Siegels, dass die Kontrolle kaum effektive Auswirkungen auf die Qualität hatte.

Die Qualität von Konsumgütern war aufgrund der staatlichen Einfassung und Organisation des Vertriebs sowie der Nichterfüllung der offiziell proklamierten hohen Ansprüche an die inländische Produktion daher auch ein Politikum. Dieses Moment legt *Manuel Schramm* für die Spätphase der DDR etwa am Beispiel der „Kaffeekrise" des Jahres 1977 dar. Um die Devisenreserven zu schonen, ließ die DDR-Führung die billige Kaffeesorte aus dem Vertrieb nehmen, die Bohnen für die Herstellung der teureren Sorte verwenden und eine neue billige Sorte einführen, die mit Ersatzstoffen gemischt war. Die Verbraucher protestierten heftig gegen die versteckte Preiserhöhung, der billige Kaffeeersatz blieb in den Regalen liegen. An dieser Stelle zeigt sich zum einen, dass Konventionen über die Qualität der Produkte auch in der Planwirtschaft existierten: Die Verbraucher erwarteten nämlich, dass der Kaffee kontinuierlich bestimmte Eigenschaften, eine bestimmte Qualität aufwies. Da die Staatsführung für die qualitative Veränderung des Angebots verantwortlich gemacht wurde – und indirekt auch tatsächlich war –, war der Verbraucherprotest unmittelbar politisch.

Gleichzeitig demonstriert das Beispiel aber auch die Grenzen der Konvention: Wurde die implizite Übereinkunft über die Produktqualität einseitig von einem „volkseigenen Betrieb" aufgekündigt wie hier im Fall des Kaffees (die Konsumgeschichte der DDR ist voll von weiteren Beispielen), hatten die Verbraucher selten die Möglichkeit, auf das Produkt eines anderen Produzenten – oder überhaupt ein anderes Produkt – auszuweichen. Wie *Manuel Schramm* zeigt, wusste man in den Betrieben um die schlechte Qualität und einigen gelang es auch mit verschiedenen Taktiken, die Qualität der eigenen Produkte sicherzustellen. Generell aber – und das ist ein Spezifikum planwirtschaftlicher Konstellationen wie der realsozialistischen Diktatur DDR – scheint sich der Vertrauensverlust der Verbraucher bezüglich der inländischen Waren spätestens in den 1980er Jahren auf die Staatsführung selbst ausgewirkt zu haben, zumal viele DDR-Bürger „Westpakete" empfingen und die Produktqualität vergleichen konnten.

In einem theoretischen Beitrag erläutert *Robert Salais* abschließend die konventionenökonomische Auffassung von Normen, Konventionen und Institutionen der Produktqualität sowie ihres Verhältnisses zueinander. Er geht dabei von einer Kritik des Norm- und Qualitätsverständnisses der ökonomischen Standardtheorie aus und argumentiert, dass beides in einen grundlegenden Widerspruch führt. Die neoklassische Wirtschaftstheorie hält nämlich die Frage der Qualitätsphänomene in der Regel bereits für gelöst, bevor der Markt überhaupt funktioniert. Aus dieser Perspektive kann der Begriff der Qualitätsnorm nur als zwingende Vorschrift formuliert werden, die sich auf den perfekten Markt von Außen, d. h. immer störend auswirkt. Da die freilich nicht nur in der Wirtschaftstheorie verbreitete liberale Anthropologie von einer ausschließlichen Orientierung der Akteure an ihrem Eigennutz ausgeht, kann sie institutionalisierte Normen nur als polizeilich-disziplinäre Korrektur abweichenden Verhaltens konzipieren. Eine am Gemeinwohl orientierte Normpraxis ist nicht vorgesehen. Standards und Normen der Produktqualität können aus dieser Perspektive für Wirtschaftsakteure nur ohne den Staat legitim sein; sie sind Signale für den Markt, so *Robert Salais,* stellen nur oberflächliche Markierungen der Produkte dar, die maßgeblich von Branchenverbänden ausgearbeitet werden. Problematisch und widersprüchlich wird es dann, das zeigt sich auch im Beitrag von *Philippe Minard,* wenn gegen diese auf Selbstverpflichtungen beruhenden Qualitätsstandards verstoßen wird – denn letztlich ergibt sich genau diese Wahrscheinlichkeit aus der Standardtheorie: Wenn sich ein Produzent einen eigennützigen Wettbewerbsvorteil dadurch verschaffen kann, dass er gegen die selbstauferlegten Standards verstößt, wird er es – jedenfalls der Theorie zufolge – fast zwangsläufig auch tun.

Das konventionenökonomische Verständnis von Normen und Institutionen beruht *Robert Salais* zufolge auf anderen Grundlagen. Er definiert Institutionen als „Dispositive der Konfliktregelung und der Koordinationsförderung" (S. 317). An die Stelle der Norm als Zwang – aber auch als Habitus im Sinne Pierre Bourdieus, denn in der konventionenökonomischen Pragmatik wird dem Reflexionsvermögen der Akteure gegenüber einer anonymen, sich gleichsam hinter ihrem Rücken vollziehenden Automatik allgemein der Vorzug gegeben (vgl. Boltanski und Thévenot 2007) – treten zwei voneinander relativ unabhängige Ebenen der ökonomischen und sozialen Wirklichkeit: die Ebene der Konvention einerseits und die der Institution andererseits.

Durch diese Perspektive gewinnt die Konventionenökonomie gegenüber den vielfältigen sozioökonomischen Realitäten einigen Interpretationsspielraum. Sie kann so etwa dem komplexen Verhältnis zwischen brancheninternen Qualitätskonventionen einerseits und gesetzlichen Qualitätsnormen andererseits ebenso Rechnung tragen wie den zahlreichen Kompatibilitätsproblemen und Unsicherheiten, die sich aus dem Aufeinandertreffen von Qualitätskonventionen auf lokaler, nationaler oder internationaler Ebene ergeben können. Diese bringen nämlich für die Akteure Ungewissheiten mit sich, bedeuten aber auch Handlungsfreiheiten und ermöglichen Risikostrategien. Vor diesem Hintergrund definiert *Robert Salais* die Norm als Zustandsmodell einer Sache, das als Referenz bei der Problematisierung und Beurteilung einer beobachteten Wirklichkeit dient. Diese pragmatische Auffassung stattet die Norm gleichsam mit einem „Doppelleben" zwischen Substanz und Verfahren (S. 331) aus, siedelt sie auf einer Ebene zwischen solchen Qualitätskonventionen an, die in Texten institutionalisiert, stabilisiert und sedimentiert sind; und solchen Qualitätskonventionen, die im Alltag des Wirtschaftslebens auch weiterhin jenseits der textlichen Dimension entwickelt werden und wirken.

Dieses Norm- und Institutionenverständnis impliziert freilich auch eine bestimmte Auffassung von der Rolle und Funktion des Staates für die Wirtschaft im Allgemeinen und für die Qualität der Produkte im Besonderen. Konventionen der Produktqualität können, so *Robert Salais,* nur dann angemessen untersucht werden, wenn sowohl die Rolle der verschiedenen Akteure als auch ihre Vorstellungen von Staatlichkeit, ihre Erwartungen an den Staat und an staatliche Legitimität berücksichtigt werden. Gegenüber der standardökonomischen „Konvention des abwesenden Staates" (S. 333) geht es für den subsidiären Staat der Konventionenökonomie um ein wesentlich weiteres und wichtigeres Feld als den Markt: nämlich darum, Normen der Qualität in den Konventionen des Alltags zu verankern (vgl. Salais 2015). Die Produkte werden nicht nur oberflächlich markiert, sondern die Normen in die Produkte selbst inkorporiert, um Einfluss auf Wirtschaft und Gesellschaft zu nehmen und die ökonomische Rationalität um Aspekte des Gemeinwohls anzureichern.

4.3 Postskriptum: Qualitätspolitik als Dingpolitik

Der letzte Beitrag des Bandes richtet den Blick vor dem Hintergrund der historischen Analysen zur Qualität sehr unterschiedlicher Produkte vom 11. bis zum 20. Jahrhundert auf unsere Gegenwart und Zukunft. Er ist in diesem Sinn ein Postskriptum – gleichzeitig aber auch ein Ausblick, denn *Robert Salais* entwickelt grundlegend neue Perspektiven für konventionenökonomische Untersuchungen der uns umgebenden Produktwelt.

Um den Ausgangspunkt seiner Überlegungen zu veranschaulichen, kehren wir noch einmal zu den Konventionen der Lebensmittelqualität zurück. Die erfolgreiche Durchsetzung der Gesundheitsaspekte ist ein öffentliches Gut, soviel scheint angesichts der Geschichten von Betrügereien und Fälschungen sowie der zeitgenössischen Beschreibungen der von ihnen verursachten Schäden sicher. Sie hat jedoch nicht nur die eher stümperhaften Vorgehensweisen unterbunden, sondern eben auch dem Einzug der Chemie in die menschliche und tierische Ernährung erheblich Vorschub geleistet. Dieser Prozess mag sich anfänglich noch eher unauffällig vollzogen haben, doch heute ist der Einfluss der Lebensmittelchemie massiv und betrifft eine viel größere Bandbreite vor allem pharmazeutischer Stoffe und Substanzen, als man sich früher vorzustellen vermochte. Heute werden all diese Substanzen per Konvention von den Produzenten und

Experten über die Konsumenten bis zu den Behörden, und über die ganze Länge der Nahrungskette mit Wohlwollen aufgenommen, solange nur stichhaltig genug (etwa mithilfe von wissenschaftlichen Gutachten) argumentiert werden kann, dass sie positive Wirkungen für die Gesundheit, die Lebensmittelsicherheit oder das Wohlbefinden der Menschen haben.

Die Ironie besteht darin, dass das – um den früheren Sprachgebrauch aufzugreifen – ‚kollektive Bewusstsein' dafür heute größer ist als je zuvor, dass uns diese Substanzen langsam aber sicher „vergiften". Der – allerdings nicht uneingeschränkte – Erfolg von „Bio-"Waren zeugt von diesen Ängsten. Die Debatte hat längst begonnen und trotz des Zauderns von Industriellen, trotz vielfältiger Interessenkonflikte schlagen immer mehr Wissenschaftler bzw. Bürger Alarm. Mit anderen Worten: „Unsere" heutigen Qualitätskonventionen verlieren hinsichtlich der gesundheitspolitischen Zielstellungen, die sie ja rechtfertigen, zunehmend ihre Stichhaltigkeit. Wir müssten folglich die heutigen Qualitätskonventionen für Lebensmittel verändern, d. h. die Qualitätspolitiken weiterentwickeln.

Das gilt indes keineswegs nur für die Qualitätskonventionen für Lebensmittel, denn Ähnliches lässt sich über eine Vielzahl anderer Produkte sagen, deren Herstellung und Konsum zu kaum rückgängig zu machenden Umweltschäden führen. Die Politik der Produkteigenschaften zu ändern ist allerdings kein leichtes Unterfangen. Die Beiträge zu diesem Sammelband führen uns unter anderem vor Augen, dass dies eine zwar notwendige, aber auch außerordentlich komplizierte Angelegenheit ist. Es geht dabei nicht ausschließlich um gegensätzliche Interessen und Kräfteverhältnisse, um Demokratie und politische Gut- oder Böswilligkeit, um Blindheit, schlichtes Negieren des Offensichtlichen oder ungewolltes bzw. absichtliches Missverstehen. Komplex ist die Angelegenheit vielmehr vor allem aufgrund der Qualitätskonventionen selbst, denn diese sind ja keineswegs das Ergebnis willentlicher und rationaler Entscheidungen und Konstruktionen: Qualitätskonventionen sind vielmehr das Produkt sozio-historischer Prozesse, die schrittweise eine beeindruckende Zahl an unterschiedlichen Akteuren mobilisieren, sowie die Schöpfung und Erneuerung einer Vielfalt an praktischen und gelehrten Wissensbeständen, Hypothesen und Arbeitsprotokollen erfordern. Einmal etabliert, erweisen sie sich aus einer Reihe an Gründen als äußerst stabil: Sie sind für Märkte, für Angebot und Nachfrage, von grundlegender Bedeutung. Als Basis wechselseitiger Antizipation werden sie zu „Daten" des Handelns, der Vorausplanung, der Koordination und, allgemeiner, der öffentlichen Politiken. Es handelt sich um Routinen, die jenseits der kollektiven Konflikte liegen, ja sie sogar tragen. Sie sind nicht mehr hinterfragbar, sie sind bisher noch nicht Gegenstand eines eigenen „Wissens", einer wissenschaftlichen Disziplin oder eines gemeinsamen Forschungsinteresses der verschiedenen Sozialwissenschaften.

Robert Salais geht mit seinem Beitrag einen Schritt in diese Richtung. An Aristoteles, Martin Heidegger und den amerikanischen Pragmatismus anknüpfend führt er in die Ökonomie der Qualitätskonventionen eine Unterscheidung ein, die an der Ontologie des Produkts selbst ansetzt: die Unterscheidung zwischen dem Produkt als Objekt und dem Produkt als Ding. Objekt und Ding, so sein Argument, implizieren jeweils unterschiedliche Seinsweisen des Produkts im Verhältnis zum Menschen. Während das Produkt als Objekt dem Menschen als Subjekt unterworfen ist, ja seit Descartes überhaupt nur als dem Subjekt Unterworfenes existieren kann, insistiert das Produkt als Ding neben dem Menschen in seiner Eigenständigkeit. Unschwer ist zu erkennen, dass *Robert Salais* mit dieser Differenzierung auch zwei mögliche Bezüge des Menschen zur Natur und seiner Umwelt adressiert. Denn während einerseits der Raubbau an der Natur, etwa bei der Gewinnung seltener Erden für die Produktion von Smartphones oder der monokulturelle Anbau von Pinien an der französischen Atlantikküste, die natürlichen Ressourcen und die aus ihnen hergestellten Produkte zum bloßen Objekt herabstuft, ist durchaus ein anderer, partnerschaftlicher Bezug des Menschen zur Umwelt denkbar, der Produkte in ihrer Dinglichkeit akzeptiert. *Robert Salais* führt in seinem Beitrag eine Reihe von Beispielen für solche Produkte als Dinge an. Ihnen ist gemeinsam, dass sie in den Praktiken der Menschen eine eigene Existenz entfalten, andere als die bezweckten Gebrauchsweisen ermöglichen, wie ein Kinderwagen (ein Beispiel Laurent Thévenots) oder ein Extruder für Salzcracker, die über verschiedene Phasen und Einsatzorte hinweg ein ganz eigenes Leben führen.

An die beiden Dimensionen des Produkts knüpft *Robert Salais* zwei unterschiedliche Typen von Qualitätskonventionen. Konventionen, die am Produkt als Objekt anknüpfen, streben nach größtmöglicher Allgemeinheit und danach, das Produkt seiner ihm immer auch innewohnenden Gegen-Ständlichkeit zu berauben, um sämtliche Faktoren auszuschließen, die die Zweckbestimmung stören könnten, der es zugedacht ist. Qualitätskonventionen, die am Produkt als Ding anknüpfen, berücksichtigen dagegen die Besonderheit des speziellen Dings, sie rechnen damit, dass es ein Eigenleben führt und ihm ein Vermögen innewohnt, das über seine Zweckbestimmung hinausgehen kann.

Diese Konzeption hat Konsequenzen für die Politik der Produkteigenschaften bzw. die Qualitätspolitik. Von der eigenständigen, partnerschaftlichen Dinglichkeit der Produkte führt der Weg zu ihrer Beteiligung (vermittels Fürsprecher) an politischen Diskussionen und Verfahren, in denen es um die Regulierung ihrer Gewinnung (im Fall von Rohstoffen), Produktion (im Fall von Industriegütern) oder ihres Verbrauchs geht. *Robert Salais* berührt mit seinen eigenen Vorstellungen von „Dingpolitik" ein Anliegen, das auch von Protagonisten der Akteur-Netzwerk-Theorie wie Bruno Latour oder Michel Callon vertreten wird.

Um den Produkten als Dingen Gehör zu verschaffen und entsprechende Qualitätskonventionen zu etablieren, bedarf es *Robert Salais* zufolge jener bereits in seinem anderen Beitrag zum Band dargestellten, staatlichen Normpraxis, die dazu beiträgt, Qualitätsnormen in den Produkten zu verankern. Sie sollten der Dinglichkeit der Produkte und ihrer Herkunft Rechnung tragen und die Rationalität des Wirtschaftens um Aspekte des Gemeinwohls anreichern, zu denen eindeutig auch der Schutz der Umwelt zählt. Auch dies ist ein wichtiges Ergebnis des Bandes, der über die historische Rückschau hinaus auch für Forschung und Politik gleichermaßen zukunftsweisende Perspektiven entwerfen möchte, um damit eine breitere Debatte über die in ihren komplexen Konfigurationen nur historisch-empirisch genau erfassbaren Qualitätspolitiken anzuregen.

Literatur

Atkins, Peter, Jérôme Bourdieu, und Martin Bruegel. 2007. That elusive feature of food consumption: Historical perspectives on food quality, a review and some proposals. *Food and History* 5:247–266.

Bänziger, Peter-Paul, und Mischa Suter, Hrsg. 2017. *Histories of productivity. Genealogical perspectives on the body and modern economy*. New York: Routledge.

Batifoulier, Philippe, Hrsg. 2001. *Théorie des conventions*. Paris: Economica.

Batifoulier, Philippe, Franck Bessis, Ariane Ghirardello, Guillemette de Larquier, und Delphine Remillon, Hrsg. 2016. *Dictionnaire des conventions*. Lille: Septentrion.

Becker, Sven. 2014. *Empire of cotton: A global history*. New York: Alfred A. Knopf.

Beckert, Jens, Rainer Diaz-Bone, und Heiner Ganßmann, Hrsg. 2007. *Märkte als soziale Strukturen*. Frankfurt a. M.: Campus.

Berghoff, Hartmut, Hrsg. 1999. *Konsumpolitik. Die Regulierung des privaten Verbrauchs im 20. Jahrhundert*. Göttingen: Vandenhoeck & Ruprecht.

Berghoff, Hartmut, Hrsg. 2007. *Marketinggeschichte. Die Genese einer modernen Sozialtechnik*. Frankfurt a. M.: Campus.

Berghoff, Hartmut, und Jakob Vogel, Hrsg. 2004. *Wirtschaftsgeschichte als Kulturgeschichte. Dimensionen eines Perspektivenwechsels*. Frankfurt a. M.: Campus.

Berghoff, Hartmut, Philipp Scranton, und Uwe Spiekermann, Hrsg. 2012. *The rise of marketing and market research*. New York: Palgrave Macmillan.

Bessy, Christian. 2012. Institutions and conventions of quality. *Historical Social Research* 37 (4): 15–21.

Bessy, Christian. 2015. The dynamics of law and conventions. *Historical Social Research* 40 (1): 62–77.

Bessy, Christian, und Francis Chateauraynaud. 2014. *Experts et faussaires. Pour une sociologie de la perception*. Paris: Editions PETRA.

Boisard, Pierre. 1991. The future of a tradition: Two ways of making camembert, the foremost cheese of France. *Food and Foodways* 4 (3/4): 173–207.

Boisard, Pierre, und Marie-Thérèse Letablier. 1987. Le camembert: normand ou normé. Deux modèles de production dans l'industrie fromagère. In *Entreprises et produits*, Hrsg. François Eymard-Duvernay, 1–29. Paris: Presses Universitaires de France (= Cahiers du Centre d'études de l'emploi 30).

Boltanski, Luc, und Laurent Thévenot. 1991. *De la justification*. Paris: Gallimard.

Boltanski, Luc, und Laurent Thévenot. 1999. The sociology of critical capacity. *European Journal of Social Capacity* 2 (3): 359–377.

Boltanski, Luc, und Laurent Thévenot. 2006. *On justification. Economies of worth*. Princeton: Princeton University Press.

Boltanski, Luc, und Laurent Thévenot. 2007. *Über die Rechtfertigung Eine Soziologie der kritischen Urteilskraft*. Hamburg: Hamburger Edition.

Bourdieu, Jérôme. 1996. *Anticipations et ressources finies: le marché pétrolier américain dans l'entre-deux-guerres*. Paris: Editions de l'EHESS.

Bourdieu, Jérôme, Martin Bruegel, und Alessandro Stanziani, Hrsg. 2004. *Nomenclatures et classifications: approches historiques, enjeux économiques*. Paris: Éditions de l'EHESS.

Bourdieu, Pierre. 1976. *Entwurf einer Theorie der Praxis*. Frankfurt a. M.: Suhrkamp.

Bruegel, Martin, und Alessandro Stanziani, Hrsg. 2004. *La sécurité alimentaire, entre santé et marché*. Paris: Belin (=Revue d'histoire moderne et contemporaine 51).

Callon, Michel. 1998. *Laws of the markets*. London: Wiley.

Cottereau, Alain. 2002. Droit et bon droit, un droit des ouvriers instauré puis évincé par le droit du travail. *Annales Histoire et Sciences Sociales* 57 (6): 1521–1561.

Daviron, Benoit, und Stefano Ponte. 2005. *The coffee paradox. Global markets, commodity trade and the elusive promise of development*. London: Zed Books.

De Grazia, Victoria, und Ellen Furlough, Hrsg. 2008. *The sex of things: Gender and consumption in historical perspective*. Berkeley: University of California Press.

De Munck, Bert. 2011. Guilds, product quality and intrinsic value. Towards a history of conventions? *Historical Social Research* 36 (4): 103–124.

De Munck, Bert. 2012. Conventions, the great transformation and actor network theory. *Historical Social Research* 37 (4): 44–54.

De Munck, Bert, und Dries Lyna. 2015. Locating and dislocating value: A pragmatic approach to early modern and nineteenthy-century economic practices. In *Concepts of value in European material culture, 1500–1900*, Hrsg. Bert De Munck und Dries Lyna, 1–29. Farnham: Ashgate.

De Munck, Jean. 2008. Qu'est-ce qu'une capacité. In *La liberté au prisme des capacités. Amartya Sen au-delà du libéralisme*, Hrsg. Jean De Munck und Bénédicte Zimmermann, 21–49. Paris: Ecole des Hautes Etudes en Sciences Sociales.

Dejung, Christof. 2013. *Die Fäden des globalen Marktes: Eine Sozial- und Kulturgeschichte des Welthandels am Beispiel der Handelsfirma Gebrüder Volkart 1851–1999*. Köln: Böhlau.

Dejung, Christof, Monika Dommann, und Daniel Speich Chassé. 2014. Einleitung: Vom Suchen und Finden. In *Auf der Suche nach der Ökonomie: Historische Annäherungen*, Hrsg. Christof Dejung, Monika Dommann, und Daniel Speich Chassé, 1–15. Tübingen: Mohr Siebeck.

Desrosières, Alain. 2005. *Die Politik der großen Zahlen: Eine Geschichte der statistischen Denkweise* (Aus dem Franz. von Manfred Stern). Berlin: Springer.

Desrosières, Alain. 2009. How to be real and conventional: A discussion of the quality criteria of official statistics. *Minerva* 47:307–322.

Desrosières, Alain. 2011. The economics of convention and statistics: The paradox of origins. *Historical Social Research* 36 (4): 64–81.

Diaz-Bone, Rainer. 2005. Strukturen der Weinwelt und der Weinerfahrung. *Sociologia Internationalis* 43 (1/2): 25–57.

Diaz-Bone, Rainer, Hrsg. 2011. *Soziologie der Konventionen. Grundlagen einer pragmatischen Anthropologie*. Frankfurt a. M.: Campus.

Diaz-Bone, Rainer. 2012. Elaborating the conceptual difference between conventions and institutions. *Historical Social Research* 37 (4): 64–75.

Diaz-Bone, Rainer. 2017. Classifications, quantifications and quality conventions in markets – Perspectives of the economics of convention. *Historical Social Research* 42 (1): 238–262.

Diaz-Bone, Rainer. 2018. *Die „Economie des conventions". Grundlagen und Entwicklungen der neuen französischen Wirtschaftssoziologie*, 2. Aufl. Wiesbaden: Springer VS.

Diaz-Bone, Rainer, und Gertraude Krell, Hrsg. 2009. *Diskurs und Ökonomie: diskursanalytische Perspektiven auf Märkte und Organisationen*. Wiesbaden: Springer VS.

Diaz-Bone, Rainer, und Robert Salais. 2011. Economics of convention and the history of economics. Towards a transdisciplinary approach in economic history. *Historical Social Research* 36 (4): 7–39.

Diaz-Bone, Rainer, und Robert Salais. 2012. The Économie des Conventions – Transdisciplinary Discussions and Perspectives. *Historical Social Research* 37 (4): 9–14.

Diaz-Bone, Rainer, Claude Didry, und Robert Salais. 2015. Conventionalist's perspectives on the political economy of law. An introduction. *Historical Social Research* 40 (1): 7–22.

Didier, Emmanuel. 2016. Alain Desrosières and the Parisian flock. Social studies of quantification in France since the 1970s. *Historical Social Research* 41 (2): 27–47.

Dodier, Nicolas. 2011. Konventionen als Stützen der Handlung: Elemente der soziologischen Pragmatik. In *Soziologie der Konventionen. Grundlagen einer pragmatischen Anthropologie*, Hrsg. Rainer Diaz-Bone, 69–97. Frankfurt a. M.: Campus.

Dupuy, Jean-Pierre, François Eymard-Duvernay, Robert Salais, und Laurent Thévenot. 1989. L'économie des conventions. *Revue économique* 40 (2): 141–400

Engel, Alexander. 2009. *Farben der Globalisierung: Die Entstehung moderner Märkte für Farbstoffe 1500–1900*. Frankfurt a. M.: Campus.

Epple, Angelika, und Dorothee Wierling, Hrsg. 2007. *Globale Waren*. Essen: Klartext.

Eymard-Duvernay, François. 1986. La qualification des produits. In *Le travail. Marchés, règles, conventions*, Hrsg. Robert Salais und Laurent Thévenot, 239–247. Paris: INSEE/Économica.

Eymard-Duvernay, François. 1989. Conventions de qualité et formes de coordinations. *Revue économique* 40 (2): 329–359.

Eymard-Duvernay, François, Hrsg. 2006. *L'économie des conventions, méthodes et résultats*, 2. Aufl. Paris: La Découverte.

Eymard-Duvernay, François, Olivier Favereau, André Orléan, Robert Salais, und Laurent Thévenot. 2011. Werte, Koordination und Rationalität: Die Verbindung dreier Themen durch die „Economie des conventions". In *Soziologie der Konventionen. Grundlagen einer pragmatischen Anthropologie*, Hrsg. Rainer Diaz-Bone, 203–230. Frankfurt a. M.: Campus.

Favereau, Olivier. 1989. Marchés internes, marchés externes. *Revue économique* 40 (2): 273–328.

Garcia-Parpet, Marie-France. 2017. Die Konstruktion eines perfekten Marktes. In *Dispositiv und Ökonomie: Diskurs- und dispositivanalytische Perspektiven auf Märkte und Organisationen*, Hrsg. Rainer Diaz-Bone und Ronald Hartz, 39–62. Wiesbaden: Springer VS.

Geisthövel, Alexa, und Volker Hess, Hrsg. 2017. *Medizinisches Gutachten. Geschichte einer neuzeitlichen Praxis*. Göttingen: Wallstein.

Gries, Rainer. 2003. *Produkte als Medien. Kulturgeschichte der Produktkommunikation in der Bundesrepublik und der DDR*. Leipzig: Leipziger Universitätsverlag.

Gries, Rainer, Volker Ilgen, und Dirk Schindelbeck, Hrsg. 1992. *Werbung als Geschichte*. Garbsen: Calenberg Press.

Guy, Kolleen M. 1999. Oiling the wheels of social life: myths and marketing in Champagne during the Belle Époque. *French Historical Studies* 22 (2): 211–239.

Haller, Lea. 2012. *Cortison: Geschichte eines Hormons, 1900–1955*. Zürich: Chronos.

Haupt, Heinz-Gerhard, und Claudius Torp, Hrsg. 2009. *Die Konsumgesellschaft in Deutschland 1890–1990: Ein Handbuch*. Frankfurt a. M: Campus.

Heinert, Felix. 2016. Der Rigaer städtische Schlachthof, der (koschere) Fleischmarkt und die Aushandlungen des Schlachtzwanges um 1900, oder: Wie „der Staat" gerufen wurde. In *Vom Vorrücken des Staates in die Fläche: ein europäisches Phänomen des langen 19. Jahrhunderts*, Hrsg. Jörg Ganzenmüller und Tatjana Tönsmeyer, 225–251. Köln: Böhlau.

Heinze, Karen. 2000. Geschmack, Mode und Weiblichkeit. Anleitungen zur alltäglichen Distinktion in Modezeitschriften der Weimarer Republik. In *Geschlecht und materielle Kultur: Frauen-Sachen, Männer-Sachen, Sach-Kulturen*, Hrsg. Gabriele Mentges, Ruth-E. Mohrmann, und Cornelia Foerster, 67–92. Münster: Waxmann.

Hierholzer, Vera. 2010. *Nahrung nach Norm. Regulierung von Nahrungsmittelqualität in der Industrialisierung 1871–1914*. Göttingen: Vandenhoeck & Ruprecht.

Hilger, Susanne, und Armin Landwehr, Hrsg. 2011. *Wirtschaft – Kultur – Geschichte. Positionen und Perspektiven*. Stuttgart: Steiner.

Jeggle, Christof. 2011. Pre-industrial worlds of production: Conventions, institutions and organizations. *Historical Social Research* 36 (4): 125–168.

Jeggle, Christof. 2017. Verträge als Element einer Historischen Anthropologie des Wirtschaftens. *Historische Anthropologie* 25 (2): 265–285.

Judde de Larivière, Claire, Hrsg. 2008. *Naviguer, commercer, gouverner: Économie maritime et pouvoirs à Venise (XVe–XVIe siècles)*. Leiden: Brill.

Kädtler, Jürgen. 2011. On conventions, institutions, power, and uncertainty – Some cursory remarks. *Historical Social Research* 37 (4): 36–43.

Kaplan, Steven L. 1976. *Bread, politics and political economy in the reign of Louis XV*, 2. Aufl. Den Haag: Nijhoff.

Kaplan, Steven L. 1996a. *Le meilleur pain du monde. Les boulangers de Paris au XVIIIe siècle*. Paris: Fayard.

Kaplan, Steven L. 1996b. *The bakers of Paris and the bread question, 1700–1775*. Durham: Duke University Press.

Kaplan, Steven L. 2015. *The stakes of regulation. Perspectives on bread, politics and political economy forty years later*. London: Anthem.

Knoll, Lisa, Hrsg. 2015. *Organisationen und Konventionen. Die Soziologie der Konventionen in der Organisationsforschung*. Wiesbaden: Springer VS.

Kocka, Jürgen. 2010. History, the social sciences and potentials for cooperation, with particular attention to economic history. *InterDisciplines* 1:43–63.

Lemercier, Claire. 2007. Institutions. In *Dictionnaire historique de l'économie-droit (XVIIIe–XXe siècle)*, Hrsg. Alessandro Stanziani, 195–211. Paris: LGDJ.

Margairaz, Dominique, und Philippe Minard, Hrsg. 2006. *Le marché dans son histoire*. Paris: Springer. (=Revue de Synthèse Themenheft 127).

Mentges, Gabriele, Ruth-E. Mohrmann, und Cornelia Foerster, Hrsg. 2000. *Geschlecht und materielle Kultur. Frauen-Sachen, Männer-Sachen, Sach-Kulturen*. Münster: Waxmann.

Minard, Philippe. 2003. Réputation, normes et qualité dans l'industrie textile française au XVIIIe siècle. In *La qualité des produits en France, XVIIIe–XXe siècles*, Hrsg. Alessandro Stanziani, 69–92. Paris: Belin.

Minard, Philippe. 2011. Facing uncertainty. Markets, norms and conventions in the eighteenth century. In *Regulating the British Economy 1660–1850*, Hrsg. Perry Gauci, 177–194. Farnham: Ashgate.

Morellet, Abbé André. 1980. *Prospectus d'un nouveau dictionnaire de commerce*. München: Krauss. (Erstveröffentlichung 1769).

Nadau, Thierry. 2005. *Itinéraires marchands du goût moderne: Produits alimentaires et modernisation rurale en France et en Allemagne (1870–1940)*. Paris: Éd. de la Maison des Sciences de l'Homme.

Persson, Karl Gunnar. 1999. *Grain markets in Europe, 1500–1900: Integration and deregulation*. Cambridge: Cambridge University Press.

Polanyi, Karl. 1944. *The great transformation*. New York: Farrar & Rinehart.

Prodöhl, Ines. 2010. How soy conquered the west, 1909–1950. *Bulletin of the German Historical Institute* 46:111–129.

Rischbieter, Julia Laura. 2011. *Mikro-Ökonomie der Globalisierung: Kaffee, Kaufleute und Konsumenten im Kaiserreich 1870–1914*. Köln: Böhlau.

Robbins, Bruce. 2005. Commoditiy histories. *Proceedings of the Modern Language Association* 120:454–463.

Rossfeld, Roman. 2007. *Schweizer Schokolade: Industrielle Produktion und kulturelle Konstruktion eines nationalen Symbols 1860–1920*. Baden: Hier+Jetzt, Verlag für Kultur und Geschichte.

Salais, Robert. 1985. La formation du chômage comme catégorie: le moment des années 1930. *Revue économique* 36 (2): 321–365.

Salais, Robert. 1989. L'analyse économique des conventions du travail. *Revue économique* 40 (2): 199–240.

Salais, Robert. 1990. Approches économiques et historiques récentes du marché. *Genèses* 1:162–170.

Salais, Robert. 1999. Conventions économiques et politique de qualité: vers une conception pragmatique et plurielle de l'action publique. In *The Socio-Economics of Origin Labelled Products: Spatial, Institutional and Coordination Aspects*, Proceedings of the 67th EAAE Seminar, Hrsg. Bertil Sylvander, Dominique Barjolle, und Filippo Arfini, 32–43. Le Mans: INRA.

Salais, Robert. 2007. Die „Ökonomie der Konventionen". Eine Einführung mit Anwendung auf die Arbeitswelt. In *Märkte als soziale Strukturen*, Hrsg. Jens Beckert, Rainer Diaz-Bone, und Heiner Ganßmann, 95–112. Frankfurt a. M.: Campus.

Salais, Robert. 2008. Conventions du travail, mondes de production et institutions: Un parcours de recherche. *L'homme et la société* 4 (1): 151–174.

Salais, Robert. 2009. The contours of a pragmatic theory of „situated" institutions and its economic relevance. https://halshs.archives-ouvertes.fr/halshs-00430543. Zugegriffen: 15. Febr. 2019.

Salais, Robert. 2012. Employment and the social dimension of Europe: What constitutive conventions of the market. In *Transforming european employment policy: Labour market transitions and the promotion of capability*, Hrsg. Ralf Rogowski, Robert Salais, und Noël Whiteside, 255–282. Aldershot: Elgar.

Salais, Robert. 2013. *Le viol de l'Europe. Enquête sur la disparition d'une idée*. Paris: Presses Universitaires de France (PUF).

Salais, Robert. 2015. Revisiter la question de l'Etat à la lumière de la crise de l'Europe. Etat situé, Etat extérieur, Etat absent. *Revue française de socio-économie,* Sonderheft 2:245–262.

Salais, Robert, und Laurent Thévenot, Hrsg. 1986. *Le travail. Marché, règles, conventions*. Paris: INSEE/Economica.

Salais, Robert, Nicolas Baverez, und Bénédicte Reynaud. 1999. *L'invention du chômage. Histoire et transformation d'une catégorie sociale*. Paris: Presses Universitaires de France (PUF). (Erstveröffentlichung 1986).

Salais, Robert, und Michael Storper. 1992. The four „worlds" of production. *Cambridge Journal of Economics* 16 (2): 169–193.

Salais, Robert, und Michael Storper. 1993. *Les mondes de production. Enquête sur l'identité économique de la France*. Paris: Editions de l'Ecole des Hautes Etudes en Sciences Sociales.

Salais, Robert, und Michael Storper. 1997. *Worlds of production. The action frameworks of the economy*. Cambridge: Harvard University Press.

Salais, Robert, Elisabeth Chatel, und Dorothée Rivaud-Danset, Hrsg. 1998. *Institutions et Conventions. La réflexivité de l'action économique*. Paris: Editions de l'Ecole des Hautes Etudes en Sciences Sociales.

Schivelbusch, Wolfgang. 1980. *Das Paradies, der Geschmack und die Vernunft: Eine Geschichte der Genußmittel*. München: Hanser.

Schramm, Manuel. 2012. Konsumgeschichte, Version: 2.0. Docupedia-Zeitgeschichte, 22.10.2012. http://docupedia.de/zg/Konsumgeschichte_Version_2.0_Manuel_Schramm?oldid=92883. Zugegriffen: 7. Juli 2018.

Siegenthaler, Hansjörg. 1999. Geschichte und Ökonomie nach der kulturalistischen Wende. *Geschichte und Gesellschaft* 25:276–301.

Siegrist, Hannes, Hartmut Kaelble, und Jürgen Kocka, Hrsg. 1997. *Europäische Konsumgeschichte. Zur Gesellschafts- und Kulturgeschichte des Konsums*. New York: Campus.

Smith, Adam. 1978. *Lectures on Jurisprudence*. Neuausgabe. Oxford: Clarendon (Erstveröffentlichung 1766).

Sougy, Nadège. 2004. Le combustible minéral au XIXe siècle: une affaire de qualités. In *Nomenclatures et classifications: Approches historiques, enjeux économiques*, Hrsg. Martin Bruegel und Alessandro Stanziani, 69–96. Paris: Éditions de l'EHESS.

Sougy, Nadège. 2008. *Les charbons de la Nièvre. La houillère de La Machine, ses produits et ses marchés (1838–1914)*. Paris: PUG.

Spiekermann, Uwe. 2004. Rationalitäten im Widerstreit. Die Bildung von Präferenzen am Beispiel des Lebensmittelmarktes im 20. Jahrhundert. In *Wirtschaftsgeschichte als Kulturgeschichte. Dimensionen eines Perspektivenwechsels*, Hrsg. Hartmut Berghoff und Jakob Vogel, 195–217. Frankfurt a. M.: Campus.

Stanziani, Alessandro. 2005. *Histoire de la qualité alimentaire. XIXème–XXème siècle*. Paris: Seuil.

Stanziani, Alessandro. 2006. Der gute Wein: über die Entstehung und Entwicklung qualitativer Normen auf den Weinmärkten Frankreichs im 19. Jahrhundert. *Historische Anthropologie* 14 (1): 68–92.

Stanziani, Alessandro, Hrsg. 2003. *La qualité des produits en France, XVIIIe–XXe siècles*. Paris: Belin.

Stanziani, Alessandro. 2007a. Introduction. In *Dictionnaire historique de l'économie-droit (XVIIIe–XXe siècle)*, Hrsg. Alessandro Stanziani, 5–21. Paris: LGDJ.

Stanziani, Alessandro. 2007b. Negotiating innovation in a market economy: Foodstuffs and beverages adulteration in nineteenth-century France. *Enterprise & Society* 8 (2): 375–412.

Stanziani, Alessandro, Hrsg. 2007c. *Dictionnaire historique de l'économie-droit (XVIIIe–XXe siècle)*. Paris: LGDJ.

Streng, Marcel. 2013. The food riot revisited: New dimensions in the history of ‚contentious food politics' in Germany before the first world war. *European Review of History* 20 (6): 1073–1091.

Streng, Marcel. 2017. *Subsistenzpolitik im Übergang: die kommunale Ordnung des Brot- und Fleischmarktes in Frankreich 1846–1914*. Göttingen: Vandenhoeck & Ruprecht.

Sylvander, Bertil, Dominique Barjolle, und Filippo Arfini, Hrsg. 1999. The socio-economics of origin labelled products in agri food supply chains: Spatial, institutional and coordination aspects. In *Proceedings of the 67th EAAE seminar*. Le Mans: INRA.

Tanguy, Jean-Francois. 2005. Le laboratoire municipal de Rennes et l'hygiène alimentaire (1887–1914). In *Villes en crise? Les politiques municipales face aux pathologies urbaines (fin XVIIe–fin XXe siècle)*, Hrsg. Yves Marec, 435–451. Créaphis: Grâne.

Tanner, Jakob. 2004. „Kultur" in den Wirtschaftswissenschaften und kulturwissenschaftliche Interpretationen ökonomischen Handelns. In *Handbuch der Kulturwissenschaften, Bd. 3: Themen und Tendenzen*, Hrsg. Friedrich Jäger und Jörn Rüsen, 195–224. Stuttgart: Metzler.

Thévenot, Laurent. 1984. Rules and implements: Investments in forms *Social Science Information* 23 (1): 1–45.

Thévenot, Laurent. 2012. Convening the company of historians to go into conventions, powers, critiques and engagements. *Historical Social Research* 37 (4): 22–35.

Tilly, Charles. 2006. *Why? What happens when people give reasons … and why*. Princeton: Princeton University Press.

Trentmann, Frank. 2009. Materiality in the future of history: Things, practices, and politics. *Journal of British Studies* 48 (2): 283–307.

Trentmann, Frank, Hrsg. 2012. *The Oxford handbook of the history of consumption*. Oxford: Oxford University Press.

Trentmann, Frank. 2017. *Empire of things: How we became a world of consumers, from the fifteenth century to the twenty-first*. New York: Harper Perennial.

Vogel, Jakob. 2008. *Ein schillerndes Kristall. Eine Wissensgeschichte des Salzes zwischen Früher Neuzeit und Moderne*. Köln: Böhlau.

Vogel, Jakob. 2015. „Die Krönung" – Kaffee, Qualitäten und Experten. In *Kaffeewelten. Historische Perspektiven auf eine Ware im 20. Jahrhundert*, Hrsg. Christiane Berth, Dorothee Wierling, und Volker Wünderlich, 267–273. Göttingen: Vandenhoeck & Ruprecht.

Wadle, Elmar. 1997. Markenschutz für Konsumartikel. Entwicklungsstufen des modernen Markenrechts in Deutschland. In *Europäische Konsumgeschichte. Zur Gesellschafts- und Kulturgeschichte des Konsums*, Hrsg. Hannes Siegrist, Hartmut Kaelble, und Jürgen Kocka, 649–670. Frankfurt a. M.: Campus.

Wahrig, Bettina. 2008. Geheimnis und Publizität des pharmakon. Verhandlungen über den Umgang mit Giften im 18. Jahrhundert. In *Kulturen des Wissens im 18. Jahrhundert*, Hrsg. Ulrich Johannes Schneider, 45–59. Berlin: De Gruyter.

Watts, Sydney. 2004. Boucherie et hygiène à Paris au XVIIIe siècle. *Revue d'histoire moderne et contemporaine* 51:79–103.

Teil I
Auf der Suche nach der Qualität

Ein außerordentliches Metall? Die Topiken der Stahldefinition vom 11. bis zum 19. Jahrhundert

Anne-Françoise Garçon

Inhaltsverzeichnis

Die generische Definition der „technologischen Norm“ hebt im Französischen vollständig auf die Idee des praktischen Nutzens ab, deren Grundzüge sie implizit gleich mitformuliert:

> „Ensemble von Daten (Maßen, Charakteristiken, Eigenschaften, Kompositionsformeln), die einen Stoff, ein Produkt oder ein Verfahren definieren, das es erlaubt, die Herstellung (eines Stoffs), die Anwendung (eines Verfahrens) einfacher, effizienter, rationeller oder wirtschaftlicher zu gestalten und das als Referenz für die Lösung wiederkehrender Probleme dient.“ (TLFi 2019)

Einen Rohstoff normieren, das heißt nach dieser Definition, ihm einen Personalausweis auszustellen, ihm einen Status als technisches Objekt zuzuschreiben. Die Norm erlaubt eine Rationalisierung sowohl im Hinblick auf seine Verwendung und seinen Einsatz als auch im Hinblick auf seine Wartung und Reparatur. In dieser Perspektive ist die Norm also zugleich eine Gebrauchsweise und ein Referenzpunkt.

A.-F. Garçon (✉)
Université de Paris I Panthéon-Sorbonne, Paris, Frankreich
E-Mail: afgarcon@univ-paris1.fr

R. Salais et al. (Hrsg.), *Qualitätspolitiken und Konventionen*, Soziologie der Konventionen, https://doi.org/10.1007/978-3-658-26643-1_2

Eine kurze Geschichte des Wortes lehrt uns, dass es zuerst in Kunst, Wissenschaft und Technik verwendet wurde. Es bezeichnete die „Bedingungen, die eine Realisierung beachten muss; die Vorschriften, die man im Studium einer Wissenschaft, im Ausüben einer Tätigkeit, einer Kunst befolgen sollte" (TLFi 2019). Die Norm erlaubt es, wissenschaftliche, künstlerische und technische Praktiken auf Mindestanforderungen zu überprüfen. Genauer: Sie erlaubt es zu überprüfen, ob sich eine bestimmte Praxis wirklich in einen wissenschaftlichen, künstlerischen oder technischen Bezugsrahmen einschreibt. Sie definiert zugleich das Verwendete, auf welche Weise es verwendet wird und das Feld, in dem es verwendet wird. Und wo ist hier die Vorschrift? Im letzten Fall ist sie mit dem Bezugsrahmen identisch, im ersten Fall mit der Norm selber, die sie durch fortan ihrerseits normierte Verfahren hervortreten lässt (Hatchuel 1995, 2003).

Bis auf die Ausführungen zur Vorschrift ist dies seit einem Jahrzehnt die Referenzdefinition. Die Norm hat sich durchgesetzt als Bezeichnung für ein „kollektives Dispositiv [...], das eine Antwort auf ein konkretes Problem darstellt; ein Verhaltensmodell konstituiert; die individuelle Handlungsfähigkeit durch Nutzung des Wissens Anderer steigert" (Bénézech 1996; Grolleau und Mzoughi 2005); „Als kognitives kollektives Dispositiv", so Danièle Bénézech (1996), „reduziert die Norm Unsicherheit [...]; als Bezugsrahmen trägt die Norm zur Strukturierung der Technik dadurch bei, dass sie als Basis der Evaluationsverfahren dient". Und ihre „mit dem Schreiben eines Textes vergleichbare" Ausarbeitung, fügt Alexandre Mallard (2000) hinzu, „erlaubt die Konvergenz soziotechnischer Netzwerke".

Der von Aristoteles stammende Begriff des „Topos" wird in diesem Zusammenhang überraschen. Im 16. Jahrhundert bezeichnet er Orte, an denen der Geist vorbegriffliche Figurationen zeichnet, an denen er seine Erfinderkraft ausspielt, sein Ingenium, wie Giambattista Vico formulierte. Vico hielt es für grundlegend zu verstehen, wie sich diese „Orte" des Denkens formen, an denen sich die Fähigkeit der Menschen zu gemeinsamem Denken artikuliert, d. h. die Fähigkeit, überhaupt zu denken, bevor die Sprache und das begriffliche Denken auftauchen (Vico 1981). Damit sind wir im Zentrum der Problematik angelangt. Denn wenn man die beiden Definitionen – die aktuelle der Norm und die moderne des Topos – zusammenführt, wird ersichtlich, wie sehr beide auf einer ähnlichen Intentionalität beruhen: gemeinsam begriffslos und effizient Denken im Fall der Norm, ohne Begriff oder vorbegrifflich Denken im Fall des Topos. Zudem hat die Norm den Topos nie verdrängt. Er war und ist im Gegenteil ihr Bestimmungsort.

Diesen Zusammenhang untersuchen wir in diesem Artikel genauer. Dazu zeigen wir, auf welche Weise die Menschen im Westen zwischen dem 11. und 19. Jahrhundert Stahl gedacht haben; auf welche Weise sie zu *mental maps,* zu

Abb. 1 Der historische Rahmen des Verständnisses von Stahl: zwischen Verfahren, Eigenschaft, Natur und Gebrauch. (Quelle: eigene Darstellung)

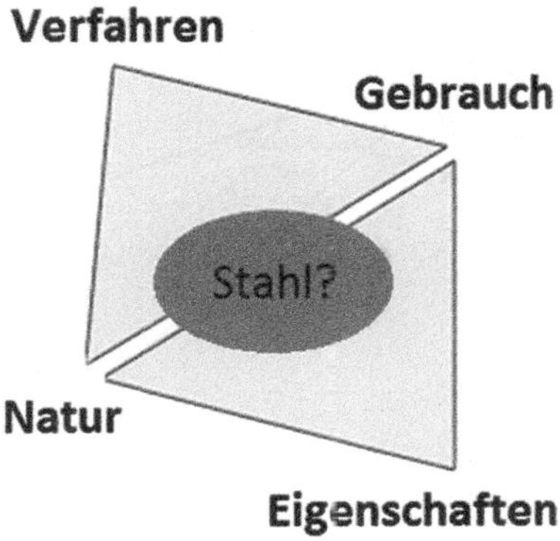

dynamischen Auffassungen kamen, indem sie Spezifizierungen vornahmen und Interpretationen der Abbauverfahren und der Eigenschaften, der Natur und der Verwendung des Materials miteinander kreuzten, s. Abb. 1; wir werden sehen, wie und warum sich diese *mental maps* mit der Zeit veränderten. In unserer Analyse geht es also weniger um die Vorschrift als um die intellektuellen Mittel, die ihr in jedem Moment zur Verfügung standen und von denen sie möglicherweise Gebrauch machte. Wir vernachlässigen dabei ganz bewusst die Gesellschaft, denn Geschichte und Anthropologie sind keineswegs der einzige Bestimmungsrahmen für technisches Denken gewesen.

1 Rohstoff Stahl

Zunächst die Frage: Was ist Stahl? Den „Wissenschaftler" – Ingenieur oder nicht – wird bei dieser Frage schaudern. Ihn schaudert, weil man sie überhaupt stellt. Sofort wird er antworten, dass die Definition des Rohstoffs klar ist, weil seine stofflichen Eigenschaften klar sind. Wissenschaftlich gesehen ist Stahl eine Eisenverbindung, wie Gusseisen eine Eisen-Kohlenstoff-Legierung. Tatsächlich bestimmt die Grenze der Löslichkeit von Kohlenstoff in Eisen den Existenzbereich des Stahls und des Gusseisens, s. Abb. 2. Stahl ist eine Eisen-Kohlenstoff-Legierung, die zwischen 0,3 und 2 % Kohlenstoff enthält. Aber wie so oft in der physikalischen Chemie kann der Anteil der beiden Komponenten unterschiedliche Formen bewirken. Es kommt auf die Bedingungen an, unter denen sie entstanden sind. Deshalb können die Strukturen des Stahls extrem unterschiedlich sein. Das untersucht die Metallografie, eine Wissenschaft, die Ende des 19. Jahrhunderts entstanden (Chézeau 2004).

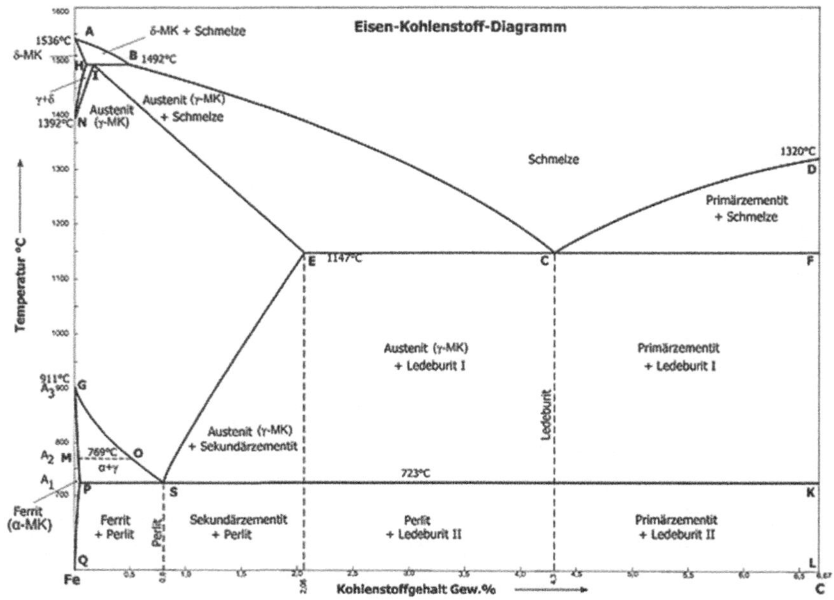

Abb. 2 Diagramm der Eisen-Kohlenstoff-Phasen. (Quelle: https://www.chemie-schule.de)

Bei Zimmertemperatur besteht Stahl im Wesentlichen aus α-Ferrit (α-Mischkristalle), einer Phase mit sehr geringem Kohlenstoffgehalt, und aus Zementit (Eisencarbid Fe_3C). In Abhängigkeit vom Kohlenstoffgehalt und der Temperatur(führung) gibt es des Weiteren unter anderem das Austenit, eine feste, oberhalb 723 °C stabile Kohlenstofflösung im γ-Allotrop des Eisens (γ-Mischkristalle); das Martensit, ein durch beschleunigtes Abkühlen von Austenit gebildetes Phasengemisch; und schließlich das Perlit – ähnlich entstanden wie Martensit –, ein Eutektoid aus 88 % α-Ferrit und 12 % Zementit.

All diese Strukturen können durch thermische Behandlung verändert werden: zunächst durch Härten, d. h. Eintauchen des glühenden Metalls in kalte Flüssigkeit, die die Umwandlung des Austenits in die Gleichgewichtsprodukte Ferrit und Perlit zugunsten des Martensit verhindern soll; durch Glühen, d. h. Wiedererhitzen bis zu einer bestimmten Temperatur und anschließendem Abkühlen, was eine Rückkehr in den Gleichgewichtszustand erlaubt und zugleich einige mechanische oder thermische Fehler des Metalls beseitigt. Diese Behandlungen verbessern die mechanischen Eigenschaften des Stahls insofern erheblich, als sie den besten Kompromiss zwischen der Elastizitäts- bzw. Bruchgrenze einerseits und dem Verhältnis Festigkeit/Dehnbarkeit andererseits herstellen.

Bis hierhin wird deutlich: In seiner strukturellen, wissenschaftlichen Definition entzieht sich die Natur des Stahls oder besser: der Stahlarten dem intuitiven Verständnis. Bis zum 19. Jahrhundert verließ sich die Intuition auf andere Merkmale: Aussehen, Eigenschaften, Verhalten bei der Verarbeitung, besonders beim Aushärten, sowie der Vergleich mit den Eigenschaften des Eisens.

2 Stahl vor 1680: die Topik „Verfahren-Eigenschaft/Natur"

In der langen vorindustriellen Periode beruhten Auffassungen von Stahl auf einer Achse Verfahren/Eigenschaft. Hauptreferenz war zweifellos das ausgehend vom Verfahren durch seine Natur und seine Eigenschaften bestimmte Metall. Dieses Verständnis formulierte Aristoteles:

> „Auch Schmiedeeisen läßt sich schmelzen, so daß es flüssig und wieder fest wird. Entsprechend macht man es bei der Stahlbereitung: hier bildet [383b] die Eisenschlacke einen Bodensatz, der von unten weggeräumt wird; hat das Eisen diesen Prozeß mehrmals durchlaufen, so ist es durch diese Reinigung zu Stahl geworden." (Aristoteles 1984, S. 101)

Der Philosoph beobachtete und bewertete – wie sonst auch: Stahl ist die Frucht einer Trennung, die durch Feuer (Agens der Reinigung schlechthin) herbeigeführt wird. Während der Verflüssigung fällt der Ausschuss nach unten, während das reine Metall auf der Oberfläche schwimmt. Die Wiederholung der Operation führt zu Stahl, einem nun „rein gewordenen" Eisen – das Aristoteles im Übrigen nicht notwendig empfiehlt (Aristoteles 1984, S. 101[1]).

Wenig überraschend findet sich die Verknüpfung von Verfahren und Qualität bei dem Aristoteles-Kommentatoren Albertus Magnus: „Stahl ist jedoch kein Metall von anderer Art als Eisen: es ist jener ›subtilste‹ und wässrigste Teil des Eisens, den man ihm durch Destillation entzieht"[2] (Albertus Magnus 1890 [ca. 1250], S. 95a). Ähnlich dachte Vannoccio Biringuccio, Autor der ersten vollständigen Beschreibung des Stahlherstellungsverfahrens in seinem 1540 posthum erschienenen Werk *De la Pirotechnia:*

[1] „Oft läßt man aber diesen Reinigungsprozeß nicht stattfinden, denn der Verlust an Material und an Gewicht ist dabei groß. Je weniger man es reinigen muß, desto besser ist das Eisen." (Aristoteles 1984, § 10).

[2] „Calybs autem, non est alia species metalli quam ferrum, sed est subtilior et aquoisio pars ferri ex ferro per distillationem extracta…" (Magnus 1890[ca. 1250], S. 95a).

„Steel is nothing other than iron, well purified by means of art and given a more perfect elemental mixture and quality by the great decoction of the fire than it had before. By the attraction of some suitable substances in the things that are added to it, its natural dryness is mollified by a certain amount of moisture and it becomes whiter and more dense so that it seems almost to have been removed from its original nature."[3] (Biringuccio, in Smith und Gnudi Hrsg. 1990, S. 67)

Und auch der Naturforscher Georges-Louis Leclerc de Buffon folgte diesem Schema:

„Stahl muss als Eisen angesehen werden, das noch reiner ist als das beste Eisen: beide sind das gleiche Metal in zwei verschiedenen Zuständen, und Stahl ist sozusagen metallischer als einfaches Eisen; gewiss ist es schwerer, magnetischer, von dunklerer Farbe, feinerer Körnung und dichter." (Leclerc de Buffon 1783, S. 477)

Als Materialisierung der Achse Verfahren/Eigenschaft, die den Stahl spezifizierte, indem sie ihn zu einem Eisen machte, das reiner als Eisen war, ist das Verfeinerungsverfahren anzusehen. In der okzidentalen Paläometallurgie war die Verfeinerung ein Akt der Reinigung des Metalls, der auf zwei Arten durchgeführt werden konnte: durch das im allgemeinen kulturellen Kontext als erfolgreich bestandene „Prüfung" aufgefasste Schmieden (Garçon 2002); durch das Zementieren, das ursprünglich ein Verfahren war, mit dem Edelmetalle verfeinert wurden (Smith 1964). Stahl ergaben beide Verfahren: Er war notwendigerweise ein qualitativ hochwertiges Metall, weil er zum einen verfeinert und dadurch sehr

[3]Biringuccio beschreibt die Stahlgewinnung folgendermaßen: „Having previously made under the forge hammer three or four blooms weighing thirty to forty pounds each of the same iron, they put these while hot into this bath of molten iron. This bath is called ‚the art of iron' by the masters of this art. They keep it in this melted material with a hot fire for four or six hours… Thus they keep it and turn it again and again so that all that solid iron may take into its pores those subtle substances that are found in the melted iron, by whose virtue the coarse substances that are in the bloom are consumed and expanded, and all of them become soft and pasty. When the masters observe this they jugde that the subtle virtue has penetrated fully within; and they make sure of it by testing, taking out one of the mases and bringing it under a forge hammer to beat it out, and then, throwing it into the water while it is as hot as possible, they temper it; and when it has been tampered they break it and look to see wether every little part has changed its nature and is entirely free inside from every layer of iron" (Biringuccio, in Smith und Gnudi Hrsg. 1990, S. 69). Die subtilen Substanzen, die in das Eisen einziehen, kontaminieren es nicht, sondern wirken reinigend, wie Cyril S. Smith (1964, S. 149–175) anmerkt.

rein und zum anderen durch Aushärten sehr hart wurde. Sehr rein und hart: Das waren die Eigenschaften von Stahl, die ihm das Gewinnungsverfahren verlieh. Durch diese „natürlichen“ Eigenschaften wurde er zu einem edlen Rohstoff. Im Herzen der Topik, des Gemeinplatzes, aus dem die Norm hervorging, entwickelte sich zwischen Verfahren, Eigenschaft und Natur eine qualifizierende Dynamik. Der Gebrauch spielte lange Zeit noch keine bestimmende Rolle. Das zeigt sich *a contrario* bei Réaumur, der feststellte, dass die Arbeiter Stahl aus Eisen gewannen ohne es zu wissen, und deshalb weiterhin Eisen nannten, was für den Gelehrten nun als Stahl galt:

> „Mehr als Bücher hat mir bei dieser Forschung eine Überlegung geholfen, die ich zu bei Arbeitern sehr gebräuchlichen Verfahren angestellt habe. Diese müssen ihren Eisenwerkzeugen große Härte geben. Obwohl für einige Feilen nur Eisen verwendet wird, erreichen diese trotzdem die Härte von Stahl. Die Büchsenmacher zum Beispiel geben einigen aus reinem Eisen bestehenden Teilen dieselbe Härte, indem sie mehrere auf einmal zusammen aushärten; wie wir an anderer Stelle ausführlicher erläutern, verstauen die Arbeiter ihre Stücke, wenn sie ihnen die passende Gestalt verliehen haben, mit einer Mischung verschiedener Stoffe (*drogues*) in einem Kasten aus Ziegelstein; dann versiegeln sie diese Kästen mit Erde und stellen sie in einen Ofen; je größer die Werkstücke sind, desto länger bleiben sie so im Feuer. Einmal dem Ofen entnommen, tauchen die Arbeiter sie rotglühend in kaltes Wasser, wodurch sie ebenso hart werden wie Stahl. Warum aber kann das Eisen durch diese Operation eine solche Härte annehmen? Als ich den Grund zu entdecken suchte erkannte ich, dass das Verfahren die obersten Schichten des Eisens in Stahl verwandelt. Also verhalten sich die Eisenfeilen wie solche aus Stahl: ihre Zähne sind aus Stahl wie die der Stahlfeilen. Weitere Experimente, die ausführlich zu erwähnen hier wenig nützlich ist, haben mich völlig davon überzeugt, dass dieser Teil des Eisens in Stahl verwandelt wird. Die Arbeiter nehmen darauf keine Rücksicht; sie glauben, sie bedienten sich eiserner Werkzeuge, dabei sind sie tatsächlich aus Stahl.“ (Ferchault de Réaumur 1722, Vorwort)

Diese Nomenklatur bezog sich auf die Kunst des Fabrikanten. An vorderster Stelle stand die Arbeit des Handwerkers, eines Schmieds oder Hufschmieds. Das Verfahren bildete den Sockel dieser ersten dynamischen Anordnung der normativen Topik, s. Abb. 3. Die im Frankreich des 17. Jahrhunderts geläufigen Bezeichnungen „Biskaya-Eisen“, „Soret-Eisen“, „Clamecy-Eisen“, „Limousin-Eisen“ für den gewöhnlichen Stahl sowie „Piemontstahl“, „deutscher Stahl“, welche die höherwertigen Qualitäten bezeichneten, bezogen sich auf den Produktionsort und letztlich auf die Beziehung Rohstoff/Verfahren. In einer Zeit, in der unverarbeitete Rohstoffe selten über weite Strecken transportiert wurden,

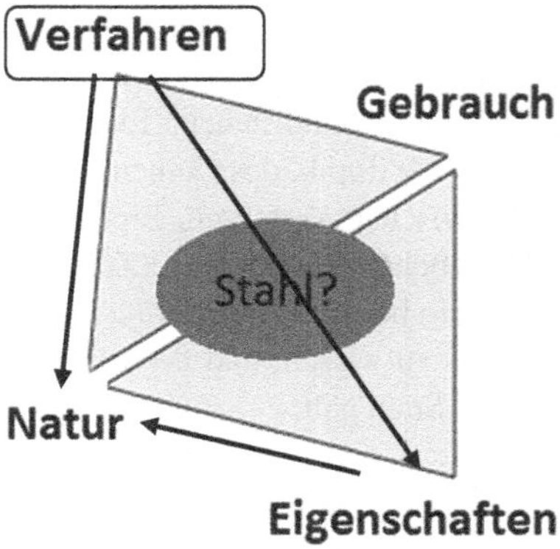

Abb. 3 Die erste Topik der Stahldefinition: Die Qualität, Ergebnis des Verfahrens, bestimmt die Natur des Metalls. Die Natur wird dabei selbst als Eigenschaft verstanden. (Quelle: eigene Darstellung)

in der die chemischen Merkmale von Mineralien nicht beherrscht wurden, in einer solchen Phase war die Kunst des Praktikers ausschlaggebend.[4] Allerdings sollte man sich davor hüten, die Beziehung zwischen Territorium, Mineral und Verfahren für absolut oder unveränderlich zu halten. Auch die geografische Bezeichnung konnte sich, über die Dynamik der Achse Verfahren/Eigenschaft, auf Qualität beziehen, etwa als Analogie im Sinn von „Stahl aus….“ oder „Stahl in der Art von…“. Darauf nahm einer der am besten unterrichteten Metallurgen seiner Zeit, Jean-Pierre-François Guillot-Duhamel, in seinem Beitrag „acier, métallurgie“ zur *Encyclopédie méthodique* Bezug:[5]

> „Es gibt mehrere Methoden um Stahl herzustellen, jede Nation, jedes Land hat andere, eigene Verfahren; die einen, wie etwa die Deutschen, stellen es durch Verschmelzen des Eisengusses *(gueuse)* und durch die Mazerierung desselben her. Die anderen verwandeln bereits fertig produziertes Eisen in Stahl, indem sie für die Umwandlung nötige Stoffe zusetzen. Diese letzte Methode der Stahlherstellung nennt man Eisenzementierung. Die Methode der Stahlerzeugung durch Guss ist sehr alt, die der Zementierung ist neu; die Engländer können den größten Teil mit dieser Methode herstellen.“ (Guillot-Duhamel 1786a, S. 451)

[4]Die Bezeichnungen stammen aus Jousse (1627). Cyril Smith bemerkt zurecht, dass in dieser Abhandlung erstmals von der Herstellung des Stahls und seinem Gebrauch in der Schlosserei und in der Kunstschmiede die Rede ist.

[5]Der Metallurgieprofesseur an der ersten Pariser *Ecole des Mines* und Reisegefährte von Gabriel Jars ist nicht mit dem Akademiemitglied Duhamel du Monceau zu verwechseln.

3 Stahl zwischen 1680 und 1860: die Topik „Gebrauch – Eigenschaften/Verfahren"

Die Anmerkung Guillot-Duhamels bestätigt, dass die europäische Metallurgie am Ende des 17. Jahrhundert eine Wende erfuhr und der Schmelztiegelmetallurgie besonders in Großbritannien fortan mehr Bedeutung zukam.[6] Anders als im Okzident war diese Metallurgie in der technischen Kultur Asiens weit verbreitet. Hier meisterten Keramiker und Metallurgen schon früh hohe Temperaturen und entwickelten seit den ersten Jahrhunderten christlicher Zeitrechnung die Schmelzmetallurgie in großem Maßstab: das Verfahren Eisen/Guss-Stahl und die Zinkmetallurgie. Europa übernahm das Verfahren zur Stahlgewinnung aus Eisenguss erst im Verlauf des 14. Jahrhunderts. Nur in der Messingherstellung kamen in größerem Umfang Schmelztiegel zur Anwendung.

Das Messing wurde zum Hauptpfeiler der technischen Brücke zwischen Ost und West. Es führte zu einem beträchtlichen Wandel der Mentalitäten. Auslöser war eine neue Wertschätzung für stark glänzende und blinkende Metalle, sodass zunehmend auch Ersatzmaterialien akzeptiert wurden. Sichtbarster Ausdruck des gleichzeitigen Wandels der Mentalitäten und Gebrauchsweisen war die Entwicklung der Zinkwaren im deutschen Sprachraum, der „quincaillerie" in Frankreich und des „toyware" in England. Die Begeisterung für alles Blitzende und Glänzende, die Einsicht, dass auch wenig wertvolle metallische Objekte glitzern können, ohne dass es sich dabei notwendig um Betrug handeln musste, die Abkehr also von der Unterscheidung zwischen moralischem Schein und Wirklichkeit – oder besser: ihre Aufwertung durch die Mode – hatten erhebliche Auswirkungen auf die Metallurgie. Der englische Technikraum, der mit den asiatischen, indischen Technikkulturen durch Handelsbeziehungen in Verbindung stand, profitierte davon sowohl in materieller als auch symbolischer Hinsicht. Zum einen wurde die bisherige Hauptreferenz „reines Metall" durch eine neu entstehende Referenz „blinkendes Metall" relativiert. Die Suche nach Messing, nach Gelbguss, nach dem am stärksten glitzernden Metall ließ die Zinkmetallurgie entstehen. Da andererseits das Schmelzverfahren die Herstellung billiger und verlässlicher machte, verloren Verfeinerung und Schmiede ihren exklusiven Status als Verfahren zur Gewinnung des „richtigen Metalls". Die Grundlage der Definitionstopik veränderte sich: Bezugspunkt war nicht mehr das Metall, sondern das Objekt. „Heute will man vor allem Dinge", beobachtete René-Antoine Ferchault de Réaumur 1722.

[6]Das von Deutschland nach England eingeführte Zementierungsverfahren wurde 1613 patentiert. Die dabei benutzten Öfen sind von Plot (1689) beschrieben worden.

Die Achse „Gebrauch/Qualität" stand ausgehend von der Relation Luxus/glänzend im Vordergrund. Ihre Erweiterung zu „Luxus/glänzend-gezeichnet-graviert" zog eine Neuinterpretation der Achse Verfahren/Qualität nach sich. Die Nachfrage nach Asiatica orientierte die Mode hin zu Komposita (Smith 1964). Die Europäer entdeckten die bis dahin verächtlich behandelte Schönheit des damaszierten Stahls, und insbesondere die Gelehrten bemühten sich um die Ergründung seiner Geheimnisse. Mehr als alle anderen war der britische technisch-metallurgische Komplex auf dieses Abenteuer vorbereitet. Wir übergehen hier die allseits bekannte Dynamik der Blechwarenindustrie in den Bezirken von Bristol, Birmingham und Sheffield (Perez 2008). Weniger bekannt ist allerdings, dass diese Entwicklung in Frankreich eine Technikkrise verursachte und zu der Frage führte, wie solcher Stahl hergestellt werden könnte.[7] Die Antwort bestand in einem Theoretisierungsversuch. Eingezwängt zwischen den epistemologischen Wendungen im Verständnis der Natur/Kunstwerk-Beziehung einerseits und einem durch Erfahrung und Methode ausgewiesenen Wissen andererseits, antworteten die „Technologen" – durch Neigung oder Notwendigkeit mit der Entwicklung der Künste beschäftigte Gelehrte – auf die Herausforderung mit Überlegungen zur Verbesserung der Produktionsverfahren. Paradoxerweise wurde eine in England im großen Maßstab praktizierte Metallurgie in Schweden und Frankreich theoretisch ausgearbeitet. Im Jahr 1722 stellte Réaumur die Abhandlungen, die er nacheinander der *Académie des Sciences* präsentiert hatte, zu einer Publikation zusammen. Anders als gemeinhin angenommen, enthielt dieses wegweisende Werk keineswegs die Stahlformel. Zu Réaumurs Zeit konnte niemand die Rolle des Kohlenstoffs bestimmen, ja nicht einmal seine Existenz. Dennoch handelt es sich um einen tiefen Bruch. Gestützt auf die neue Topik verabschiedete Réaumur die Idee des Stahls als „reineres Eisen":

> „Es ist also offensichtlich, dass Schwefel und Salze in das Eisen eindringen, das im Begriff ist, sich in Stahl zu verwandeln […]. Stahl ist stärker von Schwefel und Salzen durchdrungen als gewöhnliches Eisen […], wenn diese durch keinen Beweis gestützte Idee einige Skrupel verursacht, so erinnere man sich daran, dass das in Stahl verwandelte Eisen an Gewicht zugenommen hat. Diese wenngleich geringe Zunahme kann nur den Stoffen zugeschrieben werden, die in das Eisen eingezogen sind, und die aus siner unmittelbaren Umgebung stammen müssen." (Ferchault de Réaumur 1722, S. 203)

[7]So geschehen während der 1760er Jahre in Saint-Etienne, einer für die Qualität ihrer Erzeugnisse berühmte Stadt. Hier arbeitete man gewöhnlich mit dem in Rive-de-Giers produzierten Stahl. Der neue Markt entwertete diese Stahlsorten als zu teuer und von schlechterer Qualität.

Der Gedankengang lässt sich gut nachvollziehen. Mithilfe der Experimentalphysik verwarf Réaumur zunächst entschieden die Assoziation Verfeinerung/Reinheit:

> „In der gemeinsamen Sprache der Autoren, die metallische Stoffe behandeln, ist Stahl ein reineres, ein vollkommeneres, ein feineres Eisen… Offensichtlich darf Stahl nicht als reineres Eisen bezeichnet werden, da es nicht scheint, als entzöge man dem Eisen irgendeinen erdigen, metallischen oder anderen Stoff, wenn man es in Stahl verwandelt; viel eher fügt man etwas hinzu als dass man abzieht, und was man hinzufügt ist jedenfalls nicht aus Eisen." (Ferchault de Réaumur 1722, S. 203 f.)

Dann bezog er den aus seinem alten kulturellen Kontext heraus gelösten Begriff der Qualität ausschließlich auf den Gebrauch:

> „Wenn man aber die Vollendungsgrade eines Metalls an unseren Gebräuchen misst und der Zustand, in dem es uns am nützlichsten ist, der vollkommenste Zustand genannt wird, so kann man nicht finden, dass Stahl höher als das Eisen steht. Weicheisen ist für manche Werke ebenso wichtig wie Stahl für andere; hätte man aus den Minen stets nur Stahl gewonnen, dann hätte man das Geheimnis der Verwandlung von Stahl in Eisen suchen müssen, wie man das der Verwandlung von Eisen in Stahl gesucht hat […]." (Ferchault de Réaumur 1722, S. 204)

Das vollkommene Metall entsprach also keiner absoluten Qualität, etwa der Härte. Es war dasjenige, das seinem Gebrauch am besten entsprach. Im Hinblick auf die Qualität unterschieden sich eisenhaltige Metalle demnach nicht, sofern sie sachgemäß gebraucht wurden, und sie wurden alle benötigt. Der begriffliche Zugewinn war beträchtlich. In der neuen Anordnung stand Stahl nicht mehr über dem Eisen, sondern zwischen dem Eisen und dem Gusseisen:

> „Alle meine Überlegungen und Experimente über die Natur von Eisen und Stahl hatten mich also gelehrt, dass man Eisen, indem man es in Stahl umwandelte, seinem ursprünglichen Zustand annäherte; dass Eisen, je mehr es sozusagen Stahl war, dem Eisenguss wieder umso näher kam; dass die am meisten mit Schwefel und Salzen durchdrungenen Stähle mit dem Eisenguss gemeinsam hatten, dass sie sich schlecht schmieden ließen und im Feuer leichter weich wurden als Stahl und gewöhnliches Eisen. Wir glaubten uns durch diese Überlegungen und Experimente selbst zu der Schlussfolgerung geführt, dass der verfeinerte, reine Eisenguss in Wahrheit ein Stahlguss ist – und der am wenigsten bearbeitbare von allen. … Stahl lässt sich dann gut schmieden, wenn man ihm seine überflüssigen Schwefelstoffe und Salze entzieht. Der Eisenguss hat dabei noch mehr Schwefel als der gewöhnlichste Stahl. Was war natürlicher als diese Schlussfolgerung weiter zu treiben? Was lag näher als der Gedanke, dass der Guss, das Gusseisen, das den Schmiedehammer nicht aushält und zugleich so hart ist, über die Maßen mit Schwefel und Salzen durchdrungen ist, die ihn zugleich leichter schmelzen, durch Feuer leichter erweichen lassen als Schmiedeisen und Stahl?" (Ferchault de Réaumur 1722, S. 451)

Davon ausgehend zeigte der Gelehrte die Umkehrbarkeit des Übergangs vom Eisen zum Stahl. Stahl wurde eine Verbindung – noch keine Legierung – aus Eisen, Schwefel und Salzen:

> „Auch wenn Stahl edler als Eisen ist, haben wir bisher nicht vornehm genug von unseren gusseisernen Werken gesprochen; es sind, wenn man so will, stählerne Werke, vergleichbar den Werken aus gewöhnlichem Stahl; es ist schwierig, zumindest aber dauert es recht lange, sie zu gewöhnlichem Eisen zu machen. Es war eine notwendige Folge aus allem, was wir über die Natur des Stahls, des Eisens und des Gusseisens erkannt haben, dass unser Guss, wenn er weich wird, gewöhnlichem Stahl vergleichbar ist; desgleichen, wenn er eine matte Farbe annimmt und sein Bruch körnig scheint. Wenn dieses zerspanbare Eisen erhitzt und gehärtet wird wie der gewöhnliche Stahl, dann nimmt er im Wasserkühlbad auch an Härte zu; wenn man ihn aus dem Wasser nimmt, kann ihm die Feile nichts anhaben; bringt man ihn anschließend über Kohlen zum Glühen, wird er wie der gewöhnliche Stahl wieder zerspanbar; mit einem Wort: unser Gusseisen wird dadurch in echten Stahl verwandelt, der dem gewöhnlichen Stahl gleichkommt. Aber dieser Stahl erhält sich nicht länger als der andere, man muss ihn zerstören, wieder zu Eisen werden lassen, ihn gegen das Härtungsbad beständig machen, indem man fortfährt ihm seinen Schwefel zu entziehen oder, was auf dasselbe hinauskommt, indem man ihn einschmilzt; und so wird es auch gemacht [...].“ (Ferchault de Réaumur 1722, S. 500)

Zum Schluss schlug Réaumur zwei Verfahren der Tiegelmetallurgie (eines für Stahl und eines für Gusseisen) vor, bei denen es sich in Wirklichkeit um Zementierungen handelte. Insbesondere für das zweite Verfahren, s. Abb. 4, entwarf er mit den gusseisernen Verzierungen des urbanen Raums ein veritables Geschäftsmodell. Wie Réaumur zu Beginn klarstellte, verfolgte seine Abhandlung keinen theoretischen Zweck. Die Theorie diente nur zur Unterstützung bei der Entwicklung einer Kunst – heute würde man sagen: einer Technik. Allerdings ist hier Vorsicht geboten: das Werk behandelt durchaus eine Technologie. Adressiert wird als Leserschaft nicht das Milieu des Handwerks, sondern dasjenige der Investoren, also jene, von denen Réaumur sagt, dass sie ihre „Arbeiter einsetzen, wie die Arbeiter ihre Werkzeuge einsetzen“:

> „Ich gebe zu – wie könnte ich anders? – dass die Mehrheit der in diesen Abhandlungen angestellten Beobachtungen und Überlegungen nicht den gemeinen Arbeiter anleiten sollen; sie wenden sich fast nur an diejenigen, die Unternehmen führen können, die Arbeiter einsetzen können, wie die Arbeiter ihre Werkzeuge einsetzen; in einem Wort: nicht jeder soll Stahl herstellen oder gusseiserne Werke, sondern nur solche Unternehmungen, die auch dazu fähig sind, unseren Abhandlungen

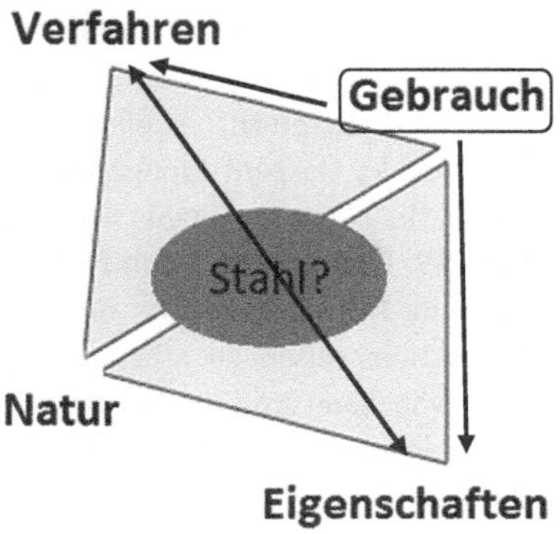

Abb. 4 Die zweite Topik der Stahldefinition: Alles geht vom Gebrauch aus, der Qualität und Verfahren bestimmt. Die Natur verliert ihre qualitative Eigenschaft und wird Arbeitsstruktur: die Natur des Metalls verändert sich mit dem Verfahren, um der Nachfrage zu folgen. Obwohl sie wissenschaftlich bestimmt wird, ist die Natur nachrangig. (Quelle: eigene Darstellung)

> zu folgen, von denen wir hoffen, dass sie als Anleitung ausreichen […].“ (Ferchault de Réaumur 1722, Vorwort)[8]

Die Arbeit Réaumurs beeindruckte die *Académie des Sciences,* die Regierung und ganz Europa. Das wirft ein Schlaglicht auf diese erste technologische Bewegung und die *Académie des Sciences* als ihr Gravitationszentrum, die auf die Definition einer staatlichen Technikpolitik hinarbeitete. Für deren Umsetzung schien der Zeitpunkt nun gekommen. Das Experiment hatte sich in der gelehrten Forschungspraxis durchgesetzt; ab sofort stand das Mikroskop für die Feinanalyse der Elemente zur Verfügung. Réaumur gebrauchte es bei jedem Schritt seiner Untersuchung mit Effizienz und Präzision. Allerdings umsonst. Die Vorkehrungen reichten nicht aus, um die neuen Verfahren durchzusetzen. Frankreich verfügte weder über das technische Milieu noch über Ressourcen und geeignete Märkte. Die Stahlherstellung blieb bei ihren Gewohnheiten. Die neue Topik war vor allem für die Gelehrten von Nutzen, die im wissenschaftlichen Verständnis des Metalls Fortschritte machten. Dabei gingen sie vor allem von der Phlogistontheorie Georg Ernst Stahls aus. (McCann 1998)

---

[8]Réaumur war kurzzeitig Leiter einer mit königlichen Privilegien ausgestatteten Manufaktur in Cosne im Nivernais.

Sven Rinman, Johann Andreas Cramer, Pierre Joseph Macquer, ausgehend von der Kritik dieser Theorie nach den Entdeckungen Joseph Priestleys und Antoine Lavoisiers[9] sodann Torben Olof Bergman, Antoine Lavoisier und schließlich Alexandre-Théophile Vandermonde, Gaspard Monge und Claude Louis Berthollet, denen es im Jahr 1786 zukam, die Natur des Stahls festzulegen. Das war der Stand der Dinge, als zu Beginn des 19. Jahrhunderts Jacob Holzer auf Anregung der französischen Regierung nach Saint-Etienne kam, um dort entschlossen an der Entwicklung „englischer" Produktionsweisen zu arbeiten. Er hatte Erfolg und war damit Teil jener Metallurgie von Saint-Etienne, die fünfzig Jahre später zu einer veritablen „Technopole" der Stahlproduktion aufgestiegen war (Garçon 2004).

4 Nach 1860: die Topik „Verfahren-Gebrauch-Qualität/Natur"

Zwischen 1845 und 1855 war die Metallurgie des Flüssigstadiums Gegenstand anhaltender Aufmerksamkeit. Das Puddelverfahren, bei dem der Roheisenschmelze durch Luft der Kohlenstoff entzogen und durch stetiges Rühren Eisen hergestellt wurde, eröffnete Wege zu anderen Verfeinerungsverfahren.[10] Die Roheisenschmelze im Puddelofen blieb jedoch schwammartig.

Henry Bessemer ging 1854 einen Schritt weiter. Er schlug vor, die Roheisenschmelze mit einem kalten Luftzug zu reinigen. Zunächst hielt man ihn für verrückt. Die Erzählung, die Bessemer nach 1856 zum Retter der Eisenverhüttung macht, gehört ins Reich der Erfindermythen. Tatsächlich erwies sich das Verfahren, wie viele andere Erfindungen gewöhnlich auch, zu Beginn wenig schlüssig. Die vielen Einwände hätten logischerweise zur Aufgabe führen müssen, wenn nicht Eisenbahningenieure umgehend das Potenzial des Verfahrens verstanden hätten. Sicher war das im Bessemer-Verfahren gewonnene Eisen spröde und brüchig; gleichzeitig erwies es sich jedoch überaus druckfest.

> „Fassen wir zusammen: Bisher hat man also nur Eisen von mittelmäßiger Qualität erlangt und das zu einem sehr hohen Preis. Dowlais hat mit B-Rohbarren vier Schienen

[9] Darstellung hier in Anlehnung an Guyton de Morveau (1786) und Smith (1964). Die Schlussfolgerungen des Artikels von Vandermonde, Monge und Berthollet wurden abgedruckt in Comité du salut public (1793).

[10] So wie die „Pattinsonnage", ein Verfahren zur Verfeinerung von Silberblei (PbAg-Legierung) durch Umrühren, zunächst von Hand, dann mechanisch.

hergestellt; sie brechen schnell; eine von ihnen ist unter den Pressen gebrochen […]; allerdings haben sie einem Druck von 20 Tonnen standgehalten und sind bis auf zwei Millimeter in die ursprüngliche Form zurückgekehrt, wobei sich die Auflager in einem Abstand von 1 Meter und 20 Zentimeter befanden […].“ (Pion 1856, S. 643–647)

Die weitere Geschichte ist bekannt. Nach zehn Jahren Betrieb des Eisenbahntransportnetzes zeigte sich ein großes Problem, das früher oder später zu erheblichen Schwierigkeiten führen würde: die Abnutzung der gusseisernen Schienen. Nach kaum zwölf Monaten Betrieb waren sie unbrauchbar geworden. In dem Augenblick beschrieb Bessemer die Grundzüge eines Metalls, das auf Dauer der Abnutzung widerstehen zu können schien. Dass es spröde war fiel kaum ins Gewicht. Die Eisenbahngesellschaften finanzierten die Feinabstimmung des Verfahrens, die weniger als ein Jahrzehnt in Anspruch nahm. Damit gaben sie der Achse „Gebrauch-Verfahren“ einen neuen, bestimmenden Platz in der Definitionstopik des Stahls.

Es brauchte allerdings etwas länger, um ihre Architektonik tief greifend zu verändern. Die Übernahme des Bessemer-Verfahrens stürzte die Eisenhüttenindustrie in eine gigantische Technikkrise. Auf der einen Seite fand sich jener Teil dieser Industrie erheblich abgewertet, der nicht über die in der Bessemer-Birne ausschließlich verwendeten „hochreinen Erze“ verfügte. Es entstand ein spektakulärer Wettlauf um die besten Erze und beispiellose Bemühungen darum, die Qualitätsunterschiede zwischen verschiedenen Erzsorten zu verringern. Auf der anderen Seite führte die Entwicklung des Bessemer-Verfahrens zu einem ebenso spektakulären Verlust oder besser: zur Neuerfindung des Stahlbegriffs. Die Definitionstopik nahm nun einen Umweg. Das die Natur des Metalls bestimmende Verfahren wurde erneut zur Triebkraft der normativen Dynamik. Diesmal bildete jedoch eine qualitative Definition in Form einer sehr detaillierten und genauen Nomenklatur den Referenzrahmen und nicht, wie noch in der vorindustriellen Phase, eine Wertschätzung bestimmter Eigenschaften. Da das Verfahren den Eisenerzeugern die Möglichkeit bot, die Reaktion zu beliebigen Zeitpunkten anzuhalten und das Eisen-Kohlenstoff-Verhältnis der jeweiligen Verbindung exakt zu bestimmen, erstellten die Hüttengesellschaften sehr präzise Kataloge verschiedener Stahlsorten, die sie für unterschiedliche Gebrauchszwecke anboten. Sich an die in der Industrie geläufige Formel haltend, dass Verfahrens- und Produktinnovation miteinander einher gingen, definierten die Industriellen jedes in der Bessemer-Birne hergestellte und verfeinerte Metall als Stahl – ohne die kanonische Beziehung Eisen – Kohlenstoff zu berücksichtigen. Louis Gruner, Professor für Metallurgie an der *Ecole des Mines* in Paris und eine einflussreiche Größe im Feld der angewandten Metallkundler und Eiseningenieure, schnitt diese heikle Frage an als er feststellte:

„Aus den oben zitierten Analysen folgt, dass der Heaton-Stahl von Langley-Mill, der von M. Fairbairn als höherwertig angesehen wird, fast ebenso viel Phosphor enthält wie der Mosel-Stahl, von dem in der zitierten Abhandlung die Rede ist. Also muss man die Höherwertigkeit entweder diesen zwei Tausendsteln Phosphor zuschreiben, die der Stahl enthält, oder die einfachen Prüfungen durch Zug, Biegung und Druck reichen nicht aus, um die mechanischen Eigenschaften eines Metalls zu erkennen... Die beigefügten Tabellen erlauben auch einen Vergleich zwischen englischen Bessemer-Stählen und gewöhnlichen Gussstählen. Zunächst ist festzustellen, dass von den 15 geprüften Bessemer-Stahlschienen 13 aus Weichstahl bestehen, oder besser, in Wirklichkeit aus sehr gering mit Kohlenstoff versetztem, homogenes Eisen genanntem Gussstahl. Nur zwei Schienen sind aus echtem Stahl." (Gruner 1896)

Das Bessemer-Verfahren erlaubte die Gewinnung eines kaum kohlenstoffhaltigen Metalls, das nicht aushärtete und hervorragendes Schweißverhalten zeigte. Das Bessemer-Eisen, im Prinzip. Da dieser Metalltyp aber auf eine Reihe echter Gussstahlarten zurückging, bezeichneten britische und französische Industrielle sie als „Weichstahl" und „Extra-Weichstahl". Gruner hielt diese Bezeichnung für völlig verfehlt und trug die Frage dem Kongress vor, der anlässlich der Weltausstellung 1873 in Wien stattfand. Er wies mit Nachdruck auf die Verwirrung hin, die mit dieser Bezeichnung riskiert werde. Als die Frage während der Weltausstellung in Philadelphia 1876 erneut verhandelt wurde, stimmten die anwesenden Gelehrten einer Klassifizierung zu, die der Unordnung ein Ende bereiten sollte, und beschlossen, dass als Stahl ausnahmslos jene Eisenverbindungen bezeichnet werden sollten, die gehärtet wurden (Gruner 1873, S. 209).

In der *Société de l'Industrie Minérale,* zu der sich die großen Metallurgen aus Terrenoire, Saint-Etienne und anderen Gebieten zusammengeschlossen hatten, um ihre Erfahrungen auszutauschen, kam es zu einer intensiven Diskussion. Was war zu tun? Welche Norm sollte man anwenden? Diejenige der Wissenschaftler? Oder die der Hüttengesellschaften? Die Konfrontation der Vorstellungen trat offen zutage – zweifellos ein Reflex der technischen und kommerziellen Interessen. Der Ingenieur Mussy schlug etwa vor, die wissenschaftliche Norm parallel zur Norm „Verfahren/Qualität" zu verwenden:

„[D]en generischen Bezeichnungen, die von der Internationalen Kommission von Philadelphia für die Nomenklatur der Eisen- und Stahlsorten angenommen worden sind, müsste man unter Rückgriff auf alte Gewohnheiten die Namen der Fabrikanten oder Fabrikantengruppen hinzufügen, die über Rohstoffe verfügen, aus denen komplexe Legierungen hergestellt werden können und die man nicht durch ihre chemische Zusammensetzung definieren kann. Dann hätte man so etwas wie die alten Bezeichnungen Pyrenäen-Eisen, Comté-Eisen, Berry-Eisen [...], die Verbraucher und Produzenten vollkommen zu unterscheiden und je nach Gebrauchszweck anzuwenden wussten [...]." (Société de l'Industrie Minérale 1877)

Ihm widersprach unmittelbar sein Kollege Henry, Chefingenieur der Eisenbahngesellschaft P.L.M.: „Die ehemaligen, natürlichen Hüttengebiete sind verschwunden [...]. Der Produktionsort erfasst als Bezeichnung nicht mehr die Gesamtheit der verwendeten Verfahren wie das früher der Fall war [...].“ (Société de l'Industrie Minérale 1877) Es war schließlich Alexandre Pourcel, ein hochangesehener Metallurg aus Terrenoire, der die Dualität der Normen rechtfertigte und die künftige Doktrin formulierte:

> „Die Metallurgen [...] sind ebenso wenig zur Lösung (dieser Frage) berufen wie die Pharmazeuten zur Lösung von Problemen chemischen Nomenklatur oder die Pflanzenkundler zur Behebung von Klassifikationsproblemen der Naturgeschichte. Darüber müssen sich Gelehrte und jene Männer verständigen, die sich mit dem Verhältnis von industriellen Methoden und reiner Wissenschaft beschäftigen [...]. Was die Metallurgen betrifft, so können sie sich stets problemlos untereinander und mit den Verbrauchern verständigen, denn falls das technische, konkrete Wort fehlt benutzen sie eine Umschreibung [...].“ (Société de l'Industrie Minérale 1877)[11]

Und so kam es. Das kritische Problem wurde durch die Einrichtung zweier Nomenklaturen gelöst: diejenige der Wissenschaftler, die gemeinsam an der Entstehung einer neuen Disziplin, der Metallografie, arbeiteten; und diejenige der Metallurgen, die mithilfe der Metallografie die kommerzielle Nomenklatur aufrechterhielten und vervollständigten. Das Bessemer-Verfahren führte folglich zur klärenden Bestimmung zweier Nomenklaturen, die von drei unterschiedlichen Akteursgruppen genutzt wurde: Gelehrte, Kunden und Ingenieure, die sich an der Schnittstelle zwischen diesen beiden Gruppen platzierten. Während sie den Gelehrten praktische Gesichtspunkte der Metallkunde vermittelten, entschieden sie in den Hüttenbetrieben über die Auswahl der je nach Gebrauchszweck angemessenen Stahltypen. Verfahren und Gebrauch bestimmten folglich in dieser neuen Dynamik ausgehend von der Qualität (und nicht von der Natur der Verbindung) darüber, was als Stahl betrachtet wurde und was nicht, s. Abb. 5. Auch der normierte Stahl blieb ein außerordentliches Metall.

[11]Alexandre Pourcel, Metallbauingenieur aus Terrnoire von internationalem Ruf, gehörte zu den wenigen französischen Metallurgen, die mit der Bessemer-Medaille ausgezeichnet wurden. Nach dem Konkurs von Terrenoire war er für britische Unternehmen als Berater tätig.

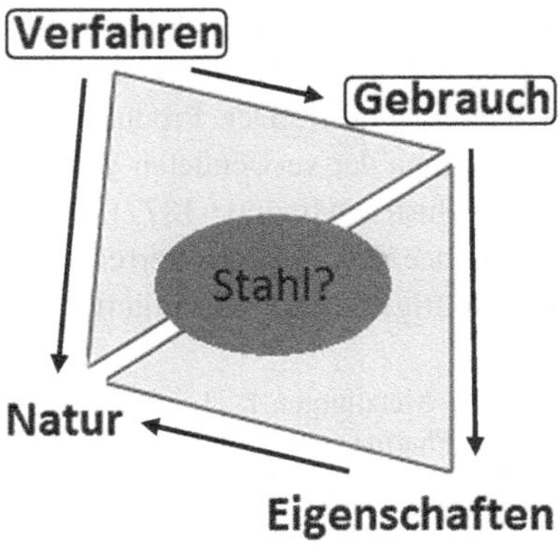

Abb. 5 Die dritte Topik der Stahldefinition: Vorherrschaft des Pols „Verfahren" und der dynamischen Beziehung Verfahren-Gebrauch, die eine „praktische" Natur des Stahls bestimmen, die sich von seiner „wissenschaftlichen" Natur völlig unterscheidet. (Quelle: eigene Darstellung)

5 Schluss

Diese Untersuchung könnte auf die Stahllegierungen der zweiten industriellen Revolution ausgedehnt werden. Auf jeden Fall ist bereits zu erkennen, dass die *histoire croisée* der Repräsentationen und Gebrauchsweisen des Stahls Definition und Begriff dieses Metalls in eine Topik, in einen Raum der Bewertungen und Wertschätzungen einschrieb, der sich um vier Pole herum anordnete: das Gewinnungsverfahren, die Bewertung der Metalleigenschaften, der Gebrauch des Metalls und die Bewertung der Natur des Metalls.

Die Raumaufteilung dieser Konstellationen verschob sich jedoch von Epoche zu Epoche. Lange Zeit beherrschte das Paradigma „hart/rein" das paläometallurgische und paläochemische Denken. In einer Konstellation, in der das Metall den Referenzpunkt bildete, war es undenkbar, dass Stahl unreiner sein konnte als Eisen, aus dem es hergestellt wurde. Die Norm assoziierte Verfahren und Eigenschaften und fand eine unverbrüchliche, unabweisbare Definition des Stahls in seiner Natur, die auf seinen Gebrauch verwies. Als das Paradigma „hart/rein" am Ende des 17. Jahrhunderts zugunsten des Paradigmas „glänzend/glitzernd" zurücktrat, das sich mit der Uhrmacherei und den Blechwaren entwickelte und durchsetzte, kam es zu einer Umkehr der Dynamik, die nun von der Natur zum Gebrauch überging: Hauptbezugspunkt der Topik war fortan nicht das Metall, sondern das Objekt. Der Pol „Verfahren" passte sich folglich an, während der Pol „Natur" vernachlässigt wurde, auch wenn die Gelehrten auf dieser Grundlage zur „wahren" Natur des Stahls gelangten. Auf dieser Basis etablierte sich nach 1860 das Bessemer-Verfahren, das eine bemerkenswerte Modifikation einführte: der Hauptbezugspunkt „Objekt" – Schiene oder Panzer – verlor an

Bedeutung zugunsten des objektanalytischen, d. h. des metallurgischen Denkens. An dieser Stelle können wir von technologischen Regimen sprechen: technische und Gebrauchsnormen sind in ihrer Funktion aufeinander angewiesen. Die Bezeichnung „Weichstahl" für das im Bessemer-Verfahren gewonnene Eisen verweist auf die praktische Durchsetzung der Relation Verfahren/Gebrauch in der Definition der Eigenschaften. Aber das Gleiten des Hauptbezugspunktes von der Materialität der Sache zur Immaterialität der Methode rief eine Verdopplung dieser Relation hervor: was dem Paar Ingenieur/Kunde als Stahl galt, war für den Gelehrten wiederum kein Stahl.

Kehren wir noch einmal zu den Akteuren zurück, die wir bewusst vernachlässigt haben. Jede Gruppe – Eisengießer bzw. Hüttenbesitzer, Kunden, Ingenieure, Gelehrte – bewahrte im Grunde die in ihrer Tätigkeit angelegte Beziehung zum Stahl: einen „schönen" Stahl herstellen (Eisengießer bzw. Hüttenbesitzer); Stahl begreifen (Gelehrte); Stahl benutzen oder verkaufen (Kunden), Stahl als Qualitätserzeugnis (Ingenieur). Potenziell waren sie alle Vorschreibende *(préscripteurs),* doch wer von ihnen war es tatsächlich? Offensichtlich nicht die Gelehrten, die sich – vergeblich – zu Wort meldeten: mit Réaumur ein erstes Mal, als sich die Frage nicht stellte, und ein zweites Mal mit Gruner. Ebenso offensichtlich erwuchs die Macht der Vorschrift aus dem direkten Bezug auf die Materialität. Sie ist an die Objektivierung der Relation Qualität/Produkt in einer Praxissphäre gebunden, womit keineswegs unbedingt der Handel gemeint sein muss. Hatte nicht der vorindustrielle Handwerker darüber entschieden, was Stahl sei und was Eisen, ohne gleichzeitig an Qualität und Natur dessen zu rühren, was er verkaufte? Objektivierung konnte auch ganz einfach die Qualität an sich sein. Ist dafür nicht bezeichnend, dass der Markt als Objektivierungs- und folglich als Präskriptionsinstanz intervenierte, wenn die Qualifizierung des Metalls unsicher wurde? Man kann darin einen allgemeineren Qualitätsbezug sehen als zunächst angenommen. Welche historische Phase der Ausarbeitung der Stahldefinition man auch betrachtet: im Konstitutionsprozess der umfassenden Topik wurde das Paar Produktion/Qualität ohne Unterlass überarbeitet und neu erfunden. Als hätte Qualität, als unausweichliches Ergebnis des Herstellungsverfahrens, immer wieder neu gedacht werden müssen, als hätte sie das Paar Natur/Gebrauch immer wieder zugleich neu erfinden und zusammenfassen müssen. Etwas Ähnliches geschieht gerade mit der halb freiwilligen, halb erzwungenen Einführung von „grünen Normen" und der „Kohlenstoffbilanz".

Kann man vor diesem Hintergrund die Normierung eindeutig aufseiten der Konventionen, der „Kollektiverzählung" verorten? Natürlich fixierte jeder *préscripteur* seine Norm. Jeder, sei er nun Eisengießer, Ingenieur, Kunde oder Gelehrter und Experte, „technisierte" die Operation, für die er zuständig war, um auf Dauer wirtschaftlich zu sein, um ein gutes Gleichgewicht zwischen dem zu finden, was er suchte, und den Mitteln, die er zu Verfügung hatte. Die Normen konnten konvergieren ohne sich notwendig vereinheitlichen zu müssen und dieser Prozess konnte Ergebnis eines Dialogs, eines Verbands oder einer Konvention sein. Es wäre allerdings übertrieben, alles immanenten Kräften zuzuschreiben und anzunehmen, dass eine Konvention in vollem Bewusstsein dessen funktionierte, was sie motivierte und was sie inhaltlich betraf. Jede Norm schrieb sich in eine Topik ein, in einen beweglichen Definitionsraum, der sie überschritt und sie in Bewegung setzte. Die Analyse muss deshalb nicht nur den Vorschreibenden, sondern auch die allgemeinen Bedingungen der Vorschrift im Auge behalten.

Aus dem Französischen übersetzt von Marcel Streng

Literatur

Aristoteles. 1984. *Meteorologie. Über wie Welt.* Hrsg. und übers. von Hans Strohm. Ostberlin: Akademie.

Benezech, Danièle. 1996. La norme: Une convention structurant les interrelations technologiques et industrielles. *Revue d'Economie industrielle* 75:27–43.

Chézeau, Nicole. 2004. *De la forge au laboratoire: naissance de la métallurgie physique (1860–1914).* Rennes: Presses universitaire de Rennes.

Comité du salut public, Hrsg. 1793. *Avis aux ouvriers en fer, sur la fabrication de l'acier.* Paris: Comité du Salut public.

Ferchault de Réaumur, René-Antoine. 1722. *L'art de convertir le fer forgé en acier, où l'art d'adoucir le fer fondu.* Paris: Michel Brunet.

Garçon, Anne-Françoise. 2002. Un (demi) métal, quatre procédés, deux filières. L'Europe et le zinc, XVIIe–XIXe siècles. In *Materials: Research, development and applications*, Hrsg. Hans-Joachim Braun und Alexandre Herlea, 11–30. Turnhout: Brepols.

Garçon, Anne-Françoise. 2004. *Entre l'Etat et l'usine. L'école des Mines de Saint-Etienne au XIXe siècle.* Paris: Presses universitaires de Rennes.

Grolleau, Gilles, und Naoufel Mzoughi. 2005. L'élaboration des normes: un „nouvel" espace de compétition? Une application à la norme ISO 14001. *Revue d'économie industrielle* 111:29–56.

Gruner, Emmanuel-Louis. 1873. Note sur le vrai sens des mots fer et acier. *Annales des Mines* 7 (10): 209.

Gruner, Emmanuel-Louis. 1896. *Etudes sur l'acier. Examen du procédé Heaton.* Paris: Dunod.

Guillot-Duhamel, Jean-Pierre-François. 1786a. Acier (Métallurgie). In *Encyclopédie méthodique*, Bd. 1, 451–465. Paris: Panckoucke.

Guyton de Morveau, Louis-Bernard. 1786b. Acier (chimie). In *Encyclopédie méthodique*, Bd. 1, 420–451. Paris: Panckoucke.

Hatchuel, Armand. 1995. Les marchés à prescripteurs. Crise de l'échange et genèse sociale. In *L'inscription sociale du marché*, Hrsg. Annie Jacob und Hélène Vérin, 205–225. Paris: L'Harmattan.

Hatchuel, Armand. 2003. Le prescripteur: libéralisme régulé ou régulation émancipatrice. In *Le libéralisme, l'innovation et la question des limites*, Hrsg. Armand Hatchuel und Romain Laufer, 49–85. Paris: L'Harmattan.

Jousse, Mathurin. 1627. *La fidelle ouverture de l'art de serrurier*. La Flèche: Griveau.

Leclerc de Buffon, Georges-Louis. 1783. *Histoire naturelle des minéraux*, 2. Aufl. Paris: Royale.

Magnus, Albertus. 1890 [ca. 1250]. *Mineralia* (Hrsg. A. Borgnet). Paris: Vivès.

Mallard, Alexandre. 2000. L'écriture des normes. *Réseaux* 102:37–61.

McCann, Gilman. 1998. *Chemistry transformed: The paradigmatic shift from phlogiston to oxygen*. Norwood: Ablex.

Pérez, Liliane. 2008. Steel and toy trade between England and France: The Huntsmans' correspondence with the Blakeys (1765–1769). *Historical Metallurgy* 42 (2): 127–147.

Pion, Louis. 1856. Notes sur le procédé Bessemer. *Annales des Mines* 5 (9): 643–647.

Plot, Robert. 1689. *Natural history of staffordshire*. Oxford: Printed at the theater.

Smith, Cyril S. 1964. The discovery of carbon in steel: Early concepts of the nature of steel. *Technology & Culture* 5 (2): 149–175.

Smith, Cyril S., und Martha T. Gnudi, Hrsg. 1990. *The Pirotechnia of Vannoccio Biringuccio (1540)*. New York: Dover Publications.

Société de l'Industrie Minérale. 1877. Auszug aus den monatlichen Versammlungsberichten der *Société de l'Industrie Minérale*, Oktober 1877.

TLFi (Trésor de la Langue Française informatisé). 2019. Lemma „norme". http://stella.atilf.fr/Dendien/scripts/tlfiv5/advanced.exe?8;s=2724016335. Zugegriffen: 29. Aug. 2019.

Vico, Giambattista. 1981. *La Méthode des études de notre temps De nostri temporis studiorum ratione Texte latin établi par Andrea Battistini Introduit et traduit par Alain Pons*. Paris: Belles Lettres. (Erstveröffentlichung 1708).

„Commodities may not be nominall but substantiall & reall in all their kinde": Die Konstruktion von Farbstoffvarietäten, 1700–1900

Alexander Engel

Inhaltsverzeichnis

Ein erheblicher Teil der auf Märkten von arbeitsteiligen Gesellschaften gehandelten Güter sind Rohstoffe. In aller Regel besteht für einen Rohstoff eine mehr oder weniger kontinuierliche Nachfrage, und ein ebensolches Angebot, mithin also ein kontinuierlicher Markt. In gewissen Grenzen ist der einzelne Rohstoff damit ein fungibles Gut: Anders als auf Kunstmärkten, auf denen Unikate gehandelt werden, ist eine bestimmte Menge eines Rohstoffs gegen eine andere, gleichgroße Menge dieses Rohstoffs austauschbar, ohne dass dies für den Verkäufer einen Unterschied macht. Dies gilt insofern nur in gewissen Grenzen, als die meisten Rohstoffe inhomogen sind bzw. in verschiedenen Varianten auftreten. Infolgedessen werden die Rohstoffe auf solche Weise in verschiedene Varietäten – Sorten und/oder Handelsklassen – untergliedert, dass die Inhomogenität bzw. Varianz innerhalb einer Varietät im Großen und Ganzen vernachlässigbar wird. In der Praxis ist Rohkaffee an sich kaum fungibel, kolumbianischer Arabica-Kaffee Klasse 1 in den

A. Engel (✉)
Institut für Wirtschafts- und Sozialgeschichte, Göttingen, Deutschland
E-Mail: aengel@wiwi.uni-goettingen.de

R. Salais et al. (Hrsg.), *Qualitätspolitiken und Konventionen*, Soziologie der Konventionen, https://doi.org/10.1007/978-3-658-26643-1_3

meisten Kontexten hingegen schon: Kauft man wiederholt Kaffee dieser Sorte und Handelsklasse, so erwartet man, stets genau das Gleiche zu erhalten.

Es ist einleuchtend, dass es sich bei Handelsklassen um Verabredungen handelt, um künstliche Konzepte: Es wird eine Übereinkunft über eine arbiträre Auswahl von Regeln erzielt, nach denen die einzelnen Handelsklassen konstruiert und tatsächlich Handelsware klassifiziert werden. Aber auch die Einteilung in Sorten – etwa verschiedene Apfelsorten wie Boskop, Braeburn oder Elstar – ist keineswegs eine ‚natürliche' Einteilung, die sich objektiv und zwingend aus der Unterschiedlichkeit äußerer Merkmale oder Herkünfte ergibt. Dies gilt nicht einmal für die Definition der Ware selbst: Was etwa genau ist ein Apfel? Kaum jemand wäre in der Lage, eine konkrete, positive Definition hierfür zu geben, alltagspraktisch identifizieren wir gleichwohl von Kindesbeinen an Äpfel anhand von Merkmalen wie Form, Farbe, Beschaffenheit und Geschmack – insbesondere über Differenzbildung, also etwa in Abgrenzung zu Birnen. Doch selbst diese scheinbar völlig selbstverständliche Unterscheidung von Apfel und Birne ist eine Konstruktion, nur eben eine tief verankerte. Dies zeigt sich besonders bei der Betrachtung ungewöhnlicher Grenzfälle: Die Nashi-Birne zum Beispiel ähnelt in Form und Geschmack eher handelsüblichen Äpfeln als Birnen und ist daher Konsumenten auch als Bapfel oder Birpfel bekannt. Züchtungen wie die Zwintzscher-Hybride verwischen schließlich sogar aus biologischer Sicht die vermeintlich so klare Grenzziehung zwischen Apfel und Birne (Fischer et. al. 2014).

Jegliche Definition eines Handelsguts und seiner Varietäten ist eine diskursive Konstruktion und kann als solche wissensgeschichtlich untersucht werden. Genauer lässt sich dann zum Beispiel fragen, welche Definitionen jeweils miteinander konkurrierten, über welche Medien und von welchen Akteursgruppen diese Konkurrenz ausgetragen wurde, wieweit sie maßgeblich für das Marktgeschehen waren, und wie diese unterschiedlichen Vorstellungen im Hinblick auf ökonomische Zielsetzungen aufrechterhalten und umgeformt wurden. Interessant sind insbesondere Fälle neuer bzw. wenig bekannter Waren, in denen anders als bei Äpfeln und Birnen ein konsensualer Wissensbestand erst aufgebaut wird.

Am Beispiel etwa der Farbstoffe für die Textilfärbung kann man erkennen, dass sich für bestimmte Waren bzw. Warengruppen die diesbezüglichen Praktiken und Auffassungen der vorindustriellen Zeit systematisch von denjenigen des industriellen Zeitalters unterscheiden (Engel 2009). Um dies zu illustrieren, wird im Folgenden zunächst die Definitionsweise von Farbstoffvarietäten vor dem 19. Jahrhundert näher untersucht. In einem zweiten Abschnitt stehen die konkreten Praktiken der Identifikation unterschiedlicher Qualitätsstufen im realen Marktgeschehen im Mittelpunkt. Sodann werden die wissensgeschichtliche Transformation der Farbstoffwirtschaft ab dem späten 18. Jahrhundert und der gleichzeitige Wandel der diskursiven Konstruktion von Farbstoffen als Waren thematisiert, um abschließend die Verhältnisse auf modernen Farbstoffmärkten an einem konkreten Beispiel zu beleuchten.

1 Die Definition von Varietäten in vorindustrieller Zeit

Um Aufschluss über vormoderne Formen der Warenkonstruktion zu erhalten, lassen sich verschiedene Quellen zur vorindustriellen Warenwelt heranziehen, etwa Warenlexika (Schurtz 1672; Savary Des Bruslons 1741–1743; Bohn 1763; Schedel 1791/1800; Jacobi 1798–1800; Courtin 1837; Merck 1884) oder die Preiskuranten des Großhandels (McCusker und Gravesteijn 1991; Morineau 1995) – also Listen von Angebotspreisen für Dutzende und bald Hunderte von Gütern an wichtigen europäischen Handelsplätzen, die bereits im 17. Jahrhundert in wöchentlicher Folge gedruckt wurden.

Studiert man Preiskuranten verschiedener Orte und Zeiten, so findet man stets vier potenzielle Kategorien, nach denen Varietäten von Farbstoffen differenziert werden (Vogt 1973; Beck 1988; Fox und Nieto-Galan Hrsg. 1999; Engel 2009): Dies sind erstens die geografische Herkunft (zum Beispiel Indigo aus Guatemala versus Indigo aus Carolina), zweitens die äußere Gestalt (Farbholz in Blöcken, geraspelt oder gemahlen), drittens die Qualitätsstufe (feiner oder ordinärer Indigo) und viertens der angedeutete Verwendungszweck (Rotholz, Gelbholz oder Blauholz, vgl. Müller 1938; Puth 1962; Wilson 1936).

Praktisch sind diese vier Dimensionen häufig miteinander verschränkt: Die äußere Form eines Indigoklumpens kann Indiz für seine Herkunft sein, die Herkunft wiederum impliziert einen speziellen Verwendungszweck, zum Beispiel eine bestimmte Qualität. So hatte Indigo aus Carolina allgemein den Ruf niedriger Qualität, derjenige aus Guatemala galt als Spitzenqualität (Winberry 1979; Nash 2010; zu Indigo als Ware weiterhin Vetterli 1950; Balfour-Paul 1998; Timmermann 2014). Solche Definitionen waren eher unscharf und uneindeutig, da es in der Regel keine zentrale Definitionsinstanz gab und sie sich daher aus individuellen, nicht zwingend übereinstimmenden Sichtweisen herausbildeten. Verschiedene Akteursgruppen konnten durchaus verschiedene Auffassungen von der Ware haben, unterschiedliche Erwartungen und je anderes Wissen daran knüpfen.

Europäische Färber zum Beispiel hatten lange Zeit keine Vorstellung von der Herkunft des hochwertigen Rotfarbstoffs Cochenille (Born 1936; Dahlgren de Jordan 1963; Donkin 1977; Padilla und Anderson Hrsg. 2015) und ahnten nicht, dass es sich um getrocknete Läuse handelt. Umgekehrt wussten die Cochenille produzierenden Indigenas in Mittelamerika nichts über die Umstände des europäischen Verbrauchs ihrer Ware. Die indigene Bevölkerung sah in Cochenille den Kleinkredit, den sie von den Beamten der spanischen Kolonialverwaltung erlangen und in Form des Farbstoffs abbezahlen konnte – die europäischen Färber den kostbaren Stoff, den sie mit ihr fabrizieren konnten. Die indigene

Bevölkerung definierte Cochenille als Resultat bestimmter Praktiken der Produktion, die Färber begriffen sie als notwendiges Vorprodukt für bestimmte Färbeergebnisse. Trotz dieser unterschiedlichen Konzepte ergab sich in der Praxis im Grundsatz ein hinreichend sicherer, übergreifender Konsens darüber, was unter „Cochenille" als Warenklasse zu verstehen ist und was nicht. Verbindende Elemente waren in diesem Fall die Händler, welche die Vorstellungen und Handlungsmöglichkeiten beider Seiten so weit kannten, dass sie diese miteinander in Beziehung setzen und zudem überproportional von ihrem Wissensvorsprung profitieren konnten.

Das Erscheinungsbild und – mit gewissen Einschränkungen – die Herkunft sind dabei gleichsam die unmittelbar greifbaren Informationen, die ein Kaufmann über eine Ware zur Hand hat. Qualität und Verwendungszweck dagegen sind aus dem Gebrauchswert abgeleitete Kriterien, also Charakterisierungen aus dem Blickwinkel der Verbraucher. Unterschiedliche Qualitätsstufen werden zwar durch die Produktion vorgegeben, sind das Resultat unterschiedlicher Produktionsschritte oder Produktionsweisen, doch bestimmt der Nutzen für den Verbraucher darüber, wie sehr die entsprechende Variante der Ware von den Nachfragern und damit auch vom Zwischenhandel geschätzt wird. Ebenso werden die kaufmännischen Kriterien Herkunft und Erscheinungsbild erst durch die Verbraucher mit unterschiedlichen Eignungen assoziiert.

In letzter Instanz ist es also die Nachfrageseite, welche in der vorindustriellen Welt die Definitionsmacht über Waren innehatte. Farbstoffe waren darum bis in das 19. Jahrhundert hinein gebrauchsseitig und unabhängig von konkreten Produzenten definierte, zudem zumeist nicht sehr stark verarbeitete Waren, deren Preise vorrangig über ihren Gebrauchswert bestimmt waren. Es waren also *Commodities* – im Sinne des Gegenbegriffs von *Specialities,* womit angebotsseitig definierte, nach Produzenten unterscheidbare Waren bezeichnet sind (Enke und Reimann Hrsg. 2005).

Über eine nüchterne Einschätzung hinaus wurde der Gebrauchswert einer Commodity auch durch Sympathien oder Antipathien der Verbraucher mitbestimmt, die sich zu einer guten oder schlechten Reputation verdichteten. Der Ruf der Ware bzw. spezieller Varietäten konnte sich dabei an gute oder schlechte Verarbeitungseigenschaften knüpfen, aber auch über technische Aspekte hinaus von sozialen oder kulturellen Faktoren beeinflusst sein. Wichtig war schließlich, inwiefern konkrete Lieferungen einer Farbstoffvariante die an diese Ware gestellten Ansprüche bzw. die von dieser Ware ausgehenden Versprechungen tatsächlich erfüllten. Taten sie dies auf längere Sicht nicht in ausreichendem Maße, nahm die Reputation irreparablen Schaden und der Markt brach zusammen.

Als etwa im 18. Jahrhundert Saflor (Färberdistel) aus dem Mittelmeerraum auf die europäischen Märkte drängte und die Preise des einheimischen Saflors unter Druck gerieten, stellten die Kaufleute zunehmend fest, dass die deutsche Ware „nicht allein schlecht bereitet, unzeitig gesammelt, und unrein gehalten wurde, sondern um ihr das Dunkelrothe mitzutheilen, durch Rinderblut, und Hollundersaft sehr verfälscht war“ (Dallinger 1800, S. 22–24; vgl. auch Vogt 1972/1973). Mehrere Mandate gegen diese Praxis konnten den Niedergang der Anbauregionen nicht mehr aufhalten, da der Ruf des mitteleuropäischen Saflors bald ruiniert war. Im Elsass begann man zudem auf die profitablere Tabakkultur zu wechseln.

Ein weiteres Beispiel sind die englischen Importe indischen Indigos im 17. Jahrhundert (Nadri 2016). Der East India Company gelang es von ihrer ersten Expedition im Jahr 1614 an, nicht zuletzt dank einer geschickten Preispolitik,[1] über Jahrzehnte hinweg Absatz für den Farbstoff zu finden. Nach mehreren kleineren Absatzkrisen teilte die Zentrale in London der Faktorei in Surat im Februar 1671 mit, dass sich nun eine dauerhaft sinkende Profitrate abzeichnete:

> „It is a Comoditie, that vents & sells well here, but how long it will so continue wee know not, for that the dearness of it, will put the Spaniard, & English Plantations in making thereof, and wee believe bring it down to a low rate. And therefore you must endeavour it at as cheap rates as possibly you can, for it will be, by that meanes, that we shal[l]be enabled to continue that trade.“ (IOR E/3/87, S. 423–438, East India Company London an Faktorei in Surat, 22.02.1671, S. 425)

Dieser Preisdruck ging aber offenbar zulasten der Qualität, was den Handel komplett infrage stellte:

> „The Buyers find fault, that ye Indicoe, is not kept up to ye goodnes, it formerly came in, w[hi]ch wee desire you to take care to remedy, for that wee stand in a competition in this Comodity, w[i]th Spaine Barbadoes, and of the English Plantations and if the goodnes of this, be not as formerly, it will […] discourage us from sending for it.“ (IOR E/3/87, S. 313–332, East India Company London an Faktorei in Surat, 16.02.1670, S. 322)

[1] „And finding the inconvenience of houlding it at a high price, whereby encouragm[en]t hath bene given to bring in from Aleppo and Venice, to the wrong and preuidice of the Comp[any] a gręat p[ar]t. And therfore p[ro]pounded to have a reasonable price set uppon it, whereby to discourage others from bringing in from other p[ar]ts, and so to drive the currant backe againe“ (British Library, India Office Records [im Folgenden: IOR] B/6, S. 335–337, Protokoll der Sitzung des Court of Committee, 27.04.1619).

Da sich die Situation nicht verbesserte, zog man das Kapital bald darauf tatsächlich weitgehend aus dem Indigogeschäft ab (IOR E/3/87, S. 467 f., East India Company London an Faktorei in Surat, 17.07.1671, S. 467).

Während also das Ausscheiden bestimmter Farbstoffvarietäten aus dem Marktgeschehen durch Abweichen von gewohnten Standards relativ schnell geschehen konnte, war das Eintreten neuer Varietäten oder gar gänzlich neuer Farbstoffe in den Markt ein ungleich voraussetzungsreicherer Vorgang. Im Zeitalter der Naturfarbstoffe wurden neu auf die Märkte gelangende Commodities nicht in Laboren oder Werkstätten entwickelt, sondern „erfunden". Der Begriff Erfindung belegt die Auffassung eines im Kern gottesfürchtigen Zeitalters, dass eine neue Ware im Grunde so neu gar nicht war: Sie war in der im Schöpfungsakt gebrauchsfertig bereitgestellten Warensammlung der Natur immer schon vorhanden gewesen – dem (Er)Finder fiel sie lediglich zu.

Einem häufigen Erscheinen neuer Farbstoffe standen in vorindustrieller Zeit deshalb gleich zwei Hindernisse im Weg: Erstens gab es keine verlässlichen Strategien zur Findung einer potenziellen neuen Commodity, und zweitens musste – wenn doch einmal eine gefunden wurde – eine potenzielle Gruppe von Nachfragern die Eignung dieser neuen Ware für bestimmte Zwecke erkennen und anerkennen. Nicht der Finder, der oftmals auch der erste Verwerter und Anbieter wurde, sondern die möglichen Verbraucher definierten normalerweise den Platz einer neuen Commodity in der Güterwelt. Eine neue Ware zu vermarkten, für welche neue Bedürfnisse erst geweckt werden mussten, war daher ungleich aussichtsloser als die Vermarktung einer Ware, mit der bereits bestehende Bedürfnisse in alternativer Weise befriedigt werden konnten. Neue Waren – und auch neue Sorten aus neuen Anbauregionen – am Markt erfolgreich zu etablieren, führte daher in der Regel über Analogiebildungen, über Imitationen und Variationen des Bekannten.

Die Einführung neuer Farbhölzer nach Europa zum Beispiel knüpfte an die Erfahrungen mit bereits in der Färberei bekannten Hölzern an. Neue Varietäten konnten zumeist in derselben Weise gehandhabt werden wie bereits vertraute; sie ergaben einfach nur andere Resultate. Ebenso ähnelten die in Neuspanien erzeugten Cochenilleschildläuse den europäischen Kermesschildläusen und konnten analog verwendet werden. Eine deutlichere Differenzierung von alter und neuer Variante in zwei verschiedene Produkte geschah erst, wenn sich die neue Variante bewährte. So galten Cochenille und Kermes ursprünglich als Sorten derselben Commodity. Erst mit der Zeit wurde die Ware differenziert, und es entstand ein gezielter Bedarf nach der spezifischen neuen Variante, die so zur eigenständigen Ware wurde.

Eine die Regel bestätigende Ausnahme ist die Vermarktung der gelb färbenden Quercitronrinde durch Edward Bancroft, der sich zu einem der prominentesten

Experten der Färbetheorie entwickelte und das um 1800 maßgebliche englische Standardwerk (Bancroft 1794)[2] zur Färberei verfasste. Nicht zufällig räumte er seiner eigenen Entdeckung großen Raum ein; seine Ausführungen diffundierten schnell in andere koloristische und auch warenkundliche Standardwerke. Bancroft war in der außergewöhnlichen Position, das zu seiner Zeit allgemeingültige Wissen darüber, was die etablierte Palette von Farbstoffen eigentlich umfasste, umschreiben zu können. Gleichwohl ging auch er von den Gebrauchseigenschaften von Quercitron aus, betrachtete also ‚sein' Färbemittel in dieser Hinsicht als Commodity.

2 Die Identifikation von Varietäten im Marktgeschehen

In der Praxis des vormodernen Marktgeschehens bedeutete die gebrauchsseitige Definition von Farbstoffen nicht, dass die Nachfrageseite gegenüber der Angebotsseite in einer komfortableren Position war. Ganz im Gegenteil ergab sich für die Verbraucher das gravierende Problem, dass Commodities beim Kauf identifiziert werden müssen, obwohl sie erst über ihren späteren Verbrauch definiert sind.

Enthielt ein zum Kauf angebotenes Fass „feiner violetter Indigos aus Guatemala" also tatsächlich Farbstoff mit den Eigenschaften dieser Warenvariante? Oder war es doch eher ordinärer Carolina-Indigo? Oder am Ende gar bloß Taubendreck? Und wenn es tatsächlich die versprochene Varietät war: Hatte sie dieselben Färbeeigenschaften wie der vor sechs Monaten gekaufte feine violette Indigo aus Guatemala? War die Varietät also scharf definiert, konstant und damit in ihrer Handhabung kalkulierbar? All diese Fragen ließen sich im Kontext einer konkreten Transaktion nur in begrenzter Weise beantworten, weswegen der Käufer ein gewisses Maß an Vertrauen aufbringen musste. Hatte eine Ware über mehrere Lieferungen hinweg die versprochenen Eigenschaften, erhöhte sich das Vertrauen. Wurde das Vertrauen hingegen enttäuscht, schadete dies dem Renommee der Ware – bis zu einem Punkt, an dem wie beim mitteleuropäischen Saflor im 18. Jahrhundert oder dem aus Indien importierten Indigo im späten 17. Jahrhundert die Nachfrage kollabierte.

[2]Bancroft errang zudem im Nachhinein gewisse Berühmtheit als Spion während des Amerikanischen Unabhängigkeitskriegs: Schaeper 2011.

Um das Risiko blinden Vertrauens in die Aussagen des Anbieters zu reduzieren, prüften Nachfrager – sofern sie sich mit dem Anbieter und der Ware am selben Ort befanden – vor der Transaktion den Artikel und versuchten ihn selbst zu identifizieren. Das gleiche geschah auch nach Lieferungen auf Bestellung, um gegebenenfalls reklamieren zu können. So wurde permanent ein individueller Abgleich konkreter realer Artikel mit der passenden Warenvorstellung geleistet. Ein Probefärben mit einer kleinen Menge der avisierten Farbstoff-Charge war vor dem Kauf allerdings in der Regel zu umständlich, weswegen verschiedene Probationsverfahren existierten, die mit weniger Aufwand Aufschlüsse geben konnten. So galt etwa für guten Indigo bei Jacobi:

> „Er muß auf dem Wasser schwimmen, in mit Wasser verdünnten [sic] Vitriol sich völlig rein und ohne allen Bodensatz auflösen, und endlich die Feuerprobe aushalten. Letztere wird also angestellt: man hält den Indigo über glühende Kohlen: verzehrt er sich nun völlig, so ist er gut, hinterläßt er aber unverbrennliche Theile, so ist er verfälscht und taugt nicht." (Jacobi 1798–1800, S. 96)

Der enge Zusammenhang von Warenkonstruktion und der Existenz geeigneter Identifizierungspraktiken zeigte sich auch, als am Ende des 18. Jahrhunderts der Entdecker des Gelbfarbstoffs Quercitron, Edward Bancroft, die Unterstützung der britischen Krone bei der Popularisierung des aus der Innenbarke der nordamerikanischen Schwarzeiche gewonnenen neuen Färbeprodukts erbat. Bancroft wurde gefragt, ob und wie diese besondere Rinde von den Rinden heimischer englischer Eichenarten, welche in der Gerberei Verwendung fanden, unterschieden werden konnte. Bancroft antwortete:

> „Mr James Warne (the most eminent Tanner in Great Britain & probably in Europe) [...] has tried the Quercitron or American Black Oak Bark in his business, & will be able to Satisfy the Lords of the committee, that it can never interfere with the Bark of the English Oak. [...] My Lord Hawkesbury appeared yesterday to desire that some mark or Criterion might be fixed upon, by which the American Black Oak Bark for dyers use could at all times be distinguished from every other: This I think may be easily done, by the Circumstances [...], that of the Black Oak Bark's giving a yellow colour when put in to water in which a little alum is dissolved, (no other Oak Bark will do) and its not giving a Black with a Solution of Copperas, which every other Oak Bark will do." (National Archives of the United Kingdom, Kew [im Folgenden: NA], BT 6/147, Board of Trade: Miscellanea. Dyes, Discoveries by Drs. Gordon and Bancroft, 1786–1790. Edward Bancroft an George Chalmers, 18.03.1790.)

Solche Tests wurden zunehmend in Speziallexika (Achtelmeier 1703; Schreger 1805; Bolley 1853; Gerding 1870; Dammer Hrsg. 1887, S. 224–229) zusammengefasst, die in der Mitte des 19. Jahrhunderts – in der beginnenden Transformation der vorindustriellen Warenwelt, welche sich zunehmend zu verbreitern und zu dynamisieren begann – geradezu boomten.

Weniger aufwendig als eine Probation und darum in der Praxis bedeutender war eine Beurteilung des Artikels nach seinem Erscheinungsbild. Bei einer gering verarbeiteten Ware wie der Färberdistel sind zum Beispiel zumeist noch die Strukturen der Pflanze, etwa die Blütenbüschel, zu erkennen, außerdem riecht diese Substanz recht typisch. Geraspeltes Farbholz hingegen ist nicht so einfach von anderen Holzspänen zu unterscheiden. Bei stärker aufbereiteten Produkten fiel entsprechend die Identifikation schwerer und die Verfälschung leichter. Denn einerseits verlor ein Naturprodukt durch Bearbeitung an individuellen natürlichen Merkmalen, und andererseits verteuerte es sich, sodass Verfälschungen lohnender wurden und eine breitere Palette von Stoffen dafür infrage kam.

Zur Identifikation einer Varietät eines stärker aufbereiteten Farbstoffs konnte man sich immerhin auf besondere Verarbeitungsmerkmale beziehen. Indigoextrakt etwa gelangte im Normalfall in Klumpen in den Handel, die je nach Herkunftsregion typische Formen aufwiesen. Der im 17. Jahrhundert aus dem indischen Sharkej (in den Quellen: Cirques) von der East India Company importierte Indigo kam ursprünglich in runden Stücken in den Handel, der damals etwas höherwertige aus Bayana (in Europa nach dem Umschlagplatz Lahore benannte) in flachen Stücken. Als im November 1643 plötzlich flach geformter Sharkej-Indigo nach London gelangte, zeigte sich die Zentrale der East India Company der Faktorei in Indien gegenüber besorgt:

> „The Cirques Indico cannot bee said to be bad although not found so excellent as wee have had found in our last shipping for the new face or fabrique w[hi]ch some of this now received is changed into wee doe not approve […], it may be found others into whose hands it may come will for the fashion fake com[m]end it & sell it for the Biana sorte. Therefore wee desire it may appeare in its old forme as it hath bin accustomed, then in a counterfeir shape to that which it is not in truth nor in substance.“ (IOR G/40/12, East India Company London an Faktorei in Surat, 27.11.1643)

Drei verschiedene Ebenen der Identität der Ware wurden hier differenziert: Erstens signalisierte die neue Aufmachung des Sharkej-Indigo eine äußere Identität, welche dem Artikel „not in truth nor in substance“ zukam. Zweitens war also die „Substanz“ des neu gestalteten Sharkej-Indigo nicht identisch mit derjenigen von Lahore-Indigo, d.h. die Material- und damit auch die Färbeeigenschaften waren andere, und zwar in diesem Fall weniger geschätzte. Selbst wenn aber der Sharkej-Indigo in der Substanz dem Lahore-Indigo gliche, wäre es drittens

„in Wahrheit" noch immer kein Lahore-Indigo – er käme nach wie vor aus einer anderen Gegend, was Nachfragern womöglich aus Motiven jenseits des technischen Gebrauchswertes nicht gleichgültig wäre. Politische Gründe oder kulturelle Konnotationen können bei der Wahl zwischen zwei Sorten aus unterschiedlichen Anbauregionen durchaus von Belang sein.

Die Folgen der hier geschehenen Verwischung der Identitätsebenen zeigten sich unmittelbar nach dem Abverkauf der Lieferung:

> „Com[m]odities to be provided may not be nominall but substantiall & reall in all their kinde for in the mayne com[m]odity of Indico, it is not sufficient to have a large p[ro]portion in either kind & so to have mingled, w[i]th good & counterfeit stuffes together as this p[ar]cell last r[eceive]d was much abused [...] w[hi]ch brought much disparagent upon all the com[m]odity & hath brought it down to a meane rate & estimation by reason of the counterfeit stuffs & abundance of dirt amongst it. [...] now Complaints coming every day unto us of the extreme badnes of the commodity & how the Adventurers are abused in the receiving of such coarse & ill conditioned goods [...] if noe more care be taken in the future to prevent such false packt stuffs, Indico will find but a cold entertainment here." (IOR G/40/12, East India Company London an Faktorei in Surat, 29.03.1644)

Qualität und Erscheinungsbild der Ware mussten also von den Händlern beständig kontrolliert und gesichert werden, um die etablierten Vorstellungen der Nachfrager zu bedienen. Da die Merkmale stärker verarbeiteter Farbstoffe bis zu einem gewissen Grad von den Produzenten beeinflussbar waren, bot es sich aber überdies an, die Aufmachung zu einem bewussten Gegenstand von Produktpolitik zu machen und so zu modifizieren, dass die Ware unabhängig von „truth or substance", also von Herkunft und Qualität, möglichst positiv am Markt aufgenommen wird.

Aufschlussreich hierfür sind die Bemühungen der East India Company an der Wende zum 19. Jahrhundert, einen Markt für den von Europäern in Indien produzierten Indigo zu schaffen (zu diesem Produktionssystem siehe Ray 2004; Kumar 2012; Engel 2012). Die Zentrale in London gab der Dependance in Bengalen über Jahre hinweg schriftliche Rückmeldungen, wie der Artikel in London aufgenommen wurde, für welche Sorten welche Absatzchancen bestünden und mit welchen Modifikationen des Gutes man die Chancen am Markt erhöhen könnte. Den Briefen waren zur Illustration Indigoproben und auch Holzformen mitgegeben, um die optimale Warengestaltung zu verdeutlichen. So hieß es bereits im April 1785:

> „At present there is a prejudice against it from its shape and appearance, which We conceive might be easily remedied by making it in Squares of about 1½ to 2 inches like the Sample No 2 which will make it resemble and answer every purpose of that

which is made by the French at St. Domingo which is in high estimation; If in forming or drying the Indigo the Sand and Dirt which adheres to the Outside could be avoided, it would render it more pleasing to the eye and more saleable.“ (IOR E/4/628, S. 491–624, East India Company in London an Governor in Council in Fort William [Bengalen], 11.04.1785, S. 568, 607 f.)

Auch fünfzehn Jahre später, als sich indischer Indigo am Markt faktisch durchgesetzt hatte, wurde diese Anweisung – nunmehr in noch differenzierterer Form – gegeben:

„[I]t will be necessary to pay attention to the prejudices of the London Market as well as to select the most approved description. […]

– *1st Shape.* Great preference is given to Indigo of the Square shape and size which you will observe on referring to the wooden Sample marked A. The Merchants who buy for Exportation to the Continent will give […] more for Indigo of this Shape than for large or small broken, although of equal quality. […]

– *2nd Coat or Outside.* Those indigoes which have a whitish coat are most preferred; The dark clay coloured coat is not approved and a considerable reduction in price is made for Indigo which has a thick mossy surface. We have sent specimens of the different description of Sorts.

– *3rd Limy.* The buyers do not like those Indigoes which breack limy or specky. Although the quality may not be injured by it, still a clean texture is to be preferred; A specimen of what is called limy is sample E.

– *4th Veiny or Streaky.* This Indigo is to be avoided; there exists a great prejudice against it, and it always sells low compared with other kinds: we have given a specimen in sample F.“ (IOR E/4/669, S. 37–56, Department of Commerce der East India Company in London an Governor in Council in Fort William (Bengalen), 06.06.1810, hier S. 39–42)

Deutlich wird, dass die Qualität, also der Gebrauchswert höchstens mittelbar über Nachfrage und Preis entschied, die Aufmachung dagegen unmittelbar. Zwar wurden konkrete Erscheinungsmerkmale mit bestimmten Eigenschaften des Gebrauchsnutzens assoziiert, aber diese beiden Identitäten waren keineswegs wechselseitig repräsentativ: Artikel wurden „although of equal quality“ aufgrund ihrer Aufmachung gegenüber anderen bevorzugt. „Although the quality may not be injured by it“ waren daher bei der Produktion bzw. beim Einkauf bestimmte Erscheinungsmerkmale zu vermeiden. Ob und wie ein äußeres Merkmal überhaupt mit einem Aspekt des Warengebrauchs korreliert war, konnte Produzenten und Intermediären letztlich egal sein, denn der Verbraucher definierte die Ware – wichtig war nur, die Präferenzen der Verbraucher zu kennen und dieses Wissen für sich zu nutzen.

3 Von ‚natürlichen' Commodities zu ‚künstlichen' Specialties

Der Commodity-Charakter vorindustrieller Farbstoffe legt nahe, dass man in vorindustrieller Zeit nicht die Vorstellung teilte, dass Individuen exklusive Anrechte auf die wirtschaftliche Verwertung der von ihnen entdeckten neuen Waren reklamieren konnten. Andernfalls hätte man Farbstoffe im Handel weniger über Herkunftsregion, Form und Verwendungszweck gekennzeichnet als durch die Angabe des Entdeckers und Erstverwerters. Diese wurden allenfalls zum Ausgleich ihrer Mühen mit staatlichen Prämien[3] oder, wie zum Beispiel Edward Bancroft im Fall des Quercitrons, mit zeitlich befristeten Handelsmonopolen belohnt:

> „To the End therefore that the said Edward Bancroft may [...] be enabled and encouraged to prosecute and complete his said Invention [...], so that the Publick may reap all the Advantages to be derived therefrom, in their fullest extent; and the said Edward Bancroft may receive an adequate Recompence for his Study, Labour, Expence, and Time".[4]

Dem Tenor nach diente ein solches Privileg dem Nutzen des Gemeinwohls (indem durch anfänglichen Schutz ein neuer Wirtschaftszweig gefördert werden konnte) und nicht der Begünstigung des Erfinders – denn das Privileg stellte lediglich einen Ausgleich „for his Study, Labour, Expence, and Time" dar (zu Privilegien und Patenten in Großbritannien allgemein vgl. Bottomley 2014).

Seit der Mitte des 18. Jahrhunderts jedoch wurden Farbstoffe immer weniger als ganzheitliches Naturprodukt, sondern zunehmend als eine Kombination von Substanzen aufgefasst. Man suchte nun nach jenen invarianten Komponenten, die in den handelsüblichen Farbstoffen die eigentliche Färbewirkung verursachten (Nieto-Galan 2001, S. 94–100). Um Einzelbestandteile zu separieren, wurden die Handelsprodukte diversen zersetzenden Prozeduren wie Destillation, Filtrierung oder Kristallisation unterzogen. Diese Dekonstruktion der Naturfarbstoffe hatte

---

[3]Zum Beispiel im Großbritannien des späten 18. Jahrhunderts: Richard Williams für das Gelb- und Grünfärben auf Baumwolle (13 Geo. III, c.77, §24), James Berkenhout und Thomas Clark für ihr Scharlachrot (19 Geo. III, c.71) und Louis Borell für sein Türkischrot (26 Geo. III, c.61); alle abgedruckt in: Ruffhead Hrsg. 1763–1800, Bde. 11, 13 und 15.

[4]An Act for vesting in Edward Bancroft [...] the sole Property of his Invention or discovery of the Use and Application of certain Vegetables for Dying [...], 25 Geo. III, c.38, in: Ruffhead 1776–1800, Bd. 14.

unmittelbare technologische und wirtschaftliche Folgen, da man die Analysetechniken in kommerziellem Maßstab einsetzte, um reinere und konstantere Farbwaren zu erhalten. Bereits in der zweiten Hälfte des 18. Jahrhunderts laugte man Farbhölzer mit Wasser aus, um Tinkturen und Farbbrühen herzustellen.[5] Im 19. Jahrhundert traten aufwändigere Produkte hinzu – etwa der Garancin genannte rotfärbende Extrakt, welcher durch Behandlung der Krappwurzel mit Schwefelsäure erzeugt wurde.[6] Teilweise entstanden bei der Aufbereitung von Naturfarbstoffen bereits neue chemische Verbindungen, also neue Farbstoffe. Auch abseits der Beschäftigung mit Naturprodukten fanden sie sich, etwa ab den 1850er Jahren in Form der Anilinfarben.

Diese neuen „künstlichen" Erzeugnisse wie Farbpräparate und Teerfarben galten buchstäblich als Resultat menschlicher Kunst, und nicht mehr als göttliche Kreation. Wurden Farbstoffe früher über ihre Verwendungs-möglichkeiten unterschieden und definiert, geschah dies nun primär über ihre chemische Konstitution. Die Definitionsmacht bei der Warenkonstruktion ging dadurch zunehmend von den Verbrauchern auf die Farbenfabriken und ihre Chemiker-Juristen über. Farbstoffe wurden von nachfrageseitig bestimmten Commodities zu angebotsseitig definierten Specialities.

Im Zuge dieser wissensgeschichtlichen Transformation wurde die oben skizzierte ältere Auffassung von Gemeinnutz und gemeinsamer Teilhabe an der Erfindung eines neuen Farbstoffs von der Idee abgelöst, ein individuelles Recht auf das neue Produkt haben zu können. Mit der entsprechenden Durchsetzung einer Struktur von Verfügungs- und Eigentumsrechten wird der Übergang zu einer liberalistischen Auffassung von Märkten sichtbar. Im selben Maß, in dem Farbstoffe mehr über ihre chemische Konstitution als über ihr Gebrauchsprofil definiert wurden, konnten die Schöpfer solcher neuer Produkte Exklusivrechte an ihren Schöpfungen reklamieren, ohne mit den Ansprüchen des Gemeinwohls zu kollidieren. Bereits im Privileg an Bancroft ist der Verweis auf das Gemeinwohl mehr traditionelle Rhetorik als tatsächliches Argument für das Monopol.

[5]Verschiedene Färbelehrbücher propagierten solche Extraktionen, besonders eifrig und noch über Farbhölzer hinausgehend etwa Gülich 1786, S. 144–149 (Gallen), 216 (Brasilholz), 253 f. (Annatto), 264 f. (Kurkuma), 273 (Kreuzdornbeeren), 320 (Blauholz).

[6]Die kommerzielle Produktion von Garancin geht unmittelbar auf Robiquet und Colin, die Entdecker der im Krapp enthaltenen Färbesubstanz Alizarin, und das bei der wissenschaftlichen Analyse benutzte Isolierungsverfahren zurück: Travis 1994. Ausführlicher und zu anderen Krapp-Präparaten: Schützenberger 1870, S. 133–168.

Deutlicher noch wird die individuelle Aneignung einer Ware bei dem zur selben Zeit vom Schotten Cuthbert Gordon entwickelten Präparat aus Flechtenfarbstoffen (zum Kontext vgl. Habib 2014). „To this new invented dye Mr. Gordon gave the appellation ‚Cudbear' from his own Christian name" (NA BT 6/147, Board of Trade: Miscellanea. Dyes, Discoveries by Drs. Gordon and Bancroft, 1786–1790. Memorial of Mr. Cothbert Gordon, relative to the discovery and use of Cudbear and other dying wares, S. 3). Die Verwertung seiner Erfindung wollte er, vielleicht inspiriert von den Colbert'schen Regulierungen des 17. Jahrhunderts, streng kontrollieren und gegen Gebühr ein Qualitätszeichen vergeben. Gegenüber der Krone führte einer seiner Fürsprecher aus:

> „If Dr. Gordon was appointed Inspector of Colours, upon Condition of his disclosing his Secrets and furnishing his Materials for Dying, and instructing the Dyers, and to be allowed a small Fee on each Piece of Cloth inspected and stamped by him, and dyed with his Materials, he could not profit unless the Public profited much more." (Ebd., William Pulteney an Lord Hawkesbury, 14.08.1789)

Zwar wurde Gordons Ansinnen zurückwiesen, doch erwies sich Cudbear für ihn gleichwohl als profitable Erfindung. Denn anders als Bancrofts Quercitron war Cudbear ein Präparat, das auch ohne juristischen Schutz monopolisierbar war, solange die Produktionsmethode geheim gehalten werden konnte. Ähnliches galt für die meisten anderen neuen Extrakte, Präparate und künstliche Farben. Da Geheimhaltung allerdings oftmals eine unzuverlässige Methode zur Sicherung von Verwertungsmöglichkeiten darstellte und diese zudem mit dem wissenschaftlichen Ethos der Offenheit des Wissens kollidierte, wurden im Verlauf des langen 19. Jahrhunderts europaweit nach und nach Patentschutzgesetze erlassen (Seckelmann 2006; Schmoeckel 2008; Bottomley 2014; Otto und Klippel Hrsg. 2015; speziell mit Blick auf die chemische Industrie: Zimmermann 1965; Kuczynski 1970; Fleischer 1984).

Fortan fochten juristisch versierte Chemiker in Diensten der Farbenfabriken vor Gericht aus, wie ein Produkt chemisch zu definieren sei, wer es produzieren dürfte und auf welche Weise. Im Kaiserreich implementierte man entsprechende Gesetze erst 1877 – nicht zufällig gerade zu jener Zeit, als die deutschen Farbenfabriken von nachahmenden Nachzüglern gegenüber den französischen und britischen Pionieren zum innovativen Branchenführer aufgestiegen waren (vgl. hierzu Murmann 2003, S. 84–93). Geschützt wurde aufgrund starker Lobbyarbeit der Chemieunternehmen nicht der Farbstoff selbst, sondern seine Produktionsweise, was wiederum den Übergang von Commodities zu erzeugerseitig definierten Produkten unterstreicht. Die deutschen Firmen waren sich offenbar sicher, so starke Forschungsabteilungen zu besitzen, dass sie im Gegensatz zu ihren ausländischen Konkurrenten tendenziell zu jedem neuen Stoff ein eigenes, lohnendes Produktionsverfahren entwickeln könnten.

Mit der Idee des Rechts am Produkt ging die entsprechende Kennzeichnung der Produktion als von einem bestimmten Unternehmen stammend einher, die nun auch einklagbar sein musste. So wurden entsprechende Markenschutzgesetze erlassen, um das Recht am Produkt auch im alltäglichen Marktgeschehen aufrechterhalten zu können (Wadle 1977–1983; Wilkins 1992; eigentlich gegenwartsbezogen, aber historisch reflektiert und mit anregenden theoretischen Überlegungen: Hellmann 2003).

Entsprechend wandelte sich die Art und Weise, in der den Nachfragern die Farbstoffe zum Kauf präsentiert wurden. Händler von Naturfarbstoffen führten unverpackte Proben unterschiedlicher Sorten und Qualitäten aus verschiedenen Herkunftsregionen vor – im Vordergrund stand die sicht- und fühlbare Beschaffenheit der Commodity. Die Produzenten künstlicher Farbstoffe legten umgekehrt höchsten Wert auf die Urheberschaft ihres Produktes. In verschlossenen, in Papier eingeschlagenen Blechdosen gehandelt, konnte der Farbstoff gerade nicht direkt begutachtet werden. Die Verpackung wurde dafür mit leicht wieder zu erkennenden Etiketten markiert und mit einem kleinen Siegel verklebt. Zuvorderst wurde also versichert, wer der Urheber des Doseninhalts ist, der für den Nutzen und die konstante Qualität des Produktes bürgt. Sobald die Verbraucher diesen Angaben dauerhaft zu vertrauen begannen, entfielen die umständlichen Tests zur Ermittlung der Identität der Ware weitgehend. Die Warenidentifikation reduzierte sich auf das kurze Studium des Etiketts.

Die Identität der Ware festzustellen war bei Naturfarbstoffen allerdings nur ein Grund dafür, den angebotenen Artikel direkt in Augenschein zu nehmen. Vor einer Transaktion galt es ebenso, natürliche oder prozessbedingte Schwankungen der Qualität zu beurteilen. Die Farbenfabriken konnten ihre Produkte daher nur deswegen in verschlossenen Dosen vertreiben, weil sie deren Inhalt möglichst wohldefiniert, homogen und konstant hielten. Da dadurch die Wirkung der Teerfarben berechenbar war, verzichteten Färber in der Praxis zunehmend auch noch auf das nach dem Kauf und vor der Verarbeitung übliche Probefärben. Dabei war die Intensität und Nuance der spezifischen Farbstoffcharge getestet worden, um durch anschließendes Einstellen der Farbe – also Dosieren bzw. Gegensteuern durch Beimischen anderer Farbstoffe – zu konstanten Färbeergebnissen unabhängig von der Farbstoffcharge kommen zu können. Dies erleichterte die Arbeit der Färber und veränderte die Marktnachfrage zuungunsten der Naturfarbstoffe.

4 Die Konstruktion von Varietäten in modernen Märkten

Indem die Farbenfabriken ihre Innovationstätigkeit gleichsam institutionalisierten, wurde der über Jahrhunderte fest gefügte Kanon von etwa 20 gebräuchlichen Farbstoffen zwischen den 1860er Jahren und dem Beginn des ersten Weltkriegs jährlich oft um mehrere Dutzend färbende Substanzen erweitert. Die auf diesen Farbstoffen basierenden, im Handel erhältlichen Markenprodukte waren noch um ein Vielfaches zahlreicher, und für jeden dieser Farbstoffe musste der Markt erst geschaffen werden. Diese Aberhunderte von neuen Produkten erklärten sich nicht selbst, sie hätten sich keinesfalls – im Sinne einer von der älteren Marketinggeschichte für jene Epoche behaupteten Produktorientierung der Unternehmen – von selbst verkaufen können (ebenfalls kritisch zu einer solchen Produktorientierung: Fullerton 1988; Rossfeld 2004).

Die immer neuen Farbstoffe konnten tatsächlich nur dadurch in den Markt gebracht werden, dass man es nicht mehr den Verbrauchern überließ, Gebrauchswert und Gebrauchsprofil einer potenziellen neuen Ware zu bestimmen. Die Verwendungsmöglichkeiten eines neuen entwickelten Farbstoffs wurden von den Farbenfabriken selbst in ihren hauseigenen Testfärbereien ausgearbeitet. Vor der Aufnahme eines Farbstoffs in ihr Sortiment mussten die Farbenfabriken Klarheit darüber gewinnen, ob überhaupt Aussicht bestand, für das neue Produkt einen Markt finden zu können. Fielen die Testresultate ermutigend aus, brachte man die neue Ware an den Markt und kommunizierte das Wissen zu Produkteigenschaften und Anwendungsweisen über Schulungen (Higgins 1907, S. 103–105; Streb 2004, S. 90–94) und – anknüpfend an das Beispiel Edward Bancrofts – in Handbüchern,[7] die gleichsam als Urform der modernen Bedienungsanleitung gelten können.

Ohne diese Maßnahmen wären die potenziellen Nachfrager gar nicht in der Lage und willens gewesen, in hohem Rhythmus neue Waren zu rezipieren. Selbst mit Unterstützung dieser antizipierenden und den Färbern entgegenkommenden Maßnahmen der Wissensgenerierung war es ungewiss, ob die Konstruktion einer neuen Ware durch die Farbenfabriken die Bedürfnisse der Kunden tatsächlich

[7]Die Zahl entsprechender Handreichungen ist enorm. Um nur je ein Beispiel für die großen deutschen Farbenfabriken zu nennen: Badische Anilin- und Sodafabrik Hrsg. 1900 bzw. Hrsg. 1907; Farbwerke vorm. Meister Lucius und Brüning Hrsg. 1901; Leopold Cassella & Co. Hrsg. 1911–1914; Farbenfabriken vorm. Friedr. Bayer & Co. Hrsg. 1911; Actien-Gesellschaft für Anilin-Fabrikation 1904.

treffen und damit Erfolg haben würde. Ebenso wichtig wie der Informationsfluss zu den Kunden war es darum, einen Informationsfluss von den Kunden zum Unternehmen, also eine wechselseitige Kommunikation – unter Ausschaltung eines eigenständigen Zwischenhandels[8] – zu organisieren. Dies markiert letztlich die Geburtsstunde des modernen Marketings (vgl. Rossfeld 2004, S. 17–39; Hollander 2005; Berghoff Hrsg. 2007).

Dass Verhältnis zwischen klassischem Verständnis der Farbstoffdefinition, Anspruch auf Definitionshoheit der ‚wissenschaftlich' produzierenden modernen Unternehmen und den Ansichten der Verbraucher zeigt sich besonders deutlich im Zusammenhang der Markteinführung synthetischen Indigos durch die BASF im Jahr 1897, durch die eine unmittelbare Konkurrenz von Natur- und Kunstprodukt entstand (vgl. auch Engel 2012; Kumar 2012, 2016).

In der Auseinandersetzung zwischen künstlichem und natürlichem Indigo konnte der Markenartikel „Indigo rein B.A.S.F." mit seinem garantiert unveränderlichen Indigotingehalt punkten, während der des indischen Naturindigos prozessbedingt schwankte und je nach Handelsmarke in Größenordnungen zwischen 40 und 80 % lag. Dem britisch-indischen Produktionssystem gelang es nicht, ihrem Produkt diesen Vorzug des künstlichen Farbstoffs beizubringen. Dazu hätte der Farbstoffgehalt des agrarischen Produkts im Herstellungsverfahren beständig kontrolliert und reguliert werden müssen, was bislang unbekannte Messmethoden, ein aufwendiges Qualitätsmanagement und neue Verfahren zur kontrollierten Purifizierung erfordert hätte. Für die notwendigen Forschungen und Investitionen fehlten Zeit, Willen und vielleicht auch überhaupt das Bewusstsein ihrer Notwendigkeit. Bemerkenswert ist aber, dass die Anbieter des Naturindigos die Argumentationsweise der BASF, dass in der Frage der Qualitäten allein der messbare Gehalt an Indigotin entscheidend sei, infrage stellen konnten.

Das Naturprodukt war mit einem fest etablierten Ruf als „König der Farbstoffe" ins Rennen gegangen und hatte den Startvorteil, ein bewährtes Produkt zu sein. Dem künstlichen Indigo hingegen war zunächst von allen Seiten mit Vorsicht und Skepsis begegnet worden; er geriet in den Verdacht der Minderwertigkeit. Ob „Indigo rein B.A.S.F." tatsächlich dieselben oder gar bessere Färbeeigenschaften als das bewährte Naturprodukt aufwies, musste sich erst noch erweisen. Der Diskurs um die relative Eignung der beiden Produkte wurde im Grundsatz im Rahmen wissenschaftlicher und ökonomischer Rationalität

[8]Ein anderes, im Bereich der Konsumgüter wichtiges Motiv war die bessere Kontrolle über die Preisgestaltung: vgl. etwa Rossfeld 2007, S. 343–354.

geführt. Dies sicherte jedoch keineswegs eine Entscheidung in der Frage nach dem überlegenen Produkt. Selbst wenn unstrittig war, dass das BASF-Produkt den Hauptbestandteil des natürlichen Indigos nahezu in Reinform enthielt: War dieser tatsächlich allein für die Färbewirkung verantwortlich? Oder spielten auch Spuren anderer, nur in dem aus Indigofera-Blättern gewonnenen Indigo vorhandenen Substanzen eine Rolle? In der ersten Auflage eines Handbuches, mit dem die BASF ihren Artikel zu etablieren versuchte, wollte man keine Zweifel aufkommen lassen:

> „Der Pflanzenindigo, wie er im Handel vorkommt, ist weder ein reines noch ein gleichmässiges Produkt […]. Einzig und allein maassgebend für den Wert ist der Gehalt an reinem Indigoblau, dem Indigotin; die Unterschiede der Indigo-Rohsorten beziehen sich […] auf seine Begleitkörper […]; hinsichtlich ihrer Wirkung sind sie entweder indifferent oder sie üben bei dem Färbeprozesse eine ungünstige Wirkung aus. […] ‚Indigo rein B.A.S.F.' […], welches den Farbstoff in der reinsten Form darstellt, ist – dies muss hervorgehoben werden – kein Surrogat: es ist der Indigo selber mit all seinen Eigenschaften, der sich von dem im Pflanzenindigo enthaltenen Indigotin nur durch die Art der Darstellung, nicht aber durch die ihm innewohnende, von alters her geschätzte Beschaffenheit und Eigenart unterscheidet." (Badische Anilin- und Sodafabrik 1900, S. 5 f.)

Die BASF definierte die Ware Indigo also chemisch; sie behauptete letztlich eine Äquivalenz des Handelgutes Indigo mit der chemischen Substanz Indigotin, weswegen ihr eigenes Produkt als Idealausformung der Ware – Indigo rein – betrachtet werden solle. Die BASF konnte die Identität ihres Produkts mit dem altbewährten Indigo offenkundig nicht einfach voraussetzen, sondern musste sie erst mühevoll herstellen. Zwar bediente sich der Wettbewerbsdiskurs des Ausdrucksmittels wissenschaftlicher Objektivität, bewegte sich aber faktisch in Sphären, die jenseits solcher Rationalität lagen: Wichtig waren die Präferenzen, der Geschmack und das Vertrauen der Verbraucher, die sich hier im Wesentlichen an die Bezeichnung „Indigo" knüpften. Entsprechend versuchten die indischen Pflanzer, genau in die andere Richtung zu arbeiten. Sie erwogen nicht nur, eine Klage gegen die Verwendung des Begriffs Indigo durch die BASF, sondern versuchten grundsätzlich, dem Konkurrenzprodukt die Identität als „Indigo" abzusprechen:

> „Experts may not agree that indigotin made synthetically is inferior to natural indigo but no one will argue that it is identical with indigo. It may be better, worse or just as good but it is a chemically different substance. In indigo there are substances other than indigotin which some experts describe as worthless impurities while others maintain are most valuable components all of which in combination make up the article of commerce known as indigo. It is therefore our business to make the

> most of this. Let us procure such experts as are convinced of the value of these so called impurities, send them round to all consumers to demonstrate the truth of their statements and induce as many consumers as they can to use natural indigo i.e. real indigo only." (IOR L/E/7/522, Nr. 2662, Memorandum des Sirsiah Research Committee, Sirsiah Research Station, 07.11.1906)

Tatsächlich scheint es so, dass die auf der Ebene der Substanz nicht exakt identischen Güter auch leicht unterschiedliche Färberesultate lieferten. Das reine Indigotin des synthetischen Produktes sorgte für klarere – bisweilen unangenehm ‚flach' empfundene – Blautöne als der mit Anteilen von Indigorot und anderen Substanzen ‚verunreinigte' Pflanzenindigo. Sollte der Effekt des Naturindigos imitiert werden, so musste die Färbung mit dem industriellen Produkt durch Hinzuziehung anderer Substanzen abgewandelt werden.

Dass sich über Geschmack nicht wissenschaftlich streiten lässt, akzeptierte schließlich auch die BASF. In der 1907 erschienen zweiten Auflage des Indigo-Handbuchs triumphierte die BASF zwar zunächst im Selbstbewusstsein ihres Markterfolgs: „Die Stimmen, die sich anfangs erhoben, um die Abwesenheit der Begleitkörper des Pflanzenindigos wie Indigorot, Indigobraun, Indigleim als einen Nachteil des Indigo rein zu bezeichnen, sind verstummt" (Badische Anilin- und Sodafabrik 1907, S. 8). Doch in derselben, mit Blick auf die Adressaten etwas verächtlichen Passage wird deutlich, dass in der Frage nach Nutzen oder Schaden der Nebenbestandteile des Naturproduktes nicht die Wissenschaft, sondern der Kunde entschieden hatte:

> „Durch Schaffung von Spezialmarken, welche sich in ihrer Form und Beschaffenheit an den Pflanzenindigo anlehnen, wurde den Wünschen und Anforderungen entsprochen, welche in überseeischen Ländern und in der abgelegenen Hausindustrie von denjenigen Verbrauchern verlangt wurden, welche an dem Althergebrachten festhalten. Ausserdem hat die Indigofärberei noch eine wesentliche Bereicherung durch die Erfindung von neuen Abkömmlingen des Indigos erfahren. Die Marken Indigo rein B.A.S.F./R und Indigo rein B.A.S.F./G geben wesentlich rötere resp. grünere Nuancen als Indigo rein und gestatten dadurch eine grössere Mannigfaltigkeit in der Herstellung von Indigofärbungen." (Badische Anilin- und Sodafabrik 1907, S. 8)

Diese „Abkömmlinge" sind in dem um 1900 von der BASF geäußerten Sinn eigentlich gar kein Indigo, denn es handelt sich nicht um Indigotin mit Beimischungen, sondern um chemische Abwandlungen des Indigotins, also um andere Substanzen. So sehr es einerseits die Pflanzer allmählich aufgeben, die Betitelung des BASF-Produktes als Indigo zurückzuweisen, so sehr schwenkte also andererseits die BASF auf die Linie ein, das Produkt Indigo von seiner

Verwendung her, im Blick auf das feine Spektrum von Nuancen zu definieren. Im vorindustriellen Zeitalter der Commodities waren die tradierten Vorstellungen und Erwartungen der Verbraucher das stabilisierende Moment, aufgrund dessen eine – obschon informelle – Differenzierung einer Ware in Qualitäten aufrechterhalten werden musste, und nur allmählich umgeformt werden konnte. Und auch in der modernen Ära der Marken und Patente, in der Anbieter eine formelle Definitionsmacht über Produkte und ihre Varietäten ausüben, wirkt dieses Moment noch fort.

Die Zugeständnisse an den Verbrauchergeschmack als Niederlage der BASF zu werten, wäre allerdings verfehlt. Im Gegenteil gelang es ihr, das eigene Produkt auf die Erfordernisse des Marktes hin zu justieren, während die indischen Produzenten dem Naturindigo die vom „Indigo rein B.A.S.F." neu ins Spiel gebrachte Eigenschaft der Gleichförmigkeit nicht beibringen konnte.

Zwar hatte sich im Zeitalter der Industrialisierung die Definitionsmacht über Farbstoffe vom Verbraucher zum Produzenten verschoben, gleichzeitig musste diese Definitionsmacht aber flexibel und in Ansehung der Verbraucherreaktionen angewendet werden, um Markterfolge zu erzielen. So sehr das verbrauchsseitige Definieren von Waren in vorindustrieller Zeit einer höheren Frequenz von Innovationen entgegenstand, so wenig hätte die hohe Innovationsdynamik im industriellen Zeitalter bei starrem Beharren auf produzentenseitiger Definitionshoheit funktionieren können. Der Erfolg der Farbenfabriken rührte daher, dass sie die Warenkonstruktion als Aushandlungsprozess zwischen Anbietern und Nachfragern auffassten – wobei die Initiative in diesem Dialog wohlgemerkt bei den Produzenten lag.

Literatur

Actien-Gesellschaft für Anilin-Fabrikation, Hrsg. 1904. *Die Farbstoffe der Actien-Gesellschaft für Anilin-Fabrikation Berlin. Ihre Eigenschaften und Anwendung in der Textil-Färberei.* Berlin: AGFA.

Achtelmeier, Stanislaus Reinhard. 1703. *Hokus-Pokeria. Oder die Verfälschungen der Waaren, im Handel und Wandel, denen Manufacturen, Gewercken.* Ulm: Wohlers.

Badische Anilin- und Sodafabrik, Hrsg. 1900. *Indigo rein B.A.S.F*, 1. Aufl. Ludwigshafen: BASF.

Badische Anilin- und Sodafabrik, Hrsg. 1907. *Indigo rein B.A.S.F*, 2. Aufl. Ludwigshafen: BASF.

Balfour-Paul, Jenny. 1998. *Indigo*. London: British Museum Press.

Bancroft, Edward. 1794. *Experimental researches concerning the philosophy of permanent colours, and the best means of producing them, by dying, Callico Printing*, Bd. 2. London: Cadell and Davies.

Beck, Thomas. 1988. Indigo, Cochenille und Brasilholz. Farbstoffhandel und Technologietransfer im Ersten Kolonialzeitalter. *Kultur & Technik. Zeitschrift des Deutschen Museums München* 12:222–229.

Berghoff, Hartmut, Hrsg. 2007. *Marketinggeschichte. Die Genese einer modernen Sozialtechnik*. Frankfurt: Campus.

Bohn, Gottfried Christian. 1763. *Neueröffnetes Waarenlager*. Hamburg: Bohn.

Bolley, Pompejus Alexander. 1853. *Handbuch der technisch-chemischen Untersuchungen. Eine Anleitung zur Prüfung und Werthbestimmung der im gesammten Gewerbswesen oder der Hauswirthschaft vorkommenden und zur chemischen Untersuchung geeigneten Natur- und Kunsterzeugnisse*. Frauenfeld: Comptoir.

Born, Wolfgang. 1936. Der Scharlach. Die Cochenille. *Ciba-Rundschau* 7:225–240.

Bottomley, Sean. 2014. *The British patent system and the industrial revolution, 1700–1852: from privilege to property*. Cambridge: University Press.

Courtin, Carl. 1837. *Allgemeiner Schlüssel zur Waaren- und Producten-Kunde*, 2. Aufl. Stuttgart: Scheible.

Dallinger, Franz Xaver Prosper. 1800. *Nachrichten über Saflor- und Waukultur. Nebst einem Verzeichniße der gelbfärbenden Pflanzen in Baiern*. Ingolstadt: Attenkover.

Dammer, Otto, Hrsg. 1887. *Illustriertes Lexikon der Verfälschungen und Verunreinigungen der Nahrungs- und Genussmittel, der Kolonialwaren und Manufakte, der Droguen, Chemikalien und Farbwaren, Gewerblichen und Landwirtschaftlichen Produkte, Dokumente u. Wertzeichen*. Leipzig: Weber.

de Dahlgren Jordan, Barbro. 1963. *La Grana Cochinilla*. México: José Porrúa.

Donkin, Robin A. 1977. Spanish red. An ethnogeographical study of cochineal and the opuntia cactus. Philadelphia: American Philosophical Society 67 (5): 1–84.

Engel, Alexander. 2009. *Farben der Globalisierung. Die Entstehung moderner Märkte für Farbstoffe*. Frankfurt: Campus.

Engel, Alexander. 2012. Selling indian indigo in traditional and modern european markets, 1780–1910. In *The rise of marketing and market research*, Hrsg. Hartmut Berghoff, Phil Scranton, und Uwe Spiekermann, 27–47. Houndmills: Palgrave Macmillan.

Enke, Margit, und Martin Reimann, Hrsg. 2005. *Commodity Marketing. Grundlagen und Besonderheiten*. Wiesbaden: Gabler.

Farbenfabriken vorm. Friedr. Bayer & Co., Hrsg. 1911. *Saure Wollfarbstoffe auf Stückware*. Elberfeld: Bayer.

Farbwerke vorm. Meister Lucius & Brüning, Hrsg. 1901. *Kurzer Rathgeber für die Anwendung der Theerfarbstoffe*, 2. Aufl. Würzburg: Stürtz.

Fischer, Thilo C., Stefan Martens, Mickael Malnoy, und Henning Schacht. 2014. Das Potential von Apfel-Birne-Hybriden für die Kernobstzüchtung. *Erwerbs-Obstbau* 56 (3): 89–94.

Fleischer, Arndt. 1984. *Patentgesetzgebung und chemisch-pharmazeutische Industrie im deutschen Kaiserreich (1871–1918)*. Stuttgart: DAV.

Fox, Robert, und Agustí Nieto-Galan, Hrsg. 1999. *Natural dyestuffs and industrial culture in Europe, 1750–1880*. Canton: Science History Publications.

Fullerton, Robert A. 1988. How modern is modern marketing? Marketing's evolution and the myth of the, production era'. *Journal of Marketing* 52:108–125.

Gerding, Theodor. 1870. *Lehrbuch der Waarenkunde unter besonderer Berücksichtigung der Prüfung und Reinheit der Waaren und Droguen*. Leipzig: Fleischer.

Gülich, Jeremias Friedrich. 1786. *Vollständiges Färbe- und Blaichbuch zu mehrerm Unterricht, Nutzen und Gebrauch für Fabrikanten und Färber*, Bd. 4. Ulm: Stettin.

Habib, Vanessa. 2014. The colours of cudbear: Continuity and change in wool and linen dyeing in eighteenth century Scotland. *Review of Scottish Culture* 26:65–87.

Hellmann, Kai-Uwe. 2003. *Soziologie der Marke*. Frankfurt: Suhrkamp.

Higgins, Sydney Herbert. 1907. *Dyeing in Germany and America: With a chapter on colour production*. Manchester: University Press.

Hollander, Stanley C. 2005. Periodization in marketing history. *Journal of Macromarketing* 25:32–41.

Jacobi, Johann G. 1798–1800. *Neues vollständiges und allgemeines Waaren- und Handlungs-Lexicon*, Bd. 3. Heilbronn: Claß.

Kuczynski, Thomas. 1970. Die Stellung der deutschen Teerfarbenindustrie zum Stoff- und Verfahrenspatent in der Zeit bis zum zweiten deutschen Patentgesetz von 1891. *Jahrbuch für Wirtschaftsgeschichte* 4:115–140.

Kumar, Prakash. 2012. *Indigo plantations and science in colonial India*. Cambridge: University Press.

Kumar, Prakash. 2016. Plantation indigo and synthetic indigo: European planters and the redefinition of a colonial commodity. *Comparative Studies in Society and History* 58 (2): 407–431.

Leopold Cassella & Co. Hrsg. 1911–1914. *Kleines Handbuch der Färberei*, Bd. 3, 2. Aufl. Frankfurt a. M.: Selbstverlag.

McCusker, John J., und Cora Gravesteijn. 1991. *The beginnings of commercial and financial journalism. The commodity price currents, exchange rate currents, and money currents of early modern Europe*. Amsterdam: NEHA.

Merck, Klemens. 1884. *Warenlexikon für Handel, Industrie und Gewerbe*, 3. Aufl. Leipzig: Gloeckner.

Morineau, Michel. 1995. Die holländischen Zeitungen des 17. und 18. Jahrhunderts. In *Kommunikationsrevolutionen. Die neuen Medien des 16. und 19. Jahrhunderts*, Hrsg. Michael North, 33–43. Köln: Böhlau.

Müller, Johann Friedrich. 1938. Hamburgs Einfuhrhandel mit überseeischen Hölzern im Spiegel von drei Jahrhunderten. *Kolonialforstliche Mitteilungen* 1:138–150.

Murmann, Johann Peter. 2003. *Knowledge and competitive advantage. The coevolution of firms, technology, and national institutions*. Cambridge: University Press.

Nadri, Ghulam A. 2016. *The political economy of indigo in India, 1580–1930: A global perspective*. Leiden: Brill.

Nash, Robert C. 2010. South Carolina indigo, European textiles, and the British Atlantic economy in the eighteenth century. *The Economic History Review* 63 (2): 362–392.

Nieto-Galan, Agustí. 2001. *Colouring textiles. A history of natural dyestuffs in industrial europe*. Dordrecht: Springer.

Otto, Martin, und Diethelm Klippel, Hrsg. 2015. *Geschichte des deutschen Patentrechts*. Tübingen: Mohr Siebeck.

Padilla, Carmella, und Barbara Anderson, Hrsg. 2015. *A red like no other: How cochineal colored the world*. New York: Skira Rizzoli.

Puth, Martin. 1962. Die Farbhölzer, ihre Inhaltsstoffe und deren Verwendung. *Holz-Zentralblatt* 88:743–787 f.

Ray, Indrajit. 2004. The indigo dye industry in colonial Bengal. A re-examination. *The Indian Economic and Social History Review* 41 (2): 199–224.

Rossfeld, Roman. 2004. Unternehmensgeschichte als Marketinggeschichte. Zu einer Erweiterung traditioneller Ansätze in der Unternehmensgeschichtsschreibung. In *Marketing. Historische Aspekte der Wettbewerbs- und Absatzpolitik*, Hrsg. Christian Kleinschmidt und Florian Triebel, 17–39. Essen: Klartext.

Rossfeld, Roman. 2007. *Schweizer Schokolade. Industrielle Produktion und kulturelle Konstruktion eines nationalen Symbols 1860–1920*. Baden: Hier + Jetzt.

Ruffhead, Owen Hrsg. 1763–1800. *The statutes at large (18 Bde.)*. London: Eyre and Strahan.

Savary Des Bruslons, Jacques. 1741–1743. *Allgemeine Schatz-Kammer der Kaufmannschafft*, Bd. 5. Leipzig: Heinsius.

Schaeper, Thomas J. 2011. *Edward Bancroft: Scientist, author, spy*. New Haven: Yale University Press.

Schedel, Johann Christian. 1800. *Neues und vollständiges, allgemeines Waaren-Lexikon*, Bd. 2. Offenbach: Brede (Erstveröffentlichung 1791).

Schmoeckel, Mathias. 2008. *Rechtsgeschichte der Wirtschaft: seit dem 19. Jahrhundert*. Tübingen: Mohr Siebeck.

Schreger, Christian Heinrich Theodor. 1805. *Tabellarische Übersicht der rohen und künstlich zubereiteten Farben und Farbenmaterialien zur Prüfung ihrer Güte und Echtheit, für Maler, Färber, Farbenhändler und Fabricanten [et]c. entworfen*. Nürnberg: Seidel.

Schurtz, Georg Nicolaus. 1672. *Neu-eingerichtete Material-Kammer. Das ist gründliche Beschreibung aller fürrnehmsten Materialien und Speceryen, so wohl auch andrer Waaren*. Nürnberg: Endter.

Schützenberger, Paul. 1870. *Die Farbstoffe mit besonderer Berücksichtigung ihrer Anwendung in der Färberei und Druckerei*, Bd. 2. Berlin: Oppenheim.

Seckelmann, Margrit. 2006. *Industrialisierung, Internationalisierung und Patentrecht im Deutschen Reich, 1871–1914*. Frankfurt: Klostermann.

Streb, Jochen. 2004. Kundenberatung und Kundenausbildung als innovative Marketingstrategien der deutschen Chemieindustrie im 19. und 20. Jahrhundert. In *Marketing. Historische Aspekte der Wettbewerbs- und Absatzpolitik*, Hrsg. Christian Kleinschmidt und Florian Triebel, 85–104. Essen: Klartext.

Timmermann, Anja. 2014. *Indigo: die Analyse eines ökonomischen Wissensbestandes im 18. Jahrhundert*. Stuttgart: Steiner.

Travis, Anthony S. 1994. Between broken root and artificial Alizarin. Textile arts and manufactures of madder. *History and Technology* 12:1–22.

Vetterli, W. A. 1950. Historisches: Zur Geschichte des Indigos. *Ciba-Rundschau* 93:3416–3421.

Vogt, Hans-Heinrich. 1973. *Farben und ihre Geschichte. Von der Höhlenmalerei zur Farbchemie*. Stuttgart: Kosmos.

Vogt, Jean. 1973. Quelques aspects du commerce du Safflor ou safran sauvage à Strasbourg et dans sa région (XVIIe-XVIIIe siècles). *Annuaire de la Societe des Amis du Vieux Strasbourg* 18:57–66 (Erstveröffentlichung 1972).

Wadle, Elmar. 1977–1983. *Fabrikzeichenschutz und Markenrecht. Geschichte und Gestalt des deutschen Markenschutzes im 19. Jahrhundert*, Bd. 2: Historisch-dogmatische Grundlinien. Berlin: Duncker & Humblot.

Wilkins, Mira. 1992. The neglected intangible asset. The influence of the trade mark on the rise of the modern corporation. *Business History* 34:66–96.

Wilson, Arthur M. 1968. The logwood trade in the seventeenth and eighteenth centuries. In *Essays in the history of modern Europe*, Hrsg. Donald C. McKay, 1–15. New York: Harper. [ND 1968].

Winberry, John J. 1979. Reputation of Carolina indigo. *The South Carolina Historical Magazine* 80:242–250.

Zimmermann, Paul A. 1965. *Patentwesen in der Chemie. Ursprünge, Anfänge, Entwicklung*. Ludwigshafen: BASF.

„Buntes Steinsalz" oder „Kali"? Die Erfindung eines Rohstoffes im 19. Jahrhundert

Jakob Vogel

Inhaltsverzeichnis

„Rohstoffe", wie etwa Erdöl, Kohle oder auch Kochsalz, werden in der historischen Forschung wie im allgemeinen Sprachgebrauch in aller Regel als klar definierte Gegenstände behandelt. Ihre „Vorkommen auf der Welt" werden von Geologen und anderen Spezialisten „erkundet", danach von der Industrie „ausgebeutet", „verkauft" und „gehandelt", „verarbeitet", „verbraucht" und können, als begrenzte Güter, in näherer oder ferner Zukunft „erschöpft" sein (Barudio 2001; Follath und Jung 2006; Multhauf 1978). Unterschlagen bzw. nicht beachtet wird hierbei üblicherweise, dass alle diese Stoffe trotz ihrer vermeintlich „rohen" Form in der Natur nie in einer wirklich reinen Form existieren, sondern stets bereits Produkte eines menschlichen Aneignungsprozesses darstellen. Die Aneignung kann dabei die konkrete Form eines mehr oder weniger ausgefeilten Bearbeitungsverfahrens annehmen, bei dem der Rohstoff „gewonnen" wird, aber sich auch – etwa bei der wissenschaftlichen Erforschung der Rohstoffe – in einem sprachlichen Identifikationsprozess erschöpfen, bei dem die Verfahren zur „Gewinnung" der Rohstoffe

J. Vogel (✉)
Centre Marc Bloch, Berlin, Centre d'histoire, Science Po Paris, Berlin, Deutschland
E-Mail: jakob.vogel@sciencespo.fr

R. Salais et al. (Hrsg.), *Qualitätspolitiken und Konventionen,* Soziologie der Konventionen, https://doi.org/10.1007/978-3-658-26643-1_4

nur implizit vorausgesetzt werden. Die Identifikation von Rohstoffen ist damit eng an den jeweiligen Wissensstand und die technologische Kultur einer Gesellschaft gebunden, da nur vor diesem Hintergrund überhaupt die verschiedenen „Stoffe“ differenziert und abgegrenzt werden können.[1]

Im praktischen Alltag besitzen diese impliziten Vorannahmen über die technologische Herstellung der Rohstoffe oftmals nur eine untergeordnete Rolle, auch wenn sie etwa für die Identifikation von sog. „Rohstoffreserven“ eine entscheidende Bedeutung erlangen können (Bourdieu 1996). Für den Historiker ist es aber außerordentlich wichtig und spannend zu fragen, in welcher Weise in der Vergangenheit einzelne Stoffe als „Rohstoffe“ deklariert und wahrgenommen wurden, da dies wichtige Aufschlüsse über die jeweilige Wissensordnung und die entsprechende technologische Kultur gestattet (vgl. Garçon 1998; Sougy 2008). Dabei muss unterschieden werden zwischen der praktischen Produktionsebene, in der die einzelnen Verarbeitungsprozesse zur Identifikation von jeweils sehr spezifischen „Rohstoffen“ führten, und den Bildern, die in einer Gesellschaft über die in einzelnen Industrie- und Handwerkszweigen gebräuchlichen Rohstoffe und ihre Abgrenzungen voneinander zirkulierten (van Wickeren 2017). Beide Ebenen konnten durchaus auseinanderklaffen, da auf der Produktionsebene naturgemäß ein viel differenzierteres Wissen über die Eigenschaften der einzelnen Stoffe existierte, als dies etwa in den Schriften von Ökonomen oder auch in der offiziellen Statistik notwendig war.

Wie im Folgenden am Beispiel des „Kali“ gezeigt werden soll, das in der zweiten Hälfte des 19. Jahrhunderts zum Rohstoff für einen ökonomisch äußerst erfolgreichen Zweig der chemischen Industrie in Deutschland aufstieg, kann der Prozess der Identifikation der Rohstoffe nicht als Produkt einer ökonomischen Rationalität oder als eine einfache „Umsetzung“ eines abstrakten wissenschaftlichen bzw. technologischen Wissens betrachtet werden, bei der ein Stoff dank der Umsetzung eines neuen technischen Verfahrens zum „Rohstoff“ einer darauf aufbauenden Industrie wird. Zu berücksichtigen sind vielmehr die komplexen sozialen Aushandlungsprozesse, in denen sich einerseits so etwas wie ein gesellschaftliches „Wissen“ von der Existenz und Nutzbarkeit der einzelnen Stoffe aufbauen und durchsetzen, andererseits aber auch das Bild eines eigenständigen Industriezweiges herausbilden konnte, für den die jeweiligen Stoffe dann als Rohstoff dienten.

Diese Aushandlungsprozesse waren in keiner Weise neutral, da an die jeweiligen Bezeichnungen durch gesetzliche Normen oder andere Regelungen normalerweise weitreichende praktische Folgen für ihre wirtschaftliche Nutzbarkeit und

[1]Das Beispiel des „Koks“ zeigt dieses Wechselverhältnis von Qualitätsstufen und technischer Entwicklung sehr deutlich, siehe: Falk und Rodhe 2003, S. 2 f.

Verwendung geknüpft waren. Vor dem Hintergrund des staatlichen Salzmonopols, der Salzsteuer und Zollregelungen, die je nach Land bis weit ins 20. Jahrhundert hinein die Salzwirtschaft prägten, hatte beispielsweise die Identifikation eines Stoffes als „Salz" oder „Kali" einen nicht unwesentlichen Einfluss auf die Art und Weise seiner ökonomischen Verwertung und auf die Behandlung durch die zeitgenössische Wirtschaft: nach den jeweils geltenden Regeln unterlagen die Produkte einer mehr oder weniger großen Steuer oder konnten als einfaches, unbesteuertes Handelsgut vertrieben werden (Vogel 2008). Ähnlich galt auch für die Regelungen des Bergrechtes, das je nach Stoff unterschiedliche Rechtsformen für die an seiner Gewinnung beteiligten Unternehmen vorsah, andere Sicherheitsbestimmungen für ihre Produktionsstätten oder auch divergierende Formen der sozialen Absicherung der Arbeiter einforderte (Vogel 1999).

Am Aufbau der Wissensordnung um die einzelnen Rohstoffe waren dabei sehr unterschiedliche wissenschaftliche Disziplinen und Expertengruppen beteiligt, sodass die Entstehung der jeweiligen Begriffssysteme nicht ohne die Konkurrenzen und Machtordnungen zwischen den Beteiligten erklärt werden kann. Im Fall des Kali und der deutschen Kaliindustrie, die sich seit den 1860er Jahren rund um die neu eröffneten mitteldeutschen Steinsalzbergwerke in Staßfurt herum herausbildete, waren es vor allem die Chemiker, die mit ihren Kategorien die Wissensordnung um den entstehenden Industriezweig längerfristig prägten und sich dabei gegen die Begriffsbildungen aus dem Umfeld der Bergbauexperten durchsetzten. Wie im Folgenden eingehender dargestellt werden soll, bedeutete dieser Umstand jedoch nicht, dass bei der Identifikation des Rohstoffes auch direkt an die Begriffswelt der wissenschaftlichen Chemie angeknüpft wurde. Wichtiger waren für die Durchsetzung des „Kali"-Begriffs vielmehr die Konzepte einer praktischen Chemie, die im Umfeld der sich um die Mitte des 19. Jahrhunderts rapide entwickelten industriellen Agrarchemie die Nutzbarkeit der in Staßfurt gehobenen Stoffe für die Düngemittelherstellung propagierten.

Das vorgestellte Beispiel ist aber auch deshalb von Bedeutung, da die „Kaliindustrie" und ihre Entstehung in den 1860er Jahren im Kontext des Staßfurter Steinsalzbaus in den klassischen Erzählungen über die Industrialisierung Deutschlands im 19. Jahrhundert als eine klare, fest umrissene Größe gilt und dabei als ein zentrales Beispiel für die große Bedeutung der sich herausbildenden Chemieindustrie in Preußen und in Deutschland angeführt wird (Ziegler 2000, S. 220; Kellenbenz 1981, S. 257; Kiesewetter 1989, S. 236 f.). Ähnlich wie etwa bei der heutigen „Automobilindustrie" wird damit die Vorstellung verknüpft, dass sich in der zweiten Hälfte des 19. Jahrhunderts ein eigener, abgeschlossener Wirtschaftszweig entwickelte, der sich um ein gemeinsames Produkt bzw. seinen Bestandteil, das „Kali", gruppierte (Hauske und Fulda 1990; Riesche und Schulz 2004).

Das Bild einer solchen, mit der Herstellung von „Kali“ befassten Industrie prägt selbst die vergleichsweise kritische Darstellung Karl von Delhaes-Guenther in seiner Pionierstudie über *Kali in Deutschland* (Delhaes-Guenther 1974). Der Autor arbeitet sehr präzise die vielfältigen „Vorindustrien“ heraus (von den Pottasche- und Salpetersiedereien bis hin zu Sodafabriken und Salinen), in denen bereits lange vor 1860 Kaliumprodukte bzw. vergleichbar einsetzbare chemische Verbindungen fabriziert und verbreitet wurden. Zudem weist er auf die zahlreichen Märkte hin, in denen die von der „Deutschen Kaliwirtschaft“ produzierten Stoffe Anwendung fanden (ebd., S. 5, Anm. 15). Nicht gewürdigt wird von dem Autor aber, dass bis zur Entstehung des sog. „Kalisyndikats“ in den 1880er Jahren kein auf die Herstellung eines derartigen Stoffes gegründetes Selbstverständnis der Akteure in den das Staßfurter Steinsalz verarbeitenden Fabriken existierte, zumal auf der praktischen Ebene durch die Vielzahl der Produkte und unterschiedlichen Marktinteressen keine Einheit der Werke bestand.[2] Zwar lassen sich bereits Ende der 1860er Jahre in den publizistischen Beschreibungen über die in der Nähe des Steinsalzwerkes entstehenden Fabriken zusammenfassende Bezeichnungen unter Verwendung des „Kali“-Begriffs (im Sinne von „die Staßfurter Kaliindustrie“) finden (vgl. (Frank 1875, S. 3 ff., 31); dieser fand aber in der Folge zunächst so gut wie keinen Eingang in die Firmennamen der ortsansässigen Fabriken und Bergwerke noch schlug er sich in einem breiteren Zusammenschluss von „Kali-Fabrikanten“ nieder (vgl. hierzu insbesondere Delhaes-Guenther 1974, S. 61–69).[3]

Der bis heute gebräuchliche Titel „Kaliindustrie“ erscheint noch problematischer, wenn man berücksichtigt, dass dem Terminus „Kali“ eigentlich kein innerhalb der modernen Chemie klar bestimmbarer Stoff gegenübersteht – eine Tatsache, die bereits zu dem Zeitpunkt seiner Prägung in den Jahren zwischen 1860 und 1880 in der zeitgenössischen Chemie anerkannt war. Dies lag in erster Linie an der im Laufe des 19. Jahrhunderts vollzogenen Verfeinerungen der chemischen Analyse und Sprachlichkeit, die den älteren Begriff des „Alkali“ oder

[2]Dies zeigen etwa die Differenzen in der Einschätzung der Bedeutung der Düngemittelproduktion, die über lange Zeit eher im Hintergrund der Entwicklung der Staßfurter Chemiefabriken stand (Delhaes-Guenther 1974, S. 53–61).

[3]Siehe auch die vom Autor im Namensregister aufgeführten Firmen aus Staßfurt und Umgebung (Delhaes-Guenther 1974, S. XIV–XX, Anhang). Eine Ausnahme bildete in den 1870er Jahren lediglich die 1871 gegründete Bergbaugesellschaft „Agathe Kali- und Steinsalzbergwerke“, die allerdings 1876 in „Salzbergwerk Neu Staßfurt“ umbenannt wurde (ebd., S. 113).

„Kali" durch die Isolierung des Kaliums (1807 durch den englischen Chemiker Humphrey Davy) und anderer Elemente auf die einzelnen chemischen Bestandteile zurückgeführt hatte.[4] Im französischen und englischen Sprachgebrauch existiert daher auch kein Äquivalent für den deutschen Begriff der Kali-Industrie, sodass man bei der Übersetzung üblicherweise auf den traditionellen ‚technologischen' Begriff der Pottasche zurückgriff und von „sels de potasse" oder „potash mining" sprach (Delhaes-Guenter 1974, S. 59, Anm. 65). Diese Terminologie verwies auf das Äquivalenzprodukt „Pottasche" (Kaliumcarbonat), das im 19. Jahrhundert wie schon in der Frühen Neuzeit beispielsweise in den waldreichen Gebieten Nordeuropas durch das Auslaugen von Holzasche hergestellt wurde (Östlund u. a. 1998). Zeitgenössischen Autoren zufolge galt die Pottasche-Herstellung daher zu Beginnt des 19. Jahrhunderts auch als Teil der „land- und forstwirtschaftlichen" Produktion (Hermbstädt 1808).

Vor diesem Hintergrund stellt sich die Frage, auf welche Weise es angesichts dieser komplexen Ausgangslage den historischen Akteuren gelang, über den Kali-Begriff ein inhaltliches Band zu knüpfen, das durch den Bezug auf einen vermeintlichen chemischen Stoff einerseits nach innen die verschiedenen chemischen Betriebe in Staßfurt mit einer gemeinsamen Identität als „Branche" verknüpfte. Andererseits musste es auch ein großes Maß an Plausibilität und Überzeugungskraft besitzen, um nach außen das außerordentlich erfolgreiche Erscheinungsbild eines eigenen Industriezweiges, der „Kaliindustrie", zu begründen. In den Blick gerät damit hier das allgemeinere Problem des Einflusses der modernen Wissenschaften auf die Entstehung jener Kategorien des Wissens, die für die Zeitgenossen das wirtschaftliche Geschehen überhaupt erst erfassbar machten, indem sie einzelne „Sektoren", „Branchen" oder „Märkte" quasi als Unterabteilungen der allgemeinen „Volkswirtschaft" identifizierten (Vogel 2005, S. 308–312; Tooze 2004). Die derartigen Begriffe wurden später zum Grundgerüst der wirtschaftsgeschichtlichen Forschung, die in aller Regel die Selbstbeschreibungen und Kategorien der Akteure übernahm, ohne sie selbst zu einem eigenen Gegenstand der historischen Erörterung zu erheben.[5] Zu Beginn des 19. Jahrhunderts wurden aber beispielsweise noch eine ganze Reihe von heute

[4]Vgl. ausführlicher zur Isolierung der verschiedenen chemischen Elemente durch Davy und die Elektrochemie des frühen 19. Jahrhunderts: Brock 1997, S. 96 ff.

[5]Vgl. etwa die Darstellung in: North 2000; Kiesewetter 1989; Tilly 1990; Kellenbenz 1981. Lediglich in einzelnen Bereichen, etwa im Rahmen der Diskussion der Sozialhistoriker über die Arbeitsverhältnisse des 19. Jahrhunderts, fand in der Forschung eine kritische Debatte über die einzelnen zeitgenössischen Zuordnungen statt, ohne dass dies jedoch

zur „chemischen Industrie“ gezählten Aktivitäten, wie die Produktion von Salpeter und Pottasche oder die Seifensiederei, von einem zeitgenössischen Autor noch ganz selbstverständlich als land- bzw. forstwirtschaftliche Gewerbezweige angesehen (vgl. etwa Hermbstaedt 1808, S. 8; anders dagegen etwa Daumalin 2003). Dies macht deutlich, wie eng die einzelnen Zuordnungen mit der jeweils dominierenden Wissensordnung verknüpft sind.

Wie im Folgenden gezeigt werden soll, stellte in diesem Zusammenhang gerade der unpräzise, nur vermeintlich „wissenschaftlicheKali-Begriff“, auf unterschiedlichen Ebenen einen Konsens der Akteure aus Chemieindustrie, Bergbau, Agrarwissenschaften und Politik her. Angesichts des nur schwer definierbaren Gegenstandes des gemeinsamen Ausgangsprodukts ermöglichte er nicht zuletzt in sprachlicher Hinsicht eine konkrete Verständigung der verschiedenen Beteiligten über die vermeintliche ‚stoffliche Natur‘ der in Staßfurt geförderten Mineralien, über die Möglichkeiten ihrer industriellen Verarbeitung wie auch über ihre Beziehung gegenüber der klassischen, staatlich gelenkten Salzwirtschaft.

1 Der Wirrwarr der Begriffssysteme

Fragt man in diesem Sinne in einer begriffsgeschichtlichen Perspektive nach den Bedeutungen des Wortes „Kali“ in der industriellen Praxis des 19. Jahrhunderts, gerät der komplexe Anpassungsprozess in den Blick, dem die Wissensordnungen der traditionellen chemischen Gewerbe um 1850 unter dem Einfluss der modernen Chemie ausgesetzt waren. Tatsächlich behielt das aus der frühneuzeitlichen Apothekerpraxis stammende Begriffssystem seine bestimmende Rolle für den Vertrieb der chemisch-pharmazeutischen Produkte auch über die Jahrhundertwende hinaus bei. Dies zeigt sich etwa in dem Fortbestehen des klassisch pharmazeutischen

bisher einen deutlichen Einfluss auf die wirtschaftsgeschichtlichen Darstellungen gehabt hätte. Vgl. hierzu etwa: Kocka 1990, S. 73, 603 f.; ders. 2004, S. 48 ff.; Wagner et al. 2000. Ansätze zu einer Betrachtung der Herausbildung des Systems unterschiedlicher „Branchen“ bzw. „Wirtschaftszweige“ finden sich auch in den älteren sozial- und wirtschaftsgeschichtlichen Arbeiten über die Rolle der wirtschaftlichen Interessengruppen in der deutschen und europäischen Geschichte. Dabei wurde jedoch allgemein ihre weitergehende Bedeutung für die Konstituierung der einzelnen „Wirtschaftszweige“ und damit die Kategorien des ökonomischen Wissens nicht eigens thematisiert. Siehe beispielsweise: Berger 1981; Ullmann 1988.

Begriffs des „Alkali", der noch aus einer alten arabischen Wurzel stammte und generell die stark basisch reagierenden wässrigen Lösungen bezeichnete.[6] Daneben bestanden auf der gewerblich-technologischen Ebene aber auch noch die aus dem praktischen Wissen der chemischen Handwerker abgeleiteten Bezeichnungen fort, so etwa der für den Fertigungsbereich der späteren „Kaliindustrie" wichtige Begriff der „Pottasche", der seine Wortschöpfung den zur Herstellung der ausgelaugten Holzasche verwandten „Pötten" verdankte.

Angesichts dieser im industriellen Alltag eingeführten Begriffssysteme standen die gewerblichen Chemiker der Jahrhundertmitte vor dem Problem, das von Dalton, Gay-Lussac, Davy und anderen um 1800 entwickelte Elementen-System und die auf ihm aufbauende chemische Nomenklatur (Brock 1997, S. 96–104) an die bestehenden praktischen Technologien und Anwendungsbereiche anpassen zu müssen. Dies macht den Wortgebrauch der zeitgenössischen Chemie für heutige Leser relativ verwirrend, denn von den Autoren wurde selten klar zwischen dem allgemeinen Begriff des „Kali" und dem chemischen Element „Kalium" unterschieden. Das durch den Stuttgarter Professor Fehling ins Deutsche übertragene Buch des französischen Chemikers Anselme Payen zur *Gewerbs-Chemie* verzeichnete beispielsweise 1850 unter dem Stichwort „Kali":

> „Das Kali ist eine Verbindung von Sauerstoff mit dem von Davy entdeckten Metall Kalium oder Potassium; es enthält je 1 Aeq. der beiden Elemente, wir bezeichnen es daher mit KO, und nennen es Kaliumoxyd, oder meistens mit dem älteren Namen Kali." (Payen 1850, S. 233)

In dem Abschnitt behandelte Payen dann das „kohlensaure Kali ($KO\ CO_2$)", „in älteren Zeiten als *Alkali vegetabile* wegen seines Vorkommens in den Pflanzen bezeichnet", das „Kalihydrat KO HO" (das er auch unter dem älteren Namen „ätzendes oder kaustische Kali" anführte) sowie die „Pottasche". (ebd., S. 233–237). Bei letzterer verzichtete der Autor auf eine genauere chemische Bestimmung und erwähnte lediglich die Grundprinzipien ihrer Herstellung aus der ausgelaugten Holzasche, wobei er aber anklingen ließ, dass sie sich letztlich nicht von dem von ihm bereits „chemischen" beschriebenen „reinen kohlensauren Kali" unterschied:

[6] Zur Etymologie des Begriffes „Alkali" siehe das Stichwort „Salze (alkalinischfixe)". In Grosses Universal-Lexikon 1732–1754, Bd. 33, Sp. 1452.

„Wenn man die Verbindung einer organischen stickstoffreichen Säure mit Kali glüht, so wird die Säure zersetzt, und es bildet sich kohlensaures Kali mit Kohle gemengt, welche beide sich durch Wasser trennen lassen. Hierauf beruht die Darstellung von reinem kohlensaurem Kali [!], indem man reines weinsteinsaures Kali oder essigsaures Kali glüht, es bilden sich flüchtige Verbindungen, welche Kohlenstoff, Wasserstoff und Sauerstoff enthalten, und aus dem Rückstand zieht man mit Wasser das kohlensaure Kali aus (daher Weinsteinsalz Sal tartari genannt) und verdampft die Lösung in Gefäßen von Eisen oder Silber.“ (Payen 1850, S. 234[7])

Nicht unter das Stichwort „Kali“ fiel bei Payen jedoch das „chlorsaure Kali“, das er einige Seiten zuvor unter der Rubrik „Chlornatrium“ beschrieben hatte (ebd., S. 208–211). Dies entsprach der von dem Autor bei der Gliederung seines Werkes gewählten praktisch-technologischen Perspektive, denn alle drei in der Rubrik „Kali“ aufgeführten Stoffe verband die chemische Herstellung aus Pflanzen- bzw. Holzasche. Demgegenüber wurde das zusammen mit Kochsalz, Chlor und Salpetersäure zusammengefasste „chlorsaure Kali“ (Kaliumchlorid, KCl) um 1850 allgemein aus Meerwasser bzw. aus Mutterlauge hergestellt. Neben der „modernen“ chemischen Begrifflichkeit des Elements Kalium existierte damit bei Payens ebenso wie in anderen Schriften zur gewerblichen Chemie der Jahrhundertmitte (vgl. ähnlich auch Herzberg 1851, S. 505–514) noch eine weitere Bedeutungsebene des „Kali“, das quasi als ein umfassender Sammelbegriff die verschiedenen, aus der Aufarbeitung von Pflanzen- bzw. Holzasche gewonnenen chemischen Produkte erfasste.

Die Erschließung des Staßfurter Salzbergbaus und das Aufkommen der sich um ihn herum anlagernden Chemieindustrie am Ende der 1850er Jahre zwang die gewerbliche Chemie zu einer Anpassung dieser Begriffsordnung. Denn die verschiedenen Chemieunternehmer nutzten in erster Linie die zunächst als „Abraumsalze“ bezeichneten, nicht für die Herstellung von Kochsalz verwendbaren Mineralien des örtlichen Bergwerks, die im Produktionsprozess bisher eher als Abfallstoff angesehen worden waren und daher auf sog. „Abraumhalden“ landeten. Aufgrund ihres hohen Kalium-Anteils wurden sie gemäß einer in den 1840er Jahren in Frankreich entwickelten Technik für die Herstellung von Kaliumchlorid (nach der zeitgenössischen Bezeichnung „Chlorkalium“) sowie in der Anwendung des Leblanc-Verfahrens zur Fabrikation von Pottasche verwandt (Delhaes-Guenther 1974, S. 32 ff., 54–57). Vor dem Hintergrund dieser Konstellation musste jedoch die noch von Payen und anderen Autoren gezogene Unterscheidung von „Kali“ und

[7]Heutzutage bezeichnet man als „Pottasche“ in der Regel Kaliumcarbonat (K_2CO_3), siehe Delhaes-Guenther 1974, S. XII.

„Chlorkali" fallen gelassen werden, ohne dass sich aus der neuen Situation eine klare Linie für die zukünftige Begrifflichkeit ergab.

Im Sinne der üblichen Fixierung der industriellen Namensgebung auf das jeweils zentrale Produkt drängte sich einerseits die Bezeichnung als „Chlorkalium-Industrie" auf, denn der Stoff bildete in den Anfangsjahren das Zentrum der Staßfurter Chemieproduktion und verantwortete den ersten Gründungsboom der örtlichen Industrieunternehmen. Der Grund für die große Nachfrage nach Kaliumchlorid war seine überragende Funktion in der Sprengstoffherstellung, wo es den aus dem Ausland bezogenen Bengal- bzw. Kalisalpeter auf der Basis des weit günstigeren Chile- bzw. Kalksalpeters zu ersetzen half (Reinwarth 1871, S. 20 ff., 24 f.; vgl. auch Delhaes-Guenther 1974, S. 22–28, 49–52). Im internen Schriftverkehr seiner Behörde sprach der spätere preußische Oberberghauptmann Krug von Nidda um 1858 entsprechend von einer Fabrik „zur Produktion von Chlorkalium", die nach seinen Vorstellungen zur Weiterverarbeitung der in Staßfurt geförderten Abraumsalze eingerichtet werden sollte (Delhaes-Guenther 1974, S. 47). Die frühen am Ort gegründeten chemischen Betriebe verstanden sich daher auch in erster Linie als „Chlorkalium-Fabriken", seltener nach dem weniger wichtigen zweiten Produktionszweig als „Chlorkalium- und Pottasche-Fabriken" (Kralic 1894, S. 26; zur Staßfurter Pottasche-Produktion siehe Delhaes-Guenther 1974, S. 73–78). Der erste, 1876 gegründete Zusammenschluss Staßfurter Chemieunternehmer gab sich dementsprechend den Namen „Verein der Chlorkalium-Fabrikanten" (Delhaes-Guenther 1974, S. 124).

Gemäß der von Payen gewählten Logik des Ausgangsstoffes lag jedoch ebenfalls das „Salz" bzw. das „Chlornatrium" als Oberbegriff der Staßfurter Produktion nahe, denn die Herstellung der verschiedenen Stoffe beruhte in erster Linie auf der Verarbeitung der stark kochsalzhaltigen Mineralien, die in dem 1856 eröffneten Salzbergwerk gefördert wurden.[8] Heinrich Precht, der 1882 für die

[8]Laut den Angaben Pfeiffers (1887, S. 89) über die „mittlere Zusammensetzung des Carnallit-Rohsalzes" stellte das Kochsalz den Hauptanteil aller festen chemischen Bestandteile. Demnach bestand der Carnallit aus 15,7 % „Chlorkalium", 21,5 % „Chlornatrium", 21,3 % „Chlormagnesium inkl. Brommagnesium", 0,3 % „Chlorkalzium", 13,0 % „Magnesiumsulfat", 2,0 % „unlösliche Teilen" und 26,2 % Wasser. Interessanterweise sind diese Zahlen identisch mit dem von ihn ein wenig später genannten Durchschnittswerten über die „während des Zeitraums von nahezu 2 ½ Jahren unter der Leitung des Verfassers verarbeiteten Quantität von circa 75 Mill. Kilogr. Carnallit-Rohsalz" (ebd., S. 130 f.). Dies macht deutlich, dass die genannten Angaben über die chemische Zusammensetzung des Carnallits nicht aus dessen „wissenschaftlicher" Definition, sondern aus dem praktischen Betriebsalltag der Staßfurter Werke stammte.

Festschrift zur Hauptversammlung des Vereins Deutscher Ingenieure eine 16seitige Abhandlung über die sich um das Bergwerk herum angelagerten Fabriken schrieb, betitelte diese daher *Die Salz-Industrie von Staßfurt und Umgegend* (Precht 1882). Auf der praktischen Ebene besaß der ebenfalls von anderen Autoren gewählte Bezug auf das von den Chemieunternehmen verarbeitete „Steinsalz" (vgl. Bischof 1875) noch eine weitere Berechtigung: über den engen betriebstechnischen Zusammenhang zwischen Bergwerk und chemischer Industrie hielt die mineralogische Nomenklatur Einzug in die gewerbliche Chemie. In allen Veröffentlichungen über die Staßfurter Chemieunternehmen waren dementsprechend die Terminologie der Bergbauexperten und Mineralogen, die Bezeichnung der Rohstoffe als „Abraum-" oder „Bittersalze" sowie ausführliche mineralogische Beschreibungen der Lagerstätten stets gegenwärtig (vgl. u. a. Bischoff 1875, S. 1–73; Kralic 1894; Pfeiffer 1887, S. 14–49).

Die Erschließung der Staßfurter Steinsalzlager hatte aber auch im Begriffssystem der Mineralogie große Veränderungen hervorgerufen. Die vorgefundenen Mineralien passten nämlich nicht in das um 1800 von der klassischen Mineralogie entwickelte Raster, das ursprünglich lediglich die Sammelbezeichnung „Steinsalz" für die durch die Bohrungen in Staßfurt an den Tag gebrachten Stoffe anbot (Westphal 1901, S. 11–17).[9] Dieser Umstand erklärt die vergleichsweise unpräzisen Begriffe, mit denen die im Staßfurter Steinsalzwerk geförderten Mineralien zunächst benannt wurden. Die zeitgenössischen Bergbeamten sprachen mit Blick auf die örtlichen Lagerungsverhältnisse beispielsweise von „Steinsalzlagen unter dem Salztone mit dieselben verunreinigenden, meist roten Bittersalzen", wobei letztere in einem internen Bericht der Bergbaubehörde aus dem Jahr 1856 als „bunte, bittere Salze, aus Magnesia- und Kalisalzen bestehend" qualifiziert wurden.[10] Die vergleichsweise offene, lediglich farblich wie auch geschmacklich eingegrenzte Bestimmung als „bunte Bittersalze" erlaubte zumindest eine erste Einordnung der vorgefundenen Mineralien und dominierte in den Anfangsjahren der Staßfurter Steinsalzproduktion den Sprachgebrauch der beteiligten Akteure, der preußischen Bergbeamten ebenso wie der mit dem Material experimentierenden Chemiker (vgl. Frank 1875, S. 114–118; Verhandlungen der polytechnischen Gesellschaft 22 (1861), S. 341; siehe auch Hauske und Fulda 1990, S. 41) Wie

[9]Zur Bestimmung der Lagerstätten im Lichte der heutigen Mineralogie siehe etwa: Hauske und Fulda 1990, S. 17–37.

[10]Zit. nach Hauske und Fulda 1990, S. 1, 39. Vgl. auch die vergleichbaren Zitate über die beim Abteufen des Schachtes auf dem Staßfurter Bergwerk vorgefundenen „unreinen Salze" bei Westphal 1901, S. 13.

schwierig und komplex die Namensgebung für die Zeitgenossen war, zeigt sich aber auch in dem in der wirtschaftlichen Praxis gebräuchlichen Begriff der „Abraumsalze" (zur Etymologie siehe Westphal 1901, S. 14; vgl. auch Bischof 1875, S. 79; Pfeiffer 1887, S. 5.), der ganz ohne jede weitere Bestimmung all jene geförderten „Rohsalze" umfasste, die zunächst nicht wirtschaftlich für die Herstellung von Stein- oder Siedesalz herangezogen werden konnten und daher die Ausgangsbasis für die chemische Produktion bildeten.

Unter den Fachwissenschaftlern der Mineralogie bildete sich jedoch in relativ kurzer Zeit nach der Aufschließung des Bergwerks mit der Benennung des „Carnallits" durch den Berliner Chemiker Rose und der Bestimmung anderer ‚neuer' Mineralien ein mehr oder weniger stabiles neues Begriffssystem für die am Ort vorgefundenen „Salze" heraus.[11] Im Gegensatz zu der Wernerschen Mineralogie des späten 18. Jahrhunderts wurden die einzelnen Gesteine dabei nicht mehr vordringlich nach optischen Kriterien klassifiziert, sondern stets mit einer chemische Formel verbunden, welche ihre spezifische Zusammensetzung repräsentieren sollte (vgl. Bischof 1875, S. 60; Pfeiffer 1887, S. 26–49). Dabei traten allerdings je nach Autor deutlich Schwankungen in den einzelnen Angaben auf. Für den „Carnallit", der zunächst als der wichtigste Ausgangsstoff für die chemische Produktion am Ort galt, variierten die Werte beispielsweise in Bezug auf die Anteile von „Chlorkalium" zwischen 24,27 und 27,41 % und von „Chlormagnesium" zwischen 30,51 und 36,03 %, während der Kochsalzanteil („Natriumchlorid") zwischen 0 und 5,1 % angegeben wurde (Bischof 1875, S. 40; Pfeiffer 1887, S. 33).

Das ‚wissenschaftliche' Begriffssystem der Mineralogie enthob die Praktiker nicht des Problems, die große Vielfalt des unter Tage angetroffenen Gesteins in das vergleichsweise starre Raster der mineralogischen Nomenklatur zu zwängen. Dies erklärt auch die umfangreichen, nur vermeintlich genauen Beschreibungen, mit denen die zeitgenössischen Autoren in ihren Schriften die stets nach einem spezifischen Mineral identifizierten „Regionen" der Lagerstätten („Carnallit-Region", „Anhydrit-Region" etc.) zu charakterisieren versuchten (Bischof 1875, S. 23–62; Pfeiffer 1887, S. 14–25). Dabei konnten sie zwangsläufig nur ein sehr

[11]Siehe hierzu u. a. die detaillierten Angaben bei Pfeiffer 1887, S. 26–49. Dieser bietet allerdings nur eine Darstellung der Veränderungen aus der Perspektive der industriellen Praxis. Eine ausführliche Analyse der komplexen Veränderung der mineralogischen Nomenklatur durch die Erschließung der Staßfurter Bergwerke ist daher aufgrund mangelnder Vorarbeiten der Literatur hier nicht möglich. Vgl. aber etwa die frühen Ausführungen des preußischen Bergrats Karsten über die Staßfurter Mineralien in: Karsten 1846/1847, S. 195 ff.

grobes Bild der ständig wechselnden Mischungsverhältnisse zwischen den einzelnen Mineralien unter Tage vermitteln, was sie regelmäßig zu einigen sprachlichen Kapriolen zwang und zu einigen Widersprüchen in den chemischen Formeln und Prozentangaben über die Verteilung der einzelnen Mineralien führte (Bischof 1901, S. 39 f.).

In der Praxis gravierender war jedoch das Problem, dass es sich bei dem geförderten Material nicht um ‚reine' Mineralien im Sinne der mineralogischen Terminologie handelte. Daher behalf man sich mit der allgemeinen Bezeichnung „Rohsalze", der im Bezug auf den Ausgangsstoff der Kaliumchlorid-Produktion als „Carnallit-Rohsalz" spezifiziert wurde. Dessen chemische Zusammensetzung differierte naturgemäß stark von den idealen Werten des mineralogischen „Carnallits", vor allen Dingen im Hinblick auf den deutlich höheren Kochsalzanteil.[12] Diesen gab der Autor des *Handbuchs der Kali-Industrie* mit durchschnittlich 21,5 % an, womit das NaCl noch vor dem MgCl (21,3 %) und dem KCl (15,7 %) den höchsten Wert unter den verschiedenen Bestandteilen des „Rohsalzes" erreichte (Pfeiffer 1887, S. 131).[13] In den zeitgenössischen Quellen vermischten sich allerdings häufig die Unterscheidung zwischen „Rohsalz" und dem ‚reinem' Mineral, so dass die genaue Natur des als „Carnallits" bezeichneten Stoffes für die Leser oftmals unbekannt blieb (Kralic 1894, S. 23).

Dennoch erschien der „Carnallit"-Begriff den Akteuren der Staßfurter Industrie aufgrund seiner praktischen Relevanz offenbar so prägnant, dass sie ihn 1879 in den Mittelpunkt der ersten gemeinsamen Kartellvereinbarung der regionalen Bergwerksbetreiber, der sogenannten „Karnallit-Konvention", stellten (Westphal 1901, S. 30–35; Delhaes-Guenther 1974, S. 128–131). Diese wurde 1880 von einer weiteren Vereinbarung für das Mineral „Kainit" ergänzt, das vor allem

[12]Zu berücksichtigen ist hierebenfalls, dass in den allgemeinen Statistiken als „Carnallit-Rohsalz" stets nur jenes Material auftauchte, das auch tatsächlich unter dieser Bezeichnung an die chemischen Fabriken geliefert wurde. Tatsächlich war aber auch schon dieser ‚Rohstoff' das Ergebnis einer Bearbeitung, da das gelieferte Material nach den Absprachen zwischen Bergbaubetreibern und Chemieunternehmen einen bestimmten „Minimalgehalt" an Chlorkalium nicht unterschreiten durfte. Wie der Autor des „Handbuchs der Kaliindustrie" erklärte, wurden zu diesem Zweck „in der Grube bereits weniger reine Stücke bei Seite gethan und entweder zum Aussetzen der entstandenen Hohlräume benutzt, oder wenn Nachfrage danach ist, unter dem Namen Abfallsalz verkauft" (Pfeiffer 1887, S. 90).

[13]Eine Broschüre des Kalisyndikats aus der Zeit um die Jahrhundertwende gab den Wert mit 22,4 % an: Anonym 1907, S. 11.

bei der Düngemittelherstellung zur Anwendung kam (Delhaes-Guenther 1974, S. 130).[14]

Im betrieblichen Alltag allerdings zwang die je nach Abbaustrecke innerhalb des Bergwerks schwankende Qualität der geförderten „Rohsalze" Bergwerke und Chemieunternehmen zu komplizierten Aushandlungen über einigermaßen präzise Methoden zur Bestimmung des Werts der gelieferten Rohstoffe, da die realen Schwankungen des Kaliumchlorid-Anteils in der Produktion große Auswirkungen besitzen konnte (vgl. hierzu die ausführliche Darstellung in Pfeiffer 1887, S. 90, 129 ff. sowie Frank 1875, S. 6 f. sowie Fürer 1900, S. 453). Die Wirtschaftlichkeit des jeweiligen Verfahrens wie seine Praktikabilität innerhalb des Betriebsablaufs spielten dabei eine zentrale Rolle, sodass die ‚wissenschaftliche Genauigkeit' der Verfahren wie auch die auf dieser Basis erstellten Statistiken stets vor diesem Hintergrund betrachtet werden müssen.[15]

Im Umfeld der Staßfurter Unternehmen existierten auf diese Weise bereits eingeführte Begriffssysteme, die eng mit den konkreten Arbeitskontexten und Herstellungsprozessen verbunden waren und eine Verständigung der Akteure in den verschiedenen beteiligten Industriezweigen erlaubten. Dennoch setzte sich schon lange vor der Entstehung des „Kalisyndikats" in den 1880er Jahren in der wissenschaftlich-technischen Publizistik der chemisch eher unpräzise „Kali"-Begriff als Sammelbezeichnung für die am Ort gegründeten Unternehmen durch (vgl. zur Vor- und Gründungsgeschichte des Kalisyndikats Westphal 1901, S. 30–35, 42–48, 58–62; Stoepel 1904, S. 31–40; Delhaes-Guenther 1974, S. 137–140). Dies zeigen etwa eine ganze Reihe von Veröffentlichungen, die in den 1870er Jahren über die rasch boomende Staßfurter Industrie publiziert wurden

[14]Ähnlich wie der „Carnallit" war auch der „Kainit" keine eindeutige Kategorie, da beispielsweise in der zweiten Kainit-Konvention von 1884 eine „Erweiterung des Begriffes ‚Kainit' [...] mit Rücksicht auf das Aschersleber Schönitvorkommen vorgenommen" wurde (Westphal 1901, S. 47).

[15]Die enge Beziehung zwischen der wirtschaftlichen Rentabilität und der ‚Präzision' der einzelnen Bestimmungs- wie Herstellungsmethoden war den industriellen Praktikern durchaus bewusst. So äußerte Frank etwa in Bezug auf die schwankende Menge des nach dem Produktionsprozess in der sog. „Mutterlauge" zurückbleibenden „Chlorkaliums": „Feste Regeln lassen sich in dieser Beziehung nicht geben, da es hier, wie überall in der Technik, eben nicht darauf ankommt, das Rohmaterial bis zur äußersten Grenze auszubeuten, sondern einen Mittelweg einzuschlagen, der bei möglichster Ausnutzung des Rohstoffs die massenhafte und billigste Darstellung des Fabrikats durch die höchste Ausnutzung der Anlagen und der Arbeitskräfte, wie durch raschen Capitalumschlag gewährt." (Frank 1875, S. 10 f.)

(vgl. Frank 1922; weitere Titel bei Delhaes-Guenther 1974, S. XXIII–XXXV). C. Reinwarth, einer der „Väter“ des Staßfurter Bergwerks, betonte in seiner Schrift *Ueber die Steinsalzablagerungen bei Staßfurt und die dortige Kali-Industrie* von 1871 allerdings noch ausdrücklich, dass die am Ort ansässigen „Kali-Fabriken“ „eigentlich auf Darstellung des Chlorkaliums basiert“ seien und die Fabrikation von „Kochsalz, ferner Kali- und Magnesia-Verbindungen“ lediglich auf den dabei auftretenden Abfällen beruhe (Reinwarth 1871, S. 29, ähnlich auch Bischof 1875, S. 79 ff.). Seit den 1880er Jahren, und damit parallel mit der Gründung des sogenanntes „Kalisyndikats“, griffen die Autoren dann fast ausschließlich auf die umfassende Bezeichnung als „Kaliindustrie“ zurück, wenn sie die Gesamtheit der Staßfurter Chemiefabriken bezeichneten (Frank 1922; Kralic 1894; Pfeiffer 1887). Als Selbstbeschreibung der Unternehmen tauchte der Kali-Begriff offenbar erstmals 1883 im Zusammenhang mit dem Abschluss der zweiten Karnallitkonvention auf, wo in einem offiziellen Schriftstück von der „Versammlung der Vertreter der Kaliwerke“ gesprochen wurde (zit. nach: Delhaes-Guenther 1974, S. 138, Anm. 197). Schon vor dem üblicherweise als Gründungsjahr des Syndikats angegebenen Jahr 1888 hatte sich damit ein gemeinsames Selbstverständnis der regionalen Bergwerke und chemischen Fabriken als Teil einer umfassenden „Kaliindustrie“ herausgebildet, das in den späteren Verträgen über die Einrichtung des Syndikats nur noch fixiert wurde.

Hervorzuheben ist dabei, dass in der zeitgenössischen Terminologie als „Kaliindustrie“ zunächst allein jene Unternehmen der Staßfurter Region bezeichnet wurden, die sich mit der Förderung und Verarbeitung der kaliumhaltigen Rohsalze befassten. Nach der Erschließung weiterer Kalisalzwerke in Thüringen und Hannover, die in aller Regel auch dem Syndikat beitraten, wurden diese ebenfalls unter die entsprechende Sammelbezeichnung aufgenommen (Stoepel 1904, S. 55 ff.). Damit blieben aber die anderen, gleichermaßen mit der Herstellung von Kalium-Verbindungen befassten Industriezweige, wie etwa die Erzeuger von Pottasche aus der Zuckerrübenmelasse, außerhalb der entsprechenden Kategorie. Lediglich Andeutungen über die von der „Kaliindustrie“ verdrängten Produktionszweige finden sich (Bischof 1875, S. 75–82; Stoepel 1904, S. 2 f.). Tatsächlich wurden jedoch beispielsweise 1873 rund 1/5 der deutschen Pottaschenproduktion nicht aus dem Staßfurter Kaliumchlorid hergestellt, was dazu führte, dass sie nicht in den Statistiken über die „Kaliproduktion“ auftauchten (Delhaes-Guenther 1974, S. 77). Aufgrund der einseitigen Darstellung der zeitgenössischen Literatur, die derartige Zusammenhänge in aller Regel nicht bzw. nur am Rande erwähnte, erschien die deutsche „Kaliindustrie“ insofern auch als einzigartig, weil in ihr eine Reihe von Branchen bzw. Märkten zusammengefasst wurden, die im Ausland ebenfalls von anderen Herstellern z. B. den klassischen Pottasche-Fabrikanten bedient wurden. Auf diese Weise musste sich bei den

Lesern der Eindruck einstellen, dass die Staßfurter Unternehmen ein reales Monopol auf die Herstellung von Kalium-Produkten und nicht nur das Monopol auf die Verarbeitung der örtlichen „Bittersalze" besäßen (vgl. Stoepel 1904, S. 57).[16] Denn Kalium-Produkte, etwa die klassische Pottasche, wurden durchaus auch von anderen Anbietern hergestellt.

2 Die „Kali"-Propaganda der industriellen Agrikulturchemie

Auch wenn ein inhaltlicher Zusammenhang zwischen dem Kali-Begriff und der Produktionstätigkeit der Staßfurter Fabriken nicht von der Hand zu weisen ist (immerhin beruhte die Fabrikation wesentlich auf der Verarbeitung bzw. Veredelung der kaliumhaltigen „Rohsalze"), stellt sich dennoch die Frage nach den Hintergründen, die zu seiner Übernahme durch die Akteure führten. Denn immerhin standen diesen mit der gewerblich-chemischen wie auch mit der ebenfalls zirkulierenden mineralogischen Terminologie zwei alternative Begriffssysteme zur Verfügung, die ebenfalls eine sinnvolle sprachliche Verknüpfung der verschiedenen Industriezweige ermöglicht hätten.

Wie im Folgenden gezeigt werden soll, lässt sich die Hervorhebung des „Kali" in diesem Kontext vor allem auf den Einfluss des aus dem Feld der Agrikulturchemie stammenden Diskurses über die sogenannte „Kalidüngung" zurückführen. Seine Überzeugungskraft bezog dieser Diskurs dabei gerade nicht aus seiner vermeintlichen wissenschaftlichen Präzision. Vielmehr war es seine spezifische Ungenauigkeit, die den Akteuren ein relativ breites Feld der Aushandlung über die tatsächliche stoffliche Natur der in den Staßfurter Fabriken hergestellten und von ihnen vertriebenen Produkte überließ.

Betrachtet man die thematischen Kontexte genauer, in denen der „Kali"-Begriff in den Anfangsjahren der Staßfurter Steinsalzproduktion von den zeitgenössischen Autoren gebraucht wurde, fällt auf, dass dieser als eigenständiger Terminus im Sinne eines fest umrissenen stofflichen Gegenstands fast ausschließlich im Zusammenhang mit der Frage des Einsatzes der geförderten Mineralien als Düngemittel in der Landwirtschaft eingesetzt wurde. Im mineralogisch-bergbaulichen Umfeld griff man zwar auf die umfassendere Bezeichnung „Kalisalze" zurück, diese diente aber lediglich dazu, den im Vergleich zum „normalen"

[16]Auch Westphal spricht in seiner „Geschichte des Königlichen Salzwerks zu Staßfurt" von einem „nationalen Monopol" der örtlichen Kaliindustrie, ohne diese Behauptung näher zu erläutern (Westphal 1901, S. 32).

Steinsalz hohen Kalium-Anteil des Rohsalzes herauszustreichen. Da unter Tage Kalium und Magnesium innerhalb des Carnallit-Rohsalzes stets zusammen auftraten, wurde in dem beim Aufschließen des Bergwerks verfassten offiziellen Teufbericht von 1856 noch umfassender von den vorgefundenen „Magnesia- und Kalisalzen“ gesprochen.[17] Angesichts der industriellen Verwertbarkeit verschob sich die Aufmerksamkeit allerdings schnell von den im Carnallit eigentlich vorherrschenden Natriumchlorid- bzw. Magnesium-Verbindungen auf den geringeren Kaliumanteil. Dabei stand jedoch zunächst aufgrund der zentralen wirtschaftlichen Bedeutung in erster Linie das Kaliumchlorid (KCl) und nicht das von Payen und anderen als „Kali“ bezeichnete Kaliumoxyd (KO) im Vordergrund. Dies erklärt etwa die Bedeutung, die von Anfang an der Identifikation des „Chlorkaliums“ in den chemischen Analysen des geförderten Materials zukam, sodass später in den Statistiken der „Kaliproduktion“ in aller Regel der „Chlorkalium“-Anteil der hergestellten Endprodukte angegeben wurde (vgl. etwa Pfeiffer 1887, S. 131; zu den sich hieraus ergebenden Problemen der frühen „Kali“-Statistik siehe Delhaes-Guenther 1974, S. 91–94).

Die Fokussierung des Blicks auf den Begriff „Kali“ dominierte dagegen von Anfang an die Vorträge und Schriften, mit denen der Chemiker Adolf Frank für die Nutzung der Staßfurter Mineralien für die Düngemittelherstellung auftrat (Verhandlungen 1861, S. 343). Frank, der in den Anfangsjahren der Staßfurter Industrie zusammen mit dem Fabrikanten Grünberg zu den wichtigsten Propagandisten der Staßfurter „Kalidünger“ gehörte, entfaltete seinen umfassenderen „Kali“-Begriff bereits in jener Promemoria, mit der er im Oktober 1860 den preußischen Oberberghauptmann Krug von Nidda sowie den Bernburgischen Staatsminister von Schaetzell zu einer Unterstützung des preußischen und anhaltinischen Staates für seine Pläne zur Einrichtung einer chemischen Fabrik zu bewegen versuchte (Sorge 1952, S. 114–118; allgemeiner Delhaes-Guenther 1974, S. 58 ff.). Er skizzierte das Programm einer Industrie, die systematisch jene „Salze, welche da sie sich zunächst durch ihre Färbung und ihre Ungenießbarkeit charakterisieren, mit dem allgemeinen Nahmen der bunten bitteren Salze belegt sind“, „für die Gewinnung des Kalis und seiner Verbindungen“ nutzen sollte (Sorge 1952, S. 114 f.). Gerade die „in mächtiger Progression steigende Verwendung der Kalisalze als Düngemittel“ ließ die Einrichtung einer derartigen Fabrik in seinen Augen rentabel erscheinen. Noch deutlicher wurde die

[17]Vgl. etwa die entsprechenden Äußerungen aus dem Teufbericht von 1856 zit. in: Hauske und Fulda 1990, S. 1.

Verdinglichung des „Kali“ in dem von Frank bemühten Bild der „Ausbeutung des Staßfurter Kalivorkommens“, mit dem er diesem endgültig den Status eines klar definierbaren, eigenständigen Stoffes verlieh.[18] Gleichzeitig machte er aber auch klar, dass es ihm auf einer praktischen Ebene lediglich auf eine Methode zur Herstellung „des allein wertvollen Chlorkaliums“ ankam, das neben der Herstellung von Kalisalpeter und zur weiteren Verarbeitung zur Pottasche auch zum Gebrauch in der Landwirtschaft genutzt werden sollte (Sorge 1952, S. 116 f.). Nachdem ihm das Problem des schädlichen Anteils von Magnesiumchlorid in den Rohsalzen durch ein neues chemisches Trennungsverfahren gelöst erschien, ging er während seines Vortrages vor dem Kongress der Agrikulturchemiker in München 1865 noch einen Schritt weiter und propagierte offensiv den Einsatz des hochprozentigen Kaliumchlorids als erfolgversprechendes Düngemittel für die Landwirtschaft (Frank 1922). Als einen besonderen Vorzug der Staßfurter Dünger strich er vor allem ihre enge Vermischung mit dem Kochsalz heraus, da dieses in seinen Augen als „indirektes Düngemittel“ die Aufnahme der „Kalisalze“ im Ackerboden besonders fördern sollte. Frank versuchte das Staßfurter Chlorkalium damit in dem rasch wachsenden Markt der sogenannten „Mineraldünger“ platzieren, die im 19. Jahrhundert im Kontext der Bemühungen um eine Modernisierung der Landwirtschaft eine zentrale Rolle spielte. Nicht zuletzt der seit der Jahrhundertmitte explodierende Weltmarkt für Guano-Dünger hatte hier deutlich gemacht, welches Potenzial derartigen Düngeprodukten innewohnen konnte, auch wenn ihnen vonseiten der Landwirte oft noch mit Misstrauen begegnet wurde (Uekötter 2010; Cushman 2013).

Bei seiner Agitation zugunsten der Verwendung von „Chlorkalium“ als „Kalidünger“ konnte Frank an die üblichen Kategorisierungen der Agrikulturchemiker der ersten Jahrhunderthälfte anknüpfen, die auf der Basis der ihnen zur Verfügung stehenden Analysetechniken das „Kali“ als eines der wesentlichen Elemente der Pflanzenernährung beschrieben hatten (vgl. etwa Moleschott 1845, S. 77 f. Siehe auch allgemeiner: Trenel, 1956, S. 90 f.). Entsprechend wichtig war für Frank in seinen Schriften und Äußerungen der Verweis auf Liebig, der als eine der einflussreichsten Koryphäen der landwirtschaftlichen Chemie seiner Zeit in seinen

[18]Noch expliziter wurde Frank im folgenden Frühjahr bei einem Vortrag vor der Berliner Polytechnischen Gesellschaft, wo er die Staßfurter Mineralien als Ersatz für die „jetzt immer spärlicher fließenden Bezugsquelle[n] des Kalis und seiner Verbindungen aus den Pflanzenaschen“ propagierte und selbst eine Herstellung von „Kali zum Export“ in greifbarer Nähe sah. Vgl. Verhandlungen der polytechnischen Gesellschaft 22 (1861), S. 342 f.

Veröffentlichungen weiterhin auf die Bedeutung des „Kali“ als Düngerstoff hinwies (so z. B. Liebig 1862, S. 298).[19] Um 1860 hatte die Agrikulturchemie allerdings ihre Methoden bereits so weit verfeinert, dass eigentlich nicht mehr der allgemeine ‚Stoff‘ „Kali“ (etwa im Sinne der ungenauen Payenschen Definition), sondern vielmehr die Wirksamkeit der spezifischen Kalium-Verbindungen im Mittelpunkt der Debatten um die richtige Düngemethoden standen.[20] Dies unterstreicht bereits das 1865 von Liebig in seinem Schreiben an Frank ausgedrückte Interesse an der von dem Staßfurter Chemikerkollegen entwickelten Idee zur Verwendung des „Chlorkaliums“ als Quelle für das den Äckern durch die Pflanzen entzogene „Kali“.[21]

Das in den Äußerungen Liebigs wie Franks deutliche Schwanken zwischen der konkreten stofflichen Ebene der verschiedenen chemischen Verbindungen, die tatsächlich als Düngerbestandteile Anwendung in der Landwirtschaft fanden, und der abstrakten, diskursiv verdinglichten Kategorie des „Kali“ war jedoch keine Besonderheit der Verfechter der Chlorkalium-Düngung. Vielmehr kennzeichnete das Changieren zwischen beiden Ebenen allgemein den Sprachgebrauch der Agrikulturchemie. Es erlaubte den Vertretern des Faches, auf der einen Seite an den grundsätzlichen Thesen der Klassiker des Faches festzuhalten, andererseits aber auf einer praktischen Ebene die eigenen Anschauungen und Düngeanweisungen beständig an die sich wandelnden Erkenntnisse der wissenschaftlichen Versuchsanstalten anzupassen. So erklärte beispielsweise der Chemiker Oskar Cordel in seiner Schrift von 1868 *Die Staßfurter Kalisalze in der Landwirtschaft* auf der einen Seite unter der Überschrift „Über die Nothwendigkeit des Kali's für die Pflanze“ das „Kali“ allgemein zu einem jener „Stoffe“, die der Pflanze zu ihrer Ernährung zugeführt werden müssten.[22] Auf der anderen Seite aber wandte er sich scharf gegen die von Frank vertretene Theorie, dass hierfür das Kaliumchlorid als Quelle

[19]In der ersten Ausgabe seines späteren Standardwerkes zur Agrikulturchemie hatte Liebig allerdings die Bedeutung der Holzasche für das Düngen noch vor allen Dingen aus den ebenfalls darin vorhandenen „phosphorsauren Salzen“ erklärt: Liebig 1840, S. 163 f.

[20]Vgl. hierzu bereits die allgemeinen Anmerkungen Jacob Moleschotts über die notwendigen Revisionen der Physiologie aufgrund der neuen Erkenntnisse über die „Zusammensetzung der Materie“, in: Moleschott 1851, S. X–XXII.

[21]Liebig an Frank v. 26.1865, zit. nach: Sorge 1952, S. 119 f.

[22]„Die Bestantheile der Pflanzenasche sind Kali, Natron, Kalk, Magnesia, Phosphorsäure, Kieselsäure, Schwefelsäure, Chlor und Eisenoxyd. Jede Pflanze bedarf eine gewisse Menge jedes dieser Stoffe und entnimmt dieselben dem Acker, in welchem sie vorhanden sein müssen.“ (Cordel 1868, S. 3)

eingesetzt werden könnte. Vielmehr sei nach den verschiedenen Feldversuchen dieses nur „in einigen Fällen, z. B. für Wiesen, vielleicht auch für Getreide und Futtergewächse“ passend, „dagegen ist dasselbe unbedingt zu verwerfen bei Düngung von Zuckerrüben, Kartoffeln und Taback, wahrscheinlich auch von noch mehreren anderen Culturgewächsen“ (Cordel 1868, S. 9). In seiner 63-seitigen Schrift propagierte Cordel demgegenüber die mit einem hohen Anteil an „schwefelsaurem Kali“ versehenen Produkte, die er als weitaus geeigneter für die Pflanzendüngung hielt. Ausdrücklich warnte er aber vor einem naiven Gebrauch der angebotenen Handelssorten, „weil noch gar zu häufig von Kalidünger [...] so gesprochen wird, als wäre Kalisalz – Kalisalz, und als könnten die Mißerfolge des gerade angewendeten Salzes ohne Weiteres auf die Kalidüngung im Allgemeinen übertragen und diese dadurch diskreditirt werden“ (ebd., S. 6).[23] Entsprechend forderte er den einzelnen Landwirt auf, sich die nötige Expertise in der Differenzierung der einzelnen „Kalipräparate“ anzueignen, „damit er ein Urtheil darüber gewinnt, was er durch diese Salze eigentlich seinem Acker zuführt“ (ebd.). Trotz dieser eindeutigen Positionierung musste aber auch Cordel den außerordentlich begrenzten Wissensstand der zeitgenössischen Agrikulturchemie eingestehen: „Ich behaupte nicht, dass diese Sätze ewig unveränderlich und unantastbar bleiben werden; denn unsere Erfahrungen über die Kalidüngung sind bei Weitem noch nicht abgeschlossen.“ (ebd., S. 42.)

3 Die wirtschaftliche Logik der Produktqualität der „Kali-Dünger“

Schon bald nach der Eröffnung der Staßfurter Chlorkalium-Fabriken waren eine ganze Reihe von verschiedenen Kalihandelsdüngern auf den Markt gekommen, die zum Teil in ihren Inhaltsstoffen sehr stark voneinander abwichen (vgl. Pfeiffer 1887, S. 453–464; Buschmann 1909, S. 60). Die Industrie nutzte hierfür die an verschiedenen Stellen des Herstellungsprozesses anfallenden Nebenprodukte und bot diese nach verschiedenen Reinheitsgraden des Kaliumchlorids zunächst als „dreifach, vier- und fünffach konzentrirtes Kalisalz“ an (Cordel 1868, S. 7; vgl. auch Frank 1875, S. 12 ff.). Dabei unterließ man es aber, die genaue Zusammensetzung der verschiedenen Zusatzstoffe zu spezifizieren, obwohl diese den

[23]Der Satz findet sich als wörtliches Zitat ohne weitere Herkunftsangaben auch in der zweiten Ausgabe des Buches von Reinwarth von 1871 (Reinwarth 1871, S. 29).

Düngeerfolg der jeweiligen Produkte nicht unwesentlich bestimmten (ebd., S. 8). Ebenso wurden auch die gemahlenen Rohsalze an die Landwirte abgegeben, ohne dass deren chemischen Eigenschaften eindeutig bestimmt waren (Pfeiffer 1887, S. 454; Fürer 1900, S. 988 f.). Seit 1865 ergänzte man zudem die Abfallstoffe der Chlorkaliumproduktion durch die aus dem „Kainit" gewonnenen „schwefelsauren Kalimagnesia", die ebenfalls in unterschiedlicher Güte entweder als weitgehend „reine" oder „rohe" Produkte angeboten wurden (Cordel 1868, S. 7 f.; Frank 1875, S. 19 ff.). Pfeiffers *Handbuch der Kaliindustrie* verzeichnete auf diese Weise 1887 allein vierzehn verschiedene Hauptsorten, die als „Kalidüngesalze" der Staßfurter Industrie in den Handel kamen (Pfeiffer 1887, S. 460–463).

Das kaum übersehbare Spektrum der angebotenen Produkte und ihr ständiger Wandel macht deutlich, dass weniger die wissenschaftlichen Erkenntnisse der Agrikulturchemie die Zusammensetzung der verschiedenen Düngersorten bestimmten. Weit wichtiger waren die Produktionsinteressen der Chemiefabriken und Bergwerke, denn diese versuchten die „Kalidünger" auf möglichst kostensparende Art und Weise aus den einzelnen Zwischen- und Abfallprodukten der chemischen Fabrikation zu gewinnen. Entsprechend wurde die Düngemittelherstellung regelmäßig den Veränderungen des Produktionsprozesses angepasst, was zu beständigen Schwankungen in der Zusammensetzung der einzelnen Handelsprodukte führte (vgl. hierzu die ausführlichen Angaben in Pfeiffer 1887, S. 453 ff.; siehe auch Delhaes-Günther 1974, S. 91 ff., 150 ff.). So unterblieb beispielsweise aufgrund des Preisanstiegs des „Kieserits" – eines Minerals, das entweder aus den Carnallit-Rohsalzen oder aus den Rückständen der KCl-Produktion gewonnen wurde – Ende der 1870er Jahre die bisher übliche Veredelung der hochwertigen Düngemittel durch dieses Mineral. Auf Druck der Agrikulturchemiker sahen sich die beteiligten Firmen allerdings nach einiger Zeit gezwungen, die ehemaligen Sortenbezeichnungen fallen zu lassen, „da besonders die Producte mit hohem Kaliumgehalt dem Namen ‚rohe schwefelsaure Kalimagnesia' nicht mehr entsprachen". (Pfeiffer 1887, S. 455.)

Ähnlich wie die Agrikulturchemiker besaß insofern auch die Düngemittelindustrie ein großes Interesse daran, nach außen ein weitgehend einheitliches Bild der von ihnen produzierten Produkte zu vermitteln. Der eher unpräzise, vage wissenschaftliche „Kali"-Begriff des agrikulturchemischen Diskurses erlaubte es ihnen dabei, die ständigen, in der Produktion notwendigen Aushandlungs- und Anpassungsprozesse gegenüber den Kunden so weit zu verschleiern, dass diese nicht das allgemeine Image der „Kalidüngemittel" beschädigten. Eine tragende Rolle bei diesen Bemühungen spielte die vom Kalisyndikat 1891 eingerichtete „Propaganda-Abteilung", deren ausgedehnte Werbung im deutschen

Sprachraum von Anfang an auf die Popularisierung der Bezeichnung „Kali“ für die verschiedenen Staßfurter Produkte ausgerichtet war.[24] Die ausgedehnte Öffentlichkeitsarbeit umfasste nicht nur das Verbreiten von Propagandaschriften über die Frage der „Kalidüngung in der Landwirtschaft“ (vgl. Lierke 1901),[25] das Herausgeben einer eigenen Zeitschrift mit dem Namen „Kali“ (vgl. hierzu Vorwort zur ersten Ausgabe. 1907) oder das Beschicken landwirtschaftlicher Ausstellungen, sondern beinhaltete auch die Finanzierung von Wanderlehrern und die „Gewinnung von Agriculturchemikern für die weitere Behandlung der Kalidüngungsfrage“ (Westphal 1901, S. 66 f.). Kennzeichnend für die Werbeaktivitäten des Syndikats war damit eine außerordentlich enge Zusammenarbeit zwischen der Düngemittelindustrie und der Agrikulturchemie, vor allem der „Deutschen Landwirtschafts-Gesellschaft“, die sich in gewisser Weise zum „wissenschaftlichen Sprachrohr“ der Industrieinteressen machte (Stoepel 1904, S. 81). Dabei half sie nicht zuletzt durch den beständigen Verweis auf Justus von Liebigs Theorien der Mineraldüngung mit, das Bild einer spezifisch nationalen, „deutschen Kaliindustrie“ zu verbreiten, obwohl diese sich von Anfang an durch ein relativ starkes Engagement englischer, belgischer und französischer Investoren und ihren breiten internationalen Absatzmarkt charakterisierte.[26]

[24]Leider fehlt bislang eine umfassende geschichtswissenschaftliche Analyse der bis nach Amerika und China reichenden Werbe- und Marketingmaßnahmen, die von der „Propaganda-Abteilung“ des Syndikats nach 1891 unternommen wurden. Siehe lediglich Reinbothe 2004. Leider geht Reinbothe in ihrem spannenden Aufsatz nicht genauer auf die für die Anwendung in China notwendigen Übersetzungsprozesse der deutschen „Kalipropaganda“ ein. Für den amerikanischen Markt wurde beispielsweise zunächst auf die allgemeine Bezeichnung „fertilizer“ zurückgegriffen, so dass eine einfache Übernahme der für den deutschen Markt entwickelten Kalipropaganda nicht möglich war (vgl. Fürer 1900, S. 988; Paxmann 1899, S. 62; Stoepel 1904, S. 43 f; Westphal 1901, S. 66 f.).

[25]Vgl. auch die in verschiedenen Ausgaben veröffentlichte Broschüre über die „Kalidüngung in der Landwirtschaft“ (Anonym 1907).

[26]Für die nationale Stilisierung der „deutschen Kaliindustrie“ siehe u. a. den von der Zeitschrift „Industrie“ herausgegebenen Prachtband, der – ganz im Stil der zeitgenössischen „nationalen“ Festschriften – bereits auf seinem Buchumschlag Kalibergbau und Düngemittelherstellung mit der nationalen Symbolik der Eiche und des Siegfried-Drachens verknüpfte (Anonym 1902).

4 Eindeutigkeit und Uneindeutigkeit bei der Bestimmung der Qualitätseigenschaften eines Produkts

Blickt man in diesem Sinne zurück auf die Entstehungsgeschichte der Staßfurther Kaliindustrie im 19. Jahrhundert, so zeigt sich deutlich, wie komplex der historische Prozess der Umwandlung eines ursprünglich als Abfallstoff angesehenen „Abraumsalzes" zu einem anerkannten „Rohstoff" und dann weiterhin zu einem industriell verarbeiteten und weltweit als Handelsgut vertriebenen Produkt ablief. Die Übernahme des „Kali"-Begriffs in der Selbstbezeichnung der beteiligten Unternehmen anstelle der mineralogisch inspirierten Bezeichnungen der „Carnallit"- bzw. „Kainit-Konvention" in den frühen 1880er Jahren war vor diesem Hintergrund nicht allein nur ein Ausdruck für die wachsende Bedeutung der Düngemittelherstellung für die örtliche Industrie, die ab 1878/79 durch den schwächer werdenden Chlorkalium-Markt einen immer größeren Teil im Geschäftsbetrieb der Staßfurter Fabriken ausmachte (Delhaes-Guenther 1974, S. 137–156). Vielmehr ermöglichte der gemeinsame Bezug auf das mythische Produkt des „Kali" den beteiligten Firmen auch, trotz aller internen Veränderungen und Anpassungen der hergestellten Produkte gegenüber der Öffentlichkeit das Bild eines weitgehend stabilen Produkts und einer homogenen Branche zu vermitteln, die sich ganz an den Erkenntnissen der modernen Chemie orientierte und damit mit ihren Erzeugnissen einen wesentlichen Beitrag zur Modernisierung von Landwirtschaft und Industrie in Deutschland leistete.

Die damit erreichte sprachliche Stabilisierung des „Kali", die sich in einem komplexen Aushandlungsprozess zwischen den beteiligten Experten aus dem Bergbau und der industriellen Agrikulturchemie herausgebildet hatte und rasch in den Mittelpunkt der Außendarstellung eines Industriezweiges rückte, bedeutete aber noch lange nicht, dass auch in gleicher Weise auf der Objektebene eine praktische Stabilisierung der Produktqualität der Kali-Dünger zustande kam. Vielmehr klafften, wie die Praktiker immer wieder eingestehen mussten, die in der Werbung bzw. in der Öffentlichkeit zirkulierenden Produktbilder und die konkrete Zusammensetzung der auf dem Markt erhältlichen Kali-Handelsdünger deutlich auseinander.

Das Beispiel unterstreicht damit nicht nur die prekäre Labilität der sprachlichen Identifikations- und Aneignungsprozesse und die zahlreichen dabei notwendigen Kompromisse zwischen den beteiligten Experten, die der Definition der Produktqualität der „Kali-Dünger" vorausgingen, sondern auch die vonseiten der Industrie stets offen gehaltenen inneren Qualitätsbestimmungen der konkreten Handelsprodukte. Der mehr oder weniger mythische Bezug auf die Liebigsche

Agrikulturchemie mit ihrem chemisch unscharfen „Kali"-Begriff erlaubte es in diesem Zusammenhang, die elementaren wirtschaftlichen Logiken der konkreten Produktzusammensetzung zu verschleiern. Der Expertendiskurs kreierte insofern weniger ein eindeutiges „Wissen" um die Produktqualität des „Kali", sondern schuf vielmehr eher eine allgemeine Aura des Produkts, über dessen tatsächliche Konsistenz die Konsumenten im Unklaren gelassen wurden. In diesem Sinne verweist das Beispiel auf die von Historikern auch an anderer Stelle aufgezeigten Taktiken der Verschleierung und des Nicht-Wissens, wie sie beispielsweise auch von der Tabakindustrie mit Blick auf die Schädlichkeit der Inhaltsstoffe von Zigaretten eingesetzt wurden (Proctor 2012; siehe auch allgemeiner Proctor und Schiebinger 2008). Trotz des vermeintlich „wissenschaftlichen Charakters" der in der Öffentlichkeit zirkulierenden Qualitätsbestimmungen trugen sie auch in diesem Fall insofern eher dazu bei, eine Sphäre der Uneindeutigkeit zu schaffen, die es gleichzeitig der Wirtschaft ermöglichte, einen möglichst breiten Spielraum für die praktische Definition ihres Produktes zu erhalten und damit am Markt die Produzentenlogik durchzusetzen.

Literatur

Anonym. 1902. *Deutschlands Kali-Industrie. Geologisch-technisch-wirtschaftlich-historisch.* Berlin: Verlag der Fachzeitung „Industrie".

Anonym. 1907. *Die Kalisalze und ihre Verwendung in der deutschen Landwirtschaft.* Hrsg. von der Agrikultur-Abteilung im Kalisyndikat. Leopolshall-Staßfurt: Kali-Syndikat.

Barudio, Günter. 2001. *Tränen des Teufels. Die Weltgeschichte des Erdöls.* Stuttgart: Klett-Cotta.

Berger, Suzanne, Hrsg. 1981. *Organizing interests in Western Europe. Pluralism, corporatism, and the transformation of politics.* Cambridge: Cambridge University Press.

Bischof, Carl. 1901. *Gesammelte Analysen der in der Thonindustrie benutzten Mineralien und der daraus hergestellten Fabrikate.* Leipzig: Quandt und Händel.

Bischof, F. 1875. *Die Steinsalzwerke bei Staßfurt*, 2. umgearb Aufl. Halle: Pfeffer.

Bourdieu, Jérôme. 1996. *Anticipations et ressources finies. Le marché pétrolier américain dans l'entre-deux-guerres.* Paris: EHESS.

Brock, William H. 1997. *Viewegs Geschichte der Chemie.* Berlin: Springer.

Cordel, Oskar. 1868. *Die Staßfurter Kalisalze in der Landwirtschaft. Eine Besprechung der von Staßfurt in den Handel kommenden Kalidünger nach ihrer Zusammensetzung und Wirkung, nebst Mittheilung einer Reihe praktischer Düngversuche.* Aschersleben: Schnock.

Cushman, Gregory T. 2013. *Guano and the opening of the pacific wold. A global ecological history.* Cambridge: Cambridge University Press.

Daumalin, Xavier. 2003. *Du sel au pétrole: l'industrie chimique de Marseille-Berre au XIXe siècle.* Marseille: Tacussel.

Delhaes-Guenther, Karl. 1974. *Kali in Deutschland. Vorindustrien, Produktionstechniken und Marktprozesse der deutschen Kaliwirtschaft im 19.* Jahrhundert. Köln: Böhlau.

Falk, Eugen, und Wolfgang Rodhe. 2003. *Kohlebehandlung und Koksqualitäten*. In *Koks. Geschichte eines Werkstoffes*, Bd. 1., Hrsg. Michael Farrenkopf, 2–37. Bochum: Selbstverlag.

Follath, Erich, und Alexander Jung. 2006. *Der neue Kalte Krieg. Kampf um die Rohstoffe*. München: DVA.

Frank, Adolf. 1875. *Staßfurter Kali-Industrie und Kalidüngemittel*. Braunschweig: Vieweg.

Frank, Adolf. 1922. Das Jubiläum des Staßfurter Salzbergbaues. In *Ausgewählte Vorträge und Schriften über Kalisalze, Kalkstickstoff, Moorkultur und Torfverwertung, Zellstoffgewinnung, Mosaikindustrie usw.*, Hrsg. Hermann Grossmann, 22–29. Berlin: M. Krayn.

Fürer, Franz A. 1900. *Salzbergbau und Salinenkunde*. Braunschweig: Vieweg.

Garçon, Anne-Françoise. 1998. *Mine et métal 1780–1880. Les non-ferreux et l'industrialisation*. Rennes: Presses Universitaires de Rennes.

Von Zedler, Johann Heinrich. 1732–1754. Hrsg. *Grosses vollständiges Universal-Lexikon*. Leipzig: Zedler.

Hauske, Karl-Hermann, und Dietrich Fulda, Hrsg. 1990. *Kali. Das bunte, bittere Salz*. Leipzig: Deutscher Verlag für Grundstoffindustrie.

Hermbstädt, Sigismund Friedrich. 1808. *Grundsätze der experimentellen Kammeral-Chemie: für Kammeralisten, Agronomen, Forstbediente und Technologen*. Berlin: Realschulbuchhandlung.

Herzberg, Carl. 1851. *Vollständiges Handbuch der chemischen Fabrikenkunde oder Darstellung des Schwefels, der Schwefelsäure, des Kochsalzes, Natrons (Soda), der Pottasche, des Boraxes, Salpeters, der Salpeter-, Salzsäure, des Alauns, Vitriols, Salmiaks, Phosphors und der gashaltigen Wasser*. Weimar: Voigt.

Karsten, Carl J. B. 1847. *Lehrbuch der Salinenkunde, Bd. 1: Über das Vorkommen und die Gewinnung des Kochsalzes auf der Oberfläche der Erde*. Berlin: Reimer (Erstveröffentlichung 1846).

Kellenbenz, Hermann. 1981. *Deutsche Wirtschaftsgeschichte, Bd. 2: Vom Ausgang des 18. Jahrhunderts bis zum Ende des Zweiten Weltkrieges*. München: Beck.

Kiesewetter, Hubert. 1989. *Industrielle Revolution in Deutschland: 1815–1914*. Frankfurt a. M.: Suhrkamp.

Kocka, Jürgen. 1990. *Arbeitsverhältnisse und Arbeiterexistenzen. Grundlagen der Klassenbildung im 19. Jahrhundert*. Bonn: Dietz.

Kocka, Jürgen. 2004. Das lange 19. Jahrhundert. Arbeit, Nation und bürgerliche Gesellschaft. Buchreihe *Gebhardt Handbuch der deutschen Geschichte*, Bd. 13, Hrsg. Herbert Grundmann. Stuttgart: Klett-Cotta.

Kralic Edler von Wojnarowsky, F. W. 1894. *Die Verbreitung des Stein- bzw. Kalisalzlagers in Nord-Deutschland und die geschichtliche Entwickelung der Kali-Industrie seit ihrem 30jährigen Bestehen*. Magdeburg: Dr. v. J. Könecke.

von Liebig, Justus. 1840. *Die organische Chemie in ihrer Anwendung auf Agricultur und Physiologie*. Braunschweig: Vieweg.

Moleschott, Jacob. 1845. *Kritische Betrachtung von Liebig's Theorie der Pflanzenernährung, mit besonderer Angabe der empirisch constatirten Thatsachen*. Harlem: Erben F. Bohn.

Moleschott, Jacob. 1851. *Physiologie des Stoffwechsels in Pflanzen und Thieren. Ein Handbuch für Naturforscher, Landwirthe und Aerzte*. Erlangen: Enke.

Multhauf, Robert P. 1978. *Neptune's gift. A history of common salt.* Baltimore: Johns Hopkins University Press.

North, Michael, Hrsg. 2000. *Deutsche Wirtschaftsgeschichte. Ein Jahrtausend im Überblick.* München: Beck.

Östlund, Lars, Olle Zackrisson, und Hakan Strotz. 1998. Potash production in Northern Sweden: History and ecological effects of a pre-industrial forest exploitation. *Environment and History* 4 (3): 345–358.

Paxmann, Emil Heinrich. 1899. *Die Kaliindustrie in ihrer Bedeutung und Entwicklung von privat- und nationalwirthschaftlichen Gesichtspunkten.* Staßfurt: Weike.

Payen, Anselme. 1850. *Gewerbs-Chemie. Ein Handbuch für Gewerbschulen, wie zum Selbstunterricht für Gewerbtreibende, Kameralisten, Landwirthe etc.* Stuttgart: Hoffmann.

Pfeiffer, Emil. 1887. *Handbuch der Kali-Industrie.* Braunschweig: Vieweg.

Precht, Heinrich. 1882. *Die Salz-Industrie von Staßfurt und Umgegend.* Staßfurt: Foerster.

Proctor, Robert T. 2012. *The golden holocaust. Origins of the cigarette catastrophe and the case for abolition.* Berkeley: University of California Press.

Proctor, Robert T., und Londa Schiebinger, Hrsg. 2008. *Agnotology. The making and unmaking of ignorance.* Stanford: University Press.

Reinbothe, Roswitha. 2004. Kalipropaganda an der „Deutsch-Chinesischen Hochschule“ in Tsingtau. In *Die Kaliindustrie in der Region Hannover. Versuch einer Jahrhundertbilanz,* Hrsg. Hans-Peter Riesche und Peter Schulze, 97–107. Bielefeld: Verlag für Regionalgeschichte.

Reinwarth, C. 1871. *Ueber die Steinsalzablagerungen bei Staßfurt und die dortige Kali-Industrie.* Dresden: Schönfeld.

Riesche, Hans Peter, und Peter Schulze, Hrsg. 2004. *Die Kaliindustrie in der Region Hannover. Versuch einer Jahrhundertbilanz.* Bielefeld: Verl. für Regionalgeschichte.

Sorge, Ernst. 1952. *Hundert Jahre Stassfurter Salzbergbau.* Stassfurt: VEB Kaliwerk Stassfurt.

Sougy, Nadège. 2008. *Les charbons de la Nièvre. La houillère de La Machine, ses produits et ses marchés (1838–1914).* Paris: PUG.

Stoepel, Karl Theodor. 1904. *Die deutsche Kaliindustrie und das Kalisyndikat. Eine volks- und staatswirtschaftliche Studie.* Halle: Tausch & Grosse.

Tilly, Richard H. 1990. *Vom Zollverein zum Industriestaat. Die wirtschaftlich-soziale Entwicklung Deutschlands 1834–1914.* München: dtv.

Tooze, Adam. 2004. Die Vermessung der Welt. Ansätze zu einer Kulturgeschichte der Wirtschaftsstatistik. In *Wirtschaftsgeschichte als Kulturgeschichte: Dimensionen eines Perspektivenwechsels,* Hrsg. Hartmut Berghoff und Jakob Vogel, 325–351. Frankfurt a. M.: Campus.

Trenel, Max. 1956. Zur Frühgeschichte der Agrikulturchemie. In *Berliner Forschung und Lehre in den Landwirtschaftswissenschaften. Festschrift zur 75-Jahr-Feier der Landwirtschaftlich-Gärtnerischen Fakultät der Humboldt-Universität,* Hrsg. Bruno Skibbe und Henry Gocht, 86–102. Berlin: Landwirtschaftlich-Gärtnerische Fakultät der Universität Berlin.

Uekötter, Frank. 2010. *Die Wahrheit ist auf dem Feld. Eine Wissensgeschichte der Landwirtschaft.* Göttingen: Vandenhoeck & Ruprecht.

Ullmann, Hans-Peter. 1988. *Interessenverbände in Deutschland.* Frankfurt a. M.: Suhrkamp.

Van Wickeren, Alexander. 2017. *„Ueber die Verbesserung der Tabaks-Kultur". Eine räumliche Wissensgeschichte der landwirtschaftlichen Aufklärung im deutsch-französischen Kontext, 1800–1870*. Phil. Diss. Univ. zu Köln.

Vogel, Jakob. 1999. Moderner Traditionalismus. Mythen und Bilder des Bergwerkseigentums im preussisch-deutschen Bergrecht des 19. Jahrhunderts. In *Eigentum im internationalen Vergleich. 18. bis 20. Jahrhundert*, Hrsg. Hannes Siegrist und David Sugarman, 185–205. Göttingen: Vandenhoeck & Ruprecht.

Vogel, Jakob. 2005. Wissen Technik Wirtschaft. Die modernen Wissenschaften und die Konstruktion der „industriellen Gesellschaft". In *Wirtschaftsgeschichte als Kulturgeschichte: Dimensionen eines Perspektivenwechsels*, Hrsg. Hartmut Berghoff und Jakob Vogel, 295–323. Frankfurt a. M.: Campus.

Vogel, Jakob. 2008. *Ein schillerndes Kristall. Eine Wissensgeschichte des Salzes zwischen Früher Neuzeit und Moderne*. Köln: Böhlau.

von Buschmann, Ottokar. 1909. *Das Salz, dessen Vorkommen und Verwertung in sämtlichen Staaten der Erde (2 Bde.), Bd. 1: Europa*. Leipzig: Wilhelm Engelmann (Erstveröffentlichung 1906).

von Liebig, Justus. 1862. *Die Naturgesetze des Feldbaues*. Braunschweig: Vieweg.

Lierke, Erich. 1901. *Die Kalisalze. Deren Gewinnung, Vertrieb und Anwendung in der Landwirtschaft*. Staßfurt: Weike.

Vorwort zur ersten Ausgabe. 1907. In *Kali. Zeitschrift für Gewinnung, Verarbeitung und Verwertung der Kalisalze* 1, S. 1.

Wagner, Peter, Claude Didry, und Bénédicte Zimmermann, Hrsg. 2000. *Arbeit und Nationalstaat. Frankreich und Deutschland in europäischer Perspektive*. Frankfurt a. M.: Campus.

Westphal, Johannes. 1901. *Geschichte des Königlichen Salzwerks zu Staßfurt unter Berücksichtigung der allgemeinen Entwicklung der Kaliindustrie. Festschrift aus Anlaß des 50jährigen Bestehens des Staßfurter Salzbergbaus*. Berlin: Ernst.

Ziegler, Dieter. 2000. Das Zeitalter der Industrialisierung (1815–1914). In *Deutsche Wirtschaftsgeschichte. Ein Jahrtausend im Überblick*, Hrsg. Michael North, 192–281. Beck: Ein Jahrtausend im Überblick. München.

Die Praxis der Konventionen. Der Fall des französischen Schiffbaus um 1900

Alain Dewerpe

Inhaltsverzeichnis

Die Konventionenökonomie (Dupuy et al. 1989b; Boltanski und Thévenot 1989; Salais und Thévenot 1986; PiorAlheilige 1986) weist mit ihrem auf Normen und Regeln fokussierenden Zugang zur Welt der Arbeit und des Handels auch eine dezidiert historische Dimension auf (Dupuy et al. 1989a). Als Begriff (Canguilhem 1972, S. 175–191) wie als Menge der praktischen Formen, die sie annehmen kann, ist die Norm ein Ergebnis historischer Konstruktionsprozesse, deren Möglichkeitsbedingungen in früheren Zuständen der Gesellschaftsstruktur sowie deren Ordnungs- und Transformationslogiken zu suchen sind. Die soziale Dimension, die sie der Produktion und der Ordnung der materiellen

---

Bei diesem Beitrag handelt es sich um eine aus dem Französischen übersetzte, gekürzte und bearbeitete Fassung des folgenden Textes: Alain Dewerpe. 1995. L'exercice des conventions. Le cas de l'industroe navale francaise (fin XIXe siècle – début XXe siècle). In *Les formes de l'expérience. Une autre histoire sociale.* Hrsg. Bernard Lepetit, 99–126. Paris: Albin Michel

---

A. Dewerpe (✉)
Ecole des Hautes Etudes en Sciences Sociales (EHESS), Paris, Frankreich

R. Salais et al. (Hrsg.), *Qualitätspolitiken und Konventionen,* Soziologie der Konventionen, https://doi.org/10.1007/978-3-658-26643-1_5

Güter zuweist, sowie die Frage der Übereinkunft der Akteure in ihrem Handeln bezieht die Konventionenökonomie auf das problematische Verhältnis von Markt und Kooperation, bzw. auf das Verhältnis des Marktes und der Übereinkunft, die sich unter den handeltreibenden Akteuren herausbildet. Dieses Verhältnis wirkt auf die Produkte selbst ein, ja in gewisser Weise betrifft es vor allem die Produkte (Eymard-Duvernay 1986). Da Handel und Markt schon existieren, bevor die Produkte hergestellt werden (Garnier 1986, S. 317), müssen diese durch zum Zeitpunkt der Produktion vorliegende Herstellungs- und Ausführungsschemata genau definiert sein. Doch auch, wenn der konventionenökonomische Ansatz von Anfang an von der Unterschiedlichkeit der in der Herstellung und Kommerzialisierung der Produkte eingesetzten Koordinationsformen ausging, so hat er doch deren historische Dynamik und Eigenlogik eher vernachlässigt. Auf diese Koordinationsformen können sich die Akteure stützen, die zwar mit unterschiedlichen Ressourcen ausgestattet, aber an der Herstellung eines gemeinsamen Produkts beteiligt sind. Dieses Produkt soll fraglos akzeptiert, seine Herstellungsweisen ebenso fraglos anerkannt und von den Akteuren aufgrund einer historisch situierten, gemeinsam geteilten Grammatik interpretiert werden können. Nun entsprechen Strategien – als Ausdruck der Durchsetzung dieser gemeinsamen Regel und der dabei entstehenden Spannungen, d. h. eines historisch bestimmten Kräfteverhältnisses – stets strukturierten und dynamischen Konfigurationen, deren Genese auf genau angebbare soziale Bedingungen zurückgeführt werden kann. Deshalb kann die historische Betrachtung des französischen Schiffbaus um die Wende zum 20. Jahrhunderts unter konventionenökonomischen Vorzeichen dazu beitragen, das Inventar der möglichen Koordinationsformen zu ergänzen und auf Logiken der Übereinkunft auszuweiten, die sich von jenen unterscheiden, die gewöhnlich in den zeitgenössischen Konjunkturen der zweiten Hälfte des 20. Jahrhunderts identifiziert werden.

Der Begriff der Produktnorm verweist im Bereich der Herstellung materieller Güter auf das Konzept der Normierung. Gemeint ist damit die Vereinheitlichung und Homogenisierung sowohl der Merkmale eines Produkts als auch seines Herstellungsverfahrens – ein Prozess mithin, der die Entwicklung der Produktionssysteme im 20. Jahrhundert entscheidend geprägt hat und deshalb in jeder Diskussion über zeitgenössische Grammatiken der Übereinkunft eine strategische Rolle spielt. Im Allgemeinen wird unter der Normierung eines Industrieprodukts die Verkleinerung der Produktpalette (Reduktion der Anzahl unterschiedlicher Modelle zugunsten von wenigen Standardmodellen) und die genaue Festlegung seiner Dimensionierung (Normierung des Formats, der Abmessungen sowie der Toleranzen) verstanden, die die Austauschbarkeit der Produkte und ihrer Komponenten untereinander erlauben. Jedes Schiff war vor 1914 allerdings ein komplexes Unikat und die gescheiterten Versuche zur Zeit des Ersten Weltkriegs, den industriellen Schiffbau nach fordistischen Standards umzustrukturieren, sprechen dafür, dass dies auch noch lange so blieb (Hounshell 1985; Stratton 1916; Kelly und Allen 1918).

Wie muss man sich eine Grammatik der Übereinkunft ohne diese „Standards" vorstellen, die für uns so „natürlich" mit einer effizienten Kooperation zwischen Akteuren einhergehen, wie eine Normierung ohne Normen im oben genannten Sinn bzw. eine Konventionalisierung ohne ein messbares Äquivalenzsystem? Um die Relationen zwischen Markt und Kooperation und ihre Modi in diesem speziellen Fall zu historisieren, muss eine historische Feinanalyse der verschlungenen Wege durchgeführt werden, durch die nicht-standardisierte Normsysteme effiziente Formen der Produktionskoordination haben hervorbringen konnten. Die Konfiguration der Konventionen im französischen Schiffbau am Vorabend des Ersten Weltkriegs beruhte auf einer dynamischen und instabilen Artikulation von Instrumenten der Normierung, die sich sowohl auf die Produktion (Repräsentation durch die Zeichnung; Ausführung durch die Organisation der Werft und der Montage) als auch auf das Produkt selbst bezog (vermittels einer Definition von Äquivalenzklassen des hergestellten Objekts als Bestimmung und Zweck des Handelns).[1]

Konventionen wird außerdem Unsicherheit reduzierende Wirkung zugeschrieben (Thévenot 1989, S. 164–169; Salais und Storper 1993, S. 33–36). Diese war im Fall des französischen Schiffbaus vor 1914 aus verschiedenen Gründen besonders wichtig: Unsicherheit herrschte zunächst im Hinblick auf die Gebrauchsbedingungen des Produkts, war das Meer doch eine gefährliche und launische Angelegenheit; sodann technische Unsicherheit in einer durch gesteigerte Innovationsrhythmen geprägten Konjunktur (1880–1914), in der einzelne Komponenten des Produkts starkem Verschleiß ausgesetzt waren oder rasch veralteten. Zudem war schwierig einzuschätzen, welches Produkt am Markt die besten Chancen hatte (und besonders, welche technische Entscheidung in der Frage des Antriebssystems bzw. im Verhältnis zwischen Geschwindigkeit und Nutzlast – Passagiere oder Waffen – getroffen werden sollte). Schließlich herrschte kommerzielle Unsicherheit vor allem im Bereich der zivilen Schifffahrt hinsichtlich der Strategien, die dem steigenden Aufkommen des interkontinentalen

[1]Im Folgenden konzentriere ich mich auf die Konventionen innerhalb der Branche und vernachlässige bewusst die branchenübergreifenden Konventionen, die sich im Frankreich der Belle Époque auf die Marktordnung in der Schwerindustrie (Handelsrecht) sowie auf die Arbeitsbeziehungen (Arbeitsvertrag, Art der Entlohnung, Arbeits- und Sozialversicherungsgesetzgebung, Formen der Verhandlung und der Konfliktführung) bezogen.

Schiffverkehrs am besten entsprachen (transatlantische Auswanderung und Anwachsen des Frachtvolumens). Aus den genannten Unsicherheiten ergaben sich unterschiedliche Arten der Konsolidierung. Ein einheitliches System gab es hier nicht, obwohl ein Schiff ein teures und seltenes Produkt ist, dessen Eigenschaften weithin durch individuelle Nachfrage bestimmt werden – bei dem es sich also, wenn man so will, um eine „Sonderanfertigung" (vgl. Salais und Storper 1993, S. 12–17) handelt. Die geläufigen Konventionen unterschieden sich stark zwischen dem militärischen Bereich, in dem der Auftraggeber über ein Staatsmonopol verfügte, und dem Zivilsektor, in dem Agenten auf einem sehr offenen und von starkem Wettbewerb geprägten Markt operierten und ein einzelner Produzent – Großbritannien – de facto eine marktbeherrschende Position innehatte. Die Unsicherheit bezüglich des Produkts war also erheblich und bedurfte a contrario sowohl hinsichtlich des Marktes als auch der Gebrauchsweise des Produkts einer intensiven Konsolidierungsarbeit.

1 Die Kategorisierung des Produkts

Schlachtschiffe und Passagierschiffe sind hinsichtlich der Normierung des Schiffs als Produkt zu Beginn des 20. Jahrhunderts besonders aufschlussreich. Das Fehlen von Normierung und Standardisierung im Schiffbau schloss nämlich die Existenz von Klassen nicht aus, d. h. einer Menge von Objekten, die alle bestimmte (und nur diese) Merkmale gemeinsam hatten. Klassen (sowie ihre Ausweitung oder Reduzierung) ermöglichen die Zusammenfassung von Produkten zu einer vollständigen, homogenen, kohärenten und – im Sinn der Benutzer – rationalen Menge, so dass ein entsprechendes Produkt von den Produzenten und Verbrauchern, Verkäufern und Käufern ohne Weiteres erkannt werden kann: Es handelt sich mit anderen Worten um Konventionen des (Wieder-)Erkennens. Klassen stellen Wahrnehmungskategorien für ein Produkt bereit, sie stecken den industriellen und kommerziellen Rahmen seiner Herstellung ab. Im Inneren dieses so abgegrenzten Rahmens legen bestimmte Regeln Spezifikationen fest, die die allgemeinen Charakteristika seines Gebrauchs fixieren. Klassifizierungsvorgänge enthalten ein kollektiv geteiltes Urteil über die Natur des Produkts und erlauben es, das Produkt auf seine Eigenschaften zurückzuführen und sich über seine Merkmale zu verständigen, indem sie auf gemeinsame Kategorien bezogen werden; sie ermöglichen die Entstehung von Referenztypen und bringen sie in eine hierarchische Ordnung.

Die Kategorisierung des Produktes Schiff hängt von Klassifizierungsweisen (der Benutzer) ab, die in der Seefahrt auf sehr alte Traditionen zurückgehen.

Es handelt sich um eine funktionale und hierarchische Klassifikation, die vom Gebrauch jedes Schiffs einer bestimmten Gruppe ausgeht: Mit denselben Eigenschaften ausgestattet, könnte jedes zu dieser Gruppe gerechnete Schiff in einer Schlachtordnung oder der Handelsmarine denselben Platz einnehmen. Die Marine etwa verständigt sich über Kriegsschiffe – deren einziger „Verbraucher" sie ist – mithilfe einer gestuften Ordnung von Schiffstypen. Anfang des 20. Jahrhunderts reichte die Bandbreite dieser Typen vom Linienschlachtschiff über den Torpedokreuzer und das Kanonenboot bis zum Aviso.

Diese Kategorisierung beruht auf einem typologischen Register, das auf den hauptsächlichen Gebrauch des Gegenstands abzielt. Sie schreibt dem Produkt spezifische, exklusive, homogene und universale (internationale) Züge zu. Gegen Ende des 19. Jahrhunderts definierte etwa die *Grande Encyclopédie* das Postschiff, das in der Regel mit dem Passagierschiff gleichgesetzt wurde, als ein „schnell fahrendes Schiff, das regelmäßig verkehrt, Passagiere, Postsendungen und Waren transportiert und hohe Fracht aufnehmen kann" (E. C. 1885–1902, S. 742). Diese Typologie, zu deren sichtbarster Inkarnation der *ocean liner* oder transatlantische Ozeandampfer werden sollte, zählt eine Reihe sehr allgemeine funktionale Merkmale auf: Bewegung im Raum, Geschwindigkeit, Regelmäßigkeit, Art der Ladung. Obwohl diese Eigenschaften recht allgemein gehalten sind, reichen sie aus, um den Ozeandampfer als Produkt zu rahmen und wiedererkennbar zu machen (o. A. 1886, 1895; Démoulin 1887). Das Produkt selbst induzierte dagegen keine spezifische Identität.

Das gepanzerte Schlachtschiff entstand im letzten Drittel des 19. Jahrhunderts. Für den Angriff konzipiert wurde es mit Dampfantrieb und Schiffsschraube ausgerüstet und verfügte über große offensive (aufgrund seiner großkalibrigen Waffen und ihrer Anzahl) und defensive (wegen seiner Panzerung aus Metall) Einsatzmöglichkeiten. Die Entscheidung für diese Eigenschaften ergab sich aus dem Gebrauch des Schiffs, wie er am Ende des 19. Jahrhunderts in strategischen Überlegungen zum Seekrieg der Zukunft antizipiert wurde. Diese Überlegungen implizierten eine Hierarchie der damals vorhandenen Produkte und waren zugleich auf der Suche nach dem hegemonialen Produkt, das an der Spitze aller möglichen Gebrauchsweisen stehen konnte, mit anderen Worten: gesucht wurde dasjenige Produkt, das alle anderen Produkten übertrumpfte und seinem Besitzer eine überlegene Stellung zu verschaffen vermochte.

Daraus den Bau eines ganz bestimmten Produkttyps abzuleiten, der anschließend als definitorische Referenz diente, war jedoch offenbar nicht zwingend. In Frankreich fiel die Entscheidung für das Schlachtschiff als vorherrschenden Typ in den 1890er Jahren zuungunsten eines leichteren, schnelleren Kreuzers mit großer Reichweite und taktischen Einsatzmöglichkeiten in Störmanövern, den nach Admiral Aube und Konteradmiral Fournier in großer Zahl und „so einheitlich wie möglich“ hatten gebaut sehen wollen. Mit der Ende 1906 vom Stapel laufenden *HMS Dreadnought* (18.410 t, 26.350 PS und 305 mm-Schnellfeuergeschütze) fand das Schlachtschiff des Ersten Weltkriegs jedoch seine endgültige Form (Colomb 1893, 1895; Daveluy 1902; Attwood 1912[1904]; 1913; Duquet 1906; Bertin 1907). Dieser ausgehend von der Geschützausstattung entworfene Typ – die Geschützausstattung stand ihrerseits unter dem Einfluss der stetigen Vergrößerung des Geschosskalibers – wies in großer Zahl technische Innovationen auf und verknüpfte in einem einzigen Endprodukt praktische Anwendungen der Metallografie, der theoretischen Mechanik und der Schiffsbautheorie. Der Wettlauf zwischen Panzerung und Geschützstärke zeitigte tatsächlich eine rasche Entwicklung, die sowohl den Panzerschutz (Spezialstähle und Aushärten der Panzerplatten) als auch die Konstruktion (Modernisierung des Kessels und Erfindung der Turbine, Thermik und Treibstoffeinsparungen, Strömungsdynamik des Schiffskörpers, Manövrierfähigkeit und Stabilität, vor allem bei Schnellfeuer) und letztlich die gesamten technischen Parameter des Schiffsbaus betrafen (Hauser 1886, Dudebout und Pollard 1890–1894; Croneau 1894; Doyère 1894[1897]; Gayde 1895; Chaigneau 1901; Callou 1902, 1904; Bataille 1911; Rougé 1912; Edmond 1914).

Der Produkttyp (oder das Referenzprodukt bzw. wenn man so will: die Produktklasse) entspricht nicht etwa einem eindeutigen Entstehungsprozess des gleichsam immer schon vorhandenen und nur durch technischen Fortschritt bestimmten Gegenstands. Vielmehr bestimmt die Herausbildung einer Übereinkunft unter den Akteuren über den Gegenstand ein Hin und Her zwischen Innovationsangebot und -nachfrage; je klarer die Merkmale des Gegenstands in diesem Prozess werden – und das werden sie, weil sie kollektiv geteilt werden –, je genauer also das Produkt spezifiziert wird, desto stärker wird die Nachfrage nach Innovationen. Der schließlich gefundene Produkttyp ist Ergebnis einer komplexen Arbeit sozialer Konstruktion, bleibt aber den Wirkungen dieser Interaktion weiterhin unterworfen. Die Kategorisierung ist dynamisch, fließend und in ständiger Entwicklung begriffen; die technischen Merkmale des Produkts wandeln sich und bringen neue Untertypen hervor, während sich die Ausgangskategorie selbst nicht grundlegend verändert. Sowohl aufgrund der Obsoleszenz des Materials, die sich aus dem raschen technischen Fortschritts ergab, als auch wegen der Konkurrenz zwischen Verkäufern und Käufern – erstere sind auf gute Geschäfte aus,[2]

[2]Der *Ocean Trust,* der 1902 ins Leben gerufen wurde, um diesen Wettbewerb einzuhegen, war wegen der Verweigerung der Cunard-Linie ein Fehlschlag, s. Serot (1943, S. 26).

letztere wollen sich im zwischen 1880 und 1914 in seine heiße Phase eintretenden Wettbewerb der Imperien durchsetzen und Produkte antizipieren, mit deren Hilfe sie die Oberhand gewinnen und den Sieg davontragen können – entwickelte sich die Kategorie weiter, ohne dass ein völlig neuer Typ auftauchte. Die Weiterentwicklung ein und desselben Typs im Rahmen der für ihn charakteristischen Merkmale, führte zu Spannungen, die am Vorabend des Ersten Weltkriegs zur Festlegung von besonderen Spezifikationen des Produkts beitragen sollten.[3]

So erneuerten sich die eingesetzten Technologien (Ersatz des Rads durch die Schraube; der Kolbendampfmaschine durch die Turbine) und wuchsen die Kapazitäten (Maße, Tonnage und Geschwindigkeit) des Ozeandampfers zusehends, während die allgemeinen Merkmale die gleichen blieben. Diese Entwicklung barg zwei Optionen für das Produkt, d. h. zwei Produktions- und Kommerzialisierungsstrategien für die Unternehmen, die zu Beginn des 20. Jahrhunderts zur Ausprägung zweier Untertypen des ursprünglichen Schiffstyps führten (Basso 1912).

Ab diesem Zeitpunkt wurde der Schnelldampfer vom Passagierschiff unterschieden. Ab 1907 bildete sich mit der *Mauretania* und der *Lusitania* der Untertyp des Schnelldampfers mit seinen besonderen Kennzeichen Geschwindigkeit und Prestige. Angetrieben wurde er durch Parsons-Dampfturbinen, die nicht nur weniger Platz benötigten als die Kolbendampfmaschinen, sondern auch mit weniger Treibstoff höhere Geschwindigkeiten erreichten. Der Wettlauf um das *Blaue Band* der schnellsten Atlantiküberquerung symbolisierte diese Entwicklung. Dieser erzwang geradezu eine fortlaufende Steigerung der Antriebsleistung, um immer höhere Durchschnittsgeschwindigkeiten zu erzielen. Dies bedingte wiederum strukturell die Zunahme sowohl des transatlantischen Schiffverkehrs als auch das Größenwachstum der Schiffe. Neben dem Schnelldampfer entstand nach dem Rückzug der *White Star Line* aus dem Wettlauf um das *Blaue Band* ein zweiter Untertyp, für dessen endgültige Form etwa die Schiffe der *Hamburg-Amerikanischen Packetfahrt-Actien-Gesellschaft (HAPAG)* stehen. Er gab Tonnage und Ladevermögen den Vorzug gegenüber der Geschwindigkeit.

Auf ganz ähnliche Weise gingen aus dem Typ des Schlachtschiffs die beiden Untertypen des Linienschlachtschiffs und des Schlachtkreuzers hervor (Attwood 1913). Linienschlachtschiffe verfügten über eine mächtigere Metallpanzerung

[3]Passagierschiff und Schlachtschiff standen in enger Beziehung. Der Schnelldampfer veränderte die Bedingungen des Seekriegs: da das dampfgetriebene Aviso seiner Aufgabe nicht mehr gerecht werden konnte, entstand der Panzerkreuzer, dessen Funktionen in Aufklärung, aber auch im Angriff auf die Handelsflotte des Gegners bestehen.

als Schlachtkreuzer, die kleiner, leichter bewaffnet und gepanzert, aber mit leistungsfähigeren Maschinen ausgestattet waren und höhere Geschwindigkeiten erreichten. Diese beiden Untertypen wurden in allen Seestreitkräften der Großmächte in Dienst gestellt (Hollard ca. 1912).

Diese Kategorisierung war eng an eine serielle Klassifizierung der Schiffe gebunden. Sie verknüpfte Schiffe mit ähnlichen Spezifizierungen, die entweder gleichzeitig oder nacheinander nach dem Modell eines bestimmten Produkts (ein sogenanntes Typschiff) gebaut wurden, das mit seinen Spezifizierungen (Dimensionierung, Antriebsstärke, Bewaffnung) als Referenzprodukt diente. Serielle Klassifizierung der Schiffe gab es auch in der Handelsmarine, allerdings weniger häufig; ein Passagierschiff teilte in der Regel keine Spezifizierung mit anderen Schiffen, weil es als Sonderanfertigung gebaut wurde. Dennoch wurde die Entstehung einer Schiffsklasse manchmal von einer bestimmten Form von Normierung begleitet. So gab es Klein- und Kleinstserien, etwa von Kreuzern (die französische Serie mit sechs Schiffen von 1906), seltener von Transatlantikdampfern (die sogenannten Schwesternschiffe *Mauretania* und *Lusitania*) und vor allem von Frachtschiffen (einfache, robuste Schiffe mit mittlerer Geschwindigkeit, d. h. 12 kn), die auf englischen Werften nach wenigstens ähnlichen, wenn nicht identischen Spezifikationen gebaut wurden, z. B. Spezialfrachtschiffe (etwa Kohlefrachter) und Passagierfrachtschiffe (15–18 kn). Normierung implizierte in diesen Fällen jedoch weder die Standardisierung der Komponenten noch des Produkts, da die Klasse nie mehr als eine kleine Anzahl von Einheiten umfasste und die Spezifizierungen von einer zur anderen Einheit variieren konnten.

Die Klassifizierung des Produkts war eng mit der Klassifizierung seiner Komponenten, die Definition des Schifftyps wiederum eng mit den Merkmalen des Antriebs und dessen eigener Klassifizierung verknüpft. „Alle Schiffskonstrukteure standen vor dem Problem, die Leistung der Antriebmaschinen zu steigern und gleichzeitig ihr Gewicht, ihren Platzbedarf und ihren Brennstoffverbrauch zu reduzieren“ (E. C. 1885–1902, S. 743). Sie mussten sich sowohl mit den Unwägbarkeiten auseinandersetzen, die das Passagierschiff als Produkttyp kennzeichnete, als auch mit der engen Beziehung zwischen dem Produkt und seinen einzelnen Komponenten, dem Schiff und seinen Maschinen sowie dem Wechselverhältnis zwischen Produktion und technischer Innovation. Die Fortschritte, die Ingenieuren und Technologen im 19. Jahrhundert im theoretischen Verständnis der Maschine machten, basierten auf einer Klassifizierung der Komponenten. Angesichts der engen Relation zwischen Antriebsleistung, Brennstoffverbrauch, Abmessungen des Schiffs und Finanzierung hatten ihre Vorschläge und Überlegungen zu Modellen besonderes Gewicht, die sich zu einer klassifizierenden, vergleichenden Analyse der Eigenschaften der verschiedenen Typen,

Maschinen und Dampfkessel, Schiffsturbinen und Dieselmotoren entwickelte. Die Schiffsturbine war Anlass für intensive internationale Anstrengungen zu ihrer Definition (stellvertretend für die umfangreiche französische Literatur: Lavergne 1904). Die diskutierte Norm (Bousquet 1904) schrieb sich zwar in einen internationalen Markt ein, konnte setzten sich jedoch nicht vollständig durchsetzen.[4] Die Parsons-Turbine, die sich hinsichtlich der Eigenschaften Geschwindigkeit und Sparsamkeit bewährt hatte, war am Vorabend des Ersten Weltkriegs eine wesentliche Spezifikation der Produkte Schlachtschiff und Passagierschiff.[5]

Das Schiffsklasseattest, das die Garantiefunktion einer Handelsmarke erfüllte, definierte die Produktspezifizierungen, zertifizierte die Qualität des Schiffs und regulierte seinen Betrieb im Verkehr. Die Referenzwerke der Fachliteratur insistieren so sehr auf den Eigenheiten der verschiedenen Dampfmaschinen und Turbinen sowie ihrer Klassifikation, dass man sie als Instanzen bei der Konstruktion und Durchsetzung einer qualitativen Normierung betrachten muss. Ein ganzer zu diesem Zweck mobilisierter institutioneller Apparat, mit Spezialkursen und -lehrangeboten, Publikation von Zeitschriftenartikeln und Büchern trug dazu bei, die Konstruktion und Gebrauchsweise spezifizierter Produkte zu normieren. Diese Tendenz zeichnete sich international ab, denn Schiffsklasseatteste, Bücher und praktisches Wissen zirkulierten schnell und über Grenzen hinweg. Übersetzungen waren häufig und Texte aus dem Ausland weit verbreitet, selbst Neuauflagen. Die schnelle Entwicklung dieses Wissens trug auch zur Internationalisierung der Produktkonventionen bei: Die an den Innovationen beteiligten Ingenieure korrespondierten miteinander und lasen gegenseitig ihre Veröffentlichungen, wovon die Bibliotheken der Firmen und Spezialschulen noch heute zeugen.

Die Erfindung spezieller Typen war schließlich mit einer moralischen Ökonomie des Produkts verknüpft, da diese Form der Normierung auch eine abwägende Bewertung implizierte. Im Fall des Passagierschiffs führten Wirtschaftlichkeitsprobleme, die sich aus den sinkenden Gewinnen nicht nur immer schnellerer, sondern auch immer teurer Schiffe ergaben, zu intensiven Werbekampagnen für das Produkt. Sie richteten sich an eine Elitekundschaft,

---

[4]So verbaute die Werft *Harland & Wolff* in Belfast weiterhin einen Mischantrieb aus Turbine und Kolbendampfmaschine.

[5]Die Verbindung zwischen der Parsons-Turbine und dem Produkttyp wurde im Jahr 1901 mit der *King Edward* erstmals realisiert. Ab 1904 wurde sie häufig verbaut. Es dauerte jedoch bis 1906, bis auch französische Werften sie konstruieren konnten (zunächst die Werften *Méditerranée,* dann *Penhoët* und *Loire*). Die sechs Panzerkreuzer des französischen Marinebauprogramms von 1906 waren mit Turbinen ausgerüstet.

die einen hohen Preis dafür zu zahlen bereit war, auf komfortablen und prestigereichen Schiffen schnell reisen zu können. Das Passagierschiff wurde einerseits mit genau definierten Merkmalen wie Geschwindigkeit, Luxus der Unterbringung, Geräuscharmut der Turbinen identifiziert, andererseits aber auch mit sehr allgemeinen Zügen wie Form und Kraft, Talent und Geschick, kurz: mit Werten charakterisiert. Nicht nur folgte der Handel der Flagge, umgekehrt stand der Luxusliner für nationales Prestige und Einfluss (Fabre 1928, S. 6). Die moralische Ökonomie des Produkts schrieb sich sowohl in die Strategien nationalistischer Politik als auch in die des Handels ein. Der transatlantische *ocean liner* wurde zum Symbol der Nation, bzw. ihres Erfindergeistes, ihrer Vitalität und Industrie, Léon Boyer zufolge gar zum „Inbegriff der nationalen Arbeit", einer „Art Dauerausstellung", zur „besten und nützlichsten Werbung" (Boyer 1918, S. 21). Diese Schiffe waren versehen mit dem „Siegel des guten Geschmacks, der so charakteristisch ist für unsere Art" (Roux-Freissineng 1929, S. 75). Die Spezifizierungen dieses Produkts hatten sich folglich als symbolische Werte durchgesetzt, die von den Produzenten und den Nutzern, den Käufern wie den Verkäufern geteilt wurden. Wie wirkmächtig sie waren, zeigt eine Anekdote, der zufolge eine Reederei in den 1920er Jahren darauf verzichtet haben soll, ihr neues Schiff in einer Werbekampagne zu zeigen, da es nur mit einem einzigen Schornstein ausgestattet war. Stattdessen griff sie auf das konventionelle Bild eines Dampfers mit mehreren Schornsteinen zurück, weil es der Vorstellung des Produkts im Publikum eher entsprach. Sie hatte sich vor 1914 herauskristallisiert und sollte das Produkt Passagierschiff fortan symbolisieren (Fabre 1928, S. 18).

Den Versuch der symbolischen Konstruktion einer stark mobilisierenden, mit dem Produkt verknüpften Vorstellung war im Fall des Schlachtschiffs nicht weniger erfolgreich, auch wenn er auf die mit ihm direkt verbundenen Milieus des Generalstabs, der Ingenieure und Konstrukteure sowie des Personals der Arsenale und großen Werften beschränkt blieb. Stand das Schlachtschiff nicht „an der Spitze der großen Ingenieurwerke unserer Epoche", wie der britische Admiral Edward L. Attwood (1913, S. VII) formulierte? Die moralische Ökonomie des Produkts konnte als Element des Rüstungswettlaufs und der Vorbereitung des marinen Schlachtfelds im künftigen Krieg umso größere Wirkung entfalten, als sie sich zum einen in die zu Beginn des 20. Jahrhunderts von den Führungsstäben der großen Kriegsmarinen entworfene Flottenstrategie und ihre intellektuellen Modelle einschrieb, und sich zum anderen auf Wahrnehmungsschemata stützte, die von den meisten Akteuren geteilt wurden – einschließlich der Arbeiter, die dem Technizismus ebenso rückhaltlos verfallen waren.

Im Zusammenhang mit der symbolischen Konstruktion des Produkts ist deshalb auch auf die moralische Ökonomie der Arbeiterschaft hinzuweisen: Der Stolz derjenigen, die mit den schwersten Werkzeugen an den Produkten mit den größten Dimensionen arbeiteten, zeugt von einem Sinn für das Kolossale, einer Vorliebe für das Gigantische, die mit den riesigen Maschinen verknüpft waren. Es handelte sich um eine Gemeinschaft, die aus Produkten und praktischen Fertigkeiten, aus Idiomen und produktivistischen Werten bestand. In ihnen hielten und stützten sich Vorstellungen des Meeres und des Metalls gegenseitig, herrschte ein Bewusstsein für Kraft, Ausdauer und Gewalt, aber auch Solidarität, erfuhr das Schiff als Produkt hohe Wertschätzung. An der Schleuse von St. Nazaire aufgenommene Fotografien, die fertig ausgerüstete Schiffe und schaulustige Mengen zeigen, hießen nicht umsonst „Familienfotos". In St. Nazaire waren die Daten der Kiellegung und der Auslieferung jedes einzelnen auf der Werft gebauten Schiffs bekannt.

2 Die Zertifizierung der Qualität

Aufgrund der extremen Unterschiedlichkeit der einzelnen Schiffe und der Risiken, die ihre Nutzung auf offener See nun einmal barg, gab es Wege der Qualitätszertifizierung, die eine Einigung über das Produkt bereits während des Geschäftsabschlusses ermöglichten. Da jedes Schiff ein Einzelstück war und als Produkt nicht standardisiert werden konnte, weil zudem die Investitionskosten beträchtlich und die Nutzung hohen Risiken ausgesetzt war, entstand eine für den Schiffbau spezifische Qualitätskonvention, die in internationalen Klassifikationsgesellschaften institutionalisiert ist (Blake 1960; With Anderson und Collett 1989). Die Klassifikationsgesellschaften waren (und sind) international anerkannte, aufgrund der notwendigen Versicherung von Schiff und Ladung unentbehrlich gewordene Instanzen, die auch auf dem Markt für Werftprodukte und deren Charakterisierung eine bedeutende Rolle spielten. Sie legten explizite, objektivierte und einheitliche, vernünftige und anerkannte Kriterien fest und trugen damit zur Entstehung von gemeinsamen Regeln der Qualitätsbeurteilung bei, welche die Unsicherheit bezüglich der Warenqualität im Schiffbau zumindest teilweise auszuräumen vermochten. Das englische *Lloyd's Register of Shipping* führte 1764 eine erste Klassifikation ein, wurde im Jahr 1834 selbständiges Unternehmen und klassifizierte ab 1854 auch nicht-britische Schiffe; das *American Bureau of Shipping* entstand 1862, die *Norske Veritas* 1864; die französische Handelsmarine wurde von dem 1828 in Antwerpen gegründeten, aber bald nach Paris verlegten *Bureau Veritas* kontrolliert, das auch als ihre zentrale Zertifizierungsstelle diente.

Die Kriterien, nach denen die Einschätzung erfolgte, wurden in einem fortlaufenden Register festgehalten. Dort wurden die Schiffe in alphabetischer

Reihenfolge eingetragen. Die Kriterien enthielten Informationen, die für alle Beteiligten Sinn ergaben: Sie schrieben nicht nur dem Produkt einen bestimmten Wert zu und boten den Nutzern indirekte oder implizite Garantien, sie legitimierten auch eine hierarchische Ordnung. Zu den Informationen gehörten: der Name des Kapitäns, das Alter des Schiffs, die Tonnage, das Ladevermögen, die Abmessungen, das Jahr und der Ort des Baus, der Heimathafen, die Materialien, aus denen der Schiffskörper gefertigt war, die Art der Konstruktion, die Liste der Reparaturen, die Daten und Folgen von Inspektionen, usw. Das Produkt wurde einer einheitlichen Kategorie zugeordnet, d. h. einer Gruppe von Schiffen, die alle die gleichen Merkmale aufwiesen. Das *Bureau Veritas,* das in seinen Anfängen Holzschiffe besichtigt hatte, verlieh dem besichtigten Schiff ein Klassenattest, in dem sein durch eine Bruchzahl gekennzeichnetes „Vertrauensniveau" festgehalten war (Le Conte 1928, S. 43 f.) Zu dieser allgemeinen Note kam eine doppelte Sondernote für den Rumpf und die Aufbauten hinzu (1 = gut, 2 = mittel, 3 = gering). Das Schiffsklasseattest wurde für eine festgelegte Dauer verliehen und musste periodisch erneuert werden. Mit dem Aufkommen von Schiffen aus Eisen und später Stahl, bei denen die Qualität der Konstruktion hinsichtlich der Qualitätsbeurteilung stärker ins Gewicht fiel als der Verschleiß des Materials, veränderte sich die Note. Die Bruchzahlen später wurden zugunsten einer Einteilung in Klassen (I, II und III) aufgeben, die in Abhängigkeit von der Stärke der Materialproben und der Bauweise vergeben wurden.

Die Zertifizierung durch Klassifikationsgesellschaften implizierte eine Übereinkunft über die Zulassung des Produkts für genau bezeichnete Fahrtgebiete und -bedingungen, die mit einem Großbuchstaben markiert wurden (es gab sieben Typen: L = Fernfahrt; A = Atlantikfahrt ohne Umrundung der Kaps; G = Küstenfernfahrt; P = kleine Küstenschifffahrt; R = Reedefahrt; L = Binnenschifffahrt auf Kanälen und Flüssen; Y = Vergnügungsfahrt). Das Schiffsklasseattest besaß allgemeine Gültigkeit und war insofern unumgänglich, als es beim Abschluss von Versicherungen und die Frachtnahme verlangt wurde. Zugleich war mit der Zertifizierung sowohl der Käufer- als auch der Verkäuferseite (Konstrukteuren, Ausrüstern, Versicherern) eine gemeinsame Grundlage für die Klassifikation des Schiffs vorgeschlagen. Daran hatten beide Seiten zwar grundsätzlich Interesse – manche aber ein etwas größeres, denn die Kräfteverhältnisse auf dem Markt begünstigten die Versicherer und Charterer zum Nachteil der Reeder (Pocard du Cosquer de Kerviler 1906, S. 18). *Veritas* begutachtete und zertifizierte nicht automatisch jedes Schiff. Die Klassifikationsgesellschaft wurde nicht von selbst tätig, sondern wartete auf eine Aufforderung durch den Schiffseigner, der die Kosten für die Begutachtung, die Klassifizierung und den Eintrag ins Register trug. Bemerkenswerterweise wurde die auf Allgemeingültigkeit ausgerichtete Zertifizierung nicht von der öffentlichen Hand vorgenommen. Vielmehr schloss *Veritas* als Privatunternehmen unabhängig von staatlichen und anderen Stellen mit den Reedern Verträge. Auch implizierte das Verfahren eine Übereinkunft nicht nur über die Beurteilungsregeln, sondern auch über den ‚Richter' und dessen Fähigkeit, die anerkannten Kriterien unparteiisch anzuwenden. Wenn Klassifikation und Zertifizierung durch *Veritas* eine der „Gesetzeskraft" ähnliche Wirkung erlangen konnten, dann deshalb, weil sich die Klassifizierungsgesellschaft allseitiges „Vertrauen" erarbeitet hatte (Pocard du Cosquer de Kerviler 1906, S. 17 f.).

Ziel der Klassifizierung war nicht, ein ideales Schiff zu konzipieren oder ein völlig neues Produkt zu schaffen und durchzusetzen. Sie ging vielmehr vom real existierenden Schiff aus und definierte die Regeln, die notwendig einzuhalten waren, damit es als das gelten konnte, was es zu sein beanspruchte (ein ‚Qualitätsschiff', d. h. ein sicheres Schiff, dessen Betrieb mit dem kleinsten Risiko versichert werden konnte). Mit anderen Worten: die Klassifizierung strukturierte die aktuell geltenden Normen für das infragestehende Produkt und setzte sie durch, mobilisierte sie jedoch nicht zum Zweck der Produktveränderung oder -innovation. Die Zertifizierung war in der Behandlung der Normen also zugleich konservativ und flexibel (je nach Schiffstyp, Art der Ladung und Fahrtgebiet). Es ging nicht darum, neue Standards zu erfinden, um das Produkt zu verändern oder neue Produkte durchzusetzen, und noch weniger darum, Standardprodukte zu entwickeln (With Andersen und Collett 1989, S. 91).

3 Die Grammatik der Konstruktionszeichnung

Die Konstruktionszeichnung war ein Werkzeug der Normierung. Sie bot Käufern und Verkäufern, Auftraggebern und Herstellern eine konventionelle Grammatik. Um ein Bild von der „richtigen Form" (Deforges 1981, S. 105). gewinnen zu können, hatte sich eine Typologie von Gebrauchszeichnungen entwickelt, die sowohl von der Werft (die ihnen die Repräsentation der zu bauenden Maschine und des Schiffskörpers entnahm) als auch vom Käufer und/oder Nutzer des Schiffs (der in ihnen das zu erwerbende oder zu nutzende Schiff abgebildet fand) anerkannt wurde. Die Konstruktionszeichnung war ein (hinsichtlich bildlicher Darstellung, Farbgebung und Maßstab) konventionelles, universell gültiges Zeichensystem, eine allen mechanischen Berufen gemeinsame Sprache, die zu diesem Zeitpunkt bereits seit Jahrzehnten existierte und von einer langen Tradition gestützt wurde. Das belegt nicht zuletzt die Existenz eines entsprechenden Zeichenkurses am *Conservatoire des arts et métiers* seit Beginn des 19. Jahrhunderts oder die

Ausbildung im Zeichnen mechanischer Konstruktionspläne in Le Creusot seit 1836. Im Verlauf fast eines Jahrhunderts hatte sich ein graphischer Code entwickelt, der vor 1914 in seinen neu heute geltenden Grundzügen vorlag (Labbé und Beauvais 1909; Dupuy und Lombard 1910; Bonhomme 1911; Escard 1912; Jully und Duperrier 1912). Weil sie universell gültig und obligatorisch war, erfuhr die Konstruktionszeichnung große Beachtung und weite Verbreitung, wovon die schiere Menge der in hohen Auflagen vertriebenen Lehrbücher und Abhandlungen sowie eine Vielzahl von unterschiedlichen Lehrinstitutionen zeugt, die entsprechende, an alle Ausbildungsstufen gerichtete Programme anboten, wie polytechnische Oberschulen, Ausbildungseinrichtungen, technische Kurse für Auszubildende, Industrieschulen für die praktische Ausbildung und berufsbildende Hochschulen mit Vorbereitungs- und Ingenieursklassen.

Die Konstruktionszeichnung war eine Repräsentation des Produkts, die sowohl der Hersteller als auch der Käufer akzeptierte. Wenn ein Käufer über ein eigenes Ingenieursbüro verfügte und selbst einen Auftrag entwickelte, wie es etwa bei Bestellungen der Marine der Fall war, lieferte er der Werft seine eigenen Konstruktionszeichnungen. Andernfalls wurden den Kunden auf dem Markt Zeichnungen angeboten; diese funktionierten dann wie ein Produktkatalog und sollten Auswahl und Kaufentscheidung erleichtern. Im Unternehmen ermöglichte die Konstruktionszeichnung die Übereinkunft über das Produkt, bevor es gebaut wurde, und spielte so die Rolle einer durch das Konstruktionsbüro ausgearbeiteten graphischen Repräsentation des bei der Werft bestellten Schiffs. Die Zeichnung ordnete und organisierte die Arbeit der Modellierer, Gießer, Schmiede, Kesselbauer, Schlosser und Monteure im Fertigungsprozess; sie war für das Prüfen, Anreißen und Kennzeichnen der Bauteile von kaum zu unterschätzender Bedeutung. In dieser Hinsicht ist sie als Werkzeug der Konvention zu verstehen: Sie stellte ein Prinzip der Einigung darüber zur Verfügung, was genau produziert werden sollte.

Von der richtigen Ausführung und grafischen Präzision der Konstruktionszeichnung hing der Erfolg des Schiffbaus ab. Wenn sie richtig ausgeführt waren, was nicht immer der Fall war, erlaubten die Zeichnungen der Metallstrukturen des Schiffs, Verzögerungen bei der Rohstofflieferung und der Montage zu vermeiden und fraglos war die Einhaltung der Fristen für die Organisation der Produktion in den Werften wesentlich. Daher gab es einen hohen Bedarf an erfahrenen, spezialisierten und genauen Zeichnern für die Zusammenstellung der Details und die Bemaßung der Einzelteile. Vermittelt durch die Konstruktionszeichnung war das nicht-standardisierte Produkt in der Werft Gegenstand intensiver sozialer, räumlicher und materieller (vom Material zur Repräsentation, vom Produkt zur Zeichnung) Zirkulation. Die Meister und Anreißer erhielten die Gesamtzeichnung, aus der sie Auszüge der auszuführenden Teile anfertigten oder direkt auf das Material auftrugen. Die Zeichner begaben sich oft in die Werkshallen, um direkt an den im Bau befindlichen Maschinen Maß zu nehmen; die Werksmeister bzw. Arbeiter suchten wiederum oft das Büro auf, um Teilzeichnungen am Original zu kontrollieren und zu überprüfen.

Die technische Zeichnung war das Idiom, in dem sich die Akteure in der Werft untereinander verständigten. Sie war zugleich intellektuell und handwerklich anspruchsvoll, verlangte eine gute Kenntnis der allgemeinen Prinzipien der Mechanik und war insofern auch exklusiv, ein Monopol der Mechaniker, die es beherrschten. Die Diskussionen über die Pläne und ihre Modifikationen, der Austausch über das erwartete Endprodukt beruhten auf einer Sprache, die vom Direktor bis zu den qualifizierten Arbeitern alle Akteure verstanden: Sie wurden auf diese Weise gleichsam zu einer technischen Gemeinschaft zusammengeschweißt. In sozialer Hinsicht stabilisierte die Beteiligung an der Kommunikation gemeinsame Wertvorstellungen, vor allem bezüglich guter Arbeit. Die gemeinsame Sprache war zwar der Gruppe vorbehalten, sie ließ sich aber weder inner- noch außerhalb der Fabrik kontrollieren. Mit anderen Worten: Die Konstruktionszeichnung war ein sozialkonstitutives Prinzip, sie stellte zwischen Produkt und Produktion eine strukturierte Beziehung her. Sie unterstützte zudem eine Ästhetik der Form, die keine Kosten scheute und insofern mit der Logik des Marktes in Konflikt stand. Die Notwendigkeit maximaler Vereinfachung wurde dabei kaum gesehen. Die Angestellten der Werft und die Gesellen waren für die Schönheit des Endprodukts empfänglich, doch in den Konstruktionsbüros überwogen bei den Zeichnern bisweilen persönliche Schönheitskriterien derart, dass manche Teile nicht nach ihrer Zeichnung gebaut werden konnten und die Arbeit geändert werden musste.

Die Konstruktionszeichnung hatte in der Artikulation zwischen wissenschaftlicher Expertise und Praktiken der Arbeit eine strategische Stellung dadurch, dass sie die Kommunikationsregeln vereinheitlichte. Auf der einen Seite war die Theorie der Industriezeichnung eng mit der Entstehung der wissenschaftlichen Mechanik verknüpft, welche die Funktionsprinzipien der Maschinenteile festlegte und eine deduktive Repräsentation durchsetzte. Die Industriezeichnung hatte am Aufstieg der Naturwissenschaften teil, auf die sie sich stützte. Auf der anderen Seite erfuhr sie eine so weite Verbreitung, dass sie ein Kriterium für die Qualifikation und Klassifikation für diejenigen Akteure wurde, die sie erstellten und mit ihr umgingen. Qualifizierte Arbeiter mussten sie ebenso richtig lesen können wie Zeichner und Ingenieure sie perfekt ausführen können sollten. Die Zeichnung lockerte deshalb auch die interne soziale Hierarchie in den Werften. Für die Ingenieure und Zeichner manifestierte sich in der Konstruktionszeichnung ihre spezifische Kompetenz, sie war Attribut ihres sozialen Status. Kompetenz und Status wurden jedoch nicht durch ein Diplom verbürgt, sondern ergaben sich erst aus dem praktischen Beweis der technischen Befähigung; auch die Ingenieure erwarben Erfahrung erst durch langjährige Praxis. Für junge Arbeiter war sie hingegen ein Mittel zum Aufstieg, sie eröffnete den Zutritt zu den Büros, der zugleich den Austritt aus der Werkstatt bedeuten konnte. Die beste Einführung in das Konstruktionszeichnen war eine langjährige Ausbildung in den Werkstätten der Werft, in deren Verlauf man die unterschiedlichen Komponenten der Maschinen und Schiffe sowie die einzelnen Etappen des Schiffbaus kennenlernte. Es kam gar nicht so selten vor, dass ein junger Arbeiter am Ende seiner Ausbildung ins Büro der Zeichner aufgenommen wurde, dort Karriere machte und von den Vorteilen des Angestelltenstatus profitierte, d. h. erfolgreich die ersten Schritte auf dem Weg zum sozialen Aufstieg machte. Diese Mobilität war bei allen Altersstufen zu beobachten: Jeder gute qualifizierte Arbeiter konnte unter den entsprechenden Voraussetzungen im Zeichenbüro eingesetzt werden. Aufgrund der allen gemeinsamen Kenntnis des Produkts hatte die Verbreitung des praktischen Umgangs mit der technischen Zeichnung starke Auswirkungen auf die Sozialstruktur der Werft.

Für sich genommen war die Konstruktionszeichnung ein Blatt mit grafischen Arbeitsanweisungen für die Arbeiter (Fourquet 1920, S. 27). Daraus ergab sich die Bedeutung der Maße, die auf dem Zeichenblatt die Abmessung des Teils in Ziffern anzeigten. Die Bemaßung der gezeichneten Formen konnte sich jedoch so lange nicht durchsetzen, wie die Funktions- und insofern auch die Herstellungstoleranzen implizit blieben. Zu Beginn des 20. Jahrhunderts las der Arbeiter die Zeichnung, stellte sich die Ausmaße vor und führte die Arbeit anschließend auf der Grundlage eigener Berechnungen aus. Sicher gab es empirische Regeln, die anzeigten, welche Ansichten des auszuführenden Teils gezeichnet werden mussten, welches Maß eingetragen werden musste, in der Realität waren jedoch unterschiedliche Ansichten gang und gebe, und sie begründen auch keine Norm. Die Wahl eines Maßstabs blieb der Fantasie überlassen, sodass zwei Zeichner für ein und dasselbe Teil Entscheidungen trafen, die umso unterschiedlicher ausfallen konnten, als sie mit Bezug auf die reellen Kapazitäten der Werkshallen bemaßt und gezeichnet wurden. Zudem wurde das Problem der Inkompatibilität bezüglich der Toleranzen vernachlässigt: „Ein beliebiges Maß, mit dem der

Arbeiter arbeiten soll, wird verzeichnet, ohne dass man sich darum sorgt, ob es wegen der Toleranzen zu Unklarheiten kommt oder das Teil ganz unmöglich so gebaut werden kann.“ (Jaffeux 1957, S. 40–46) Die technische Zeichnung mochte also zu Beginn des 20. Jahrhunderts eine universelle Sprache sein, ihr Raum blieb wegen der unklaren Bemaßung des Produkts jedoch von Unsicherheiten geprägt. Diese waren zwar sicherlich ein Grund dafür, dass die Regeln der technischen Zeichnung so weite Verbreitung fanden. Doch erst der Übergang zur funktionellen Bemaßung und die in der Zwischenkriegszeit eingeführte, vor 1945[6] ausgereifte Standardisierung der Abmessungen, sollte die Unsicherheiten mit der Einführung von Toleranzen (1935)[7] und der dem Standard- und Serienprodukt eigenen Austauschmaße der Ford-Werke ausräumen.[8]

---

[6]In der Zwischenkriegszeit tauchte die Methode der Zerlegung in geometrische Grundformen auf (Prisma, Pyramide, Zylinder, Kegel, Kugel, Torus), die sich nach dem Zweiten Weltkrieg weiterverbreitet. Nach 1945 wurde die funktionelle Bemaßung eingeführt (bei Citroën schon 1937); in der Analyse des Produkts wurden geometrische Formen durch funktionelle Formen ersetzt, die sich aus der Analyse der mechanischen Grundformen ergaben, die mit dem Fortschritt der Konstruktionstechnologie verknüpft waren: Ausgehend von einer vertieften und erschöpfenden Untersuchung der Eignung des Produkts fixierte und normierte der Zugang über die mechanischen Formen die zu bemaßenden Dimensionen, wodurch die Bemaßung selbst standardisiert wurde (Lecrinier und Chevalier 1986).

[7]Deforges (1981, S. 131 f.). Toleranzen sind bei Peugeot im Werk von Audincourt (beim Modell 153) ab 1912 und anschließend im Werk von Lille belegt (Cohen 1984).

[8]Die Standardisierung der Bemaßung verringerte die Autonomie des Arbeiters (er führte lediglich die in der Zeichnung enthaltenen Anordnungen aus) und der Produktionsstätte (weil das Büro die funktionelle Bemaßung vornahm und das zuvor häufige Hin und Her zwischen Büro und Werkshalle zurückging). Die Einfügung von Toleranzen befreite den Arbeiter von eigenständigen Berechnungen, da er fortan über alle für die Fertigung notwendigen Angaben verfügte. Die vollständige und strenge Bemaßung normierte Formen und Abmessungen und baute Ambivalenzen und Anfechtungen im Zuge der Produktkontrollen und -prüfungen bei der Abnahme vor. Die Standardisierung der Bemaßung war ein Instrument, das die Austauschbarkeit der Teile wesentlich förderte und so der Entstehung des Serienprodukts Vorschub leistete, denn sie legte ein für die innere Struktur des Produkts nötiges Einheitsmaß fest, eliminierte unnütze oder als solche betrachtete Maße. Sie waren nicht verhandelbar, wurden außerhalb der Werkshalle fixiert, waren allgemein gültig (zwei Zeichner sollten ein und dasselbe Teil auf die gleiche Weise bemaßen können), von den Produktionsmitteln unabhängig (mit unterschiedlichen Maschinen müssen zwei Produktionsstätten Teile herstellen, die zwar nicht identisch, aber sich funktionell entsprechen).

4 Ein konventionengestützter Markt

Die auf die verschiedenen Formen der Klassifizierung des Schiffs als Produkt gestützte Regulierung hing eng mit der Natur des Marktes selbst zusammen. Diesen kennzeichnete eine stark asymmetrische Polarisierung, die sich erstens aus der unumstritten Machtstellung des britischen Schiffbaus und der britischen Reederei im stark internationalisierten Schiffbau ergab, zweitens aus der Notwendigkeit für Staaten, die über keine nationale Schiffbauindustrie verfügen, sich im Außenhandel zu versorgen und drittens auch aus einer bis zum Beginn des Ersten Weltkrieges tendenziell stark zunehmenden Nachfrage. Die Produktionskapazitäten der französischen Industrie waren im Vergleich mit denen der britischen deutlich geringer (Pollard und Robertson 1979; Pollard 1957). Während in Großbritannien 1899 Schiffe mit insgesamt 15.000.000 BRT vom Stapel liefen, erreichten die in Frankreich hergestellten Schiffe eine Gesamttonnage von gerade einmal 150.000 BRT.

Eine kleine Zahl französischer Schiffbauunternehmen regulierte die auf dem Markt angebotenen Produkte. Auch trug die Angebotsseite stark zur Veränderung der Marktbeziehungen zugunsten einer institutionellen Regulierung bei. Bis 1900 gab es Frankreich fünf große Werften, deren Gründung im Übrigen relativ jungen Datums war: die staatlichen *Forges et Chantiers de la Méditerranée* (1856), *Société de la Loire* (1881) und *Société de la Gironde* (1882); sowie zwei in Privatbesitz befindliche Handelsgesellschaften, die Werften der *Messageries maritimes* in La Ciotat und die der *Compagnie générale transatlantique* in Penhoët. Der Unternehmerverband *Chambre syndicale des constructeurs de navires et de machines marines* hatte 1911 23 Mitglieder, der Verband *Chambre syndicale des fabricants et constructeurs de matériel de guerre* (oft Leistungserbringer für die Marinewerften) 38 Mitglieder.[9] Auf der Angebotsseite gab es neben dem eigentlichen Markt weitere sehr einflussreiche Kräfte – einerseits wegen der

[9]Bei einigen handelte es sich um reine Schiffswerften, andere verfügten in ihren Produktionsstätten über die Möglichkeit, Schiffsmaschinen herzustellen und zu liefern, wieder andere verliehen insbesondere elektrisches Material (Annuaire 1911). Zum Vergleich: in den beiden britischen Arsenalen von Portsmouth und Devenport waren nicht nur dreizehn Unternehmen angesiedelt, die Schlachtschiffe bauen konnten (Schiffskörper oder Maschinen), sie verfügten auch über größere Produktionskapazitäten. Weder die *Chantiers de la Loire* noch die *Chantiers de la Gironde* oder die Werft von *Penhoët* konnten mit *Armstrong-Witworth, Vickers, Cammell-Laird* oder *John Brown* konkurrieren; für eine Liste der großen Werften im Jahr 1913 (Attwood 1913, S. 134 f.).

privilegierten Beziehungen, die sich zwischen Lieferanten metallurgischer und elektrischer Materialien sowie Ausrüstung und Schiffsmaschinen herausbilden konnten, so etwa die Partnerschaft zwischen der *Société de la Gironde* und *Schneider;* andererseits wegen der quasi organischen Beziehungen mit den Transportgesellschaften, den *Messageries martimes* (1852 gegründet) und der *Compagnie générale transatlantique* (1862 gegründet; die Werft von *Penhoët* wurde 1901 Privatunternehmen), die aus Kostengründen zusammenarbeiteten.

Angesichts der Konstellation im französischen Schiffsbau, die durch einen engen Binnenmarkt, begrenzte Zugangsmöglichkeiten zum internationalen Handel, einen mittelmäßigen Produktionsapparat und Subventionierung durch die öffentliche Hand geprägt war, sind die Unterschiede zwischen den Produktspezifizierungsstrategien der britischen und französischen Reedereien in den Diskussionen um die Jahrhundertwende oft hervorgehoben worden. Für diese These, die freilich einer genaueren Überprüfung bedarf, wird eine Reihe von Gründen angeführt. Aufgrund der Dimensionen der Produktionsanlagen, so ein Argument, habe die Spezialisierung der englischen Werften auf bestimmte Produkttypen Kostensenkungen – insbesondere eine Senkung der Gemeinkosten – ermöglicht und die Differenzierung der Branche stimuliert. Trotz fehlender Standardisierung der angebotenen Schiffstypen seien generische Kategorien entstanden wie das *cargo boat,* ein mit Dampfmaschinen ausgerüsteter Frachter mittlerer Geschwindigkeit, der unabhängig von Spezifizierungen der Nachfrageseite entwickelt worden sei, bzw. in dessen Entwicklung die Auswertung früherer Käufe eingeflossen sei. Auf diese Weise sei der Fortbestand einer Übereinkunft gewährleistet worden und dies habe die Schnelligkeit des Baus und die Einhaltung der Lieferfristen erlaubt, die Verhandlung über das Produkt und seine Spezifikationen verkürzt und die Beziehungen zwischen Reedern und Schiffbauern konventionalisiert. Basso (1910, S. 90) zufolge würden „die meisten Handelsschiffe ohne konkrete Bestellung nach Plantypen konzipiert: die Reeder müssen sich dann nur noch für das Modell entscheiden, nachdem ihr Schiff gebaut werden soll, oder sich auf der Werft ein bereits im Bau befindliches Schiff aussuchen". Für die meistverkauften Produkte wie das *cargo boat* habe es nur noch wenige Modelle gegeben, „die allgemein bekannt sind, deren Zeichnungen bereits vorliegen, deren Bemaßungen eventuell bereits einmal angewendet worden sind und für die Spezialfabriken schon Teile geliefert haben, deren Modelle sie aufgehoben haben" (Chasseriau 1901, S. 94). Es bedürfe also kaum oder nur weniger vorbereitender Studien, die Dauer der Verhandlung werde ebenso abgekürzt wie die Dauer der Ausführung und die Lieferzeiten. Die Reeder seien im Übrigen deshalb so geneigt, das Produkt zu akzeptieren, weil der Treibstoff aufgrund der Auslegung des Frachters für eine mittlere Geschwindigkeit eine weniger große Rolle spiele. Zudem beschränkten sich die Werften darauf, den Rumpf zu montieren, während sie Metalle und Schiffsmaschinen bei speziellen Zulieferern einkauften: Diese seien deshalb günstiger und ihre Lieferung regelmäßiger. Kurz, die Größendegression der Produktionskosten, die durch die Spezialisierung der Produktion möglich geworden sei, habe in Großbritannien in einer engen Beziehung zur Entstehung spezifizierter Produkte gestanden.

Die Logik der französischen Konstellation sei dagegen eine ganz andere. Hier werde für jedes Schiff eine eigene Studie angefertigt; die Verhandlungen über die Spezifizierungen dauerten lange; die Kostenkalkulationen und die entsprechenden Pläne würden eingehend diskutiert (Chasseriau 1901, S. 96 f.). Solange keine Einigung erzielt werde, könnten auch die Metalle und Maschinen nicht geordert werden, was die Produktions- und Lieferfristen in die Länge ziehe. Des Weiteren könne es vorkommen, dass Spezifizierungen noch in der Bauphase verändert würden, wodurch sich insbesondere die Fertigung der großen Schiffe in die Länge ziehe (bis zu fünf Jahre für ein Schlachtschiff): Für die *Magenta* habe es 21 Zusatzvereinbarungen gegeben, für die *Marceau* 25 und die *Fleurus* sogar 28 (Sagnet 1885–1902, S. 151). Die Angebotsseite werbe um staatliche Aufträge, die Nachfrage werde stark subventioniert.

Geschützter Markt und Qualitätsprodukt gingen in Frankreich tatsächlich Hand in Hand. Das Produkt werde, wie es hieß, „nach raffinierten Entwürfen sorgfältig ausgeführt" (Roux-Freissineng 1929, S. 75). Bei Aufträgen der Marine seien die Ansprüche nun einmal höher; der Bau der Triebwerke etwa werde auf das jeweilige Schiff genau abgestimmt; die Spezifizierungen seien komplex; Feinjustierung sei wesentlich und der Bau erfordere hoch qualifiziertes Personal, kurz: es gehe darum, „besser genau als schnell" (Chasseriau 1901, S. 96) zu arbeiten. So gebe es eine enge Beziehung zwischen der Nutzung des Produkts und den Modalitäten des Marktes, den Produktspezifizierungen und dem Charakter der beteiligten Akteure. Die Ingenieure der Marienwerften, „X-Génie maritime" oder Absolventen der *École polytechnique,* würden in den Arsenalen ausgebildet, bevor sie im zivilen Bereich arbeiteten und dort ihren Arbeitsstil verbreiteten (Roux-Freissineng 1929, S. 35–38). Das Personal der Staatsbetriebe setze sich selbst und seine charakteristischen Züge durch: großes technisches Können, skrupulöse Genauigkeit, gewissenhafte Sorgfalt – das Vorbild der Arsenale sei hegemonial, auch im privatwirtschaftlichen Schiffbau. Auf der anderen Seite müsse freilich weder auf Schnelligkeit noch auf die Kosten geachtet werden. Die herrschende Logik sei die des Ingenieurs, nicht die des Industriellen, weshalb sowohl in den Arsenalen als auch in den Privatbetrieben langsam und teuer gebaut werde. Was den Zielhorizont betreffe, scheine Qualität in Frankreich ein Feind des Profits zu sein (Unternehmen zögen es sogar bisweilen vor, Aufträge anzunehmen, obwohl Verluste schon absehbar sind, anstatt Personal zu entlassen).

Die Nachfrage war ganz offensichtlich in einer starken Position: Der Käufer legte die Regeln fest und bestimmte die Spezifizierungen des Produkts. In dieser Konfiguration eines auf Konventionen beruhenden Marktes explizierten also beinahe zwingende Regeln des Geschäftsabschlusses (Alheilig und Roche 1895) Produktionsnormen und -kontrollen. Im Fall des Schiffbaus für die französische Marine scheinen diese Konventionen so zwingend gewesen zu sein, dass der Markt fast ganz verschwand. Die Reeder, so das Argument, gäben ihrerseits ebenfalls Aufträge aus: Sie ergriffen die Initiative und gingen bei den zahlreichen und komplexen Spezifizierungen in Details, vervielfachten Pläne und Konstruktionszeichnungen, vertieften die Prüfung der Kostenberechnungen. Die verlangten Installationen seien komplex; man prüfe, welche rezenten Innovationen es gebe; der Geschmack am Luxus, der mit den Ansprüchen der Kundschaft der *ocean liner* einhergehe, werde distanzlos übernommen. All dies belaste die Kosten, die Fristen und die Natur des Produkts selbst. Aber kann man deshalb, wie der auf Qualität abhebende Diskurs über die nationalen Ozeandampfer, von einem französischen Stil sprechen, der mit den prunkvoll ausgestatteten Passagierschiffen der Verbindung zwischen Le Havre und New York zur Reife gelangt sei?

Kurz: den Modalitäten der Geschäfte mit der Marine wie mit dem Handel lagen ausdrückliche Konventionen zugrunde, die sich auf die Kontrolle der Bauausführung und die Zertifizierung des einmal fertiggestellten Produkts bezogen. Umfang und Methode der Überwachung wurden auf diese Weise ebenso festgelegt wie das qualifizierte Personal bestimmt, das herangezogen wurde (vgl. Annuaire 1911). Akkreditierte Agenten des Käufers überwachten in den Werkshallen den Bau im Detail (Guss der Teile, Schmiede, Justierung, Montage). Sie meldeten Produktionsschritte oder Abweichungen vom ursprünglichen Vertrag während des Produktionsprozesses, lieferten für die Bauausführung nützliche Informationen und – im Fall von Aufträgen der Marine – vermitteln die Praktiken und das praktische Wissen, die in den Arsenalen zur Anwendung kamen. Der Verkäufer stellte diesem Personal Büros zur Verfügung und stellte ihnen die für ihre Kontrolltätigkeit notwendigen Informationen bereit. Im Anschluss an die Produktion mussten bei der Übergabe sehr präzisen Regeln eingehalten werden, die vom der Käufer auferlegt wurden. Die Erprobung der Maschinen wurde streng kontrolliert; im Fall von Kriegsschiffen spezifizierten allgemeine Regeln der Marine, wie die Erprobung im Einzelnen durchzuführen war, etwa das Befeuern der Kessel, Schnell- und Langsamfahrt, Wasser- und Dampfverbrauch usw. Eine aus acht Mitgliedern der verschiedenen Marinekorps bestehende Kommission trat auf der Grundlage einer in Abhängigkeit vom technischen Fortschritt regelmäßig aktualisierten Dienstvorschrift in Aktion (Runderlasse vom 6. Juni 1883, 9. Februar und 21. September 1885, 22. November 1886 sowie 13. Februar 1888) und wachte darüber, dass die Kontrollen regelkonform durchgeführt wurden.

Die Marine ließ sich außerdem durch die Hinterlegung von vier Exemplaren eines Atlanten mit den vom Konstrukteur beglaubigten und gegebenenfalls mit Retuschen versehenen Plänen garantieren (je ein Exemplar für das Schiff, die Leitung der Werftanlagen des Hafens, in dem die Montage stattfand, die Direktion des Materialamts der Marine und die Generalinspektion des *Génie maritime*), dass die Ausführung der Konstruktion vertragskonform war. Im Streitfall konnte sie Sanktionen verhängen (Alheilig und Roche 1895, S. 391–399).

Mit der Konventionalisierung des Marktes für Schiffe ging die des Arbeitsmarktes einher. In einer Industrie, die viele qualifizierte Arbeitskräfte erforderte und in der die Arbeit in zahlreiche unterschiedliche Berufe zergliedert, der Produktionsapparat selbst jedoch nur durchschnittlich dimensioniert war, hatten die Charakteristika des Produktionsprozesses ein ähnliches Gewicht wie die des Produkts. Die Schiffbauindustrie der Belle Époque war aufgrund der finanziellen Belastung durch die immer mächtigeren, aber nur unregelmäßig genutzten Werftanlagen zurückhaltend, wenn es um Investitionen in Ausrüstung ging, und zogen es stattdessen vor, in das Können der Arbeitskräfte zu investieren. Während Großbritannien über viele Produktionsstätten verfügte und deshalb ein liberaler Arbeitsmarkt organisiert, nach Belieben entlassen und eingestellt werden konnte, zogen es die französischen Werften mit ihrem weitaus begrenzteren Arbeitsmarkt vor, ihre qualifizierte Belegschaft auch in Phasen mit wenigen Aufträgen zu halten, um die bei der Wiedereinstellung anfallenden Kosten zu vermeiden (Lorenz 1987, S. 21–44, 1984, S. 599–634; Reid 1985, S. 183–206). Daraus ergab sich einerseits eine größere Flexibilität in der Zuordnung der Arbeitskräfte zu Arbeitsstellen und zugleich eine wichtigere Rolle der Meister, die mit der Koordinierung der Arbeit beauftragt waren, einer Arbeit, die durch leichter vollzogene Wechsel zwischen unterschiedlichen Posten geprägt war; andererseits sind vergleichsweise frühe Strategien der Rationalisierung zu beobachten (Bemühen um die Standardisierung der Kaliber und Nieten, Einführung pneumatischer Niethämmer vor 1914, Zeitstudien vor Kriegsbeginn[10]), um die Arbeitsteilung kontrollieren und sich von dieser starken Konventionalisierung des Arbeitsmarktes befreien zu können.

[10]Per Dekret wurde in Frankreich am 10.6.1918 eine *Commission permanente de standardisation* eingerichtet, die allerdings bald einer *Association française de normalisation* wich (deren Statut wurde am 24.5.1941 durch ein Dekret reguliert). Die Normierung wurde des Weiteren von der 1926 gegründeten *International Standardizing Association* (ISA) unterstützt, aus der im Jahr 1947 die *International Standardizing Organization* (ISO) hervorging (Girardeau 1922; Ministère du commerce 1934; Mailly 1946; Frontard 1969; AFNOR 1970); die systematische Einführung von Normen für technische Zeichnungen und die Mechanik begann 1973 (AFNOR 1973a, b).

5 Konventionenökonomie, Normen und die Dynamik der Interaktion

Gegenüber den aus der Konventionenökonomie hervorgegangenen Untersuchungen, die in der Regel einerseits standardisierte Produkte analysieren und von Standardisierung sprechen, um Formen der Koordinierung der Produktion hervorzuheben, und andererseits besondere historische Konjunkturen untersuchen, die durch starke Prozesse der Institutionalisierung und Kodifizierung der Arbeitsbeziehungen geprägt sind (ob es sich um Berufsklassifikationen oder Tarifverträge handelt), legt das Schiff als Produkt einen anderen Typ von Norm nahe, der um die qualitative Normierung der Spezifizierungsregeln herum organisiert war. Diese definierten zwar die Charakteristika des Produkts (Abmessungen, Qualität, Erprobungsmethoden, Benutzungsregeln) und die Mindestanforderungen an seine Leistungsfähigkeit, isolierten Produkttypen, Objektkategorien und -klassen, sie kannten aber kein Standardprodukt, das mit dem Modell eines normierten Produkts identisch wäre und dem Ideal der Fabrikation in Großserie entspräche. Da Standards in diesem Sinn also fehlten, beruhten Herstellung, Vermarktung und Gebrauch des Produkts Schiff auf einem Netz von Konventionen und Normen, die es kategorisierten und klassifizierten, seine Merkmale definierten und seine Qualität zertifizierten. Das Schiff bietet folglich das Paradox einer Normierung ohne Standards, die sich dennoch in die tayloristische Wende der französischen Gesellschaft einschrieb (Fridenson 1987, S. 1031–1060).

Als Sonderanfertigung, als Produkt „nach Maß" (Salais und Storper 1993, S. 12–17), war das Schiff Gegenstand besonders elaborierter Verfahren zur Konsolidierung von Unsicherheit. Diese verhinderten keineswegs, ja sie förderten sogar schnelle Innovationen und ermöglichten stark diversifizierte Marktstrategien – vom umfassenden Wettbewerb auf einem offenen internationalen Markt bis zu Protektionismus und Monopolbildung. Im Gegensatz zu den am stärksten institutionalisierten Formen wie der Handelsmarke, der amtlichen Homologisierung der Normen in gesetzlichen Vorschriften, der Qualifizierung und Klassifizierung durch den Staat blieben die Formen der Qualifizierung des Produkts Schiffs vergleichsweise dehnbar (die Zertifizierung blieb ein privater, zivilrechtlicher Akt; die Äquivalenzklassen der Schiffe waren weit von einer messbaren Äquivalenz entfernt; die Standardisierung war schwach ausgeprägt) und legten die Möglichkeit einer elastischen, dynamischen und flexiblen Norm nahe.

Die Existenz von Normen ohne Normierung (im Sinn von Standardisierung) nachzuweisen, hätte einen entscheidenden Vorteil. Dann läge nämlich der Schluss nahe, dass sich eine auf das Konzept der Konvention gestützten Analyse des Handelns und der Koordination durch die genauere Erfassung der praktischen Umsetzung von Normen erweitern ließe. Auf diesen schwierig zu greifenden Aspekt verweist zum Teil auch die semantische Uneindeutigkeit des begrifflichen Werkzeugs, auf das dafür zurückgegriffen werden kann: Normen, Werte, Konventionen, Gesetze, aber auch Regel, Typ, Klasse, Kategorie. Es handelt sich um kaum voneinander zu trennende Begriffe, deren Sinn historisch changiert und deren Verflechtung auf ebenfalls historisch variable Konfigurationen zurückverweist. So gehörte die „Konvention" über Spezifizierungen eines Flottenschiffs, die Marineingenieure und Konstrukteure in seiner Herstellung miteinander verband, zur Ordnung des Gesetzes (genauer gesagt: der amtlichen Vorschrift), und zwar insofern, als sie nach vom Staat erlassenen Normen praktisch umgesetzt wird – nach allgemeingültigen Normen mithin, denen sich die Konstrukteure nicht entziehen konnten; sie gehörte des Weiteren zur Ordnung der stillschweigenden und impliziten Konvention der praktischen Zusammenarbeit auf den Werften und in den Werkshallen, die zwar auf andere Weise, aber doch ebenso wirksam die komplexe Koordination zwischen Käufer und Verkäufer sicherstellte; und schließlich gehört sie zur Ordnung des Vertrags, der von den Parteien während der Auftragsvergabe unterschrieben wurde (vgl. Salais 1989, S. 213).[11] Auf ähnliche Weise gehört die Beziehung der an der Produktion beteiligten Akteure zu „ihrem" Produkt zur Ordnung der Werte (Moral und Politik) ebenso wie zu derjenigen des (Arbeits-)Vertrags. Diese Beziehung ist in Klassifikationen eingeschrieben, die zugleich Konventionen des Erkennens und Identifizierens jenes Gegenstands (der Schiffstypen, der Zeichnung) sind, den zu bauen die Akteure übereinkommen. Dass die Beziehung zwischen den Akteuren zwar als eindeutig wahrgenommen wurde und auch so wirkte, tatsächlich jedoch durch die Überschneidung verschiedener und manchmal widersprüchlicher Ordnungen geprägt war, macht es wahrscheinlich notwendig, von anderen als den heute geläufigen Interpretationssystemen auszugehen.

Der hier untersuchte Fall des Schiffbaus um 1900, in einer historischen Phase des Aufschwungs, technischer Innovationen und sozialen Wandels, legt zudem nahe, dass Konventionen zwar Unsicherheiten konsolidieren, aber auch die Anpassung an Veränderungen ermöglichen; dass Konventionen Routine und Vertrauen unterstützen, die Akteure so von gewissen Risikozwängen befreien

---

[11]Robert Salais stellt die Konvention (mit etwas/in etwas übereinstimmen) dem Vertrag (d. h. einer Verdichtung, die dazu diene, die Teile eines Ganzen zu begrenzen, zu verknüpfen und an ihnen einen Platz zuzuweisen) gegenüber.

und angesichts destabilisierender Entwicklungen (in diesem Fall einerseits Fortschritte der Technik, andererseits Veränderungen der Nachfrage) ihre Reaktionsmöglichkeiten und Ressourcen mehren.

Von der Annahme auszugehen, dass eine Übereinkunft zwischen den Individuen „ohne den gemeinsamen Rahmen, ohne eine konstitutive Konvention unmöglich ist" (Dupuy et al. 1989a, S. 142), dass eine Übereinkunft dem „Prinzip der Koordination gehorcht, das für das Gemeinwesen charakteristisch ist und […] zwischen den Wesen Äquivalenz herstellt", dies wiederum als „Bedingung dafür, das Maß der Objekte und Subjekte nehmen" zu können und ihre Qualifizierung zu sichern (Boltanski und Thévenot 1989, S. 177), diese Annahme setzt sich dem Risiko aus, die vielfältigen Dynamiken der möglichen Konventionen falsch einzuschätzen, wenn sie die Phänomene im Inneren präexistenter und stabilisierter „möglicher Welten" kategorisiert, einer Dynamik, die in der Vielfalt der Interaktionen der Akteure, aber auch schon innerhalb einer einzigen Interaktion zum Tragen kommt (Cerutti 1991, S. 1437–1445; Piteau 1992, S. 1023–1035). Die Schwierigkeit dieser Haltung ist m. E. gut zu beobachten, wenn es darum geht, Konflikt und Wandel, Übergänge zwischen konventionellen Formen zu verstehen. So ist z. B. bekannt, wenn wir etwa den Bereich der Arbeitskräftequalifizierung betrachten, dass die Organisation der Arbeit im Schiffbau in den 1990er Jahren in Großbritannien, Italien und Frankreich zur selben Zeit von starken Konflikten geprägt wurde.

Mit anderen Worten: Natur und Modus der oft in sehr komplexe Koordinationen und Interaktionsformen eingeschriebenen Bindung können variieren. Diese Variabilität anzuerkennen und nachzuweisen, reicht indes nicht aus, um das Problem einer Geschichte der Forminvestitionen zu lösen. Der Begriff der Form verweist tatsächlich nicht auf vorausgesetzte Rahmungen, Muster oder Tabellen, die man nur mit neuen Fragen untersuchen müsste, um ihre Variationsbreite zu vermessen und das Spektrum ihrer Gebrauchsweisen zu erfassen. Er schreibt sich vielmehr in einen historischen Prozess ein, in dem die Form selbst – als Repräsentation und als sie repräsentierende Praxis – gleichermaßen Thema und Subjekt der Geschichte ist. Als Hermeneutik aufgefasst ändern Konventionen je nach historischer Konfiguration, nach denen man sie identifizieren kann, ihren Sinn. Verstanden als in der Praxis der Akteure wirksame Grammatik ist eine gegebene Konvention weder ein jederzeit zur Verfügung stehendes Werkzeug noch ein historisch stabiler Begriff, mit dem die ökonomischen Akteure ihr Handeln interpretieren können (bzw. mit dem wir diese Handlungen interpretieren können).

Das Ökonomische ändert seinen Sinn in Abhängigkeit von den verschiedenen sozialen Organisationen, in die es sich einschreibt, es wird durch das System der sozialen Welt strukturiert, in dem es steht, kurz: durch seine „Einbettung"

(Polanyi [1944]1983). Auf dieselbe Weise scheinen auch die Konventionen, Normen und Regeln, auf die sich die Koordination im Markt stützt, im weitesten Sinn durch die soziale Ordnung determiniert zu sein. Diese verleiht ihnen zeitgebunden Sinn, Geltung und Wirksamkeit oder beraubt sie im Gegenteil jeglicher Verständlichkeit, Macht und Nützlichkeit. Im Grunde werden Konventionen durch sie erst instituiert (oder auch nicht), als Formen, die von den Akteuren selbst gemäß der ihnen eigenen, historisch situierten Grammatik erkannt werden – und die wir heute Konvention nennen.

Aus dem Französischen übersetzt von Marcel Streng

Literatur

Alheilig, Augustin, und Camille Roche. 1895. *Traité des machines à vapeur rédigé conformément au programme du cours de machines à vapeur de l'École Centrale*. Paris: Gauthier-Villars.

Andersen, Håkon With, und John P. Collett. 1989. *Anchor and Balance. Det Norske Veritas 1864–1989*. Oslo: Cappelen.

Annuaire des chambres syndicales du materiel de guerre et de la construction navale. 1910/1911. Paris: Selbstverlag.

Association Française de Normalisation, Hrsg. 1970. *Cinquante ans de normes françaises 1920–1970*. Courbevoie: AFNOR.

Association Française de Normalisation, Hrsg. 1973a. *Recueil de normes de la mécanique*. Courbevoie: AFNOR.

Association Française de Normalisation, Hrsg. 1973b. *Recueil de normes des dessins techniques*. Courbevoie: AFNOR.

Attwood, Edward L. 1912. *War-Ships. A text-book on the construction, protection, stability, turning etc. of war vessels*. London: Longmans, Green (Erstveröffentlichung:1904).

Attwood, Edward L. 1913. *The modern warship*. Cambridge: Cambridge University Press.

Basso, Louis. 1910. *Les entreprises françaises de constructions navales*. Paris: A. Rousseau.

Basso, Louis. 1912. *De la vitesse considérée comme facteur économique de l'industrie des transports maritimes*. Paris: Rousseau.

Bataille, Louis. 1911. *Problèmes de stabilité de déplacement et d'assiette du navire*. Paris: Challamel.

Bertin, Louis-Émile. 1907. *Évolution de la puissance défensive des navires de guerre*. Paris: Berger-Levrault.

Blake, George. 1960. *Lloyd's Register of Shipping, 1760–1960*. London: Lloyd's Register of Shipping.

Boltanski, Luc, und Laurent Thévenot, Hrsg. 1989. *Justesse et justice dans le travail*. Paris: Presses universitaires de France.

Bonhomme, Jean. 1911. *École supérieure de l'aéronautique et de construction mécanique. Instructions sur le dessin*. Paris: Millet fils.

de Bousquet, Jean Gaston. 1904. Comparaison des turbines et des machines alternatives pour la propulsions des navires. *Le génie civil. Revue général hebdomadaire des industries françaises et étrangères* 25 (46): 56–58.

Boyer, Léon. 1918. *Des conventions conclues entre l'Etat et les compagnies françaises de navigation pour l'exploitation des services maritimes d'intérêt général*. Paris: Giard & Brière.

C., E. 1885–1902. *Bateau-poste*. La Grande Encyclopédie, Bd. 5. Paris: Lamirault, S. 742–749.

Callou, Léon-Charles. 1902. *Construction du navire*. Paris: Challamel.

Callou, Léon-Charles. 1904. *Technologie navale, physique et chimie industrielles, matières premières, procédés de fabrication et outillage*. Paris: A. Challamel.

Canguilhem, Georges. 1972. *Le Normal et le Pathologique*. Paris: Quadrige und PUF.

Cerutti, Simona. 1991. Pragmatique et histoire. Ce dont les sociologues sont capables. *Annales ESC* 46 (6): 1437–1445.

Chaigneau, Henry. 1901. *Architecture navale. Théorie et construction du navire*. Paris: E. Bernard et Cie.

Chasseriau, René. 1901. *De la protection de l'industrie des constructions navales*. Paris: Larose.

Cohen, Yves. 1984. Ernst Mattern chez Peugeot (1906–1918), ou comment peut-on être taylorien. In *Montmollin, Maurice de/Pastré, Olivier*, Hrsg. Le Taylorisme, 115–126. Paris: PUF.

Colomb, Philipp H. 1893. *Essays on Naval Defence*. London: Allen.

Colomb, Philipp H. 1895. *Naval Warfare, it's Ruling Principles and Practice Historically Treated*. London: W. H. Allen & Co.

Cosnier, Edmond. 1914. *Constructions navales: Accessoires de coque*. Paris: O. Doin et fils.

Croneau, Adolphe. 1894. *Architecture navale. Construction pratique des navires de guerre*. Paris: Gauthier-Villars et fils.

Daveluy, René. 1902. *Étude sur le combat naval*. Paris: Berger-Levrault & Cie.

Deforges, Yves. 1981. *Le graphisme technique. Son histoire et son enseignement*. Seyssel: Ed. du Champ Vallon.

Démoulin, Maurice. 1887. *Les paquebots à grande vitesse et les navires à vapeur*. Paris: Hachette.

Doyère, Charles. 1898. *Cours pratique de construction navale (4 Bd.). Bd. 1: Géométrie du navire, Bd. 3. Charpentage*. Paris: Challamel (Erstveröffentlichung:1894).

du Cosquer, Pocard, und Joseph de Kerviler. 1906. *Le bureau Veritas, société internationale de classification des navires*. Rennes: Malbrand.

Dudebout, Auguste, Pollard, Jean. 1890–1894. *Architecture navale. Théorie du navire (4 Bd.)*. Paris: Gauthier-Villars fils.

Dupuy, André, und Joanny Lombard. 1910. *Cours de dessin industriel*. Paris: Dunod.

Dupuy, Jean-Pierre, François Eymard-Duvernay, Olivier Favereau, André Orléan, Robert Salais, und Laurent Thévenot. 1989a. Introduction. *Revue économique* 40 (2): 141–146.

Dupuy, Jean-Pierre, François Eymard-Duvernay, Robert Salais, und Laurent Thévenot. 1989b. L'économie des conventions. *Revue économique* 40 (2): 141–400.

Duquet, Alfred. 1906. *La faillite du cuirassé*. Paris: R. Chapelot et Cie.

Escard, Jean. 1912. *L'outillage technique et pratique du dessinateur industriel, instruments et méthodes pour l'exécution des dessins industriels à l'usage des ingénieurs, géomètres, mécaniciens, architectes et des élèves des écoles techniques spéciales*. Paris: H. Dunod & E. Pinat.

Eymard-Duvernay, François. 1986. La qualification des produits. In *Le Travail. marchés, règles, conventions*, Hrsg. Robert Salais und Laurent Thévenot, 139–247. Paris: INSEE.

Fabre, René. 1928. *Les Grandes Lignes de paquebots nord-atlantiques. La concurrence entre les pavillons sur la ligne de New York*. Paris: Éd. et publ. contemporaines.

Fourquet, Jean. 1920. *Le dessin pour l'apprenti mécanicien*. Paris: Librairie de l'enseignement technique.

Fridenson, Patrick. 1987. Un tournant taylorien de la société française (1904–1918). *Annales ESC* 42 (5): 1031–1060.

Frontard, Raymond. 1969. *La Normalisation*. Paris: Documentation Française.

Garnier, Olivier. 1986. La théorie néo-classique face au contrat de travail: de la „main invisible" à la „poignée de main invisible". In *Le Travail. marchés, règles, conventions*, Hrsg. Robert Salais und Laurent Thévenot, 313–331. Paris: INSEE.

Gayde, Numa É.P. 1895. *Cours pratique de construction navale*. Paris: A. Challamel.

Girardeau, S.R. 1922. *La Normalisation, son objet, ses limites*. Paris: Revue politique et parlementaire.

Hauser, Alphonse. 1886. *Cours de construction navale*. Paris: E. Bernard et Cie.

Hollard, M. H. [o. D.] ca. 1912. *Exposition internationale des industries et du travail de Turin 1911. Groupes VIII et XXVI, classes 41 et 166. Constructions navales*, Hrsg. Ministère du commerce et de l'industrie. Paris: Comité français des expositions à l'étranger.

Hounshell, David A. 1985. Ford eagle boats and mass production during World War I. In *Military enterprise and technological change: Perspectives on the American experience*, Hrsg. Merritt Roe Smith, 175–204. Cambridge: MIT.

Jaffeux, Roger. 1957. La cotation fonctionnelle du dessin du bureau d'étude. *Technique, Art, Science* 113:40–46.

Jully, Alexis, und Jean-Baptiste Duperrier. 1912. *Les cahiers de l'apprenti mécanicien-constructeur*. Paris: L. Geisler.

Kelly, Roy W., und Frederick J. Allen. 1918. *The shipbuilding industry*. Boston: H. Mifflin.

Labbé, Edmond, und Pierre Beauvais. 1909. *Cours de dessin industriel*. Paris: C. Delagrave.

Lavergne, Gérard. 1904. *Les turbines*. Paris: Gauthier-Villars et fils.

Le Conte, Pierre. 1928. *Le Bureau Veritas, société internationale de classification de navires et d'aéronefs, 1828–1928*. Paris: Bureau Veritas.

Lecrinier, Jacques, und André Chevalier. 1986. *Cotation et tolérancement: dictionnaire*. Paris: AFNOR.

Lorenz, Edward H. 1984. Two patterns of development: The labour process in the British and French shipbuilding industries, 1880 to 1930. *The Journal of European Economic History* 13:599–634.

Lorenz, Edward H. 1987. L'offre de travail et les stratégies d'emploi dans la construction navale en France et en Grande-Bretagne (1890–1970). *Le Mouvement social* 138:21–44.

Mailly, Jacques. 1946. *La normalisation*. Paris: Dunod.

Ministère du commerce et de l'industrie, Hrsg. 1934. *Catalogue des normes et documents et de l'industrie*. Paris: Comité supérieur de normalisation.

o. A. 1886. *Les nouveaux paquebots à grande vitesse de la Compagnie générale transatlantique pour le service postal du Havre à New York: La Champagne, la Bretagne, la Bourgogne, la Gascogne*. Paris: L. Baudoin.

o. A. 1895. *Les paquebots français à grande vitesse. Étude sur les navires maritimes postaux de l'Atlantique et de l'Extrême-Orient*. Paris: o. V.

Piore, Michael J., Hrsg. 1986. *Conventions économiques*. Paris: PUF.

Piteau, Michel. 1992. Genèse de l'ordre et raison pratique: acteurs, systèmes et conventions. A Propos „De la justification" (L. Boltanski/L. Thévenot). *Revue française de science politique* 42 (6): 1023–1035.

Platt Stratton, E. 1916. *Standardization in the construction of Freight ships*. Washington: Government Printing Office.

Polanyi, Karl. 1983. *La Grande Transformation*. Paris: Gallimard (Erstveröffentlichung:1944).

Pollard, Sidney, und Paul Robertson. 1979. *The British shipbuilding industry, 1870–1914*. Cambridge: Harvard University Press.

Pollard, Sidney. 1957. British and world shipbuilding 1890–1914: A study in comparative costs. *Journal of Economic History* 17 (3): 426–444.

Reid, Donald. 1985. The third republic as manager: Labor politics in the naval shipyards 1892–1920. *International Review of Social History* 30 (2): 183–206.

Rougé, Joseph. 1912. *Constructions navales. Coque*. Paris: O. Doin fils.

Roux-Freissineng, Marcel. 1929. *L'Industrie des constructions navales en France*. Toulon: F. Cabasson.

Sagnet, Léon. 1885–1902. *Marine*. La Grande Encyclopédie, Bd. 23. Paris: Lamirault, S. 120–189.

Salais, Robert, und Laurent Thévenot, Hrsg. 1986. *Le Travail. marchés, règles, conventions*. Paris: INSEE.

Salais, Robert, und Michael Storper. 1993. *Les mondes de production. Enquête sur l'identité économique de la France*. Paris: EHESS.

Salais, Robert. 1989. L'analyse économique des conventions de travail. *Revue économique* 40 (2): 199–240.

Serot, Roger. 1943. *Armement et construction navale en France de 1914 à 1942*. Aurillac: Gerbert.

Thévenot, Laurent. 1989. Équilibre et rationalité dans un univers complexe. *Revue économique* 40 (2): 147–198.

Konventionen der Brotqualität in der Bäckereigewerbereform des Zweiten Kaiserreichs in Frankreich (1853–1866)

Marcel Streng

Inhaltsverzeichnis

Am 22. Juni 1863 erließ die Regierung Napoléons III. ein „Dekret über die Freiheit des Bäckereigewerbes“, durch das auf einen Schlag die Gewerbeordnungen in 165 französischen Städten ihre Gültigkeit verloren. Der erste Artikel bestimmte, dass.

> „[…] sämtliche Bestimmungen der Dekrete, Verordnungen oder Generalreglements, die dem Zweck dienen, die Zahl der Bäcker zu begrenzen, sie den Syndikaten zu unterstellen, Genehmigungsformalitäten vor Eröffnung oder Schließung ihrer Geschäfte aufzuerlegen, ihnen Mehl- oder Kornvorräte, Sicherheitsdepots oder Geldkautionen aufzuerlegen, die Fabrikation, den Transport oder den Verkauf von Brot zu reglementieren, […] aufgehoben [werden].“ (Journal du droit administratif 1863, S. 310)

Ausgenommen waren lediglich die „Bestimmungen bezüglich der gesundheitlichen Unbedenklichkeit und Ehrlichkeit im Verkauf“ (Ebd., S. 310).

M. Streng (✉)
Düsseldorf, Deutschland
E-Mail: marcel.streng@googlemail.com

R. Salais et al. (Hrsg.), *Qualitätspolitiken und Konventionen*, Soziologie der Konventionen, https://doi.org/10.1007/978-3-658-26643-1_6

Diese von der Öffentlichkeit als „Liberalisierungsdekret“ gefeierte Verordnung war das Ergebnis eines sechsjährigen Beratungsprozesses im Staatsrat, in dem über die Gewerbeordnung der Pariser Bäckerei verhandelt worden war, in dem aber auch eine jahrzehntelange Kontroverse ihren vorläufigen Höhepunkt gefunden hatte. In den Amtsstuben der Präfekturen und Bürgermeister in der Provinz hatte sich diese Reform keineswegs so eindeutig angekündigt. Im Gegenteil: Einige Großstädte wie Lyon, Le Mans oder Brest hatten noch Ende der 1850er Jahre bei der Regierung gerade solche restriktiven Gewerbeordnungen erwirkt, die das Dekret nun aufhob. Die Verwaltungen anderer Städte wie etwa Rennes hatten sich bereits längere Zeit in Aushandlungsprozessen für solche Ausnahmeregelungen befunden, die nun abrupt endeten. Das Reformdekret stellte deshalb nach Auffassung mancher Beobachter einen regelrechten Bruch dar. „Man täusche sich nicht“, kommentierte etwa der Agronom André Sanson in der Pariser Tageszeitung *La Presse*. „Dieses Dekret ist tatsächlich […] noch die klarste und radikalste Maßnahme, die je im liberalen Sinn ergriffen worden ist.“ (La Presse vom 01.07.1863, S. 1; vgl. dazu Streng 2017).

In diesem Beitrag untersuche ich näher, welche Rolle Konventionen der Brotqualität in der Kontroverse über die Bäckereigewerbeordnung, in den Reformstrategien der beteiligten Akteure und in der praktischen Umsetzung des Dekrets durch die Behörden spielten. Dabei steht weniger das Problem der Produkttreue bzw. Produktfälschung im Mittelpunkt (vgl. Stanziani in diesem Band), als vielmehr die Frage, auf welche Weise unterschiedliche Qualitätskonventionen im Rahmen der politischen Reformprozesse mobilisiert, stabilisiert oder verändert wurden.

Die Ordnung des Bäckereigewerbes und des Brotmarktes, die aufgrund der lokalen Nachfrage immer kommunal geregelt wurde, war jahrzehntelang und besonders während des Zweiten Kaiserreichs eine Art *peau de chagrin* der Liberalen. Als Grundnahrungsmittel verfügte Brot über einen sicheren, kontinuierlichen Massenabsatzmarkt und war zumindest in der klassischen Theorie ein Exempel für die Möglichkeiten eines Marktes, der seinen selbstregulierenden Kräften überlassen bliebe (siehe hierzu Kaplan 1976; 1996). Der Eifer, mit dem Nationalökonomen und vom klassischen Wirtschaftsdenken beeinflusste Politiker besonders während des Zweiten Kaiserreichs institutionelle Arrangements kritisierten, die sich in der Praxis trotz gelegentlicher Krisen bei der Versorgung der urbanen Bevölkerung mit Brot durchaus bewährt hatten, wirft die Frage auf, ob und wie sich die liberale Programmatik der Reformer einerseits und der pragmatische Traditionalismus der Kommunalbeamten anderseits wechselseitig auf einander bezogen und durchdrangen.

In diesem Beitrag argumentiere ich, dass die Brotqualität zum zentralen Thema der Auseinandersetzung wurde, als die bonapartistischen Zentralbehörden in den späten 1850er und frühen 1860er Jahren daran gingen, die liberale Doxa im Bäckereigewerbe und im Brothandel durchzusetzen. Angesichts der aus dem Ancien Regime stammenden Verflechtung von Brotqualität und Brotpreis im Instrument der kommunalen Brottaxierung – der amtlichen Festsetzung von bestimmten Tarifen für bestimmte Brotsorten (vgl. Minard und Margairaz 2008; Stanziani in diesem Band) – lag es für die imperiale Ministerialbürokratie nahe, die traditionsbewusste Qualitätskonvention des lokalen, urbanen Handwerks grundsätzlich infrage zu stellen, um die Preisbildung dem freien Markt überantworten zu können.

Dieser Beitrag macht seinerseits die Politisierung der Brotqualität und der auf sie bezogenen Konventionen zum Thema. Er fragt danach, ob und wie es den Reformern gelang, Bäckerei und Brothandel von der Politik zu trennen und auf diese Weise gleichsam zu „ökonomisieren". Dazu stelle ich im ersten Abschnitt den Stand der Diskussionen über die „Subsistenzfrage" in den 1850er Jahren dar, der die Frage der Brotversorgung zugerechnet wurde. Anschließend gehe ich auf die Diskussionen über die Brotqualität im Staatsrat ein, in denen die Bindung der Qualitätskonventionen an gegensätzliche Produktionswelten zutage trat und die Blockade durch eine pragmatische Herangehensweise gelöst wurde. Um die Umsetzung des eingangs zitierten Reformdekrets geht es im letzten Abschnitt. Hier wird dargestellt, auf welche sich aus der politischen Rationalität der französischen Wirtschaftsordnung selbst ergebenden Grenzen die „Liberalisierung des Bäckereigewerbes" stieß.

1 Die „Subsistenzfrage" Mitte des 19. Jahrhunderts

Der zeitgenössische Begriff der „Subsistenzfrage" umschrieb in Frankreich seit Mitte des 18. Jahrhunderts ein Problem, das in wechselnden Konstellationen und Konjunkturen bis weit ins 19. Jahrhundert hinein immer wieder akut wurde: das Problem der Versorgung der Bevölkerung mit Grundnahrungsmitteln – vor allem Getreide und Brot (Dechène 2018; Guilhaumou 2000; Kaplan 1996). Seit der Französischen Revolution war mit dem Thema ein gesellschaftspolitisches Bewusstsein für seine besondere Dringlichkeit verbunden, konnten sich doch zunächst lokal oder regional begrenzte Proteste auf Märkten und Verkehrswegen, bei akut realem Mangel oder hohen Getreide- und Brotpreisen zu Aufständen ausweiten, die die politische und soziale Ordnung insgesamt bedrohten (Tilly 1971, 1975, 1986). So teilten die an den Debatten über die Bäckereigewerbereform Mitte der 1850er Jahre beteiligten Akteure noch lebhafte Erinnerungen an die Teuerungskrise der Jahre 1846/1847, die in der Gesellschaft vorhandene

Konfliktlagen erheblich verstärkt und so indirekt zur Februarrevolution von 1848 beigetragen hatte (vgl. zur Subsistenzkrise von 1846/1847 siehe Bourguinat 2002; zu ihren politischen Folgen 1848–1851 siehe Bourguinat 1998; zu den nachrevolutionären Krisen zu Beginn des 19. Jahrhunderts siehe Bourguinat 1997; Béliveau 1992).

Die Versorgungspolitik der Behörden des Zweiten Kaiserreichs, soweit sie sich auf subsistenzwichtige Güter wie Getreide, Mehl und Brot sowie die an ihrer Herstellung und Vermarktung beteiligten Gewerbe bezog, war folgerichtig darauf ausgerichtet, einer Teuerungskrise mit ihren unkontrollierbaren Folgen vorzubeugen. Die in dieser Zeit erschienenen Verwaltungshandbücher, deren einschlägige Artikel zum Teil von hohen Beamten verfasst worden waren, standen zwar noch eindeutig in der polizeiwissenschaftlichen Tradition des *Traité de police* von Nicolas Delamare (1705 ff.), da sie wie dieser administrative Maßnahmen der Krisenbewältigung systematisch nach dem Grad der Krisenintensität ordneten (Maßnahmen für die akute Krise, für die Prävention einer Krise und für die Normallage, siehe Streng 2017, S. 25–54). Subsistenzpolitik umfasste besonders nach 1848 jedoch ein wesentlich breiteres Feld als ausschließlich Regierungs- und Behördenhandeln, ein Feld zumal, dass nach der Deportation und Ausschaltung eines Großteils der republikanischen Opposition und dem Staatsstreich der Bonapartisten im Dezember 1851 für mindestens ein Jahrzehnt einer konservativen, regimetreuen Honoratiorenschaft überlassen blieb (Price 2001, S. 255–405).

In diesem sozialen Rahmen wurde umso intensiver über „Lösungen der Subsistenzfrage" nachgedacht und diskutiert, als die Getreidepreise Ende des Jahres 1852 nach einer Baisse wieder anzogen. Bauernvereine in der Provinz beschäftigten sich mit der Frage ebenso wie karitative Verbände, Landwirtschaftskongresse ebenso wie Akademien. Neben Vertretern der einschlägigen Gewerbe – Kornhändler, Müller, Bäcker, Beamte und auf ihren Höfen experimentierende Gutsbesitzer – machten Vertreter einer Reihe von Wissenschaften mehr oder weniger ausgearbeitete Vorschläge zur Lösung der „Subsistenzfrage", wie Agronomen und Chemiker, Ökonomen und Ingenieure. Da diese nun immer stärker als Aspekt oder Dimension der „Sozialen Frage" reformuliert wurde (siehe Nouveau dictionnaire universel 1870, Bd. 2, S. 1369), deckten sich diese Programme zu einem erheblichen Teil mit jenen, die Giovanna Procacci analysiert hat (Procacci 1993; vgl. Lhuissier 2007). Versucht man, diesen breiten, differenzierten Diskurs über die Subsistenzfrage zwischen Ende der 1840er und den 1860er Jahren im Hinblick darauf zu analysieren, welche Kalküle, Strategien und Machttechniken den Lösungsvorschlägen zugrunde lagen, stechen zwei recht unterschiedliche Programme heraus.

Auf der einen Seite entwickelten sich paternalistische, auf das Individuum konzentrierte Konzepte, die auf „Moralisierung" und (Selbst-)Disziplin setzten, wie die mobilen Suppenküchen von Pierre Klein (1856), die vom kaiserlichen Paar unterstützt wurden, oder Arbeiterrestaurants, die von Vereinen unter der Führung lokaler Honoratioren auch in der Provinz organisiert wurden, wie der 1856 gegründete und ebenfalls landesweit bekannt gewordene „Lebensmittelverein" in Grenoble (Lhuissier 2001, 2007, S. 116–121). Erklärtes Ziel dieser häufig in den *Annales de la charité,* der zentralen Plattform des konservativen, sozialkatholischen Milieus, ausgiebig diskutierten Konzepte und Einrichtungen war die Erziehung der (männlichen) Arbeiter zu verantwortungsbewussten, sparsamen Verbrauchern (siehe Streng 2017, S. 69–74; Taulier 1861, S. 243–280; Grün 1851, S. 26, 40).

Auf der anderen Seite entstand ein ganzes Spektrum von stärker wissenschaftlich geprägten Konzepten, die von der Persönlichkeit der Verbraucher vollkommen absahen und die Lebensmittelversorgung global zu regulieren vorschlugen. Sie kombinierten meist die stochastische Auswertung von historischen Kornpreisstatistiken und weiterentwickelte Techniken der Getreidespeicherung mit Vorstellungen über die optimalen Distributionswege und banden in irgendeiner Weise den Staat ein (vgl. Streng 2017, S. 57–66; siehe auch Gast 1985). Einige dieser Konzepte wie das der „Silo-Bank" oder der „comptoirs-entrepôts" bezogen außerdem Bankentechniken mit ein, um durch die Beleihung der eingelagerten Waren Finanzmittel zu mobilisieren. Eine 1852 von Napoléon III. eingerichtete Kommission prüfte im Laufe der 1850er und frühen 1860er Jahre eingesandte Projekte – lehnte sie aber in der Regel als „mit der freiheitlichen Wirtschaftsordnung unvereinbar" ab.[1]

In diesem diskursiven Feld operierten während der vergleichsweise langen Teuerungsphase Mitte der 1850er (Labrousse 1956) auch die Gebietsverwaltungen unter Federführung des von dem Juristen Eugène Rouher geführten Handels- und Landwirtschaftsministeriums. Der Leiter des in diesem Ministerium angesiedelten „Subsistenzabteilung", Louis Foubert, dürfte aufgrund der Bedeutung der Subsistenzfrage für die soziale, ökonomische und politische Ordnung einer der wichtigsten Beamten des Zweiten Kaiserreichs gewesen sein.

Das neben den kommunalen Büros für Armenfürsorge (Ausgabe von Brotbons) bei weitem wichtigste Instrument zur Dämpfung der Teuerung für

[1]Siehe Gutachten und Stellungnahmen in AN CHAN F 11 2759.

die überwiegende Mehrheit der Bevölkerung der französischen Städte war nach wie vor die Brottaxierung (Bourguinat 2008; Price 1983). Durch Anpassungen sowohl der Brotqualität, etwa durch die wegen der verteuerten Rohstoffe Korn und Mehl notwendig gewordene Reduzierung der angebotenen Brotsorten bzw. Veränderung ihrer Zusammensetzung, als auch durch die weniger unmittelbare Anpassung der Tarife an die steigenden Rohstoffpreise, versuchten Bürgermeister vielerorts, einem wachsenden Teil der örtlichen Bevölkerung den Zugang zum Markt zu erhalten. In überwiegend ländlichen Gegenden wie dem an der westfranzösischen Peripherie gelegenen bretonischen Departement Finistère ist zwischen 1850 und 1870 zu beobachten, dass die Praxis der Taxierung ausgehend von den urbanen Zentren auf umliegende, kleinere Ortschaften übertragen wurde. Im Jahr 1870 taxierten in dieser Region deutlich mehr und kleinere Kommunen Brot als 1853 (Streng 2017, S. 141–150). Das Finistère war jedoch kein Einzelfall. Zeitgenössische Beobachter wie der Ökonom Victor Modeste sahen darin vielmehr eine allgemeine Tendenz:

> „Bisher verzichtete nur eine kleine Zahl von Städten auf die Taxe, während man die taxierenden ländlichen Kommunen an einer Hand abzählen konnte. Seit einigen Jahren ändert sich das. Die Brottaxe ist überallhin vorgedrungen. Von der Bezirkshauptstadt aus geben die Unterpräfekten sie an die Bürgermeister der Kreisstädte weiter, die sie dann auf alle Kommunen in ihrem Einflussgebiet übertragen. All das vollzieht sich mit fast militärischer Präzision.“ (Modeste 1856, S. 39, Fußnote 1)

Neu war im Arsenal der teuerungspolitischen Instrumente der Behörden indes die 1853 in Paris eingerichtete, beim Departement Seine angesiedelte *Caisse de service de la Boulangerie,* deren Modell von Napoléon III. den Provinzstädten ausdrücklich zur Nachahmung empfohlen wurde (Napoléon III. 1854, S. 190 f.). Diese Kasse erfüllte eine dreifache Funktion: Erstens zentralisierte sie die Mehlkäufe der Pariser Bäcker und vereinfachte so für die Verwaltung die amtliche Feststellung des Mehlpreiskurses *(mercuriale);* zweitens vergab sie auf die eingelagerten Mehlmengen Kredite an die Bäcker und sicherte so deren kontinuierliche Belieferung, drittens entkoppelte sie den Brotpreis in Paris von den Schwankungen der überregionalen Rohstoffpreise – letzteres vermittels eines an das Tarifniveau der Brottaxe geknüpften Mechanismus von Auslagen an und Rückerstattungen durch die Bäcker (Horii 1984, 1970).

Die Kasse ähnelte mit ihrem preisstatistischen Kalkül, ihrer normalisierenden Strategie der Preisdämpfung, der Kreditvergabe auf Waren sowie dem Kassenprinzip jenen oben erwähnten Konzepten, die eine globale Regulierung der Lebensmittelversorgung bezweckten – von den Beamten in der Handelsabteilung des Ministeriums jedoch als „utopisch" abgelehnt wurden.[2] Auch wenn es bis 1863 mit Limoges letztlich nur einer einzigen großstädtischen Kommune in der Provinz wirklich gelang, eine solche Kasse einzurichten (Rouher 1863, S. 298), wurde das Modell ab Mitte der 1850er Jahre in den meisten französischen Großstädten eifrig debattiert. So prüfte etwa in Rennes eine vom Stadtrat eingesetzte Kommission nicht weniger als drei unterschiedliche Projekte (Streng 2017, S. 150–160). Bezeichnenderweise verschob sich auf der lokalen Ebene der Sinn des Pariser Modells. Eines der in Rennes diskutierten Projekte sah z. B. die Einrichtung einer „Kasse zur Sicherung der Subsistenz" vor, die sich über die städtische Warensteuer *(octroi)* finanzieren sollte und aus genau diesem Grund im Ministerium nicht gebilligt wurde. Ohnehin geriet die Pariser *Caisse de service de la boulangerie* 1856 bei liberalen Ökonomen und Kritikern umgehend in Misskredit. Denn während die Bäcker in der Kornhochpreisphase 1853 bis 1855 für ihre durch die im Verhältnis niedrigere Taxe entstandenen Verluste Ausgleichszahlungen von der Kasse erhalten hatten, flossen diese Auslagen anschließend, als die Rohstoffpreise Ende 1855 wieder unter das Niveau der Taxe fielen, nur spärlich zurück.

Es war unter anderem diese Situation, die im Handels- und Landwirtschaftsministerium und der Pariser Stadtverwaltung zu einer grundsätzlichen Infragestellung der Pariser Bäckerei und ihrer Gewerbeordnung führte. 1857 legte Minister Rouher dem Staatsrat eine Reihe von Fragen zur Beratung vor, mit der dort Verhandlungen über eine grundlegende Reform des Pariser Bäckereigewerbes eröffnet wurden. In diesen Verhandlungen ging es zentral um die Regierung der Brotqualität – wobei sich der Fokus im Verlauf der Beratungen verschob: am Ende ging es nicht mehr nur um die Gewerbewordnung der Pariser Bäckerei, sondern um die Bedingungen der Brotproduktion und des Brothandels in ganz Frankreich.

[2]Vgl. Projet de loi sur les céréales et la subsistance publique, 08.07.1854. AN CHAN F 11 2752. Sowie die Gutachten und Stellungnahmen zu Einsendungen in AN CHAN F 11 2759.

2 Die Pariser Bäckerei auf dem Prüfstand: die Brotqualität in den Reformstrategien der Akteure im Conseil d'État (1857–1859)

Im Unterschied zu der im Herbst 1858 schnell eskalierenden und von der Regierung mit einer rasch organisierten, umfangreichen Anhörung im Staatsrat kanalisierten Kontroverse über den Kornstufenzoll *(échelle mobile),* erregte die Diskussion über die Pariser Bäckereigewerbereform lange Zeit kaum öffentliches Aufsehen (Streng 2017, S. 169–183). Die Berichterstattung in der Angelegenheit wurde im *Conseil d'État* dem Staatsrat Frédéric Le Play übertragen. Mit seinen Untersuchungen und Berichten prägte der katholische Sozialökonom, Bergbauingenieur und Metallurg, der in den 1830er und 1840er Jahren mit empirischen Milieustudien über Arbeiterfamilien in europäischen Bergbauregionen bekannt geworden war und im Jahr 1855 das Generalkommissariat der Pariser Weltausstellung geleitet hatte, den Verlauf des Beratungsverfahrens maßgeblich (vgl. zu Le Play: Nouvel 2009; Savoye 2007). Le Play fertigte in den Jahren 1858, 1860 und 1862 drei ausführliche Berichte an, reiste für eigene Untersuchungen der dortigen Brotmärkte nach London und Brüssel und bearbeitete die Ergebnisse einer umfangreichen Anhörung, die der Staatsrat im Jahr 1859 veranstaltete (Conseil d'État 1859).

Wie im Verlauf der Beratungen deutlich wurde, hatte die Anrufung des Staatsrats durch Rouher einen doppelten Hintergrund. Einerseits ging ihr ein Konflikt zwischen dem Pariser Polizeipräfekten Pietri (vgl. zu Pierre Marie Pietri siehe Robert 1889–1891, Bd. 4, S. 628 f.) und dem Präfekten des Departements Seine, Baron Eugène Haussmann voraus, dem die polizeiliche Aufsicht über die Bäckerei und die *Caisse de service de la boulangerie* oblag. Dem Ausgleichsmechanismus der Bäckereikasse wurde von Pietri unter anderem vorgeworfen, für die in Paris gegenüber der Umgebung höheren Brotpreise verantwortlich zu sein. Diesen Missstand galt es abzustellen, weil er zahlreichen Betrügereien der Bäcker Vorschub leistete.

Wie Le Play in seinem ersten Bericht 1858 dokumentierte, hatte Haussmann im Winter 1855 auf Veranlassung Rouhers eine Kommission des Pariser Stadtrates prüfen lassen, ob nicht ein „Haushaltsbrot" *(pain de ménage)* mit Mehl hergestellt werden könnte, das zwar weniger stark von Schrotanteilen gereinigt wäre als die im Handel verfügbaren und von den Bäckern in ihrer Produktion gewöhnlich verwendeten Mehlsorten, dafür aber in einem besseren Ertragsverhältnis zum Rohstoff Getreide stünde. Ziel der Operation war es, eine günstigere Brotsorte für die Masse der Pariser Verbraucher zu finden, auf welche die Taxe einheitlich angewendet werden könnte, während alle anderen Brotsorten von ihr ausgenommen werden sollten. Die Kommission hielt fest, dass die unter dieser Maßgabe hergestellte Sorte „im Hinblick auf Geschmack und Geruch" geeignet sei, und der Stadtrat beschloss die Einführung dieses „Regelbrotes" *(pain réglementaire).* Im April 1856 nahmen die Bäcker die Produktion auf (Le Play 1858, S. 8–11; siehe auch Dumas 1859, S. 82).

Im August desselben Jahres kam jedoch eine weitere, mit der Prüfung der Brotqualität in Paris beauftragte Kommission unter der Leitung des Lebensmittelchemikers Anselme Payen zu dem Ergebnis, dass dieses „Regelbrot" genannte Produkt „besonders hinsichtlich der Farbe, des Geschmacks, des Geruchs und der Saugfähigkeit" von minderer Qualität war als das zuvor von den Pariser Bäckern hergestellte und von der Stadtverwaltung taxierte Brot. Sie führte dies darauf zurück, dass die Bäcker für seine Produktion keine speziell vorbereitete Mehlsorte, sondern eine Mischung hochreinen Mehls mit „größtenteils minderwertigen Mehlsorten" verwendeten, die von den Kundinnen und Kunden verschmäht würde. Die Kommissionsmitglieder rechneten mehrheitlich nicht mit nennenswerten ökonomischen Vorteilen des „Regelbrotes" für die Verbraucherinnen und Verbraucher und hielten es für gescheitert. Eine Minderheit der Kommissionsmitglieder ging jedoch davon aus, dass lediglich die Verwendung der richtigen Mehlsorte sichergestellt werden müsse und empfahl die Einführung von Brotfabriken, die Mahl- und Backverfahren in einem Betrieb zusammenfassten, um Brot in Massenproduktion herstellen zu können *(Meunerie-Boulangerie).* Gestützt auf dieses Minderheitenvotum der Expertenkommission und mit Unterstützung des Kaisers ließ Haussmann seit März 1856 in der Großbäckerei des Pariser Hospizes, der *Usine Scipion,* „Regelbrot" backen. Im Dezember des Jahres votierte der Generalrat des Departements Seine sogar für die Einführung mehrerer kombinierter Mahl- und Backfabriken im Pariser Stadtgebiet nach dem Vorbild der *Usine Scipion*[3] (Le Play 1858, S. 9–12). Ein Untersuchungsbericht leitender Beamter des von Rouher geführten Ministeriums, des Leiters der Handelsdirektion, Monny de Mornay, und des Direktors der Subsistenzabteilung, Foubert, über die neue, industrielle Betriebsform der Mahl- und Brotfabriken kam zu dem Schluss, dass solche Einrichtungen die Brotherstellung aufgrund des größeren Produktionsvolumens wesentlich rationeller, günstiger und regelmäßiger gestalten könnten als die (unkontrollierbare) Vielzahl kleiner

[3]Chemiker und Professor an der École des arts et métiers in Paris popularisierte Anselme Payen im Jahr zuvor in der Publikumszeitschrift Revue des deux Mondes lebensmittelchemisches Wissen über Getreide und Brot, s. Payen, Alimentation.

Bäckereibetriebe (Foubert und Monny de Mornay 1857). Strategisch war mit dem Konzept also sowohl die Regulierung der Zahl der Pariser Bäckereibetriebe als auch der Brotqualitäten und -preise verknüpft.

Diese Ausgangssituation des Beratungsverfahrens im Staatsrat 1857 verdeutlicht die der Kontroverse zugrunde liegenden Spannungen. Die Problemstellung war freilich noch wesentlich komplexer. Denn zum einen bezogen sich die vier Fragen zur Organisation der Pariser Bäckerei, die Rouher dem Staatsrat am 18. Februar 1857 zur Beratung und Beschlussfassung übermittelte, nicht nur auf die Opportunität der Einführung von Brotfabriken und eines „Regelbrotes", sondern auf die gesamte Produktionskette, vom Weizenhandel über die Mehlproduktion und die Backverfahren bis zur Brotqualität (Le Play 1858, S. 3). Andererseits stand die Alternative zwischen ‚Liberalisierung des Bäckereigewerbes' und ‚Beibehaltung, Ergänzung und Ausbau des status quo' stets im Hintergrund.

Diese Zusammenhänge kamen in einer großen Anhörung zur Sprache, die der Staatsrat im Sommer 1858 durchführte. Unter den insgesamt 91 von Haussmann und Rouher geladenen Personen befanden sich zahlreiche Geschäftsleute aus dem weiteren und engeren Einzugsgebiet des Pariser Brotmarktes: aus den beiden wichtigsten Getreideeinfuhrhäfen Marseille und Rouen; hochrangige Beamte und Verwaltungsfachleute der Hauptstadt, des Departements Seine und des Handels- und Landwirtschaftsministeriums sowie Mitglieder des Pariser Stadtrats; Grundbesitzer und Landwirte der Île de France, Müller und Mehlhändler; Ingenieure, sowie mehrere Vertreter der Bäckereiverbände von Paris und einiger Vorstädte. Neben verlässlichen Honoratioren des Zweiten Kaiserreichs, etwa den Bankiers, Weizenhändlern und Betreibern der Mühlen- und Speicherkomplexe in Corbeil, Aymé-Stanislas Darblay (gen. Darblay jeune) und Auguste-Rodolphe Darblay (gen. Darblay aîné), befragte die Kommission auch eine Reihe von Agronomen, Sozialökonomen und Lebensmittelchemikern. Unter diesen befanden sich die Agronomen der *École impériale d'agriculture* in Grignon, Jean-Edmond Briaune und François Bella, der Herausgeber der wichtigen Zeitschrift *Écho agricole,* André Pommier, die Sozialökonomen Jules Burat und Paul Gosset, sowie die Lebensmittelchemiker Jean-Baptiste Boussingault, Hippolythe Mège-Mouriès, Louis Michel Doyère und Anselme Payen (Conseil d'État Hrsg. 1859, S. II–VII). Sie alle hatten sich in der jüngsten Vergangenheit mit Publikationen zum Thema zu Wort gemeldet. Repräsentiert waren also nicht nur bei aller politischen Homogenität unterschiedliche soziale Milieus, sondern auch unterschiedliche Arten von praktischem und wissenschaftlichem Wissen.

Von besonderem Interesse sind hier besonders die Stellungnahmen zur Frage der Pariser Brotqualität[4], die sich im Übrigen auf die beiden taxierten Brotsorten – das Brot erster und zweiter Qualität – konzentrierten. Die Qualifizierung, die beurteilende Definition dieser beiden in Paris unter dem Regime der Taxe hauptsächlich hergestellten und vertriebenen Brotsorten bezog sich in der Regel nicht auf intrinsische Eigenschaften, sondern auf einen Vergleich anhand impliziter oder expliziter Kriterien.

Produktionsbezogen wurde Brot von den Teilnehmern der Anhörung vor allem durch die verwendeten Mehlsorten identifiziert. Für Jules Burat etwa, Redakteur der Tageszeitung *Constitutionel* und Professor für *administration industrielle* am *Conservatoire Impérial des Arts et Métiers,* stellte sich dies beim Brot erster Qualität – dem Weißbrot – offenbar vergleichsweise einfach dar: Es würde ausschließlich mit „feinstem Mehl", d. h. „Mehl erster Qualität" hergestellt (Burat 1859, S. 173). Weniger eindeutig war dies beim „Brot zweiter Qualität" bzw. dem „echten Haushaltsbrot", das sich bereits durch seine Farbe – es war dunkler, „grauer" – vom „gewöhnlichen Weißbrot" unterschied, wie Aymé-Stanislas Darblay anmerkte (Darblay jeune 1859, S. 700). Mit Bezug auf das Mahlverfahren wurde von den meisten Teilnehmern der Anhörung ein zu 75 % reines Weizenmehl zur Definition herangezogen, das einen entsprechend hohen Schrotanteil enthielt – mithin eine Art Vollkornmehl (Dumas 1859, S. 98; Mège-Mouriès 1859, S. 368; Burat 1859, S. 174; Foubert 1859, S. 426). Andere wie der Mühleningenieur und Bürgermeister von Essonne, Feray, wiesen darauf hin, dass die

[4]Frage 7 lautete wie folgt: „Warum ist die Produktion des aktuellen Brotes zweiter Qualität so gering? Ist das taxierte Brot erster Qualität (rund oder gespalten, 2 kg schwer) nicht in gewisser Hinsicht ein Ersatz für das Haushaltsbrot, das es in Paris im vorigen Jahrhundert gab? Wäre es im Augenblick möglich, in den Verbraucher der Pariser Bevölkerung ein Brot einzuführen, das ein gutes Haushaltsbrot und im Vergleich zum Taxenpreis des Brotes erster Qualität eine erhebliche Ersparnis darstellte?" (Conseil d'État 1859, S. X). Die Anhörung diente letztlich dem Zweck, die Opportunität der Einführung von Brotfabriken zu testen. Die letzte Frage lautete: „Kann man … zusammenfassend sagen, dass die Großbetriebe, die Mehl- und Brotherstellung vereinigen, in einer Ordnung, die, das Brot nach dem Weizenpreistaxierend oder die aktuelle Taxe beibehaltend, die freie Konkurrenz zwischen beiden Betriebsarten erlaubte, dazu tendieren würden, die kleinen Bäckereien zu verdrängen? Wenn die Großbetriebe aufgrund ihrer ökonomischen Überlegenheit die kleinen Betriebe verdrängen sollten, würden sie dieselben Sicherheiten bieten wie jene unter politischen und sozialen Aspekten sowie unter dem Gesichtspunkt der Versorgungssicherheit? Welche Bedingungen und Auflagen könnte man diesen Einrichtungen vorschreiben, um den Nachteilen vorzubeugen, die sich unter diesen verschiedenen Hinsichten ergeben könnten?" (ebd., S. XI).

Bäcker für ihre geringe Produktion dieser Brotsorte eine Mischung von Mehltypen unterschiedlicher Reinigungsgrade verwendeten (Feray 1859, S. 213).

Die Identifizierung des Brotes zweiter Qualität mit dem „Haushaltsbrot" des 18. Jahrhunderts durch den Staatsrat wurde von mehreren Honoratioren infrage gestellt. Wie etwa der Ökonom Pommier, der Getreidegroßhändler Darblay jeune, der ehemalige Syndikus der Bäckerei von Cambrai, Formant, oder die Vorsitzenden des Bäckerverbands des Bezirks Saint-Denis, Lamarre, Gautheron, Meuredefroy und Cousin, sowie einige andere ausführten, handelte es sich bei diesem älteren „Haushaltsbrot" im Grunde genommen um das „Brot erster Qualität", da es mit denselben Mehlsorten hergestellt werde – die veränderte Mahltechnik habe lediglich dazu geführt, dass diese Mehlsorten erster Qualität selbst reiner geworden seien (Darblay 1859, S. 700; Lamarre et al. 1859, S. 138; Formant 1859, S. 784, Pommier 1859, S. 232).

Verbrauchsbezogen wurde zur Definition und Beurteilung der Brotqualität ein wesentlich breiteres Spektrum an Kriterien herangezogen – und hier gingen die Ansichten der Honoratioren des *Second Empire* auch deutlicher auseinander. So charakterisierten viele Stellungnahmen das Weißbrot mit sinnlichen oder organoleptischen Merkmalen, die zugleich seine Überlegenheit gegenüber dem Brot zweiter Qualität, dem „Haushaltsbrot" begründen halfen – etwa durch sein „schönes Aussehen", seine „knackige Kruste", seinen „guten", „angenehmen Geschmack" usw. (Deyrolle 1859, S. 259; Bethmont 1859, S. 58; Aubin 1859, S. 396). Große Einigkeit herrschte darüber, dass fast ausschließlich dieses Brot von der Masse der Pariser Verbraucherinnen und Verbraucher nachgefragt und gekauft werde – das Weißbrot war, wie im 18. Jahrhundert, gewissermaßen das Spitzenprodukt der Pariser Bäckerei (vgl. Kaplan 1996, 2010) –, während dem Haushaltsbrot mit „Abscheu" begegnet werde. Zur Erklärung dieser Ablehnung hoben viele Stellungnahmen auf ein soziales Aufstiegs- und Distinktionsstreben der Pariser Arbeiterschaft ab. Vittecoq etwa, ein Müller, Mehlhändler und zugleich Bürgermeister von Beaumont-le-Roger im Departement Eure, bezog sich gar auf die Bezeichnung des Brotes: „Als man begann, Regelbrot herzustellen, war der Verkauf nicht wegen seiner geringeren Qualität schleppend, sondern wegen des Wortes Regel, das die Eitelkeit der Armen verletzte." (Vittecoq 1859, S. 330). Für den Arbeiter, so der Anwalt des Pariser Bäckereiverbands, Bethmont, stelle es gar eine „Demütigung" dar, wenn er „Brot kaufen müsse, das er an seinem Arbeitsplatz nicht sehen lassen könne" (Bethmont 1859, S. 56). Ein immer wiederkehrendes Beispiel waren die Mittellosen, die Bons für Brot zweiter Qualität ausgehändigt bekamen und in den Bäckereien die Differenz zum Preis für Brot erster Qualität bar zahlten (Deyrolle 1859, S. 259; Morel 1859, S. 46; Bethmont 1859, S. 56).

Eine zweite Erklärung für die höhere Nachfrage nach Brot erster Qualität in Paris hob auf den spezifischen Brotgebrauch der Konsumentinnen und Konsumenten ab. Das Weißbrot eigene sich besser für die Suppe als das Brot zweiter Qualität, weil es saugfähiger sei. Der Lebensmittelchemiker Anselme Payen etwa sah in der geringeren Saugfähigkeit des Brotes zweiter Qualität das Haupthindernis für seine erfolgreiche Vermarktung (Payen 1859, S. 357; auch Deyrolle 1859, S. 259). Eine Erläuterung dieser Eigenschaft führte sein Kollege Boussingault an: Die Saugfähigkeit nach dem Backen hänge mit der Höhe des Schrotanteils zusammen und Brot zweiter Qualität, dessen Schrotanteil größer sei als der des Weißbrots, verliere während des Backens weit weniger Wasser. Folglich könne es anschließend weniger Wasser aufnehmen (Boussingault 1859, S. 769 f.).

In diesem Kontext brachten die Befürworter des „Regelbrotes" bzw. „Haushaltsbrotes" vor allem Argumente für seine höheren ökonomischen Vorteil und ernährungsphysiologischen Nutzen vor. Gestützt auf Erfahrungen, die sie selbst bei der Produktion in der Brotfabrik *Usine Scipion* des Pariser Hospizes gemacht hatten, beriefen sich der Chemiker Jean-Baptiste Dumas, zugleich Vorsitzender des Pariser Stadtrats, Senator, Institutsmitglied und ehemaliger Handelsminister, und Salone, der Geschäftsführer der *Usine Scipion,* einerseits auf die erheblichen Einsparungen bei den Produktionskosten und stellten, bei einer entsprechenden Verbesserung der technischen Ausrüstung, gar weitere Kostensenkungen in Aussicht; andererseits hoben sie auf den größeren Nährwert des produzierten Brotes ab (Dumas 1859, S. 80). Der Chemiker Hippolyte Mège-Mouriès führte zum „Haushaltsbrot" aus:

> „Bisher habe ich nur von dem absolut weißen Brot gesprochen. Aber wenn man Brot will, das alle Nahrungskräfte des Korns enthält, wenn man ein normales Brot möchte, das leicht verdaulich ist und gut assimiliert werden kann, wenn man schließlich ein Brot möchte, das als einzige Nahrung ernährt statt umzubringen, dann muss die Vitalmembran des Korns im Brot enthalten sein. In diesem Fall ist es wesentlich zu verhindern, dass diese Membran das Mehl zersetzt, sonst kann man nur Brot zweiter Qualität backen [pain bis]. Und das gelingt, wenn man den fraglichen Teil des Korns in der letzten Phase des Teigens zugibt, sodass die Keimstoffe nicht fermentieren können und das Brot vollkommen unverändert lassen, ein wenig gelber vielleicht, aber niemals Brot zweiter Qualität [pain bis]. [...] Auf diese Weise kann man exzellentes Brot herstellen [...] und zu einem für die [...] öffentliche Gesundheit sehr wertvollen Ergebnis kommen." (Mège-Mouriès 1859, S. 369)

Das Brot zweiter Qualität wich also zwar in der Farbe vom Brot erster Qualität ab, enthielt aber mehr Nährstoffe und sei nahrhafter und gesünder (so auch Chappelle 1859, S. 308; Leclerc-Fleurau 1859, S. 438; Dumas 1859, S. 98).

Dieses hygienische Argument war jedoch umstritten, denn in einer Reihe von Stellungnahmen wurden dieselben Eigenschaften auch für das Weißbrot reklamiert (Ferrand 1859, S. 532) – was freilich auf den grundsätzlichen Wert dieses Argumentes hinweist. Schließlich sei, so der Vicomte de Tocquevilles, Vorsitzender der Landwirtschaftsgesellschaft von Compiègne, der Glutengehalt im Weißbrot höher und dem Arbeiter könne „einzig glutenhaltiges Brot das Fleisch ersetzten" (Tocquville 1859, S. 775). Allerdings erhob Louis Foubert, der Direktor der Subsistenzabteilung im Handels- und Landwirtschaftsministerium, in seiner Stellungnahme gewichtigen Einspruch gegen das „Haushaltsbrot". Zum einen rechnete er vor, dass die Gewinne der *Usine Scipion* keineswegs so groß seien wie von Dumas und Salone dargestellt; zum anderen führte er aus:

> „Die Präfektur des Departements Seine behauptet, dass das von der Brotfabrik [Scipion] hergestellte Brot die gleiche Qualität habe wie das der Pariser Bäckerei. Eine Kommission des Handelsministeriums ist zur gegenteiligen Auffassung gelangt. [...] Dieses Brot [...] wurde auf einem deutlich niedrigeren Rang eingeordnet als das Brot der Pariser Bäckerei." (Foubert 1859, S. 426)

In der Gesamtschau zeichnet sich in den Aussagen zur Qualität des Pariser Weißbrotes und des „Haushaltsbrotes" sowie ihren jeweiligen Eigenschaften ein grundlegendes Spannungsverhältnis ab. Auffällig viele alteingesessene Bäcker lobten das erstklassige, traditionelle Weißbrot für seine Eigenschaften, seine gute Qualität und Marktgängigkeit sowie das *savoir-faire* ihres Berufsstands, während das innovative, aufgrund seiner Herstellungsweise quasi-standardisierte Produkt „Haushaltsbrot" vor allem Fürsprecher unter den Vertretern der Administration und wissenschaftlichen Experten fand – wobei die Legitimität der noch jungen naturwissenschaftlichen Lebensmittelchemie selbst noch fraglich war (vgl. Payen 1853, 1855).

Hinsichtlich der Produktqualität trat daher auch die Differenz zwischen unterschiedlichen „Produktionswelten" (Storper und Salais 1997) und ihren Konventionen zutage (siehe hierzu Boltanski und Thévenot 2007, S. 289–317). Den knapp 600, meist in Kleinbetrieben organisierten, handwerklichen Pariser Bäckereibetrieben wurde in den Diskussionen das Beispiel der bis dato einzigen in Paris betriebenen Backfabrik gegenübergestellt. Nach den Plänen ihrer Befürworter sollte sie zum Modell für weitere Unternehmen werden, welche die bis dahin getrennten Gewerke Müllerei und Bäckerei zu konzentrieren, die Produktionskosten zu senken und durch den Einsatz von Technologien wie Dampf- und Knetmaschinen oder dauerbrennende Öfen auch den Ausstoß enorm zu erhöhen versprachen (vgl. Le Brun 1987a, b; Lefèvre 1857). Daraus ergaben sich jedoch Konsequenzen für die lokale Konvention der Brotqualität und ihre Nomenklatur. Denn die Brotfabriken würden mit einer von ihnen selbst hergestellten Mehlsorte mit spezifischen Eigenschaften (75 %ige Reinheit) in Massenproduktion ein standardisiertes Brot backen, das seine Besonderheit gegenüber den gängigen Brotsorten im Namen trug: ein „Regelbrot". Diese Brotsorte musste in die Nomenklatur der Brottaxe eingepasst werden, denn nur dann konnten alle Marktakteure wissen, worum es sich dabei genau handelte (siehe hierzu Stanziani 2005, S. 21–36). „Die wirkliche Frage", so fasste ein Mitglied der Staatsratskommission die Problematik während der Anhörung zusammen, sei, „ob das Scipion-Brot und das taxierte Brot der Bäcker wirklich von identischer Qualität sind." (Conseil d'Etat 1859, S. 426) Ein eindeutiges Ergebnis wurde in dieser Frage nicht erzielt.

Bezüglich der Einführung des „Haushaltsbrots" ergab sich deshalb ein Dilemma. Auf der einen Seite wurde die Brotsorte von den Teilnehmern der Anhörung mehrheitlich für auf dem Pariser Brotmarkt chancenlos gehalten, weil die Stadtbevölkerung sich generell weigere, in ihrem Alltag ein Brot von geringerer als erster Qualität zu verwenden. Auf der anderen Seite sprach sich allerdings auch niemand dafür aus, diese neue Brotvarietät einfach zu verbieten, im Gegenteil: Es galt – besonders unter den Lebensmittelchemikern, Agronomen und Ökonomen – als günstiges, nahrhaftes und gesundes Produkt. Warum sollte es der Bevölkerung also vorenthalten werden? An diesem Punkt stieß die Debatte an die Grenzen des institutionellen Arrangements des Pariser Brotmarktes und mithin auf eine Grundsatzfrage. So sind am Ende vieler Stellungnahmen zur Pariser Brotqualität ähnliche Aussagen zu lesen wie die folgende des Müllers und Direktors der *Manutention civile* von Orléans, Leclerc-Fleureau:

> „Mit einer freien Bäckerei werden Sie Brot in allen Qualitäten bekommen, das zwischen 20 und 30 Centimes das Kilogramm kostet, während Sie mit der Taxe nur Brot einer einzigen Qualität, höchstens zwei verschiedenen Qualitäten bekommen. Zwischen der ersten und der zweiten Qualität besteht jedoch eine so große [preisliche, M.S.] Differenz, dass der Bäcker kein Interesse daran hat, diese zweite Brotqualität zu backen." (Leclerc-Fleaurau 1859, S. 439; vgl. auch Pommier 1859, S. 231; Fournier 1859, S. 188)

Wie Le Play in seinem zweiten Bericht an den Staatsrat 1860 feststellte, war es ein Widerspruch zwischen den Vorträgen zweiter Ökonomen, der der Diskussion zu einem Durchbruch verhalf (Le Play 1860, S. 14 f., 1862, S. 13 f.) Der Vergleich der Pariser Brotpreise mit den Preisen auf dem „freien" Brotmarkt von London führte die beiden Ökonomen André Pommier, Herausgeber des *Écho agricole,* der auch für das Flaggschiff der freihändlerischen Kritik, das *Journal des économistes,* schrieb und sich als scharfzüngiger Polemiker einen Namen gemacht hatte, und Jules Burat zu gegensätzlichen Ergebnissen. Burat rechnete mit Angaben aus dem Londoner Handelsblatt *Times Mark-Lane* vor, dass Brot in London 50 % teurer sei als in Paris (Burat 1859, S. 177). Pommier kalkulierte auf der Grundlage derselben Daten, differenzierte jedoch zwischen zwei Brotsorten und kam zu dem Resultat, dass sich die Brotpreise kaum unterschieden (Pommier 1859, S. 223 f.). Da dieser „wesentliche" Punkt nicht aufgeklärt werden konnte, wie Le Play notierte, reiste er im November 1859 kurzerhand nach London und Brüssel, um die dortigen Brotmärkte eigenhändig zu untersuchen.[5]

Die Vergleichsfälle London und Brüssel waren mit Bedacht gewählt. Während der Londoner Brotmarkt bzw. der englische Getreidehandel als Vorbilder für eine funktionierende freihändlerische Versorgung schlechthin galten, wurden die Backtraditionen und Brotqualitäten in Paris und London für sehr unterschiedlich gehalten (Pommier 1859, S. 232; Fournier 1859, S. 188, Leclerc-Fleureau 1859, S. 438). Brüssel dagegen galt als Stadt mit einer ähnlichen Brotkultur wie Paris.

Charakteristisch für Le Plays pragmatische Vorgehensweise ist der empirische Vergleich der in Brüssel, London und Paris jeweils gebräuchlichsten Brotsorten. Le Play ermittelte sie durch „direkte Beobachtung", d. h. er suchte „eine gewisse Anzahl" Bäckereien vor Ort, die ihm die „durchschnittliche Produktion der Stadt" zu repräsentieren schienen; er informierte sich über die für ihre Produktion verwendeten Getreide- und Mehlsorten und mittelte deren Kilogrammpreise (Le Play 1860, S. 242). Nach einigen weiteren Rechenschritten erwies sich, dass Brot in London um knapp drei Centimes und in Brüssel sogar um dreieinhalb Centimes günstiger war als in Paris (ebd. S. 17–22). Doch damit nicht genug: Das am häufigsten konsumierte „Haushaltsbrot" dieser beiden Städte sei, so Le Play, ein „hygienischeres, nahrhafteres und vollständigeres Lebensmittel" als ihr Pariser Pendant, das er nun behelfshalber „Gebrauchsbrot" nannte, um gewissermaßen seine Anormalität herauszustellen. Die Eigenschaften dieses Brotes orientierten sich, so Le Play in seinem dritten, abschließenden Bericht, weniger an den Nahrungsbedürfnissen der Kundinnen und Kunden als am Profitstreben der Bäcker, die aufgrund der Brottarife der Taxe mehr Interesse daran hätten, höher taxiertes Weißbrot mit gebleichtem Mehl herzustellen als ein günstigeres „Haushaltsbrot" (Le Play1862, S. 18–21).

[5]Jules Robert de Massy, ein Mitarbeiter von Rouhers Ministerium, erstellte einen eigenständigen, zweibändigen Bericht, der die Lebensmittelmärkte und ihre Ordnungen in London und Paris verglich (Robert de Massy 1861–1862).

Le Plays methodische und sorgfältig dokumentierte, auf Überprüfbarkeit achtende Untersuchung brachte eine Fülle an Material, sachlichen Informationen – vor allem aber eine pragmatische Perspektive in die „unentwirrbare“ Kontroverse über die „Bäckereifrage“, die in der Regel mit ordnungspolitischen und klassisch liberalen, wirtschaftstheoretischen Argumenten geführt wurde. Gestützt auf seine Untersuchungsergebnisse analysierte Le Play Schritt für Schritt die Auswirkungen des Pariser institutionellen Arrangements auf die handwerklichen und ökonomischen Praktiken der Bäcker sowie auf die Brotpreise, die Broteigenschaften und den Brotkonsum. Dieses sozialökonomisch (vgl. Sage 2009) argumentierende, an seine früheren Milieustudien erinnernde Vorgehen führte ihn, der anfänglich zu den Reformskeptikern gehörte, zu der entscheidenden Schlussfolgerung, dass „der Eingriff der Behörde in dieses Gewerbe […] schädlich und ohnmächtig“ (Le Play 1860, S. 111) sei. Der Vergleich bestätige „die Richtigkeit der Prinzipien, über die in Frankreich nun seit 1763 diskutiert wird, während sich inzwischen alle anderen Völker nach ihnen richten. Wir aber entfernen uns jeden Tag weiter von ihnen.“ (ebd., S. 110). Es sei deshalb notwendig, notierte er, „den Standpunkt zu ändern, den wir bis zu diesem Tag eingenommen haben“ (ebd.). Er plädierte deshalb dagegen, die bestehende Organisation der Pariser Bäckerei durch die Einführung von Brotfabriken „weiter zu verkomplizieren“. Stattdessen sollte diese „schrittweise vereinfacht und in das Gemeinrecht überführt“ (ebd., S. 111) werden. War bis dahin nur von der Pariser Bäckerei die Rede gewesen, ging Le Play mit dem letzten Satz seines Berichts an den Staatsrat einen entscheidenden Schritt weiter. Lapidar formulierte er: „Außerdem ist es geboten, das Ausnahmeregime in den anderen Städten des Kaiserreichs auf Verlangen der Stadtverwaltungen ganz oder in Teilen aufzuheben“ (ebd., S. 112). Damit hob er den Vorschlag einer ebenso radikalen wie umfassenden Gewerbereform auf die Tagesordnung, die sich in dem eingangs zitierten Reformdekret niederschlagen sollte.

3 Gewerbefreiheit als Koordinationskrise (1863–1866)

Das Dekret trat knapp zwei Monate nach seiner offiziellen Verkündigung, am 1. September 1863 in Kraft. Freilich hätte es der Vollständigkeit halber auch der Aufhebung des Taxierungsrechts der Kommunalbehörden bedurft, doch dazu wäre ein Gesetz notwendig gewesen, für das aufgrund des latenten Wiedererstarkens der Opposition eine Mehrheit allerdings nicht garantiert werden konnte (Price 2001, S. 234 f.; Plessis 1979, S. 197 f.). So blieb die Reform unvollständig.

Regierung und Verwaltung versuchten im Zuge der Durchführung der Gewerbereform, die Ratshäuser vermittels der Präfekturen von einem vorläufigen „freiwilligen Verzicht“ auf die Taxierung zu überzeugen. Wieviele Bürgermeister sich an diesem Verzicht beteiligten, der ausdrücklich als politisches „Experiment“ bezeichnet wurde, ist noch nicht bekannt (Rouher 1863, S. 306; vgl. Devos 1971). Aus der Entwicklung in den beiden bretonischen Departements Finistère und Ille & Vilaine kann jedoch geschlossen werden, dass sich die überwiegende Mehrheit der Kommunalverwaltungen anschloss. Einer öffentlich geäußerten Überlegung Napoléons III. zufolge konnten die der Taxe zugrunde liegende Datenerfassung und Berechnung zwar weiterhin durchgeführt werden, doch sollte die Taxe nicht mehr „offiziell“ und verbindlich gelten, sondern nur noch „offiziösen“ Charakter haben und verwaltungsintern als Erkenntnismittel zur Beobachtung der weiteren Entwicklung auf dem nun „freien“ Brotmarkt dienen (Napoléon III 1862, S. 375).

In den folgenden Monaten und Jahren sollte sich vor allem in der Provinz zeigen, dass die liberalen Reformer und Freihandelsbefürworter – und Regierung und Verwaltung mit ihnen – etwas Grundlegendes übersehen hatten: Die kommunale Brottaxe mit ihrer Nomenklatur der Sorten, Qualitäten und den entsprechenden Tarifen pro verkaufter Einheit war keineswegs nur das Markthemmnis, das sie prinzipiell in ihr sahen. Vielmehr hatte sie als institutionell stabilisierte Konvention über Jahrzehnte hinweg die Koordination zwischen den lokalen Bäckern, ihren Kunden und den Behörden enorm erleichtert. Der Wegfall der Taxe und die Aufhebung der alten Gewerbeordnungen kam der einseitigen Aufkündigung einer spezifischen Marktkonvention gleich – des historisch gewachsenen „contrat social des subsistances“ (Kaplan 1996, S. 547 f.; vgl. Kaplan 2015), der zwischen Bäckern, Beamten und Verbrauchern wechselseitige Erwartungshaltungen, Erwartungserwartungen und Sicherheiten begründet und in dessen Zentrum die Versorgung der lokalen Bevölkerung mit ‚günstigem, ausreichendem und gesundem Brot‘ gestanden hatte (siehe dazu auch Bourguinat 2002, S. 443–464, sowie Stanziani in diesem Band). Der Wegfall der Taxe musste deshalb vielerorts zwangsläufig zu Verunsicherung und Vertrauensverlusten führen – sowohl bei den Kundinnen und Kunden als auch bei den Beamten. Dabei war das Problem weniger dieser Wegfall als vielmehr der Umstand, dass es für sie im gesellschaftlichen Alltag zunächst keinen in Form und Geläufigkeit adäquaten, ebenso greifbaren Ersatz gab.

Dieser Zustand war in gewisser Hinsicht sogar ein programmatisches Ziel der Reform. Nicht nur, aber doch vorwiegend von Vertretern der nationalökonomischen Theorie und Kritik war seit Turgot immer wieder vorgebracht und ausführlich begründet worden, dass vor allem die ärmeren Teile der Bevölkerung im Lauf der

Jahrzehnte das „populäre Vorurteil“ oder den „Aberglauben“ entwickelt hätten, Regierung und Behörden könnten direkten Einfluss auf die Lebensmittelpreise nehmen, und sahen darin eine unmittelbare Folge des ebenso alten Ausnahmezustands in Bäckereigewerbe und Brothandel (zeitgenössisch siehe etwa Modeste 1854; Modeste 1856; Molinari 1855; Pommier 1854; Foubert 1856; Borie 1862; Borie 1863, S. 7–9; Barral 1863, S. 20–49).

Paradigmatisch fand sich diese Argumentation in der ausführlichen Begründung der Reform durch Handelsminister Rouher. Nach einer Aufzählung der „Nachteile“ des Ausnahmeregimes (Pflichtbevorratung, Begrenzung der Zahl der Bäckereien, Bäckereikasse und Brottaxe) zog er den Schluss, dass ein möglicher Zusammenbruch dieses „Systems“ umso bedenklicher sei, als es die Bevölkerung überhaupt erst in den Glauben versetzt habe, „dass die Regierung und die lokalen Behörden auf die Versorgung und die Brotpreise direkt Einfluss nehmen“ könnten. Deshalb sei das Sonderregime der Bäckerei keineswegs eine Garantie für die öffentliche Sicherheit, wie seine Befürworter behaupteten, sondern vielmehr eine „Quelle von Aufruhr und Unruhe“, die „auf der Regierung und den lokalen Behörden eine fürchterliche Verantwortung ruhen“ lasse. Es sei deshalb vorzuziehen, die Aktivitäten der Kommunalverwaltung grundsätzlich „auf das strikt Notwendige“ einzuschränken, d. h. „auf die Überwachung der Lauterkeit im Verkauf und der gesundheitlichen Unbedenklichkeit der in Verkauf gebrachten Lebensmittel, Aufgaben, die ihnen durch das Kommunalgesetz ohnehin anvertraut sind“ (Rouher 1863, S. 306).

Mit der Reformmaßnahme war ausdrücklich ein pädagogisches Moment verknüpft: Die Bäcker und ihre Kundschaft sollten endlich lernen, mit der Freiheit umzugehen. Optimistisch notierte Rouher, die Verbraucher würden „sich recht schnell daran gewöhnen, in der Variation der Preise nur eine Folge kommerzieller Tatsachen zu sehen“, die mit natürlichen Umständen und Gesetzmäßigkeiten zusammenhingen – und nicht mit der Untätigkeit der Regierung (ebd.). Kurz: Das Reformdekret schnitt den handwerklich und lokal situierten Brotmarkt kurzerhand von seiner eigenen Geschichte ab und setzte einen vermeintlich zeitlosen, natürlichen Regulierungsmechanismus an ihre Stelle (Boltanski und Thévenot 2007, S. 23). Die Überlieferung der Lokalverwaltungen dokumentiert diesen Bruch: Die über Jahrzehnte hinweg Akte um Akte füllende Beschäftigung der Beamten mit der Bäckerei und der Brotversorgung riss 1863 plötzlich ab. Als etwa Hippolyte Bizet, der Bürgermeister von Brest, Mitte August desselben Jahres beim Präfekten um Instruktionen für die Umsetzung des Reformdekrets bat, ließ dieser ihm durch den Unterpräfekten ausrichten, er habe ihm „keine spezielle

Instruktion zu geben [...]. Die Anwendung dieses Dekrets scheint mir nicht so schwierig zu sein".[6]

Wie der Hinweis auf die verbleibenden Aufgaben der Behörden andeutet – Überwachung der Lauterkeit im Verkauf und Kontrolle der Waren auf gesundheitliche Unbedenklichkeit – existierte durchaus weiterhin ein institutionelles Arrangement für die Regulierung der Produktqualität. Zu den im Kommunalgesetz von 1790 festgelegten polizeilichen Befugnissen der Kommune im engeren Sinn allerdings kamen Rechtsnormen hinzu, die in einem Gesetz von 1851 systematisiert worden waren. Produktbetrug nachzuweisen und vor Gericht verfolgen zu lassen, war jedoch nur ex post factum möglich und ein Weg, den ärmere Kundinnen und Kunden in der Regel nicht gingen (vgl. Stanziani 2005, S. 37–56, und in diesem Band; Halpérin 2001, S. 62–80). Es dauerte eine Weile, bis dieses für die ärmere Bevölkerung schwer erreichbare gemeinrechtliche Dispositiv Konsequenzen zeitigte und auch im Handelsministerium zu einem Umdenken führte.

Am 11. Mai 1864 brachte der Nachfolger Rouhers im Handels- und Landwirtschaftsministerium, Armand Béhic, seinem Amtskollegen im Justizministerium, Pierre Jules Baroche, in einem ausführlichen Schreiben einige gegen Bäcker ergangene Gerichtsurteile zur Kenntnis, die „zwischen unseren Behörden eine Meinungsverschiedenheit darüber erkennen lassen, wie die neue Ordnung umzusetzen ist".[7] In allen drei Urteilen ging es um den gegen Bäcker gerichteten Vorwurf, Kunden beim Brotgewicht betrogen zu haben – ein auch unter der alten Ordnung und besonders in Teuerungsperioden häufiger Vorwurf.[8] Béhic vertrat in seinem Schreiben den Standpunkt, dass alle Bestimmungen, die den Bäckern die Form, das Gewicht und den Preis der von ihnen verkauften Brote vorschrieb, keine Geltung mehr hätten. Es sei nun vielmehr ausschließlich an den Bäckern und ihrer Kundschaft, sich im Rahmen einer „positiv und frei ausgehandelten Übereinkunft (convention)" über diese Details einig zu werden.[9] Die Gerichte hätten jedoch entschieden, dass sich die Bäcker nach dem Gesetz vom 27. März 1851 des Betrugs strafbar gemacht hatten, als sie Brot mit einem Fehlgewicht verkauften, das die Kundinnen und Kunden aufgrund seiner Form und seines

[6]Préfet du Finistère, an: Sous-Préfet de Brest, 14.8.1863, AMB 4F4.2.

[7]Béhic, MACTP, an: Baroche, MJ, Boulangerie – exécution du décret du 22 juin 1863 – décisions judiciaires, 11.5.1864, AN CHAN BB 18 1677 9348 A3.

[8]Vgl. entsprechende Fälle im Finistére, Herbst 1853 (ADF 6M947).

[9]Béhic, MACTP, an: Baroche, MJ, Boulangerie – exécution du décret du 22 juin 1863 – décisions judiciaires, 11.5.1864, AN CHAN BB 18 1677 9348 A3.

Aussehens „dem Brauch nach" ein bestimmtes Gewicht erwarten ließ.[10] „Mit der Gewerbefreiheit der Bäckerei", so Béhic, „scheint mir eine solche Begründung nicht zu vereinbaren und deshalb unzulässig" zu sein (ebd.). Die Kundschaft müsse vielmehr „daran gewöhnt werden, sich um ihre Interessen selbst zu kümmern und ihre Verteidigung nicht mehr ausschließlich der Behörde zu überlassen" (ebd.).

Eine Prüfung der beanstandeten Urteile im Justizministerium kam indes zu einem ganz anderen Schluss. In den Mittelpunkt rückte hier die Frage, was eine vertragliche Übereinkunft (convention) genau definierte. Der Handelsminister, so eine Aktennotiz, unterscheide zwischen einem „auf einen seit unvordenklicher Zeit bestehenden Brauch" gestützten und einem „echten", „positiven Kaufgeschäft".[11] Dabei verwechsle er jedoch, so eine weitere Aktennotiz, „die Theorie mit der Praxis". Dafür, dass Brote mit bestimmtem Gewicht eine bestimmte Form hatten, gebe es viele alltagspraktische Gründe, die sich allmählich zu einer Tradition verfestigt hätten. Der Bäcker betrüge den Kunden deshalb, so die Einschätzung im Justizministerium, dann „wissentlich", wenn er ihn über die abweichenden Eigenschaften der Ware (hier das Gewicht) nicht aufkläre. In diesem gemeinrechtlichen Sinn, so der Bearbeiter, hätten.

> „[…] die Gerichte [entschieden], dass die Bäcker eben nicht so frei sind, die Käufer zu betrügen, dass sie das Gewicht bekannt geben müssen, das sowohl die Form als auch der verlangte Preis *erwarten* lassen. Nichts ist gerechter. Die Bäcker müssen deutlich sagen, zu welchen Bedingungen sie verkaufen wollen und die Gewerbefreiheit wird auch durch die Forderung nicht eingeschränkt, dass eine ausdrückliche vertragliche Übereinkunft erzielt werden muss, wenn mit einer stillschweigend und allgemein akzeptierten vertraglichen Übereinkunft gebrochen werden soll." (AN CHAN BB 18 1677 9348 A3: O.A., note, o.D. [Juni 1864], Herv. M.S.)

Die Juristen in den urteilenden Gerichten und im Justizministerium fassten den Rechtsbegriff „vertragliche Übereinkunft" also anders als der Handels- und

[10]Die beanstandeten Urteile, die sich das Justizministerium aus den jeweiligen Ressorts zuschicken ließ in AN CHAN BB 18 1677 9348 A3: Extrait des minutes de la cour de cassation [affaire Beaudet], 12.3.1864; Extrait des minutes du greffe de la cour impériale de Poitiers, 26.12.1863; Extrait des minutes du greffe de la cour impériale de Poitiers, 14.1.1864; PI de Rambouillet, an: MJ, n° 134.873, 20.5.1864; Tribunal correctionnel de Rambouillet, Ministère public contre Charbonnier – extrait du jugement du 24 décembre 1863, 24.12.1863.

[11]O.A., note, o.D. [Juni 1864], AN CHAN BB 18 1677 9348 A3.

Landwirtschaftsminister und bezogen auch implizite Konventionen mit ein, die sich durch alltägliche Abläufe und Gewohnheiten im Laufe der Zeit zur Bräuchen und Traditionen verfestigt hatten – und auf die sich wechselseitige Erwartungen gründeten. Der Bearbeiter im Justizministerium hob hervor, dass die Brotform als Indikator des Gewichts selbst eine Rationalisierung der Verkaufssituation sei, denn da Brot als Grundnahrungsmittel in der Regel „frühmorgens und von jedermann" gekauft werde, sei es dem Bäcker aufgrund des großen Andrangs meist unmöglich, für jede Kundin und jeden Kunden einzeln Brot abzuwiegen (ebd.). In seinem Antwortschreiben an Béhic verwies der Justizminister zudem darauf, dass es sich meistens um „die Frauen und Kinder armer Konsumenten handele, denen [...] überdies ihre Situation als Schuldner in Gegenwart ihres Gläubigers nicht erlaubt, ihre Rechte unerbittlich zu diskutieren".[12] Die Kunden hatten auch in der reformierten Brothandelsordnung nicht nur Pflichten, sondern auch Rechte – etwa dasjenige, darüber informiert zu werden, wenn der Bäcker Elemente der bisher stillschweigenden Übereinkunft änderte, wohlwissend, dass er es mit Kundschaft zu tun hatte, die aufgrund des ihr eingeräumten Kredits von seinem Wohlwollen abhängig war. Solange die alten Bräuche noch nicht „zerstört" und durch neue ersetzt seien, so der Justizminister in einer Randglosse, müsse der Bäcker ansagen, zu welchen Bedingungen er verkaufe.[13]

In gewisser Weise rehabilitierte die Justiz also jene „alten Bräuche", „Vorurteile" und „schlechten Gewohnheiten", deren restlose Beseitigung die Reformer bezweckten, weil sie rechtsgültige, bindende Verträge begründeten. Einseitige änderungen dieser impliziten Geschäftsbedingungen durch den Bäcker, d. h. der Konvention, mussten den Kundinnen und Kunden mitgeteilt werden. Béhic trug den juristischen Einwänden gegen diese in seiner Reformpolitik nicht berücksichtigten Informationsasymmetrien (vgl. Stanziani, in diesem Band; Akerlof 1970; Stiglitz 1987) ein Jahr später Rechnung und ließ sich vom Justizministerium bei der Verfassung einer Instruktion bezüglich der „Loyalität im Verkauf" beraten.[14] Im Justizministerium wurden daraufhin die im Jahr 1864 beanstandeten Urteile erneut geprüft – mit dem gleichen Ergebnis: „Die

[12]Baroche, MJ, an: Béhic, MACTP, 16.6.1864, AN CHAN BB 18 1677 9348 A3. Die Tonlage des weniger konzilianten, jedoch nicht abgeschickten Entwurfs dieses Schreibens unterstreicht die Meinungsverschiedenheit in diesem Punkt. MJ, an: MACTP, Boulangerie – non adopté, o.D. [Juni 1864], AN CHAN BB 18 1677 9348 A3.

[13]O. A., Note, 17.5.1864, AN CHAN BB 18 1677 9348 A3.

[14]Béhic, MACTP, an: Baroche, MJ, Boulangerie/fidélité dans le débit et poids du pain, 20.12.1865, AN CHAN BB 18 1677 9348 A3.

Rechtsprechung hat sich darauf beschränkt, die exakte Erfüllung auch stillschweigender Übereinkünfte einzufordern".[15] Da Urteile der *Cour de Cassation* (des obersten französischen Gerichtshofes) Gesetzeskraft hätten, sei an ihnen nicht zu rütteln. Jegliche Kritik müsse aber auch deshalb zurückgewiesen werden, weil die Gerichte „das Prinzip der Handelsfreiheit keineswegs verkennen, es vielmehr sehr klug anwenden, indem sie die stillschweigende Übereinkunft der Vertragspartner für gültig erklären und ihre Erfüllung fordern."[16] Des Weiteren wies der Justizminister seinen Kollegen im Handelsministerium am 8. Januar 1866 darauf hin, dass die Bäckerei nach der Gewerbereform rechtlich wie der übrige Lebensmitteleinzelhandel zu behandeln sei. Die an das Gesetz vom 27. März 1851 anknüpfende Rechtsprechung der *Cour de Cassation* habe jedoch eindeutig die Aufklärungspflicht der Gewerbetreibenden gegenüber ihrer Kundschaft unterstrichen. „Es ist an jenen, die Waren ausstellen, sie zum Verkauf anbieten und ihre Preise festlegen, die Initiative zur Aufklärung der Kundschaft zu ergreifen sowie Vorsichtsmaßnahmen zu treffen, damit das Gesetz von 1851 nicht auf sie angewandt wird".[17] Auf den Bäcker bezogen bedeute dies, dass er.

> „[...] mit in seinem Laden für alle sichtbaren Aushängen und Tafeln sowie mit unentwegtem Ansprechen und Hinweisen der Kundschaft beweisen muss, dass er den Käufer gerade nicht in dem Irrtum lassen will, ein von ihm seit langem hergestelltes Brot mit bestimmter Form habe noch immer das Gewicht, das es früher immer hatte." (AN CHAN BB 18 1677 9348 A3: Baroche an Béhic, 8.1.1866)

Béhic nahm diese Argumente auf. Der veränderte Entwurf sah im Februar 1866 vor, dass die Kommunalbehörden ihrerseits durch einen öffentlichen Daueraushang die „Verbraucher in ihren Beziehungen zu den Bäckern anzuleiten" hätten:

> „Um Schwierigkeiten zu vermeiden, die sich zwischen Verbrauchern und Bäckern bezüglich des Brotgewichts [...] ergeben könnten, wird das Publikum darüber in Kenntnis gesetzt:
>
> dass Form und Maß eines Brotes nicht auf sein Gewicht schließen lassen;
>
> dass der Bäcker zwar nicht gehalten ist, seinen Broten ein festes Gewicht zu geben, dass er sich aber, wenn er den Verbrauchern Brot zu einem bestimmten und

[15] O. A., note, 26.12.1865, AN CHAN BB 18 1677 9348 A3.

[16] Baroche, MJ, an: Béhic, MACTP, [Entwurf], 28.12.1865, AN CHAN BB 18 1677 9348 A3.

[17] Baroche, MJ, an: Béhic, MACTP, 8.1.1866, AN CHAN BB 18 1677 9348 A3.

> vorher bekannten Gewicht verkauft, ohne dass es dieses Gewicht tatsächlich hat, einer Straftat im Sinn des Gesetzes vom 27. März 1851 schuldig macht;
>
> dass sich der Käufer, der sich sein Brot nach Gewicht liefern lassen möchte, diesbezüglich mit dem Bäcker einigen muss und dass, wenn der Verkauf wie zwischen Verkäufer und Käufer vereinbart nach Gewicht stattfindet, letzterer das Recht hat, zu fordern, dass tatsächlich gewogen wird. In diesem Fall muss der Bäcker entweder ein Brot liefern, dass genau das verlangte Gewicht hat, das Fehlgewicht ergänzen oder den Preis proportional zum Fehlgewicht verringern." (AN CHAN BB 18 1677 9348 A3: Béhic an Baroche, 2.2.1866)

Erst mit diesen Vorschriften wurden Informationsasymmetrien zwischen den Bäckern und ihrer Kundschaft ausgeglichen, die sich durch die einseitige Aufhebung tief verankerter, „impliziter" Konventionen ergeben hatten. Diese mochten zwar ihre Legitimität verloren haben, ihre Rechtsgültigkeit blieb jedoch bestehen.

4 Zusammenfassung

Aus konventionenökonomischer Sicht entbehrt die Geschichte der französischen Bäckereigewerbereform in den 1860er Jahren nicht einer gewissen Ironie: Als grundlegende *De-Institutionalisierung* des Bäckereigewerbes und des Brotmarktes konzipiert, gelang es den liberalen Reformern in Regierung, Zivilgesellschaft und Verwaltung mit ihrer Reform mittelfristig lediglich, die *Form* des institutionellen Arrangements zu verändern, nicht jedoch, es vollständig aufzuheben. Die Justiz rehabilitierte die ‚überkommenen Bräuche und Traditionen', die mit der Gewerbefreiheit endgültig beseitigt werden sollten, denn auch eine Konvention (durchaus im konventionenökonomischen Sinn, vgl. Salais, in diesem Band; Tilly 2006), eine stillschweigende, sedimentierte Übereinkunft, die wechselseitige Erwartungen begründete, galt der Rechtsprechung als rechtsverbindliche Absprache. Das Recht der Kommunen auf die Taxierung des Brotes, mit ihrer offiziellen Nomenklatur der Sorten, blieb derweil unverändert bestehen, nur ihre Anwendung wurde eine Zeit lang ausgesetzt, um zu beobachten, welche Folgen dies hatte. Als sich Ende der 1860er Jahre die nächste Teuerung ankündigte, forderten Verbraucherinnen und Verbraucher in vielen französischen Orten die Rückkehr zur „alten Ordnung", d. h. zur Taxierung – eine Forderung, der reformskeptische Bürgermeister oft gerne nachkamen. Die Liberalisierung des Bäckereigewerbes war und blieb ein umstrittener Prozess (Margairaz und Minard 2008; Bourguinat 2002).

Die Episode der Bäckereigewerbereform kann als Musterbeispiel dafür betrachtet werden, welche grundlegende Funktion Qualitätskonventionen für die

Koordination des Markthandelns erfüllen (vgl. Diaz-Bone 2018; Salais 2007; Eymard-Duvernay 1989). Im Fall des französischen Brothandels hatte sich diese Koordinationsleistung über Jahrzehnte hinweg in dem institutionellen Arrangement der Brottaxe verdichtet. Das an der Rathauswand angeschlagene Plakat mit den Sorten und Tarifen des im Ort erhältlichen Brotes machte sowohl die sonst mühsame und konfliktträchtige Arbeit der gemeinsamen Produktidentifizierung als auch die ebenso konfliktbeladene gemeinsame Bewertung in Form von Preisen obsolet. Wie schnell sich in den Beziehungen zwischen Bäckern und Verbrauchern gewaltsame Streitigkeiten und Proteste entzünden konnten, war den Zeitgenossinnen und Zeitgenossen in den 1860er Jahren noch allzu bewusst.

Freilich liegen die Unterschiede zwischen der Brottaxe und den in den Bäckereien ausgehängten Preislisten und Informationstafeln auf der Hand. Der Umfang der Forminvestition (Thévenot 1984) war in beiden Fällen höchst verschieden. Während im Fall der Taxe der lokale Weizen-, Mehl- und Brotmarkt in einem kollektiven Aushandlungsverfahren gleichsam objektiviert und in ein Raster aus Qualitäten und Preisen übersetzt wurde, genügte es im Fall der Preislisten, dass die Bäcker sich selbst festlegten und den Kundinnen und Kunden ihre Absichten kommunizierten. Im ersten Fall zielte das administrative Arrangement auf die Erhaltung des sozialen Friedens, im zweiten die gemeinrechtliche Norm auf die Aufhebung einer Informationsasymmetrie zwischen Bäckern und Kunden. Die Taxe war ein unmittelbar disziplinäres, die Preisliste ein indirekt regulierendes Machtinstrument. Und während die Brottaxe im Alltag der Kommunen fest verankert war, hätte die Distanz zwischen abstrakten Rechtsnormen und der Kundschaft mit ihren alltäglichen Bedürfnissen kaum größer sein können – eine Lücke, die bald von Lebensmittelinspektoren und Qualitätsprüfern ausgefüllt wurde. In diesem Sinn ist Steven L. Kaplan zuzustimmen, dass „the claims of the social contract of subsistence preceded and ultimately undermined liberalization" (Kaplan 2015, S. 173).

Literatur

Akerlof, George A. 1970. The market for ‚Lemons': Quality uncertainty and the market mechanism. *Quarterly Journal of Economics* 84 (3): 488–500.

Anonym. 1890. Pietri, Pierre Marie. In *Dictionnaire des parlementaires français (5 Bde.)*, Bd. 4, Hrsg. Adolphe Robert, 628 f. Paris: Bourloton.

Aubin. 1859. [Déposition orale à la] Séance du mardi 28 juin 1859. In *Enquête sur la boulangerie du Département de la Seine n° 1143*, Hrsg. Conseil d'État, 387–402. Paris: impériale.

Barral, Jean Augustin. 1863. *Le blé et le pain. Liberté de la Boulangerie*. Paris: Liberaire agricole de la maison rustique.

Béliveau, Denis. 1992. *Les révoltes frumentaires en France dans la première moitié du XIXeme siècle. Une analyse des rapports de sociabilité, de la distribution des rôles sexuels et de leurs impacts sur la repression des désordres*. Paris: EHESS.

Bethmont. 1859. [Déposition orale à la] Séance du lundi 20 juin 1859. In *Enquête sur la boulangerie du Département de la Seine, n° 1143*, Hrsg. Conseil d'État, 39–67. Paris: impériale.

Boltanski, Luc, und Laurent Thévenot. 2007. *Über die Rechtfertigung. Eine Soziologie der kritischen Urteilskraft*. Hamburg: Hamburger Edition.

Borie, Victor. 1862. La question de la boulangerie. *Journal des économistes* 34:356–370.

Borie, Victor. 1863. *Le pain*. Paris: Dentu.

Bourguinat, Nicolas. 1997. L'Etat et les violences frumentaires en France sous la Restauration et la Monarchie de Juillet. Ruralia 1. http://ruralia.revues.org/2. Zugegriffen: 30. Mai 2018.

Bourguinat, Nicolas. 1998. De la question frumentaire à l'idée d'une „économie morale" sous la Seconde République. *Cahiers Historiques* 43:177–199.

Bourguinat, Nicolas. 2002. *Les grains du désordre. L'État face aux violences frumen-taires dans la première moitié du XIXe siècle*. Paris: Éd. De l'EHESS.

Bourguinat, Nicolas. 2008. Le maire nourricier: Renouvellements et déclins d'une figure tutélaire dans la France du XIXe siècle. *Le Mouvement social* 224 (3): 89–104.

Boussingault. 1859. Déposition écrite. In *Enquête sur la boulangerie du Département de la Seine, n° 1143*, Hrsg. Conseil d'État, 764–770. Paris: impériale.

Burat. 1859. [Déposition orale à la] Séance du mercredi 22 juin 1859. In *Enquête sur la boulangerie du Département de la Seine, n° 1143*, Hrsg. Conseil d'État, 171–184. Paris: impériale.

Chappelle. 1859. *[Déposition orale à la]* Séance du vendredi 24 juin 1859. In *Enquête sur la boulangerie du Département de la Seine, n° 1143*, Hrsg. Conseil d'État, 305–310. Paris: impériale.

d'État, Conseil, Hrsg. 1859. *Enquête sur la boulangerie du Département de la Seine, n° 1143*. Paris: impériale.

Darblay, Aymé Stanislas (Darblay jeune). 1859. [Déposition orale à la] Séance du samedi 9 juillet 1859. In *Enquête sur la boulangerie du Département de la Seine, n° 1143*, Hrsg. d'État Conseil, 693–710. Paris: impériale.

Dechêne, Louise. 2018. *Power and subsistence: The political economy of grain in New France*. Montreal: McGill-Queen's University Press.

Devos, Jean-Claude. 1971. Les conséquences du décret du 22 juin 1863 sur la liberté du commerce de la boulangerie. *Actes du congrès national des sociétés savantes* 93:352–353.

Deyrolle. 1859. [Déposition orale à la] Séance du jeudi 23 juin 1859. In *Enquête sur la boulangerie du Département de la Seine, n° 1143*, Hrsg. Conseil d'État, 254–266. Paris: impériale.

Diaz-Bone, Rainer. 2018. *Die „Économie des conventions". Grundlagen und Entwick-lungen der neuen französischen Wirtschaftssoziologie*, 2. Aufl. Wiesbaden: Springer VS.

Dumas, Jean-Baptiste. 1859. [Déposition orale à la] Séance du lundi 20 juin 1859. In *Enquête sur la boulangerie du Département de la Seine, n° 1143*, Hrsg. Conseil d'État, 81–98. Paris: impériale.

Eymard-Duvernay, François. 1989. Conventions de qualité et formes de coordinations. *Revue économique* 40 (2): 329–359.

Feray. 1859. [Déposition orale à la] Séance du mercredi 22 juin 1859. In *Enquête sur la boulangerie du Département de la Seine, n° 1143*, Hrsg. Conseil d'État, 205–214. Paris: impériale.

Ferrand. 1859. [Déposition orale à la] Séance du vendredi 1er juillet 1859. In *Enquête sur la boulangerie du Département de la Seine, n° 1143*, Hrsg. Conseil d'État, 522–539. Paris: impériale.

Formant. 1859. Déposition écrite. In *Enquête sur la boulangerie du Département de la Seine, n° 1143*, Hrsg. Conseil d'État, 779–787. Paris: impériale.

Foubert, Louis. 1859. [Déposition orale à la] Séance du mardi 28 juin 1859. In *Enquête sur la boulangerie du Département de la Seine, n° 1143*, Hrsg. Conseil d'État, 424–430. Paris: impériale.

Foubert, Louis, und Monny de Mornay. 1857. *Rapport à S. Exc. M. le Ministre de l'agriculture, du commerce et des travaux publics sur la boulangerie de Paris*. Paris: Conseil d'État.

Foubert, Louis. 1856. Boulangerie. In *Dictionnaire de l'administration française*, Hrsg. Maurice Block, 215–221. Paris: Veuve Berger-Levrault et fils.

Fournier. 1859. [Déposition orale à la] Séance du mercredi 22 juin 1859. In *Enquête sur la boulangerie du Département de la Seine, n°1143*, Hrsg. Conseil d'État, 184–193. Paris: impériale.

Gast, Marceau, François Sigaut, Corinne Beutler, und Olivier Buchsenschutz, Hrsg. 1985. *Les techniques de conservation des grains à long terme*, Bd. 3. Paris: Éd. du CNRS.

Grün, Alphonse. 1851. *De la moralisation des classes laborieuses*. Paris: Guillaumin.

Guilhaumou, Jacques. 2000. Subsistances. In *Handbuch der politisch-sozialen Grundbegriffe in Frankreich 1620–1820*, Bd. 19/20, Hrsg. Rolf Reichardt und Hans-Jürgen Lüsebrink, 141–200. München: Oldenbourg.

Halpérin, Jean-Louis. 2001. Quelle histoire pour le droit des consommateurs? *Zeitschift für Neuere Rechtsgeschichte* 1 (2): 62–80.

Horii, Toshio. 1970. *La Caisse de la boulangerie du département de la Seine sous le Second Empire*. Paris: Selbstverlag. (=Thèse de 3e cycle. Lettres. Paris).

Horii, Toshio. 1984. La crise alimentaire 1863 à 1856 et la Caisse de la Boulangerie de Paris. *Revue historique* 552:374–401.

Kaplan, Steven L. 1976. *Bread, politics and political economy in the Reign of Louis XV (2 Bde.)*. Den Haag: Nijhoff.

Kaplan, Steven L. 1985. Some problems of conservetion techology in 18th century France. In *Les techniques de conservation des grains à long terme (3 Bde.)*, Bd. 2, Hrsg. Marceau Gast, François Sigaut, Corinne Beutler, und Olivier Buchsenschutz, 527–534. Paris: Éd. du CNRS.

Kaplan, Steven L. 1996. *Le meilleur pain du monde. Les boulangers de Paris au XVIIIe siècle*. Paris: Fayard.

Kaplan, Steven L. 2010. *La France et son pain: histoire d'une passion. Entretiens avec Jean-Philippe de Tonnac*. Paris: Albin Michel.

Kaplan, Steven L. 2015. *The stakes of regulation: Perspectives on ‚Bread, Politics and Political Economy' forty years later*. London: Anthem Press.

Klein, Pierre. 1856. *Notice sur les fourneaux économiques pour la vente de portions d'aliments à cinq centimes*. Paris: chez l'auteur.

Labrousse, Ernest, Hrsg. 1956. *Aspects de la crise et de la dépression de l'économie française au milieu du XIXe siècle 1846–1851*. La Roche-sur-Yon: Impr. Centrale de l'Ouest.

Lamarre. 1859. [Déposition orale à la] Séance du mardi 21 juin 1859. In *Enquête sur la boulangerie du Département de la Seine, n° 1143*, Hrsg. Conseil d'État, 131–152. Paris: impériale.

Le Brun, Yvonne. 1987a. La liberté de la boulangerie à Rennes sous le Second Empire [Teil 1]. *Annales de Bretagne et des pays de l'Ouest* 94:167–184.

Le Brun, Yvonne. 1987b. La liberté de la boulangerie à Rennes sous le Second Empire [Teil 2]. *Annales de Bretagne et des pays de l'Ouest* 94:303–324.

Le Play, Frédéric. 1862. *Question de la boulangerie de Paris et de départements. Rapport fait au Conseil d'État, n° 686/1143*. Paris: impériale.

Le Play, Frédéric. 1858. *Question de la Boulangerie du Département de la Seine. Rapport aux sections réunies du commerce et de l'intérieur, n° 686*. Paris: impériale.

Le Play, Frédéric. 1860. *Question de la boulangerie du Département de la Seine. Deuxième rapport aux section réunies du commerce et de l'intérieur sur les commerces du blé, de la farine et du pain, Conseil d'État N° 1143*. Paris: impériale.

Leclerc-Fleureau. 1859. [Déposition orale à la] Séance du mercredi 29 juin 1859. In *Enquête sur la boulangerie du Département de la Seine, n° 1143*, Hrsg. Conseil d'État, 431–443. Paris: impériale.

Lefèvre, Joseph-Antoine. 1857. *Compte rendu des études sur la meunerie et la boulangerie faites dans un voyage en France, en Angleterre et en Belgique*. Paris: Imprimerie administrative Paul Dupont.

Lhuissier, Anne. 2001. Le restaurant sociétaire de Grenoble sous la Seconde République. De l'initiative politique à l'institution réformatrice. *Revue d'histoire du XIXe siècle* 26/27, S. 75–99.

Lhuissier, Anne. 2007. *Réforme sociale et alimentation populaire (1850–1914). Pour une sociologie des pratiques alimentaires*. Paris: Éditions de la Maison des sciences de l'homme.

Mège-Mouriès. 1859. [Déposition orale à la] Séance du lundi 27 juin 1859. In *Enquête sur la boulangerie du Département de la Seine, n° 1143*, Hrsg. Conseil d'État, 365–371. Paris: impériale.

Minard, Philippe, und Dominique Margairaz. 2008. Marché des subsistances et économie morale: ce que „taxer" veut dire. *Annales historiques de la Révolution française* 352:53–99.

Modeste, Victor. 1854. *De la cherté des grains et des préjugés populaires qui déterminent des violences dans les temps de disette*. Paris: Librairie de Guillaumin et Cie.

Modeste, Victor. 1856. De la taxe du pain. *Journal des économistes* 28:39–65.

de Molinari, Gustave. 1855. *Conversations familières sur le commerce des grains*. Paris/Bruxelles: Guillaumin.

Morel. 1859. [Déposition orale à la] Séance du mercredi 29 juin 1859. In *Enquête sur la boulangerie du Département de la Seine, no 1143*, Hrsg. Conseil d'État, 463–473. Paris: impériale.

Napoléon III. 1854. Discours de l'Empereur à l'ouverture de la session législative, le 2 mars 1854. In *La politique impériale exposée par les discours et proclamations de l'empereur Napoléon III*, Hrsg. Louis-Napoléon Bonaparte, 188–194. Paris: Plon.

Napoléon III. 1862. Discours proocé par l'empereur à l'inauguration du boulevard du prince Eugène, le 7 décembre 1862. In *La politique impériale exposée par les discours et proclamations de l'empereur Napoléon III*, Hrsg. Louis-Napoléon Bonaparte, 374–377. Paris: Plon.

Nouvel, Maguelone. 2009. *Frédéric Le Play: une réforme sociale sous le Second Empire*. Paris: Economica.

Payen, Anselme. 1853. *Des substances alimentaires et des moyens de les améliorer, de les conserver et d'en reconnaitre les altérations*. Paris: Hachette.

Payen, Anselme. 1855. De l'alimentation publique. – Les céréales et le pain. *Revue des deux mondes* 6 (12): 323–349.

Payen, Anselme. 1859. [Déposition orale à la] Séance du samedi 25 juin 1859. In *Enquêtesur la boulangerie du Département de la Seine, n° 1143*, Hrsg. Conseil d'État, 350–364. Paris: impériale.

Plessis, Alain. 1979. *De la fête impériale au mur des fédérés, 1852–1870*. Paris: Seuil.

Pommier, André. 1859. [Déposition orale à la] Séance du jeudi 23 juin 1859. In *Enquête sur la boulangerie du Département de la Seine, n° 1143*, Hrsg. Conseil d'État, 215–247. Paris: impériale.

Pommier, André. 1854. La taxe du pain et la Caisse du service. *Journal des économistes* 1:358–370.

Price, Roger. 1983. Poor relief and social crisis in mid-nineteenth-century France. *European Studies Review* 13:423–454.

Price, Roger. 2001. *The french second empire. An anatomy of political power*. Cambridge: Cambridge University Press.

Procacci, Giovanna. 1993. *Gouverner la misère. La question sociale en France 1789–1848*. Paris: Seuil.

Robert de Massy, Jules. 1861/1862. *Des Halles et Marchés et du commerce des objets de consommation à Londres et à Paris (2 Bde.)*. Paris: impériale.

Robert, Adolphe, Hrsg. 1889–1891. *Dictionnaire des parlementaires français* (5 Bde). Paris: Bourloton.

Rouher, Eugène. 1863. Rapport à l'Empéreur du 2 juillet 1863. *Journal du droit administratif* 11:294–310.

Sage, Elizabeth M. 2009. *A dubious science. Political economy and the social question in 19th-century France*. New York: Lang.

Salais, Robert. 2007. Die „Ökonomie der Konventionen" – mit einer Anwendung auf die Arbeitswelt. In *Märkte als soziale Strukturen*, Hrsg. Jens Beckert, Diaz-Bone-Rainer, und Heiner Ganßmann, 95–112. Frankfurt: Campus.

Savoye, André. 2007. *Frédéric Le Play: Parcours, audience, héritage*. Paris: Mines Paris.

Stanziani, Alessandro. 2005. *Histoire de la qualité alimentaire, XIXe–XXe siècles*. Paris: Belin.

Stiglitz, Joseph E. 1987. The causes and consequences of the dependence of quality on price. *Journal of Economic Literature* 25 (1): 1–48.

Storper, Michael, und Robert Salais, Hrsg. 1997. *Worlds of production: The action frameworks of the economy*. Cambridge: Harvard University Press.

Streng, Marcel. 2017. *Subsistenzpolitik im Übergang. Die kommunale Ordnung des Brot- und Fleischmarktes in Frankreich 1846–1914*. Göttingen: Vandenhoeck & Ruprecht.

Thévenot, Laurent. 1984. Rules and implements: Investments in forms. *Social Science Information* 23 (1): 1–45.

Tilly, Charles. 1975. Food supply and public order in modern Europe. In *The formation of national states in Western Europe*, Hrsg. Charles Tilly, 380–455. Princeton University Press: Princeton.

Tilly, Charles. 1986. *The contentious french*. Cambridge: Harvard University Press.
Tilly, Charles. 2006. *Why? What happens when people give reasons … and why*. Princeton: Princeton University Press.
Tilly, Louise A. 1971. The food riot as a form of political conflict in france. *Journal of Interdisciplinary History* 2 (1): 23–57.
Tocqueville. 1859. Déposition écrite. In *Enquête sur la boulangerie du Département de la Seine, n° 1143*, Hrsg. Conseil d'État, 772–778. Paris: impériale.
Vittecoq. 1859. [Déposition orale à la] Séance du samedi 25 juin 1859. In *Enquête sur la boulangerie du Département de la Seine, n° 1143*, Hrsg. Conseil d'État, 324–336. Paris: impériale.

Teil II
Institutionen der Qualität

Qualität und Fiskalität. Die Definition der Produkte durch den Binnenzoll im Ancien Regime (Frankreich, 18. Jahrhundert)

Dominique Margairaz

Inhaltsverzeichnis

1 Einleitung

Seit etwa dreißig Jahren trägt die Beschäftigung mit dem Thema der Qualität beträchtlich zur Erneuerung der Forschung zu Märkten, Arbeit, Produkten und Geld bei. Die neuen Forschungsperspektiven an der Schnittstelle von Soziologie und Ökonomie stießen auch unter Wirtschaftshistorikern auf große Resonanz, da sie eine vielversprechende Möglichkeit darzustellen schienen, grundlegende Spannungen zwischen historischer Anthropologie und ökonomischen Modellierungen zu überwinden, in deren Folge sich gesellschaftliche Historizität in einem unbefriedigenden und empirisch schwer zu haltenden Vorher/Nachher erschöpfte (Andreau et al. 1997; Martinat 2004). Auf der Basis von Grundannahmen über Informations- und Koordinationsformen, die der Reduktion von Unsicherheit bezüglich der beteiligten Akteure, gehandelten Produkte oder Dienste dienen,

D. Margairaz (✉)
Université de Paris I Panthéon-Sorbonne, Paris, Frankreich
E-Mail: Dominique.Margairaz@univ-paris1.fr

R. Salais et al. (Hrsg.), *Qualitätspolitiken und Konventionen*, Soziologie der Konventionen, https://doi.org/10.1007/978-3-658-26643-1_7

verloren abstraktere Konzepte der Transaktion und der Vermittlung gegenüber einem neuen Verständnis von Märkten an Bedeutung (Kaplan 1996, 1998; Tuffery 1998; Weber 2000; Weber und Gramain 2001). Vor allem Aspekte der sozialen Interaktion, die den Prozessen des Ausgleichs von Angebot und Nachfrage der Produkte, der Arbeit oder des Geldes inhärent ist, gerieten dabei in den Blick (Hoffman und Postel-Vinay 2001; Postel-Vinay 1997; Karpik 1995). Lange Zeit standen eine eher kulturalistische Konsumgeschichte und eine stark unter dem Eindruck der industriellen Revolution stehende Produktgeschichte relativ unverbunden nebeneinander. Inzwischen sind jedoch einige Arbeiten entstanden, die thematische Stränge sowohl der Konsum- als auch der Produktgeschichte aufnahmen und auf fruchtbare Weise, fast unwillkürlich, auf dem Gebiet des Marktes miteinander verknüpften (Roche 1991; Berg 2001, 2005, 1991; Berg und Eger 2003; Hilaire-Pérez 2008). Gestützt auf Ansätze sowohl der „Konventionenökonomie" (Dupuy et al. 1989; Orléan 1994; Eymard-Duvernay 2006) als auch der „Historischen Anthropologie der Dinge" (Appaduraï 1986) haben Historiker der Problematik von Klassifikationen mehr Aufmerksamkeit gewidmet und die „Forminvestitionen" (Thévenot) untersucht, mit denen verschiedene Akteure eine Warenordnung herstellten, deren innere Spannung zwischen Ähnlichkeit und Einzigartigkeit für die Segmentierung der Märkte und die Dynamiken des Handels eine zentrale Rolle spielte (Stanziani 2004; Grenier 2003; Callon et al. 2000).

Allerdings ist einzuschränken, dass wenige Arbeiten diese Fragen bisher ausgehend von der staatlichen Fiskalität behandelt, ja diese wesentliche Dimension des Handels auch nur berücksichtigt haben. Die in den europäischen Staaten der Frühen Neuzeit an Gewicht gewinnenden, indirekten Steuersysteme (Bonney 1999; Ashworth 2003; Mathias und O'Brien 1976) begünstigten oder bremsten jedoch nicht nur die Dynamik des Handels und des Güterverkehrs durch Tarife. Sie leisteten auch einen Beitrag zur Herstellung der Warenordnung und zur Kontrolle der Produkte, dessen kaum zu unterschätzende Bedeutung für Prozesse der Warenindividualisierung einige Autoren hervorheben (Callon et al. 2000; siehe u. a. Zalio 2003). Die Angestellten der *régie des traites* und der *bureaux* bzw. *conseils du commerce* legten Produktnomenklaturen fest, erfassten und klassifizierten neue Produkte bzw. Produktvarianten auf den Märkten, während diese im Inneren des Königreichs oder im Ausland verkehrten. Sie intervenierten in Qualifizierungs- und Requalifzierungsprozesse von Gütern (Matthews 1958; Savoie 1982; White 1997), indem sie eine gemeinsame Sprache und ein gemeinsames Markierungssystem durchsetzten, das es erlaubte, einzelne Produkte innerhalb einer endlichen Produktmenge präzise zu verorten (Eymard-Duvernay 1986; Thévenot 1989; Boltanski und Thévenot 1991). Für die Akteure war es hochwichtig, im Fall eines gelben Stoffballen Einigung darüber erzielen zu können, ob man es mit Nankin-Stoffen, ungebleichten Stoffe, gefärbten Stoffe oder Musselinettes zu tun hatte: nicht nur, weil diese Bezeichnungen die Ware in einem materiellen und symbolischen Universum verorteten, sondern auch weil sie die Abgabenhöhe und das Zollregime betrafen, das von einer geringen Abgabe von 5 bis 12 % des Warenwertes bis zur vollständigen Prohibition reichen konnte. Solche Informationen waren wichtig, um Erwartungen präzisieren können.

Indem sie die Konformität der Waren mit Qualitätsnormen und Charakteristika prüften, nahmen die lokalen Agenten eines frühneuzeitlichen Steuerpächters eine wichtige Schieds- und Verteilungsoperation vor. Sie bestätigten oder bestritten vertragliche Vereinbarungen, die von Handelsakteuren über eine Ware oder ein Produkt getroffen worden waren und die sich durch Bestellung, Kauf und Lieferung der nun zur Kontrolle vorliegenden Ware konkretisiert hatte. Ihre Tätigkeit diente folglich nicht nur der Anwendung von Tarifen, die der Staat oder der ihn vertretende Generalsteuerpächter für angemessen hielt. Vielmehr wirkte sie auch wie eine Überwachung und rechtliche Zertifizierung der Vertragsloyalität, da sie betrügerische Deklarationen aufdeckte. Auf diese Weise vereinheitlichte das Tarifsystem das sprachliche und kognitive Feld des Handels. Es konstituierte eine Grammatik der Ähnlichkeiten, vor deren Hintergrund sich Einzigartigkeiten artikulieren konnten – und dies umso wirkungsvoller, je enger und direkter die Semantik an das Niveau der Transaktionskosten gebunden zu sein schien. Objektiviert in einem unablässig angepassten und umgestellten Ensemble von Praktiken und Artefakten (die Tarife wie die Gesamtheit der sie begleitenden Gesetzes- und Vorschriftentexte) kann das Tarifsystem als ein System „verteilter Kognition" (Salomon 1993; Hutchins 1995) betrachtet werden, das sich aus Kooperations- und Kollaborationsprozessen zwischen institutionellen und kommerziellen Akteuren ergibt, sowohl vor als auch nach seiner Entstehung.

In der Literatur wird das Tarifsystem des Ancien Regime meist ausschließlich als Hindernis für den freien Warenverkehr betrachtet. Seine Ausräumung gilt folglich als Grundbedingung für die Entfaltung des wirtschaftlichen Wachstums. Auf einer Metaebene wirkte es jedoch wie eine Erleichterung des Handels, da es Allgemeinverbindlichkeit herstellte – eine Eigenschaft, die in einem Kontext gleich mehrfach von Nutzen war, der sowohl durch Partikularismen und Privilegien dominiert als auch durch den starken Anstieg der zirkulierenden Güter bei gleichzeitiger Ausweitung der Zirkulationssphäre gekennzeichnet war (Woroneff 1998; Le Roux 1996; Daudun 2007). Unter welchen Bedingungen auch immer ein Geschäft abgeschlossen wurde, ob es in der *face-to-face*-Situation des Marktes, des Lagerhauses oder des Ladengeschäfts, ob es über weite Distanzen hinweg auf der Grundlage von Korrespondenzen oder Stichproben zustande kam: stets wurde die Vereinbarung über eine konkrete Ware unter impliziter oder ausdrücklicher Bezugnahme auf die Gesamtheit aller Waren getroffen, durch die sie ersetzt werden konnte oder denen sie vorgezogen wurde. Die Determinanten der Transaktion waren Ergebnis eines Differenzierungsprozesses, der sich auf die Gesamtheit der nicht nur potenziell sondern auch virtuell verfügbaren Waren bezog, die sich durch ihren Gebrauchswert ebenso wie durch die Zusammensetzung ihres Tauschwerts charakterisierten. Im Kontext der Intensivierung des interregionalen und internationalen Handels mit nicht standardisierten Gütern trugen die Produktion von Referenznomenklaturen und die Veröffentlichung von Warenhandbüchern (die ihrerseits dem Tarifsystem großen Platz einräumten) zur Entstehung eines gemeinsamen Wissens bei, das für die Akteure von wesentlicher Bedeutung war, wenn sie sich einen Überblick verschaffen, eine Wahl trafen oder Erwartungen bildeten (zu den Wörter- und Handbüchern für den Gebrauch der Händler, s. Hoock et al. 1991–2010; Hoock 2008).

2 Produkte und Tarife: der Identifizierungsapparat der *Ferme générale*

Die archivalische Überlieferung der *Ferme générale* (Generalsteuerpachtamt) erlaubt aufgrund ihres systematischen Charakters und ihrer umfassenden Perspektive einen erhellenden Blick auf die realen Bedingungen des Warenverkehrs im Frankreich des *Ancien Regime.* Sie bietet Antworten auf die Frage, wie staatliche und ökonomische Akteure sowohl mit der im 17. Jahrhundert stark wachsenden Zahl kommerzieller Produkte als auch mit der zeiträumlichen Universalisierung des Handels umgingen. Sie werfen ein Schlaglicht auf die Anpassungen der Privilegienökonomie an die steigende Flut der Produkte im Hinblick auf ihre Herkunft, Rechnungsstellung und Aussehen, die selbst für die gewandtesten Experten eine Herausforderung darstellen konnten. Die Bedeutung des Zolls an den inneren und äußeren Grenzen erschöpfte sich nicht in seiner Funktion als eine Maschine zur Abgabenerhebung für den König. Vielmehr war er auch als Apparat zur Produktidentifikation zu betrachten, der mit Instrumenten und Verfahren ausgestattet war, die der Optimierung der Zollerhebung dienten. Wie der Handel war auch die Steuerpacht an der Fluidität des Warenverkehrs und an der Automatisierung der Erhebung interessiert, um die Kosten der Prozedur gering zu halten. Willkür und Nachlässigkeit bargen auch für sie Risiken: Willkür aufgrund der vielen Konflikte und Gewalttaten, die sie nach sich zog; Nachlässigkeit, weil sie die finanziellen Ziele des Zollpächters gefährdete. Das Interesse der Generalpächter bestand darin, schnell und sicher zu erheben, um möglichst großen Profit aus dem Pachtvertrag zu ziehen, den sie über die Erhebung der indirekten Steuern abgeschlossen hatten. Das setzte integres Personal voraus, dessen kognitive Fähigkeiten denen der Händler in nichts nachstanden. Sie mussten über Ermittlungs- und

Klassifizierungsinstrumente für die Waren sowie über Prüfverfahren verfügen, deren Effizienz sich daran bemaß, wie zielsicher sie Betrugsversuche aufzudecken und die Produkte auf die Tarifklassen zu verteilen vermochten.

Die Vervielfältigung der Waren führte dazu, dass in den Zollbüros Objekte auftauchten, die auf möglichst unstrittiger Grundlage, in Analogie zu anderen Waren taxiert werden mussten.[1] Das zentrale Problem dabei war das des Abgleichs zwischen den kognitiven Hilfsmitteln (Tarifnomenklaturen, Deklaration der Händler, an der Ware angebrachte Abzeichen) einerseits und der präsentierten Ware andererseits – ein Problem, das von den Angestellten des Generalpächters ein fundiertes Wissen verlangte. Das Regime der Warenzirkulation und der Zölle war nicht nur wegen der zahlreichen einzelnen Zolltarife hochkomplex, sondern auch aufgrund der Ausnahmeregelungen, die manche Produkte nach Herkunfts-, Qualitäts- oder Bestimmungskriterien von der Steuer befreiten (zum Dickicht der Zölle siehe Clinquart 1998, 1996; Boy 1976; zu Versuchen der Vereinheitlichung siehe Bosher 1964). Zwar ist das Gewicht der Abgaben, die auf den Transaktionskosten und dem inneren Warenverkehr lasteten, jüngst relativiert worden. Nicht berücksichtigt wurden dabei jedoch die Kosten, die durch das System selbst für die Händler und die Institution entstanden und die sich aus dem Aufwand an Zeit und Aufmerksamkeit beim Passieren der verschiedenen Zollschranken ergaben, deren Zahl sich zudem mit der steigenden Reichweite des Handels und dem Anstieg der Waren weiter erhöhte. Eine ganze Kunst des Qualifizierens, der Charakterisierung der Produkte im Verkehr, war folglich der Schlüssel zum Überleben und zur Anpassung des Tarifsystems an die sich ausbildende Varietätenökonomie.

Das Problem tauchte auf verschiedenen Ebenen auf: in den Zentralbüros der *Ferme,* die in enger Verbindung mit dem Handelsbüro oder -rat standen, in den Erhebungsbüros, in denen die Angestellten der Pächter arbeiteten und schließlich bei den Gerichten, die über Streitfälle zwischen Händlern und Behörde befanden: *juges des traites* in der ersten Instanz, *cour des aides* in Berufungsverfahren und

[1]Das kommt z. B. in der folgenden Formel zum Ausdruck: „Und weil die Lebensmittel und Waren alle unterschiedlich sind und es schwierig und fast unmöglich wäre, sie anzugeben und vollständig zu deklarieren, obwohl sie den genannten Abgaben unterworfen sind […]. Wenn sie in der voliegenden Liste nicht geschätzt und beurteilt werden, schätzen und beurteilen die mit der Erhebung betrauten Beamten, Pächter und Angestellten sie unter Hinzuziehung von Experten und lassen die Abgaben auf die Waren entsprechend entrichten.“ (G179, dossier 6, État des drogueries et épiceries venant des Pays étrangers et des provinces où les Aydes n'ont pas cours, entrant dans les provinces d'Anjou, Maine, Touraine, Poitou et autres provinces, o. D. [zwischen 1765 und 1782]).

cour du roi in den letztinstanzlichen Berufungsverfahren. Die Produktion von Referenzinstrumenten, ihre Handhabung durch die Angestellten oder der Streit über ihre Interpretation waren Momente, in denen die unterschiedlichen Konzeptionen der Produktqualität objektiviert wurden und in denen die Ordnung der Dinge beobachtet werden kann.

Bereits ein erster Blick in die – allerdings lückenhaften – Register der *Ferme Generale* lässt erkennen, dass diese in Abteilungen, spezialisierte und hierarchisierte Büros gegliederte Proto-Bürokratie zu einem strategischen Ort für die Ausarbeitung und Sammlung von Wissen über Waren aufstieg. Gespeichert war dieses Wissen in einer umfassenden Literatur, die von Büroangestellten kompiliert, auf dem neuesten Stand gehalten und nach dem Inhalt geordnet wurde, um die Zugänglichkeit der Informationen zu verbessern. Man findet in den Dossiers zahlreiche Zusammenstellungen von Edikten, Ordonnanzen, Gerichtsurteilen und Tarifen, mit denen die Abgabenerhebung geregelt und rechtliche Grundlagen für die Tätigkeit der Angestellten geschaffen wurden. In verschiedenen „Analysen" wurde deren Inhalt resümiert und nach Gegenständen geordnet. Alphabetische Listen verwiesen auf Register, zu denen die relevanten Schriftstücke zusammengefasst wurden.[2] Während der zweiten Hälfte des 18. Jahrhunderts in enzyklopädischem Geist verfasst, stellte die Reihe der *Mémoires pour servir à l'histoire et à la Régie des fermes générales* umfassendes Wissen zusammen: über Herkunft und Geographie der Abgaben, über die Organisation der Erhebungsbüros und die recht umständliche Geographie der Zugänge zum Königreich, über die Pflichten der Händler, Schiffskapitäne und Fuhrleute, aber auch über die Verfahren und das Verhalten der Zöllner oder das Regime der Passierscheine und *acquits à caution,* usw.[3] Urteilskompilationen komplettierten die Gesetzessammlungen, die gegebenenfalls um Gutachten von Experten – sehr oft Händler – ergänzt wurden.[4]

[2]S. z. B. G178, Extraits des déclarations du Roi, arrêts et décisions du Conseil, ordres de la Compagnie concernant les Traites (A-M), 1746–1756, oder G179 dossier 1bis, Analyses d'ordonnances, édits, arrêts du Conseil concernant les traites, 1563–1742. *Acquit à caution* bezeichnet bis heute einen Begleitschein für Waren, auf die noch keine Abgaben entrichtet worden sind, und die vor allem im Veredelungsverkehr eine wichtige Rolle spielen (Anm. d. Übers.).

[3]S. G174, Recueil de mémoires sur les traites, manuscrit, 490 S., Die Sammlung ist nach Gegenständen organisiert und mischt die Einträge nach institutioneller und geographischer Bezeichnung.

[4]Z. B. in G179, Répertoire alphabétique des Ord édits et arrêts du C et décisions sur les droits d'entrée et de sortie, 1722–1743, Buchstaben L-Y, (durchgehende Paginierung 1–132 [L-M], Lücke, dann 669–1139 [S-W]). Es handelt sich um die Indizierung von Registern,

Aufbereitet und in Dienstanweisungen übersetzt wurde dieses Wissen in Form von Instruktionen und Zirkularen an die Angestellten der Zollbüros weitergegeben. Die ständige Sorge der Behörde galt der Normalisierung der Praktiken, Information und Kompetenzen ihrer Angestellten, um die Leerstellen im Wissen zu verkleinern, an denen sich immer Streit entzündete. Sie bemühte sich um den Aufbau einer Verwaltung und bekämpfte alle Formen der Korruption oder der Nachlässigkeit, die schwer zu beziffernde finanzielle Verluste verursachten. Besonders die Tarife erforderten eine ständige Aktualisierung unter Berücksichtigung der Modifizierungen, die sich jederzeit ergeben konnten – etwa aufgrund der einfachen Tatsache, dass neue Waren auftauchten oder solche, die sich nur durch Herstellungsweise oder Herkunft von jenen unterschieden, die sich im Verkehr befanden.

> „Wie sich viele Waren anfanden, die dort nicht beschrieben waren [in den gedruckten Tarifen, D.M.], haben die Zöllner in jedem Büro weitere kleine handgeschriebene Tarife verfasst. […] Weil aber die einen nichterfasste Waren höher geschätzt haben als andere, führt dies nun dazu, dass die meisten Waren in jedem Büro unterschiedlich besteuert werden“, beobachtete ein Zöllner am Ende des 18. Jahrhunderts.[5]

Eine intime Warenkenntnis war folglich unabdingbar, sowohl für die Konzeption der Tarife als auch für ihre Anwendung. Aus diesem Grund finden sich so viele Abhandlungen oder Einträge für Produkte in dieser sehr normativen Literatur. Auf der Grundlage profunder Erfahrung und mithilfe der im Arsenal der *Ferme générale* stark vertretenen Manufakturreglements zielte sie darauf ab, Beschreibungen zur verfeinern und anzureichern, Bezeichnungen zu präzisieren sowie Herkunft und Herstellungsweisen detailliert zu unterscheiden. Ob es sich um Seide, Leinen, Öl, Tee oder Kaffee handelte, um Kurzwaren, Gewürze oder Drogen, um Stahl oder Stahlwaren: die Arbeit der Charakterisierung basierte dabei stets auf der Spannung von Nähe und Distanz und zielte darauf ab, rationelle Taxierungsregeln und zugleich sichere Unterscheidungskriterien zu finden. Bleibt die Frage, auf welcher Grundlage dies geschah. Denn die Ziele der

---

die nach Rechtstiteln, Ländern oder Produkten (Sirups, Stoffe). Für jeden Eintrag sind Urteile nach Ort (Stadt), Daten und Streitinhalt angegeben.

[5] G179, dossier 9, Ordres et Instruction sur les droits qui se lèvent en Languedoc, 1691, S. 6.

Fiskalpolitik, der Schutz vor ausländischer Konkurrenz oder die Prävention von Betrugsrisiken beispielweise führten unausweichlich dazu, entweder Ähnliches zu unterscheiden oder Verschiedenes einander gleichzustellen.

Die *Ferme générale* begnügte sich nicht damit, die verschiedenen Tarife und fiskalischen Dispositionen – Früchte der politischen Entscheidung – in eine Form zu bringen und an ihre Agenten weiterzugeben. Vielmehr war sie eng mit der Ausarbeitung dieser Tarife verbunden: zum einen, indem sie Informationen über die Entwicklung des Warenverkehrs umso bereitwilliger weitergab, als sie selber an der Abschöpfung neuer Warenströme interessiert war; zum anderen, indem sie ihre große Erfahrung in die Konzeption der Erhebungsmodalitäten (nach Gewicht, pro Stück, pro Längeneinheit, nach dem Wert...) und in die Erstellung der Nomenklaturen einbrachte, die diese festlegten. Wie die Gesamtheit der erwähnten normativen Literatur spiegelten die Tarife das Produkt- und Qualitätsverständnis derjenigen wieder, die sie ausarbeiten – des in letzter Instanz zuständigen Handelsbüros oder Handelsrates ebenso wie die der *Ferme genérale.* Ein Ende der 1730er Jahre ausgearbeitetes Projekt für die Handelstarife erlaubt uns einen suggestiven Einblick in die mit den Zielen und dem Gesichtspunkt des Staates bzw. seines fiskalischen Operateurs verknüpften Konzeption und ihre Bestimmungsgründe.[6] Das besondere Interesse des Dokuments besteht darin, dass es sowohl die Aktualisierungsvorschläge enthält, die von den Angestellten der Generalpächter ausgearbeitet wurden, als auch die endgültigen Entscheidungen des Handelsrates, und dass beide jeweils mit rechtfertigenden Notizen versehen wurden. Die Übung war kompliziert: sie bestand darin, das Gewimmel der Produkte zu ordnen – entweder durch die Konstruktion von Äquivalenzklassen und die Festlegung generischer Begriffe oder, im Gegenteil, durch die Alleinstellung dieser Produktkategorie oder jenes besonderen Produkts, dessen Bezeichnung und Identifikationsmerkmale es von jeglicher Mehrdeutigkeit zu befreien galt.

Auf einer allgemeinen Ebene verfolgte die Annäherung an die Produkte über ihre Eigenschaften zwei Ziele. Ganz im Stil Colberts ging es erstens einer

---

[6]G179, dossier 4, Projet de tarif pour les traites [o. D., unpaginiert]. Das Dokument kann dank eines Hinweises im Artikel „Zink" [„étain"] auf Ende 1738 oder Anfang 1739 datiert werden: „vom Nutzen dieser Befreiung des Handels ausgehend, hat [der Rat, D.M.] die Ausführung des neuen Projekts nicht abgewartet, sondern gerade vom Conseil d'État am 20. Mai (1738) eine Verfügung erlangt, der die Einfuhr von Blei und Zink aus England in allen Häfen und Zollbüros erlaubt und mit einer Abgabe belegt, die 4£ geringer ist als der Markenzoll".

älteren Auffassung von Arbeit zufolge darum, die Manufakturen des Königreichs zu bevorzugen, wie der folgende Auszug zeigt:

> „Der Rat betrachtet Alaun als Mittel, das von den Manufakturen benötigt wird, und hält es deshalb für angemessen, seine Einfuhr zu fördern. Alaun wird entgegen der Begründungen für die Verfügung vom 6. September 1701 nach seinem Wert besteuert und der Zoll auf die Einfuhr aus England verringert. Die Staatsgründe jener Verfügung scheinen ihm gegenüber dem Interesse unserer Manufakturen zurücktreten zu müssen".[7]

Ökonomische Argumente überwogen hier diplomatische Erwägungen. Auch Waffen übrigens sollten nicht mehr als Ware angesehen werden,

> „deren Ausfuhr sich verbietet, um die Feinde des Staates nicht zu stärken und ihren Überfluss zu sichern, sondern als Manufakturprodukt, über das alle europäischen Nationen verfügen. Frankreich, das mehr Waffen als nötig herstellen kann, hat ein gewichtiges Interesse daran, seinen Überschuss im Ausland absetzen zu können".[8]

Diese Sichtweise induzierte eine grobe Unterscheidung zwischen Rohstoffen und verarbeiteten Materialien. Rohbaumwolle z. B., „die von jenen Manufakturen benötigt wird, die den Staat am meisten interessieren und deshalb am meisten Förderung verdienen", wurde um ihre Ausfuhr zu drosseln mit einem gegenüber dem Projekt „doppelt so hohen" Tarif versehen.[9] Die Aufteilung ließ allerdings die Frage der Roh*produkte* offen. So wurden etwa gefärbte Spinnfäden als Endprodukt betrachtet. Der Fall der gebleichten Leinen- und Hanffäden war delikat, denn einerseits galten sie als Industrieprodukte, andererseits aber als Rohstoffe der Spitzen-Manufakturen (Leinenfäden) bzw. der Segel- und Drillich-Manufakturen (Hanffäden). Bei der Entscheidung musste folglich zwischen zwei Industrien vermittelt werden, deren Interessen bezüglich Ein- und Ausfuhr entgegengesetzt waren. Die gefärbten und ungedrehten Fäden galten „aufgrund der Bearbeitung, sie empfangen haben, sowohl als Manufakturprodukt als auch als Rohstoff, den die Drillich-Manufakturen verbrauchen".[10] Im Fall der Kurzwaren war es zu entscheiden, ob manche Objekte in eine eigene Kategorie ausgegliedert werden sollten, weil sie „an sich eine eigene Produktsorte darstellen

[7] G179, dossier 4, Projet de tarif pour les traites, Rubrik „Alaun" [o. D., unpaginiert].

[8] Ebd., Rubrik „Armes" [o. D., unpaginiert].

[9] Ebd., Rubrik „Coton" [o. D., unpaginiert].

[10] Ebd., Rubriken „Laines" und „Fils de lin et de Chanvre" [o. D., unpaginiert].

und Sonderregelungen erfordern, andererseits aber auch noch nicht endgültig verarbeitete Rohstoffe darstellen, die nicht als Kurzwaren betrachtet werden können".[11] Die Industriepolitik implizierte also ein Verständnis der Eigenschaften, das vom Gebrauch geprägt war und das wiederum eine genaue Kenntnis der Fabrikationsverfahren, der Verbrauchsweisen der Materialien sowie des nötigen Fertigungsaufwands voraussetzte. Im Fall der aus dem aus dem Lapislazuli extrahierten Färbemittel unterschied das Projekt zwischen Rohstoff und verarbeitetem Stoff gemäß dem Grundsatz, „den Franzosen den Vorteil der Arbeit zu sichern, die für die Fertigung von Produkten nötig ist". Der Handelsrat entschied hingegen zugunsten eines Einheitstarifs und fasste die beiden Klassen zu einer einzigen zusammen: „Der Vorteil, den man aus der Fertigung dieser Dinge erhält, ist sehr gering und die Abtrennung des bearbeiteten Materialen scheint von geringem Nutzen" – eine Entscheidung, die mit den „größeren Vorteilen für den Handel und dem geringeren Aufwand für die Steuerpacht begründet" wurde.[12]

Das zweite Ziel des Projekts ergab sich aus Einschätzungen der je nach Produkteigenschaften mehr oder weniger großen Betrugsmöglichkeiten. Spitzen zum Beispiel waren ein hochwertiges Produkt und aufgrund ihres geringen Gewichts leicht zu verbergen. Als Abschreckungsstrategie drängte sich die Wahl eines geringen Abgabensatzes bei gleichzeitig schweren Strafen für den Fall des Verstoßes auf. Das hohe Risiko einer Verwechslung von Teppich, Plüsch und Samtstoffen ohne und mit Ziegenhaar ließ ihre Zusammenfassung in einer einzigen Steuerklasse zwingend erscheinen, „um dem Betrug vorzubeugen, der in der Deklarierung von Stoffen der letzten Klasse als Teppich und Plüsch besteht".[13]

Die Gebrauchsweisen und die intrinsischen Eigenschaften der Produkte, die ihre Eignung für diese Gebrauchsweisen bestimmten, bildeten folglich die Grundlage des fiskalischen Produktverständnisses, das *im Voraus* durch die Industriepolitik und *im Nachhinein* durch die Sorge um Effizienz bestimmt war. Bei näherem Hinsehen wird deutlich, dass diese beiden Kriterien auch die Verteilung der Produkte auf die einheitlich besteuerten, generischen Klassen und Unterklassen organisierten. Die Qualitätswahrnehmung erschöpfte sich darin jedoch nicht. Vielmehr bezog sie auch die Herkunft der Ware mit ein.

Die Herkunftsbezeichnung spielte verschiedene Rollen: Sie funktionierte zunächst als eine Art geografischer Steckbrief, der an sich auf besondere

---

[11]Ebd., Rubrik „Merceries menues et mêlées" [o. D., unpaginiert].

[12]Ebd., Rubrik „Azur" [o. D., unpaginiert].

[13]Ebd., Rubriken „Dentelles" und „Étoffes mêlées de soie" [o. D., unpaginiert].

Zoll- oder Prohibitionsregime verwies (Stoff „aus Holland", Wolle „aus Spanien", Eisen „aus England", Stoff „aus der Normandie, für dessen Fabrikation es keine sichere Regel gibt"…); des Weiteren wirkte sie als Qualitätsmarke, indem sie auf Besonderheiten des Herstellungsverfahrens und auf intrinsische Eigenschaften der Produkte aufmerksam machte (Tuch „aus Sedan", Stoff „aus dem Elsaß" oder „aus Laval"); schließlich konnten sich beide Funktionen vereinigen (Zimt „aus China"). Charakterisierungen aufgrund des Gebrauchs, durch die intrinsischen Eigenschaften des Produkts oder durch die Herkunft waren in Wirklichkeit kaum voneinander zu trennen. Nicht zuletzt deshalb waren sie eine nie versiegende Quelle der Verwirrung bei der Anwendung der Tarife, denn Händler und Zöllner bezogen sich auf die aus ihrer Perspektive jeweils günstigsten Merkmale. Die unterschiedlichen Zolltarife, mit denen etwa Stoffe belegt waren, bewirkten eine ständige Ambivalenz, die sich die Händler bei ihren Deklarationen zunutze zu machen versuchten: Die Tarife richteten sich danach, ob es sich um feine oder grobe Stoffe handelte, ob sie aus Leinen, Hanf, Baumwolle oder aus Mischungen hergestellt, ob sie gefärbt, weiß oder naturfarben waren, aus gebleichten Fäden gewebt oder nach dem Weben gebleicht; nach dem Gebrauch unterschied man Verpackungsstoffe, Segeltuche, Hut- oder Haubenstoffe, Einrichtungsstoffe usw.[14] Streitfälle wurden vor Gericht geschlichtet. Die Urteile wirkten sich zunächst in Form von Instruktionen auf der lokalen Ebene aus, bevor sie anschließend bei der Aktualisierung der Tarife Berücksichtigung fanden.

Das Ziel der Transparenz und Rationalität des Tarifsystems gebot die Auflösung solcher Ambivalenzen, für die die gelehrte Auseinandersetzung sowohl mit den Bezeichnungen der Produkte und Produktklassen als auch mit den Kriterien verantwortlich war, die deren Verteilung auf die generischen Klassen oder Unterklassen begründeten. Auf die Konvergenz von gerichtlichen Entscheidungen ist etwa der Ausschluss sämtlicher Stoffe aus der Kategorie der Kurzwaren zurückzuführen. Im Jahr 1766 präzisierte ein Urteil die Kategorie von weißen Stoffen, zu denen „alle jene gehören, die weder gefärbt noch bemalt noch aus gefärbten Fäden hergestellt sind", die aber nach Gebrauch und Herkunft oder nach dem Statut, unter dem sie im Königreich zugelassen wurden oder zirkulierten (etwa die Plomben der *Compagnie des Indes*), unterschiedlich bezollt wurden.[15] Nachdem die *Compagnie des Indes* im Jahr 1769 aufgelöst worden

---

[14]G179, dossier 2, Répertoire alphabétique des ordonnances, édits et arrêts du Conseil et décisions sur les droits d'entrée et de sortie, 1722/1743, Rubrik „Toiles".

[15]G180, dossier 1, Règlement sur les toiles étrangères de la Compagnie des Indes et des fabriques du royaume, Rubrik „Toiles banches de lin de chanvre et de coton, ou mêlées de ces différentes matières", f. 18.

war, machte ihre Neugründung 1785 auch eine Neudefinition der Produkte notwendig, um sie dem komplexen System von Einfuhrverboten und Taxierungen des neuen Privilegs anzupassen. Die Kategorie der „Nankin"-Stoffe etwa sollte durch Farbe und Maße genau definiert und von den anderen Kategorien gefärbter Stoffe strikt unterschieden sein, „haben doch einige Büros sie als ausländische, weiße Baumwollstoffe zugelassen, während andere sie als verbotene Ware zurückwiesen".[16] Das Verbot, Musselin aus dem Ausland einzuführen, von dem die *Compagnie des Indes* ausgenommen war, erzwang eine präzise und eindeutige Definition des Musselins, um einer Einfuhr unter der Bezeichnung Bazin, Taschentuch oder als einfacher Baumwollstoff zuvorzukommen:

> „Jeder Baumwollstoff, der bei einer Länge von 16 Ellen und einer Breite von 7/8teln weniger als 3 Pfund wiegt, entsprechend im Verhältnis bei anderen Längen und Breiten, ist als Musselin zu qualifizieren und als solcher der Einziehung, Konfiszierung und Geldstrafe gemäß den Reglements unterworfen."[17]

Die strenge Begrenzung des Gebrauchs von Herkunftsbezeichnungen erwies sich als notwendig, um die Deklarationen der Händler mit den Tarifen und der Geografie der Zollschranken zur Deckung zu bringen und dadurch Möglichkeiten für Betrug oder Anfechtung auszuräumen. Die Anpassung der Zölle, die auf Stoffe aus dem Elsaß angewendet wurden, und die aus den extraterritorialen Provinzen in das Gebiet der fünf großen Steuerpachten nur über das Büro von Saint-Dizier eingeführt werden durften, führte deshalb zur Unterscheidung von zwei Herkunftsbezeichnungen: eine für „Stoffe aus dem Elsaß", die nur auf bemalte Stoffe angewendet wurde, und eine für „Baumwollstoffe aus dem Elsaß", die weiße Stoffe bezeichnete.[18]

Die Konstruktion der Nomenklaturen oszillierte zwischen zwei Tendenzen: die der Zusammenfassung einerseits, um größere Einfachheit und geringere Betrugsrisiken zu gewährleisten, und die der Vervielfachung der Objekte andererseits, um die Nomenklatur so genau wie möglich an die Eigenschaften und den Wert der Produkte oder die Sonderregime anzupassen, die einigen Manufakturen bewilligt wurden. „Um die *Régie* zu vereinfachen und den Handel zu erleichtern", wurde Ende der 1730er Jahre vorgeschlagen, die verschiedenen Arten von Cochenille zu

---

[16]Ebd., Rubrik „Toiles de nankin", f.°10.

[17]Ebd., Rubrik „Mousselines étrangères", f.°34.

[18]G180, dossier 7, Régime suivi pour les toiles de coton blanches étrangères depuis l'arrêt du 10 juillet 1785.

einem einzigen Artikel zusammenzufassen, und qua Analogie mit anderen Färbemitteln einen Zolltarif von 5 % des Warenwertes zu erheben. Für die Mitglieder des Handelsrates lag es im

> „[…] Interesse der Cochenille verwendenden Manufakturen, die Waldcochenille von den übrigen Varietäten abzutrennen, nicht nur deshalb, weil sie leicht zu unterscheiden und von geringerer Qualität ist, sondern auch, um den Tarif auf ein Drittel des Tarifs der übrigen Arten festsetzen zu können.“[19]

Im Fall der Schneidwaren, die von den Kurzwaren unterschieden und zunächst in zwei Klassen eingeteilt wurden, „damit die Tarife so gut wie möglich dem Wert der höchsten und der niedrigsten Sorte entsprechen“, sprach sich der Handelsrat für ihre Zusammenfassung aus:

> „die Schneidwaren könnten unendlich unterteilt werden, ohne ein sicheres Unterscheidungsmerkmal zu finden, und dadurch Schwierigkeiten und Behinderungen für Handel und Zollerhebung verursachen… [der Rat ist der Ansicht, dass] die Schneidwaren wie die Kurzwaren zu besteuern [sind], weil ihr kommerzieller Wert allgemein nicht stark von dem der Kurzwaren abweicht, sie im Übrigen einen nicht geringen Teil des Geschäfts der Kurzwarenhändler ausmachen und einigen Waren ähneln, die unter dem Titel Kurzwaren besteuert werden.“[20]

Die Entscheidung passte sich hier den konkreten Bedingungen des Warenverkehrs, der Zusammenstellung der Sortimente und der Identität der Akteure an. Dennoch wurden die Schneidwaren formell aus der Rubrik der Kurzwaren herausgenommen, ebenso wie etwa ein Dutzend weitere Produkte, die sich durch ihren gewöhnlich höheren Wert von den einfachen Kurzwaren unterschieden und folglich höher besteuert wurden: Buchsbaumkämme, Knöpfe aus Rosshaar, Ziegenhaar und Garn, Spielkarten, Nähnadeln, Tressen, Emaille-Quasten, gewöhnliche Spiegel, Posamenten, Malerpinsel. Letztere wurden ausgerechnet „wegen des Gebrauchs, zu dem sie bestimmt sind“, in die Klasse der einfachen Kurzwaren integriert. Der Tauschwert entsprach hier dem Gebrauchswert, der auf einer mit der Hierarchie der Verbrauchsweisen verknüpften Typologie beruhte. Die „gemeinsten“, d. h. die am weitesten verbreiteten Verbrauchsweisen der „gemeinen Leute“ fasste man in den niedrigsten Steuerklassen

---

[19] G179, dossier 4, Rubrik „Cochenilles“.

[20] Ebd., Rubrik „Coutelleries“.

zusammen, etwa Werkzeuge – wie die Malerpinsel – und Grundstoffe. Dieselbe Logik bestimmte die Zusammenfassung der „droguets" – gemischte, geblümte, aus Wolle, Seide, Baumwolle und Garn unterschiedlicher Qualität bestehende Stoffe – mit den Étamines-, Burat-, Grisette-, Camelots- und anderen Stoffen, von denen sie ursprünglich unterschieden waren, obwohl sie „ungefähr dieselbe Qualität" aufwiesen, d. h. im Preis vergleichbar und für eine entsprechende Nachfrage bestimmt. Diese Konstellation war somit perfekt auf die soziale und bevölkerungspolitische Dimension des Merkantilismus abgestimmt.

3 Die schwierige Normierung der Produkte

Bestimmte, auf den Gebrauch gegründete Unterscheidungen waren allerdings als schwierig umzusetzen. Davon zeugt die zögerliche Behandlung der Eisen- und Stahlwaren während der Vorbereitungen des Handelsvertrags mit England. Die Aufhebung des Einfuhrverbots für polierten Stahl erwies sich zunächst als undurchführbar, weil man polierten Stahl und poliertes Eisen kaum unterscheiden konnte. Eine Verfügung vom Oktober 1785 bestätigte das Einfuhrverbot für beide, nahm aber Werkzeuge aus, die „für die Künste und Wissenschaften bestimmt" waren. Diese Werkzeuge hatten die Aufhebung des Einfuhrverbots ursprünglich motiviert. Nun allerdings war der Handelsrat mit der Schwierigkeit konfrontiert, Instrumente für wissenschaftliche Zwecke von solchen für handwerkliche Zwecke unterscheiden und in jedem einzelnen Fall eine Entscheidung treffen zu müssen: für Feilen, Sicheln, Tuchmangeln, Sägen, Ahlen, Schusterprieme, Kellen, Locheisen. Eine neue Verfügung vom Januar 1786 sollte diese wiederholt auftretenden Unsicherheiten ausräumen und verkündete deshalb ein „allgemeines Einfuhrverbot für Werkzeuge, poliert oder unpoliert, aus Stahl oder Eisen, für Handwerke bestimmt oder nicht".[21] Die Bemühungen um eine systematische Klassifikation scheiterten also und mündeten in der Rückkehr zur Aufzählung, zur schlichten Anfügung neuer Objekte am Ende der Tarifliste – in einer Reihenfolge, die nicht einmal mehr die alphabetische Ordnung einhielt.

Die Warenordnung des Zolls präsentierte sich so als chaotische Unordnung, als Quelle von Zeitverlust und von Streitigkeiten beim Passieren der Zollschranken und Erhebungsbüros (Conchon 2002, 1998). Das hob im Jahr 1754

[21] G179, dossier 22, Extraits des arrêts rendus sur les marchandises prohibées, Marchandises d'acier et de fer, 1785–1787.

Duclos, Sekretär des Steuerpächters Laborde, in seinem Projekt eines *Dictionnaires des traites* hervor. Duclos hielt eine allgemeine Indizierung der Produkte für notwendig und verwies zur Begründung darauf, dass durch die unvollkommene Anordnung der Artikel innerhalb der generischen Klassen oder ihre jeglicher Logik widersprechende Verstreuung in den Tarifen ein rascher Zugang der Nutzer zu den von ihnen benötigten Informationen völlig unmöglich sei:

„Die notwendige Klärung von Detailfragen hat erkennen lassen, dass die Ordnung nicht immer eingehalten wurde. Besonders im Tarif von 1664 herrscht eine große Verwirrung aufgrund der Vermischung verschiedener Dinge unter ein und derselben Bezeichnung. Einige Beispiele werden verdeutlichen, was die Suche unmöglich gemacht hat:

1. Der Tarifeintrag zum Artikel ‚Waffen' umfasst Hakenbüchsen, Pistolen, Harnische, Armschienen, Musketen, Kanonen usw. Allerdings geht es im Tarif selber nur um Hakenbüschen und Pistolen, während Armschienen, Musketen, Kanonen usw. nirgends erwähnt werden, sodass niemand Armschützer finden wird, weil es ihm nicht in den Sinn kommt, sie im Eintrag ‚Waffen' zu suchen.
2. Will man wissen, was dem Tarif zufolge Kräuter sind, wird man beim Titel ‚Kräuter' suchen; dort finden sich aber nur zwei Arten, Saffian und Bohnenkraut. Allerdings gibt es weitere wie Sauerampfer oder Sonnenblume, Fenchel oder Zimt, die aufzufinden man weniger Zeit aufwenden müsste, wenn es einen allgemeinen Titel ‚Kräuter' gäbe, der jede Art berücksichtigte und darauf verwiese.
3. Gleiches gilt umso mehr für die Stoffe, als sie nicht einmal alle unter der Bezeichnung Stoffe stehen, wie Drillich oder Segeltuch.
4. Diese Beobachtungen treffen auch auf die Zuckersorten zu: Rohrzucker, Melassen, Kandis, Farinzucker, die man unabhängig von der allgemeinen Bezeichnung Zucker unbedingt unter ihrem Eigennamen finden muss.
5. Die Kurzwaren sind nicht alphabetisch geordnet. Hier herrscht nicht weniger Verwirrung als an anderen Stellen. Zudem findet man hier auch noch ältere Bezeichnungen, die niemand mehr kennt."[22]

Trotz der unablässigen Bemühungen um Klarheit in der Produktklassifizierung blieben die Tarife sehr unvollständig und kompliziert in der Anwendung. Noch während des Ersten Kaiserreichs unterstrich der *Tarif général des douanes de*

[22]G179, dossier 27, Essai de dictionnaire des traites, par Duclos.

l'Empire français zu Beginn des 19. Jahrhunderts die Notwendigkeit, „sich mit dem Geist des Tarifs vertraut zu machen, um richtig handeln zu können" – besonders im Fall der unablässig wachsenden Zahl in den Tarifen unberücksichtigt gebliebener Waren:

> „Man muss darauf achten, ob die präsentierten Dinge sich nicht in der Klasse derjenigen finden, die unter allgemeinen Titeln aufgenommen sind wie ‚unberücksichtigte Drogueriewaren', ‚medizinische oder Duftwässer', ‚Mineralwässer', ‚unbezeichnete Gewürze', ‚unbesteuerte Essenzen', ‚frische oder trockene Früchte', ‚gemeines Gummi', ‚fetthaltige Futter- oder Gartensamen', ‚Körner', ‚Fette', ‚unbesteuerte Heilkräuter', ‚unbezeichnete Kräuter mit Färbeeigenschaften', ‚Blütenessenzen', ‚unbezeichnete Instrumente', ‚unbezeichnete Kurzwaren', ‚Moden', ‚Werkstücke', ‚Parfums', ‚unbezeichnete Pelzwaren', ‚unbesteuerte Sirups', ‚Wandbehänge', ‚Gewebe' etc." (Dujardin-Sailly 1813, S. 5).

Die „chronologische" Darstellung führte, um den „Geist des Tarifs" zu verdeutlichen, für jede Ware die historischen Tarife auf, mit denen sie belegt worden waren. In einem Apparat aus Verweisen entwickelte sie die Produktspezifikationen und markierte so den Abstand zwischen den diversen Qualifikationen, die auf die betreffenden Produkte angewandt werden konnten. So etwa im Fall von „Lapis entalis", der von „Lapis lazuli" unterschieden wurde (für diesen wurde auf den Artikel „Azur" verwiesen):

> „‚Lapis entalis' oder ‚entale' sind zwei Muscheltiere der gleichen Art, die Lamarck für Röhrenwürmer hält: soviel zur wissenschaftlichen Seite; was man im Handel als ‚entale' bezeichnet, ist das gleiche wie ‚lapis entalis': man gibt ihnen beide Namen. So stelle ich hier eine doppelte Diskordanz fest: einerseits zwischen den ursprünglichen Tarifen; andererseits zwischen ‚entale' als Ware und der Droge ‚lapis antalis'."

Und im Artikel „Lack" hieß es: „Der Tarif von 1664 bezeichnet den heute als Flüssiglack bekannten Farblack nicht als Drogerieware; da aber sein Hauptbestandteil aus Amerika stammt, ist das Dekret vom 8. Februar 1810 auf ihn anwendbar." (Dujardin-Sailly 1813, S. 100).

Auch wenn die Einrichtung der Zollunion im Jahr 1791 das Kopfzerbrechen über Qualifikation und Identifikation der Waren an die politischen Grenzen des französischen Königreichs verlagerte, verlor es mit der Wiedereinführung der städtischen Eingangssteuern *(octroi)* während des *Directoire* auch im Landesinneren keineswegs seine Aktualität. Noch die Diskussion über die Abschaffung des *octroi* im Jahr 1889 war Anlass, die Fehler eines jeden auf vorgängigen Kategorisierungen beruhenden Tarifsystems aufzuzählen und an die Einsicht Dupont de Nemours zu erinnern, es sei „fast unmöglich, Waren der gleichen Natur zu besteuern, deren mehr oder weniger wertvolle Eigenschaften man nicht voneinander unterscheiden kann“ (Guyot 1889). Dabei ließ die Fülle der Spezifizierungen und ihre vielen Grundlagen die Bürovorsteher vielfach zögern: Sollte ein feiner Verpackungsstoff als feiner Stoff oder als Verpackungsstoff betrachtet werden? Musste Bienenwachs als Gewürzware oder als Ware „aus der Levante“ oder „aus England“ bezollt werden?

Sowohl in der Redaktion der Tarife als auch in den Instruktionen waren die Angestellten während des *Ancien Regime* darum bemüht, eventuelle Anwendungsprobleme vorwegzunehmen und die Praktiken der Zöllner und Händler zu disziplinieren: zum einen durch die Verbreitung eines gemeinsamen Wissens über die Waren und ihre richtige Bezeichnung, zum anderen durch die Vereinfachung der Erhebungsverfahren. Um etwa die Fehlerwahrscheinlichkeit in der Berechnung der Abgabenbeträge zu verringern, wurde dieser meist in *livres, sous* und *deniers* ausgedrückt und auf das Gewicht, das Maß oder eine gegebene quantitative Menge bezogen, auch wenn der Tarif sich ursprünglich „auf den Wert“ bezog. Die Referenzpreise wurden nach Konsultation der Handelskammern festgesetzt, die als umso verlässlicher galten, je näher sie zu Produktions- oder Importzentren der betreffenden Ware lagen. Die Festsetzung erfolgte auf dem gemeinsamen Sockel einer oder mehrerer Qualitäten, den jeweils geläufigsten Preisen oder dem für einen bestimmten Zeitraum festgestellten Durchschnittspreis.[23]

Bevor sie den zu entrichtenden Betrag ausrechnen konnten, bestand die wichtigste Aufgabe der Zöllner in der Überprüfung und Einordnung der Waren. Die Kontrolle stütze sich auf verschiedene Angaben, die sich als falsch erweisen konnten: die Deklarationen der Händler, die auf einigen Waren angebrachten Markenzeichen sowie die Waren selber, die von jedem Büro beschaut werden mussten, um Substituierungen und Mengenbetrügereien zu verhindern – selbst, wenn sie unter Freifahrtschein oder besonderen Passierscheinen verkehrten. Der Identifizierungs- und Qualifizierungsprozess bezog sich demnach erstens auf die Worte, wobei das Idiom der Händler nicht unbedingt und manchmal absichtlich nicht mit dem der Steuerpacht und der Tarife übereinstimmte, zweitens auf die nach Lust und Laune vervielfachten Kennzeichnungen und drittens auf die Gegenstände, d. h. auf die Waren selbst, die zugleich den Kennzeichnungen und den Worten

[23]S. z. B. die Tariffestsetzung für Schmiedeeisen oder Gewürzwaren, G119, dossier 4, die betreffenden Rubriken.

entsprechen mussten. Der Kontroll- und Erhebungsvorgang verlangte deshalb echte Expertise, die sich zugleich auf die Kenntnis der Texte und Gebräuche und auf eine profunde, praktische Schulung der Sinne stützte. Die Geografie der Zugänge zum Königreich und der Übergänge von einer Steuerzone in eine andere war deshalb so genau festgelegt, weil kein Angestellter für sich in Anspruch nehmen konnte, das gesamte Wissen über die Waren und die von ihnen zu entrichtenden Abgaben zu beherrschen. Einige Beschränkungen des Zugangsverkehrs sind schon erwähnt worden, zum Beispiel für Stoffe aus dem Elsaß. Tatsächlich waren diese Beschränkungen und Festlegungen überall gegeben, um den Einsatz der begrenzten menschlichen und kognitiven Ressourcen optimieren zu können. Einige Beispiele sollten genügen, um einen Eindruck von dieser komplexen Geografie zu gewinnen: Über Marseille eingeführte Seide z. B. durfte auf das Gebiet der fünf großen Steuerpachten nur über Lyon oder Pont-de-Beauvoisin gelangen, Wollstrickwaren nur über Saint-Valéry und Calais, kleine Stoffe aus Flandern nur über Amiens, Péronne und Saint-Quentin, Spitzen aus Aurillac nur über Gannat, Spitzen aus Lothringen über Chaumont, Spitzen aus den Niederlanden nur über Péronne usw.[24] Im Jahr 1787 unterstrich eine Instruktion zur Anwendung des Handelsvertrags mit England die Notwendigkeit, die Zahl der Importhäfen von 42 auf 15 zu verringern, da „es unmöglich ist, in den 42 Häfen Angestellte zu platzieren, die über ausreichende Kenntnisse zur Schätzung der vielen verschiedenen Waren verfügen, die dort nach ihrem Wert besteuert werden".[25]

Die Anweisungen für die Deklarationen der Händler bemühten sich darum, Redaktionsnormen durchzusetzen, die diese dazu zu zwangen, Qualität und Menge der verkehrenden Waren in der passenden Einheit (Längenmaß, Gewicht oder Anzahl) oder eine Schätzung anzugeben, falls die Waren einer wertbezogenen Abgabe unterworfen waren. Noch strenger waren die Vorschriften, wenn es sich um steuerbefreiten Warenverkehr mit speziellen Warenpässen handelte:

[24]G174, État des marchandises dont l'entrée est permise par certains bureaux (vers 1720) und G179, dossier 21, État des marchandises dont l'entrée est fixée à certains bureaux (postérieur à 1778). Zahlreiche Spuren weisen auf Strafverfolgung im Fall von Verstößen hin, z. B.: saisie des marchandises et condamnation de deux marchands pour avoir fait entrer 16 ballots de soie par Rouen au lieu de Marseille, G179, dossier 22, Extrait des arrêts rendus sur les marchandises prohibées, 02.12.1718.

[25]G179, dossier 23, Lettre à Mrs les Fermiers généraux, 13.07.1787.

„wenn sich zum Beispiel Hüte mit Saum finden, wo der Pass nur ‚Hüte' oder ‚Offiziers-, Sergents- oder Soldatenhüte' angibt; wenn sich Leinenstoffe finden, wo der Pass ‚Stoff' angibt und so bei allen Waren und Effekten, deren Eigenschaft nicht in den genannten Pässen angegeben ist, werden die Angestellten diese Pässe als unzureichend betrachten […].“[26]

Die Herkunfts- und Zielangaben der Waren, die ihr Verkehrsregime bestimmten, waren genauso Teil des spezifischen Dispositivs zur Qualifizierung der Produkte als verkehrende Waren wie ihre generische Zugehörigkeit oder ihre intrinsischen Merkmale sie in einer Wertehierarchie verortete. Die Vertrautheit mit den Gebräuchen und Codes in Produktion und Verbrauch der Produkte war deshalb für den Prüfungsprozess entscheidend:

„Es ist anzumerken, dass man sich in den Militärhospitälern nur Hanf- oder Wergstoffe bedient, sowohl für die Hemden als auch für die zweiten Garnituren. Das ist ein zusätzlicher Grund, niemals Pässe zu akzeptieren, auf denen Militärhospitäler als Zielbestimmung von Leinenstoffen angegeben sind. Im Fall der Pässe jedoch, die Prinzen, Botschaftern oder anderen vornehmen Personen gewährt wurden, dürfen zum Beispiel präsentierte Leinenstoffe auch dann ohne Schwierigkeiten passieren, wenn der Pass nur ‚Stoff' angibt.“[27]

Aus diesen Gründen maßen die in den Büros der Steuerpacht erstellten Kompilationen den Gebräuchen, die sie sammelten und an die Erhebungsstellen weiterleiteten, so viel Aufmerksamkeit bei.[28]

Verschiedene an den Produkten angebrachte Markenzeichen sollten ihre Identifizierung erleichtern, indem sie eine Herkunftsgarantie gaben oder eine Fabrikationsweise zertifizierten. Zu den Kennzeichen, die von den Fabrikanten zwecks Verfolgbarkeit ihrer Waren angebracht wurden, und den Plomben der Markenbüros, mit denen die Produkte bei der Prüfung ihrer Konformität mit den Herstellungsordnungen versehen wurden (Minard 2003, 1998, S. 274 ff., 316–349; Béaur und Minard 1997, S. 72 f.; zur Problematik der Markenzeichen allgemein: Beltran et al. 2001; Béaur et al. 2006; zum Status – Zugangsbeschränkung oder Information – der Markenzeichen: Linnemer und Perrot 2000),

[26]G179, dossier 18, Instruction concernant la Régie qui doit être suivie pour les marchandises et effets qui sont expédiées par passeports du Roi, Ordres des Ministres ou de la Compagnie en conséquence, S. 3.

[27]Ebd. S. 4.

[28]G178, Extraits des déclarations du Roi, arrêts et décisions du Conseil, ordres de la Compagnie concernant les traites 1746–1756, Avertissement.

kamen spezielle Zeichen, die den Status der Ware bezüglich des Steuerregimes und der Ansprüche der Steuerpacht garantierten. Solche Kennzeichen wurden in sehr vielen Fällen angebracht. Die Waren der *Compagnie des Indes* etwa waren mit besonderen Plomben und Bulletins versehen, auf denen Qualität und Quantität der transportierten Waren verzeichnet war. Da gefärbte, bemalte oder bedruckte Baumwollstoffe unterschieden werden mussten und man das Risiko einer Beschlagnahmung nicht eingehen wollte, wurden sie neben den Marken des Herstellers und der Prüfer mit einem besonderen Zeichen markiert.[29] Gleiches war der Fall bei Stoffen aus der Levante, die beim Eintritt in das französische Königreich eine Plombe mit dem Schriftzug „Stoff aus dem französischen Handel mit der Levante".[30] Waren, die steuerfrei zu den Messen unterwegs waren, trugen ebenso besondere Zeichen wie die Stoffe aus dem Artois oder aus Flandern, die in das Gebiet der fünf großen Steuerpachten eingeführt wurden, um dort gebleicht und anschließend wieder zurück in die „ausländischen Provinzen" verbracht zu werden.[31] Jede einem Fabrikanten durch Privileg gewährte Steuerbefreiung verpflichtete zu einer Markierung, die sich die Angestellten merken mussten. Das für Eisendrähte der Fabrik Morvillars im Oberelsaß gewährte Privileg bestimmte, dass diese auf das Gebiet der fünf großen Steuerpachten nur über fünf Büros gelangen durften, und dies nur in Fässern, die „mit einer Marke des Herrn Granvillars versehen sind, von der dieser ein Exemplar in jedem der fünf Büros hinterlegt".[32] Der Erlaubnis für einen gewissen Fourmi, Stoffe aus dem Lager der *Compagnie des Indes* steuerfrei auszuführen, um sie blau zu färben und anschließend ins Lager zurückzubringen, wurde unter der Bedingung erteilt, dass der Stoff von einer Erklärung und einem speziellen Abzeichen begleitet würde,

> „einem blau gefärbten Stoffstreifen, der einen weißen Streifen von der Breite zweier Finger verdeckt und anhand dessen man leicht feststellt, ob das Stück tatsächlich in Frankreich gefärbt wurde, und an dem man die Qualität erkennen kann. Dieses Band ist ein weiteres Mittel, um die Stoffe von eingeschmuggeltem, blauem Guinée zu unterscheiden".[33]

---

[29]G180, dossier 1, Règlement sur les toiles étrangères de la Compagnie des Indes et des fabriques du royaume.

[30]G180, dossier 7, Régime suivi pour les toiles de coton blanches étrangères depuis le 10 juillet 1785.

[31]G179, dossier 1bis, Analyses d'ordonnances, édits, arrêts du Conseil concernant les traites.

[32]G180, dossier 18, Lettres patentes pour la franchise des fils de fer de Morvillars, 1733.

[33]G180, dossier 7, Toiles blanches provenant du commerce des Indes.

Obwohl die Steuerpacht durch die Konzentration des Verkehrs an bestimmten geografischen Punkten eine gewisse Arbeitsteilung einzurichten versuchte und den Händlern immer mehr Pflichten zur Kennzeichnung ihrer Waren auferlegte, blieb deren Identifizierung stark mit Fehlern behaftet. Die Häufigkeit der Verfolgung von Marken- oder Plombenfälschungen belegt, dass das Dispositiv bei weitem nicht hielt, was sich die Mitglieder des Handelsrates und die Steuerpächter von ihm versprachen, und die Arbeit der Angestellten in den Erhebungsbüros auch nicht wirklich erleichterte. Es fügte dem Kontrollprozess eine weitere Ebene hinzu, die die Authentizität der Waren zunächst nicht berührte: die der Prüfung der Kennzeichen auf Konformität mit den Referenzkennungen. So berichtete etwa eine Abhandlung über den Handel im Roussillon von Ende der 1770er Jahre über die betrügerischen Praktiken der Seidentaschentuchfabrikanten aus Perpignan, die seit langem verbotene, aber billigere Seidentaschentücher aus Spanien einführten, und „ohne großes Aufheben an den ausländischen Taschentüchern Plomben anbringen, die denjenigen sehr ähnlich sind, die sie für ihre eigenen Produkte verwenden".[34] Auch die Plomben der *Compagnie des Indes* wurden häufig gefälscht. Die Beschau der Waren blieb folglich die entscheidende Prüfung, um die wesentlichen Merkmale zu erkennen, die sowohl die Einzigartigkeit der Ware als auch ihre Zugehörigkeit zu einer generischen Klasse anzeigten. Als Ergebnis eines Wissens, das einerseits auf Herstellungsordnungen und verschiedenen normativen Spezifizierungen, andererseits auf praktischer Erfahrung und Sinneseindrücken beruhte, waren die Entscheidungen der Zöllner zu einem großen Teil durch subjektive Einschätzungen geprägt (zur „Expertise der Sinne", siehe Bessy 1995; Rabier 2007). Das Fehlen von Produktstandards war zu jener Zeit die Regel – ein Umstand, der mit den handwerklichen Produktionsbedingungen und der Natur der proto-industriellen Wachstumsdynamik eng zusammenhing. Die Identifizierung erwies sich folglich oft als ungewiss und anfechtbar; Streitfälle waren zudem schwierig zu entscheiden, wenn sie regelrechte Kaskaden von Gutachten auslösten. Die eingezogenen Waren wurden für lange Zeit festgesetzt, unter mehr oder weniger angemessenen Bedingungen gelagert und drohten zu verderben.

[34]G179, dossier 10, Mémoire sur les traites du Roussillon, unpaginiert. Siehe z. B. auch F121890, Contentieux des douanes, Rapport du commissaire expert près le tribunal des Deux-Nethes. Der Bericht erinnerte anlässlich einer Beschlagnahmung im Jahr X an den Betrug von Wollstoffherstellern aus Bar-le-Duc, die in das Gebiet der fünf großen Steuerpachten verbotene Stoffe ausländischer Herkunft einführten, die mit ihrer eigenen Marke und falschen Plomben des Büros in Bar-le-Duc versehen waren.

Ausgelöst durch einen Verdacht auf Betrug oder ein Zögern hinsichtlich des anzuwendenden Tarifs musste die Prüfung der Ware in Gegenwart der Händler, Fuhrleute oder Schiffskapitäne stattfinden. Kam es zu Streit oder zum Einzug der Ware, wurden durch den zuständigen Richter unabhängige Experten hinzugezogen, meist Händler oder Fabrikanten. Der Gutachter prüfte Aussehen, technische Beschaffenheit oder Aufmachung des Produkts, die den Ausschluss aus der Kategorie begründet hatten, unter der es deklariert worden war. Dies erlaubte bisweilen seine vermutliche Herkunft zu klären. Der Richter oder die zuständige Behörde entschied über das anzuwendende Steuerregime. Während ersterer darüber befand, was die Ware nicht war und was sie sein könnte, entschied letztere darüber, als was man sie zu sehen hatte. Der erste Ansatz ging von den intrinsischen Eigenschaften aus, der zweite beurteilte die Gebrauchseigenschaften nach wirtschafts- und vor allem industriepolitischen Maßgaben.[35]

Die Prozessakten des Zolls, die während des *Consulat* zur Begutachtung an den *Conseil général d'Agriculture, Arts et Commerce* geschickt wurden, sind zugleich detaillierter als die von den Angestellten der Steuerpacht zusammengestellten Urteilssammlungen und leichter zugänglich als die in den Akten der Justizverwaltung verstreuten Dossiers. Auf ihrer Basis ist eine präzise Bestandsaufnahme der Anhaltspunkte möglich, die in den Verfahren zur Feststellung der Warennatur mobilisiert wurden. Sie belegen zunächst den Fortbestand von älteren, teilweise aus dem 17. und 18. Jahrhunderts stammenden und ursprünglich auf Fabrikationsordnungen zurückgehenden Spezifikationen wie Breite und Länge von Stoffstücken.[36] Die Prozessakten führen des Weiteren die Identifikationsschwierigkeiten und in vielen Fällen gar die Unentscheidbarkeit vor Augen, die sich aus den technischen Produktionsbedingungen, den Strategien der Nachahmung oder der Mikrovariation ergaben, die zwar die kommerzielle Dynamik insgesamt trugen, zugleich aber die gewohnten Anhaltspunkte der Experten durcheinander brachten.

Die traditionelle Warenordnung war darauf ausgerichtet, technische Merkmale, Aussehen, Gebrauch und Herkunft zur Deckung zu bringen. Die Lockerung dieses Bandes war das Hauptproblem, mit dem die Vorsteher der Steuerbüros

---

[35]Zur Zeit des *Consulats* erstellte der *Conseil général d'Agriculture, Arts et Manufacture* auf Anordnung des Innenministers Gutachten, die an (den) die zuständigen Richter weitergeleitet werden. In ihnen finden sich allerdings beide Ansätze.

[36]Dies ist ein starker Hinweis darauf, dass ein Verständnis von solchen Normen zu kurz greift, das sich ausschließlich auf die Dimension des Zwangs bezieht, dem die Fabrikanten unterworfen waren.

oder des Zolls in der Phase des proto-industriellen Wachstums konfrontiert waren. Auf die unter dem Einfluss der Mode, der Entwicklung des Geschmacks oder der Soziologie der Nachfrage eintretende Vervielfältigung der Mikrounterschiede reagierten ebenso geringe und zunächst kaum wahrnehmbare Modifikationen der Produktionspraktiken oder der kommerziellen Strategien. Diese Einsicht brachten Experten des Innenministeriums in einem Gutachten für das Berufungsgericht in Antwerpen recht hellsichtig auf den Punkt. Nach der Prüfung von hundert Stoffstücken, die von den Händlern als Baumwolle deklariert worden waren, von den Gutachtern aber als „unter dem Namen Perkal bekannter Batist-Musselin" identifiziert wurden (und folglich vom Einfuhrverbot betroffen waren), heißt es in dem Bericht:

> „Keines schien als Baumwollstoff bezeichnet werden zu können, aber auch keines als Musselin. Üblicherweise werden im Handel als Musselin nur Baumwollstoffe von extremer Feinheit und Zartheit bezeichnet. Gewebe, deren Faden stärker gezwirnt, runder und dessen Stoff dichter ist, bezeichnet man als Baumwollstoff, egal wie fein er ist. Die Unterzeichner möchten anmerken, dass es seit 1791 in Mode gekommen ist, sehr feine Baumwollstoffe zu bedrucken. Die Ausländer, die diese feinen bedruckten Gewebe für 135# pro Zentner einführen, begegnen bisher keinerlei Schwierigkeit werde im Hinblick auf das Gewicht der Stücke noch im Hinblick auf Länge und Breite. Da auch die französischen Stoffdrucker durch die Mode dazu verpflichtet sind, feine Stoffe zu bedrucken, muss man ihnen erlauben, ihr Sortiment um die entsprechenden Stoffe zu ergänzen, sonst kompromittiert man ihre Interessen."[37]

Die Konvergenz von Nachfrage und Angebot ließ also in diesem Fall die von den Gutachtern zur Produktidentifizierung verwendeten Kriterien (Gewicht, Maße, Feinheit des Stoffs) ebenso obsolet werden wie die Neuqualifikation des Produkts im Gebrauch als „Baumwollstoff". Die Freiräume, die bei der Verwendung der Konsumcodes und der Herstellungsnormen einige Zeit vor der Anerkennung individueller und gewerblicher Freiheiten entstanden, vervielfältigten die Produktions- und Gebrauchsweisen und lockerten dabei zur großen Verunsicherung der Experten das Band zwischen Herkunft, intrinsischen Eigenschaften und Gebrauchsweisen:

[37]F121890, Contentieux des douanes, Rapport émanant du Conseil général d'Agriculture, Arts et Commerce, vendémiaire an XI.

> „Stoffe, die aufgrund ihrer Farbe und ihres Gewebes zur Klasse der europäischen Nankins gehören, haben andere Abmessungen und müssten deshalb eher als gefärbte oder bedruckte Stoffe gelten; dies umso mehr, als sie auch zur Herstellung von Möbeln und Vorhängen dienen; gäbe es da nicht die beträchtlichen Unterschiede in Zubereitung und Aufmachung (die Art, wie sie gefaltet sind) [...].“[38]

Mit einem Posten Stoffe von zweifelhafter Herkunft konfrontiert, mussten die Experten immer öfter zuzugeben, dass sie sich nicht „positiv äußern“ konnten, weil sich die Nachahmung insbesondere der englischen Herstellungsweisen und Zuschnitte in den europäischen Fabriken ausbreitete.

4 Schlussbetrachtung

Lösen sich Qualifikationen in Netzwerken auf? Diese ironische Frage stellte vor einiger Zeit François Eymard-Duvernay (2002). Er zielte damit auf die Gefahr des Lokalismus, die interaktionistische und kognitivistische Konzepte der Konstruktion von Qualität seiner Meinung nach bargen, da sie das Problem der Universalität und der politischen Dimension von Prozessen der Qualifikation und Requalifikation von Gütern nicht genügend berücksichtigten. Es geht also um die Grundlagen, um die Prinzipien, auf denen Qualitätsdefinitionen aufbauen und durch die Konstruktionen einer gemeinsam geteilten Welt – des Handels – möglich werden.

Im Zeitalter der Globalisierung und der ökologischen Krise erscheint die Möglichkeit, gemeinsame Maßstäbe dafür zu finden, welche Produkte „gesund“ und welche „(umwelt-)schädlich“ sind, tatsächlich als eine Grundvoraussetzung für die Koordination von Märkten, die nicht nur die Fluidität des Handels, sondern auch die Konvergenz zwischen Produktionsstrategien und Konsumentenerwartungen gewährleisten würde. Im vorindustriellen Zeitalter geht es um die Universalisierung des Handels zwischen Abwesenden, der die Konstitution von „weder interpretierbaren noch manipulierbaren“ (Thévenot 1989, S. 167). Handelsgütern voraussetzt, d. h. eine an Generalisierungsstrategien ausgerichtete „Formgebung“ der Güter, die es erlaubt, über die Figur des personalisierten Handels hinauszugehen.

[38]Ebd., Lettre du Directeur général des douanes au ministre de l’Intérieur, 1er prairial an XI, und: Rapport du Conseil général d’Agriculture, Arts et Commerce du 13 prairial an XI.

Dennoch hebt die neuere Geschichtsschreibung vor allem auf die interpersonelle Dimension des Handels ab, auf das Vertrauen und auf die Reputation der Partner, die als Garantie für die Produktqualität genommen werden. Diese zuweilen recht spontane Betrachtungsweise schweigt sich allerdings über die von den Akteuren selbst geforderten Institutionen ebenso aus wie über die Notwendigkeit, kognitive Anhaltspunkte von allgemeinerer Gültigkeit zu schaffen, sobald der Handelsverkehr sich ausweitet und kompliziert, sobald sich die Zwischenhändler vervielfachen und die Ausweitung der Lagerflächen nötig wird, um der Diversifizierung der Nachfrage Rechnung zu tragen. Der Markt entsteht weder aus der simplen Addition von Geschäftsabschlüssen noch aus dem Nebeneinander von Vereinbarungen mit lokaler Reichweite. Auch wenn er sich nicht auf ein Preissystem reduzieren lässt, ist er immer noch ein System, das sowohl die Zirkulation von Preisinformationen und die Zirkulation von verallgemeinerten Informationen über die Qualität erfordert und das den Bezugsrahmen der Akteure koordiniert und vereinheitlicht. Auch wenn die Definition von Qualität ein Prozess der Ko-Konstitution der Akteure ist, lässt dies die Frage nach dem Gültigkeitsbereich von Normen ebenso unbeantwortet wie sie an dem Umstand nichts ändert, dass jede lokale Vereinbarung immer in einem (oft auch negativen) Bezug auf Regeln oder Werte ausgehandelt wird – seien diese aufgezwungen, von einem Konsens getragen oder demokratisch ausgehandelt. Ob man sich die Märkte des *Ancien Regime* als unvollkommene oder monopolistische Märkte vorstellt, ändert nichts daran, dass das Produkt, d. h. seine Qualität immer in einem Spiel zwischen Ähnlichkeit und Unterscheidung mehrerer Produkte definiert wird.

Das extensive Wachstum, das diese Periode charakterisiert, zeichnet sich durch die Vervielfachung der Varianten von Produkteigenschaften sowie die räumliche Ausweitung ihrer Zirkulationssphäre und die soziologische Ausweitung der Nachfrage. Sie ist zugleich Ergebnis und Träger der Erschütterung jener Werte, auf denen die traditionelle Warenordnung aufruht. In diesem Kontext trägt jede zum Zweck der Abgabenerhebung notwendige Arbeit, wenn sie vom Aufschwung des Handels zu profitieren versucht, aufgrund der dabei durchgeführten „Formgebung“ auf zweierlei Weise zur Konstitution der Handelsgüter bei. Auf der einen Seite objektiviert sie die Urteils- und Auswertungsprinzipien der Qualität, etwa indem sie die Arbeit ins Zentrum des Beurteilungsdispositivs stellt. Auf der anderen Seite produziert diese Arbeit Klassifikationssysteme, in deren Rahmen sich das Spiel der Ähnlichkeiten und Unterschiede entfalten, die Produkte individualisiert werden, und organisiert ihre Überprüfung durch den Aufbau technischer Dispositive zur Warenschau und -begutachtung. Aufgrund der Disziplin, die sie den Akteuren abverlangt, des ihnen auferlegten Zwangs zur Einhaltung der Deklarationsprotokolle und zum Anbringen äußerer Qualitätszeichen, trägt diese Arbeit äußerst wirksam zur Konstruktion eines einheitlichen Wissens und einer einheitlichen Sprache bei. Ein überraschendes und paradoxes Fazit drängt sich auf: die Steuerpacht, eine sowohl von den Händlern als auch im liberalen Diskurs unablässig gescholtene, ja die sprichwörtlichen „Schranken der Handelsfreiheit" symbolisierende Institution, die der Formierung eines nationalen Marktes im Weg stand, erscheint heute eher als ein Akteur, der zu dessen Konstruktion wesentlich beigetragen hat.

Aus dem Französischen von Marcel Streng

Literatur

Andreau, Jean, Pierre Briant, und Raymond Descat, Hrsg. 1977. *Économie antique: prix et formation des prix dans les économies antiques*. Saint-Bertrand-de-Comminges: Musée Archéologique Départemental.

Appadurai, Arjun. 1986. *The social life of things*. Cambridge: Cambridge University Press.

Ashworth, William J. 2003. *Customs and excise: Trade, production and consumption in England 1640–1845*. Oxford: Oxford University Press.

Béaur, Gérard und Pierre Minard. 1997. *Atlas de la Révolution française,* Économie, Bd. 10. Paris: EHESS.

Béaur, Gérard, Hubert Bonin, und Claire Lemercier, Hrsg. 2006. *Fraude, contrefaçon et contrebande, de l'Antiquité à nos jours*. Genève: Droz.

Beltran, Alain, Sophie Chauveau, und Gabriel Galvez-Behar. 2001. *Des brevets et des marques Une histoire de la propriété industrielle en France XVIIIe–XXe siècles*. Paris: Fayard.

Berg, Maxine, Hrsg. 1991. *Markets and manufacture in early industrial Europe*. London: Routledge.

Berg, Maxine. 2001. *Consumers and luxury: Consumer culture in Europe 1650–1850*. Manchester: Manchester University Press.

Berg, Maxine. 2005. *Luxury and pleasure in eighteenth-century Britain*. Oxford: Oxford University Press.

Berg, Maxine, und Elizabeth Eger, Hrsg. 2003. *Luxury in the eighteenth century: Debates, desires and delectable goods*. Basingstoke: Palgrave.

Bessy, Christian. 1995. *Experts et faussaires: pour une sociologie der la perception*. Paris: Éd. Métailié.

Boltanski, Luc, und Laurent Thévenot. 1991. *De la justification. Les économies de la grandeur*. Paris: Gallimard.

Bonney, Richard. 1999. *The rise of the fiscal state in Europe, c. 1200–1815*. Oxford: Oxford University Press.

Bosher, James. 1964. *The single duty project. A study of the movement for the French customs union in the eighteenth century*. London: Athlone Press.

Boy, Jean-Claude. 1976. *L'administration des douanes en France sous l'Ancien Regime*. Paris: Éd. de l'AHAD.

Callon, Michel, Cécile Meadel, und Vololona Rabeharisoa. 2000. L'économie des qualités. *Politix* 13 (52): 211–239.

Clinquart, Jean. 1996. *Les services extérieurs de la Ferme générale à la fin de l'Ancien Régime*. Paris: CHEFF.

Clinquart, Jean. 1998. Le dédouanement des marchandises dans l'Ancien Régime. In *La circulation des marchandises dans la France de l'Ancien Régime*, Hrsg. Denis Woroneff, 103–144. Paris: CHEFF.

Conchon, Anne. 1998. Péages et circulation marchande au XVIIIe siècle. In *La circulation des marchandises dans la France d'Ancien Régime*, Hrsg. Denis Woroneff, 144–162. Paris: CHEFF.

Conchon, Anne. 2002. *Le péage en France au XVIIIe siècle: les privilèges à l'épreuve de la réforme*. Paris: CHEFF.

Daudun, Guillaume. 2007. Domestic trade and market size in late eighteenth century France. In Documents de travail de l'OFCE 2007-35. https://hal-sciencespo.archives-ouvertes.fr/hal-01065991. Zugegriffen: 11. Nov. 2017.

Dujardin-Sailly. 1813. *Tarif chronologique des douanes de l'Empire français*, 8. Aufl. Paris: chez l'auteur.

Dupuy, Jean-Pierre, François Eymard-Duvernay, Robert Salais, und Laurent Thévenot. 1989. L'économie des conventions. *Revue économique* 40 (2): 141–400.

Eymard-Duvernay, François. 1986. La qualification des produits. In *Le travail, marchés, règles et conventions*, Hrsg. Robert Salais und Laurent Thévenot, 239–247. Paris: INSEE.

Eymard-Duvernay, François. 2002. Les qualifications des biens. *Sociologie du travail* 44 (2): 255–287.

Eymard-Duvernay, François, Hrsg. 2006. *L'économie des conventions. Méthodes et résultats (2 Bde.)*. Paris: La Découverte.

Grenier, Jean-Yves. 2003. Une économie de l'identification. Juste prix et ordre des marchandises dans l'Ancien Régime. In *La qualité des produits en France XVIIIe-XIXe siècles*, Hrsg. Alessandro Stanziani, 25–54. Paris: Belin.

Guyot, Yves. 1889. *La suppression des octrois. Rapport à la Chambre des députés [annexe à la séance du 17 décembre 1888]*. Paris: Challamel et Cie.

Hilaire-Pérez, Liliane. 2008. Technology, curiosity and utility in France and England in the eighteenth century. In *Sciences and spectacle in the European enlightenment*, Hrsg. Bernadette Bensaude und Christine Blondel, 25–43. Aldershot: Ashgate.

Hoffman, Philip, und Gilles Postel-Vinay. 2001. *Des marchés sans prix: Une économie politique du crédit à Paris, 1660-1870*. Paris: EHESS.

Hoock, Jochen. 2008. Information économique de l'Encyclopédie commerciale à la presse économique, 1680-1820. In *L'information économique XVIe–XIXe siècles*, Hrsg. Dominique Margairaz und Philippe Minard, 63–70. Paris: CHEFF.

Hoock, Jochen, Pierre Jeannin, und Wolfgang Kaiser. Hrsg. 1991–2010. *Ars Mercatoria: Handbücher und Traktate für den Gebrauch des Kaufmanns, 1470–1820 (6 Bde.)*. Paderborn: Schöningh.

Hutchins, Edwin. 1995. *Cognition in the wild*. Cambridge: MIT Press.

Kaplan, Steven L. 1988. *Les ventres de Paris: pouvoir et approvisionnement dans la France d'Ancien Régime*. Paris: Fayard.

Kaplan, Steven L. 1996. *Le meilleur pain du monde: les boulangers de Paris au XVIIIe siècle*. Paris: Fayard.

Karpik, Lucien. 1995. *Les avocats. Entre l'État, le public et le marché (XIXe–XXe siècles).* Paris: Gallimard.

Le Roux, Thomas. 1996. *Le Commerce intérieur de la France à la fin du XVIIIe siècle: les contrastes économiques régionaux de l'espace français à travers les archives du Maximum.* Paris: Nathan.

Linnemer, Laurent, und Anne Perrot. 2000. Une analyse économique des ‚signes de qualité': labels et certification des produits. *Revue économique* 51 (6): 1397–1418.

Martinat, Monica. 2004. *Le juste marché: le système annonaire romain aux XVIe et XVIIe siècles.* Rome: École française de Rome.

Mathias, Peter, und Patrick O'Brien. 1976. Taxation in Britain and France, 1715–1810: A comparison of the social and economic incidence of taxes collected for the central governments. *Journal of European Economic History* 5 (3): 601–650.

Matthews, George T. 1958. *The royal general farms in eighteenth-century France.* New York: Columbia University Press.

Minard, Philippe. 1998. *La fortune du colbertisme: état et industrie dans la France des Lumières.* Paris: Fayard.

Minard, Philippe. 2003. Réputation, normes et qualités dans l'industrie textile française au XVIIIe siècle. In *La qualité des produits en France XVIIIe–XIXe siècles*, Hrsg. Alessandro Stanziani, 69–89. Paris: Belin.

Orléan, André, Hrsg. 1994. *L'analyse économique des conventions.* Paris: Presses universitaires de France.

Postel-Vinay, Gilles. 1997. *La terre et l'argent: l'agriculture et le crédit en France du XVIIIe au début du XXe siècle.* Paris: Albin Michel.

Rabier, Christelle, Hrsg. 2007. *Fields of expertise: A comparative history of expert procedures in Paris and London, 1600 to the present.* Cambridge: Cambridge Scholars Publishing.

Roche, Daniel. 1991. *La culture des apparences. Une histoire du vêtement XVIe-XVIIIe siècle.* Paris: Fayard.

Salomon, Gary. 1993. *Distributed cognitions.* Cambridge: Cambridge University Press.

Savoie, Philippe. 1982. *Pratiques et mentalités administratives sous l'Ancien Régime: les tournées d'inspection des fermiers généraux (thèse).* Paris: EHESS.

Stanziani, Alessandro, Hrsg. 2004. *Nomenclatures et classifications: approches historiques, enjeux économiques.* Paris: Éd. Quae.

Thévenot, Laurent. 1989. Équilibre et rationalité dans un univers complexe. *Revue économique* 40 (2): 147–197.

Tuffery, Jeanne-Marie. 1998. *Ébauche d'un droit de La consommation: La protection du chaland sur les marchés toulousains aux XVIIème et XVIIIème siècles.* Paris: LGDJ.

Weber, Florence. 2000. Transactions marchandes, échanges rituels, relations personnelles. Une ethnographie économique après le Grand Partage. *Genèses* 41 (6): 85–107.

Weber, Florence, und Agnès Gramain. 2001. Ethnographie et économétrie: pour une coopération empirique. *Genèses* 44 (3): 127–144.

White, Eugen. 1997. L'efficacité de l'affermage de l'impôt: la Ferme générale au XVIIIe siècle. In *L'administration des finances sous l'Ancien Régime*, Hrsg. Françoise Bayard und François Monnier, 103–120. Paris: CHEFF.

Woroneff, Denis, Hrsg. 1998. *La circulation des marchandises dans la France de l'Ancien Régime.* Paris: CHEFF.

Zalio, Pierre-Paul. 2003. Le ‚savon de Marseille'. Contribution à une sociologie économique des produits. In *La qualité des produits en France XVIIIe–XIXe siècles*, Hrsg. Alessandro Stanziani, 93–122. Paris: Belin.

Vertrauensproduktion. Märkte, Normen und Konventionen im 18. Jahrhundert

Philippe Minard

Inhaltsverzeichnis

Ehrlichkeit und Vertrauen im Handel waren im 18. Jahrhundert für Fabrikanten und Geschäftsleute ein zentrales Anliegen. Alle Marktakteure waren mit Fragen konfrontiert, die für heutige Ökonomen das Grundproblem des Opportunismus darstellen: entsprach das Produkt den Erwartungen des Käufers bzw. den Versprechungen des Verkäufers? Teilten sie die gleichen Bewertungsmaßstäbe für das Produkt? Wie konnten sie sichergehen, dass das Produkt wirklich keine versteckten, unsichtbaren, jedenfalls im Moment des Kaufs nicht erkennbaren Fehler hatte, die zum Kummer des Käufers erst später entdeckt wurden? Und wie konnte unehrliches und betrügerisches Verhalten überhaupt unterbunden werden?

Der klassische Liberalismus meinte das Problem der arglistigen Täuschung rasch gelöst zu haben. So erläuterte Turgot 1759 in seinem „Loblied auf Gournay" (1970a [1759], S. 87–89), auf welche Weise der Markt unehrliches Verhalten automatisch neutralisiere: Es liege nicht im wohlverstandenen Interesse des Verkäufers, seinen Kunden zu enttäuschen, denn dann werde dieser Kunde

P. Minard (✉)
Université de Paris 8, Directeur d'études an der Ecole des Hautes Etudes en Sciences Sociales (EHESS), Paris, Frankreich
E-Mail: philippe.minard@ens.fr

R. Salais et al. (Hrsg.), *Qualitätspolitiken und Konventionen*, Soziologie der Konventionen, https://doi.org/10.1007/978-3-658-26643-1_8

sich an einen anderen Verkäufer wenden; der Betrüger werde so für seine Täuschung bestraft. Später nahm Adam Smith diese Argumentation auf. Sein Erfolg ist bekannt. Als analytischer Bezugsrahmen ist die klassische Theorie jedoch kaum geeignet, denn sie setzt als Grundbedingung die Realität eines perfekten Marktes voraus, Standards mithin, die man im Kontext des 18. Jahrhunderts vergeblich suchen würde: Die klassische liberale Argumentation beruhte auf hoch unwahrscheinlichen Hypothesen (Gleichförmigkeit und Austauschbarkeit der gehandelten Waren; unmittelbare und vollständige Information; Abwesenheit von Handelsbarrieren usw.).

Die Wirklichkeit insbesondere von Textilmärkten war vollkommen anders. Deshalb kann eine Analyse dieser Märkte zum Verständnis der Beharrungskraft jener Qualitätsvorschriften, Produktstandards und -spezifikationen beitragen, die von den freihändlerischen Reformern so heftig attackiert wurden. Statt diese Reglementierungen als inkompatible Archaismen zu betrachten, werde ich versuchen, die Bedürfnisse zu verstehen, auf die sie antworteten. Dafür greife ich das Konzept der „Qualitätskonvention" auf, das von der „Konventionenökonomie" ausgearbeitet wurde. Dieses Konzept ist als heuristisches Werkzeug bestens dafür geeignet, das Funktionieren bestimmter Warenmärkte im 18. Jahrhundert zu untersuchen.

Zunächst werde ich zeigen, wie das Vertrauen als Problem in der ökonomischen Theorie behandelt wurde. Dann wird das mentale Rüstzeug betrachtet, mit denen Autoren und Akteure das Problem im Frankreich des 18. Jahrhunderts angingen und sich dabei oft auf das in dieser Zeit von allen französischen Reformern hoch gepriesene englische Vorbild bezogen (vgl. Ambrosoli 2000).

1 Betrug und Qualität in der ökonomischen Theorie

In den letzten etwa 30 Jahren hat die Wirtschaftswissenschaft der strategischen Dimension ökonomischen Verhaltens größere Aufmerksamkeit geschenkt. So hat etwa Oliver Williamson vorgeschlagen, das einfache Verfolgen des Eigeninteresses – die Basisannahme der traditionellen neoklassischen Theorie (oder Standardtheorie) – durch den komplexeren Begriff des „arglistigen Verfolgen des Eigeninteresses" zu ersetzen. Dieser Begriff sollte es erlauben, sogenannte „opportunistische" Praktiken des Täuschens zu berücksichtigen, die er als „raffinierte Formen des Betrugs" bezeichnete (Williamson 1985, S. 47 f., 56–63). „Das ökonomische Subjekt (…) ist ein raffinierteres und verschlageneres Geschöpf als die Eigennutz-Annahme verrät." (Williamson 1975, S. 255).

Die neuerliche Aufmerksamkeit für Betrug und betrügerische Praktiken fällt mit einer Hinwendung der ökonomischen Analyse zu den Institutionen zusammen, die in besonders bemerkenswerter Weise von Ronald Coase' Ökonomie der sogenannten „Transaktionskosten" vollzogen worden ist (Stanziani 2000). Die „Intensivierung der Institutionenforschung", merkt Philippe Fontaine an, habe „die Frage in den Vordergrund treten lassen, welche Bedingungen für die Vertrauensbildung in wirtschaftlichen Transaktionen notwendig sind" (Fontaine 1994, S. 101). Und tatsächlich bezieht sich der Begriff des Opportunismus für Williamson „auf die unvollständige oder verkürzende Weitergabe von Informationen, besonders auf kalkulierte Anstrengungen der Fehlleitung und der Verkürzung, des Verbergens und Vernebelns, oder der sonstigen Irreführung. [Der Opportunismus] ist verantwortlich für tatsächliche oder erdachte Bedingungen von Informationsasymmetrie, die die Probleme ökonomischer Organisation stark komplizieren" (Williamson 1985, S. 47).

Die Qualität von Waren ist zweifellos ein vorteilhaftes Terrain für die Analyse solcher Praktiken. Von der Standardtheorie ist diese Problematik allerdings kaum beachtet worden. Die Überzeugungskraft ihrer systematischen Erläuterung von Marktfunktionen und Preiskalkulationen beruht vor allem auf der Art und Weise, in der sie den Tauschwert als Grundstein der Analyse einsetzt. Betrachtet man den Tauschwert jedoch nur in der Preisform, dann kann Qualität kaum noch als unabhängige und strategische Variable begriffen werden: vielmehr ist die Ware in diesem Fall eine in ihren Eigenschaften vordefinierte Konstante. Des Weiteren werden Produkte im Rahmen der Doktrin des reinen und perfekten Marktes in Funktion ihrer Nützlichkeit und ihrer Produktionskosten bewertet; Angebot und Nachfrage wären gemäß der Preise eines freien Marktes verteilt. Wenn das der Fall sein soll, dann muss jedes distinguierende Zeichen oder Merkmal, das dem Konsumenten helfen könnte, zwischen Produkten zu unterscheiden, als nicht hinnehmbare Störung angesehen werden. Solche Unterscheidungsmerkmale würden überdies zu einer oligopolistischen Situation führen, die dem Konsumenten schade, da er oder sie einen höheren Preis für gleiche Qualität oder Nützlichkeit zahlen müsse. Dieses Argument folgte unter anderem aus der ebenso starken wie umstrittenen These, dass ökonomische Information transparent sei, selbst wenn sie kein distinguierendes Merkmal aufweise. Karl Marx bemerkte dazu in dem berühmten Abschnitt über Waren im ersten Band des *Kapital:* „In der bürgerlichen Gesellschaft herrscht die fictio juris, dass jeder Mensch als Warenkäufer eine enzyklopädische Warenkenntnis besitzt." (Marx 1965 [1867], S. 50, Fn. 5). Die Bemerkung war offenbar auf das klassische Denken und auf Ricardo gemünzt, für den Qualität keine Variable war, die von Akteuren verändert werden konnte; sie ist ein für alle Mal gegeben, in das Produkt eingeschrieben, und der Käufer teilt das Wissen über die Wareneigenschaften mit dem Verkäufer. Diese „Nomenklatur-Hypothese" (Benetti und Cartelier 1980, S. 94, 100) lässt sich freilich ebenso gut auf die Standardtheorie anwenden.

Es kommt aber noch etwas hinzu: Die Annahme eines vollkommen freien Wettbewerbs, die mit dem Modell des *general equilibrum* eingeführt wird, setzt nicht nur die Homogenität der ausgetauschten Güter, sondern auch eine vollkommen unpersönliche Marktsituation voraus. Wenn die Produkte völlig austauschbar sind, so die Argumentation, dann kann dem Käufer gleichgültig sein, wer sie herstellt oder verkauft.[1] In diesem Sinn schreibt auch das Arrow-Debreu-Modell den Waren selber die Fähigkeit zu sozialer Objektivierung zu: sie sind a priori durch eine objektive und messbare Definition identifiziert, die gewöhnlich von allen geteilt wird. Wenn gehandelt wird, so kann man diese Argumentation zusammenfassen, dann weiß jeder, was gekauft und was verkauft wird. Das Problem der Qualität ist diesem Modell zufolge immer mit dem Preis verknüpft. Um es kurz zu machen: Auch die von Oliver Williamson und den Neoinstitutionalisten vorgeschlagene Lösung stellt nicht zufrieden, da sie das Problem des Opportunismus nur als Problem der Risikokalkulation ansetzt (Karpik 1998).

Eine Alternative zu dieser Sackgasse liegt allerdings schon mit Chamberlins Theorie des monopolistischen Wettbewerbs vor, in der Qualität gerade als die den Wettbewerb determinierende Variable gilt (Chamberlin 1953a [1933], 1953b; Eymard-Duvernay 1989; Lupton 2004). Für Chamberlin ist die Produktdifferenzierung am Ursprung des „Wettbewerbsmonopols", da alle Fabrikanten auf je verschiedene Weise ein einzigartiges Produkt herstellen, selbst wenn es mit anderen fast identisch ist. Produktdifferenzierung kann sich aus den Charakteristika des Produkts (patentierte oder von Marken geschützte Spezifizierungen, spezielle Verpackungen, usw.). oder auf andere Weise, etwa durch die Verkaufsbedingungen ergeben (günstig gelegene Niederlassung oder besondere Reputation des Verkäufers, persönliche Kundenbindung, usw.) Die Leitvorstellung ist dabei, dass die Nachfrage nicht nur in Bezug auf den Preis variiert. Vielmehr verändert sie sich auch im Verhältnis der Qualität zu einem in einer bestimmten Geschäftsbeziehung gegebenen Preis. Die Identität des Verkäufers oder Herstellers ist dem Kunden in diesem Modell also keineswegs gleichgültig und die Kaufentscheidung des Konsumenten lässt sich nicht mehr ausschließlich auf eine Preisdifferenz zurückrechnen. Unberührt bleibt davon allerdings der Umstand, dass

[1]So setzt das im Jahr 1953 entwickelte Arrow-Debreu-Modell des vollkommenen Wettbewerbs sehr anspruchsvolle Bedingungen voraus: den Tausch sehr großer Warenmengen; vollkommene Information über die Preise; höchste Mobilität der Faktoren. Preise werden folglich als Mittel zur Koordination unterschiedlicher Entscheidungen betrachtet, die von unterschiedlichen Agenten getroffen werden – ganz im Sinn der von Walras erdachten Figur des Auktionärs. Siehe für eine neuere Formulierung des Modells Debreu (1982).

die Variable Qualität – anders als der für alle Beteiligten vollständige transparente Preis – nicht immer direkt sichtbar ist; ihre Variabilität ist nicht immer bekannt, ja entzieht sich dem manchmal überhaupt der Erkenntnis.

Die letzte Bemerkung führt auf das Problem der Unsicherheit und der Informationsasymmetrie zwischen den beteiligten Akteuren. Auch wenn das Problem von Qualität und Vertrauen im Rahmen der Standardtheorie nicht gelöst werden kann, erlauben es die inzwischen ebenfalls „klassischen" Artikel von Georges Akerlof und Joseph Stiglitz, diese Aporien durch eine direkte Konfrontation mit der hier vorliegenden Hauptfrage zu klären: Was geschieht in Situationen der Unsicherheit über die Qualität? (Eymard-Duvernay 1986; Orléan 1991).

Das von Akerlof (1970) analysierte Beispiel ist der Gebrauchtwagenmarkt. Der Verkäufer kennt die Qualität des Wagens, da er ihn benutzt hat, während der Kunde sie nicht kennt. Akerlof nimmt an, dass alle Autos ungeachtet ihrer Qualität zu einem einzigen Durchschnittspreis verkauft werden, da Käufer keinen Zugang zu Informationen haben, die nur die Verkäufer besitzen. Im Ergebnis wird ein Phänomen der Gegenauslese beobachtet, in deren Verlauf schlechte Qualität mit hoher Qualität durchmischt wird. Weil gute Autos keinen höheren Preis erzielen als „lemons",[2] fällt ihr Preis umgehend auf den der „lemons". An diesem Beispiel wird ersichtlich, dass der Markt unfähig ist, mit Qualitätsunsicherheiten umzugehen. Ohne ausreichende Informationen oder Unterscheidungsmerkmale sind die Konsumenten gezwungen, die Qualität der Ware auf der Grundlage der Preise und der durchschnittlich angebotenen bzw. vermuteten Qualität einzuschätzen. Genauer: auf der Basis der Preise schätzen sie den Durchschnitt der angebotenen Qualität, kommen dann zu dem Ergebnis, dass die Qualität schlechter ist als die, die sie aufgrund der Preisangebote erhofft hatten – und entscheiden sich gegen einen Kauf. Der Markt wird nicht nur von „lemons" heimgesucht, sondern schrumpft, und manchmal bricht er auch zusammen.

Stiglitz wiederum beobachtet, dass die Heterogenität von Waren die Märkte erheblich beeinflusst (Stiglitz 1987): Da die Variationen der Produktqualität von den Akteuren nicht immer deutlich zu erkennen sind, bilden sie sich eine Meinung, indem sie den Preis als Indikator für Qualität interpretieren. Gegenüber zwei identischen Produkten, von denen das eine zu einem höheren Preis verkauft wird als das andere, zeige sich die Neigung des Konsumenten, das teurere Produkt für das qualitativ hochwertigere zu halten. In diesem Sinn kann

[2]Als „lemons" werden im Amerikanischen Autos mit gravierenden Produktionsmängeln bezeichnet, sogenannte „Montagsautos" (Anm. des Übers.).

man behaupten, dass die (imaginierte) Qualität vom Preis abhängt, während die Preise in der Standardtheorie ausschließlich von der Qualität abhängen, da Waren höherer Qualität zu höheren Preisen verkauft werden. Kurz: In diesem Fall sind Annahmen über die Qualität entscheidend, die sich nur auf Preisinformationen stützen. Ein Verfall der Warenpreise kann als Verfall ihrer Qualität interpretiert werden und dann umgehend auch die Nachfrage zurückgehen lassen! Hier sind wir von Paretos optimalem Gleichgewicht zwischen Angebot und Nachfrage weit entfernt.

Zusammenfassend kann man sagen: In Märkten, in denen der Preis die einzige für die Käufer sichtbare Variable ist, verhindert die Informationsasymmetrie die optimale Ressourcenallokation. Denn einerseits können Hersteller oder Verkäufer die Qualität der Ware verändern oder manipulieren, andererseits können die Vorannahmen der Käufer aber auch dazu führen, dass die Ware nicht mehr gekauft wird. Diese Beobachtung mag Verkäufer dazu bringen, die Qualität ihrer Produkte auszuweisen, um so die Informationsasymmetrie zu verringern und den Konsumenten dabei zu helfen, die Produkte auf der Grundlage vollständiger Informationen zu unterscheiden. Das setzt aber voraus, dass alle beteiligten Akteure dieselben Qualitätsdefinitionen und -kriterien teilen. Die Ausbreitung unterschiedlicher Qualitätszeichen in einem einzigen Markt (die Vervielfachung von Labels und anderen Zertifikaten zum Beispiel) kann freilich auch kontraproduktive Effekte haben und die Konsumenten genauso in Alarm versetzen und lähmen wie ihr Fehlen (Linnemer und Perrot 2000).

Schließlich führt diese Analyse im Hinblick auf die Informationsasymmetrie Philipp Nelson (1970) zufolge zur Bildung von drei Warenkategorien: „Suchwaren", für welche die Information im Verlauf der Produktprüfung vor dem Kauf erlangt wird; „Erfahrungswaren", deren Qualität im Konsum oder Gebrauch erfahren wird; „Vertrauenswaren", deren Qualität vom Konsumenten weder vor noch nach dem Kauf zu erkennen ist, sondern aus der Autorität einer dritten Partei abgeleitet werden muss, deren Expertise wiederum nur unter hohen Kosten angeeignet werden kann. Sylvie Lupton (2001) hat eine zusätzliche vierte Kategorie vorgeschlagen – die der „unbestimmten Produkte", deren Charakteristika auf einem jeweils aktuellen Wissensstand nicht gekannt werden können.

Auf jeden Fall wird deutlich, dass Unsicherheit Glaubenseffekte und potenziell divergierende Qualitätskonzepte ins Spiel bringt – oder zumindest Qualitätskonzepte, die nicht notwendig per se übereinstimmen (vgl. Karpik 1996; Gambetta 1988; MAUSS 1994; Harrisson et al. 1999; Mangematin und Thuderoz 2003). Keine dieser Unsicherheiten wird einzig und allein per Vertrag ausgeräumt.

Tatsächlich ist ein Geschäft kaum auf einen Vertragsabschluss zu reduzieren. Im Gegenteil, alle vorgängigen sozialen Bedingungen, Normen und implizit akzeptierten Regeln müssen berücksichtigt werden, denn sie konstituieren den Rahmen, der das Geschäft zustande kommen lässt. Die Übereinkunft wird durch eine vorgängige (anerkannte oder objektivierte) Konvention – eine notwendige Übereinkunft – über die Formen der Konvention ermöglicht. Der Markt, hat Jean-Pierre Hirsch angemerkt, „benötigt andere Gesetze als jene, die gewöhnlich als Marktgesetze bezeichnet werden" (Hirsch 1991, S. 152). Diese Einsicht teilt er mit der „Konventionenökonomie" (Dupuy et al. 1989; Salais 1998). Sie analysiert sowohl die Grundlagen und die Entstehung der Konvention, durch die in einer gegebenen Gesellschaft der Markt institutionalisiert und legitimiert wird, als auch die Gegenstände, auf die die den Markt begründende Konvention konkret angewandt wird. Die Konventionenökonomie beschreibt die Logik der Regeln, in denen die Konvention durch Akteure objektiviert und so zu dem normativen und kognitiven Rahmen wird, in dem sie das Wissen erlangen, auf dessen Grundlage sie handeln und Entscheidungen treffen.

Wie André Orléan in einem Gründungstext der Konventionenökonomie erläutert hat, handelt es sich um ein theoretischen Rahmen, in dem die kollektive Koordination individueller Aktionen analysiert bzw. untersucht werden kann, wie sich eine kollektive Logik konstituiert und welche Ressourcen sie mobilisieren muss um Stabilität zu erlangen (Orléan 1994). Deshalb ist das Konzept der Konvention gerade für einen Fall interessant, in dem die Unsicherheit auch durch Verträge nicht reduziert wird, die Koordination der unterschiedlichen Aktivitäten also darüber hinaus bestimmte Referenzpunkte erfordert, die potentiell insofern kollektive Geltung erlangen, als sie durch eine interaktive Dynamik zustande kommen. Konventionen eröffnen die Möglichkeit, praktische Lösungen für Unsicherheiten zu finden, weil sie auf implizit geteilten, gegenseitigen Erwartungen über Kompetenz und Verhalten der Akteure beruhen.

Kehren wir nun ins 18. Jahrhundert zurück und sehen wir uns an, wie diese Frage von den Zeitgenossen formuliert wurde.

2 Automatische Neutralisierung unehrlichen Verhaltens?

Im 18. Jahrhundert wurde das Problem von Vertrauen und Ehrlichkeit in Frankreich und England auf recht ähnliche Weise diskutiert. Um zu verstehen, wie die Zeitgenossen das Problem wahrnahmen, muss man an das Gewicht traditioneller mentaler Dispositionen erinnern: die säkulare Reglementierung der Gewerbe und des Handels war vom scholastischen Denken und der thomistischen Repräsentation des Handels und der Händler durchdrungen (Aquin 1983 [1273]; vgl. Lapidus 1992; Roover 1971; Wood 2002). Die unablässige Sorge um den Schutz des Konsumenten gründet auf der Vorstellung, dass „etwas teurer zu verkaufen oder billiger zu kaufen als es wert ist, an sich ungerecht und illegal" sei. Da der intrinsische Wert einer Ware eine Variable war, die unter Umständen schwer zu erkennen sein konnte, bestand jedoch Unsicherheit über die Festlegung des „gerechten Preises", über den Thomas von Aquin im Übrigen komplexe, wenn nicht gar ambivalente Vorstellungen hatte (Lapidus 1994; Baldwin 1959). In der *Summa Theologicae* bestimmte er Betrug auf dreierlei Weise: erstens im Sinn der Fehlerhaftigkeit von Volumen- oder Gewichtsmessungen, die sich auf die Menge der Handelsware auswirkten; zweitens im Sinn der Veränderung des Produkts, der Modifikation seiner Substanz durch allerlei verfälschende Prozeduren, die seine Reinheit und damit seine Qualität verwässerten; drittens schließlich im Sinn einer falschen Bezeichnung, durch die der Verkäufer behaupte, seine Ware besitze bessere Eigenschaften als sie tatsächlich aufwies. Dies sind exakt die gleichen Fragen, mit denen sich Ökonomen auch im 20. Jahrhundert auseinandergesetzt haben (Alsberg 1931; Chamberlin 1953a; vgl. Stanziani 2003, 2007). Die letzten beiden „Defekte" sind mit der Informationsasymmetrie verknüpft, die oben diskutiert worden ist. Gegen diese Formen des Betrugs versuchten korporative, städtische oder königliche Reglements schützende Barrieren aufzurichten, indem sie die Beachtung bestimmter Spezifikationen oder Schwellen garantierter Minimalqualität vorschrieben: Produzenten und Händler sollten nur „gute und ehrliche Produkte" liefern, „ehrliche und handelbare Ware" *(„loyale et marchande"),* wie Vorschriften und Instruktionen unablässig wiederholten (Anonymus 1789; Denisart 1763/1764, S. 796, zit. n. Grenier 2003, S. 310 Fn, S. 50).

Gegen dieses neo-aristotelische Erbe richtete sich im 18. Jahrhundert das klassische ökonomische Denken mit seiner Rehabilitierung des Handels und der Händler, die auf einer Universaltheorie des individuellen Interesses basierte. Das bewahrte sie jedoch nicht vor einer Auseinandersetzung mit dem Problem der betrügerischen Praktiken und Fälschungen. Wenn es wirklich das persönliche Interesse war, das die Hauptmotivation für ökonomisches Verhalten bildete, wie konnte man dann vor einer Generalisierung „opportunistischen" Verhaltens überhaupt sicher sein?

Für einige Autoren war dies eine nachrangige Frage und Betrug generell eine zu vernachlässigende Größe. Josiah Child folgend (dessen 1683 erschienenen *Discourse of Trade* er 1754 übersetzt hatte) ging Jacques Vincent de Gournay von Gutgläubigkeit als allgemein vorherrschendem Prinzip aus: „Man muss zugeben, dass Gutgläubigkeit für den Handel so notwendig ist, dass er nicht ohne sie überleben kann, und dass im Allgemeinen jeder im guten Glauben Handel treibt". Die Überlegenheit der Niederländer und Engländer im Handel sei auf den Umstand zurückzuführen, dass sie dieses Prinzip zu beherzigen verstünden:

> „Weil diejenigen, die [in England und Holland] die Gesetze erlassen, selbst Kaufleute sind, haben sie die Überzeugung, dass, wenn Gutgläubigkeit die Basis allen Handels ist, man davon ausgehen müsse, dass jeder Fabrikant und jeder Kaufmann guten Glaubens ist." (Gournay 1983 [1754], S. 249 f.)

Gournay bestritt also nicht, dass es Betrug gebe, aber „wenn manchmal der rechte Weg verlassen wird [der der Gutgläubigkeit, P.M.], dann stets in einer konkreten Situation zwischen dem Käufer und Verkäufer, und Maßnahmen können am besten zwischen diesen Personen ergriffen werden". Wichtiger ist jedoch, dass er diese Schwierigkeit gegenüber der Gewerbefreiheit als kleineres Übel ansah. Im paradigmatischen Fall der Färberei – eines der ersten Colbertschen Reglements erließ im Jahr 1669 Vorschriften über das Färben – war erneut England die Referenz:

> „Auch wenn das Färben eines der schwierigsten Gewerbe ist, in dem man sich leicht täuschen kann, haben die Engländer kein besonderes Gesetz in der Sache. Nun ist es in England ebenso wenig erlaubt zu täuschen wie hierzulande, auch darf niemand ein Ding als ein anderes ausgeben und verkaufen, aber sie glaubten dass man warten müsse, bis Betrug oder Täuschung erwiesen sind, um ihn feststellen und bestrafen zu können; und auch wenn dies oft sehr schwierig ist, dachten sie, dass es weniger nachteilig wäre, ein gewisses Maß an Betrug im Handel zuzulassen, ihm eher die Freiheit zu lassen sich auszubreiten als ihn zu unterdrücken, indem man ihn völlig zu verhindern versucht. […] Sie gingen nicht davon aus, dass weil ein Färber betrügen könne, er es notwendig tue." (Gournay 1983 [1754], S. 250 Fn.)

Sei dies doch einmal der Fall, würde das Problem eines eventuellen Betrugs einfach dadurch gelöst, dass es zu einem Problem der persönlichen Verantwortung des Akteurs gemacht würde:

> „Zugunsten der Vorschriften wird des Weiteren vorgebracht, dass der Käufer, da er die Ware, die er kauft, nicht kennt, dem Betrug durch den Fabrikanten und den Händler ausgesetzt sei, doch ist dies ein ausreichender Grund dafür, Käufer und Fabrikanten die Bürde dieser Beschränkung tragen zu lassen, um den Verbraucher davon zu entlasten, Gebrauch von seinen Augen und Händen zu machen? Bevor man diese Vorschriften erließ, in denen Betrug immer unterstellt wird, wäre es notwendig gewesen zu untersuchen, ob es so leicht ist zu betrügen wie gemeinhin angenommen wird oder nicht." (Gournay 1983 [1754], S. 257)

Und es folgt die abrupte Schlussfolgerung:

> „Es ist ein großer Irrtum zu denken, wie uns viele glauben machen wollen, dass es so einfach wäre, die Leute zu betrügen, die ja ein Interesse darin haben, nicht betrogen zu werden. Der Käufer ist nicht zum Kauf gezwungen. Deshalb obliegt es ihm, bei seinen Käufen Vorsicht walten zu lassen. Es ist allein seine Sache.“ (Gournay 1983 [1754], S. 257)

Die Maxime des Eigeninteresses führte also ihr eigenes Gegenmittel mit: „Da jeder daran Interesse hat, sich nicht betrügen zu lassen, wird er auch ausreichende Vorsichtsmaßnahmen treffen, um nicht betrogen zu werden“ (Gournay 1983 [1754], S. 249).

Andere Autoren standen Vorschriften und Reglementierungen zwar ebenso ablehnend gegenüber, hielten das Problem des Betrugs aber für wesentlich gewichtiger als Gournay. Bernard de Mandevilles *Bienenfabel* erschien 1705 und 1714 in London und wurde 1740 ins Französische übersetzt und die Leser dieses Werkes suchten sicherlich vergeblich nach dem Argument einer generellen Neigung zur Gutgläubigkeit. Im Gegenteil:

> „Zeige mir einen Krämer, der es noch nie unterlassen hat, jemanden auf Mängel seiner Ware hinzuweisen, der um sie zu feilschen versucht […]. Wo werden wir einen Kaufmann finden, der noch nie wider besseres Wissen und Gewissen seine Ware stärker angepriesen hat als sie verdiente, um sie besser zu verkaufen?“ (Mandeville 1990 [1714], S. 56)

Schließt man sich dieser weniger geschönten Version der Interessenartikulation an, dann kann man von Ehrlichkeit nicht länger ausgehen, sondern muss sie als zu erreichendes Ziel setzen. In diesem Sinn konnte Turgot erklären, dass der Wettbewerb zur Eliminierung von Betrug und Täuschung beitrüge: denn am Ende zöge der Wettbewerb jenen Geschäftsleuten stets den Boden unter den Füßen weg, die der Versuchung nicht widerstünden, einen schlecht informierten Käufer böswilligen und zu ihrem Vorteil über Preis und Qualität der Ware zu täuschen. Das ist die Lektion eines berühmten Abschnitts von Turgots *Eloge de Vincent de Gournay,* der Fabel vom getäuschten Konsumenten und betrügerischen Händler. Solches Fehlverhalten verschwände aufgrund des Umstands, so Turgot, dass der Wettbewerb den Käufern erlaube, zwischen verschiedenen Verkäufern zu wählen:

> „Da der Käufer immer die Freiheit hat, zu kaufen oder nicht zu kaufen, ist gewiss, dass er unter den Verkäufern denjenigen auswählen wird, der ihm die gesuchte Ware zum günstigsten Preis gibt. Nicht weniger sicher ist, dass jeder Verkäufer in

der Regel seine beste Ware zum niedrigsten Preis verkauft, weil sein größtes Interesse ist, vor seinen Wettbewerbern den Vorzug zu erhalten." (Turgot 1970a [1759], S. 87.)

Täuschung war also immer möglich, aber die Stärke Interessentheorie lag in ihrer Fähigkeit, diese Form von unehrlichem Verhalten berücksichtigen und zeigen zu können, dass das wohlverstandene Eigeninteresse des Verkäufers ihn davon abhalten werde zu betrügen:

> „Es ist nicht so, dass es nicht tatsächlich hin und wieder betrügerische Kaufleute oder betrogene Verbraucher gibt; aber der betrogene Verbraucher wird daraus lernen, er wird bei dem betrügerischen Kaufmann nicht mehr kaufen; der Kaufmann hingegen ist diskreditiert wird so für seinen Betrug bestraft; so etwas wird aber nicht so häufig vorkommen, denn in der Regel werden die Leute über ein offensichtliches und naheliegendes Interesse immer informiert sein." (Turgot 1970a [1759], S. 88; Fontaine 1992)

Josiah Child im Jahr 1707 kommentierend zeichnete John Blanch die Grundzüge seiner Argumentation, ohne sie jedoch weiter zu entwickeln: „Das Interesse des englischen Kaufmanns war es, gute Ware zu bekommen und damit den Ruf seines Warenhauses zu erhalten. Und eine Tuch-Marke von gutem Ruf galt in früheren Zeiten als gutes Erbe für die Nachfahren." (Blanch 1707, S. 21).

Adam Smith vertrat 1766 dieselbe Vision einer automatischen Neutralisierung des Opportunismus wie Turgot: „Wenn eine Person 20 Verträge an einem Tag abschließt, kann sie dennoch auf Dauer nicht gewinnen, denn schon die Entdeckung eines einzigen Betrugs wird sie verlieren lassen [...]". Die Schlüsselidee ist der gute Ruf:

> „Wo immer es zu häufigen Abschlüssen kommt, erwartet ein Einzelner nicht, nur mit einem einzigen Vertrag so viel zu verdienen wie aufs Ganze gesehen mit Rechtschaffenheit und Pünktlichkeit, und ein kluger Händler, der sein wahres Interesse kennt, würde sich eher dafür entscheiden, verloren zu geben, worauf er doch ein Recht hat, als auch nur den geringsten Verdacht zu erregen." (Smith 1978 [1766], S. 538 f.)

Zehn Jahre später nahm er das Thema in seinem *Wohlstand der Nationen* noch einmal auf: „Tatsächlich und wirksam diszipliniert wird ein Handwerker nicht durch seine Zunft, sondern durch seine Kunden. Es ist die Furcht, ihre Aufträge zu verlieren, die seine Betrügereien einschränkt und seine Nachlässigkeit korrigiert." (Smith 1966 [1776], S. 145).

Am Ende des 18. Jahrhunderts war diese Idee ein Gemeinplatz. Man findet sie unter anderem in der Feder von Kaufleuten, die von Komitees des *House of Commons* überwacht wurden:

> „Der Fabrikant hat das größte Interesse daran, den guten Ruf seines Tuchs aufrechtzuerhalten. [...] Das Interesse des Verkäufers bietet dem Käufer und dem Publikum eine ausreichende Sicherheit für das richtige Handeln in der Manufaktur, ohne die Aufsicht eines Inspektors." (Eldridge 1802/1803, S. 381 f. bzw. S. 875 f.)

Der Verkäufer musste also seinen guten Ruf bewahren, um sein Geschäft fortführen zu können. Und je besser sich Akteure in einem Gewerbe gegenseitig kannten, so die zugrunde liegende Überlegung, desto geringer würde die Versuchung und die Möglichkeit für Betrug sein, da Betrugshandlungen umgehend sanktioniert würden. Dieser Mechanismus beruhte letztlich jedoch auf einer einzigen Hypothese: der Markt galt als transparent und die Akteure als vollkommen informiert.

Turgots Argument der automatischen Neutralisierung unehrlichen Verhaltens sollte nur zutreffen, wenn beide Voraussetzungen erfüllt waren. Zunächst musste der Käufer wirklich die Möglichkeit haben, zwischen verschiedenen Verkäufern zu wählen. Dafür sollte er den Markt, seine lokalen Bedingungen und besonders den Ruf der verschiedenen Verkäufer sehr gut kennen, denn die Reputation war der sicherste Maßstab über den er verfügte, um die Qualität der Ware und ihren relativen Preis zu beurteilen. Nur unter solchen Bedingungen konnte er eine völlig informierte Wahl treffen. Zweitens, erklärte Turgot, werde der Marktlieferant „die beste Ware zum besten Preis" verkaufen. Wenn er allerdings einen im Verhältnis zur Qualität des Produkts zu hohen Preis verlange, müsse er damit rechnen, dass er im Wettbewerb mehr verlieren als gewinnen werde (Fontaine 1994, S. 95).

Mit anderen Worten: die Behauptung, dass Wettbewerb in der Lage sei, die Ehrlichkeit der Verkäufer und die Wachsamkeit der Käufer zu garantieren, galt nur dann als wahr, wenn die Akteure ausreichend über die lokalen Marktbedingungen informiert waren. Dieses Problem behandelte Turgot in seinem *Mémoire sur les prêts d'argent* von 1770. Dort berichtete er von einem jungen Mann, der Ausländer und deshalb mit den örtlichen Gepflogenheiten nicht vertraut sei. Diesem Mann wird von einem Betrüger ein Produkt zum doppelten Marktwert verkauft: seine fehlende Erfahrung und der Umstand, dass er die lokale Situation nicht kennt – in anderen Worten: fehlende Informationen -werden als Gründe dafür angeführt, dass er betrogen wurde (Turgot 1970b [1770], S. 272). Das Argument galt nebenbei bemerkt für den Preis genauso wie für die relative oder absolute Qualität des Produkts: schlecht informiert könne der Käufer eine bestimmte Art von Ware erhalten und dabei annehmen, er bekomme eine andere (relative Qualität), oder das Produkt stellte sich insgesamt als fehlerhaft heraus (absolute Qualität). Das liberale Denken setzte also immer einen Käufer voraus, der sowohl über den Preis als auch die Qualität gut informiert war und/oder sich in der Position befand, sich Klarheit über das zu verschaffen, was er kaufte. „Es ist das Auge für das Produkt [scheinbare Qualität, P.M.] und die Minderwertigkeit, welches das Wissen der Käufer ausmacht und über ihre Präferenzen entscheidet", schrieb etwa Véron de Forbonnais (1754, S. 280).

Abschließend können wir festhalten, dass das Problem des Opportunismus den liberalen Autoren zwar nicht unbekannt ist. Aber sie betrachten es als Ausnahme- oder Einzelfall. („Es kann natürlich *in einzelnen Fällen* betrügerische Kaufleute und betrogene Konsumenten geben...", so Turgot). Ihre Argumentation hat zwei Seiten. Auf der einen hat der Verkäufer kein Interesse am Betrügen; auf der anderen wird dem Käufer gesagt, er sei selber dafür verantwortlich: „Der Käufer muss mit dem Markt vertraut sein", so Véron de Forbonnais (1754, S. 279). Aber es sollte auch festgehalten werden, dass dieser allgemeine Satz sich nur in Fällen anwenden läßt, in denen eine Prüfung der Ware möglich ist: „Wenn es um sichtbare Fehler geht, können sich Käufer nicht nachträglich darauf berufen, überrascht worden zu sein."

Forbonnais nahm damit ein Argument auf, dass wir schon von Gournay kennen. Aber galt das auch für unsichtbare Fehler? Und was geschieht, wenn Entfernung und Zeitmangel dem Käufer diese Prüfung nicht erlauben? In diesem Fall findet der zweite Teil des liberalen Arguments keine Berücksichtigung. Sobald die Hypothese von der Transparenz des Marktes aufgeben wird, verhindert der Wettbewerb nicht mehr systematisch den Opportunismus und die automatische Neutralisierung unehrlicher Praktiken ist alles andere als gewiss.

Unter den konkreten Bedingungen der Märkte während des *Ancien Regimes* – Länge der Kommunikationskanäle, Verzögerung der Bestellungen, vor allem der großen Zahl an Mittlern zwischen Fabrikanten, Händlern, Marktleuten und Verbrauchern – scheint es in der Tat sehr zweifelhaft, dass ein Betrüger wirklich so rasch bestraft worden ist wie Turgot behauptete. Die Kette vom Textilfabrikanten in der Picardie bis zum Laden in Paris war schon sehr lang – noch länger war sie zwischen dem Weber in den ländlichen Gegenden der Bretagne und dem Händler in Saint-Malo, dem Händler in Cadiz und schließlich dem Einzelhändler in Mexico City oder Lima. War es dem Kunden dabei immer möglich, sein Geschäft anderswo abzuschließen...?

Turgot ging davon aus, dass der betrogene Kunde über genug Informationen verfügte, um sich rasch und seinem Interesse gemäß auf dem Markt zurechtzufinden. Aber natürlich waren nicht alle ökonomischen Akteure mit den Marktbedingungen so vertraut. Es scheint sehr kühn, sich auf Turgots implizite Annahme zu verlassen, die nötigen Informationen hätten schnell und leicht eingeholt werden können, ja dass es auch nur annähernd so stabile ökonomische Verhältnisse gegeben habe, die dies grundsätzlich zugelassen hätten. Die Realität war im Frankreich des 18. Jahrhunderts eine ganz andere, die Märkte fragmentiert, die Preisunterschiede zwischen den Regionen hoch und die Verkehrsbedingungen schwierig. Sicherlich zirkulierten Informationen schneller als die Waren, aber es wäre falsch daraus zu schließen, dass die Märkte unmittelbar und zu geringen Kosten informiert worden wären.

Den von Turgot beschriebenen perfekten Markt gab es nicht. Marktinformationen zu erlangen war wesentlich kostspieliger als er annahm. Sein Argument ist tautologisch, eine Art theoretischer Taschenspielertrick: Er postulierte die Existenz perfekter Wettbewerbsmechanismen, während seine Politik genau darauf abzielte, diese Mechanismen zu schaffen. Aber der perfekte Wettbewerb implizierte einige Vorbedingungen: es musste Zugangsfreiheit zu Märkten herrschen; im Wettbewerb stehende Waren mussten gleichförmig und die auf dem Markt befindlichen Preise und Qualitäten vollkommen bekannt sein. Keine dieser Bedingungen existierte im Frankreich des 18. Jahrhundert: der Marktzugang war auf vielfältige Weise begrenzt; Angebot und Nachfrage auf den Märkten folgten keineswegs der atomisierenden Logik, die für die Definition des funktionierenden Wettbewerbs in der ökonomischen Theorie grundlegend ist; auch hielten Käufer und Verkäufer die Preise nicht für etwas von vornherein und jenseits ihrer Beziehungen, gleichsam von Außen gegebenes; und vor allem: die Substitution der Waren war unmöglich und Informationen über ihre jeweiligen Preise und Eigenschaften weder vollständig noch umgehend zu erlangen (Margairaz 1986). Ein weniger vollkommener Wettbewerb ist kaum vorstellbar (Gabszewicz und Grilo 1992). Das Beispiel zeigt vielmehr, dass das liberale Ideal des vollkommenen Marktes in einer solchen Situation ein Produkt ökonomischer Utopie ist.

Wesentlich nuancierter erscheint vor diesem Hintergrund die Position des Liberalen Josiah Tucker. In seinen *Instructions for Travellers* aus dem Jahr 1757 führte er zu Beginn das wohlverstandene Interesse als Indikator für die Funktionalität jeder Wirtschaft ein:

> „Wenn Selbstliebe und Eigeninteresse jeden Einzelnen dazu drängen, entsprechende Wege des Gewinns, Geberbe und Beschäftigung zu suchen, wird er, wenn er sich selbst hilft, zugleich die öffentliche Wohlfahrt steigern. Das einzig notwendige, was positive Institutionen zu tun bleibt, ist die Einhaltung freiwilliger Verträge durchzusetzen." (Tucker 1993a [1757], S. 48 f.)

Tucker setze allerdings unmittelbar hinzu, dass das Recht den Betrug ahnden müsse, denn er stelle einen Vertragsbruch dar:

> „Wenn Ware sich als schlechter herausstellt als sie erschien, wenn sie verborgene Fehler oder Makel aufweist, oder nicht der angebenen Länge, Gewicht usw. entspricht, dann sollte der Verkäufer den Käufer großzügig entschädigen oder entsprechend eine Strafzahlung leisten oder öffentlich bloßgestellt werden." (Tucker 1993a [1757], S. 48 f.)

Aus diesen Gründen sprach sich Tucker in seinem vergleichenden Essay über den Handel in Frankreich und Großbritannien für „öffentliche Inspektoren" aus. Sie sollten verhindern, dass die Exporteure ihre ausländischen Kunden betrügen: „So dass der Käufer, Marke und Amtssiegel vor Augen, Vertrauen haben kann und versichert ist, dass er nicht betrogen wird durch das, was ihm verborgen ist." (Tucker 1993b [1753], S. 121 f.).

In den 1770er Jahren entwickelte John Holker, ein in Lancashire geborener katholischer Jakobit, der nach Frankreich auswanderte und in Rouen das Amt des *inspecteur général des manufactures* bekleidete, eine ähnliche Position. Auch dieser entschiedene Gegner jeglicher Gewerbereglements räumte unumwunden ein, dass Unehrlichkeit vor schwerwiegende Probleme stellen konnte:

> „Nichts ist lobenswerter als Freiheit im Handel einzuführen, der als das Herz der Prosperität und des Wohlstands eines Staates betrachtet werden muss. […] Das einzige Hindernis, auf das die Umsetzung dieser Art von Vorhaben stoßen kann, ist die Böswilligkeit, die sooft unter den Menschen herrscht. […] Gutgläubigkeit ist nie notwendiger als im Geschäftsleben. Sie ist seine Grundbedingung. […] Im Handel darf es nicht erlaubt sein, billiges Metall als Gold zu verkaufen oder Leute glauben zu machen, ein schlechter Farbstoff sei ein guter; das zählt zu den verabscheuenswertesten Täuschungen. Man wird mir vielleicht sagen, dass diejenigen, die einmal getäuscht worden sind, zu diesem Hänlder nicht wieder zurückkehren werden und dem stimme ich zu, aber das ändert nichts daran, dass sie getäuscht wurden, etwas, das in einem handeltreibenden Land niemals geschehen darf."[3]

In solchen Fällen bestehe nämlich die Gefahr, dass „ein Fremder uns dann als eine Nation ansieht, mit dem man nicht sicher handeln kann" (ebd., S. 7 f.).

Holkers Verlegenheit lässt erkennen, dass verschiedentlich die Notwendigkeit akzeptiert wurde, das Vertrauen mit Formen zu stützen, auf die sich alle

[3]John Holker, Mémoire sur la situation actuelle des manufactures de France avec ses observations sur les principes des règlements, o. D., [1770er Jahre], Ministère de l'Économie et des Finances, Service des Archives économiques et Financières, carton 4, S. 7–8.

am Exporthandel Beteiligten einigen konnten und die integraler Bestandteil des Marktverhaltens sein sollten. Die wichtigsten unter diesen Formen waren Handelsmarken und Vorschriften. An ihnen hielten viele Marktakteure auch trotz der liberalen Empfehlungen fest, wie die französische Debatte zeigt.

3 Vertrauensbildung durch Vorschriften

In Frankreich entwickelte sich unter den Handwerkern und Fabrikanten eine wahre Kultur der Produktdistinktion, die Jean-Yves Grenier als „Ökonomie der Identifizierung" bezeichnet hat. Grenier weist auf die Affinitäten hin, die zwischen dieser Ökonomie und der Gesellschaftsstruktur des Ancien Regimes, ihren sozialen Taxinomien und ihrem Ehrbegriff bestanden (Grenier 2003; für England: Styles 1993). Das Phänomen lässt sich auf zweierlei Weise beobachten: einerseits spiegelte die Hierarchie des Konsums die der Konsumenten (daher die Obsession der Produktklassifizierung) – das war ein Themen des sogenannten „Luxustreits", wenn auch nicht das wichtigste (Margairaz 1999; Kwass 2003; Berg und Eger 2003; Margairaz 2004); andererseits setzte der Produzent mit seinem Zeichen und der Produktmarkierung seine persönliche Ehre auf das Spiel. So heißt es beispielsweise im Eintrag „montre" (dt. Uhr) des *Dictionnaire portatif de commerce* von Savary des Bruslons (1761 [1726]) über die Uhrenfabrikation:

> „Letztlich kann man sich der Zuverlässigkeit von Uhren auf keine andere Weise versichern als durch vollkommenes Vertrauen in die Ehre des Meisters dieser Kunst, dessen gut beleumdetes Wissen kombiniert mit dem guten Ruf ihrer Zuverlässigkeit durch unbezweifelbare Erfahrung etabliert wird." (Savary des Bruslons 1761, S. 488)

Aus der Kennzeichnung durch den Produzenten ergibt sich die Bedeutung von *appellations* – Produktmarken, die nicht nur die Herkunft des Produkts, sondern auch besondere, nur mit dieser Marke assoziierte Eigenschaften anzeigten. Der Begriff der „Marke" bezog sich auf verschiedene Arten des Stempelns. Jacques Savary des Bruslons definierte in der Erstausgabe des Wörterbuchs von 1726 wie folgt:

> „Werden in Handel und Gewerbe bestimmte Kennzeichen genannt, die auf verschiedene arten von Ware angebracht oder gedruckt werden, um entweder den Ort ihrer Herstellung anzuzeigen oder die Arbeiter, die sie hergestellt oder bearbeitet haben, ihre Solidität garantieren zu lassen oder bekannt zu machen, dass sie von Beamten der Gewerbeaufsicht gesehen und geprüft worden sind, oder als sonstiger

> Beweis dienen, dass die von dieser Aufsicht auferlegten Vorschriften richtig und gut befolgt worden sind.“ (Savary des Bruslons 1726, Sp. 672)

In der Textilfabrikation beispielsweise war das schier unendlich scheinende, hunderte vonseiten und vier schwergewichtige Bände umfassende *Recueil général des règlements* (1730–1741) ein Versuch, mit einer erschöpfenden Deklination der Produktbezeichnungen jeden Fabrikationstyp zu identifizieren, dies in dem Bewusstsein, das jedes Element dieser Nomenklatur sich auf ganz bestimmte Spezifizierungen und Eigenschaften bezog. Nicolas Desmarest, *inspecteur des manufactures* in der Champagne, erklärte diesbezüglich im Jahr 1779:

> „Ohne diese endlose Nomenklatur der Stoffe, deren Regularien im eigentlichen Sinn ihre Definition einschließen, wäre es unmöglich zu arbeiten. Nur dank dieses simplen Codes ist dieser oder jener Stoff bekannt, der bestellt, hergestellt, bearbeitet, geliefert und verkauft wird, können Klagen begründet, können Mängel eingeschätzt werden: diejenigen, die nach der Aufhebung dieser Vorschriften rufen, wollen dem Handel offenbar die Sprache und das Wörterbuch nehmen.“[4]

Mit diesem „Wörterbuch“ ausgestattet wurden Akteure zu perfekten Produktkennern. Die Nomenklatur bot also sicher wertvolle Unterstützung bei der Produktidentifizierung, ersetzte aber zweifellos nicht das Wissen und die Erfahrung der Praktiker. Es handelte sich um einen jener „Handelsratgeber“, denen der Abbé Morellet 1769 in seinem Projekt eines neuen Handelswörterbuchs einen eigenen Abschnitt widmete: die Nomenklaturen wurden dort zu den „verschiedenen, allgemeinen Praktiken“ gezählt, welche „die Händler selber in ihre Geschäfte eingeführt und übernommen haben. Sie sind die Frucht einer Konvention zwischen ihnen“ (Morellet 1980 [1769], S. 71). Freilich muss hingefügt werden, dass diese per Übereinkunft etablierten Normen und Praktiken von staatlichen Stellen ratifiziert wurden.

Die im Jahr 1766 von verschiedenen Geschäftsleuten in der *Gazette du Commerce* geführte Debatte ist ein deutlicher Hinaus auf das Interesse, dass sie an diesem System der Produktidentifikation hatten. Erstens erleichterte es ihnen die Arbeit, denn sie hatten nicht die Zeit, alle Waren persönlich zu prüfen: „Ein Händler muss am Markttag mehre hundert verschiedene Stücke kaufen [...]; das

---

[4]Desmarest, Réflexions sur les mémoires qui ont été remis à Monsieur l'Intendant par les marchands et fabricants de Reims et de Troyes au sujet du plan d'administration intermédiaire entre le système réglementaire et la liberté indéfinie (mémoire de l'inspecteur, 15. Mai 1779). AD Marne, C 468, n° 3.

Siegel ist dabei eine große Hilfe. Wie wollte er ohne Siegel in der Lage sein, eine so große Menge Stück für Stück und in so kurzer Zeit zu überprüfen?“ (Gazette du commerce, August 1766, S. 532). Das Argument kehrte in den Texten der Praktiker und Beobachter im Feld unablässig wieder. 1779 etwa bemerkte der *sous-délégué* von Valenciennes genau dasselbe: „Sie würden zuviel Zeit verlieren, wenn sie jedes Stück, das sie kaufen, auch noch messen und prüfen müssten“.[5] Zweitens boten die *appellation* und ihre entsprechenden Spezifizierungen allen Beteiligten zuverlässige Minimalgarantien, denen das praktische Wissen, der Scharfsinn oder ausreichende Informationen fehlten.

Auch hier stößt man wieder auf eine Debatte über das Risiko betrogen zu werden. In der *Gazette du Commerce* unterstützte im Jahr 1766 ein ehemaliger Fabrikant, Auffray, die Freihandelsthese:

> „Sollte es vorgekommen sein, dass ein Konsument betrogen wurde, dann war er ein unvorsichtiger Konsument“, der zu seinem Unglück auf einen skrupellosen Händler gestoßen war: aber diese Lage sei nicht von langer Dauer, denn „es braucht nur zwei oder drei betrügerische Manöver, um einen Händler in Misskredit zu bringen und ihn ins Elend zu stoßen […] Kann die Zahl derjenigen, die so auf ihren Ruin hinarbeiten, in einer Gesellschaft wirklich sehr groß sein, die ausschließlich auf die Ehre gebaut ist?“ (Gazette du commerce, 5. Juli 1766, zit. n Grenier 2003, S. 44 f.)

Andere gewerbe- und handeltreibende Akteure waren von dieser Überlegung weniger überzeugt und sahen in Normen und Vorschriften vielmehr nützliche Begrenzungen, da sie Minimaleigenschaften für Waren garantierten:

> „Königliche Verordnungen haben den Manufakturen bestimmte Vorschriften bezüglich der Eigenschaften gemacht, die ihre Produkte haben müssen; es ist die Erfahrung der Meister dieser Kunst, die diese Eigenschaften für notwendig hält; die Verordnungen wurden auf Grundlage ihrer Empfehlungen erlassen. Das Publikum darf mit Recht erwarten, dass man sich daran hält: es kauft Ware in diesem gerechten Vertrauen.“ (Conférences ecclésiastiques 1776, zit. n. Grenier 2003, S. 51.)

Vorschriften waren mithin die Antwort auf ein oben erwähntes Problem: wie kann man über seinen Kauf Gewissheit haben, wenn die tatsächliche Qualität der Ware mit dem bloßen Auge nicht erkennbar ist? Indem sie präzise Spezifizierungen vorschreibt und die Einhaltung dieser Vorschriften durch Inspektoren oder *garde-jurés* kontrollieren lässt, unterstützt eine reglementierte Wirtschaft folglich die Vertrauensbildung im Handel. Véron de Forbonnais merkte an:

---

[5] AD Nord, C 7982, rapport du 29 juni 1779.

> „Die Gutgläubigkeit einer Nation hat ein offensichtliches Interesse daran, den Käufer vor dem zu schützen, was das Auge nicht sehen kann; diese Gewissheit erleichtert Vollendung. Aus diesem Grund können wir nicht vorsichtig und streng genug sein in unserer Aufmerksamkeit für den Umstand, dass Siegel und Marken nur anzeigen, was wirklich existiert." (Véron de Forbonnais 1754, S. 278.)

Hier war natürlich der Großhandel gemeint, nicht der Einzelhandel, denn „er findet auf der Basis guten Glaubens und des Siegels statt, das ihn unterstützt", schloss die *Gazette du commerce* (August 1766, S. 532). „Großhandelskaufleute kaufen in gutem Glauben, sie zahlen die am Ende der Stücke markierten Längen *(l'aunage)* und schicken sie ihren Korrespondenten", argumentierte ein Inspektor; gäbe es Normen und Zertifizierungen nicht, „worauf sollten sich die Händler verlassen, wenn sie für jegliche eigenhändige Prüfung ihrer Käufe zu weit von den Manufakturen entfernt sind?"[6]

Mir scheint es sich deshalb bei den Vorschriften nicht nur um ein Informationssystem zu handeln, auch wenn sie „Referenzpunkte für die Situierung der Ware zur Verfügung stellen und es erlauben, den Kauf zu einem fairen Preis abzuschließen", wie Jean-Yves Grenier erklärt (2003, S. 50). Denn sie leisten mehr als das: sie produzieren auch Sicherheit und Schutz im Sinn einer Garantie von Minimalqualitäten.

Schließlich kann man festhalten, dass die „durch die Überwachung der Vorschriften unterstützte Entsprechung der Industrieprodukte untereinander alle Operationen erleichtert und sie viel billiger werden lässt": mit anderen Worten, die Existenz von Normen verringert die Transaktionskosten.[7] Reglementierung unterstützte daher eine spezifische, soziale Organisation des Vertrauens.

Das belegt das Beispiel der Textilwaren aus der Bretagne und ihr langanhaltender Erfolg auf spanischen und amerikanischen Märkten. Ende des 17. Jahrhunderts waren Stoffe aus den im Bistum Saint-Brieuc gelegenen Orten Moncontour, Uzel, Quintin u. a. unter der generischen Bezeichnung *bretagne* bis nach Spanien und die spanischen Kolonien in Südamerika verbreitet. Großhändler aus Saint-Malo, die ihren Export kontrollierten, machten aus den Stoffen eine Referenzmarke, ein auch von Händlern aus dem Ausland gesuchtes, führendes

[6]Bertrand Carget, inspecteur des manufactures in Bayonne. AN F12 654, 1. Mai 1778, sowie AN F12 659/B, 25. Mai 1778.

[7]Desmarest, Réflexions sur les mémoires qui ont été remis à Monsieur l'Intendant par les marchands et fabricants de Reims et de Troyes au sujet du plan d'administration intermédiaire entre le système réglementaire et la liberté indéfinie (mémoire de l'inspecteur, 15. Mai 1779). AD Marne, C 468, n° 3, Bl. 7.

Produkt, das zu Nachahmungen und Fälschungen verleitete. Eine Untersuchung der Faktoren, die diese erstaunliche Vorherrschaft der *bretagnes* auf dem relativ offenen Kolonialmarkt ermöglichten, führt zu der Erkenntnis, dass die entscheidenden Elemente auf der Angebotsseite zu finden sind. Die Kaufleute von Saint-Malo waren in der Lage, ein Handelssegment dauerhaft zu beherrschen – das Segment feiner Hochqualitätsstoffe, direkt unterhalb der „superfeinen" Stoffe von extrem hoher Qualität (wie der „Batist" aus Cambrai, oder die feinen Tuchstoffe aus Louviers, Flaggschiff der normannischen Stoffe). Aber im Spektrum der Stoffe vergleichbarer Qualität waren die *bretagnes* recht teuer. Es war deshalb ihre untadelige Qualität, die sie die führende Position erringen ließ. Die Händler von Saint-Malo hielten dagegen einige Trümpfe: die Qualität des Leinen aus dem Trégor; das traditionelle Wissen der bretonischen Weber und die Qualität der regionalen Wäscherei. Hinzu kam eine rigorose, die Qualität normierende Strategie: für die beiden Produktvarietäten – „enge" oder „gewöhnliche" Stoffe und feinere, „weite" Stoffe – legten sie Qualitäts- und Größenstandards fest, die ihrer Kundschaft Produktidentität und -qualität sicher garantierte. Im Vergleich etwa zum Schicksal der schlesischen Stoffe wird deutlich, wie eng der Erfolg der *bretagnes* mit dem Vertrauen in Normen verknüpft war, die sehr präzise Qualitäten vorschrieben und im Jahr 1676 in einer Fabrikationsordnung offiziell bestätigt wurden (Tanguy 1969; Lespagnol 1997, 1996).

Darin bestand auch das Hauptinteresse an staatlicher Zertifizierung und vorbeugender Inspektion in Stempelämtern: das System der Vorschriften spielte die Rolle einer Polizei des ökonomischen Verhaltens und garantierte Markentreue wie Qualitätsstandards; kurz, es agierte im Sinn einer Reduktion von Unsicherheit. Ein Händler konnte die Qualität und Größe jedes Kleidungsstückes nicht prüfen, dass er kaufte. Die Stücke aus Wolle und Leinen wurden gefaltet und gepackt: er musste sich auf Proben und Marken verlassen. Es war zudem unmöglich, eine Ladung zu prüfen, wenn das Geschäft aus der Distanz und nur auf der Grundlage von Proben und ihrer Begutachtung zustande gekommen war, sei es direkt durch Vermittlung von Maklern. Doch die mit dem Handelsvolumen steigende Zahl der Zwischenhändler vergrößerte das Risiko, Opfer eines Betrügers zu werden, und zerstreute zugleich die Verantwortung. So denunzierte etwa ein Händler aus Amiens das unehrliche Verhalten einiger seiner Kollegen, die ausländische Kunden betrogen, indem sie ihnen exzellente Proben schickten, um an Aufträge zu kommen, aber anschließend immer schlechtere Waren lieferten.[8] (Pailleux 1778–1779). Vertrauen war im Handel stets problematisch: Händler

[8]Pailleux, Amiens, correspondence avec le Bureau du Commerce [1778–1779]. AN F12 676/A.

fürchteten sich vor Fälschungen, unehrlichen Lieferanten usw. Keine noch so vernünftige liberale Prophezeiung über vollkommene Märkte konnte diese Furcht ausräumen. Der Kampf gegen die Fälschung war für die Fabrikanten daher auch ein Gegenstand unablässiger Sorge. Im Jahr 1824 etwa wurde ein Gesetzesvorschlag eingebracht, „um Veränderungen oder Ersetzungen von Namen auf Manufakturwaren zu unterdrücken".[9]

Der reibungslose Ablauf von Handelsoperationen war von einer sozialen Organisation des Vertrauens abhängig, die der Markt selber nicht zustande brachte. Um unter annehmbaren Bedingungen miteinander handeln zu können, waren gemeinsame Bezugspunkte notwendig, kollektiv akzeptierte Standards, die ein Minimum an Vertrauen zwischen den Partnern garantierten. Besonders der internationale und der Fernhandel bedurften jener Sicherheit, die sich aus den offiziellen Standards und Zertifizierungen ergab. Unerfreuliche Überraschungen beim Auspacken der Kleiderbündel konnten dank staatlicher Qualitätsgarantie vermieden werden. Kontrollen und Zertifizierungen der Standards in den Stempelämtern waren nützliche Vertrauensgarantien: die *garde-jurés* und die Inspektoren taten anstelle der Händler, was diese aus Zeitgründen nicht selbst tun konnten (Crendal 1778; Crommelin 1792).[10]

Aber Normen und Spezifikationen kamen nicht auf Befehl in die Welt. Vielmehr gab es die Regeln, welche die Qualitätsstandards garantierten, wie wir oben gesehen haben schon vor ihrer Kodifizierung durch den Staat. Mit anderen Worten: Der Staat registrierte lediglich bereits alte Gebräuche. Das System der Marken und der Produktionskontrollen ratifizierte kollektiv akzeptierte Qualitäten und Standards, über die Handelspartner in einem Koordinierungsprozess bereits eine faktische Übereinkunft erzielt hatten. Im Fall der *bretagnes* führte ein langsamer Prozess der Definition eines generischen Produkts zur Aushandlung einer Norm durch die Exporthändler von Saint-Malo und dann im Jahr 1676 zu ihrer Ratifizierung in einer Vorschrift, die 1736 erneuert wurde (Lespagnol 1997, S. 439).

Kontrollsystem und Konformitätszeichen können deshalb auf eine Weise interpretiert werden, die sich von der ihrer liberalen Verleumder radikal unterscheidet: Kodifizierte Regeln offizialisierten und verallgemeinerten die Anwendung dessen, was man „Qualitätsabkommen" nennen könnte, ein Abkommen, an das sich die verschiedenen ökonomischen Akteure bereits stillschweigend hielten.

---

[9]Lemoine des Mares, Rapport, 25. Juni 1824. AN, AD XI 62.

[10]Crendal. Rapport du sub-délégué, Valenciennes, 29. Juni 1778. AD Nord C 7982; Crommelin. Inspecteur à Valenciennes. 18. Februar 1792. AN F12 1429.

Tatsächlich scheint ohne einen solchen vorgängigen Bezugsrahmen kein Geschäft, keine Übereinkunft zwischen den Teilnehmern möglich gewesen zu sein, ohne ein Gründungsabkommen, das sämtliche Verdächtigungen und alle Unsicherheitsfaktoren ausräumte und sich in diesem Fall auf die Qualität von Waren bezog. Die Übereinkunft wurde von einer königlichen Verwaltung verrechtlicht, ratifiziert und offizialisiert, die parallel dazu ein Konzept der Marktpolizei entwickelte (Eymard-Duvernay 1989, 1986).

Genau diesen Zusammenhang hatte der *inspecteur* Desmarest schon in dem bereits zitierten Bericht von 1779 herausgestrichen. Die Händler und Fabrikanten in Reims und Troyes, schrieb er,

> „Alle denken, dass Einheitlichkeit in der Herstellung jedes Produkts, das der Handel kennt und akzeptiert, auf zum Vorteil des Händlers und des Verbrauchers aufrecht erhalten werden muss. Es ist dank dieser Einheitlichkeit, dass verschiedene Parteie eine feste Vorstellung mit diesem oder jenem Warennamen verbinden, und es geschieht auf der Grundlage dieser Konvention, dass Händler und Hersteller Bestellungen ihrer Korrespondenten erhalten und sie bedienen. Dank dieser Konvention werden die Funktion und die Operationen des Handels vereinfacht."[11]

Sicher war diese Konvention etwas Besonderes, da sie in einem Reglement offiziell niedergelegt wurde. Wir können dennoch eine doppelte Bewegung feststellen: auf der einen Seite waren Standards das Ergebnis eines Koordinierungsprozesses zwischen Produzenten und ihren Kunden, in dessen Verlauf die Übereinkunft sich herausbildete. Auf der anderen Seite wurde eine Gesetzesvorschrift entwickelt, welche die auf diesem Weg definierten, konventionellen Standards ratifizierte und der Konvention so die Wirkung eines offiziellen Statuts gab. In diesem Sinn habe ich das von Colbert entwickelte System als „Regime rechtlich-regelnder Abkommen" bezeichnet. Produktmarkierung und -inspektion dienten in diesem System als Ersatz für die unmögliche Selbstregulierung des Marktes. Die regulierte Konvention *(„convention réglementée")* und das Vertrauen, das sie einflößte, erleichterten den Handel und machten ihn effizienter.

Schließlich stellte der offizielle Stempel auch eine Lösung für eine Konstellation bereit, die der von Lucien Karpik als „Qualitätsökonomie" bezeichneten recht ähnlich ist: wenn Angebot und Nachfrage hauptsächlich durch die Qualität

[11]Desmarest, Réflexions sur les mémoires qui ont été remis à Monsieur l'Intendant par les marchands et fabricants de Reims et de Troyes au sujet du plan d'administration intermédiaire entre le système réglementaire et la liberté indéfinie (mémoire de l'inspecteur, 15. Mai 1779). AD Marne, C 468, n° 3.

bestimmt werden und eine asymmetrische Informationsbeziehung den Kunden anders als den Verkäufer sowohl daran hindert, die erhältliche Qualität auszuwerten als auch schlechte von guter Qualität zu unterscheiden, hängt das Zustandekommen des Geschäfts eher von einer auf Vertrauen gegründeten sozialen Organisation ab als von den Marktkräften der klassischen Theorie. Im Anschluss an Akerlof konnte auch gezeigt werden, dass Zweifel an der Handelsware und Unsicherheit über ihre Qualität den Rahmen des Marktes tief greifend verändern können – bis zu dem Punkt, an dem jeder Ausgleich zwischen Angebot und Nachfrage unmöglich wird (vgl. Karpik 1989; Akerlof 1970).

Normen und Handelsmarken, die Reglementierung und Klassifizierung von Produkten können, folgt man Laurent Thévenot, als „Forminvestitionen" bezeichnet werden, die zur Stabilisierung des Handels und der Beziehungen zwischen Akteuren beitragen. Man kann sogar sagen, dass durch diese Investitionen so etwas wie eine Automatisierung dieser Beziehungen möglich wird, denn sie entlasten die Akteure von der Aufgabe, jedes Mal von neuem die Qualität oder die Echtheit der Marken und Spezifikationen einschätzen und verhandeln zu müssen (Thévenot 1986a, b).[12]

Allerdings hatte das Regime regulierender Konventionen einige Nachteile. Das erklärt die Unterschiedlichkeit der Standpunkte unter den Geschäftsleuten. Der Bereich, in dem die Mechanismen sachdienlich wirken konnten, war in der Tat begrenzt. Alles hing von den Märkten und Produkttypen ab: sowohl die tolerierbaren Unsicherheiten als auch das erforderliche Maß an Vertrauen variierten mit dem jeweiligen Warentyp. Das System der Reglements berücksichtigte jedoch nur solche Wettbewerbssituationen, in denen die Qualität und nicht der Preis im Vordergrund stand. Colbert hatte eine Minimalgarantie für die Qualität vor allem der hochwertigsten Produkte im Auge. Es ging darum, mit den auf der Grundlage zwingender Spezifizierungen und fixer Minimalqualität bestmöglichen Produkten die Vorherrschaft über ausländische Märkte zu gewinnen. Es ging des Weiteren darum, unveränderte, feststehende Eigenschaften zu garantieren: um das Vertrauen im Fernhandel zu erhalten, mussten Produktspezifikationen mit Nachdruck stabil gehalten werden. Da sie dem Fabrikanten verboten, die Eigenschaften seines Produkts zu verändern oder seine Qualität gegenüber der Norm zu verringern, begrenzten die Vorschriften die Preiselastizität des Marktes und zogen den Wettbewerb auf die hochwertigen Produkte. Am Ende sah es

[12]Das Problem der Handelsmarken und ihrer Funktion in der sozialen Konstruktion zeitgenössischer Märkte würde von der Diskussion der Ideen profitieren, die von Higgins und Tweedale entwickelt worden sind (Higgins und Tweedale 1996; sowie Wilkins 1992).

so aus, als würde die Ware für einen einzigen Konsumenten hergestellt, dessen Nachfrage ein für alle Mal feststand. Kurz: einerseits boten die stabilisierenden Konventionen den Vorteil, dass sie Aktionen erwartbar und voraussehbar machten, andererseits wirkten sie sich zum Nachteil der Produkte aus, sie in einem bestimmten Zustand fixierten (Salais 2003, S. 284).

Nicht alle Märkte konnten auf diese Weise funktionieren. Im Verlauf des 18. Jahrhunderts wurde diese „Qualitätsökonomie" immer mehr in Zweifel gezogen, denn die Entwicklung und Diversifizierung des Textilienkonsums stellte die Zweiteilung des Marktes infrage, auf der das ganze System aufruhte: das System Colberts betraf die hochwertigsten und/oder für den Export hergestellten Produkte; alltäglichere Stoffe minderer Qualität galten als Angelegenheit bäuerlicher Selbstversorgung. Diese Dichotomisierung der Produktqualitäten erwies sich dem Anstieg der Binnennachfrage, der unter anderem mit dem besonderen französischen Bevölkerungswachstum zusammenhing, als immer weniger angemessen: Waren mittlerer Qualität waren in ihm nicht vorgesehen. Die Mode und die Ökonomie der Neuheiten peilten jedoch genau diese Qualitätsebene an. Hier ist eine doppelte Bewegung zu erkennen: Auf der einen Seite sahen Kaufleute die Notwendigkeit, ihr Angebot auf mindere Luxuswaren und mithin auf ein Warensegment auszudehnen, mit dem die aufsteigenden städtischen Mittelklassen den Elitenkonsum nachahmen konnten (etwa mit indischen Baumwollprodukten). Auf der anderen Seite ist zu beobachten, dass bislang für den Eigenverbrauch oder auf Bestellung hergestellte Waren zunehmend vermarktet wurden – ein Ergebnis der stärkeren Integration der Bauern in die geldbasierten Wirtschaftskreisläufe. Die Diversifizierung der Textilwirtschaft signalisiert somit das Ende des Modellkonsumenten des *Ancien Regimes* und des für ihn bestimmten Produkts (Roche 1994). Ein und derselbe Konsument konnte nun Textilwaren erwerben, die verschiedenen Qualitäten zugeordnet waren.

Mithin verlor die dem System der Vorschriften zugrunde liegende Qualitätsökonomie für einige Waren und Märkte ihre Bedeutung, denn in diesem neuen Markttyp hing alles von der Preiselastizität ab, nicht von einer geringfügig höheren Qualität. Es gab deshalb nicht einen, sondern viele verschiedene Märkte, die eigenen Gesetzten gehorchten, sowie unterschiedliche „Produktionswelten", die jeweils um bestimmte Waren, Handelsbedingungen und spezielle Konventionen organisiert waren (Storper und Salais 1997). Preiselastizität auf der einen, Qualitätswettbewerb auf der anderen Seite konstituierten zwei verschiedene Handelswelten, die sicher nicht den gleichen Gesetzmäßigkeiten unterlagen.

Die Meinungsverschiedenheiten über die Vorschriften zeichnen sich vor diesem Hintergrund klarer ab. An der Spitze ihrer Befürworter finden wir jene, deren Geschäftserfolg von der Fixierung der Warenqualitäten und Standards abhing, die folglich von der amtlichen Durchsetzung der Qualitätskonventionen profitierten. Diejenigen dagegen, die die Reglements als Plage beklagten, gehörten oftmals einer anderen „Produktionswelt" an, der Welt der leichten Bekleidung, der Neuheiten, der Mode mittlerer oder gewöhnlicher Qualität. Standards änderten sich in diesem Universum schnell und waren weniger wichtig als der Verkaufspreis.

Neben dieser ersten, auf die Natur des Produkts gestützten Erklärung für die Meinungsvielfalt gibt es eine zweite, die sich auf die Position der Akteure innerhalb des Handelsnetzwerks bezieht: deren Meinung hing zu einem nicht geringen Teil davon ab, ob sie eine beherrschte oder herrschende Position innehatten. Die Auseinandersetzung um die Produktionsvorschriften und -standards war ein integraler Bestandteil der Machtbalance in der Welt des Handels. Jeder Beteiligte träumte davon, seinem Angestellten oder Lieferanten Regeln aufzuerlegen, während er selber allen Vorschriften entgehen wollte. Dieselben Fabrikanten beispielsweise, die sich einerseits jeglicher Vorgabe über die Zahl der Kett- und Schussfäden in einem Stück Wollstoff widersetzten, verlangten andererseits eine Vorschrift, die den Wolllieferanten hohe Qualitätsstandards auferlegte. Jede Vorschrift war gut – solange sie alle anderen traf, vor allem Lieferanten. Freiheit für mich, Zwang für die anderen: *das* war die Doktrin. Der *inspecteur* von Elbeuf ließ sich 1763 von diesem doppelten Spiel nicht täuschen:

> „Die Manufakturen wollen so unabhängig sein wie möglich, aber für ihre Angestellten und die hausarbeitenden Spinner wollen sie das Gegenteil, ja sie möchten sie ohne Einschränkungen der Willkür ihrer Kamm-Spinner-Meister auf dem Land unterwerfen."[13]

Die wiederholte Berufung auf Vorschriften durch dieselben Akteure, die ihnen anderweitig zu entkommen trachteten, hatte deshalb eine ganz bestimmte Funktion. Die Vorschriften standen in einer seltsamen dialektischen Beziehung zwischen dem Kollektiven und dem Partikularen. Qualität konnte zwar als Garantie für Absatzmöglichkeiten und für die Reputation von Fabrikanten und Händlern allgemein als notwendig erachtet werden. Gleichzeitig hoffte jeder insgeheim, den Auflagen zu entkommen, an die sich seine Wettbewerber freiwillig oder gezwungenermaßen hielten. Der kollektive Vorteil, der sich aus den offiziellen Standards ergeben sollte, konnte auf seltsame Weise mit der individuellen Hoffnung verknüpft werden, die Dividende aus einem Betrug einzustreichen. Ein Verstoß gegen die Vorschriften war allerdings nur interessant, wenn diese auch

[13]Vallon de Boisroger an Trudaine, Elbeuf, 5 January 1763. AN F12 737.

überwacht und notfalls durchgesetzt wurden. Die Vorteile des Betrugs schwanden dahin, wenn es keine Vorschriften gab, kein prinzipiell auf Alle angewandter Zwang. Betrug war also nur dann vergleichsweise vorteilhaft, wenn die Wettbewerber zur Einhaltung von Regeln gezwungen wurden, die der Betrüger nicht beachtete (Friedberg 1995, S. 279 f.).

Die Welt des proto-industriellen Zeitalters war jedoch durch das Spiel von Gewerbe und Handel geprägt, und dieses Spiel war grundsätzlich ungleich. Die Händler besaßen alle Trümpfe, denn sie kontrollierten die Kreisläufe. In den Händen der Stärksten wurden auch die Reglements zu Waffen.

Denn hauptsächlich konstituierten Standards ein Druckmittel gegenüber den Fabrikanten. Egal ob der Händler vom Fabrikanten ein halbgefertigtes Produkt kaufte (Kaufsystem), oder ob der Händler-Fabrikant dem Weber den Rohstoff lieferte (Verlagssystem): die Geschäftsperson kaufte Stoff oder zahlte Lohn auf der Basis einer garantierten Minimalqualität. Die im Stempelamt vorgenommene Inspektion erlaubte es dem Käufer oder dem Arbeitgeber, den „betrügerischen Fabrikanten zu demaskieren"[14] oder den Arbeiter zu sanktionieren, der nicht hart genug arbeitete. So unterstrichen etwa 1781 zwölf Händler aus Rennes den Vorteil, den Reglements im Verhältnis zu einer weit verstreut lebenden Spinner- und Weberbevölkerung boten: „Die mehr als 2000 Arbeiter, die 6 bis 7 Meilen um das Zentrum von Rennes herum auf dem ganzen Land verteilt sind, sind auf der einen Seite ermuntert worden, besser zu arbeiten und auf der anderen Seite von der Furcht vor Geldstrafen zurückgehalten worden."[15] (Petition 1781). Die Produktionsfehler, die weder der Fabrikant noch der Händler-Fabrikant bemerkt hatten, wurden von den *garde-jurés* entdeckt. Den Preis für die schlechte Qualität zahlte der Arbeiter: Das Stück wurde nicht gekauft oder die Arbeit nicht bezahlt.

Die massive Ruralisierung der Spinnerei und Weberei erhöhte nicht nur die Abhängigkeit der Hersteller gegenüber den Händlern, die den Textilmarkt kontrollierten. Auch als unabhängige Produzenten oder Schneider konnten Arbeiter-Bauern den Absatzmarkt oder Arbeitgeber selten wählen und hatten so auch keine Möglichkeit, Bedingungen zu stellen. Aus diesen Gründen war der Handel so sehr daran interessiert, ländliche Arbeitskräfte zu beschäftigen, die als weniger

[14]Colliot de la Bussonnière, Pierre Jean. 1767. Rapport du garde-juré [im Stempelamt für Segeltuch], Rennes, 1. Juli 1767. AN F12 738.

[15]Mémoire de juin 1781 [gezeichnet von 12 Händlern aus Rennes]. AN F12 654.

anspruchsvoll und billiger galten, sowie ihre Waren auf dem Land einzukaufen.[16] Reglementierungen verstärkten deshalb nur die bereits hervorragend verankerte Vorherrschaft des Handels.[17] Als Mittel, die Preise zu drücken, oder als Zusatzgarantie für die Qualität des Produkts: so oder so fesselte die offizielle Norm Arbeiter und Fabrikant zum Vorteil des Arbeitgebers oder des Händlers.

Die Pflicht, die gesamte Produktion auf dem Stempelamt prüfen zu lassen, hatte für die Händler noch einen zweiten Vorteil. Die physische Konzentration der Ware an Orten des kollektiven Verkaufs wie etwa den urbanen Märkten oder den Versorgungszentren bot den Käufern Vorteile: sie konnten vergleichen und aufgrund der Informationen über vorhandene Qualitäten und Mengen entscheiden.

In Gegenden ohne solche Orte erfüllte das Stempelamt, das die Produktion ebenfalls sichtbar machte, diese Funktion: zu den Öffnungszeiten des Amtes, ein oder mehrmals wöchentlich, entstanden dank der obligatorischen Vorführung der Stoffballen wie auf einem Markt Kurse und Handelsinformationen. Anwesende Käufer bewerteten Menge und Qualität der ankommenden Waren und kauften gegebenenfalls, wenn sie das Amt verließ; die Konfrontation von Produktangebot und Nachfrage ließ einen Marktpreis entstehen. Dies erklärt, warum die Kurzwarenhändler der Stadt Rouen auf der Kontrolle über die Inspektion außerstädtischer Wollerzeugnisse auf dem Marktplatz *(les halles)* bestanden, die eine im Jahr 1779 projektierte neue Ordnung abschaffen wollte: die verpflichtende Ausstellung von Waren, die außerhalb der von den Kaufleuten aus Rouen kontrollierten Produktionszone hergestellt worden waren, blieb für das Sammeln von handelsrelevanten Informationen unersetzlich; sie erlaubte jedem eine Entscheidung in voller Kenntnis aller Produkte.[18] (Tolozan 1780). Den Händlern von

---

[16]Die Leinenweber von Valenciennes verstanden das sehr gut: „The lesser ability of most producers in the countryside obliges them to sell bit by bit according to their production; they have neither the strength nor the outlets, as producers in cities did, of getting rid of the materials advantageously, they are obliged to work through the hands of merchants who keep all the benefits for themselves." Wahr ist, dass die Arbeitskosten auf dem Land um 10 bis 20 % sanken, s. AD Nord C 18526: „Observations sur le mémoire des négociants...", par les mulquiniers de la ville, circa 1760.

[17]Händler in Romans, zum Beispiel, werden boshaft wo ihr Geschäft berührt wird: „if the piece of fabric (sold raw) is not at the dyer's up to the expectations of the merchant, he forces the producer to take it back with threats to him of having his fabric seized under the pretext that it is not a quality fabric, and, as accommodation, he makes him pay the dressing and the dying, s. AD Isère 2 C 98: „Mémoire du subdélégué de Valence sur la situation actuelle des manufactures de draperies...", 23 mars 1741.

[18]Tolozan, intendant du commerce, à l'inspecteur Goy. Rouen, 30. Januar 1780. AN F12 676/B.

Rouen bot die Inspektionsbehörde dieselben Vorteile wie den kleinen Produzenten die Messen oder die ländlichen Marktplätze. Sie informierten über Trends und Angebote des Marktes, der durch die Konzentration der Waren an einem einzigen Ort – *hic et nunc* – überhaupt erst konstruiert wurde.

Dies trägt zur Klärung der bizarren Unterschiede in der Einschätzung der Reglementierung bei: Eindeutig war die Welt der Produktion und des Handels alles andere als ein einheitliches Ganzes. Im Gegenteil, die Interessen aller Beteiligten änderten sich mit der Natur des Produkts und mit ihrer starken oder schwachen Stellung im wirtschaftlichen Prozess.

4 Zusammenfassung und Ausblick

Welche Einsichten können aus all dem gewonnen werden? Die Neuinterpretation der Textilmärkte und ihrer Funktionsweise im 18. Jahrhundert trägt einiges zum Verständnis der Haltung wirtschaftlicher Akteure gegenüber der Französischen Revolution bei, während der die industriellen Regulierungsformen des Ancien Regime aufgelöst wurden[19]: jahrelang erhielten die Behörden wiederholt dahin gehend lautende Forderungen, alle oder Teile der früheren Reglements wieder in Kraft zu setzen (Wiederherstellung der Fabrikmarken, der Produktionsvorschriften, der Korporationen…). Es wäre sicherlich falsch, darin einen reinen Ausdruck von Nostalgie oder einen Mangel an Unternehmergeist zu sehen. Die Forderungen ergaben sich vielmehr aus sehr realen Bedürfnissen, welche die Akteure sich an den Staat wenden und Eingriffe fordern ließen – just zu dem Zeitpunkt, an dem die dominierende *laissez-faire*-Doktrin dem Staat vollkommene Enthaltung auferlegte.

Begibt man sich schließlich auf die Ebene allgemeinen Nachdenkens über den Kapitalismus, dann bleibt vor diesem Hintergrund nichts anderes, als den Behauptungen der neo-liberalen Ideologie zu widersprechen: Markt ist nicht einfach „Abwesenheit von Regeln" – schlicht deshalb, weil an einem Vertrag nicht alles vertraglich geregelt ist. Die Debatten des 18. Jahrhunderts sollten daher nicht durch verzerrende Linsen gelesen werden: sie kreisten nicht so sehr um Vorschriften an sich als vielmehr um ihren Geltungsbereich, ihre Sachdienlichkeit und ihre Effizienz. Es war keine Diskussion über das Prinzip der Regeln, sondern

[19]An anderer Stelle habe ich zu zeigen versucht, dass der allgemeine Enthusiasmus jener Zeit wenigstens teilweise spontan war: Minard (2007).

über ihre Opportunität. Und folgerichtig ging es den Akteuren vor allem darum herauszufinden, wer die Macht hatte Regeln aufzustellen.

Aus dem Englischen übersetzt von Marcel Streng

Literatur

Akerlof, George A. 1970. The market for ‚Lemons': Quality uncertainty and the market mechanism. *Quarterly Journal of Economics* 84 (3): 488–500.

Alsberg, Carl L. 1931. Economic aspects of adulteration and imitation. *Quarterly Journal of Economics* 46 (1): 1–33.

Ambrosoli, Mauro. 2000. The market for textile industry in 18th century Piedmont: Quality control and economic policy. *Rivista di stori economica (N.S)* 26 (3): 343–364.

Anonymus. 1789. *Instruction sur les affaires contentieuses des négociants, la manière de les prévenir ou de les suivre dans les tribunaux*, 2. Aufl. Paris: Leclerc.

Baldwin, James. 1959. *The medieval theories of the just price. Romanists, canonists and theologians in the twelve and thirteenth centuries*. Philadelphia: American Philosophical Society.

Benetti, Carlo, und Jean Cartelier. 1980. *Marchands, salariat et capitalistes*. Paris: Maspéro.

Berg, Maxine, und Elizabeth Eger, Hrsg. 2003. *Luxury in the eighteenth-century. Debates, desires, and delectable goods*. Basingstoke: Palgrave.

Blanch, John, Hrsg. 1707. *The interest of Great-Britain considered, in an essay upon wool, tin and leather, …with some remarks upon the conceptions of Sir Josiah child*. Basingstoke: Palgrave.

Chamberlin, Edward H. 1953a. *La théorie de la concurrence monopolistique*. Paris: Presses universitaires de France. (Erstveröffentlichung 1933).

Chamberlin, Edward H. 1953b. The product as an economic variable. *Quarterly Journal of Economics* 67 (1): 1–29.

Debreu, Gérard. 1982. *Théorie de la valeur. Analyse axiomatique de l'équilibre*. Paris: Dunod.

Denisart, Jean-Baptiste. 1763/1764. *Collection de décisions nouvelles et de notions relatives à la jurisprudence actuelle*, Bd. 4. Paris: Desaint.

de Gournay, Jacques Vincent. 1983. *Traités sur le commerce de Josiah Child avec les Remarques inédites de Vincent de Gournay, texte intégral d'après les manuscrits conservés à la Bibliothèque municipale de Saint-Brieuc* (Hrsg. v. T. Tsuda). Tokyo: Kinokuniya.

de Roover, Raymond. 1971. *La pensée économique des scolastiques*. Paris: Vrin.

Dupuy, Jean-Pierre, François Eymard-Duvernay, Rorbert Salais, und Laurent Thévenot. 1989. L'économie des conventions. *Revue économique* 40 (2): 141–400.

Eldridge, Abraham Lloyd. 1802–1803. Minutes of evidence taken before the committee, to whom the bill, respecting the laws relating to the woollen trade, is committed. *House of Commons Parliamentary Papers* VII:381–382, 875–876.

Eymard-Duvernay, François. 1986. La qualification des produits. In *Le travail. Marchés, règles, conventions*, Hrsg. Robert Salais und Laurent Thévenot, 239–248. Paris: INSEE.

Eymard-Duvernay, François. 1989. Conventions de qualité et formes de coordination. *Revue économique* 40 (2): 329–359.

Fontaine, Philippe. 1992. Le concept d'industrie au XVIIIe siècle: à la recherche d'une acception oubliée. *Economies et Sociétés* 26 (3): 7–33.

Fontaine, Philippe. 1994. ‚L'opportunisme' au siècle des Lumières. *Dix-huitième siècle* 26 (1): 89–101.

Friedberg, Erhard. 1995. *Ordnung und Macht: Dynamiken organisierten Handelns*. A. d. Franz. Übers. von Gisela Voß unter Mitarb. des Autors. Frankfurt a. M.: Campus.

Gabszewicz, Jean, und Ian Grilo. 1992. Price competition when consumers are uncertain about which firm sells which quality. *Journal of Economics and Management Strategy* 1 (4): 629–650.

Gambetta, Diego, Hrsg. 1988. *Trust. Making and breaking cooperative relations*. Oxford: Blackwell.

Grenier, Jean-Yves. 2003. Une économie de l'identification. Juste prix et ordre des marchandises dans l'Ancien Régime. In *La qualité des produits, XVIIIe-XXe siècles*, Hrsg. Alessandro Stanziani, 25–53. Paris: Belin.

Harrisson, Denis, Vincent Mangematin, und Christian Thuderoz, Hrsg. 1999. *La confiance. Approches économiques et sociologiques*. Boucherville: Gaëtan Morin.

Higgins, David M., und Geoffrey Tweedale. 1996. The trade marks question and the Lancashire cotton textile industry, 1870–1914. *Textile History* 27 (2): 207–228.

Hirsch, Jean-Pierre. 1991. *Les deux rêves du commerce. Entreprise et institution dans la région lilloise, 1760–1840*. Paris: EHESS.

Karpik, Lucien. 1989. L'économie de la qualité. *Revue française de sociologie* 30 (2): 187–210.

Karpik, Lucien. 1996. Dispositifs de confiance et engagements crédibles. *Sociologie du travail* 38 (4): 527–550.

Karpik, Lucien. 1998. La confiance: réalité ou illusion? Examen critique d'une analyse de Williamson. *Revue économique* 49 (4): 1043–1056.

Kwass, Michael. 2003. Ordering the world of goods: consumer revolution and the classification of objects in Eighteenth-Century France. *Representations* 82:87–116.

Lapidus, André. 1992. Une introduction à la pensée économique médiévale. In *Nouvelle histoire de la pensée économique*, Bd. 1, Hrsg. Alain Béraud und Gilbert Faccarello, 24–70. Paris: La Découverte.

Lapidus, André. 1994. Norm, virtue and information: The just price and individual behaviour in Thomas Aquinas' Summa Theologicae. *European Journal of the History of Economic Thought* 1 (3): 435–473.

Lapidus, André. 1996. Des toiles bretonnes aux toiles ‚bretagnes'. Conditions et facteurs d'émergence d'un ‚produit-phare' sur les marchés ibériques. In *Échanges et cultures textiles dans l'Europe pré-industrielle*, Hrsg. Jacques Bottin und Nicole Pellegrin, 179–192. Villeneuve d'Ascq: Revue du Nord.

Lespagnol, André. 1997. *„Messieurs de Saint-Malo": une élite négociante au temps de Louis XIV*. Rennes: Presses universitaires de Rennes.

Linnemer, Laurent, und Anne Perrot. 2000. Une analyse économique des ‚signes de qualité': labels et certification des produits. *Revue économique* 51 (6): 1397–1418.

Lloyd Eldridge, Abraham. 1802/1803. Minutes of evidence taken before the committee, to whom the bill, respecting the laws relating to the woollen trade, is committed. *House of Commons Parliamentary Papers*, Bd. VII: 381–382, 875–876.

Lupton, Sylvie. 2001. Sécurité environnementale et sanitaire, les biens controversés. *Économie rurale* 262 (1): 3–18.

Lupton, Sylvie. 2004. Il était une fois la qualité. In *Les Cahiers du LED, document de travail 16*. Maschschr. Paris: Laboratoire d'Économie Dyonisien, Universität Paris-8.

Mandeville, Bernard. 1990. *La fable des abeilles ou les vices privés font le bien public* (Hrsg. Lucien und Paulette Carrive). Paris: Vrin (Erstveröffentlichung 1714).

Mangematin, Vincent, und Christian Thuderoz, Hrsg. 2003. *Des mondes de confiance. Un concept à l'épreuve de la réalité sociale*. Paris: Gaëtan Morin.

Margairaz, Dominique. 1986. La formation du réseau des foires et des marchés: stratégies, pratiques et idéologies. *Annales ESC* 41 (6): 1215–1242.

Margairaz, Dominique. 1999. La querelle du luxe au XVIIIe siècle. In *Le luxe en France du siècle des Lumières à nos jours*, Hrsg. Jacques Marseille, 23–37. Paris: ADHE.

Margairaz, Dominique. 2004. Nomenclatures et classifications dans le dispositif du maximum général de 1793–1794. In *Nomenclatures et classifications: approches historiques, enjeux économiques*, Hrsg. Jérôme Bourdieu, Martin Bruegel, und Alessandro Stanziani, 97–118. Paris: INRA-Éd.

Marx, Karl. 1965. *Das Kapital*, Bd 1. Berlin-Ost: Dietz (Erstveröffentlichung 1867).

Minard, Philippe. 2007. Trade without institution? French debates about restoring guilds at the start of the Nineteenth Century. In *Guilds and Association in Europe, 1200–1900*, Hrsg. Ian Gadd und Patrick Wallis, 83–100. London: IHR.

Morellet, Abbé André. 1980. *Prospectus d'un nouveau dictionnaire de commerce*. München: Krauss (Erstveröffentlichung 1769).

Nelson, Philipp. 1970. Information and consumer behaviour. *Journal of Political Economy* 78:311–329.

Orléan, André. 1991. Logique walrasienne et incertitude qualitative: des travaux d'Akerlof et de Stiglitz aux conventions de qualité. *Economies et sociétés* 25 (1): 137–160.

Orléan, André. 1994. *Analyse économique des conventions*. Paris: Presses universitaires de France.

MAUSS. Hrsg. 1994. *À qui se fier? Confiance, interaction et théorie des jeux*. Paris: Mauss (= Revue du MAUSS semestrielle 4).

Roche, Daniel. 1994. *The culture of clothing: Dress and fashion in the ancien regime*. Cambridge: Cambridge University Press.

Salais, Robert. 1998. À la recherche du fondement conventionnel des institutions. In *Institutions et conventions*, Hrsg. Robert Salais, Élisabeth Chatel, und Dorothée Rivaud-Danset, 255–292. Paris: EHESS.

Salais, Robert. 2003. Postface. In *La qualité des produits en France*, Hrsg. Robert Stanziani, 271–290. Paris: Belin.

Savary des Bruslons, Jacques. 1726–1732. *Dictionnaire universel de commerce, contenant tout ce qui concerne le commerce qui se fait dans les quatre parties du monde*. Amsterdam: Jansons.

Savary des Bruslons, Jacques. 1761–1762. *Dictionnaire portatif de commerce, contenant la connaissance des marchandises de tous les païs*. Kopenhagen: C. und A. Philibert.

Smith, Adam. 1966. *An inquiry into the nature and causes of the wealth of nations* (Hrsg. v. Edwin Cannan). New York: Arlington House (Erstveröffentlichung 1723).

Smith, Adam. 1978. *Lectures on Jurisprudence.* Neuausgabe. Oxford: Clarendon (Erstveröffentlichung 1766).

Stanziani, Alessandro. 2000. Information, institution et temporalité. Quelques remarques critiques sur l'usage de la nouvelle économie de l'information. *Revue de Synthèse* 1/2:117–156.

Stanziani, Alessandro. 2003. La falsification du vin en France, 1880–1905: un cas de fraude agro-alimentaire. *Revue d'histoire moderne et contemporaine* 50 (2): 154–186.

Stanziani, Alessandro. 2007. Negotiating innovation in a market economy: Foodstuffs and beverages adulteration in nineteenth-century France. *Enterprise & Society* 8 (2): 375–412.

Stiglitz, Joseph E. 1987. The causes and consequences of the dependence of quality on price. *Journal of Economic literature* 25 (1): 1–48.

Storper, Michael, und Robert Salais. 1997. *Worlds of production: The action frameworks of the economy.* Cambridge: Harvard University Press.

Styles, John. 1993. Manufacturing, consumption and design in eighteenth-century England. In *Consumption and the world of goods*, Hrsg. John Brewer und Roy Porter, 527–554. London: Routledge.

Tanguy, Jean. 1969. *La production et le commerce des toiles ‚bretagnes' du XVIe au XVIIIe siècle. Premiers résultats.* In Actes du 91e Congrès National des Sociétés Savantes. Paris: Bibliothèque Nationale, 105–141.

Thévenot, Laurent. 1986a. Économie et formes conventionnelles. In *Le travail. Marchés, règles, conventions*, Hrsg. Robert Salais und Laurent Thévenot, 195–218. Paris: INSEE.

Thévenot, Laurent. 1986b. Les investissements de forme. In *Conventions économiques*, Hrsg. Laurent Thévenot, 21–71. Paris: Presses Universitaires de France.

Tucker, Josiah. 1993a. Instructions for travellers. In *The collected works of Josiah Tucker, Bd. 3: Economics and Social Policy*, Hrsg. Stern, Jeffrey, 48–49. London: Routledge und Thoemmes Press (Erstveröffentlichung 1757).

Tucker, Josiah. 1993b. A brief essay on the advantages and disadvantages which respectively attend France and Great-Britain, with regard to Trade. In *The collected works of Josiah Tucker, Bd. 1: Certain proposals*, § 14, Hrsg. Stern, Jeffrey, 121–122. London: Routledge und Thoemmes Press (Erstveröffentlichung 1757).

Turgot, Anne Robert Jacques. 1970a. Mémoire sur les prêts d'argent. In *Ecrits économiques*, Hrsg. Bernard Cazes, 272. Paris: Calmann-Lévy. (Erstveröffentlichung 1770).

Turgot, Anne Robert Jacques. 1970b. Éloge de Vincent de Gournay. In *Ecrits économiques*, Hrsg. Bernard Cazes, 87–89. Paris: Calmann-Lévy. (Erstveröffentlichung 1759).

Véron de Forbonnais, François. 1754. *Éléments du commerce* (2 Bde.), Bd. 1. Leiden: Brisson.

von Aquin, Thomas. 1983. *Somme théologique.* Paris: Éd. Du Cerf. (Erstveröffentlichung 1273).

Wilkins, Mary. 1992. The neglected intangible asset: The influence of the trade mark on the rise of the modern corporation. *Business History* 34 (1): 66–95.

Williamson, Oliver E. 1975. *Markets and hierarchies.* New York: Free Press.

Williamson, Oliver E. 1985. *The economic institutions of capitalism.* New York: Free Press.

Wood, Diana. 2002. *Medieval economic thought.* Cambridge: Cambridge University Press.

Produktinformation: Disziplinierung des Wettbewerbs oder Schutz des Verbrauchers? Ein Vergleich zwischen Frankreich, Großbritannien, Deutschland und den USA im 19. und 20. Jahrhundert

Alessandro Stanziani

Inhaltsverzeichnis

Der Verbraucherschutz hat eine eigene Geschichte. Auch wenn man heute allgemein von „Verbraucherrecht" spricht, hat sich dieses Konzept in den einzelnen Ländern auf sehr unterschiedliche Weise und in unterschiedlichen Zeitsprüngen entwickelt. Das erklärt auch die aktuellen Schwierigkeiten, die diversen nationalen Verbraucherschutzgesetze im Rahmen des Prozesses der europäischen Einigung und der internationalen Handelsausgleiche zu vereinheitlichen. In Frankreich zum Beispiel entstand das Verbraucherrecht an der Wende vom 19.

A. Stanziani (✉)
Ecole des Hautes Etudes en Sciences Sociales EHESS, Centre de Recherches Historiques (CRH), Paris, Frankreich
E-Mail: alessandro.stanziani@ehess.fr

R. Salais et al. (Hrsg.), *Qualitätspolitiken und Konventionen,* Soziologie der Konventionen, https://doi.org/10.1007/978-3-658-26643-1_9

zum 20. Jahrhundert, als strafrechtliche Normen, die bestimmte Praktiken des Handels bis dahin sanktioniert oder verboten und damit den freie Vertragswillen der Parteien eingeschränkt hatten, in Frage gestellt wurden. Dies betraf jene wichtigsten Normen im Bereich des Konsums, die den Akzent auf das *caveat emptor*[1] legten und die auch in Deutschland wie in Großbritannien existierten.

Allerdings muss dieser historische Bruch auch gleich wieder relativiert werden: Ein Vergleich mit dem Ursprung und der Entwicklung von Qualitätsnormen der Lebensmittelwirtschaft in anderen Ländern ermöglicht es, die Besonderheiten des französischen Beispiels ebenso besser einzuschätzen wie auch seine Übereinstimmungen mit der allgemeinen Entwicklung. Der Wandel der Normen und die grundlegende Veränderung der wirtschaftlichen Praktiken um 1900 waren in der Tat Teil eines Prozesses der Verdichtung der globalen Wirtschaftsnetze, der Bildung nationaler Märkte und der Urbanisierung und nicht zuletzt auch des Einzugs der organischen Chemie in den Lebensmittelsektor. All diese Elemente veränderten radikal die gesetzlichen, wirtschaftlichen und ethischen Aspekte des Konsums in den verschiedenen Ländern.

In Frankreich betonte das als Teil des Strafrechts betrachtete Gesetz von 1905 über den Betrug und die Fälschungen stärker die Bedeutung der Etikettierung und der Verbraucherinformation und weniger das Verbot von Produkten oder Substanzen. Diese Elemente rückten das französische Gesetz in die Nähe des im angelsächsischen Recht angewandten Prinzips des *caveat emptor*. Obwohl das englische *Statute of frauds* bereits aus dem 17. Jahrhundert stammte, war auch Großbritannien Teil jener allgemeinen, europäischen und US-amerikanischen Entwicklung bezüglich Betrug und Fälschung im Nahrungsmittelbereich im 19. Jahrhundert, die stark durch den Einfluss der Medien und der Politik geprägt war. In den USA wurden bereits Ende der 1870er Jahre restriktive Maßnahmen (bis hin zum Embargo) gegen europäische Lebensmittel verabschiedet, die als verfälscht oder verdorben (Vieh, Fleisch, Wein) galten. 1880 wurden zudem diskriminierende Steuern auf pflanzliche Margarine, Käse-Imitate und Mehlsortenmischungen beschlossen.

Das bedeutet aber auch, dass der Gegensatz zwischen französischem und anglo-amerikanischem Recht in Ernährungsfragen nicht so deutlich war, wie

[1]Der lateinische Ausdruck *caveat emptor* bedeutet in diesem Zusammenhang, „dass der Käufer wachsam sein soll". Das heißt aber auch, dass das Gesetz KäuferInnen und EndverbraucherInnen keinen speziellen Schutz gewährte. Zu den Unterschieden zwischen Ländern des *common law* und Ländern mit römischer Rechtstradition in diesem Zusammenhang vgl. French und Phillips 2000; Trumbull 2006.

von manchen behauptet. Es wäre daher auch falsch, Frankreich mit dem Prinzip der Regulierung und des Verbots gleichzusetzen und die anglo-amerikanischen Länder mit dem Prinzip der freien Wahl, denn letzteres war die Grundlage des französischen Gesetzes von 1905. Wie die meisten europäischen Länder setzten die USA ihrerseits im Namen der Lebensmittelsicherheit auf dem Binnenmarkt und vor allem im internationalen Handel Verbote und Beschränkungen durch. Die mit der Regulierung des Lebensmittelmarktes befasste französische Verwaltung war dabei früher zentralisiert als dies in den anglo-amerikanischen Ländern der Fall war. Während jedoch die Standardisierung der von der Verwaltung vorgenommenen Lebensmittelanalysen in den USA und in Frankreich in etwa dem gleichen Rhythmus folgte, wies England in diesem Feld lange Zeit einen gewissen Rückstand auf. Das heißt aber auch, dass sich eine mit den entsprechenden Formen der Expertise und Begutachtung verbundene Standardisierung der Produkte in Frankreich und den USA früher entwickelte als in Großbritannien. Der Fall der Milch ist in dieser Hinsicht besonders aussagekräftig.

Vor diesem Hintergrund soll hier im Folgenden argumentiert werden, dass die in der ersten Hälfte des 19. Jahrhunderts in der französischen Gesellschaft durchgehend vorhandene Furcht vor einem möglichen Tod durch Vergiftung mit verfälschten Lebensmitteln von einer stärkeren Fokussierung auf die Lauterkeit der wirtschaftlichen Beziehungen im Handel abgelöst wurde. Seit dem letzten Viertel des 19. Jahrhunderts wurde diese Entwicklung von einem neuen Interesse an der Gesundheit der VerbraucherInnen begleitet. Eine ähnliche, letztlich für nahezu jede Marktwirtschaft charakteristische Spannung zwischen dem öffentlichen Gesundheitswesen und dem wirtschaftlichen Geschehen kann auch in anderen Ländern festgestellt werden. Der Wandel der benutzten Sprache unterstreicht dieses Phänomen: Man sprach nicht länger von „Giftmördern" und auch nicht mehr von Vertragsfreiheit, sondern von Markenkategorien, Fälschungen (falsifications) und Verfälschungen (sophistications), wobei diese sich auf die gesamte Palette der erwähnten Phänomene beziehen konnten.

Gleichzeitig müssen aber auch die Unterschiede der Entwicklung zwischen den einzelnen Ländern berücksichtigt werden. Das gilt insbesondere für die jeweilige Balance zwischen öffentlichem Gesundheitswesen und Wettbewerbsdisziplin. In den USA herrschte beispielsweise eine Theorie der „Unzulänglichkeiten des Marktes" (Asymmetrie der Information) vor, die offenbar die möglichst weite, ungehinderte Verbreitung der Information als einzige Antwort nahelegte. England besaß seinerseits relativ früh detaillierte Regelungen für den Verbraucherschutz, während Deutschland im Gegenteil dazu die Anwendung neuer chemischer oder industrieller Verfahren im Lebensmittelsektor nur sehr begrenzt einschränkte. Deutschland schützte jedoch stärker als Frankreich die Käuferinnen und Käufer durch die Zivilgesetzgebung und die Rechtsprechung. Frankreich ist vor diesem Hintergrund zwar kein Sonderfall, aber doch zumindest ein sehr interessantes Beispiel: Der Zusammenhang zwischen dem Schutz des öffentlichen Gesundheitswesens und der Überwachung der „Lauterkeit der Geschäfte" stellt das schematische Narrativ infrage, dem zufolge den „Zwängen" des Ancien Regime der freie Markt des 19. Jahrhunderts folgte, der dann wiederum zu Beginn des 20. Jahrhunderts seinerseits in Frage gestellt wurde.

In allen erwähnten Ländern stand in der Tat bei der Regulierung des Marktes – dies galt insbesondere im Bereich des Lebensmittelhandels – politisch und institutionell viel auf dem Spiel: sowohl die Beziehungen zwischen Parlament und Regierung als auch diejenigen zwischen zentralen und lokalen Behörden. So führte etwa die zunehmende Bedeutung wissenschaftlicher Argumente in der politischen Debatte zu einer Verlagerung der Macht vom Parlament hin zur Regierung und ihren Experten. Diese Verschiebung wurde allerdings zugleich teilweise durch eine größere Bedeutung der lokalen Institutionen im Verhältnis zu den nationalen Instanzen eingeschränkt. So gesehen nahm Frankreich (gefolgt von Ländern wie Spanien und Italien) auf einer breiteren Skala den einen Endpunkt ein, während Deutschland und auch Großbritannien am anderen Ende zu verzeichnen sind, da sie einer zentralisierten Regelung stärkere Vorbehalte entgegenbrachten. Die USA befanden sich in dieser Konfiguration auf einem mittleren Rang, weil hier Untersuchungsbehörden des Bundesstaats neben denen der Einzelstaaten agierten. Betrachtet man auf diese Weise die wichtigsten Vergleichselemente des Lebensmittelrechts in den verschiedenen Ländern in einer Gesamtschau, d. h. das Verhältnis zwischen den allgemeinen Gesundheitsvorstellungen auf der einen Seite und dem Niveau der Zentralisierung der Institutionen und der Expertise auf der anderen, gelangt man zu einigen wichtigen Hypothesen über die Dynamik der Lebensmittelmärkte und des Konsums in diesen Ländern.

1 Der französische Weg zum modernen Verbraucherschutz

1.1 Das Erbe des Ancien Regime

In Frankreich traten Probleme mit Fälschungen im Lebensmittelbereich sehr früh auf. Spätestens seit dem 15. Jahrhundert finden wir hierzu Hinweise in den Quellen. Sie betreffen am häufigsten Brot, Mehl oder Wein. Die polizeiliche Bäckereiaufsicht des 17. Jahrhunderts habe daher Steven L. Kaplan zufolge ein dreifaches

Ziel gehabt: „gutes Brot in ausreichender Menge zu einem gerechten Preis zu erhalten" (Kaplan 1996, S. 491; vgl. auch Streng 2017 und seinen Beitrag in diesem Band). In Frankreich (wie auch in England) nahmen die Verdächtigungen hinsichtlich gepanschter Produkte während des gesamten 18. Jahrhunderts noch einmal zu. Zum einem spielten sie in den Gerüchten über drohende Hungersnöte eine große Rolle, zum anderen wiesen Ärzte und Chemiker auf die Gefahren verfälschter Produkte für die Gesundheit hin – Argumente, die von der aufkommenden Zeitungspresse übernommen, verstärkt und verbreitet wurden. Mehrfach wurden beispielsweise die Bäcker beschuldigt, ihrem Teig Kartoffelstärke, gemahlene Saubohnen, Erbsenmehl usw. beizumischen. Aufschlussreich ist in diesem Zusammenhang, dass das Problem der Produktfälschung stets mit der Frage der Festsetzung der Getreide- und des Brotpreise in Verbindung gebracht wurde. So widmete etwa der äußerst einflussreiche *Traité de police* des Pariser Polizeikommissars Delamare vom Anfang des 18. Jahrhunderts „Verfälschungen" des Brotes durch die Verwendung einiger Stoffe mehr Raum als andere zeitgenössische Abhandlungen. Auch Beispiele für „Betrügereien" durch den Einsatz falscher Gewichte und Maße bezogen sich weitgehend auf diese Waren (Delamare 1705–1738).

Das von Bäckern gegen die polizeilichen Kontrollen ins Feld geführte Argument war indes ebenfalls sehr aussagekräftig: Sie seien keine Chemiker und könnten folglich die „vier Elemente" des Brotes nicht präzise kontrollieren. Zudem sei die Backzeit jeweils unterschiedlich. Die üblichen Techniken der Bäckerei könnten daher auch kein immer „gleich bleibendes" Produkt garantieren. Aus diesen Gründen könnten sie nicht zur Verantwortung gezogen werden – eine Sichtweise, die der Chemiker Parmentier 1778 durch seine Untersuchungen stützte (Kaplan 1996, S. 504). Ganz ähnliche Argumente wurden hinsichtlich des Vorwurfs der Weinpanscherei angeführt, die seit 1350 ebenso verboten war wie das Verschneiden verschiedener Mehlsorten. Ähnliche Verordnungen dieser Art wurden im 15. und 16. Jahrhundert erlassen. Ebenso wie im Fall des Brotes betrafen die Verbote bereits im 17. Jahrhundert den Rückgriff auf Substanzen, die im Verdacht standen, die Gesundheit zu gefährden.

Neben den amtlichen Verboten der Behörden dienten auch Normen der einzelnen Gilden und Zünfte dazu, den Wettbewerb auf dem Lebensmittelmarkt zu reglementieren. Die „Polizey" nahm nur größere Vergehen ins Visier, um einer Störung der Versorgung und der Verwaltung der Städte vorzubeugen. Die ergriffenen Maßnahmen hatten darüber hinaus den Zweck, den Wettbewerb zu disziplinieren und die Akteure und Märkte hierarchisch zu gliedern. Die Beispiele des Getreidehandels und des Fleischmarktes unterstreichen diese enge Verknüpfung beider Aspekte des öffentlichen Verwaltungshandelns.

Für die Zeit des Ancien Regimes gilt allgemein, dass das Problem der (ausreichenden) Menge (das Gerücht der Hungersnot) kaum von der Frage nach den „Eigenschaften" der Produkte getrennt werden kann. Die Behörden versuchten in diesem Kontext, eine institutionelle Definition der Qualität durchzusetzen, um vermittels dieser Qualitätsnorm die Preise fixieren zu können. Eine klare Definition der Qualität war jedoch sowohl vor als auch nach der Normierung schwierig. Vorher, weil die „Experten" (hier vor allem die Produzenten) sich nicht immer über die Eigenschaften der Produkte einig waren; nachher, weil die betroffenen Akteure bei der Berufung auf die Normen immer wieder ihre Unfähigkeit geltend machten, die Zusammensetzung eines Produktes zu überprüfen oder gar zu kontrollieren. Die Einführung von „Qualitätskonventionen", die in den Normen (d. h. in den Statuten der Gilden und Zünfte wie auch in den polizeilichen Verordnungen) verankert waren, sicherte das Funktionieren dieses Systems.

Seine Funktionsweise war freilich immer wieder anfällig für „Krisen", in denen die etablierten Qualitätskonventionen aufgrund technischer Fortschritte oder institutioneller Entwicklungen in sich zusammenbrachen. Umso wichtiger ist die Frage, inwiefern diese in der Forschung so gut untersuchte und beschriebene „Qualitätswirtschaft" (Grenier 1996; Minard 1998; Hilaire-Perez 2000) für das Ancien Regime spezifisch war und ob sie als solche der modernen Marktwirtschaft entgegengesetzt werden kann.

1.2 Die Regeln des Rechts: Fälschung und Lebensmittel (1789–1871)

Auch die Französische Revolution befasste sich mit dem Problem der Lebensmittelfälschung. Das Gesetz über die Fälschung von Getränken vom 19.–22. Juli 1792 beispielsweise ordnete diese in die Kategorie der eigentumsbezogenen Straftaten ein, wobei es in erster Linie um Fälschungen mithilfe schädlicher Mixturen ging. Für die Herstellung von faulen, verdorbenen und schädlichen Waren sah das Gesetz dagegen nur geringe Strafen vor (Robé 1902, S. 46). Auch das napoleonische Gesetz vom 21. Germinal An XI (11. April 1803) über den Arzneimittelhandel ordnete lediglich an, verdorbene oder schlecht zubereitete Produkte zu beschlagnahmen, ging jedoch auf das Problem der Fälschung nicht ein. Das napoleonische Strafgesetzbuch, der *Code pénal* von 1810, regelte die Dinge in diesem Bereich dagegen grundlegender. Es legte je nach Produkt und Typ der Fälschung differenzierte Sanktionen fest. Nicht gesundheitsschädliche Fälschungen wurden allerdings laut Artikel 476, Absatz 6 ebenfalls nur mit geringen Strafen belegt (Robé 1902, S. 48). Dabei trug im Fall eines Wirtschaftsbetrugs der Kläger die Beweislast; war hingegen das Produkt nachweislich gesundheitsschädlich, lag sie beim Beschuldigten.

Die Änderung des Strafgesetzbuches 1832 und die Gesetze aus den Jahren 1851 und 1855 über Betrug und Fälschungen im Handel mit Lebensmitteln unterstrichen diese allgemeine Tendenz. Es ging in erster Linie um die Lauterkeit des Händlers, weniger um die Gesundheit des „Verbrauchers". Mit Ausnahme der gesundheitsschädlichen Produkte mussten dem Käufer die (gefälschten) Eigenschaften des von ihm erworbenen Produkts beim Kauf „nicht bekannt", das Kaufgeschäft allerdings „abgeschlossen, vollendet" sein, um eine Straftat des Verkäufers zu konstituieren. Der Versuch der Täuschung stellte daher an sich noch kein strafwürdiges Verhalten dar (Cour de Cassation, 1. Juli 1859, Dalloz 59:1, S. 336). Das Gesetz warf jedoch hinsichtlich seiner Anwendung einige Fragen auf. So war etwa eine nachträgliche Gewährleistung für Produkte im Sinne etwa eines Kundendiensts nicht vorgeschrieben. Zudem war es sehr schwierig, die jeweiligen Verantwortlichkeiten festzustellen. Das Gesetz von 1851 betrachtete Betrug und Fälschungen hauptsächlich aus der Perspektive der Wettbewerbsdisziplin. Eine Aufsicht von Seiten der Gesundheitsbehörden war nicht vorgesehen. Seit der Jahrhundertmitte und noch stärker seit den 1870er Jahren wurde dieses System der Regulierung des Lebensmittelmarktes allerdings mit zwei bedeutsamen neuen Phänomenen konfrontiert: mit dem Aufschwung der Hygienebewegung einerseits und der Beschleunigung des technischen Fortschritts andererseits, der auch die Lebensmittelbranche erfasste. Beide Phänomene stellten den bis dahin vorherrschenden voluntaristisch-liberalen Zugang im Bereich des Handels und der Produktqualität zunehmend infrage.

Die Bedeutung dieser Entwicklung kann sehr gut am Beispiel des Weinhandels veranschaulicht werden. Die Gesetze aus den Jahren 1851 und 1855 führten nämlich nur relativ selten zu Verurteilungen, was die explosive Absatzsteigerung günstiger Weine aus Südfrankreich förderte (Stanziani 2005). Der Rückgriff auf Gips zur Stabilisierung des Weines ermöglichte es daher den Produzenten des Midi, ihre Produktionskosten erheblich zu senken. Einwände von EndverbraucherInnen oder städtischen Lebensmittelinspektoren gegen die Beimischung von Gips hatten kaum Änderungen zur Folge, weil das staatliche Beratungsgremium in Hygienefragen, das *Comité consultatif d'hygiène,* Gips nicht als gesundheitsschädlich einstufte. Kein institutionelles Argument war in den kommenden Jahrzehnten in der Lage, den Siegeszug der Weine aus dem Midi aufzuhalten.

Der sich im 19. Jahrhundert vollziehende Aufschwung der Massenproduktion landwirtschaftlicher Produkte, die sich vor allem an die ärmsten der städtischen VerbraucherInnen richteten, basierte auf einer Wirtschaftsverfassung, die einen vorrangig durch Vertragsfreiheit geprägten Markt hervorbrachte. Der Schutz der schwächsten Marktakteure sollte allein durch den Informationsfluss gewährleistet werden. Um einen „freien“ oder „deregulierten Markt“ handelte es sich dabei nicht, eher um eine Form von Mikrodisziplin, die vermittels bestimmter Konzepte des Vertrags, der Vertragsautonomie, des Betrug und der Produktqualität durchgesetzt wurde.

Zu Beginn der 1880er Jahre trugen dann jedoch eine Reihe von Ereignissen und Entwicklungen dazu bei, sowohl die Wahrnehmung der Akteure als auch die mit der Lebensmittelsicherheit verknüpften Praktiken entscheidend zu verändern. Im Falle des Weines gehörte dazu Phylloxera-Krise, die vom Reblaus-Befall der Weinberge des Midi ausgelöst wurde. Ebenfalls eine wichtige Rolle spielte die Erfindung der Margarine sowie die große Debatte über die durch „gepanschte Milchprodukte“ gefährdete „Gesundheit der Nation“, welche die „Pasteurisierung Frankreichs“ (Latour 1988) begleitete. Am Ende des Jahrhunderts waren es schließlich die weltweit auftretenden Epizootien, die auch auf dem Fleischmarkt die Frage der Lebensmittelsicherheit in den Mittelpunkt der gesellschaftlichen Aufmerksamkeit und öffentlichen Debatten rückte. Diese einerseits sehr unterschiedlichen, gleichzeitig aber auch eng miteinander verknüpften Phänomene werden im Folgenden genauer betrachtet. Als roter Faden dient dabei insbesondere die Frage, welche Verbindung die Akteure und die zeitgenössischen Normen zwischen der Wettbewerbsdisziplin einerseits und den Gesundheitsvorschriften im Lebensmittelbereich andererseits herstellten. Stand Gesundheit als Merkmal der Produktqualität zu den Interessen der Lobbys von Landwirtschaft und Handel im Gegensatz oder kam sie ihnen eher gelegen?

1.3 Wissenschaftliche Debatte und wirtschaftliche Hierarchien

Die Reblaus-Krise trug in den 1880er Jahren im Bereich des Weinbaus maßgeblich zu einer radikalen Veränderung der Debatte über die Lebensmittelsicherheit bei. Da die Krise den Weinbau in Südfrankreich weitgehend vernichtete, die Nachfrage auf den städtischen Märkten jedoch gleichzeitig expandierte, waren die Winzer gezwungen, ihre Weinproduktion mit anderen Mitteln sicherzustellen. Die Lösungen waren dabei vielfältig: Sie reichten von der Herstellung von Rosinenwein über gefärbte Weine bis hin zur Beimischung von Zucker oder dem Panschen der Weine. All diese Verfahren gerieten aus zwei Gründen umgehend in die Kritik. Zum einen wurde bezweifelt, ob diese Produkte auch tatsächlich unter der Bezeichnung „Wein“ verkauft werden durften. Diese Zweifel konnten sich auf die Lauterkeit der wirtschaftlichen Akteure ausweiten. Zum anderen warfen die genannten Verfahren die alarmierende Frage auf, inwiefern die benutzen Substanzen das öffentliche Gesundheitswesen in Gefahr brachten. Der Einzug der synthetischen Chemie in den Lebensmittelsektor befeuerte diese Debatten zusätzlich. Die zu dieser Zeit im Aufschwung begriffene Hygienebewegung fand damit ein Anliegen, das ihren Ambitionen und weitgesteckten Zielen entsprach. Seit 1877 verurteilten das *Comité consultatif d'hygiène* und die *Académie de médicine* in mehreren Berichten nicht nur das Beifügen von mehr als zwei Gramm Gips pro Liter Wein (Comité consultatif d'hygiène publique 1881, S. 314 ff.), sondern auch die künstliche Färbung des Weins mit Fuchsin und den Einsatz von Salizylsäure zur Konservierung von Lebensmitteln und Getränken (Comité consultatif d'hygiène publique 1877, S. 346). Um das nach Auffassung der Wissenschaftler hinsichtlich der Verbrauchergesundheit drängende Problem der Getränkequalität zu lösen, machten sie zwei Vorschläge. Der erste bestand darin, die Messinstrumente zu verfeinern (heute würde man sagen, die Methoden des Screenings und der lückenlosen Überprüfbarkeit der Herkunft zu verbessern). So musste sich das Hygienekomitee im Frühling 1886 zwischen mehreren Methoden zum Aufspüren künstlicher Färbung entscheiden (Comité consultatif d'hygiène publique 1887, S. 310). Die Naturwissenschaften trugen auf diese Weise zur Beseitigung verschiedener Defizite des Marktes bei, ohne dessen Grundprinzipien in Frage zu stellen. Die zweite Lösung bestand darin, das Verbot eines Produktes oder einer Substanz zu verlangen, und zwar auch dann, wenn es lediglich wissenschaftlich begründete Zweifel über den schädlichen Charakter des Produktes oder der Substanz gab. In solchen Fällen hatte die Wissenschaft offensichtlich nur wenig Vertrauen in die Fähigkeiten des Marktes, diese Wettbewerbsverzerrungen selbst zu beseitigen. In den 1870er und 1880er Jahren setzte sich immer häufiger diese zweite Lösung durch. Die oben erwähnten Verurteilungen bestimmter Zusatzstoffe durch das Hygienekomitee sind in diesem Sinn zu verstehen.

Außerdem führten die Entwicklung der Produktionstechniken in der Landwirtschaft und der Gewohnheiten des Lebensmittelkonsums in jener Zeit zu erheblichen Bindungsverlust der Qualitätskonventionen. War etwa der Übergang von einem Produktions- und Verbrauchsregime zum anderen (z. Bsp. von gekochtem Fleisch hin zu Produktion und Konsum von Steaks) bis dahin dem freien Spiel der Marktkräfte überlassen worden, entstanden ab den 1880er Jahren immer mehr Sondergesetze, die Ausnahmen von den jeweiligen Gewerbeordnungen formulierten, wie das Düngemittelgesetz von 1887, das Gesetz zum Schutz der Butter im Jahr 1887 (modifiziert 1897) oder die verschiedenen Gesetze der Jahre 1889, 1891, 1894 und 1897, die sich mit der Weinqualität befassten (Comité consultatif d'hygiène publique 1881, S. 314 ff.). All diese neuen Lebensmittelgesetze setzten

Straftatbestände – was zugleich impliziert, dass die Qualifizierung der Produkte (zumindest der Lebensmittel) immer stärker von den Strafverfolgungsbehörden und Gerichten abhing und weniger von den Kunden.

Mit der Modifizierung des Strafrechts änderte sich auch die zivilrechtliche Auffassung des vertraglich geäußerten Willens. Immer häufiger sprachen Gerichte nun in ihren Entscheidungen vom „Verbraucher" statt vom „Käufer" und gingen bei der Beurteilung des Betrugs, dessen Opfer der Verbraucher geworden war, von einem Machtungleichgewicht zwischen Verbraucher und Verkäufer bei Vertragsabschluss aus – insbesondere mit Blick auf die Kenntnis der Produkteigenschaften.[2] Mehrere Richter vertraten etwa die Auffassung, dass der Endverbraucher gar nicht in der Lage sei, Mischungen von Butter und Margarine oder das Hinzufügen von chemischen Farbstoffen im Wein zu erkennen. Aus diesem Grund sei ein spezielles Verbraucherschutzrecht notwendig, das insbesondere die Gestalt von gesetzlichen Bestimmungen für die Tatbestände des Betrugs und der Fälschung von Lebensmitteln annehmen sollte.

Diese institutionellen Neuerungen knüpften eng an die früheren Regeln an. Im Zivil- wie im Strafrecht blieb die Gleichrangigkeit der Vertragsparteien (insbesondere in der Form der Willensäußerung) ein zentrales Element, von dem die Gültigkeit des Vertrages abhing. Man ging nun allerdings von der Annahme aus, dass der Endverbraucher die Produkteigenschaften per definitionem nicht kennen konnte und daher gar nicht die Möglichkeit hatte, seinem Willen vollständig Ausdruck zu verleihen. Ein Ensemble von Verbraucherrechtsvorschriften sollte daher den Konsumenten – der damit auch vom Fachmann unterschieden wurde – als Privatperson schützen. Vor allem das Gesetz aus dem Jahr 1894 über Weinfälschungen schuf einen in diesem Sinne wichtigen Präzedenzfall: Der Vertrag konnte durch die Staatsanwaltschaft selbst dann aufgehoben werden, wenn das verkaufte Produkt nicht gesundheitsschädlich und der Käufer über seine Eigenschaften informiert war (Union syndicale des débitants de vins 1889). Dies stellte im Vergleich zur vorherigen Gesetzeslage eine bedeutende Neuerung dar, denn die Fälle wurden nun daraufhin unterschieden, ob der Käufer von den Eigenschaften des Produktes Kenntnis hatte oder nicht: Auch wenn weiterhin keinerlei juristische Regel die Vertragsfreiheit der Parteien einschränkte, waren davon nun alle gesundheitsschädlichen Substanzen ausgenommen. Es ist leicht nachvollziehbar, dass diese Neuregelung einer heftigen Kritik von sehr unterschiedlichen politischen

---

[2] Diese Entwicklung zeichnet sich vor allem bei den Fällen von Weinpanscherei ziemlich deutlich ab, AN BB 18 6022, 6025.

Gruppierungen, Sozialisten, Radikalen und Republikanern ausgesetzt war (Journal officiel 17.06.1894, S. 1029 ff.). Letztlich setzte sich die Regelung jedoch durch, da sie sowohl von den politischen Gruppen aus dem südfranzösischen Midi, von radikal-protektionistischen Vereinigungen und von der Hygiene-Bewegung unterstützt wurde.

Das neue Gesetz hatte darüber hinaus eine wichtige Veränderung im Verhältnis zwischen den technischen Eigenschaften des Produkts und seiner juristischen Einordnung zur Folge. Im Unterschied zur seit Ende des 17. Jahrhunderts vorherrschenden Tendenz wurden die Eigenschaften einer Sache nun weniger an die Interpretation der (Vertrags-)Parteien gekoppelt als an ihre intrinsischen Eigenschaften. Dieser Regelung lag die Annahme zugrunde, dass der Markt allein nicht in der Lage sei, Wettbewerbsmängel zu beheben und dass auch die Verbesserung des Informationsflusses dafür keine ausreichende Lösung böte. Die Disziplin der Märkte sollte radikal gerändert und die betroffenen Praktiken verboten werden. Diese Schlussfolgerung steht im Gegensatz zur heutzutage von den liberalen Strömungen vertretenen Idee, dass die Nachfrage das Angebot bestimmt und jeder Eingriff von Außen das freie Spiel des Marktes unweigerlich verfälsche, das eigenständig zu einer optimalen Lösung führen müsse.

Tatsächlich unterstrich die erwähnte juristische Lösung die Übereinstimmung zwischen den Interessen mehrerer Gruppen: erstens verschiedener reformistischer Strömungen, zweitens von Akteuren, die im Namen der Volksgesundheit gegen die „Vergiftung" durch Betrug und Nahrungsmittelfälschung auftraten (wobei sie die Fälschungen vor allem für die einfachen Grundnahrungsmittel annahmen) und drittens Vertretern der Fachleute und Experten, die auf diesen Märkten aktive waren. Die einen wie die anderen behaupten dabei, die Symmetrie zwischen Gesetz und Markt über eine verstärkte Kontrolle der öffentlichen Hand und einen institutionellen Austausch der Wirtschaftsinformationen wahren zu können.

Endgültig verankert wurde diese neue Richtung im Strafgesetz von 1905 über den Betrug und die Fälschung von Nahrungsmitteln, das in Frankreich bis 1993 mit seinen Verordnungen den wichtigsten gesetzlichen Rahmen für den Lebensmittelhandel bildete. Dieses Gesetz, das später in den neuen *Codex alimentarius* der Europäischen Union integriert wurde, zielte vor allem darauf ab, den Wettbewerb zu disziplinieren. Die Gesundheit des Konsumenten kam auch hier nur nebenbei ins Spiel (Journal Officiel 25.11.1904, S. 2625–2634). Die Verordnungen zu einzelnen Produkten zielten vielmehr auf eine Reduzierung der Vertragsunsicherheit ab, die durch eine Auflistung der Eigenschaften des jeweiligen Produkts erreicht werden sollte. Jenseits der Fälle von erwiesenen Gesundheitsschädigungen durch Produkte blieb es aber weiterhin die Aufgabe des Käufers, die Verantwortung des Verkäufers nachzuweisen. Auch blieben die

Rechte der Verbraucher dadurch beschränkt, dass noch keine Vereinigungen existierten, die ihre Interessen durchsetzen konnten. Im Gegensatz zu heute gab es nämlich Verbrauchervereine im 19. Jahrhundert nicht: Obwohl sie grundsätzlich schon 1884 durch das allgemeine Gesetz zur Vereinigungsfreiheit erlaubt waren, wurden sie erst 1913 prozessfähig. Doch auch dieses neue Recht wurde von Seiten der Gerichte außerordentlich restriktiv interpretiert.

Sehr bedeutend war dagegen in jener Zeit die von Charles Gide (1847–1932) ins Leben gerufene Bewegung der Konsumgenossenschaften. Zusammen mit den frühen Konsumentenvereinigungen spielten sie bei der Veränderung der juristischen Normen und der Konsumpraktiken eine wichtige Rolle. Wie alle anderen Vereinigungen waren diese „Ligen" den gleichen rechtlichen Beschränkungen unterworfen, die wir erwähnt haben; dabei verfolgten sie weniger das Ziel, die Konsumentinnen juristisch zu schützen, als vielmehr zu einer gerechteren Verteilung des Einkommens zu gelangen. Dies erklärt ihre ebenso freundschaftlichen wie angespannten Beziehungen zu anderen Ligen und Vereinigungen, wie etwa den christlichen Kirchen, Arbeitgebervereinigungen oder der sozialistischen Bewegung (Chatriot et al. 2005). An der Wende vom 19. zum 20. Jahrhundert waren diese Verbrauchervereinigungen in Frankreich und im übrigen Kontinentaleuropa tatsächlich häufig sozialistische Organisationen, die zwischen Konsumenten und Arbeitnehmern kaum unterschieden. Die institutionelle Unterscheidung beider Figuren im rechtlichen wie auch im politischen Sinne, die zur Differenzierung zwischen Arbeitergewerkschaften und Verbraucherorganisationen führte, ist insofern erst ein Ergebnis des 20. Jahrhunderts. An der Wende vom 19. zum 20. Jahrhunderts war der Einfluss der KonsumentInnen daher auch im Allgemeinen noch eher indirekt. Er drückte sich in der Presse aus, die für die verschiedenen Bewegungen Partei ergriff, indem sie zum Beispiel die Bewegung der Antialkoholiker oder der Anhänger der Lebensmittelreinheit etc. unterstützte.

Abschließend kann man sagen, dass die Geschichte der Vertragsfreiheit und der Qualifizierung von Produkten in Frankreich vom 18. bis zum 20. Jahrhundert sowohl Kontinuitäten als auch Brüche aufzeigt. Im Gegensatz zu den üblichen Annahmen können dabei aber das 18. und das 20. Jahrhundert, die durch enge Beschränkungen der Vertragsfreiheit und eine ex ante vorgeschriebene Definition der Produkte charakterisiert wären, dem 19. Jahrhundert, das sich durch Vertragsfreiheit und eine Qualifizierung ex post (und in Konfliktfällen) der Güter auszeichnete, nicht ohne Weiteres gegenübergestellt werden. Die Vertragsfreiheit wurde vielmehr im gesamten Zeitraum als Grundprinzip anerkannt, war aber gleichzeitig in einen größeren Rahmen von Überlegungen über die soziale und politische Ordnung des Markes eingebettet. Auch die Waren wurden im 18. und 20. Jahrhundert sowohl vor als auch nach dem Kaufgeschäft durch einen

Vergleich bewertet, der die Koordination der Märkte sicherte (manchmal aber auch nicht sicherte). Selbstverständlich sind innerhalb dieses gemeinsamen Rahmens auch einige signifikante Unterschiede zu erkennen, aber sie sind nicht als Brüche oder Gegensätze (zwischen Freiheit und Zwang, Markt und Regulativ etc.) zu betrachten. Sie stellen vielmehr Nuancierungen verschiedener Instrumente dar, die letztlich weniger austauschbar waren als komplementär (Normen und Märkte, Vertrag und Regulativ). Auch wenn die in den Zunftordnungen bezüglich der Produktqualität enthaltenen Regelungen durch die Auflösung der Korporationen am Ende des 18. Jahrhunderts außer Kraft gesetzt wurden (Vorschriften, die im Übrigen nicht alle Waren gleichermaßen betrafen), so existierten auch im 19. Jahrhundert dem Kaufgeschäft vorausgehende Formen der Qualifizierung durch professionelle Vereinigungen. Auf den Lebensmittelmärkten waren derartige Regelungen häufig die Folge städtischer Vorschriften.

An der Wende vom 19. zum 20. Jahrhundert wurde die Qualifizierung der zum Verkauf stehenden Waren dem freien Willen der Vertragsparteien teilweise entzogen. Einige Lebensmittel oder chemische Produkte wie die für die Düngung wichtigen Phosphate unterlagen daher auch weiterhin einer Reihe von Vorschriften, die eine Verringerung der Vertragsunsicherheit bezweckten. Im Unterschied zum Ancien Regime betrafen diese Vorschriften nun aber nicht mehr die Mehrheit der Produkte, sondern lediglich einige Produktgruppen – vor allem Lebensmittel und Getränke. Diese Entwicklung kann darauf zurückgeführt werden, dass diese Produkte aufgrund des technischen Fortschritts sowie der Globalisierung des Warenverkehrs noch auf besondere Weise mit der öffentlichen und politischen Ordnung der Märkte verknüpft waren – eine Verknüpfung, die nicht zuletzt aufgrund des politischen Einflusses sowohl der Landwirtschaftsverbände als auch der Arbeitnehmer/Konsumenten-Organisationen erhalten blieb. Ein weiterer Unterschied zum Ancien Regime bestand darin, dass die Qualitätsvorschriften nun nicht mehr primär auf Berufsvereinigungen zurückgingen; stattdessen wurden sie mit Zustimmung und in enger Zusammenarbeit mit diesen durch öffentliche Institutionen und Ministerien erlassen. Gleichzeitig aber wurden die verschiedenen Maßnahmen nicht als Gegensatz zur Vertragsordnung des Zivilrechts begriffen, sondern galt es im Einklang mit dieser zu einer Regelung der Qualitätsfragen zu kommen. Um das Gleichgewicht der Parteien bei Vertragsabschluss zu schützen, sollten Informationen dabei eigentlich nur an die vermeintlich schwächste Partei gehen, d. h. in aller Regel an den „Konsumenten". Die Analogien und Unterschiede zwischen der französischen Konstellation und derjenigen in anderen Ländern müssen also von diesen Elementen her bewertet werden.

2 Vertrag und Marktordnung in globaler Perspektive

Die Entwicklung der Verbraucherschutzrechte in Frankreich (und Belgien) an der Wende vom 19. zum 20. Jahrhundert unterschied sich deutlich von der in Deutschland und in Großbritannien, die ihrerseits den Schwerpunkt auf das *caveat emptor* legten. Bereits das preußische Allgemeine Landrecht enthielt relativ schützende allgemeine Regelungen für den Käufer, insbesondere in Bezug auf die erlittene Schädigung; der Verbraucher konnte in ihren Genuss kommen, obwohl er als solcher nicht das explizite Ziel dieser Normen war. Im Unterschied zum *Code Napoléon,* der nur den Kauf von Immobilien erwähnte, erweiterte das preußische Gesetzbuch diesen Schutz auf die Käufer beweglicher Güter und dadurch auf die Masse der Konsumkäufe. Das Strafgesetzbuch für das Deutsche Reich von 1871 übernahm in diesem Punkt weitgehend das preußische Recht und versuchte vor allem, die verschiedenen Normen in den deutschen Staaten zu vereinheitlichen. Ein weiteres Gesetz „betreffend den Verkehr mit Nahrungsmitteln, Genussmitteln und Gebrauchsgegenständen" wurde am 14. März 1879 im Reichstag angenommen. Wie in Frankreich das Gesetz von 1905 versuchte das deutsche Lebensmittelgesetz nicht, die Produkte und Substanzen zu definieren, sondern beschränkte sich auf die Erwähnung von Fälschung und Betrug. Insofern blieb es Regierung und Rechtsprechung überlassen, die Reihe der Maßnahmen für die verschiedenen möglichen Fälle, Produkte und Substanzen ausführlicher und genauer zu erörtern.

Im Unterschied zu Frankreich konnten die deutschen Lobbys jedoch verhindern, dass strikte Definitionen der verschiedenen Produkte auf dem Wege von Vorschriften oder Spezialgesetzen durchgesetzt wurden (zu Deutschland: Hierholzer 2010 und in diesem Band; Trumbull 2000, 2006; Halpérin 2001; Spiekermann 1999; Teuteberg 1994). Vielmehr war es der *Bund Deutscher Nahrungsmittel-Fabrikanten und -Händler,* der 1905 einen Referenztext veröffentlichte, in dem die Standardzusammensetzungen der wichtigsten Produkte aufgeführt waren. Dieser Text sollte explizit als Ratgeber für Fachleute, Wissenschaftler und politische Verantwortliche zu dienen, die eigentlich die vom Gesetz geforderten Standards prüfen sollten. Anders gesagt: Es gelang der gespaltenen Geschäftswelt in Frankreich nicht, Vereinbarungen im Bereich der Standardisierung und Qualifizierung der Produkte zu erreichen, da einige Lobbys eher auf eine staatliche Regelung setzten. In Deutschland hingegen konnten sich die Berufsverbände über diese Fragen verständigen. Dieses Ergebnis erklärt sich, wie wir später zeigen werden, nicht zuletzt durch die Zusammensetzung der deutschen Wirtschaft und die industrielle Konzentrationsdichte des Landes. Im Gegensatz dazu war die Situation in Frankreich durch weniger stark integrierte Unternehmen und Produktionszweige geprägt, die jegliche institutionelle Definition von Produktionsstandards ablehnten.

Im Bereich der Verträge kam es in Deutschland allerdings zu ähnlichen Entwicklungen wie in Frankreich, mit einer immer größeren Einschränkung der Vertragsfreiheit, vor allem dann, wenn öffentliche Gesundheitsinteressen auf dem Spiel standen. Auch versuchte man in Deutschland wie in England und Frankreich, die Frage der Produktqualität und den Verbraucherschutz eher mit einer Disziplinierung des Wettbewerbs als mit gesundheitspolitischen Maßnahmen zu regeln. Ein Gesetz vom 27. Mai 1896 verurteilte zum Beispiel den Missbrauch im Bereich der Reklame und den unzulässigen Gebrauch von Handelsnamen, während das Gesetz vom 7. Juni 1909 den Rücktritt des Konsumenten vom Kaufvertrag vorsah, wenn eine Täuschung über die Produktqualitäten vorlag.

Die übliche Gegenüberstellung von französischen Gesetzen und Regelungen im Bereich Konsum und Verkauf auf der einen Seite und den in Deutschland und Großbritannien gebräuchlichen Normen auf der anderen sollte demnach differenzierter betrachtet werden. So näherte das Gesetz aus dem Jahr 1905 über den Betrug und die Fälschungen mit seiner Betonung der Etikettierung und der Verbraucherinformation die Rechtslage in Frankreich dem Prinzip des *caveat emptor* des angelsächsischen Rechts an. Entsprechend der britischen Rechtsprechung des 18. und der ersten Hälfte des 19. Jahrhunderts sowie der Regelungen des *statute of frauds* des 17. Jahrhunderts, sollte mit dem Akzent auf der Vertragsfreiheit im Bereich des Handels vor allem ein Verteidigungswerkzeug der kleinen Händler gegen den Willen der großen Industrien oder der Großhändler geschaffen werden. Dieser Schutz des „Schwächsten" beim Abschluss von Verträgen stützte sich auf die Annahme, dass alle Akteure im Grunde den gleichen Informationszugang und die gleichen kognitiven Fähigkeiten besitzen. Es sollte demnach ausreichen, Betrug und Arglist auszuschließen, denn der wettbewerbsfähige Markt und seine juristische Folge, die Vertragsfreiheit, würden ein wirksames und gerechtes Gleichgewicht garantieren (Dicey 1914; Friedmann 1951; Atiyah 1985, 1979). Anders als in Frankreich besaßen Richter und Behörden in Großbritannien jenseits der Fälle von toxischen Substanzen oder von Verträgen, die den Sitten oder der öffentlichen Ordnung widersprachen, daher auch nicht das Recht, sich in die Vertragsvereinbarungen einzumischen. Die Entwicklung der individuellen Vertragsfreiheit verlief in Großbritannien insofern entlang einer Grenze zwischen Lauterkeit des Handels und Lebensmittelsicherheit.

Diese Rechtsinterpretation war allerdings im Laufe des 19. Jahrhunderts in den angelsächsischen Ländern nicht zuletzt aufgrund des technischen Fortschritts und der wachsenden Furcht vor verfälschten Nahrungsmitteln immer umstrittener. Nach dem Ende der napoleonischen Kriege fürchtete man die allgemeine

Verbreitung von während der Kontinentalsperre erfundenen Praktiken, die etwa der deutsche Chemiker Frederick Accum in seinem 1820 in London veröffentlichten *Treatise on adulterations of food and culinary poisons* anprangerte. Accum nannte den Wein als das am stärksten verfälschte Lebensmittel, das durch Verdünnung, Hinzufügen von Farbstoffen, Alaun, Kali und andere Stoffe gepanscht würde (Accum 1820; Scheuplein 1999; Burnett 1999, S. 148. Vgl. auch Vincent 1996, S. 20). Ähnlich wie in Frankreich lancierten die englischen Hygieniker zwischen 1851 und 1855 eine wahre Kampagne gegen die Verfälschungen. Der Physiker A.H. Hassall veröffentlichte in *The Lancet* zahlreiche Artikel, die die Art und die Ausbreitung derartiger Verfahren dokumentierten. Die Verfälschung der Milch wurde von ihm dabei am stärksten angeprangert: Verdünnung, das Zurückgreifen auf Milch kranker Tiere, das Hinzufügen von Mehl oder andere Verfahren seien übliche Praktiken (die in *The Lancet* erschienenen Artikel sind zusammengestellt in Hassall 1855). Hassals Artikel fanden ein breites Echo in der britischen Presse und führten am Ende dazu, dass das Parlament eine Kommission einsetzte, welche die Vorwürfe untersuchen sollte: Ihr Abschlussbericht stellte nicht nur eine erhebliche Anhäufung von Fällen der Verfälschung fest, welche die Gesundheit der Bevölkerung gefährdeten, sondern beklagte auch, dass durch die Ereignisse die öffentliche Moral lächerlich gemacht und von einem monetären Standpunkt aus gesehen die ganze Gesellschaft geschädigt worden sei. Weiterer Druck auf die Regierung ergab sich in der Folge durch Berichte über „Vergiftungen" durch Verfälschungen, welche eine beträchtliche Unruhe in der britischen Öffentlichkeit hervorriefen. 1860 wurde daher der *Adulteration of food and drink act* beschlossen. Einige Jahre später folgten *The adulteration of food, drink und drugs act* (1872) und *The sale of food and drugs act* (1875), welche die zuvor beschlossenen Maßnahmen ergänzten (Scheuplein 1999; Burnett 1999).

Ähnlich wie in Frankreich entstanden diese Normen der Lebensmittelsicherheit durch das Zusammenspiel zweier unterschiedlicher Interessen: auf der einen Seite der Hygiene- und Verbraucherbewegung und auf der anderen jener Händler, welche die Kontrolle über die Branche zu übernehmen versuchten. Tatsächlich war der Konzentrationsprozess von Handelsunternehmen im Lebensmittelbereich in jenen Jahren besonders stark. Der Vorwurf, die Einzelhändler seien für die Verfälschungen verantwortlich, wurde insofern nicht nur den Hygienikern, sondern auch den Großhändlern unterstützt; die Kontrollen und die verabschiedeten politischen Maßnahmen zielten daher im Wesentlichen auf den Einzelhandel ab (French und Phillips 2000; Atkins 2007; Paulus 1974). Gegner der Regulierung waren umgekehrt vor allem die Einzelhändler und ihre Vereinigungen (Walton 1992), die versuchten, sich hierfür mit den örtlichen Behörden zu verbünden (Crossick und Haupt 1995).

Letztlich waren die gesetzlichen Neuerungen aber auch in Großbritannien eingebunden in einen längeren Prozess, der dem ähnelt, den wir in Frankreich ausgemacht haben: Die Regelungen waren in der Praxis davon abhängig, wie sehr die Richter den Erwartungen dieser oder jener Lobbygruppe entsprachen oder eben nicht entsprachen, wenn sie die Regelungen des *Common Law* bzw. die existierenden Gesetze anwendeten. Der *Margarine Act* von 1877 war insofern zum Beispiel eine Antwort auf die Schwierigkeiten der Richter, Vermischungen von Butter und Margarine lediglich auf der Basis der allgemeinen Gesetze im Bereich der Verfälschung zu verurteilen, ohne dass eine offizielle Definition von Butter und ihren Bestandteilen existierte. Aus ähnlichen Gründen wurde auch der *Adulteration of food, drinks and drugs Act* aus dem Jahr 1872 nach nur drei Jahren 1875 durch den *Sale food and drugs Act* ersetzt, weil die Richter Schwierigkeiten hatten zu entscheiden, ob angenommen werden konnte, dass die Einzelhändler über die technischen Eigenschaften der verkauften Produkte informiert waren (Paulus 1974, S. 32–38, 66–68). Die Frage nach der Beziehung zwischen dem „Know-how" der Fachleute und der Innovation war – ähnlich wie zur gleichen Zeit in Frankreich – von daher zentral bei der Umsetzung der gesetzlichen Normen und der Zuweisung von Verantwortlichkeiten. Ausgehend von diesem Problem betonte das Gesetz von 1875, das mit großem Nachdruck von den Händlern und Fabrikanten unterstützt wurde, die Verantwortlichkeiten der Einzelhändler und empfahl ein System der lokalen Kontrolle. Erst mit dem *Food and drugs Act* aus dem Jahr 1899 erhielten die Einzelhändler die Möglichkeit, sich dieser einseitigen Zuschreibung der Verantwortlichkeit zu entziehen: Sie konnten nun die Verantwortung für die Verfälschung auf ihre Lieferanten (und diese auf den Fabrikanten) abwälzen, sofern sie einen Beweis für den Kauf besaßen, etwa indem sie die Geschäftskorrespondenz und eventuell die in ihrem Auftrag durchgeführten Gutachten in zugelassenen Laboren aufbewahrt hatten, um ihren guten Glauben zu bezeugen.

Auf diese Weise ergab sich eine neue Definition der Verfälschung, die wie in Frankreich versuchte, den Schutz der Volksgesundheit mit den Handelsinteressen zu verbinden. Auf der einen Seite wurde die Verfälschung als eine Praxis beschrieben, in der „die Lebensmittel die Gesundheit bedrohen", während auf der anderen Seite die Verfälschung „die Natur, Substanz und Qualität der Produkte zum Schaden des Käufers [und nicht des Verbrauchers, d. Verf.]" verändere (French und Phillips 2000, S. 37). Wie in Frankreich forderte die staatliche Regulierung des Lebensmittelhandels dabei eine klare Definition der „substantiellen Qualität" des Produkts, die nicht lediglich dem Vertragswillen oder den „Vorlieben" der Vertragspartner entsprach. Diese Neuerung im britischen Recht zeugt vom Übergang von permissiven Normen auf der Grundlage des *Caveat emptor* zu Verbotsnormen, die von Lobbygruppen wie den Butterproduzenten oder den großen Molkereien, aber auch von den Lebensmittelchemikern gefordert wurden. Das *Board of Agriculture* erhielt auf diese Weise neue Rechte für den Fall, dass „die generellen Interessen der Landwirtschaft angegriffen wären" (Sale and food drugs Act 1899, S. 4–6, zit nach French und Phillips 2000, S. 52). Die *Sale of Milk Regulation* aus dem Jahr 1901 und die *Sale of Butter Regulation* aus dem Jahr 1902 legten in diesem Sinne den Mindestanteil für die wichtigsten Bestandteile der verschiedenen Produkte fest. Letztlich kam es damit in Großbritannien zu einer noch stärkeren Regulierung als in Frankreich, wo etwa Mindestnormen für Milch abgelehnt wurden.

Gleichzeitig entwickelte sich (ebenso wie auch in Frankreich) in jener Zeit eine besondere Debatte um kondensierte und fettarme Milch. Der Wortlaut dieser Debatte war fast der gleiche wie in Frankreich: Es ging darum, nicht nur Minimalstandards über den Rahmanteil der Milch festzulegen, sondern auch zu entscheiden, ob diese „anderen Milchprodukte" immer noch „Milch" genannt werden konnten und ob sie daher an anderen Orten und zu anderem Zweck (insbesondere zu medizinischen Zwecken) als die „gewöhnlichen" Milchprodukte verkauft werden müssten. Die Befürchtungen bezüglich der sanitären Probleme trafen sich hier mit den kommerziellen Interessen der englischen Molkereien, denn die Regelungen zielten darauf ab, die Konkurrenz insbesondere von Nestlé auszuschalten, die ihre Produkte den englischen Reglementierung anzupassen suchte (French und Phillips 2000, S. 130 f.; Paulus 1974; Atkins 2000, 2005).

In den USA war der Hang zur Reglementierung noch stärker. Seit den 1870er Jahren wurden hier restriktive Maßnahmen bis hin zum Embargo gegen die europäischen Lebensmittel (Geflügel, Fleisch, Wein) eingeführt, die als verfälscht oder verdorben galten. 1880 erhob man zudem Strafzölle auf pflanzliche Margarinen, Käse-Imitate und Mehlsortenmischungen. Die Interessen der Lobbys wurden dabei von dem Druck der zu dieser Zeit in den USA bereits sehr stark verbreiteten Verbraucherligen unterstützt (Trentmann 2000; Strasser et al. 1998; Gurney 1996; De Grazia und Furlough 1996; Cohen 2003; Chessel 2002; Furlough und Strikwerda 1999). Allerdings blieb 1879 der Versuch erfolglos, dem Parlament den Gesetzentwurf des *General Bill aimed at protecting the purity of food and drink* zu unterbreiten. Zur gleichen Zeit verabschiedeten aber mehrere Bundesstaaten der USA Gesetze gegen Lebensmittelbetrug, die darauf abzielten, die erlaubten Eigenschaften der Herstellung und den Verkauf verschiedener Produkte, insbesondere von Butter, Milch und Fleisch, präziser zu definieren.

Die Verabschiedung dieser Gesetze warf zwangsläufig das Problem einer Koordination auf Bundesebene auf: Wie konnte der inneramerikanische Warenverkehr gewährleistet werden, wenn das gleiche Produkt Gefahr lief, in Minnesota akzeptiert, aber in Chicago verboten zu werden? Diese Spannungen führten 1906 zur Verabschiedung des *Federal food and drugs Act.* Seine Basis war die gleiche wie diejenige, die in Frankreich das Gesetz von 1889 möglich gemacht hatte, bevor sie durch das Gesetz von 1891 in Frage gestellt wurde: Muss der Konsument über jede Information zur Zusammensetzung und Herstellung des Produktes verfügen? „Wenn Käufer wissen, wo, wann und durch wen ein Produkt hergestellt wurde und von der wahren Natur und Substanz des zum Konsum angebotenen Artikels informiert sind, ist es fast unmöglich, es selbst dem unwissendsten und sorglosesten Konsumenten aufzudrängen“ (Scheuplein 1999, S. 652–654). Wenn man dieser Argumentation folgt, war der Informationsfluss die notwendige und ausreichende Bedingung, um Betrug zu verhindern; aufgrund der „Marktdefizite“ musste man jedoch die Produzenten und Händler zwingen, die Produkteigenschaften bekannt zu geben, weil die Preise nicht immer verlässliche Indikatoren waren. Das Gesetz, das vor allem standardisierte Medikamente im Blick hatte, zog damit sowohl die „Verfälschung“ eines Produktes als auch den Betrug einer Marke in Betracht; anders als das französische Gesetz von 1851 bezog es sich aber nicht auf die eigentlichen Produkteigenschaften (Pure food and drug Bill 1906, S. 20–23).

Der Widerspruch zwischen dem französischen und angelsächsischen Recht war damit im Bereich der Lebensmittel weniger prägnant als dies oftmals in der Literatur behauptet wird. So besaß beispielsweise die Etikettierung, die eine zentrale, ja sogar einzigartige Funktion für Regulierung des Konsums in den USA hatte, auch in Frankreich und in Europa eine wichtige Rolle. Ebenso wäre es falsch, Frankreich mit dem Prinzip einer Reglementierung durch Verbote zu identifizieren und die angelsächsischen Länder mit dem Prinzip der Vertragsfreiheit, denn dieses Prinzip bildete auch die Grundlage des französischen Gesetzes von 1905. Die USA ihrerseits griffen – wie im Übrigen auch die meisten europäischen Länder – sowohl auf dem Binnenmarkt als auch im internationalen Handel immer wieder auf Verbote zurück, um Gesundheitsgefährdungen und eine Verfälschung von Lebensmitteln auszuschließen.

Allerdings bestanden gleichzeitig wichtige Unterschiede, von denen hier insbesondere zwei erwähnt werden müssen: In Frankreich wurden die Medikamente von anderen Gesetzen als die Lebensmittel reguliert, und letztere umfassten nicht die tierische Ernährung. Im Gegensatz dazu bezogen sich in den USA die ersten Gesetze gegen den Betrug und die Fälschungen sowohl auf Lebensmittel als auch auf Medikamente. Zudem schlossen sie auch die tierische Ernährung in ihre Regelungen ein. Die Folgen dieser Unterschiede sind bis heute sichtbar: Die Kommerzialisierung der Medikamente ist in den USA geringeren Kontrollen unterworfen als in Europa, gleichzeitig werden sie aber auch durch das

Patentrecht geschützt. Die rechtliche Gleichbehandlung von Medikamenten und Lebensmitteln unterstützte auch die Verbreitung von mit gesundheitsfördernden Stoffen angereicherten Lebensmittel, die in den USA deutlich schneller als in Europa erfolgte, wo diese Produkte Schwierigkeiten hatten, einen passenden institutionellen Rahmen für ihre Produktion und Vermarktung zu finden. Die europäischen Länder schlossen aber auch die tierische Ernährung aus ihrer Lebensmitteldefinition aus. Dies hatte zur Folge, dass die Sanitär- und Handelskontrollen für Lebensmittel nicht auf die tierische Ernährung ausgeweitet wurden. Erst in Folge der Krise um den Rinderwahnsinn in den 1990er Jahren, die sich auch auf die Fleischversorgung auswirkte, kam es hier zu einer Veränderung der Kontrollpraktiken.

3 Der moderne Verbraucherschutz des 20. Jahrhunderts

Zwischen 1875 und 1914 kam es in der gesamten westlich-kapitalistischen Welt zu einem einschneidenden Wandel in den bisherigen Handels- und Vertragsegeln: Technische Innovationen im Bereich der Nahrungsmittelindustrie, die gestiegene Bedeutung des Konsums in den öffentlichen Debatten (getragen sowohl von der Verbraucherbewegung als auch von sozialistischen Kreisen) und die enorme Bedeutung des internationalen Handels unterstützten dabei den Veränderungsprozess der rechtlichen Regelungen. Einen wichtigen Beitrag zu dieser Entwicklung leistete die Verbreitung der Presse und das wachsende politische Gewicht der Bevölkerungen. Die Wirtschaftspolitik versuchte dabei überall, die Wirtschaftsinteressen und den Verbraucherschutz, die Anforderungen des Handels und die Interessen von Verbrauchern und Beschäftigten, die Handelsfreiheit und die Marktordnung miteinander zu verbinden. Diskutiert wurde überall das Problem der Vertragsfreiheit, auch wenn die Debatte Lücken aufwies und in allen Fällen stark von den Logiken älterer Regelungen geprägt wurde (Gleichheit der Vertragsparteien vor dem Vertrag und vor dem Gesetz).

Anders als früher waren sich aber die wirtschaftlichen Akteure und die politisch Verantwortlichen nun bewusst, dass der Markt nur eine unzureichende Verbreitung der Information garantierte. Deshalb wurde die Wettbewerbsdisziplin an der Wende zum 20. Jahrhundert überall um ein neues Kapitel ergänzt: die Bekanntgabe der Produktinformation. Auf diese Weise setzte sich die institutionelle Vorstellung eines Marktes durch, der nicht länger „perfekt“ erscheint: Bei der Verbreitung der Informationen über die Produkteigenschaft muss nachgeholfen werden, um die von den Verbrauchern neu aufgeworfenen Fragen zu beantworten. Diese neoliberale Reformantwort, welche „die Mängel des Marktes“ zu beheben suchte, zielte insbesondere auch darauf ab, eine radikalere, sozialistische Kritik zu vereiteln: Der Markt sollte korrigiert, aber nicht abgeschafft werden. Die heutigen Theorien über die Informationsasymmetrien und die zunehmenden Regelungen zu einer Etikettierung der Lebensmittel bestätigen die Kraft und die Beharrlichkeit dieser an der Wende zum 20. Jahrhundert durchgesetzten Innovation.

Vor diesem Hintergrund muss aber auch der Widerspruch zwischen Vertragsfreiheit und Reglementierung sowohl zeitlich als auch räumlich nuanciert werden. Das Frankreich des Ancien Regime war kein Königreich der Reglementierung im Gegensatz zum freien Vertragsrecht und, davon ausgehend, einer vorgängigen Qualifizierung der Produkte im Gegensatz zu einer, die bei der Vertragsleistung stattfand: Beide Elemente existierten bereits im 18. Jahrhundert nebeneinander. Auch in den deutschen Staaten gab es ein vergleichbares System, während in Großbritannien (nimmt man einige Lebensmittel aus) eine gesetzlich geregelte Definition fehlte. Die erste Hälfte des 20. Jahrhunderts verkomplizierte das Bild noch einmal: In Frankreich verschwanden die korporativen Regelungen und die Objektqualifizierungen konnten nun vor und nach Vertragsabschluss zustande kommen. Diese offensichtliche Deregulierung wurde begleitet von der Anerkennung des freien Vertragswillens, der allerdings stets durch öffentliche Regelungen eingeschränkt blieb. Die Sorgen im Bereich des Handelsbetruges zeugen allerdings von der Brüchigkeit dieser Lösung. Dies ähnelte wiederum in Teilen der Konstellation in Großbritannien, wo die grundsätzliche Anerkennung der Vertragsfreiheit nicht den Aufschwung einer Rechtsprechung verhinderte, die den Betrug im Handel und anschließend die Verfälschungen von Nahrungsmitteln immer mehr in ihren Fokus rückte. Das vermeintlich so „liberale“ Großbritannien war dann auch das erste große Land, das ein Gesetz gegen Nahrungsmittelbetrug erhielt – lange vor Frankreich und den USA.

Aus dem Französischen übersetzt von Martin Krechting

Literatur

Accum, Frederick. 1820. *Treatise on adulterations of food and culinary poisons*. London: Longman, Hurst, Rees, Orme and Brown.

Atiyah, Patrick S. 1979. *The rise and fall of freedom of contract*. Oxford: Clarendon Press.

Atiyah, Patrick S. 1985. Contract and fair exchange. *The University of Toronto law Journal* 35 (1): 1–24.

Atkins, Peter J. 2000. The pasteurisation of England: The science, culture and health implications of milk processing, 1900–1950. In *Food, science, policy and regulation in the 20th century,* Hrsg. David F. Smith und Jim Phillips, 37–51. London: Routledge.

Atkins, Peter. 2005. *Food in society: Economy, culture, geography*. London: Arnold.

Atkins, Peter J. 2007. ‚A Tale of Two Cities': A Comparison of Food Supply in London and Paris in the, 1850s. In *Food and the city in Europe since 1800,* Hrsg. Peter J. Atkins, Peter Lummel, und Derek J. Oddy, 25–38. Aldershot: Ashgate.

Burnett, John. 1999. *Liquid pleasures*. London: Routledge.

Chambre des députés, séance du 16 juin 1894. *Journal Officiel du 17 juin 1894,* 1029 ff.

Chambre des députés, séance du 24 novembre 1904. *Journal Officiel du 25 novembre 1904,* 2625–2634.

Chatriot, Alain, Marie-Emmanuelle Chessel, und Matthew Hilton, Hrsg. 2005. *Au nom du consommateur. Consommation et politique en Europe et aux États-Unis au XXe siècle*. Paris: La découverte.

Chessel, Marie-Emmanuelle. 2002. From America to Europe: Educating consumers. *Contemporary European history* 11 (1): 165–175.

Cohen, Elizabeth. 2003. *A consumers' republic: the politics of mass consumption in postwar America*. New York: A. Knopf.

Comité consultatif d'hygiène publique, Hrsg. 1877. *Rapport de Bussy.*Recueil des travaux du Comité consultatif d'hygiène publique, Bd. VII. Melun: Imprimerie Administrative.

Comité consultatif d'hygiène publique, Hrsg. 1881. *Recueil des travaux du Comité consultatif d'hygiène publique,* Bd. X. Melun: Imprimerie Administrative.

Comité consultatif d'hygiène publique, Hrsg. 1887. *Recueil des travaux du Comité consultatif d'hygiène publique,* Bd. XVI. Melun: Imprimerie Administrative.

Cour de Cassation. 1. Juli 1859. *Dalloz* 59 (1):336.

Crossick, Geoffrey, und Heinz-Gerhard Haupt. 1995. *The petite bourgeoisie in Europe, 1780–1914: Enterprise, family and independence*. London: Routledge.

De Grazia, Victoria, und Ellen Furlough, Hrsg. 1996. *The sex of things: Gender and consumption in historical perspective*. Berkeley: University of California Press.

Delamare, Nicolas. 1705–1738. *Traité de police,* Bd. 4. Paris: Cot, Brunet, Hérissant.

Dicey, Albert V. 1914. *Lectures on the Relation between Law and Public Opinion in England during the nineteenth century,* 2. Aufl. London: Macmillan.

French, Michael, und Jim Phillips. 2000. *Cheated not poisoned?* Manchester: Manchester University Press.

Friedmann, W. 1951. Changing functions of contract in the common law. *The University of Toronto Law Journal* 9 (1): 15–41.

Furlough, Ellen, und Carl Strikwerda, Hrsg. 1999. *Consumers against Capitalism? Consumer Cooperation in Europe, North America, and Japan, 1840–1990*. London: Lanham, Rowman & Littlefield Publishers.

Grenier, Jean-Yves. 1996. *L'économie d'Ancien Régime. Un monde de l'échange et de l'incertitude*. Paris: Albin Michel.

Gurney, Peter. 1996. *Co-operative culture and the politics of consumption in England, 1870–1930*. Manchester: Manchester University Press.

Halpérin, Jean-Louis. 2001. Quelle histoire pour le droit des consommateurs? *Zeitschrift für Neuere Rechtsgeschichte* 1 (2): 62–80.

Hassall, Arthur H. 1855. *Food and its adulterations, comprising the report of the analytical sanitary commission of the Lancet*. London: Longman, Brown, Green & Longmans.

Hierholzer, Vera. 2010. *Nahrung nach Norm: Regulierung von Nahrungsmittelqualität, in der Industrialisierung, 1871–1914*. Göttingen: Vandenhoeck & Ruprecht.

Hilaire-Perez, Liliane. 2000. *L'invention technique au siècle des Lumières*. Paris: Albin Michel.

Kaplan, Steven L. 1996. *Le meilleur pain du monde: les boulangers de Paris au XVIIIe siècle*. Paris: Fayard.

Latour, Bruno. 1988. *The pasteurization of France*. Cambridge: Harvard University Press.

Minard, Philippe. 1998. *La fortune du colbertisme. Etat et industrie dans la France des Lumières*. Paris: Fayard.

Paulus, Ingeborg. 1974. *The search for pure food: A sociology of legislation in Britain*. London: Robertson.

Pure food and drug Bill. 1906. *Department of agriculture, Bureau of Chemistry, Bulletin* 98:20–23.

Robé, Charles. 1902. *De la falsification des denrées alimentaires*. Paris: A. Padone éd.

Sale and food drugs Act. 1899. *Public general Acts, 1899, chapters 51; Board of agriculture, Annual report, 1900*. 4–6.

Scheuplein, Robert. 1999. History of food regulation. In *International food safety handbook,* Hrsg. Kees Van der Heijden, Maged Younes, Lawrence Fishbein, Sanford Miller, und Marcel Dekker, 647–660. New York: Marcel Dekker.

Spiekermann, Uwe. 1999. *Die Basis der Konsumgesellschaft*. München: Beck.

Stanziani, Alessandro. 2005. *Histoire de la qualité alimentaire. XIXe–XXe siècles*. Paris: Seuil.

Strasser, Susan, Charles McGovern, und Matthias Judt, Hrsg. 1998. *Getting and spending: European and American societies in the 20th century*. Cambridge: Cambridge University Press.

Teuteberg, Hans. 1994. Food adulteration and the beginnings of uniform food legislation in late 18th century Germany. In *The origins and development of food policies in Europe,* Hrsg. John Burnett und Derek J. Oddy, 146–160. London: Leicester University Press.

Trentmann, Frank, Hrsg. 2000. *Paradoxes of civil society: New perspectives on modern British and German history*. New York: Berghahn Books.

Trumbull, Gunnar. 2000. *Contested ideas of the consumer: National strategies of product market regulation in France and Germany*. San Domenico: EUI.

Trumbull, Gunnar. 2006. *Consumer capitalism*. Products markets and Firm strategies in France and Germany. Ithaka: Cornell University Press.

Vincent, Pierre-Marie. 1996. *Le droit de l'alimentation*. Paris: PUF.

Walton, John K. 1992. *Fish and chips and the British working class, 1870–1940*. Leicester: Leicester University Press.

Die Suche nach der „Normalbeschaffenheit“. Nahrungsmittelqualität im Deutschen Kaiserreich

Vera Hierholzer

Inhaltsverzeichnis

1 Einleitung: Nahrungsmittelqualität als gedankliche Abstraktion

Dass Nahrungsmittelmanipulationen „schon immer“ ein Problem waren, die Nahrungsmittelqualität sich aber mit der einsetzenden Industrialisierung im 19. Jahrhundert deutlich verschlechterte, ist ein gängiger Allgemeinplatz in der historischen Forschung (Ambrosius 2005, S. 65; Grüne 1994, S. 33; Marg 1977, S. 12; Pappe 1975, S. 106; Reusch 1986, S. 3; Tanner 2003, S. 27–52; Teuteberg 1994, S. 146–160). Die heftigen öffentlichen Diskussionen um die Nahrungsmittelqualität, die in der zweiten Hälfte des 19. Jahrhunderts in vielen aufstrebenden Industrienationen, so auch im Deutschen Reich, geführt wurden, legen diese

V. Hierholzer (✉)
Industriemuseum Osnabrück, Osnabrück, Deutschland
E-Mail: v.hierholzer@ub.uni-mainz.de

R. Salais et al. (Hrsg.), *Qualitätspolitiken und Konventionen,* Soziologie der Konventionen, https://doi.org/10.1007/978-3-658-26643-1_10

Annahme nahe: Tageszeitungen, Denkschriften, wissenschaftliche und populäre Publikationen listeten regelmäßig erschreckende Beispiele von Verfälschungen und Betrügereien auf und bezichtigten die Nahrungsmittelproduzenten der „systematische[n] Menschenvergiftung“ (Die Verfälschung 1876). Teure Inhaltsstoffe würden ständig durch bestenfalls wertlose Substanzen ersetzt, unansehnliche oder gar bereits verdorbene Nahrungsmittel durch künstliche Stoffe geschönt, verderbliche Waren durch Konservierungsmittel, deren Wirkungen noch gar nicht bekannt seien, haltbar gemacht etc. (Einige Beispiele: Bauer 1877; Bresgen 1877; Deutscher Landwirthschaftsrat 1877; Über Verfälschungen 1877).

Ob aus den zunehmenden Beschwerden auf eine tatsächliche Problemlage geschlossen werden kann, ist jedoch fraglich. Statistiken über Nahrungsmittelverfälschungen wurden erst seit den 1880er Jahren geführt,[1] sodass ein Vergleich mit der vorindustriellen Zeit nicht möglich ist, zumal in der Erhebung der Daten große Differenzen bestanden. Doch selbst wenn die Quellensituation eine andere wäre: Die zunehmende Aufdeckung und Ahndung eines Verbrechens verweist nicht zwingend auf dessen vermehrtes Auftreten, sie kann ebenso Folge einer konsequenteren und effizienteren Strafverfolgung, aber auch Indiz einer wachsenden Sensibilität sein. Die „Nahrungsmittelqualität“ ist kein absoluter und unverrückbarer, allseits gültiger Standard, sondern hängt bis heute von verschiedenen äußeren sozialökonomischen Faktoren ab, die ihrerseits zeit- und vielfach auch ortsgebunden sind. Der Wissenschaftshistoriker Eberhard Schmauderer spricht dementsprechend von der „Nahrungsmittelverfälschung“ als „mentaler Abstraktion“ (Schmauderer 1975, S. 11). Eine präzise Aussage über die Entwicklung der Nahrungsmittelqualität ist somit kaum zu treffen. Sicher festzustellen ist aber eine wachsende Aufmerksamkeit ihr gegenüber, die nicht zufällig mit der fortschreitenden Industrialisierung zusammenfiel. Die Ansprüche an die Beschaffenheit der Nahrungsmittel sowie ihre Problematisierung veränderten sich in der zweiten Hälfte des 19. Jahrhunderts merklich – so die Ausgangsthese des folgenden Beitrags.

Für den veränderten Blick auf die Nahrungsmittelqualität waren die eng mit der Industrialisierung verbundenen gesellschaftlichen und sozioökonomischen Veränderungen ausschlaggebend: Die Nahrung erhielt im Laufe des 19. Jahrhunderts einen anderen Stellenwert als in den Jahrhunderten zuvor. Die zumindest quantitative Verbesserung der Ernährungssituation und die langfristige Beseitigung der Hungerkrisen ließen das Qualitätsbewusstsein zunehmen. Das breitere Angebot

[1]In der Statistik des Deutschen Reichs tauchen Nahrungsmittelverfälschungen ab 1882 als eigenständige Straftat auf: Statistik des Deutschen Reichs, N.F., Kriminalstatistik, bearbeitet im Reichs-Justizamt und im Kaiserlichen Statistischen Amt.

erlaubte eine größere Auswahl, die Ansprüche wuchsen zumindest in den mittleren und oberen Schichten (Teuteberg und Wiegelmann 1972). Hinzu kam der strukturelle Wandel der Nahrungsmittelversorgung: Die schwindende Bedeutung der Subsistenzwirtschaft, die zunehmende Arbeitsteilung und die damit länger werdende Verteilungskette im Nahrungsmittelmarkt erschwerten die Kontrolle der Waren für den Endverbraucher (Rossfeld 2009, S. 32). Die asymmetrischen Informationsverhältnisse zwischen Konsumenten und Produzenten wuchsen um ein Vielfaches an und wurden nun überdeutlich wahrgenommen. Die Nahrungsmittel entwickelten sich zu „Erfahrungsgütern" oder gar „Vertrauensgütern", deren Eigenschaften sich vielfach erst nach ihrem Verzehr bzw. gar nicht verifizieren ließen (Engel 1999, S. 14; Tietzel und Weber 1990, S. 9). Verfälschungen und Täuschungen, also opportunistische Ausnutzungen des Informationsvorsprungs der Produzenten und Händler, wurden zumindest aus Sicht der Konsumenten wahrscheinlicher, insbesondere weil gleichzeitig die Produktion immer mehr technisiert, verwissenschaftlicht und damit intransparenter wurde: Während die Nahrungsmittelverfälschungen in früheren Jahrzehnten „handgreiflich und leicht erkennbar, von einer [...] naiven Urwüchsigkeit" gewesen seien, ermögliche „die mit den Fortschritten der Naturwissenschaften Schritt haltende industrielle Entwickelung [...] ein Raffinement in allen betrügerischen Manipulationen [...], welches früheren Zeiten unbekannt war", so die verbreitete Meinung (Klencke 1858, S. X). Zahlreiche neue Inhalts- und Zusatzstoffe wurden verwendet und ganz neue Produkte, wie z. B. der Brühwürfel und die Margarine, entwickelt, die mit vormodernen Vorstellungen von Qualität kaum mehr zu greifen waren (Strahlmann 1976, S. 198–204).

Dies verweist zugleich auf die Bedeutung, die die wissenschaftliche Entwicklung für die Bewertung der Nahrungsmittelqualität besaß: Die verbreitete Kritik am Zustand des Nahrungsmittelmarktes basierte nicht zuletzt auf der sich etablierenden Ernährungsforschung. In einem engen Zusammenspiel verschiedener Disziplinen wurde das Wissen über die menschliche Ernährung und die Nahrungsmittel im Laufe des 19. Jahrhunderts auf vollkommen neue Grundlagen gestellt. Im Rahmen der Erforschung des menschlichen Stoffwechsels galt der qualitativen Zusammensetzung der Nahrung besonderes Interesse; die Nahrungsmittel wurden immer mehr als „Summe bestimmter Stoffe" verstanden (Spiekermann 1998, S. 199). Dadurch wurde die Unterscheidung zwischen „verfälschten" und „normalen" Waren auf eine neue Ebene gehoben. Verfälschungen und ihre Folgen für die Gesundheit waren nun präziser zu analysieren, auch kleinste physiologische Wertminderungen wurden nachweisbar. Jahrhunderte lang hatten Nahrungsmittel nur mithilfe einfacher Analysen und sinnlicher Untersuchungen überprüft werden können, nun standen differenzierte Methoden zur Verfügung (Mannes 1977, S. 7–73). Aus Sicht der Naturwissenschaften war

Qualität nun objektiv messbar, Grenzzahlen und Kennziffern wurden zum Schlüssel der Nahrungsmittelbeurteilung (Tanner 2001, S. 193 f.; Spiekermann 1998, S. 199; vgl. auch Fleck 1999).

Die Wissenschaftler waren bemüht, ihre Forschungen zu popularisieren, denn so konnten sie deren Notwendigkeit und Anwendungsmöglichkeiten unter Beweis stellen. Auf diese Weise sensibilisierten sie die Öffentlichkeit; der wachsende Wissensbestand und die zunehmenden Entscheidungspotenziale der modernen Gesellschaft förderten nicht nur das Gefühl der „Machbarkeit" der Welt, sondern auch das Risikobewusstsein (Luhmann 1991; Bonß 1995, S. 222). In zahllosen wissenschaftlichen Publikationen, populären Handbüchern, Denkschriften und Zeitungsartikeln prangerten Fachleute die aus ihrer Sicht haltlosen Bedingungen in der Nahrungsmittelversorgung an. Teilweise seien die Verbraucher schon derart an Manipulationen gewöhnt, dass sie diese nicht einmal mehr bemerkten, da sie gar nicht wüssten, wie die betreffenden Nahrungsmittel im „normalen" Zustand schmeckten (Zur Verfälschung 1877). Den Konsumenten wurde vielfach aber auch eine Mitschuld an der Misere gegeben – insbesondere durch ihre Nachfrage nach möglichst billigen Nahrungsmitteln, aber auch durch irrationale Geschmacksvorlieben würden sie Manipulationen geradezu provozieren. Die Verbraucherwünsche waren in dieser Sicht eine wichtige Komponente der geltenden Qualitätsmaßstäbe (Vogel 1873, S. 127; Walchner 1875, S. 106).

Eine Vielzahl von Faktoren und eine wachsende Zahl von Akteuren prägten somit das Verständnis von Nahrungsmittelqualität. Diese verschiedenen Wahrnehmungen nimmt der folgende Beitrag in den Blick; er interessiert sich weniger für die eben nicht nachprüfbare „tatsächliche" Nahrungsmittelqualität, als für deren gesellschaftliche Konstruktion und vor allem die Konsequenzen, die sich daraus für den Umgang mit den Nahrungsmitteln ergaben. Am Beispiel des Deutschen Reichs untersucht er die vielfach konkurrierenden Versuche verschiedener Akteure, einen operationalisierbaren Begriff von Nahrungsmittelqualität festzulegen und in verbindliche Regelungen für den zunehmend kommerzialisierten und industrialisierten Nahrungsmittelverkehr zu überführen.

2 Antizipation der Zukunft: Staatliche Regulierungen

Recht einhellig wurde in den öffentlichen Debatten um die Nahrungsmittelqualität im Deutschen Kaiserreich die Meinung vertreten, dass die staatliche Nahrungsmittelkontrolle unzureichend war, da sie auf die vormodernen Gegebenheiten, nicht aber die Bedingungen der industrialisierten Nahrungsmittelproduktion abgestimmt sei (z. B. Kritik der Strafbestimmungen 1877/1878; S. 195–198; Bresgen 1877, S. 4; Löbner 1878, S. 48 f.). Tatsächlich hatten die Regelungen vorwiegend einen reaktiven Charakter und waren einseitig auf auffällige, toxische Veränderungen ausgerichtet. Zudem war die Nahrungsmittelüberwachung zur Zeit der Reichsgründung in den einzelnen deutschen Staaten sehr unterschiedlich geregelt; es bestand eine unüberschaubare Fülle territorialer und städtischer Gesetze, Verordnungen sowie Verwaltungs- und Polizeiverfügungen, die auch durch das Reichsstrafgesetzbuch von 1871 nur lose eingerahmt wurden – ein Umstand, der durch den im Gefolge der Industrialisierung stark anwachsenden grenzüberschreitenden Warenverkehr zunehmend zum Problem wurde (Ellerbrock 1987, S. 127–188).[2] Dementsprechend wurden dringliche Forderungen nach einer reichseinheitlichen Nahrungsmittelregulierung laut (einige Beispiele: Bauer 1877; Bresgen 1877; Zur Verfälschung 1877), die ab Mitte der 1870er Jahre auch im Reichstag diskutiert wurden.

Die inkonsistente, sich ständig verschiebende Bewertung der Nahrungsmittelqualität wurde in diesen Debatten zu einem Hauptdiskussionspunkt. Unvorhersehbare Konstellationen zu regeln war an sich kein Novum in der Gesetzgebung. Neu war aber die enge Verknüpfung des Regelungsgegenstandes mit dem technischen und wissenschaftlichen Fortschritt, die sich mit den überkommenen staatlichen Instrumentarien nicht mehr fassen ließ. Künftige Innovationen und auch die langfristigen Folgen schon angewandter Produktionsverfahren und Stoffe waren nicht einschätzbar, ebenso wenig wie Verschiebungen in der Bewertung und Akzeptanz einzelner Nahrungsmittel (Pitschas 2000, S. 74 ff.).

Um diesen Umstand wenigstens abzumildern und der wachsenden Bedeutung der Wissenschaft für die Beurteilung der Nahrungsmittel gerecht zu werden, wurde systematisch wissenschaftlicher Sachverstand in die Entscheidungsprozesse um die Nahrungsmittelgesetzgebung einbezogen. Das neugeschaffene Kaiserliche Gesundheitsamt (Hüntelmann 2008) als dauerhaftes wissenschaftliches Beratungsorgan und eine eigens gebildete Sachverständigenkommission, in der Wissenschaftler dominierend waren, übernahmen zentrale Rollen in der Aushandlung des ersten reichseinheitlichen Nahrungsmittelgesetzes von 1879. Auf der Basis einer umfangreichen Erhebung zur aktuellen Situation der Nahrungsmittelversorgung arbeiteten sie grundlegende Prinzipien der Regulierung aus, die 1876 in einen ersten Gesetzentwurf überführt wurden.[3]

---

[2]Stenographische Berichte über die Verhandlungen des Deutschen Reichstages, 3. Leg., 2. Sess., 1878, 3. Anlagenbd., Nr. 98, Anlage B: 801–830.

[3]Bundesarchiv Berlin, R 86/2070 (Acta, betreffend Protokolle der Kommission zur Berathung eines als technische Unterlage geeigneten Entwurfs zum Nahrungsmittelgesetz).

Doch diese Erweiterung der staatlichen Wissensbasis behob das Problem, vor das die Gesetzgebung gestellt war, nur teilweise. Das Gesetz selbst musste der Dynamik der zu regelnden Materie Rechnung tragen, darüber waren sich die Beteiligten einig; die Art und Weise, in der dies geschehen sollte, war allerdings umstritten. Der Gesetzentwurf der Sachverständigen schlug vor, im Gesetz die Möglichkeit zu ergänzenden Verordnungen zu verankern, die – vorbereitet durch das Gesundheitsamt – Bestimmungen für einzelne Nahrungsmittel festlegen sollten. Diese sollten als kasuistische und detaillierte Regelungen prekärer Sachverhalte das Gesetz flexibel halten und als kurzfristige und ihrerseits schnell wieder zu überarbeitende Korrekturmöglichkeiten für spätere Wissenszugewinne dienen. Im Reichstag stieß das Konzept aber auf Widerstand: Insbesondere konservative Abgeordnete wollten die Materie aufgrund ihrer essentiellen Bedeutung für die gesamte Bevölkerung im Gesetz selbst geregelt sehen. Im Fall noch nicht ausreichend erforschter Sachverhalte sollte lieber ganz auf eine Regelung verzichtet werden; Provisorien oder ungenaue Bestimmungen wurden dabei als unnötige Belastung für die Wirtschaft angesehen.[4] Zwar konnten sich die Befürworter der Verordnungen schließlich durchsetzen, die Bedenken fanden aber durchaus ihren Niederschlag: Das Verordnungsrecht wurde auf verbietende Vorschriften beschränkt und eine Genehmigung durch den Reichstag sowie eine Billigung durch den Bundesrat wurden zwingend, um auf diese Weise eine gründliche Prüfung und eine weitreichende Berücksichtigung der territorialen Gegebenheiten zu gewährleisten.

Ein weiteres Mittel, das Nahrungsmittelgesetz anpassungsfähig gegenüber künftigen Entwicklungen zu halten, waren unbestimmte Rechtsbegriffe, deren Auslegung der Rechtsprechung überlassen blieb (Spiecker Döhmann 2000, S. 20). Auch im Technikrecht wurden unbestimmte Rechtsbegriffe ganz bewusst gewählt, um das Recht anschlussfähig an neue wissenschaftliche und technische Entwicklungen und sich verändernde Bewertungsmaßstäbe zu halten (Marburger 1979, Kap. 3). An die Stelle einer generellen Norm wurde die auf den konkreten Einzelfall bezogene Entscheidung gesetzt, die Rechtsfindung wurde aus dem Gesetz ausgelagert und an individuelle, situationsbezogene Entscheidungskriterien gebunden (Ossenbühl 2000, S. 25). Dies war jedoch nicht unumstritten, insbesondere der Begriff der „Verfälschung" wurde heftig diskutiert. In der ersten Vorlage der Sachverständigenkommission wurde diese Tathandlung noch recht klar definiert: Unter der Verfälschung eines Nahrungsmittels wurde das Zusetzen

[4] S. z. B. Stenographische Berichte, 3. Leg., 2. Sess., 1878, Bd. 1, S. 624.

oder Entnehmen von Stoffen, das eine Verschlechterung seiner Beschaffenheit zur Folge hatte oder diesem den Schein einer besseren Beschaffenheit verlieh, gefasst.[5] Diese Formulierung erschien der Kommission anschlussfähig für die fortschreitende wissenschaftliche Entwicklung. Sie ging dabei von einer empirisch zu ermittelnden, ständig zu aktualisierenden „normalen" Beschaffenheit der Nahrungsmittel aus. Eine Zeit lang war auch von der „natürlichen" Beschaffenheit die Rede, dieser Begriff wurde aber fallengelassen, wohl auch, weil er angesichts der zunehmend industrialisierten Produktion paradox wirkte.

Fraglich war nur, wer diese Normalbeschaffenheit wo festschreiben sollte. Vorerst taten dies die informellen, von den Sachverständigen zusammengestellten, sog. technischen Materialien zum Gesetzentwurf, die akribisch Kriterien für die Einstufung von Nahrungsmitteln als verfälscht oder unverfälscht auflisteten. Ob daraus gesetzliche Definitionen für einzelne Nahrungsmittel abzuleiten waren, war in den Reichstagsdebatten hoch umstritten. Der in den Aushandlungsprozessen um die Nahrungsmittelregulierung allzeit präsente Konflikt zwischen den Befürwortern eines möglichst weitreichenden Verbraucherschutzes und den Verfechtern einer nur minimalen, auf die Selbstregulierung des Marktes vertrauenden, staatlichen Steuerung schlug sich in dieser Frage besonders deutlich nieder. Doch selbst unter den liberalen Abgeordneten bestand nicht zwangsläufig Einigkeit darüber, ob exakte Definitionen eher eine Behinderung der wirtschaftlichen Entwicklung und des freien Warenverkehrs darstellten oder ob erst sie die notwendige Rechtssicherheit mit sich brachten.[6]

Als Kompromiss wurde in den hitzigen Debatten vorgeschlagen, Nahrungsmittel nur dann als verfälscht anzusehen, wenn ihre Herstellung und Beschaffenheit nicht den bestehenden Handels- und Geschäftsgebräuchen entsprachen.[7] Nicht wissenschaftliche, sondern wirtschaftliche Maßstäbe sollten somit ausschlaggebende Richtlinien für die Beurteilung der Nahrungsmittel sein – das Bemühen, eine ausschließliche Definitionsmacht der Wissenschaft zu verhindern und die aus der Sachverständigenkommission ausgeschlossene Wirtschaft als gleichberechtigten Akteur in die Aushandlungsprozesse einzubringen, wird hier überdeutlich. Die Aufnahme der Handelsbräuche in das Gesetz stieß aber auch bei Abgeordneten auf Bedenken, die sonst durchaus für eine Schonung

[5]Bundesarchiv, R 86/2070.

[6]So z. B. Stenographische Berichte, 4. Leg., 2. Sess., 1879, Bd. 1, S. 796.

[7]So einige Anträge von liberalen Abgeordneten sowie der Vorschlag der ersten, zur Beratung des Gesetzes eingesetzten Reichstagskommission, Stenographische Berichte, 3. Leg., 2. Sess., 1878, Bd. 1, S. 635.

der Wirtschaft eintraten. Man befürchtete, dass dies einer Sanktionierung von zweifelhaften Gewohnheiten gleich komme. Angesichts der zahlreichen, regional variierenden und vielfach auch widersprüchlichen Handelsbräuche erschien die Regelung zudem wenig praktikabel.[8] Die Anträge hatten so letztlich keinen Erfolg; man entschied sich schließlich dafür, die Frage, woran die Qualität eines Nahrungsmittels zu messen war, ganz offen zu lassen; auch die von der Sachverständigenkommission vorgeschlagene Formulierung wurde gestrichen, das Gesetz sprach nur abstrakt von „Verfälschung" und „Nachahmung". Es legte mithin nur die Tatbestände und die Strafmaße fest und steckte einen groben Rahmen für die Nahrungsmittelüberwachung ab; die inhaltliche Ausfüllung blieb späteren Verordnungen und der Rechtsprechung überlassen.

Das implizite Versprechen der Konkretisierung wurde jedoch nicht konsequent eingelöst: Insbesondere die Rechtsprechung stand immer wieder in der Kritik, da sie ihrer Aufgabe, allmählich einen Konsens darüber zu etablieren, welche Kriterien für die Beurteilung der einzelnen Nahrungsmittel entscheidend sein sollten, nicht nachkam. Die Urteile wurden als uneinheitlich und inkonsistent empfunden, die Richter aufgrund der komplexer werdenden Materie als zunehmend abhängig von wissenschaftlichen Gutachten erlebt (Abel 1911, S. 449–466). Diese fielen aber ihrerseits, so jedenfalls die Klagen insbesondere der Wirtschaft,[9] sehr unterschiedlich aus, da einheitliche Vorgaben durch die sukzessive Etablierung eines Katalogs von Qualitätsdefinitionen auf dem Verordnungsweg ausblieben. Es wurden nur einige wenige Verordnungen zu sehr speziellen Regelungsgegenständen erlassen[10] – zu kompliziert und langwierig war das vorgesehene Verfahren.

Wohl aber wurden einige Sondergesetze zu einzelnen Nahrungsmitteln verabschiedet, die den bei den Reichstagsverhandlungen verfolgten Vorstellungen deutlich näher kamen. Auffällig ist, dass ein Großteil der Gesetze auf die Agitation der Landwirtschaft gegen konkurrierende Industrieprodukte zurückging. In die

[8]Stenographische Berichte, 4. Leg., 2. Sess., 1879, Bd. 2, S. 873 f.

[9]S. z. B. Eingabe des Bunds Deutscher Nahrungsmittel-Fabrikanten und -Händler an den Reichstag, Nürnberg, 27. April 1908, Bundesarchiv, R 86/5412; Eingabe des Verbands der Nahrungsmittel-Interessenten an das Reichsamt des Innern, Leipzig/Hamburg/Magdeburg im Oktober 1910, Geheimes Staatsarchiv, I. HA, Rep. 84 A, Nr. 2442.

[10]Kaiserliche Verordnung über das gewerbsmäßige Verkaufen und Feilhalten von Petroleum vom 24. Februar 1882. *Reichsgesetzblatt* 1882, S. 40 f.; Verordnung, betr. die Verwendung giftiger Farben vom 1. Mai 1882. *Reichsgesetzblatt* 1882, S. 55 f.; Kaiserliche Verordnung, betr. das Verbot von Maschinen zur Herstellung künstlicher Kaffeebohnen vom 1. Februar 1891. *Reichsgesetzblatt* 1891, S. 11; Kaiserliche Verordnung, betr. den Verkehr mit Essigsäure vom 14. Juli 1908. *Reichsgesetzblatt* 1908, S. 475–477.

Aushandlungsprozesse um die Nahrungsmittelregulierung mischte sich somit der Konflikt um die Transformation der überkommenen agrarisch geprägten Gesellschaft zur modernen Industrienation, wie am Beispiel der Auseinandersetzungen um die Margarinegesetze deutlich zu sehen ist: Die in 1869 in Frankreich entwickelte Margarine, deren Produktion seit den 1880er Jahren einen steilen Aufschwung erfuhr, war den krisengebeutelten Landwirten von Beginn an ein Dorn im Auge – aus ihrer Sicht war der Erfolg der Margarine ein entscheidender Faktor für den Preisverfall der Butter; sie unterschieden nicht zwischen Erzeugnissen, die im offenen Wettbewerb mit der Butter standen, und solchen, die fälschlich als Naturbutter ausgegeben wurden.[11] Gezielte Agitationskampagnen, die das Misstrauen gegenüber Industrie- und Kunstprodukten mit Gerüchten über angeblich unhygienische Zustände bei der Margarineproduktion schürten, wurden lanciert.[12] Vor allem aber nutzte die Landwirtschaft ihren politischen Einfluss, um unter dem Vorwand des Verbraucherschutzes gesetzliche Regelungen des Butter- und Margarineverkehrs durchzusetzen und sich auf diese Weise der missliebigen Konkurrenz zu entledigen. Nach heftigen Diskussionen im Reichstag wurde 1887 ein erstes Margarinegesetz erlassen, das – als es aus Sicht der Landwirtschaft noch nicht den gewünschten Erfolg zeigte – 1897 durch ein verschärftes zweites Gesetz ersetzt wurde.[13] Die Gesetze unterwarfen Margarinefabrikation und -verkauf restriktiven Einschränkungen: neben der offiziellen, vom Grundstoff Oleomargarin abgeleiteten Bezeichnung „Margarine“ für alle Kunstbutterprodukte, wurden Grenzwerte für den Milchfett-, Wasser- und Salzgehalt sowie ein Verbot der Mischung von Butter mit Margarine festgeschrieben. Ebenfalls durchsetzen konnten sich rigorose Kennzeichnungsvorschriften. Daneben wurde die Verpflichtung zu einer sogenannten „latenten Färbung“, d. h. mit einem Stoff, der durch Zusetzen einer Kontrollsubstanz sichtbar wurde, eingeführt. Margarinefabriken mussten bei der örtlichen Polizeibehörde angemeldet werden und waren zu umfangreichen Auskünften verpflichtet.

Doch hatten die Regelungen nicht den von der Landwirtschaft erwarteten, sondern eher einen gegenteiligen Effekt: Die Margarineproduktion ging keineswegs zurück; sie erfuhr in den Folgejahren vielmehr einen weiteren Aufschwung,

[11]Eine knappe Zusammenfassung der Debatten innerhalb und außerhalb des Reichstags um die beiden Gesetze findet sich in Pelzer und Reith (2001, S. 24–28).

[12]Stenographische Berichte, 9. Leg., 4. Sess., 1895/1897, 1. Bd., S. 272.

[13]Gesetz, betreffend den Verkehr mit Ersatzmitteln für Butter vom 12. Juli 1887. *Reichsgesetzblatt* 1887, S. 375 f.; Gesetz, betreffend den Verkehr mit Butter, Käse, Schmalz und deren Ersatzmitteln, vom 15. Juni 1897. *Reichsgesetzblatt* 1897, S. 475–480.

der nicht zuletzt wohl auch durch einen, auf der strikten staatlichen Kontrolle beruhenden Imagegewinn begründet war. Die Margarineherstellung erhielt durch die strenge Überwachung und verpflichtende Kennzeichnung gewissermaßen eine staatliche Zertifizierung. Die Deklaration „Margarine“ enthalte, so ein Autor der 1920er Jahre, quasi eine Garantie für eine überprüfte einwandfreie Qualität – ähnlich der von England vorgeschriebenen Markierung deutscher Produkte mit der Bezeichnung „Made in Germany“ (Hager 1928, S. 9). Obwohl in diesem Fall nicht erwünscht, griff hier genau das Prinzip, das letztlich Ziel aller qualitätsregulierenden Bestimmungen war: Die staatlichen Kontrollinstitutionen wurden zu Vertrauensintermediären, indem sie die Informationsasymmetrien zwischen Produzenten und Verbrauchern überbrückten (Sinn 2003, S. 281–294).

Dies gelang für den übrigen Nahrungsmittelmarkt nur bedingt. Ähnlich detaillierte und systematische Vorschriften finden sich nur für einzelne andere Warenarten. Der Staat etablierte so mit dem Nahrungsmittelgesetz zwar Instrumente, die einer flexiblen und elastischen Nahrungsmittelregulierung dienen sollten, füllte das Programm jedoch nicht aus und versäumte vor allem die geplante regelmäßige Abstimmung der Regelungen auf den wissenschaftlichen und technischen Fortschritt.

3 Die Ordnung des Wissens: Wissenschaftliche Qualitätsnormierungen

Im alltäglichen Nahrungsmittelverkehr mussten deshalb andere Wege gefunden werden, um Bewertungsmaßstäbe für die Qualität der Produkte festzulegen. Es lag nahe, dass die wissenschaftlichen Experten, die schon die Aushandlungsprozesse der Gesetze maßgeblich beeinflusst hatten und die in der Überwachungspraxis tagtäglich mit dem Problem der ausbleibenden staatlichen Regelungen konfrontiert waren, eigene Ansätze zur Füllung des Qualitätsbegriffs entwickelten.

Ein wesentlicher Beitrag vonseiten der Wissenschaftler bestand zunächst einmal darin, das für die Beurteilung der Nahrungsmittel notwendige Wissen zu sammeln, zu ordnen, weiterzuentwickeln und zu verbreiten. Aufgrund der engen Wechselwirkung zwischen Theorie und Praxis war das akkumulierte Wissen für den einzelnen Wissenschaftler bald kaum noch zu überblicken. Das Kaiserliche Gesundheitsamt fasste deshalb regelmäßig die aktuellen Forschungsergebnisse zusammen und veröffentlichte sie in eigenen Schriftenreihen, Denkschriften und Merkblättern (Reichsgesundheitsamt 1926, S. 90–122). Mindestens ebenso wichtig waren die zahlreichen, durch Neuauflagen ständig aktualisierten

Fachpublikationen, die einen gemeinsamen Wissens- und Erfahrungsbestand zu etablieren suchten und damit eine gewisse Angleichung der Bewertungsmaßstäbe bewirken sollten. Einen besonderen Boom erfuhren praxisorientierte Handbücher, die schnell abrufbare Informationen für die alltägliche Arbeit boten, bewusst wissenschaftliche Diskussionen ausblendeten und in der Empfehlung der anzuwendenden Methodik pragmatische Selektionen trafen (vgl. Fleck 1999, S. 158 f.; ein zentrales Werk war König 1879/1880; weitere Beispiele: Bujard und Baier 1911; Hasterlik 1906; Elsner 1889).

Auch die seit den 1880er Jahren entstehenden Verbände der Nahrungsmittelchemie trugen zur Wissensstandardisierung und Methodenangleichung bei. Mit ihren Publikationsorganen, Jahresversammlungen, internationalen Kongressen und Weiterbildungsmaßnahmen trieben sie den Aufbau wissenschaftlicher Netzwerke voran und boten Foren für Diskussionen. So institutionalisierten sie die Wissensdiffusion und wirkten steuernd auf sie ein.[14] Dieser fachinterne Prozess hing eng mit der Popularisierung der Nahrungsmittelchemie zusammen: In populärwissenschaftlichen Publikationen (einige Beispiele: Griessmayer 1880; Wittstein 1878) wie auch in der Ratgeberliteratur für Hausfrauen spielte die Identifikation von Verfälschungen eine zentrale Rolle (Morgenstern 1902; Ruß 1868). Ausstellungen wie die seit 1883 veranstaltete „Allgemeine Deutsche Ausstellung für Hygiene und Rettungswesen" oder die „Internationale Ausstellung für Körperliche Erziehung, Gesundheitspflege und Sport" und nicht zuletzt die berühmte „Internationale Hygieneausstellung" in Dresden 1911, die wissenschaftliche Fortschritte demonstrierten, die Instrumentarien der Nahrungsmittelüberwachung veranschaulichten und Hilfestellungen für das Erkennen verfälschter oder verdorbener Nahrungsmittel anboten, legten auch für Laien die Grundlagen der Nahrungsmittelbewertung offen.

Hier wie auch in den fachwissenschaftlichen Publikationen rückte der Begriff der „Normalbeschaffenheit", der bereits in den Debatten um das Nahrungsmittelgesetz eine wichtige Rolle gespielt hatte, immer mehr ins Zentrum. In vielen Veröffentlichungen war die Normalbeschaffenheit der Ausgangspunkt der Nahrungsmittelbeurteilung, an ihr hatten sich alle Einstufungen zu orientieren; Abweichungen deuteten auf Manipulationen oder Verderbnis hin. Damit schlossen sich die Nahrungsmittelchemiker dem auch auf anderen Gebieten zu beobachtenden Trend zur „Vernormung" an: In der Medizin war die „Normalität" bereits um die

[14] Zu nennen sind insbesondere die „Freie Vereinigung bayerischer Vertreter der angewandten Chemie" und der „Verband selbständiger öffentlicher Chemiker"; vgl. allgemein dazu von Gizycki (1976, S. 95 f., 130 f.).

Jahrhundertmitte ein zentraler Begriff. Exakte Messungen und auf diesen basierende Durchschnittswerte schieden Pathologisches und Normales (Hess 1999, S. 266–280). Neben dieser statistischen Ermittlung von Normalwerten wurden aktiv Normen festgelegt; insbesondere im Bereich der Technik ist in der zweiten Jahrhunderthälfte ein frappantes Wachstum an Standardisierungen festzustellen, die in Regelwerken zusammengefasst wurden (Vec 2006, S. 345 f.). Der Terminus der „Normalbeschaffenheit" der Nahrungsmittel fügte sich hier nahtlos ein. Er suggerierte eine objektive, jederzeit nachprüfbare Beurteilung der Nahrungsmittel und reduzierte die komplexe Bewertung eines Nahrungsmittels letztlich auf die Optionen normal/anormal (Luhmann 1990, S. 173–175, 194–209). Indem die verschiedenen Medien die Kriterien der Normalbeschaffenheit veröffentlichten, ließen sie die Beurteilungsprozesse transparent erscheinen und eröffneten zumindest scheinbar jedermann die Möglichkeit zur Mitsprache und Beteiligung (Giddens 1997, S. 107 ff.). Gleichzeitig prägten sie die Vorstellung vom „normalen" Nahrungsmittel und lenkten so die Beurteilung der Nahrungsmittel; das Fehlen verbindlicher Standards wurde durch sie bis zu einem gewissen Grad kompensiert.

Auch in den Festsetzungen für die Nahrungsmitteluntersuchung und -beurteilung, welche Fachverbände der Nahrungsmittelchemie ab Ende der 1880er Jahre verabschiedeten, war die Definition der „normalen Beschaffenheit" der einzelnen Nahrungsmittel ein Dreh- und Angelpunkt. Mehrere Verbände stellten Regelwerke auf, die die Methodik und Beurteilungskriterien in der Nahrungsmittelüberwachung vereinheitlichen sollten und zu diesem Zweck aus der Vielfalt der Lehren und Meinungen des Faches einen gemeinsamen Konsens destillierten. Maßgeblich wurden die Standards der seit 1883 bestehenden „Freien Vereinigung bayerischer Vertreter der angewandten Chemie", die 1902 in der reichsweiten „Freien Vereinigung deutscher Nahrungsmittelchemiker" (später „Verein Deutsche Nahrungsmittelchemiker") aufging. Seit der Gründungsversammlung wurde intern über einheitliche Untersuchungsvorgaben beraten, die 1887 als „Vereinbarungen betreffs der Untersuchung und Beurteilung von Nahrungs- und Genussmitteln sowie Gebrauchsgegenständen" im Plenum verabschiedet und anschließend veröffentlicht wurden (Hilger 1885). Bewusst wurden sie aber nicht als fixe Normen, sondern als Ausgangspunkt eines fortdauernden Aushandlungsprozesses verstanden. Diese Anpassungsfähigkeit, durch die sie sich von den staatlichen Regelungen unterschieden, war ein Grund dafür, dass sie zu immer selbstverständlicheren Grundlagen der täglichen Überwachungspraxis wurden. In kürzester Zeit entwickelten die Vereinbarungen sich zu quasi-autoritativen Richtlinien für die Fachkollegen, aber auch zu Orientierungspunkten für die Gerichte und Behörden sowie für die Wirtschaft. Ohne dass dies von staatlicher Seite bewusst gesteuert wurde, füllten sie so den abstrakten Qualitätsbegriff und damit das Nahrungsmittelgesetz aus und übernahmen de facto die

Funktion, die die Rechtsprechung und staatlichen Verordnungen nicht zu leisten imstande waren. Dieser Prozess setzte sich dadurch fort, dass der Staat die Richtlinien in den 1890er Jahren aufgriff und in einen amtlichen Rahmen überführte, indem das Gesundheitsamt an der Neuauflage der Vereinbarungen mitwirkte und als deren Herausgeber auftrat (König et al. 1897–1902). Eine gesetzliche Verankerung erfuhren sie trotz ständigen Drängens vonseiten der Wissenschaftler jedoch nicht.

4 Selbstverteidigung und Vertrauensbildung: Gewerbliche Qualitätsstandards

Den Nahrungsmittelproduzenten war die wachsende Bedeutung der wissenschaftlichen Standards vielfach ein Dorn im Auge, da sie nicht selten andere Vorstellungen von der Nahrungsmittelqualität hatten. Aus diesem Grund lancierten Verbände der Nahrungsmittelbranche ebenfalls Qualitätsstandards, die den Vorgaben der Wissenschaft als Korrektiv entgegengestellt wurden und gleichzeitig der aus der Passivität des Staates resultierenden Rechtsunsicherheit entgegenwirken sollten. Der Verband Deutscher Teigwarenhersteller, der kurz nach seiner Gründung 1900 Begriffsdefinitionen für Teigwaren festlegte, benannte beispielsweise klar die Vermeidung solcher Konstellationen, „dass der Teigwaren-Fabrikant in Württemberg ungestraft tun darf, was dem Teigwaren-Fabrikanten in Westfalen eine Verurteilung wegen Nahrungsmittelfälschung einträgt" als deren zentrales Ziel.[15] Seine wie auch die Normierungen anderer Branchenverbände legten deshalb klare Richtlinien für Herstellungsverfahren und Inhaltsstoffe, Hygienestandards und Deklarationspflichten fest. Teilweise wurden externe oder Verbands-Laboratorien damit beauftragt, die Mitgliedsfirmen hinsichtlich der Einhaltung der Bestimmungen zu kontrollieren. Besonders weit ging der „Verband deutscher Schokoladefabrikanten", der als nach außen sofort sichtbares Zeichen seiner Reinheitspolitik Garantiemarken für die Fabrikate verlieh, die nach seinen Bestimmungen produziert worden waren, und handfeste Sanktionen für Verstöße gegen seine Standards festlegte (Hierholzer 2007, S. 80–106).

Häufig, so zeigt z. B. das Vorgehen des Teigwarenverbands, stellten wirtschaftliche Qualitätsabsprachen keine genuin neuen Normsetzungen dar; sie griffen

[15]Eingabe des Verbands Deutscher Teigwaren-Fabrikanten an den Reichskanzler, Frankfurt a. M., 22. November 1903. Geheimes Staatsarchiv, I. HA, Rep. 84 A, Nr. 2440.

vielmehr schon etablierte Praktiken auf und suchten diese zu institutionalisieren – der Teigwarenverband legitimierte in seinen Festlegungen unter anderem die umstrittene, aber dennoch gängige Färbung der Teigwaren.[16] Die Integration umstrittener Herstellungsverfahren in den Kanon verbandlich genehmigter Grundsätze sollte ihre Unbedenklichkeit bekräftigen, insbesondere dann, wenn die Wissenschaftsverbände sie ablehnten. In einigen Branchen kam es aber auch durchaus zu einem gemeinsamen Vorgehen, so in den sogenannten „Heidelberger Beschlüssen" der Freien Vereinigung deutscher Nahrungsmittelchemiker und verschiedener Industrieverbände zur Obstkonservenfabrikation (Beythien 1908, S. 77–90; Protokoll und Beschlußfassung 1909). Anhand dieser wird zudem deutlich, dass die von einzelnen Verbänden gesetzten Standards innerhalb des sehr heterogenen Nahrungsmittelgewerbes keineswegs immer unangefochten blieben: Die Heidelberger Richtlinien wurden heftig angegriffen – so hielten Kritiker aus der Branche die restriktive Definition von Marmelade für unhaltbar und den bestehenden Produktionsgebräuchen entgegenstehend (Die Heidelberger Beschlüsse 1911). Besonders umstritten waren regional unterschiedlich ausgeprägte Produktionsgewohnheiten, die häufig zu regional begrenzten Qualitätsvereinbarungen führten.[17] Qualitätsstandards waren nicht zuletzt ein Mittel, unliebsame Konkurrenten vom Markt zu drängen und Marktzutrittsbarrieren zu schaffen – wie das Beispiel der Margarine bereits gezeigt hat.[18]

Den internen Konkurrenzen suchte das 1905 vom „Bund Deutscher Nahrungsmittel-Fabrikanten und -Händler" herausgegeben „Deutsche Nahrungsmittelbuch" entgegenzuwirken (Bund Deutscher Nahrungsmittel-Fabrikanten und Händler Hrsg. [1905]1909). Es verstand sich als branchenübergreifendes Kompendium von Handelsbräuchen und Richtlinien und war das Ergebnis umfassender Beratungen, an denen zahlreiche Verbände der Nahrungsmittelbranche beteiligt

[16]Ebd.; Das Färben von Eierteigwaren (1906, S. 126 f.).

[17]Innerhalb der Konservenindustrie kam es z. B. zu Auseinandersetzungen zwischen süddeutschen und insbesondere Braunschweiger Konservenfabrikanten, s. Eingabe der Handelskammer für das Herzogtum Braunschweig an die Handelskammer für Oberbayern im Juli 1907, in: Bayerisches Wirtschaftsarchiv K 1, IX B 7, I. Akt; „Verein Deutscher Konservenfabrikanten", in: *Konserven-Zeitung* 12 (1911), S. 131.

[18]Ein weiteres Beispiel ist die Mineralwasserherstellung, die gegen die künstlich hergestellten Tafelwasser vorzugehen suchte, s. Verband der Bayerischen Mineralwasser-Fabrikanten, gegründet am 18. Oktober 1909, in: Stadtarchiv Nürnberg, C 7/V, Nr. 2870.

waren. Inhaltlich und strukturell war es den wissenschaftlichen Vereinbarungen nicht unähnlich: Wie diese war auch das Nahrungsmittelbuch auf eine permanente Überarbeitung und Ergänzung ausgerichtet, um die in der staatlichen Regulierung vermisste Flexibilität und Anpassungsfähigkeit an Innovationen zu ermöglichen. Die erste Auflage des Deutschen Nahrungsmittelbuchs wurde in den Folgejahren durch Ergänzungslieferungen schrittweise aktualisiert und verbessert, bereits 1909 erschien eine deutlich überarbeitete zweite Auflage. Zwar konzentrierten sich das Buch auf ex-ante Vorgaben für die Produktion, während die wissenschaftlichen Normierungen den Standpunkt der nachträglichen Beurteilung einnahmen. Auch sein zentrales Ziel war aber die Festschreibung der „Normalbeschaffenheit“ und damit die Ausfüllung der unbestimmten Rechtsbegriffe des Nahrungsmittelgesetzes mit Hilfe von Grenzwerten und Identifikationsmerkmalen. Deren Ausgestaltung wich zwar inhaltlich vielfach von den wissenschaftlichen Vereinbarungen ab, doch sind auch Konvergenzen zu erkennen.[19] Um seine Verhandlungsbereitschaft zu dokumentieren, bemühte sich der Bund, Vertreter der Wissenschaft, der amtlichen Nahrungsmittelkontrolle und der Staatsbehörden zur Teilnahme an den Aushandlungen des Nahrungsmittelbuchs zu bewegen (Bund Deutscher Nahrungsmittel-Fabrikanten und Händler Hrsg. [1905]1909, S. 2 f.). Trotz einiger gemeinsamer Beratungen blieb es jedoch bei einer Koexistenz der wirtschaftlichen und wissenschaftlichen Regelwerke, die gegenseitige Einflussnahme beschränkte sich auf Empfehlungen aus der Position des Zaungastes. Die Behörden räumten den wissenschaftlichen Festsetzungen eindeutig einen Vorrang ein und waren gegenüber dem Nahrungsmittelbuch skeptisch. Seine amtliche Anerkennung wurde von vornherein ausgeschlossen, es blieb ein privates, auf freiwilligen Absprachen beruhendes internes Instrument der Qualitätsregulierung.[20] Dennoch erhielt es eine faktische Bedeutung in der amtlichen Nahrungsmittelkontrolle und vor allem in den weiteren Aushandlungsprozessen. Wissenschaft

[19]So schrieb das Kapitel zu Wurstwaren zum Beispiel wie die Vereinbarungen der Freien Vereinigung eine Begrenzung des Mehlzusatzes auf 2 % vor, was innerhalb der Branche nicht unumstritten war (Bund Deutscher Nahrungsmittel-Fabrikanten und Händler Hrsg. [1905]1909, S. 114, 117); zur Kritik daran s. z. B. Schreiben der Innung der Metzgermeister München an die Handels- und Gewerbekammer von Oberbayern, München, 8. Nov. 1904, in: Bayerisches Wirtschaftsarchiv, K 1, IX, B 7, I. Akt.

[20]S z. B. Schreiben des Reichsgesundheitsamtes an den Staatssekretär des Innern, Berlin, 13. November 1904, in: Bundesarchiv, R 86/2053; Schreiben des Reichskanzlers an das Kultus-, das Handels-, das Innen-, das Landwirtschafts- und das Finanzministerium, Berlin, 12. September 1907 sowie zustimmende Voten der entsprechenden Ministerien in: Geheimes Staatsarchiv, I. HA, Rep. 120 C IX 1, Nr. 3, Bd. 3, Vol. 8.

und Staat kamen immer weniger umhin, die Normsetzungen des Nahrungsmittelgewerbes zumindest zur Kenntnis zu nehmen (z. B. Fendler 1908, S. 721–732, 769–777).

Ein mindestens gleichwertiges Ziel der industrieseitigen Qualitätsfestsetzungen war es, das Vertrauen der Konsumenten zu stützen und die vielfach negative öffentliche Wahrnehmung der Handelspraktiken zu widerlegen. Die Regulierungstätigkeit gliederte sich in weitergehende Werbekampagnen ein, mit denen die Kunden von der Qualität der industriell gefertigten Waren überzeugt werden sollten. In den Werbeanzeigen der Nahrungsmittelindustrie waren Attribute wie „garantirt rein", „gut", „echt", „unübertroffene Qualität" und „fein" zentral (dazu Schlegel-Matthies 1987, S. 279–308). Verbunden wurden diese Anpreisungen mit nüchternen Produkterläuterungen, die das Informationsgefälle zwischen Produzent und Konsument zumindest scheinbar überwanden. Objektive Bewertungsinstanzen wurden als „Vertrauenswächter" (Fiedler 2001, S. 589) zum Beweis der hohen Qualität der angepriesenen Produkte herangezogen: Neben Auszeichnungen und Plaketten von Wettbewerben und Ausstellungen (dazu allgemein: Haas 2003, S. 299) wurden – entsprechend des wachsenden Einflusses der Wissenschaft – nahrungsmittelchemische Gutachten abgedruckt.[21]

Eine wachsende Anzahl von Nahrungsmittelproduzenten arbeitete regelmäßig mit Wissenschaftlern zusammen. Vielfach erteilten Unternehmen privaten, kommunalen und staatlichen Laboratorien Aufträge zur Qualitätsprüfung. Gerade größere Konzerne engagierten immer häufiger auch dauerhaft Chemiker oder richteten firmeneigene Laboratorien ein.[22] Die Unternehmen versprachen sich davon nicht zuletzt, die Beurteilungsmaßstäbe der Nahrungsmittelchemiker besser einschätzen zu können, um vorbeugend alle Produktionsweisen und Zusätze zu vermeiden, die möglicherweise von den Kollegen der amtlichen Nahrungsmittelüberwachung beanstandet werden konnten (Fincke 1934, S. 22). Zunehmend wurden die Firmenchemiker auch an der Entwicklung neuer Produkte und Herstellungsverfahren beteiligt (ebd., S. 24 f.). Die Nahrungsmittelindustrie rezipierte somit die

[21]Beispielhaft: Werbeanzeige der Firma Franz Stollwerck & Söhne in: Rheinisch Westfälisches Wirtschaftsarchiv Köln, Stollwerck-Archiv No. 1, 1667-I; Werbeanzeige der Firma B. Sprengel & Co. Hannover in: Rheinisch Westfälisches Wirtschaftsarchiv Köln, 208 No. 268 Fasz. 5.

[22]Vgl. Vertrag zwischen Aschinger's Aktiengesellschaft, Berlin, und Dr. Erich Kuliga, Charlottenburg, Berlin, 8. Januar 1913, in: Landesarchiv Berlin, A Rep. 225 No. 598; Modellvertrag zwischen der Firma Gebr. Stollwerck und einem Chemiker, in: Rheinisch Westfälisches Wirtschaftsarchiv Köln, 208 No. 270 Fasz. 8.

Prinzipien und Modelle der Ernährungswissenschaften, um dem erhöhten Interesse der Konsumenten an der eigenen Gesundheit zu begegnen. Eine Reihe von Herstellern suchte der entstehenden Nachfrage nach gesunden Nahrungsmitteln mit einer Ausdehnung und Differenzierung des Produktangebotes nachzukommen; sie nahmen „Gesundheitsprodukte“ in ihr Sortiment auf, die häufig in enger Zusammenarbeit mit Wissenschaftlern entwickelt wurden (Mollenhauer 1988, S. 44–49). Teilweise stiegen Wissenschaftler auch selbst in die Produktion ein, wie der Fleischextrakt Justus von Liebig's zeigt (Teuteberg 1990, S. 12–21).

Eine wachsende Bedeutung erhielten Werbeformen, bei denen die Konsumenten sich selbst von der Qualität der Produkte überzeugen konnten: Viele Unternehmen verteilten Produktproben, veranstalteten Degustationen und traten auf den immer zahlreicher werdenden Gewerbe- und Wissenschaftsausstellungen mit Konsumenten in direkten Kontakt, um ihnen Einblick in die hygienische Produktion zu geben und sie über die verwendeten Rohstoffe und Zutaten zu informieren (Conrad 2002, S. 196, 200 f.; Schmidt 1987, S. 111–143).[23] Nahrungsmittel gehörten neben kosmetischen Artikeln und Produkten der chemischen und pharmazeutischen Industrie insofern zu den ersten Markenartikeln.[24] Die Marken sollten Orientierungshilfen auf dem immer unübersichtlicher und anonymer werdenden Markt sein, den persönlichen Kontakt zwischen Produzenten und Kunden ersetzen und als Herstellernachweis für das Qualitätsversprechen des Anbieters stehen. Die Konsumenten erhielten durch sie die Möglichkeit, positive Erfahrungen mit einem bestimmten Produkt durch weitere Käufe zu bestätigen oder negative Erlebnisse zu sanktionieren. Dementsprechend gehörten eine langfristige Qualitätspolitik und ausgeklügelte Werbestrategien zum Konzept des Markenartikels – der gute Ruf einer Marke war ständig zu verteidigen und stand bei deutlichen Qualitätsabfällen schnell auf dem Spiel (Berghoff 2004, S. 316–319).

Das Nahrungsmittelgewerbe ergänzte mithin, so ist sein Engagement zusammenzufassen, die staatlichen und wissenschaftlichen Mindeststandards insbesondere durch die Markierung von Qualität – nicht zuletzt auch deshalb,

[23]Verschiedene Ausstellungskataloge, -ankündigungen und Werbeanzeigen in: Geheimes Staatsarchiv Preußischer Kulturbesitz Berlin, I. HA Rep. 76 VIII B, No. 4383.

[24]Unter den zwischen 1894 und 1913 beim Reichspatentamt eingetragenen 200.000 Warenzeichen machten Nahrungsmittel einen Anteil von 37 % aus. Eine der ersten Marken brachte der Schokoladenhersteller Stollwerck heraus (1870), es folgten Kaffee Hag (1892), Liebig's Fleischextrakt (1895/1896), Kathreiners Malzkaffee (1894/95) sowie 1899 der „Hellkopf“ von Dr. Oetker.

um trotz der wachsenden Informationsasymmetrien zwischen Produzenten und Konsumenten qualitätsgerechte Preise durchsetzen zu können (vgl. dazu klassisch Akerlof 1970, S. 488–500).

5 Qualitätsregulierung als Kompromiss – Fazit und Ausblick

Kurz vor dem Ersten Weltkrieg erfuhren die Diskussionen um die Nahrungsmittelqualität, die auch nach Erlass des Nahrungsmittelgesetzes von 1879 nie abgerissen waren, einen neuen Höhepunkt. Es zeichnete sich immer klarer ab, dass der Staat auf der Basis des bestehenden Gesetzes das anvisierte Programm einer sukzessiven Ausfüllung des Qualitätsbegriffs nicht systematisch umsetzen konnte. Die Normierungsbemühungen aus Wissenschaft und Wirtschaft fingen dieses Manko zwar auf; eine Überführung dieses de facto arbeitsteiligen Regulierungsmodells in einen definierten und autoritativ festgeschriebenen Rahmen – wie in der Lebensmittelregulierung anderer Staaten[25] oder auch auf anderen wirtschaftlich-technischen Sonderrechtsgebiete (s. z. B. Vom Feld 2007) zu beobachten – blieb jedoch vorerst aus. Zudem wurde deutlich, dass die angestrebte Rechtssicherheit aufgrund der fortbestehenden Normenvielfalt weiterhin ein Desiderat war. Spätestens seit Herausgabe des Deutschen Nahrungsmittelbuchs bestimmte trotz einzelner Annäherungen zwischen Wissenschaft und Wirtschaft eine starke Normenkonkurrenz das Bild.

Deshalb forcierten verschiedene Akteursgruppen seit der Jahrhundertwende eine Zusammenführung der verschiedenen Modelle und erreichten schließlich, dass der neugeschaffene Reichsgesundheitsrat ab 1911 Beratungen über reichseinheitliche, gesetzlich verankerte Standards initiierte, zu denen erneut wissenschaftliche Experten, aber diesmal auch Vertreter der Wirtschaft hinzugezogen wurden. Ausgangsbasis waren die wissenschaftlichen Normierungen, die jedoch nicht schlicht nachträglich autorisiert werden, sondern in einem eigenständigen Regelwerk aufgehen sollten. Es wurden flexible, schnell änderbare

[25] So schuf in der Schweiz der „Schweizerische Verein analytischer Chemiker" ein Lebensmittelbuch das – amtlich autorisiert – die unbestimmten Rechtsbegriffe der Nahrungsmittelgesetze ausfüllte: *Schweizerisches Lebensmittelbuch. Methoden für die Untersuchung und Normen für die Beurteilung von Lebensmitteln und Gebrauchsgegenständen.* Im Auftrag des Schweizerischen Departements des Innern bearbeitet vom Verein schweizerischer analytischer Chemiker, Bern 1899.

Regelungen angestrebt, die auf dem Weg der Bundesratsverordnung Rechtskraft für das gesamte Reich erhalten sollten.[26] Schrittweise wurden die bestehenden Festsetzungen überarbeitet und zwischen 1912 und 1915 als Entwürfe veröffentlicht[27], um auf diese Weise Kritik und Ergänzungswünsche von außen zu ermöglichen. Das Vorhaben blieb jedoch in seinen Anfängen stecken; Interessenskonflikte verhinderten eine rasche Einigung, bis schließlich der Ausbruch des Ersten Weltkriegs die Beratungen endgültig zum Erliegen brachte: Angesichts der Versorgungsengpässe trat die Nahrungsmittelqualität in den Hintergrund, die Toleranzschwelle gegenüber manipulierten und verdorbenen Nahrungsmitteln sank ständig. Die bisherigen Qualitätsstandards gleich welcher Herkunft verloren an Bedeutung (Spiekermann 2005, S. 99–124).

Nach Kriegsende und der Aufhebung der Zwangswirtschaft wurden die Diskussionen um eine Reform der Nahrungsmittelregulierung wieder aufgenommen und noch intensiviert. Die Vorkriegsarbeiten zu rechtsverbindlichen Qualitätsstandards nutzte man als Grundlage des 1927 in Kraft tretenden neuen Lebensmittel-Gesetzes und für Verordnungen, die – wie bereits vor dem Krieg geplant – nun systematisch das Gesetz ausfüllten, indem sie Begriffsbestimmungen und Beurteilungskriterien für einzelne Nahrungsmittel enthielten.[28] Vor Erlass einer derartigen Verordnung war der Reichsgesundheitsrat anzuhören, verstärkt durch Sachverständige aus den Kreisen der Produzenten, Händler und Verbraucher sowie der Wissenschaft. Anders als beim ersten Nahrungsmittelgesetz nahm man diese Regelungsmöglichkeit nun durchaus auch wahr (Behre 1953). Die Beteiligung aller Interessengruppen an der Definition der Nahrungsmittelqualität wurde jetzt zu einem gewollten, zentralen Bestandteil der Nahrungsmittelregulierung. Die Nahrungsmittelqualität wurde – mindestens implizit – als ein von äußeren Faktoren abhängiger, sich je nach Perspektive anders darstellender Wert anerkannt, der im Wege des Kompromisses ständig neu auszuhandeln war – eine Richtungsentscheidung, die bis heute selbstverständliche Grundlage der Nahrungsmittelregulierung in Deutschland ist.

---

[26]Anlage zur Mitteilung über die Tagesordnung des Unterausschusses Nahrungsmittelchemie des Reichsgesundheitsrates, Berlin, 13. März 1911, in: Geheimes Staatsarchiv, I. HA, Rep. 76 VIII B, Nr. 3096.

[27]Entwürfe über Festsetzungen zu Lebensmitteln, Heft 1: Honig (1912), Heft 2: Speisefette und Speiseöle (1912), Heft 3: Essig und Essigessenz (1912), Heft 4: Käse (1915), Heft 5: Kaffee (1915), Heft 6: Kaffeeersatzstoffe (1915), Berlin 1912–1915.

[28]Gesetz über den Verkehr mit Lebensmitteln und Bedarfsgegenständen (Lebensmittelgesetz) vom 5. Juli 1927, in: Reichsgesetzblatt 1927, S. 134. Zur Entstehung des Gesetzes s. Holthöfer et al. (1970, S. 8–10).

Literatur

Abel, Rudolf. 1911. Die Überwachung des Nahrungsmittelverkehrs. *Zeitschrift für die Untersuchung der Nahrungsmittel* 21:449–466.

Akerlof, George A. 1970. The market for ‚Lemons'. Quality uncertainty and the market mechanisms. *Quaterly Journal of Economics* 84 (3): 488–500.

Ambrosius, Gerold. 2005. *Regulativer Wettbewerb und koordinative Standardisierung zwischen Staaten. Theoretische Annahmen und historische Beispiele*. Stuttgart: Steiner.

Anonymus. 1911. Die Heidelberger Beschlüsse. *Konserven-Zeitung* 12:346.

Bauer, Max. 1877. *Die Verfälschung der Nahrungsmittel in großen Städten – Speciell: Berlin – Und die Abhülfe dagegen vom gesetzlichen, gesundheitlichen und practischen Gesichtspunkte*. Berlin: Heymann.

Behre, Alfred. 1953. Zur Geschichte der Lebensmittelchemie und Lebensmittelüberwachung. *Deutsche Lebensmittel-Rundschau* 49:8–12, 25–29, 68–72, 91–98, 121–124, 142–147.

Berghoff, Hartmut. 2004. *Moderne Unternehmensgeschichte. Eine themen- und theorieorientierte Einführung*. Paderborn: Schöningh.

Beythien, Adolf. 1908. Über die Kennzeichnung von Marmeladen, Fruchtsäften und anderen Obstkonserven. *Zeitschrift für die Untersuchung der Nahrungs- und Genußmittel* 16:77–90.

Bonß, Wolfgang. 1995. *Vom Risiko. Ungewißheit und Unsicherheit in der Moderne*. Hamburg: Hamburger Edition.

Bresgen, Hermann. 1877. *Das Fälschungsunwesen vor dem Forum des deutschen Gesetzgebers*. Trier: Lintz.

Bujard, Alfons, und Eduard Baier. 1911. *Hilfsbuch für Nahrungsmittelchemiker zum Gebrauch im Laboratorium für die Arbeiten der Nahrungsmittelkontrolle, gerichtlichen Chemie und anderen Zweigen der öffentlichen Chemie,* 3. Aufl. Berlin: Springer.

Bund Deutscher Nahrungsmittel-Fabrikanten und Händler e. V. (Hrsg.) 1909. *Deutsches Nahrungsmittelbuch*. 1. Aufl. Heidelberg 1905; 2. Aufl. 1909; 3. Aufl. 1925.

Conrad, Hans-Gerd. 2002. *Werbung und Markenartikel am Beispiel der Markenfirma Dr. Oetker von 1891 bis 1975 in Deutschland*. Berlin: Wissenschaftsverlag.

Das Färben von Eierteigwaren. 1906. *Deutsche Nahrungsmittel-Rundschau* 4, 126–127.

Die Verfälschung der Lebensmittel. *Donau-Zeitung,* 15. November 1876. (Bayerisches Hauptstaatsarchiv MInn Nr. 62583).

Ellerbrock, Karl-Peter. 1987. Lebensmittelqualität vor dem Ersten Weltkrieg: Industrielle Produktion und staatliche Gesundheitspolitik. In *Durchbruch zum modernen Massenkonsum. Lebensmittelmärkte und Lebensmittelqualität im Städtewachstum des Industriezeitalters,* Hrsg. Hans-Jürgen Teuteberg, 127–188. Münster: Coppenrath.

Elsner, Franz Friedrich. 1889. *Die Praxis des Chemikers bei Untersuchung von Nahrungsmitteln und Gebrauchsgegenständen, Handelsprodukten, Luft, Boden, Wasser, bei bakteriologischen Untersuchungen, sowie in der gerichtlichen und Harn-Analyse*. Hamburg: L. Voss.

Engel, Christoph. 1999. *Vertrauen: Ein Versuch. Gemeinschaftsgüter: Recht, Politik und Ökonomie*. Bonn: Max-Planck-Projektgruppe Recht der Gemeinschaftsgüter.

Fendler, Georg. 1908. Die Nahrungsmittelchemie in den Jahren 1906 und 1907. *Zeitschrift für angewandte Chemie* 21:721–732, 769–777.

Fiedler, Martin. 2001. Vertrauen ist gut, Kontrolle ist teuer: Vertrauen als Schlüsselkategorie wirtschaftlichen Handelns. *Geschichte und Gesellschaft* 27:576–592.

Fincke, Heinrich. 1934. *50 Jahre Chemikertätigkeit in der Deutschen Schokoladenindustrie. Festschrift zum fünfzigjährigen Bestehen des Chemischen Laboratoriums der Gebrüder Stollwerck A.G.* Köln: Gebrüder Stollwerck.

Fleck, Ludwik. 1999. *Entstehung und Entwicklung einer wissenschaftlichen Tatsache. Einführung in die Lehre vom Denkstil und Denkkollektiv,* 4. Aufl. Frankfurt a. M.: Suhrkamp.

Giddens, Anthony. 1997. *Konsequenzen der Moderne*. Frankfurt a. M.: Suhrkamp.

Griessmayer, Victor. 1880. *Die Verfälschung der wichtigsten Nahrungs- und Genußmittel vom chemischen Standpunkte in populärer Darstellung*. Augsburg: Lampart & Comp.

Grüne, Jutta. 1994. *Anfänge staatlicher Lebensmittelüberwachung in Deutschland. Der „Vater der Lebensmittelchemie" Joseph König (1843–1930).* Stuttgart: Steiner.

Haas, Stefan. 2003. Sinndiskurse in der Konsumkultur. Die Geschichte der Wirtschaftswerbung von der ständischen bis zur postmodernen Gesellschaft. In *Der lange Weg in den Überfluß. Anfänge und Entwicklung der Konsumgesellschaft seit der Vormoderne,* Hrsg. Michael Prinz, 291–314. Paderborn: Schöningh.

Hager, Heinrich. 1928. Die Entwicklung der deutschen Margarine-Industrie unter besonderer Berücksichtigung ihrer Arbeiterverhältnisse. Univ. Diss. Gießen, Borna-Leipzig: Noske.

Handelskammer für das Herzogtum Braunschweig. 1907. Eingabe der Handelskammer für das Herzogtum Braunschweig an die Handelskammer für Oberbayern im Juli 1907. *Bayerisches Wirtschaftsarchiv K 1,* IX B 7, I. Akt.

Hasterlik, Alfred. 1906. *Die praktische Lebensmittelkontrolle. Ein Leitfaden für die Nahrungs- und Genußmittelpolizei und für das Lebensmittelgewerbe*. Stuttgart: Ulmer.

Hess, Volker. 1999. Messen und Zählen. Die Herstellung des normalen Menschen als Maß der Gesundheit. *Berichte zur Wissenschaftsgeschichte* 22:266–280.

Hierholzer, Vera. 2007. Vertrauensbildung durch Selbstkontrolle: Das „Qualitätskartell" der deutschen Schokoladenindustrie, 1876–1914. In *„Mit Gott". Zum Verhältnis von Vertrauen und Wirtschaftsgeschichte,* Hrsg. Christian Hillen, 80–106. Köln: Stiftung Rheinisch-Westfälisches Wirtschaftsarchiv.

Hilger, Albert, Hrsg. 1885. *Vereinbarungen betreffs der Untersuchung und Beurteilung von Nahrungs- und Genussmitteln sowie Gebrauchsgegenständen, herausgegeben im Auftrage der Freien Vereinigung bayerischer Vertreter der angewandten Chemie*. Berlin: Springer.

Holthöfer, Hugo, Karl-Heinz Nüse, und Rudi Franck. 1970. *Deutsches Lebensmittelrecht, Bd. I: Lebensmittelgesetz,* 5. Aufl. Berlin: Heymann.

Hüntelmann, Axel C. 2008. *Hygiene im Namen des Staates. Das Reichsgesundheitsamt 1876–1933*. Göttingen: Wallstein.

Ina, Vom Feld. 2007. *Kontrollierte Staatsentlastung im Technikrecht – Dampfkesselgesetzgebung und Dampfkesselüberwachung in Preußen 1831–1914*. Frankfurt a. M.: Klostermann.

Klencke, Hermann. 1858. *Die Verfälschung der Nahrungsmittel und Getränke*. Leipzig: Weber.

König, Joseph. 1879/1880. *Chemie der menschlichen Nahrungs- und Genussmittel,* Bd. 2, 1. Aufl. Berlin: Springer.

König, Joseph et al. 1897–1902. *Vereinbarungen zur einheitlichen Untersuchung und Beurtheilung von Nahrungs- und Genußmitteln sowie Gebrauchsgegenständen für das Deutsche Reich. Ein Entwurf festgestellt nach den Beschlüssen der auf Anregung des Kaiserlichen Gesundheitsamtes einberufenen Kommission deutscher Nahrungsmittelchemiker,* 3 Heft. Berlin: Springer.

Kritik der Strafbestimmungen des bisherigen Strafgesetzbuchs. 1877/1878. *Zeitschrift gegen Verfälschung der Lebensmittel* 1:195–198.

Landwirthschaftsrat, Deutscher. 1877. Die Verfälschung von Nahrungsmitteln und das Strafrecht, Denkschrift des deutschen Landwirthschaftsrates vom 2. Mai 1877. *Annalen des Deutschen Reichs* 10:1079–1087.

Löbner, Arthur. 1878. *Die Gesetzgebung des alten und des neuen Deutschen Reichs wider die Verfälschung der Nahrungs- und Genußmittel.* Berlin: Heymann.

Luhmann, Niklas. 1990. *Die Wissenschaft der Gesellschaft.* Frankfurt a. M.: Suhrkamp.

Luhmann, Niklas. 1991. *Soziologie des Risikos.* Berlin: De Gruyter.

Mannes, Melanie. 1977. Wissenschaftliche und soziale Aspekte der Ernährungslehre in der Mitte des vorigen Jahrhunderts. Univ. Diss., Med. Fak. Bonn.

Marburger, Peter. 1979. *Die Regeln der Technik im Recht.* Köln: Heymann.

Marg, Hans. 1977. Lebensmittelrecht. Probleme der Rechtssetzung und Rechtsanwendung. Univ. Diss. Mainz.

Mollenhauer, Hans P. 1988. *Von Omas Küche zur Fertigpackung. Aus der Kinderstube der Lebensmittelindustrie.* Gernsbach: Katz.

Morgenstern, Lina. 1902. *Der häusliche Beruf und wirtschaftliche Erfahrungen. Studien für Frauen und Jungfrauen. Lehrbuch für Fortbildungs-, Haushaltungs- und Frauenberufschulen,* 6. Aufl. Berlin: Deutsche Hausfrauen-Zeitung.

Ossenbühl, Fritz. 2000. *Die Not des Gesetzgebers im naturwissenschaftlich-technischen Zeitalter.* Wiesbaden: Westdeutscher Verlag.

Pappe, Otmar. 1975. Zur Geschichte der Lebensmittelüberwachung im Königreich Bayern (1806–1918). Univ. Diss. Marburg.

Pelzer, Birgit, und Reinhold Reith. 2001. *Margarine. Die Karriere der Kunstbutter.* Berlin: Wagenbach.

Pitschas, Rainer. 2000. Technikentwicklung und -implementierung. In *Technikentwicklung und Technikrechtsentwicklung. Unter besonderer Berücksichtigung des Kommunikationsrechts,* Hrsg. Michael Kloepfer, 73–99. Berlin: Duncker & Humblot.

Protokoll und Beschlußfassung der abschließenden Verhandlungen von. 1909. *Zeitschrift für die Untersuchung der Nahrungs- und Genußmittel* 18, 54–77.

Reichsgesundheitsamt, Hrsg. 1926. *Das Reichsgesundheitsamt. Festschrift aus Anlaß seines fünfzigjährigen Bestehens.* Berlin: Julius Springer.

Reusch, Helmut Karl. 1986. Zur Geschichte der Lebensmittelüberwachung im Großherzogtum Baden und seinen Nachfolgeterritorien (1806–1954). Univ. Diss. Marburg.

Rossfeld, Roman. 2009. Ernährung im Wandel: Lebensmittelproduktion und -konsum zwischen Wirtschaft, Wissenschaft und Kultur. In *Die Konsumgesellschaft in Deutschland 1890–1990. Ein Handbuch,* Hrsg. Heinz-Gerhard Haupt und Cornelius TorS. 27–45. Frankfurt a. M.: Campus.

Ruß, Karl. 1868. *Waarenkunde für die Frauenwelt, Bd. 1: Nahrungs- und Genußmittel.* Breslau: Trewendt.

Schlegel-Matthies, Kirsten. 1987. Anfänge der modernen Lebens- und Genußmittelwerbung: Produkte und Konsumgruppen im Spiegel von Zeitschriftenannoncen. In *Durchbruch zum modernen Massenkonsum. Lebensmittelmärkte und Lebensmittelqualität im Städtewachstum des Industriezeitalters,* Hrsg. Hans-Jürgen Teuteberg, 279–308. Münster: Coppenrath.

Schmauderer, Eberhard. 1975. *Studien zur Geschichte der Lebensmittelwissenschaft, 2. Teil.* Wiesbaden: Steiner.

Schmidt, Susanne. 1987. Julius Maggi. Singens würziger Weg zur Industriestadt. In *Habermus und Suppenwürze. Singens Weg vom Bauerndorf zur Industriestadt,* Hrsg. Alfred G. Frei, 111–143. Konstanz: Stadler.

Sinn, Hans-Werner. 2003. Verbraucherschutz als Staatsaufgabe. *Perspektiven der Wirtschaftspolitik* 4:281–294.

Spiecker Döhmann, Indra. 2000. *Staatliche Entscheidungen unter Unsicherheit. Juristische und ökonomische Vorgaben.* Bonn: Max-Planck-Projektgruppe Recht der Gemeinschaftsgüter.

Spiekermann, Uwe. 1998. Was ist Lebensmittelqualität? Ein historischer Rückblick. *Ernährungs-Umschau* 45:198–200, 203–205.

Spiekermann, Uwe. 2005. Die Normierung der Nahrungsmittel in Deutschland 1880–1930. In *Essen und Trinken in der Moderne,* Hrsg. Ruth E. Mohrmann, 99–124. Münster: Waxmann.

Strahlmann, Berend. 1976. Lebensmittelverarbeitung im 19. Jahrhundert – neue technische Verfahren und chemische Zusätze. In *Ernährung und Ernährungslehre im 19. Jahrhundert,* Hrsg. Edith Heischkel-Artelt, 198–204. Göttingen: Vandenhoeck und Ruprecht.

Tanner, Jakob. 2001. Die Ambivalenz der Nahrung. Gift und Genuss aus der Sicht der Kultur- und der Naturwissenschaften. In *Essen und Lebensqualität. Natur- und kulturwissenschaftliche Perspektiven,* Hrsg. Gerhard Neumann, 175–199. Frankfurt a. M.: Campus.

Tanner, Jakob. 2003. Modern Times. Industrialisierung und Ernährung in Europa und in den USA im 19. und 20. Jahrhundert. In *Essen und Trinken zwischen Ernährung, Kult und Kultur,* Hrsg. Felix Escher und Claus Buddeberg, 27–52. Zürich: vdf.

Teuteberg, Hans-Jürgen. 1990. *Die Rolle des Fleischextrakts für die Ernährungswissenschaften und den Aufstieg der Suppenindustrie: Kleine Geschichte der Fleischbrühe.* Stuttgart: Steiner.

Teuteberg, Hans-Jürgen. 1994. Food adulteration and the beginnings of uniform food legislation in late nineteenth-century Germany. In *The origins and development of food policies in Europe,* Hrsg. John Burnett und Derek J. Oddy, 146–160. London: Leicester University Press.

Teuteberg, Hans-Jürgen, und Günter Wiegelmann. 1972. *Der Wandel der Nahrungsgewohnheiten unter dem Einfluß der Industrialisierung.* Göttingen: Vandenhoeck und Ruprecht.

Tietzel, Manfred, und Marion Weber. 1990. *Von Betrügern, Blendern und Opportunisten. Eine ökonomische Analyse.* Duisburg: Fachbereich Wirtschaftswissenschaft.

Über Verfälschungen von Nahrungsmitteln. 1877. *Rheinischer Herold* Nr. 20. (Bundesarchiv, R 86/2068).
Vec, Milos. 2006. *Recht und Normierung in der Industriellen Revolution. Neue Strukturen der Normsetzung in Völkerrecht, staatlicher Gesetzgebung und gesellschaftlicher Selbstnormierung*. Frankfurt a. M.: Klostermann.
Verein schweizerischer analytischer Chemiker. 1899. *Schweizerisches Lebensmittelbuch. Methoden für die Untersuchung und Normen für die Beurteilung von Lebensmitteln und Gebrauchsgegenständen. Im Auftrag des Schweizerischen Departements des Innern bearbeitet vom Verein schweizerischer analytischer Chemiker*. Bern: Neukomm & Zimmermann in Komm.
Vogel, Heinrich. 1873. *Die Verfälschung und Verschlechterung der Lebensmittel. Ein Beitrag zur diätetischen und socialen Reform*, 2. Aufl. Schwelm: Wortmann.
von Gizycki, Rainald. 1976. *Prozesse wissenschaftlicher Differenzierung. Eine organisations- und wissenschaftssoziologische Fallstudie*. Berlin: Duncker & Humblot.
Walchner, Franz Hermann. 1875. *Die Nahrungsmittel des Menschen, ihre Verfälschungen und Verunreinigungen. Nach den besten Quellen dargestellt*. Berlin: Springer.
Wittstein, Georg Christian. 1878. *Taschenbuch der Nahrungs- und Genussmittellehre. Mit besonderer Berücksichtigung der Verderbnisse, Verunreinigungen und Verfälschungen, nach eigenen Erfahrungen für Jedermann leicht fasslich dargestellt*. Nördlingen: Beck.
Zur Verfälschung der Lebensmittel. *Tribüne*, 15. August 1877 (Bundesarchiv, R 86/2068).

Konstruktionen von Qualität in der DDR-Wirtschaft

Manuel Schramm

Inhaltsverzeichnis

„Qualität" und „DDR": Diese zwei Phänomene gehören auf den ersten Blick aus westlicher Perspektive nicht zusammen. Zu stark hat sich in den letzten 20 Jahren das Bild von der maroden DDR-Wirtschaft verfestigt, die aufgrund ihrer mangelnden quantitativen wie qualitativen Leistungsfähigkeit wesentlich zum Untergang des SED-Regimes beigetragen habe (Schwarzer 1999; Steiner 2007). Diese Einschätzung beruht auf zwei meist unausgesprochenen Rahmenbedingungen: zum einen der spezifischen Situation der DDR-Wirtschaft am Ende der 1980er Jahre, und zum anderen ihrem impliziten oder expliziten Vergleich mit der Wirtschaft der Bundesrepublik Deutschland. Die Fragen, ob dieses Urteil auf die gesamte Zeit des Bestehens der DDR zutrifft und wie die DDR-Produkte im Vergleich mit anderen RGW-Erzeugnissen abschnitten, sind damit noch nicht beantwortet.

Diese offenen Fragen sind von hoher Relevanz, können hier jedoch nicht vollständig beantwortet werden. Vielmehr soll ein anderer Weg eingeschlagen werden, um sich dem Problem der Qualität von Produkten in der DDR zu nähern.

M. Schramm (✉)
Institut für Europäische Geschichte, Wirtschafts- und Sozialgeschichte, TU Chemnitz, Chemnitz, Deutschland
E-Mail: manuelschramm@freenet.de

R. Salais et al. (Hrsg.), *Qualitätspolitiken und Konventionen*, Soziologie der Konventionen, https://doi.org/10.1007/978-3-658-26643-1_11

Es geht um die Wahrnehmung von Produkten und um die verschiedenen Messlatten, die sie angelegt wurden, um etwas zu messen, was sich häufig genug als schwer zu fassen erwies: die Qualität. Diese Messprobleme sind an sich nicht DDR-spezifisch. Auch in Marktwirtschaften ist die Feststellung von Qualität häufig umstritten und kann aufgrund mangelnder Transparenz nicht allein den Märkten überlassen werden, wie die vielfachen Debatten um diese Testberichte z. B. der „Stiftung Warentest" belegen.

Natürlich sind diese Konstruktionen von Qualität der unterschiedlichen Produkte immer in ihren politischen und wirtschaftlichen Kontexten zu betrachten. Den Ausgangspunkt bildet daher die Frage, welche Rolle der Qualität von Produkten in sozialistischen Zentralverwaltungswirtschaften allgemein beigemessen wurde, und welche Veränderungen im Verlauf der DDR-Geschichte stattfanden. Die ausreichende oder mangelnde Qualität von Produkten ist dabei weniger an vermeintlich objektiven Kennzahlen zu messen, wie zu zeigen ist, sondern eher an den subjektiven Erwartungen und Bedürfnissen der Bevölkerung: Entscheidend ist nicht, ob ein Produkt eine bestimmte objektive Qualität erreicht, sondern dass es bestimmte psychische und physische Leistungen erbringt und damit emotionale Bedürfnisse der Konsumenten, aber auch der Produzenten befriedigt.

Die Funktionen von Qualitätsdebatten im Rahmen der DDR-Wirtschaft ergeben sich aus mehreren Überlegungen, die an die bisherigen Veröffentlichungen zur Geschichte des Konsums und der Produkte in der DDR anschließen können (Gries 2003, S. 138–143; Merkel 1999; Kaminsky 2001). Zum einen waren die DDR-Produkte seit dem Ende der Mangelwirtschaft der unmittelbaren Nachkriegszeit mal mehr, mal weniger, aber letztlich doch immer in die Konkurrenz der unterschiedlichen gesellschaftlichen Systeme in Ost- und Westeuropa eingebunden. Besonders für die Konsumenten der DDR war seit den 1950er Jahren der permanente Vergleich mit der Bundesrepublik oder „dem Westen" selbstverständlich. Aus der Sicht der Staats- und Parteiführung sollte daher die ausreichende quantitative und qualitative Versorgung mit Konsumgütern dem sozialistischen System Legitimation verschaffen. Für die Produzenten, die Arbeiter und Angestellten in den Betrieben, dürfte eher das Bedürfnis eine Rolle gespielt haben, sich mit dem eigenen Produkt identifizieren zu können und eine Art Produktstolz auszubilden. Aus wirtschaftlicher Sicht schließlich war die Beachtung von Qualität aus zwei Gründen wichtig: zum einen, um seit den 1960er Jahren den viel beschworenen Übergang vom extensiven zum intensiven Wachstum zu schaffen (Maier 2004, S. 49–62); zum anderen, weil die DDR keineswegs autark, sondern vielfältig in die Weltmärkte eingebunden war. Die Möglichkeit des Exports setzte in der Regel die Einhaltung bestimmter Qualitätsmaßstäbe voraus.

Diese Funktionen von Produktqualität in der DDR (politische Legitimation, Produktstolz, Intensivierung der Wirtschaft, Export) lassen sich noch weiter zeitlich differenzieren. In der Tat kann man die Geschichte der ostmittel- und osteuropäischen Zentralverwaltungswirtschaften nach dem Zweiten Weltkrieg in drei Phasen einteilen: die Phase der primär auf Massenproduktion setzenden „Tonnenideologie" bis zum Beginn der 1960er Jahre, die Reformphase der 1960er Jahre und die Rückkehr zur zentralistischen Planung in den 1970er und 1980er Jahren (Kornai 1992; Steiner 2007). Diese Einteilung enthält natürlich eine Vereinfachung, da sich die einzelnen Phasen überlappten und Elemente der vorherigen Phase länger fortwirkten; aber als Grundlage der folgenden Ausführungen mag sie genügen.

Das Ziel des Aufsatzes besteht nicht in der Untersuchung, wie die Qualität *eines* Produktes konstruiert wurde, sondern darin, den Wandel der Rahmenbedingungen für solche Konstruktionen über einen Zeitraum von 40 Jahren aufzuzeigen. Dafür werden Beispiel aus verschiedenen Konsum- und Produktionsgüterindustrien verwendet. Ihre Auswahl ist bis zu einem gewissen Grad willkürlich, aber der defizitäre Forschungsstand erlaubt es bisher nicht, ein vollständigeres Bild zu präsentieren.

1 Qualität in der Massenproduktion? Die 1950er Jahre (1949–1960)

Die DDR-Wirtschaft der 1950er Jahre war durch den Übergang zur zentralen Planung in den späten 1940er Jahren sowie die vorrangige Förderung der Schwerindustrien gekennzeichnet. Zwar erfuhr der Konsum im Gefolge des „Neuen Kurses" 1953 eine vorübergehende Aufwertung, die aber mit dem zweiten Fünfjahrplan ab 1956 wieder zurückgenommen wurde (Steiner 2007, S. 84–86). Wichtiger als die Frage des Vorrangs bestimmter Industriezweige ist für die hier verfolgte Fragestellung aber der Lenkungsmechanismus der zentralen Planung. Die 1950er Jahre waren die Zeit der klassischen „Tonnenideologie", nach der Betriebe aufgrund ihrer Bruttoproduktion beurteilt wurden. Diese Art der zentralen Planung engte nicht nur den Spielraum der Betriebsleitungen ein und förderte einen hohen Verbrauch von Rohstoffen (ebd., S. 95), sondern führte auch zur Vernachlässigung der Qualität von Produkten.

Die Auswirkungen dieser Politik werden erst dann richtig deutlich, wenn man sich der betrieblichen Ebene zuwendet, insbesondere jenen Betrieben, die sich vor dem Krieg einen Ruf erworben hatten, Qualitätsprodukte herzustellen. Das soll hier an zwei Beispielen verdeutlicht werden, dem VEB Carl Zeiss Jena und dem VEB Porzellanmanufaktur Meißen. Beim VEB Carl Zeiss Jena gestaltete sich der Wiederaufbau nach dem Krieg aus zwei Gründen schwierig. Zum einen war Zeiss fast vollständig demontiert worden. Wichtige Mitarbeiter mit technisch-wissenschaftlichem Know-how waren schon 1945 von der US-Armee nach Südwestdeutschland gebracht worden, wo sie das bundesdeutsche Konkurrenzunternehmen aufbauten (Herrmann 2002). Der in der DDR verbleibende Rest litt aufgrund des vorrangigen Aufbaus der Schwerindustrie unter Ressourcenmangel. So beklagte der Werkleiter Hugo Schrade 1962, bis Mitte der 1950er Jahre habe aus Personalmangel gar keine geregelte Forschungs- und Entwicklungstätigkeit stattfinden können.[1]

Es ist klar, dass dies für einen wissensbasierten Betrieb wie Zeiss einen großen Nachteil im internationalen Wettbewerb darstellte. Das musste allerdings nicht unbedingt Auswirkungen auf die Qualität der Produkte haben. In der Tat standen ja in den 1950er Jahren der Wiederaufbau und die Wiederaufnahme der traditionellen Produktpalette bei Zeiss im Vordergrund. Problematischer war, dass die Weichenstellungen der 1950er Jahre zu einer Erosion sowohl der traditionellen Fertigkeiten als auch der traditionellen Maßstäbe führte. Beides wurde allerdings erst im Rückblick sichtbar. Der Zeiss-Parteisekretär erklärte 1964 in einer Besprechung, im Betrieb würde man häufig die Meinung hören, die Zeiss-Geräte müssten nicht Weltspitze sein, sie erfüllten 70 % der geforderten Funktionen und seien viel billiger als die anderen.[2] Aufschlussreich ist auch die 1971 geäußerte Klage von Wissenschaftlern bei Zeiss, „zeisstypische Fähigkeiten“ seien „bis zu den Facharbeitern teilweise verloren gegangen“.[3] Aus diesen Zitaten spricht eine gewisse Resignation, die sich in einem Betrieb breitmachte, der als traditioneller Hersteller von Qualitätsprodukten gelten darf. Qualität erschien angesichts der wirtschaftspolitischen Weichenstellungen der 1950er Jahre zunehmend als unerreichbares Ideal, das anderswo seine Berechtigung hatte, im Westen oder in einer – freilich verklärten – Vergangenheit. Die Planerfüllung um jeden Preis stand im Vordergrund; Qualität schien dabei zunächst kein vorrangiges Problem zu sein.

Etwas anders lagen die Dinge in der ebenfalls traditionsreichen Porzellanmanufaktur Meißen. Hier wurde die traditionelle Produktion in den 1950er Jahren weitgehend beibehalten, obwohl bereits 1945 ein Porzellangestalter kritisiert

---

[1]Universitätsarchiv Jena S XIX/1 36.

[2]Thüringisches Staatsarchiv Rudolstadt BPA SED Gera, IV/A-2/9.02/599, fol. 124.

[3]Thüringisches Staatsarchiv Rudolstadt BPA SED Gera A 7503, fol. 186; vgl. Schramm 2005, S. 44.

hatte, die bisherige Produktion habe bloß den „Liebhabereien einer kapitalbesitzenden Klasse“ gedient und sei für den „Aufbau einer kommenden Kultur ohne Wert“.[4] Diese Kritik blieb zunächst folgenlos, bis sie am Ende der 1950er Jahre aufgegriffen wurde und die Werkleitung zeitweise eine Umorientierung auf einfaches Gebrauchsgeschirr voran trieb. Ihr gebot jedoch der Minister für Außenhandel Einhalt, der den Verlust von Exportmärkten befürchtete. Werkleiter Wüstemann rechtfertigte sich 1959 mit der Notwendigkeit der Planerfüllung, die zu einer Produktion geführt habe, „die eigentlich nicht zu vertreten sei“.[5] Ähnlich wie bei Zeiss erschien Qualität in diesen Debatten zunächst als die Fortsetzung einer Tradition. Anders als in der optisch-feinmechanischen Industrie spielte dabei in Meißen das ästhetische Moment immer eine wichtige Rolle: Qualität definierte sich über das Festhalten an traditionellen Formen und Farben. Außerdem zeigt das Beispiel die Bedeutung des Exports für die Diskussionen über Qualität. Ein Abgehen von traditionellen Qualitätsmaßstäben hätte die Exportchancen der Manufaktur beeinträchtigt und wurde deshalb unterbunden. Die Logik der Planerfüllung tendierte jedoch zum Aufweichen von traditionellen Qualitätsstandards, was umso gefährlicher erschien, als neue Standards noch nicht auszumachen waren.

2 Auf dem Weg zum Weltniveau? Die Reformphase (1960–1971)

Bereits Ende der 1950er Jahre setzte in den Reihen der DDR-Staats- und Parteiführung ein Umdenken ein. Mit dem absehbaren Scheitern der ehrgeizigen Ziele des 1958 ausgerufenen Siebenjahrplanes, in dessen Rahmen die BRD im Pro-Kopf-Verbrauch von Lebensmitteln und anderen Konsumgütern hatte überholt werden sollen, erfolgte eine stärkere Beachtung von Qualitätskriterien. Das Schlagwort, das diese Neuorientierung begleitete, hieß „Weltniveau“. Propagiert wurde das „Weltniveau“ bereits 1960 von Erich Apel, einem der einflussreichsten SED-Wirtschaftstheoretiker und Reformer innerhalb des Partei- und Staatsapparats (Schramm 2008a, S. 60 f.; Steiner 2007, S. 129). Apel definierte das Weltniveau als „wissenschaftlich-technischen Höchststand“. Er forderte, jedes im Siebenjahrplan produzierte Erzeugnis müsse Weltniveau erreichen, genauso wie

[4]Sächsisches Hauptstaatsarchiv Dresden, Ministerium für Wirtschaft 2082, fol. 20.

[5]Sächsisches Hauptstaatsarchiv Dresden, BT/RdB Dresden 3323.

die Produktionsprozesse selbst: „Erzeugnisse von Weltniveau mit Weltniveau… produzieren.“ (Apel 1960, S. 2).

Die eigentlichen Reformen am Planungsmechanismus wurden erst nach dem Mauerbau im Jahr 1963 eingeleitet. Im Kern zielten sie auf eine Flexibilisierung der Planung und eine größere Eigenverantwortung der Betriebe. Die Bruttoproduktion als zentraler Leistungsmaßstab für die Betriebe wurde durch den Gewinn abgelöst. Die Industriepreise sollten stärker als bis dahin reale Knappheiten widerspiegeln und die Betriebe waren aufgefordert, ihre Mittel selbst zu erwirtschaften (Steiner 2007, S. 130 f.).

Die Reformen des Planungsmechanismus waren aber nur ein Mittel zur Intensivierung der DDR-Wirtschaft. Das andere bestand in der so genannten „wissenschaftlich-technischen Revolution“, ein bis zum Ende der DDR in offiziellen Dokumenten benutzter Begriff, der zu Beginn der 1960er Jahre von dem englischen Wissenschaftshistoriker John Bernal übernommen worden war (Laitko 1996, S. 35). Auf dem VII. Parteitag der SED gab Walter Ulbricht die Losung aus, die Meisterung der „Wissenschaftlich-Technischen Revolution“ gehöre zu den grundlegenden Aufgaben der DDR (ebd., S. 33). Die Förderung so genannter „strukturbestimmender“ Investitionsvorhaben sollte die Reform des Planungsmechanismus ergänzen (Steiner 2007, S. 144). In die Zeit der späten 1960er Jahre fallen daher auch nicht zufällig Reformen im Bildungs- und Wissenschaftssystem, die auf eine stärkere Nutzung der wissenschaftlichen Ergebnisse durch die Industrie der DDR abzielten (Fraunholz und Schramm 2005, S. 25–44). Den Hintergrund bildete die Befürchtung, im Systemwettstreit mit dem Westen zurückzufallen.

Die Suche nach dem Weltniveau wirkte sich auf der Betriebsebene zunächst in der Einführung so genannter „Weltstandsvergleiche“ aus. Gesetzliche Vorschriften dazu existierten seit den späten 1950er Jahren, blieben jedoch wenig konkret. Häufig erschöpften sich diese Vergleiche in der tabellarischen Gegenüberstellung von technischen und ökonomischen Kennziffern. Die Daten über Konkurrenzprodukte, besonders aus dem nicht-sozialistischen Ausland, waren jedoch häufig gar nicht bekannt und mussten durch Schätzungen ersetzt werden. Ebenfalls willkürlich waren die Auswahl der Vergleichsobjekte sowie der Kriterien, die noch dazu mit schwer nachvollziehbaren Gewichtungen versehen wurden (Schramm 2008a, S. 62 f.). So verwundert es nicht, dass bereits 1961 eine FDGB-Broschüre davor warnte, ein „eigenes Weltniveau“ zu konstruieren, das sich aus der Absatzfähigkeit der Produkte herleite (Lein et al. 1961, S. 25). Und

1973 stellte ein Mitarbeiter des Vertriebs bei Carl Zeiss Jena fest, die Weltstandsvergleiche besäßen für den Vertrieb der Produkte wenig Wert.[6]

Das Insistieren auf möglichst objektiven Weltstandsvergleichen durch die DDR-Führung war natürlich auch ein Eingeständnis der Ende der 1950er und Anfang der 1960er Jahre weit verbreiteten Qualitätsmängel. So erklärte der FDGB-Vorsitzende Herbert Warnke auf dem 5. FDGB-Kongress 1959, „dass unsere Werktätigen mit Recht entsprechend ihren wachsenden Bedürfnissen auch eine höhere Qualität der Waren wünschen" (Lein et al. 1961, S. 19). Dem Ziel der Erhöhung der Produktqualität diente ebenso die Produktionspropaganda, die sich vor allem Ende der 1950er und zu Beginn der 1960er Jahre unter dem Slogan „Meine Hand für mein Produkt" Fragen der Qualität widmete (Gries 2003, S. 233–239).

In dieser Propaganda wurde auch auf die DDR-Gütezeichen hingewiesen, die es schon vorher gegeben hatte. Sie erlangten unter den neuen Bedingungen eine größere Bedeutung und wurden zu Beginn der 1960er Jahre auf die Weltstandsvergleiche bezogen. So sollte das höchste DDR-Gütezeichen „Q" nur denjenigen Produkten verliehen werden, die dem „wissenschaftlich-technischen Höchststand" entsprachen (Beyer 1964, S. 47). Von fünf Teilurteilen mussten mindestens zwei auf „von hoher Güte", die anderen drei auf „von ausreichender Güte" lauten (Lein et al. 1961, S. 155). Die Erzeugnisse mit dem nächstniedrigeren Gütesiegel „1" sollten zumindest dem Durchschnitt der auf dem Weltmarkt angebotenen hochwertigen Konkurrenzprodukte entsprechen. Das Gütezeichen „2" gab es offiziell für Produkte, die eine für den vorgesehenen Verwendungszweck ausreichende Qualität besaßen (Beyer 1964, S. 49).

Die Gütezeichen dürften aber von den Konsumenten kaum ernst genommen worden sein, da häufig auch bei Produkten mit Gütezeichen erhebliche Qualitätsmängel bestanden, wie insbesondere die Satirezeitschrift „Eulenspiegel" anprangerte. So berichtete die Zeitschrift 1968 über Damenmäntel aus Streichgarn-Zellwolle, die beim Bügeln wellig und unansehnlich wurden, aber dennoch weiterproduziert und mit Gütesiegel „1" ausgeliefert wurden (Kaminsky 2001, S. 95 f.). Die zunehmende Orientierung am Weltniveau führte somit nicht zu einer für die Konsumenten spürbaren Qualitätssteigerung der Produkte, da die Betriebe Mittel und Wege fanden, die Weltstandsvergleich durch Auswahl und Gewichtung der Kriterien wie Vergleichsobjekte so zu gestalten, dass sie das gewünschte Ergebnis zeitigten. Daran sollte sich auch in der Folgezeit wenig ändern.

[6]Carl-Zeiss-Archiv Jena WB 1657.

3 Stagnation und Krise: Die Ära Honecker (1971–1989)

1969/1970 kam es infolge der erhöhten Investitionen zu krisenhaften Entwicklungen in der DDR-Wirtschaft. Die Importe erreichten die Grenze der Leistungsfähigkeit der Exporte bzw. Zahlungsfähigkeit. Eine Vielzahl von zentralen Weisungen trug dazu bei, die Reformen schon vor ihrem offiziellen Ende auszuhöhlen. Mit dem Wechsel von Ulbricht zu Honecker 1971 kam es zu einer Neuausrichtung der Wirtschaftspolitik, die eine Rückkehr zur zentralen Planung beinhaltete. Die Warenproduktion ersetzte wieder den Gewinn als zentrales Bewertungskriterium der Betriebe. Außerdem sollte die Loyalität der Bevölkerung durch die ab 1975 so genannte „Einheit von Wirtschafts- und Sozialpolitik", also durch weitreichende sozialpolitische Maßnahmen, erhalten bzw. wiedergewonnen werden. Dieser Abbruch der ehrgeizigen Reformen der 1960er Jahre war kein DDR-Spezifikum, sondern alle RGW-Staaten außer Rumänien vollzogen 1970/71 einen ähnlichen Politikwechsel (Steiner 2007, S. 159–165, 174 f.).

Die Wirtschaftspolitik der 1970er Jahre beinhaltete einen grundlegenden Widerspruch. Einerseits war durch den Abbruch von Ulbrichts ehrgeiziger Technologiepolitik ein Aufholen des Produktivitätsrückstands gegenüber dem Westen in weite Ferne gerückt. Andererseits sollten der Lebensstandard der Massen und das Konsumgüterangebot spürbar erhöht werden. Das führte zum Ende der 1970er Jahre im Verbund mit den gestiegenen Rohstoffpreisen in die Schuldenfalle (ebd., S. 167). Aber musste die zunehmende Diskrepanz zwischen Versorgungsanspruch und ökonomischer Leistungsfähigkeit nicht auch zur Vernachlässigung von Qualität führen?

Anzeichen dafür gibt es durchaus. Sie sind sogar für das Kernstück der DDR-Sozialpolitik seit Mitte der 1970er Jahre, das Wohnungsbauprogramm, belegt. In diesem Rahmen sollten bis 1989 2,8 Mio. Wohnungen gebaut oder renoviert werden – tatsächlich wurden es nur 1,1 Mio. (Hoscislawski 1996, S. 77). Offiziell sollte das Programm natürlich die Wohnqualität der Bevölkerung erhöhen, besaßen doch die neuen Wohnungen zwar nicht unbedingt mehr Wohnfläche, aber doch eine modernere Ausstattung als die Altbauten. Tatsächlich aber konnte die Verschleißquote gerade konstant gehalten werden: Sie betrug 1975 43 % und 1989 42 %. Zudem waren die verwendeten Baustoffe den Neubauten von geringer Lebensdauer, sodass nicht nur die Alt-, sondern auch viele Neubauten bereits um 1989 wieder sanierungsbedürftig waren (ebd., S. 78). So verwundert es nicht, dass eine soziologische Studie zum DDR-Wohnungsbau von einer „Reduzierung des Wohnniveaus" in den 1970er und 1980er Jahren spricht (Hannemann 2005, S. 96).

Auch bei beweglichen Konsumgütern lässt sich eine tendenzielle Verschlechterung der Qualität feststellen. Ein gutes Beispiel dafür ist die so genannte „Kaffeekrise" von 1977, die durch eine Erhöhung der Weltmarktpreise für Kaffee ausgelöst wurde. Um Devisen zu sparen, beschloss die SED, die preisgünstige Kaffeesorte „Kosta" aus dem Handel zu nehmen und für die teureren Sorten billigere Kaffeebohnen zu verwenden. Das blieb aber nicht unbemerkt und die Konsumenten protestierten gegen die versteckte Preiserhöhung (Wünderich 2003, S. 240–261). Der ebenfalls im Zuge der Kaffeekrise eingeführte „Kaffee-Mix" (eine Mischung aus „echtem" Kaffee und Kaffeeersatz) blieb in den Regalen liegen.

Diese Episode bildete ein Vorspiel für ähnliche Aktionen in den 1980er Jahren, in denen aus Gründen der Devisenersparnis oder zur Kaufkraftabschöpfung Waren aus dem Angebot des normalen Einzelhandels genommen wurden, um später in den teureren „Exquisit"-Läden wieder aufzutauchen. Die „Exquisit"-Läden hatten zwar in geringer Zahl bereits in den 1960er Jahren existiert. Seit 1977 wurden sie jedoch gezielt als Alternative zu den Intershops ausgebaut (Kaminsky 2001, S. 144–146; Gries 2003, S. 431–433). Von Interesse ist auch die Reaktion der Konsumenten. Sie betrachteten die DDR-Versorgungspolitik zunehmend mit Misstrauen, und verfügten offensichtlich über eigene Qualitätsmaßstäbe, an denen die Konsumgüter gemessen wurden. In der Regel dürfte es sich dabei um die Suche nach der gewohnten Qualität gehandelt haben wie in der Kaffeekrise von 1977. Auch die Qualität der Westwaren, die ja einem großen Teil der Bevölkerung aus den Westpaketen bekannt war, dürfte eine Vorbildfunktion eingenommen haben.

Das Misstrauen der Konsumenten gegenüber den offiziellen Gütezeichen war wohl durchaus berechtigt. Wenn der Anteil der mit dem Gütezeichen „Q" ausgezeichneten Produkte von 9,4 % (1964) auf 12,7 % (1980) stieg (Schwarzer 1999, S. 60 f.), dürfte das kaum auf einen realen Anstieg der Qualität zurückzuführen sein, sondern eher auf ein Aufweichen der Standards. Die Erfolgsmeldungen der DDR-Statistik standen auch hier in einem starken Kontrast zu den Alltagserfahrungen der DDR-Bürger. Die in den 1960er Jahren eingeführten Weltstandsvergleiche wurden ebenso wie die Gütezeichen weitergeführt, jedoch weitgehend in ritualisierter Form. Die Anweisungen über die Durchführung von Weltstandsvergleichen wurden 1977 mit der Pflichtenheft-Ordnung nochmals konkretisiert. Sie schrieb vor, dass der Weltstandsvergleich in den Betrieben auf der Basis von Kennziffern zum Zeitpunkt des Produktionsbeginns zu erfolgen habe.[7] Hierin zeigte sich erneut das Bemühen der Planbehörden, mittels Quantifizierung zu objektiven Daten zu gelangen. Sie bekamen aber nur eine schematische Gegenüberstellung von teilweise nur geschätzten Zahlen mit einer willkürlichen Gewichtung (Schramm 2008a, S. 62 f.).

Wie oben ausgeführt, endeten die Weltstandsvergleiche für die neu entwickelten Produkte der DDR-Industrie meist positiv. Im internen Schriftverkehr der Betriebe und Kombinate zeigte sich jedoch eine durchaus realistische Wahrnehmung der nachlassenden Konkurrenzfähigkeit wichtiger Zweige der Industrie auf dem Weltmarkt. In den 1970er Jahren betraf das vor allem die japanische Konkurrenz, die auch den bundesdeutschen Firmen Marktanteile abnahm. So stellte Carl Zeiss Jena am Ende der 1970er Jahre fest, die japanischen Konkurrenten Olympus und Nikon hätten die optische Leistungsfähigkeit der eigenen Mikroskope erreicht und überholt.[8] Auch im Werkzeugmaschinenbau stellte eine japanische Firma wie Mitsubishi den DDR-Betrieben bereits 1973 ein schlechtes Zeugnis hinsichtlich der Qualität ihrer Produkte aus.[9] Die abnehmende Konkurrenzfähigkeit der DDR-Werkzeugmaschinen auf den Weltmärkten der 1970er und 1980er Jahre ist bekannt (Roesler 1999, S. 349–389; Specht und Haak 1996, S. 251–280). Sie wird in der bisherigen Literatur jedoch meist mit der fehlenden Elektronik begründet, die in den Maschinensteuerungen zunehmend Verwendung fand. Das war aber nicht der einzige Grund, vielmehr hatte auch der Werkzeugmaschinenbau mit konstruktiven und fertigungstechnischen Mängeln, also Qualitätsproblemen, zu kämpfen. Das unterminierte die Stellung eines Industriezweigs, der nach dem Willen der SED eine Hauptstütze des Exports hätte sein sollen (Schramm 2008b, S. 162–165). Unter diesen Bedingungen war die Entwicklung von Produktstolz und positiver Identifikation mit dem Betrieb in den meisten Fällen kaum noch möglich (vgl. zu Carl Zeiss: Schramm 2005, S. 44 f.).

Der Glaubwürdigkeitsverlust der offiziellen Qualitätsmerkmale und –verfahren wie Gütezeichen und Weltstandsvergleiche hinterließ besonders in den 1980er Jahren eine Lücke, die von anderen Kriterien gefüllt werden konnte. Eine besondere Bedeutung erlangte dabei die regionale Herkunft von Produkten. So versuchte der VEB Nordbrand Nordhausen durch Strategien der lokalen

[7]Gesetzblatt der DDR, Sonderdruck Nr. 277a, S. 23.

[8]Carl Zeiss-Archiv FE 426.

[9]Sächsisches Staatsarchiv Chemnitz, VEB Werkzeugmaschinenkombinat „Fritz Heckert" K 1018.

„Abschottung" des Betriebes, die Qualität seiner Spirituosen auch in den 1980er Jahren zu halten, was zumindest zeitweise erfolgreich war (Gries 2003, S. 429–431, 442–444). Das Gesetz über Warenkennzeichen von 1984 schuf zudem die Möglichkeit, nicht nur betriebliche Warenzeichen, sondern auch geografische Herkunftsangaben schützen zu lassen, was z. B. die Hersteller von erzgebirgischer „Volkskunst" schnell verwirklichten. Der Warenzeichenverband für Kunsthandwerk und Kunstgewerbe der DDR definierte sowohl, was unter „Erzgebirge" als auch was unter „Volkskunst" zu verstehen sei. Zwar blieben die Anforderungen etwas vage: Sie verlangten, die Produkte müssten „hauptsächlich durch Anwendung traditioneller Holzbearbeitungstechnologien" hergestellt werden (Schramm 2002, S. 144). Dennoch galt die regionale Herkunft den Konsumenten als Qualitätskennzeichen (ebd., S. 155). Das ist an sich nicht weiter verwunderlich. Gerade in Zeiten allgemeiner Qualitätsverschlechterung vertrauten die Konsumenten auf die scheinbar konstante Qualität althergebrachter Produkte und Herstellungsverfahren.

4 Konstruktionen von Qualität und der Untergang der DDR

Es wäre wohl überspitzt zu behaupten, die DDR sei wegen der mangelnden Qualität ihrer Produkte untergegangen. Insgesamt wissen wir noch viel zu wenig über die Qualität von Produkten und ihren Wandel im Zeitverlauf, da sich die Wirtschaftsgeschichte vorwiegend für Quantitäten interessiert hat. Dennoch ist offensichtlich, dass die Qualität der Produkte in mehrfacher Hinsicht für die Wirtschaft und Gesellschaft der DDR von Bedeutung war. Wie oben ausgeführt, hatte die Produktqualität vier Funktionen zu erfüllen: politische Legitimation, die Erzeugung von Produktstolz, die Intensivierung der Wirtschaft seit den 1960er Jahren und die Ermöglichung des Exports zur Refinanzierung dringend benötigter Importe.

Die Staats- und Parteiführung erkannte die Messung von Qualität spätestens seit den frühen 1960er Jahren daher auch als wichtige Aufgabe. Die offiziellen Maßstäbe wie Weltstandsvergleiche und Gütezeichen wurden jedoch weder auf den Exportmärkten noch von der eigenen Bevölkerung anerkannt und verloren immer mehr an Glaubwürdigkeit. Die Konsumenten griffen daher auf andere Maßstäbe, wie etwa die regionale Herkunft der Produkte, zurück. Die Erosion des Vertrauens in offizielle Qualitätskriterien trug zum Verlust der Glaubwürdigkeit des gesamten Regimes bei. Gleichzeitig zeigte sich in der mangelnden Qualität der Produkte aber auch die Schwierigkeit, Qualitätsmaßstäbe in eine zentrale Planung zu integrieren und vor allem diese gegenüber den Betrieben auch durchzusetzen. So darf die in den 1960er Jahren beabsichtigte Intensivierung der Wirtschaft als gescheitert gelten. Auch die Exportmöglichkeiten wurden durch die mangelnde Qualität z. B. der Werkzeugmaschinen zunehmend infrage gestellt. Unter diesen Bedingungen war die Erzeugung von Produktstolz bei den Beschäftigten der volkseigenen Betriebe in den letzten Jahren der DDR nur noch selten möglich. Die resignative Stimmung in den DDR-Betrieben bereitete die anfänglich emphatische Aufnahme der Westprodukte 1989/1990 vor.

Qualitätsprobleme sind allerdings kein Alleinstellungsmerkmal von sozialistischen Zentralverwaltungswirtschaften. Das mussten die DDR-Bürger nach der friedlichen Revolution von 1989 sehr bald erfahren. Die anfängliche Euphorie über die Verfügbarkeit von generell als besser angesehenen Westprodukten wich bereits 1991 einer zunehmenden Ernüchterung (Gries 2003, S. 17; Schramm 2002, S. 285 f.). Zwar lag dies in erster Linie an den wirtschaftlichen Problemen der Systemtransformation. Doch äußerte sich in der so genannten „Ostalgie" nicht auch eine Enttäuschung über Westprodukte, die ihre Versprechen offenbar nicht einlösen konnten?

Literatur

Apel, Erich. 1960. Auf dem Wege zum Weltniveau. *Die Arbeit* 3(2).

Beyer, Hans, Hrsg. 1964. *Qualitätskontrolle – Qualitätssicherung*. Berlin: Verlag Die Wirtschaft.

Fraunholz, Uwe, und Manuel Schramm. 2005. Hochschulen als Innovationsmotoren? Hochschul- und Forschungspolitik der 1960er Jahre im deutsch-deutschen Vergleich. *Jahrbuch für Universitätsgeschichte* 8:25–44.

Gries, Rainer. 2003. *Produkte als Medien. Kulturgeschichte der Produktkommunikation in der Bundesrepublik und der DDR*. Leipzig: Leipziger Universitäts-Verlag.

Hannemann, Christine. 2005. *Die Platte. Industrialisierter Wohnungsbau in der DDR*, 3. Aufl. Berlin: Schiller.

Herrmann, Armin. 2002. *Und trotzdem Brüder. Die deutsch-deutsche Geschichte der Firma Zeiss*. München: Piper.

Hoscislawski, Thomas. 1996. Die „Lösung der Wohnungsfrage als soziales Problem". Etappen der Wohnungsbaupolitik in der DDR. *Comparativ* 6 (3): 68–81.

Kaminsky, Annette. 2001. *Wohlstand, Schönheit, Glück. Kleine Konsumgeschichte der DDR*. München: Beck.

Kornai, Janos. 1992. *The socialist system. The poltical economy of communism*. Princeton: Clarendon Press.

Laitko, Hubert. 1996. Wissenschaftlich-technische Revolution. Akzente des Konzepts in Wissenschaft und Ideologie der DDR. *Utopie kreativ* 7:33–50.

Lein, Siegfried, Hans Neumann, und Heinz Tannert. 1961. *Unser Weg zum Weltniveau. Wie organisiert die Gewerkschaft den gemeinsamen Kampf der Arbeiter und der Intelligenz um die Erreichung des Weltniveaus?* Berlin: Tribüne.

Maier, Charles S. 2004. Two sorts of crisis? The „long" 1970s in the West and the East. In *Koordinaten deutscher Geschichte in der Epoche des Ost-West-Konflikts,* Hrsg. Hans-Günter Hockerts, 49–62. München: Oldenbourg.

Merkel, Ina. 1999. *Utopie und Bedürfnis. Die Geschichte der Konsumkultur in der DDR.* Köln: Böhlau.

Roesler, Jörg. 1999. Im Wettlauf mit Siemens. Die Entwicklung von numerischen Steuerungen für den DDR-Maschinenbau im deutsch-deutschen Vergleich. In *Deutsch-Deutsche Wirtschaft 1945 bis 1990. Strukturveränderungen, Innovationen und regionaler Wandel. Ein Vergleich,* Hrsg. Lothar Baar und Dietmar Petzina, 349–389. St. Katharinen: Scripta-Mercaturae-Verlag.

Schramm, Manuel. 2002. *Konsum und regionale Identität in Sachsen 1880–2000. Die Regionalisierung von Konsumgütern im Spannungsfeld von Nationalisierung und Globalisierung.* Stuttgart: Steiner.

Schramm, Manuel. 2005. Präzision als Leitbild? Carl Zeiss und die deutsche Innovationskultur in Ost und West, 1945–1990. *Technikgeschichte* 72:35–49.

Schramm, Manuel. 2008a. Von Asymmetrien und Parallelen: die wechselseitige Wahrnehmung von Technik in der DDR und der Bundesrepublik Deutschland. *Deutschland-Archiv* 41 (1): 59–68.

Schramm, Manuel. 2008b. *Wirtschaft und Wissenschaft in DDR und BRD. Die Kategorie Vertrauen in Innovationsprozessen.* Köln: Böhlau.

Schwarzer, Oskar. 1999. *Sozialistische Zentralplanwirtschaft in der SBZ/DDR. Ergebnisse eines ordnungspolitischen Experiments (1945–1989).* Stuttgart: Steiner.

Specht, Dieter, und René Haak. 1996. Der Beitrag des Werkzeugmaschinenbaus zur flexiblen Fertigungsautomatisierung in Deutschland. In *Innovationsverhalten und Entscheidungsstrukturen. Vergleichende Studien zur wirtschaftlichen Entwicklung im geteilten Deutschland 1945–1990,* Hrsg. Johannes Bähr und Dietmar Petzina, 251–280. Berlin: Duncker & Humblot.

Steiner, André. 2007. *Von Plan zu Plan. Eine Wirtschaftsgeschichte der DDR.* Bonn: Bundeszentrale für politische Bildung.

Wünderich, Volker. 2003. Die „Kaffeekrise" von 1977. Genussmittel und Verbraucherprotest in der DDR. *Historische Anthropologie* 11:240–261.

Konventionen und Normen der Produktqualität

Robert Salais

> *In den Gebieten, mit denen wir es zu tun haben, gibt es Erkenntnis nur blitzhaft. Der Text ist der langnachrollende Donner.*
>
> (Walter Benjamin 1983, S. 571)

Inhaltsverzeichnis

R. Salais (✉)
Ecole Normale Supérieure de Paris-Saclay, Cachan, Frankreich
E-Mail: rsalais@wanadoo.fr

R. Salais et al. (Hrsg.), *Qualitätspolitiken und Konventionen*, Soziologie der Konventionen, https://doi.org/10.1007/978-3-658-26643-1_12

Wenn Sozialwissenschaftlerinnen und Sozialwissenschaftler die Dynamik eines Wirtschaftssystems beobachten, müssen sie über die immense Vielfalt der angebotenen Produkte und Dienstleistungen, über die Komplexität ihres inneren Aufbaus und ihre Entwicklung unweigerlich ins Staunen geraten. Jedes Produkt besteht aus einer Fülle an einzelnen Elementen und mobilisiert – zumal im Kontext der Globalisierung – eine große Zahl von Unternehmen und Arbeitern mit unterschiedlichen Kompetenzen. Die Komponenten stammen aus manchmal weit voneinander entfernten Orten und Ländern mit ihren je spezifischen soziohistorischen Kontexten und institutionellen Konstellationen. Und dennoch: Trotz der fortwährend zu beobachtenden Spannungen und Reibungen, die eher ein Scheitern wahrscheinlich machen, versammeln und fügen sich Orte, Betriebe, Arbeiter und Komponenten zu einem Prozess, an dessen Ende ein fertiges Produkt steht. Wir erleben also täglich ein Wunder. Fraglich ist allerdings, wie die Sozialwissenschaften mit diesem Wunder umgehen: Müssen zu seinem Verständnis neue Paradigmen entwickelt werden oder soll man auf bewährte Erklärungsmuster zurückgreifen – und dabei eventuell riskieren, wichtige Aspekte zu übersehen?

Der theoretische und praktische Status von Normen der Produktqualität steht im Mittelpunkt dieser Problematik. Der folgende Beitrag will das Potenzial des Bruchs aufweisen, den der konventionenökonomische Ansatz gegenüber traditionellen Ansätzen impliziert. Seine Ausgangsthese ist, dass ein Koordinationsprozess wie der eingangs erwähnte nur dann gelingen kann, wenn die beteiligten Akteure auf die eine oder andere Weise zu einer „Übereinkunft" über die Konventionen, Normen oder Standards gekommen sind, die den Bezugsrahmen für die Bewertung der Qualität sowohl der eigenen Realisierungen als auch derjenigen anderer Beteiligter, sowie für die Austragung möglicher Kontroversen bilden. Die Etablierung von gemeinsamen Konventionen, Standards oder Normen der Produktqualität durch die beteiligten Akteure ist eine Grundvoraussetzung für die Entstehung eines Marktes und für sein Funktionieren – insbesondere dafür, dass er überhaupt ein Ort des Handels und der Preisbildung sein kann. Wie in der Einleitung dargelegt, können ohne die Entstehung gemeinsamen Wissens, die Schaffung geteilter Kenntnis der Qualität[1] weder Handel noch *a fortiori* Produktion entstehen und sich entwickeln.

Dieser Beitrag behandelt die Unterschiede zwischen Konvention und Norm bezüglich der Produktqualität sowie die Verbindungen und Interaktionen, die in

[1] Siehe zur Bedeutung der „geteilten Kenntnis" unten.

ökonomischen Prozessen zwischen ihnen auftreten. Diese Interdependenz von Konvention und Norm führt weiter zur Frage des Staates bzw. der Pluralität der Staatskonzepte und der an den Staat gerichteten Erwartungen.

Mit einem traditionellen sozialwissenschaftlichen Verständnis des Marktes und der Norm als Vorschrift oder Habitus wird das Potenzial der theoretischen Erneuerung nicht vollständig erfasst, das in der Untersuchung von qualitätsbezogenen Koordinationsprozessen steckt (1). Der Konventionen-Ansatz, der in den 1980er Jahren in Frankreich als „Konventionen-Ökonomie" entstanden ist und nun auch außerhalb Frankreichs bekannt wird (Diaz-Bone 2018; vgl. oben, Einleitung), stellt die Vielfalt der an der Qualität ausgerichteten Koordinationsprozesse in den Mittelpunkt (2). Das Konzept der Qualitätskonvention erlaubt eine Revision des Begriffs der Qualitätsnorm sowie ein differenzierteres Verständnis ihrer Rolle und ihres Entstehungsprozesses im Verhältnis zu den an den Staat gerichteten Erwartungen (3). Den Abschluss des Beitrags bilden einige allgemeine, weiterführende Fragen.

1 Qualität: eine Herausforderung für die Sozialwissenschaften

Inwiefern ist ein traditionelles Verständnis des Marktes und der Norm unzureichend angesichts der neuen und meist unterschätzten Realitäten, die aus der gestiegenen Sorge um die Qualität hervorgegangenen sind? Wie erklären sie das alltägliche Wunder des Gelingens von komplexen Koordinationsprozessen, an deren Ende fertige Produkte stehen?

1.1 Markt und Qualität im ökonomischen Denken

Die Wirtschaftswissenschaften kümmern sich in der großen Mehrheit ihrer Untersuchungen kaum um den Erfolg solcher Koordinationsleistungen und schreiben sie ganz einfach der Perfektion der Marktmechanismen und des Preiswettbewerbs zu. Gehen Koordinationsprozesse einmal nicht auf, werden dafür die Akteure und/oder Institutionen verantwortlich gemacht, die von Regeln und Verhaltensweisen abgewichen sind, die für das optimale Funktionieren des Marktes unabdingbar sind. Der perfekte Markt ist der universelle Bewertungsmaßstab. Alles davon Abweichende wird als Quelle von Reibungen und Effizienzminderungen betrachtet.

Zur Entstehung und zum Ausmaß der aktuellen Krise hat jedoch nicht zuletzt der seit den 1980er Jahren anhaltende Trend zur Deregulierung der verschiedenen Märkte beigetragen, eine Strategie, mit der eine möglichst große Annäherung an vermeintlich optimale Bedingungen erlaubt werden sollte. Trotzdem erweist sich dieses „Standardökonomie" genannte Denken in seinem Kern als äußerst widerstandsfähig. Man könnte darüber lachen, wenn die im Glauben an die Überlegenheit des perfekten Marktes – Finanzkrise hin oder her – durchgeführten Untersuchungen die Wirtschafts- und Finanzpolitik zahlreicher Regierungen und besonders der europäischen Behörden in Brüssel nicht weiterhin stark beeinflussen würden (Salais 2013).

François Eymard-Duvernay (1989) hat gezeigt, dass die auf den perfekten Markt und den Preiswettbewerb eingeschworene Standardökonomie ihre Forschungsstrategien teilweise verfeinert hat, um Qualitätsphänomene erfassen zu können, ohne ihre Grundannahmen infrage stellen zu müssen.[2] Die Pionierstudien von Edward H. Chamberlin (1962), George A. Akerlof (1970) und Kelvin J. Lancaster (1975) berücksichtigen Phänomene wie das Ausbleiben von Produktobjektivierung[3], Informationsasymmetrien[4] oder die Diversität der Qualitäts- und Bewertungskriterien. Diese werden allerdings als dem Markt äußerlich angenommen. Mit Blick auf die Standardisierungsprozesse und auf die Massenprodukte (wie das berühmte Model T von Ford) haben Organisationsspezialisten wie Ronald H. Coase (1937, S. 386–405), Oliver E. Williamson (1975) oder Alfred D. Chandler (1977) die überlegene ökonomische Rationalität der großen Unternehmen am Markt mit den geringeren Transaktionskosten und den Größenvorteilen gerechtfertigt, die sich aus der Reproduzierbarkeit standardisierter Produkte ergaben.

In seiner Rezension der 2016 erschienenen Monografie *Économie du bien commun* des Wirtschaftsnobelpreisträgers Jean Tirole hebt Christian Bessy (2017) die zentrale Rolle der Informationsasymmetrie hervor. Dort wird die Finanzkrise des Jahres 2008 als Lehrbuchfall des Konzepts der Informationsasymmetrie präsentiert – eine Beispielhaftigkeit, die sich vor allem vor dem Hintergrund

[2]Eymard-Duvernay schöpfte aus dieser Abwehrstrategie Inspiration bei der Erfindung der Qualitätskonvention.

[3]Die Einzigartigkeit des Produkts, z. B. aufgrund persönlicher Beziehungen zwischen Käufer und Verkäufer.

[4]Die Unsicherheit des Käufers über die Qualität des angebotenen Produkts, die Effekte der Gegenauswahl oder der moralischen Ausnahme induziert (vgl. Stiglitz 1987, S. 1–48).

von Tiroles Ansatz der „Anreizregulierung" und den darin im Rahmen von Agenturverhältnissen implizierten Aufsichtsmechanismen ergibt. Der Handelsagent ist über sein Verhalten vollkommen informiert, aber diese Informationen sind der zu seiner Beaufsichtigung eingerichteten Agentur nur unzureichend zugänglich; aus dieser Asymmetrie folgt unmittelbar Ineffizienz. Das ist speziell der Fall bei der schwierigen Bewertung von Risiken, die der Solvenz der Finanzakteure und Banken, d. h. ihrer Lage hinsichtlich Liquidität und Sicherheiten inhärent sind. Die Finanzkrise wird folglich als einfache Fehlfunktion des Systems dargestellt, das schlicht besser reguliert werden müsste. Im Gegensatz zu Joseph Stiglitz (2016) übt Tirole also weder an der Hypertrophie der Finanzmärkte Kritik noch am Vermögensindividualismus.

Bereits Ende der 1990er Jahre warf André Orléan (1999) die Frage auf, ob diese Form des Individualismus überhaupt dazu in der Lage wäre, eine Vorstellung vom gemeinsamen Interesse an den Produktionsmitteln zu entwickeln, die umfassende Zustimmung zur kollektiven Arbeit an einem geneinsamen Ziel mobilisieren könnte, und er beantwortete sie, worauf Bessy hinweist, mit nein. Die der Finanzwelt eigene individualistische Logik führt vielmehr zum Aufbau sozialer Vermittlungsinstanzen, denen es völlig an Autorität mangelt und die dem freien Flottieren der Ansichten und Meinungen ausgesetzt sind. Sicher kann man auf diesem Markt das Auftauchen von Konventionen beobachten, aber da sich die in diesem Bereich grundlegende Polarisierung eher aus einem selbstreferentiellen Nachahmungseffekt als einer in gemeinsamen Werten gründenden Beratung ergibt, stiftet sie immer nur einen unbeständigen, prekären Konsens und zieht unablässig Krisen nach sich.

Ohne die Allgemeingültigkeit des Marktmodells infrage zu stellen, versuchten die oben genannten Autoren, den unterschiedlichen Formen der inneren Koordination des Marktes (etwa persönliche Beziehungen oder Primat der Organisation) Rechnung zu tragen. Im Hinblick auf die Qualität wird die Standardökonomie aber auch in dieser erweiterten Spielart durch ein grundlegendes Bias geschwächt: durch eine Grundannahme, die in der ökonomischen Theorie „Nomenklaturhypothese" genannt wird. In ihrer einfachsten Form behauptet sie, dass die Liste der Produkte und Technologien dem Markt äußerlich ist (d. h. sie ist gegeben, bevor der Markt funktioniert). In einer komplexeren Fassung wird dagegen davon ausgegangen, dass sie Wirtschaftsakteuren vollständig, je nach Akteur auch nur vage – in jedem Fall aber unterschiedlich – bekannt sein kann (Informationsasymmetrie). In dieser positivistischen Annäherung wird Qualität als ein auf natürliche Eigenschaften reduzierbares Phänomen betrachtet und bleibt ohne jede soziale Dimension. Die Frage nach der Einrichtung von Qualitätskonventionen erscheint damit gelöst oder gar ohne Gegenstand, während sie den Markt überhaupt erst ermöglicht. Die Strategien zur Verbesserung der Standards oder zur Einrichtung neuer Standards werden tendenziell als wettbewerbsfeindlich angesehen, selbst wenn die standardisierten Produkte letztlich die effizientesten (z. B. Maschinenanlagen oder Informationstechnologien) bzw. am einfachsten zu gebrauchen sind. Paradoxerweise verstößt die deutsche Wirtschaft, die ihre dominante Stellung am Weltmarkt der Festlegung von höheren und ständig überarbeiteten Qualitätsstandards verdankt, in dieser Perspektive unablässig und vorsätzlich gegen die Vorschriften des perfekten Marktes. Man glaubt zu träumen.

Im Gegensatz dazu erinnert der konventionenökonomische Ansatz daran, dass Informationen durch kognitive Konventionen mit soziohistorischen Vorzeichen formatiert sind und eine Vielzahl an Normen in sich bergen, von denen die des perfekten Marktes nur eine ist. Um Qualität angemessen untersuchen zu können, muss man sich daher auch von einer mechanischen Vorstellung von Ökonomie verabschieden (vgl. Sen 1988) und sie als menschliche Tätigkeit analysieren: Arbeiten, Machen, Tauschen, Gebrauchen, Konsumieren, Kennen, Lernen, Diskutieren, Rechnen, Handeln, Beraten usw. Wirtschaft ist Alltagshandeln in einer spezifischen Form. Die Herstellung von Produkten und Dienstleistungen ist, als Koordination von Handlungen, nur aufgrund von Qualitätskonventionen bezüglich dieser Produkte und Dienstleistungen möglich, die selbst von (zeit)räumlich weit voneinander entfernten Beteiligten getragen werden. Ohne solche „Übereinkunft" über die Qualität fänden weder die Produkte und Dienstleistungen Käufer – noch umgekehrt.

Stellen wir uns ein (hoffentlich fiktives) Gegenbeispiel vor. Nehmen wir an, der Lieferant eines Motorteils aus Aluminiumguss beschlösse, das Aluminium durch gewöhnlichen Eisenguss zu ersetzen. Er würde dadurch seine Kosten reduzieren, seine Preise senken, wäre in einer besseren Wettbewerbsposition und könnte deshalb seine Konkurrenten verdrängen. In etwa so simpel sähen an der Standardökonomie orientierte Produktionsstrategien aus. Optimale Geschäftsabschlüsse kämen durch einfachen Preisvergleich zustande. Natürlich würde der Zulieferer in Wirklichkeit jedoch sofort aus dem Markt ausgeschlossen. Da er die bestehenden Qualitätskonventionen nicht eingehalten hätte, seine Produkte der Prüfung auf notwendige Spezifikationen nicht standhielten, würden die anderen Beteiligten ihm kaum wieder Aufträge erteilen. Keine explizite (juristische oder andere) Sanktion wäre für diesen Ausschluss notwendig; es würde genügen, dass die Koordination des Marktes, dass die Mechanismen der Bekanntschaft, des Sich-untereinander-Kennens und der Reputation, sowie die Berufung auf Werte ihre Funktion erfüllten (z. B. Gültigkeit des gegebenen Wortes; Vertrauen, Verantwortungsbewusstsein, Gerechtigkeitssinn).

1.2 Die Qualitätsnorm: Vorschrift, Habitus oder Handlungsreferenz?

Das Fehlen einer expliziten, formalisierten Sanktion für die Entscheidung des Zulieferers, sich nicht an die Qualitätskonvention zu halten, zeigt, dass diese keineswegs den rechtsverbindlichen Status einer Vorschrift oder den Charakter eines inkorporierten Habitus' besitzen muss.

Alles, was mit Qualität zusammenhängt, wird in den Sozialwissenschaften jedoch meistens ausschließlich als Frucht einer Norm mit präskriptiven Eigenschaften verstanden – besonders, wenn es sich um Normen rechtlichen Ursprungs handelt. Konventionen zwischen Akteuren finden dagegen kaum bis gar keine Berücksichtigung. In der Regel wird ein interaktiver Prozess der Normaneignung analysiert, in dem die Akteure ihre privaten Interessen durchzusetzen versuchen. Das ist die Position etwa der Organisationssoziologie oder der Rechtsökonomie, vor allem in der angelsächsischen Fassung der *law and economics* (Kirat und Deffains 2001). Der Widerspruch ist offensichtlich: Wenn die Qualitätsnorm eines Produktes sich auf eine Vorschrift reduzierte, hätten die Wirtschaftsakteure (Unternehmen, Konsumenten, Benutzer) und ihre Vertreter, wenn sie der Regel Folge leisten sollen (oder zumindest vorgeben sollen es zu tun), großes Interesse vor allem daran, diese ihren eigenen Interessen entsprechend anzupassen und zu verändern.

Dann allerdings bleibt die Forschung einer Vorstellung von Rationalität verhaftet, nach der Akteure ihre Freiheit ausschließlich in den Dienst privater Zwecke stellen. In einer solchen Perspektive ist schlicht undenkbar, dass ein Akteur von Betrachtungen über das Gemeinwohl bewegt würde, etwa durch einen kollektiven Prozess, der ihn von seinen ursprünglichen Optionen abbringt. Daraus ist der Schluss zu ziehen, dass die Institutionalisierung der Norm in Gesetzen, Dispositiven der Rechtsprechung oder öffentlichen Politiken als Reglementierung oder Korrektur abweichenden Verhaltens verstanden wird. Umgekehrt lässt der Gebrauch der Vernunft diesem Modell zufolge kaum individuelles Verhalten erwarten, das vom kollektiven Standpunkt abweicht. Die Aktionslogik der Institution wird darauf reduziert, das Individuum wie ein unreifes Kind zu bestrafen, zu stimulieren oder mit Verweis auf die möglichen Folgen zu warnen.

1.3 Reflexionsvermögen und Kritikfähigkeit

Ein auf die Arbeiten Pierre Bourdieus gestütztes Verständnis der Norm als inkorporierter Habitus kann die Qualitätsnorm ebenfalls nicht angemessen erfassen. Weder die Norm noch die Konvention können auf inkorporierte Strukturen reduziert werden, die gleichsam automatisch hinter dem Rücken der unwissenden Akteure Wirkung entfalten. Personen besitzen Reflexionsvermögen; sie können über den Gebrauch der Norm nachdenken, besonders in Situationen, in denen Normen überprüft werden oder wenn mehrere Normen miteinander im Widerstreit stehen, die sich aus unterschiedlichen Wertordnungen oder Produktwelten ergeben (Boltanski und Thévenot 1991, 1999, 2007). Dennoch ist Reflexionsvermögen keine einfache Angelegenheit: Sie beruht nicht etwa auf (und führt auch nicht zu) einer besonderen Kompetenz (oder Fähigkeit), sondern auf (zu) einer umfassender zu verstehenden *capability* (Salais 2011) im Sinn etwa Amartya Sens (Sen 1993). Der Unterschied besteht zum einen darin, dass *capability* kein Persönlichkeitszustand ist. Er verlangt vielmehr einer Person Aufmerksamkeit für ihre Umwelt ab, Offenheit gegenüber in der jeweiligen Situation präsenten Menschen und Dingen. Diese erschöpft sich nicht in einem vor-urteilenden Verständnis der Situation, sei es in einem Glaubenssatz, modellhaften A priori oder Vorurteil, vielmehr zielt sie vielmehr auf ein situiertes Urteil. Ein weiterer Unterschied besteht zum anderen darin, dass diese Beurteilung danach trachtet, die der Situation angemessene Konvention zu aktualisieren.

Wir haben es also nicht mit einer sequenziellen Logik Beratung – Entscheidung – Handlung zu tun, sondern mit einem Aktualisierungsprozess, in dem es gleichzeitig um reflexives Beurteilen, um den Grad der *capability* Mobilisierung und um Engagement in Handlungen geht. Alles hängt von der Freiheit der Person ab, sich in einer Handlung zu engagieren oder es zu lassen. In diesem Aktualisierungsprozess enthüllen sowohl die Handlung, die die Person unternimmt, als auch die Art und Weise, in der sie die Situation und ihre Anordnung prüft, die Konvention „der Wahl" sowie die Interpretation dieser Konvention, die sich daraus ergibt. In solchen Prozessen geht es um vieles: um das Erlernen der Konventionen im Sinn des stetigen Abgleichs mit aus Realitätsprüfungen gezogenen Erfahrungen; um die Veränderung der Konventionen selbst; um den

Einfluss der öffentlichen Dispositive auf die legitimen Konventionen, sowohl bezüglich ihrer Auswahl als auch hinsichtlich der von ihnen zu erwartenden Ergebnisse. Wir schließen uns hier der von John Latsis und Ismaël Al Amoudi in ihrem Beitrag zur Konferenz in Cerisy-la-Salle 2009 vorgetragenen Überlegung an, der zufolge Konventionen einen prozeduralen Aspekt besitzen.[5] Sie tauchen nicht aus dem Nichts auf, sondern stellen mehr oder weniger umfangreiche Aktualisierungen, Interpretationen und Transformationen bereits existierender Konventionen dar. Die Verknüpfung zwischen den Personen und den Dingen ist, wenn man so will, die *capability,* die ermächtigende Befähigung zu einem Sein und Tun, deren Reichweite die Personen im Moment des Handelns und der Koordination spüren (De Munck 2008[6]). Es geht nicht um eine kognitive Fähigkeit (wie etwa Herbert Simon meint, der auf ihren Grenzen bezüglich Allwissenheit insistiert), sondern vielmehr um eine sehr viel differenziertere Befähigung zur Kritik, die je nach Orten, Verwirklichungen und Personen ungleich verteilt ist. Stimulation und Entwicklung, aber auch Regression dieser Befähigung werden sowohl durch die Konfiguration der Situation und ihre materiellen Dispositive als auch durch den Intellekt und das Empfinden gefördert.

Natürlich gibt es auch Verhaltensweisen, die der Norm im Sinn einer Vorschrift oder des Habitus folgen. Auf jeden Fall sollte aber vermieden werden, aus einer spezifischen Theorie ein allgemeines Modell der theoretischen Erklärung und der politischen Konstruktion zu machen und die sozioökonomische Wirklichkeit allein durch ihre Brille zu lesen. Dazu muss man sich darauf einlassen, die Definition der Qualitätsnorm von der Vorschrift oder dem Habitus hin zur Konvention als dem Handeln inhärentes Referenzmodell zu verschieben. Auch von der Vorstellung der Institution als vorgängiger Rahmung von opportunistischen Verhaltensweisen sollte man sich verabschieden; weiter führt es nämlich, Institutionen als Dispositive der Konfliktregelung und der Koordinationsförderung zu betrachten (Salais 2003). Am Ende dieser doppelten Verschiebung kann die Norm, wie wir unten (Abschn. 3) sehen werden, nicht mehr unabhängig von der Konvention und von ihrem Status als Handlungsreferenz gedacht werden.

[5]Die Beiträge zur Konferenz „Conventions. L'intersubjectif et le normatif" sind nicht veröffentlicht worden. Die oben zitierten Ideen sind indes von den genannten Autoren an anderer Stelle ausgeführt worden (Latsis 2005, 2006; Al Amoudi und Latsis 2014).

[6]Wie die übrigen Autorinnen und Autoren des Bandes, aus dem sein hier zitierter Beitrag stammt, übernimmt Jean De Munck nicht den Neologismus *capability,* sondern übersetzt das Wort mit Fähigkeit/Kompetenz.

2 Der Zugang über Konventionen und Qualität

Theoretische Verschiebungen wie die oben erwähnte sind in den Sozialwissenschaften häufig zu beobachten. Sie sind unterschiedlich erfolgreich. Blieben Theoriedebatten nach dem Zweiten Weltkrieg bis in die 1980er Jahre zunächst aus, haben sie seither eine Wiederbelebung erfahren. Die in den 1980er Jahren in Frankreich entstandene kollektive Dynamik im Umkreis der Konventionenökonomie illustriert diese Entwicklung recht gut. Auf sie werden wir uns stützen (Abschn. 2.1), um den Unterschied zwischen *common knowledge* und *common sense knowledge* genauer zu definieren (Abschn. 2.2), um darzustellen, was man unter der Qualität eines Produktes zu verstehen hat (Abschn. 2.3) und um in die Pluralität der Qualitätskonventionen einzuführen, die der Vielfalt der Produktionswelten entspricht (Abschn. 2.4).

2.1 Die Grundthesen der Konventionentheorie

Auch wenn die Anfänge umstritten sind, kann man mit François Dosse (1995, 1998) doch soviel festhalten (Desrosières 2011): In den französischen Humanwissenschaften hat vor etwa 30 Jahren eine grundlegende Erneuerung der pragmatischen und hermeneutischen Konzepte des menschlichen Handelns und der Koordination eingesetzt (Diaz-Bone und Thévenot 2010). Begriffe wie Prozess, Sinn, Konvention, Engagement lösten ältere Konzepte wie Struktur, Invarianz, Strategie und eine als dem Handeln äußerlich verstandene Realität ab. Ob es sich dabei um Untersuchungen von Kategorien der Arbeit, der Produkte, der rechtlichen Dispositive oder des Geldes handelte – um nur einige zu nennen: Stets richteten diese Arbeiten ihre Aufmerksamkeit auf die „konventionelle" Dimension dieser Themen, auf die zeiträumliche Verortung der Koordination, auf die unterschiedlichen Möglichkeiten. Auch das theoretische Verständnis der Institutionen hat sich durch die zunehmende Berücksichtigung ihrer praktischen Wirksamkeit in Situationen kollektiven Handelns verändert. Dadurch konnte die Forschung gegenüber öffentlichen Politiken eine neue Position einnehmen: weder Denunziation noch Beratung oder nachträgliche Rechtfertigung von auf der Basis strategischer Kalküle getroffenen politischen Entscheidungen, sondern kritische Begleitung ihrer Entstehung und Bewertung der für das öffentlich-politische Handeln einschlägigen Faktoren.

Die Konventionentheorie ist in Frankreich in der Zusammenarbeit von Ökonomen, Historikern und Soziologen entstanden. Ihre Gründungsakte war das in der Märzausgabe des Jahres 1989 publizierte Themenheft der *Revue économique* („L'économie des conventions"). Dieser Publikation ging eine im Jahr 1984 am *Institut national de la statistique et des études économiques* (INSEE) veranstaltete Konferenz (Salais und Thévenot 1986) sowie ein zwischen 1986 und 1988 am *Centre de recherches en épistémologie appliquée* (CREA) ausgerichtetes Forschungsseminar voraus. Das Themenheft enthielt Beiträge von Jean-Pierre Dupuy (zur damaligen Zeit Direktor des CREA), François Eymard-Duvernay, Olivier Favereau, André Orléan, Robert Salais und Laurent Thévenot (Dupuy et al. 1989).

Die Theorie der Konventionen versucht, den in der Einleitung angesprochenen „Wundern" (Salais 2006) Rechnung zu tragen. Diese stellen alltägliche Koordinationsleistungen dar – auf den Märkten, in der Produktion, in der Arbeit und im Leben ganz allgemein. Sie geht von einem entrümpelten Set an realistischen Hypothesen aus (Wagner 1994), die Synergien zwischen Ökonomie und Sozialwissenschaft ermöglichen. Statt *von außen zu erklären,* was sich im ökonomischen Leben abspielt, wie es die Markttheorien oder die strukturalistischen Ansätze tun, versucht sie *von innen her zu verstehen,* wie die Personen und Akteure verschiedene Koordinationsprobleme lösen, mit denen sie jederzeit an verschiedenen Orten konfrontiert sind. Nur ein verstehender Zugang erhellt das Gewebe der Konventionen, die das wirtschaftliche und soziale Leben für jeden und jede von uns zugleich verständlich und praktisch machen. Das Spektrum reicht von lokalen, aus Nahbeziehungen in der Arbeit oder der Familie hervorgegangenen bis zu allgemeinen und hochkomplexen Konventionen – wie diejenigen, die das Vertrauen in Währungen stützen oder Lohnklassen definieren oder eben (wie im Fall dieses Sammelbands) die Qualität von Produkten. Alle stellen Lösungen für Koordinationsprobleme dar. Dabei kann jedes Problem mehrere „konventionelle Lösungen" haben – ein Grund für nationale Idiosynkrasien und Identitäten in den konkreten Praktiken (Salais 2008).

Das daran anknüpfende Verständnis von Ökonomie geht von den Situationen und Problemen der Koordination zwischen Personen (oder Akteuren) aus. Sie führt sukzessive den Markt und die Institutionen als Dispositive ein, die Ressourcen bieten, Erwartungen stabilisieren und Konflikte regeln. In dieser Perspektive kommt dem Staat – ihm allein oder in Zusammenarbeit mit anderen gesellschaftlichen Ebenen (Person, Familie, Region, Beruf, Branche) – die Aufgabe zu, sich um den Gemeinnutz und den Aufbau des Gemeinwohls zu kümmern.

Ein für die vorliegenden Überlegungen zentrales Konzept ist das des *common knowledge,* das die Konventionenökonomie von David Lewis übernommen hat. Was ist darunter zu verstehen?

2.2 Vom *common knowledge* zum *common sens knowledge*

Konventionen sind praktisch wirksam: Wenn Personen auf sie zurückgreifen, aktivieren sie einen Rahmen des Wissens und Handelns, *eine mögliche Welt, die sie als den übrigen Akteuren bekannt (d. h. als gemeinsam geteilte) voraussetzen können.*[7] In dieser Welt kann jede und jeder auf eine mit den anderen abgestimmte Weise agieren. Die der Situation innewohnende Unsicherheit kann überwunden und Hilfsmittel benutzt werden; Handlungen bekommen einen bestimmten Sinn. Die Wirksamkeit der Koordination kann antizipiert und das gemeinsame Ziel erreicht werden (etwa die Herstellung eines Produkts). Zudem öffnet das Wirksamwerden, die Dynamik der Konventionen Interpretationsspielräume. Eine solche Konzeption ist a priori weder instrumentell noch im landläufigen Sinn normativ. Es handelt sich vielmehr um eine praktische Rationalität.

Sicherlich ist das Programm des Konventionenansatzes ambitioniert. Es kann jedoch, wie wir weiter oben ausgeführt haben, an verschiedene Denktraditionen anknüpfen. Die Herausforderung besteht darin, Beiträge aus verschiedenen Ländern, Disziplinen und Bereichen in einem gemeinsamen sozialwissenschaftlichen Forschungsprogramm zu bündeln. Seit 1989 sind bereits viele Beiträge erschienen (Diaz-Bone und Thévenot 2010; siehe die erschöpfende Übersicht und Diskussion in Diaz-Bone 2018). Im Hintergrund dieser Arbeiten sind einige „Paten" zu erkennen: David Hume, Max Weber, John Maynard Kaynes und David Lewis sowie Alain Desrosières.

Der Philosoph und Logiker David Lewis ist eine der wichtigsten Referenzen dieser Untersuchungen. Er formalisiert die Konvention auf folgende (vereinfachte) Weise:

> „Eine Regelmäßigkeit R im Verhalten von Personen einer Population P, wenn sie Handelnde in einer wiederkehrenden Situation S sind, ist eine Konvention genau dann, wenn in der Population P allgemein bekannt[8] ist, dass bei jedem Eintreten von S

[7]Herv. d. A. Dieser Rahmen hält das Wissen und die Kenntnisse bereit, in Bezug auf die die Personen prüfen, ob die Koordination sich im Einklang mit der Konvention entwickelt – zumindest bis zu einem gewissen Punkt: Pierre Livet hat die Unentscheidbarkeit herausgearbeitet, die sich manchmal in Bezug auf zwei Optionen einstellt: ob die Koordination ihren Verlauf nimmt oder nicht (Livet 1994).

[8]Im Sinn des *common knowledge*- Konzepts. Für eine Kritik siehe Le Jallé (2009).

1. jede Person R folgt („conforms");
2. jede Person erwartet, dass alle R folgen;
3. jede Person es vorzieht, R zu folgen, und zwar unter der Bedingung, dass die andern ihr auch folgen, da S ein Koordinationsproblem ist und allgemeine Konformität zu R ein Koordinationsgleichgewicht in S darstellt." (Lewis 1969, S. 79)

Zwar legte David Lewis damit gewisse Grundlagen einer Pragmatik des Wissens und Handelns, entwickelte sie jedoch nicht weiter. Seinem topischen Schema zufolge aktiviert die Orientierung an einer Regelmäßigkeit R in einer Situation S, die sich in einer Population P ereignet, einen determinierenden Rahmen; die Gründe für dessen Existenz werden jedoch weder explizit gemacht noch analysiert. Lewis hat sich stattdessen auf das formale Schema der Koordination selbst konzentriert, d. h. auf das Geschehen *nach* dem Auftauchen dieses Rahmens. Allerdings ist für die Phase *vor* seinem Auftreten danach zu fragen, mit Hilfe welcher Fähigkeiten die Personen erkannt haben, dass R eine Regelmäßigkeit darstellt (was voraussetzt, dass sie sich zuvor auf eine Reihe wiederholter Prüfungen eingelassen haben), die in wiederkehrenden Situationen (was bedeutet, dass die Personen in ihnen Ähnlichkeiten zu der zu unternehmenden Handlung entdeckt und als solche qualifiziert haben) und einer bestimmten Gruppe (Population) auftritt (was eine Identifizierung und gemeinsame Prüfungen impliziert). Daraus kann man schließen, dass die Konventionen, auf die sich die Mitglieder dieser Population P beziehen, auf einer sozial und historisch situierten Akkumulation von Konventionen beruhen (Salais 2011). Die Mitglieder rekurrieren also nicht auf die gleichsam „heroische" These eines *common knowledge,* das die Koordination leisten soll, sondern auf ein *common sense knowledge.*

Die Kritik an der Konventionenökonomie hat sich oft auf ihre Aufnahme des *common knowledge*-Konzepts konzentriert, wie es von David Lewis, John Rawls oder den Theoretikern der rationalen Wahl verwendet wird. Louis Quéré (1993) hebt hervor, dass es sich in diesen Arbeiten weniger um einen tatsächlichen kognitiven Vorgang handelt als vielmehr um eine Art rationalen Operator, der darauf ausgerichtet ist, das Problem der Koordination mithilfe einer gemeinsam geteilten Rationalitätshypothese zu lösen. Dieser rationale Operator reicht jedoch nicht aus, um die Koordination effektiv in Bewegung zu setzen. Der Mechanismus der wechselseitigen, aufeinander bezogenen Antizipationen, den Lewis benutzt (und auf dem Jean-Pierre Dupuy seine Analyse der Reflexionseigenschaften errichtet hat) ist erhellend. Bei Lewis treten die Akteure in eine gegen Unendlich strebende Spirale wechselseitig aufeinander bezogener Antizipationen ein (von Ebene 1 bis n, n+1 usw.), um die Ebene zu finden, auf der möglicherweise davon ausgegangen werden könnte, dass die Hypothese zutrifft. Das Problem ist also in Wirklichkeit gar nicht zu lösen, worauf die *common knowledge*-Theorie mit dem (in gewisser Weise verzweifelten) epistemologischen Handstreich reagiert, das Handeln selbst als einen Sprung ins Nichts zu betrachten, d. h. als radikal ungewiss (ein unvernünftiger Glaubenssatz).

Eine andere Lösung wird von Louis Quéré vorgeschlagen. Sie beruht auf Überlegungen Ludwig Wittgensteins zum Vor-Wissen über allgemeine Natur- und Gesellschaftstatsachen, das wir aufgrund unserer Zugehörigkeit zu einer Gemeinschaft haben und das man *common sense knowledge* nennen kann. Es erlaubt wechselseitiges Verstehen im Handeln, determiniert aber weder vor dem Handeln noch für alle späteren Handlungen, auf welche Weise die Personen in einer gegebenen Situation handeln. Was in einer gegebenen Situation aktualisiert wird, ist zugleich unwiederbringlich in ihr inkorporiert und hochgradig persönlich.

Die Haltungen, die aus einer Orientierung an diesem Vor-Wissen folgen, sind also nicht rein epistemisch. Es handelt sich nicht um soziale Repräsentationen; es wäre in diesem Fall schwierig, sich die Koordination in einer konkreten Situation anders vorzustellen als vermittels einer vorhergehenden Ausrichtung aller an ein und derselben Repräsentation. Wir hätten es noch immer mit der Notwendigkeit eines vorhergehenden Konsenses, einer ex ante-Übereinkunft in den Köpfen zu tun (Chatel und Rivaud-Danset 2006). Um handeln und sich koordinieren zu können, ist es zum Glück nicht nötig, so zu denken. Demokratie als System der kollektiven Wahl basiert auf der persönlichen Freiheit der Einzelnen, zu denken und zu handeln wie sie oder er es will. Wenn unsere Art zu Handeln Ausdruck der uns eigenen Freiheit ist, kann Koordination nur vermittels einer konventionellen Dynamik stattfinden, die die stillschweigende Anpassung der Erwartungen und Handlungen gewährleistet. Aus der *common sense knowledge*-Theorie ergibt sich eine doppelte Sichtweise der Koordination: auf der einen Seite schöpft sie auf unterschiedliche Weise, je nach Situationen, Problemen und Personen aus einem reichen Vorrat an in einer Gemeinschaft vorhandenen Konventionen; auf der anderen Seite jedoch – und dieser Punkt ist wesentlich – ereignet sie sich in situierten Aktualisierungsprozessen, in denen Konventionen sich weiter entwickeln, verschwinden oder neu geschaffen werden. Diese allgemeine formale Definition ermöglicht es, die Vielfalt der Untersuchungen zur Konventionenökonomie zu ordnen. David Hume hat in seinem von Lewis zitierten Beispiel der Ruderer (Population P) in einem Schiff (einer wiederkehrenden Situation S) die Emergenz von Regelmäßigkeit im Rudern R aufgewiesen, ohne dass es vorher einen Vertrag oder ein Versprechen gegeben habe. Am Ende der Ausbildung geht diese Regelmäßigkeit in eine Konvention im vorstehenden Sinn über. Max Weber hingegen definiert die Konvention als Brauch in einer sozialen Gruppe

(d. h. einer Population P, die mit Mitteln zur sozialen Identifikation ausgestattet ist). Gegenseitige Erwartungshaltungen und die Präferenz für konformes Verhalten sind bei ihm für den Fall der Nichtbeachtung mit Sanktionen bewährt (Jagd 2007, S. 75–91). Für John Maynard Keynes wiederum ist es aufgrund von Spekulationsphänomenen unmöglich (und letztlich auch nicht sachdienlich), auf Finanzmärkten eine Grundlage für objektive Erkenntnisse zu finden (Keynes 1936, Kap. 12). Die Konvention beschränkt sich in diesem Fall auf die Präferenz für konformes Verhalten und die Bedingung, dass die anderen es genauso halten. Da der Akteur keinen Grund hat, etwas anderes anzunehmen, geht er davon aus, dass der gegenwärtige Zustand unendlich dauern wird. Zu diesen Autoren ist auch Alain Desrosières (1993, 2005) zu zählen, dessen Arbeiten über die statistischen Kategorien eine Lücke in den elaborierten Formalisierungen von David Lewis schließen. Wie erkennen Akteure eine wiederkehrende Situation – eine notwendige Bedingung dafür, dass sie überhaupt eine Regelmäßigkeit identifizieren können? Es ist die Kategorie, die eine Äquivalenz zwischen einzelnen Situationen herstellt. Erst sie schafft eine allgemeine Beschreibung und Bewertung der Situationen und ermöglicht so einen gemeinsamen Rahmen für die Koordination. Und es ist genau diese Sicherheit über einen gemeinsamen Koordinationsrahmen, die sich für die Beteiligten aus den Qualitätskonventionen ergibt.[9]

2.3 Was macht die Qualität eines Produkts aus?

Das Konzept der Qualität steht meist in Opposition zu dem der Quantität, ist aber auch zu ihm komplementär. Von der Qualität eines Produkts zu sprechen, bedeutet nicht, Fragen über seine gute oder schlechte Qualität zu stellen. Vielmehr geht es um die Gesamtheit der Kriterien oder Spezifikationen, die es *qualifizieren* und definieren. Die Qualität „Auto", um das Beispiel aus der Einleitung aufzunehmen, hängt von einem Urteil der Produzenten und Verbraucher ab, die sich kollektiv darüber einig sind, worin diese Qualität besteht. Des Weiteren ist Qualität auf Zeit und Raum indiziert. Es ist anzunehmen, dass ein Deutscher – Konsument oder Produzent – nicht nach denselben Prinzipien urteilt, was ein Auto ausmacht (erforderliche Spezifikationen, Leistungsstärke, Design usw.)

[9] Im Beitrag Postskriptum (siehe unten) gehe ich auf die Weiterentwicklungen der Konventionenökonomie ein, die heute meines Erachtens notwendig sind, um die Umwelt als Qualität einzubeziehen. Dort argumentiere ich, dass neben dem Äquivalenz- ein Identifizierungsprinzip eingeführt werden muss.

wie ein Franzose oder Italiener. Was vor 50 Jahren als Auto galt, muss heute nicht mehr unbedingt als Auto gelten – ausgenommen natürlich für Liebhaber von Oldtimern. Schließlich sind in der a priori unendlichen Menge von Merkmalen (physische, chemische Merkmale, Formen, Zusammensetzung usw.), die zur Beschreibung dieser Qualität mobilisiert werden, nicht alle gleichermaßen einschlägig. Die Relevanz der Merkmale hängt zum einen von einer Auswahl, zum anderen von der Konstruktion von Nomenklaturen, Variablen und Messinstrumenten ab. Die Verschiebung vom Gut, das von einer Nomenklatur der Naturzustände abhängig ist, zum Produkt als Horizont und Resultat einer endogenen Koordination menschlicher Handlungen ist fundamental: Menschliches Handeln hat diesem Verständnis zufolge an der durch und durch sozialen Schöpfung der realen Welt und ihrer multiplen Bedeutungen teil.

In einem solchen Prozess ist Qualität keine intrinsische, dem Handeln notwendig vorausgesetzte Produkteigenschaft mehr. Sie verliert den Status eines a priori definierten normativen Optimums. Konventionen (Qualitätskonventionen) begründen die gegenseitigen Erwartungen kollektiven Handelns und seine Ausrichtung auf ein gegebenes Produkt (ein Auto oder eine Schubkarre, um bei diesen Beispielen zu bleiben). Die Konvention formatiert die technischen Objekte und reguliert die organisatorischen Dispositive. Sie stellt Bewertungsmaßstäbe auf, an die Beurteilungsdispositive anknüpfen. Sie liefert die für die Koordination notwendige Hauptreferenz. Allerdings sollte Koordination nicht mit Kooperation verwechselt werden. Handlungen finden im Prozess der Realisierung eines kollektiven Ergebnisses statt, der Kooperation (ohne die das Ergebnis nicht erreicht werden kann) und Konflikt (über die Verteilung der Rechte, Ressourcen und des Ergebnisses) untrennbar vereint. Effizienz- und Gerechtigkeitsimperative geraten in den Praktiken wie in der Erwartungsbildung in Widersprüche zueinander, sind auf diese Weise aber auch miteinander verflochten. Latente Konflikte lauern folglich überall. Schließlich führt die Koexistenz mehrerer Qualitätskonventionen für ein Produkt tendenziell zur Segmentierung der Märkte und zur Identifizierung der Akteure; unter den ökonomischen Akteuren entsteht eine Hierarchie (z. B. unter den Unternehmern oder den Händlern).

An die Stelle der Norm treten zwei voneinander relativ unabhängige Ebenen der ökonomischen und sozialen Wirklichkeit: die Ebene der Konvention und die Ebene der Institution (Diaz-Bone und Salais 2011). Durch diese Differenzierung wird eine Fülle an Interpretationsmöglichkeiten gewonnen, die den Konflikten, Wandlungsdynamiken und krisenhaften Prozessen angemessener ist, die sich insbesondere aus den unterschiedlichen Entwicklungen von Konventionen und Institutionen ergeben.

Zwischen den von Akteuren getragenen Konventionen auf der einen und den in Institutionen, insbesondere rechtlichen Dispositiven, eingeschriebenen und stabilisierten Normen auf der anderen Seite ergeben sich komplexe Verhältnisse. Problematisch ist etwa das Verhältnis zwischen den Qualitätsstandards, die von Branchenexperten ausgearbeitet werden und mit ihren Praktiken verbunden sind, und den Qualitätsnormen, die bei der Klärung von Qualitätsfragen vor Gericht zugrunde gelegt werden (wie etwa im Fall der Lebensmittelsicherheit). Sind beide Systeme – Konventionen und Normen – miteinander kongruent oder nicht? Stellen die Normen eine Verdopplung der Konventionen dar oder folgen sie einer anderen Logik, die zwar durch die Eigendynamik des rechtlichen und politischen Feldes vorgezeichnet wird, sich aber von den Praktiken der Experten nicht vollständig lösen kann (weil sie sonst Gefahr liefe, wirkungslos zu bleiben)?

Auch die Frage nach den verschiedenen Ebenen, auf denen Normen und Konventionen etabliert werden, ist von Bedeutung. Zwischen der lokalen, nationalen, europäischen und internationalen Ebene ergeben sich jeweils Interpretationsspielräume oder Kompatibilitäten bzw. Inkompatibilitäten. Diese Spielräume führen einerseits zu Ambiguität und Unsicherheit im Hinblick auf die Verfahrensweisen und die Planungen, öffnen andererseits aber auch Perspektiven, weiten die Handlungsfreiheit und begünstigen Risikostrategien. Nicht der vollkommene Wettbewerb, sondern der Qualitätswettbewerb funktioniert als Motor des Wachstums und des internationalen Handels. Ein Land oder ein Unternehmen, dem es gelingt, seine eigenen Standards zu definieren und im Weltmarkt durchzusetzen, erringt einen absoluten Wettbewerbsvorteil, der durch eine entsprechende Politik dauerhaft erhalten bleiben kann. Bekanntlich haben zahlreiche deutsche Unternehmen aus dem Bereich des Anlagenbaus langfristig eine Position errungen, die ihnen die Fixierung von Qualitätskonventionen erlaubt.[10] Gleichzeitig wird auch die Bedeutung von Verhandlungen verständlich, die auf nationaler, mehr und mehr aber auch auf europäischer und internationaler Ebene über Qualitätsnormen geführt werden. Diese werden zur Grundlage der Konfliktregulierung, z. B. vor dem Europäischen Gerichtshof. Wenn ein Land also in der Lage ist, Produktstandards festzulegen und sie in europäischen oder internationalen Verhandlungen teilweise oder vollständig als Normen durchzusetzen, festigt es seine Position im Globalisierungsprozess.[11]

---

[10]Sie können sich auch auf Konventionen erstrecken, die die Arbeit mit den Maschinen und die Art ihres Einsatzes innerhalb der Unternehmen betreffen, die sie einsetzen.

[11]Nicht zufällig hat Deutschland in der Definition der europäischen Normen eine beherrschende Stellung innegehabt. Helmut Reihlen, der langjährige Direktor des Deutschen Instituts für Normung (DIN, daher auch die „DIN-Norm"), war einer der einflussreichen Akteure im europäischen Standardisierungsprozess (Salais 2003, S. 266–273).

2.4 Pluralität der Qualitätskonventionen und Produktionswelten

Statt alles mit dem Marktmodell zu erklären, ist es ratsam, von der Existenz einer Vielzahl von Qualitätskonventionen auszugehen und sie theoretisch auszuarbeiten. Dabei sind einige Bedingungen zu beachten:

Erstens sollte von einem pragmatischen Konzept ökonomischen Handelns ausgegangen werden. Wie sein Name sagt, wird ein Produkt produziert. Es ist Ergebnis eines Realisierungsprozesses, an dem eine Vielzahl unterschiedlicher Akteure beteiligt ist, von Herstellern über Subunternehmer und Dienstleister, Kreditgeber, Investoren und Marketingfirmen bis zu Endverbrauchern – nicht zu vergessen die Natur und die Dinge.[12]

Zweitens schlüpft ein Akteur in unterschiedlichen Phasen des Koordinationsprozesses sowohl in die Rolle des Herstellers als auch in die des Nachfragenden und behandelt die anderen Akteure entsprechend entweder als Nachfragende oder als Hersteller. Anders gesagt: eine Qualitätskonvention impliziert die Symmetrie der beiden Rollen und qualifiziert sie sogar in gewisser Hinsicht.

Drittens entspricht jedem Qualitätstyp eine eigene Welt. Das Beispiel des von Robert Salais und Michael Storper untersuchten Textilunternehmens, das vom Standardfaden zum Spezialfaden übergehen will, ist diesbezüglich erhellend (Salais und Storper 1993, S. 25–30). Den Faden zu wechseln heißt, die Produktionswelt zu wechseln. Das hat dieses Unternehmen, das (wie die Mehrzahl der Unternehmen, Berater und Banken) für seine Entscheidungen nur zwei Hauptindikatoren benutzte (Gewinnmargen und Geschäftszahlen), weder vorhergesehen noch verstanden – vor allem deshalb nicht, weil diese Indikatoren es gar nicht zuließen. Seine Modernisierung musste deshalb scheitern. Die Qualität zu verändern, ist also eine komplexe Bewegung: Auf der einen Seite werden Konventionen aufgegeben, verlieren sie ihre Gültigkeit; auf der anderen Seite werden Bedingungen für den Einstieg in eine neue Produktionswelt geschaffen, d. h. neue Konventionen gelernt und das alles in einem Zeitrahmen, der mit den Ressourcen vereinbar sein muss, über die der Akteur verfügt.

Folglich muss – viertens – die Zusammensetzung der Welt genau analysiert, müssen die Dimensionen untersucht werden, die von der Qualität mobilisiert werden. Die Gegenstände und Personen verändern sich. Das Beispiel des Fadens

[12]Zu den Dingen siehe den Beitrag Salais, Postskriptum.

und viele andere, auch historische Beobachtungen zeigen, dass zu diesen Dimensionen neben dem Endprodukt selbst auch eine angemessene Qualifikation der Gegenstände (Maschinenanlagen, Rohstoffe, Produkte im Verarbeitungsprozess, Organisationsregeln) und der Personen gehört (soziale Identitäten, Kompetenzen, Berufsklassifikationen, Definitionsregeln für Aufgaben und Löhne).

Auf der Grundlage dieser Voraussetzungen sind mehrere Konzeptionen denkbar. Storper und Salais (1997) kreuzen die beiden Seiten des Marktes (verstanden als Ort der Nachfrage) und der Produktion (in der Perspektive ihrer Organisation), um vier Idealtypen ökonomischen Handelns zu konstruieren, die Zugang zu unterschiedlichen Produktionswelten geben (siehe Abb. 1). Der Produktmarkt wird entweder als unsicher oder als berechenbar bezeichnet, je nachdem, ob die Produkte einzigartig, d. h. auf die speziellen Bedürfnisse jedes einzelnen Nachfragers abgestimmt sind (gewidmete Produkte), oder ob sie als äquivalent betrachtet und Gegenstand von Risikokalkülen werden können (generische Produkte). Die Organisation betrifft die Herstellungskoordination. Zwei Register sind hier zu unterscheiden: dasjenige der Spezialisierung einerseits (die Produkte verkörpern spezielle Aktiva wie idiosynkratisches Wissen der Arbeiter oder besondere Werkzeuge und Technologien) und dasjenige der Standardisierung andererseits (Kriterien der Reproduzierbarkeit und Austauschbarkeit lassen die Verallgemeinerung von Personen und Gegenständen zu). Diese Konstruktion stützt sich auf eine Reihe von klassischen Referenzen aus der Literatur.[13] Sie zeigt, dass das Konzept des Standards zwar an erster Stelle für die Welt der industriellen Produktion, an zweiter Stelle aber auch für die Welt des Handels gültig ist.

3 Das Verhältnis zwischen Konventionen und Normen der Qualität

Der folgende Abschnitt behandelt das Verhältnis von Norm und Konvention (Abschn. 3.1) und versucht zu vermitteln, wie man sich das Verhältnis zwischen ihnen (Abschn. 3.2) sowie den Prozess der Ausarbeitung von Qualitätsnormen vorstellen muss (Abschn. 3.3). Dabei geht es weder um Vorschriften, noch um inkorporierten Habitus oder moralische bzw. rechtliche Verpflichtungen.

[13] Für eine ausführliche Diskussion verweise ich auf Storper und Salais (1997).

Abb. 1 Die möglichen Produktionswelten. (Quelle: Salais und Storper 1993, eigene Übersetzung)

3.1 Qualitätskonventionen und Qualitätsnormen: Unterschiede und Gemeinsamkeiten

Qualitätskonventionen stehen in einer engen Beziehung zur Koordination in konkreten Handlungssituationen auf Märkten oder in Produktionsapparaten. Sie geben den Erwartungen der Akteure im Hinblick darauf eine Form, was sie wissen und glauben müssen, um in einer gegebenen Situation adäquat zur Realisierung der erwarteten Qualität beitragen zu können. Sie wirken also in den auf ein Produkt bezogenen Austauschbeziehungen ebenso wie auf Zulieferer und Auftragsgeber, die zur Herstellung des Produkts beitragen. Sie erlauben es den Akteuren, die zahllosen Ungewissheiten zu bewältigen, von denen sie umgeben sind. Diese haben drei Quellen: die anderen Teilnehmer, deren Intentionen und Aktionen per se nicht vorherzusehen sind; die Gegenstände, die gleichzeitig als Ressource und Träger der Koordination agieren und, da sie nicht übermäßig flexibel sind, die effektiven Handlungsmöglichkeiten begrenzen und ausrichten. Schließlich dauert jeder Koordinationsprozess mehr oder weniger lang. Da er durch unvorhersehbare Zwischenfälle gestört werden kann, ist sein Gelingen entsprechend prekär.

Qualitätsnormen übertragen[14] diese Konventionen (die a priori ebenso vielfältig sind wie die Koordinationsformen) in Regeln, Gesetzestexte, Reglements, institutionelle Arrangements, Verfahren etc. Normen kodifizieren Konventionen, verwandeln sie in Text. Aber diese sind noch komplexer und offener für Interpretationen als das ja bereits vielfältige Repertoire der Konventionen nahelegt, auf das sie zurückgehen. Aufgrund ihres Ursprungs und ihrer Ausgangsmaterialien sind sie als sedimentierte Kompromisse zwischen verschiedenen Qualitätskonventionen zu analysieren. Die Verhandlungen, aus denen die Gesetze oder Revisionen der Gesetze und Reglements hervorgehen, stützen sich auf extrem unterschiedliche Argumentationen, die von verschiedenen Akteuren mit divergierenden Interessen vorgebracht werden. Als kognitive Instrumente im Handlungsablauf stellen Konventionen in gewisser Weise das praktische Wissen der Akteure dar und die Argumentationen können als seine Entfaltung in Form von Diskursen betrachtet werden. Angesichts der unterschiedlichen Argumentationen und politischen Kompromisse entfernen sich die im Rahmen des

[14]Die richtige Bezeichnung für diesen Vorgang ist nicht leicht zu finden: übertragen, übersetzen im Sinne von transkribieren (transcrire), transformieren, sich stützen auf (s'appuyer sur)... In Didry und Salais (1993, 1995) haben wir uns noch für schreiben (écrire) entschieden.

Gesetzgebungsverfahrens produzierten Texte allerdings mehr oder weniger stark vom Basisrepertoire der Konventionen. Des Weiteren bieten sie Interpretationsmöglichkeiten (z. B. solche des innovativen Gebrauchs) und stellen insofern Ressourcen für die Praxis dar. Sie können in einer gegebenen Situation einer bestimmten Qualitätskonvention zusätzlich Gewicht verleihen und dazu beitragen, sie gegen andere durchzusetzen.

Das diesem Beitrag vorangestellte Zitat Walter Benjamins aufgreifend könnte man Konventionen als eine Art Erkenntnisblitz bezeichnen, der plötzlich Licht ins Dunkel der Situation bringt. Sie helfen den Akteuren *in actu* herauszufinden, was sie wie zu tun oder zu sagen haben. In Texten niedergelegte Normen rufen den Akteuren aus der Distanz in Erinnerung, dass es für den Fall der Nichtbeachtung der Konventionen Verfahren und Strafen gibt. Sie können noch nach langer Zeit (d. h. in unendlich ferner Zeit) positive oder negative Konsequenzen für die Akteure haben. Die Unterscheidung zwischen der Erkenntnis als blitzartiger Erleuchtung im Handeln und dem Text als langfristig ausgearbeitetem Produkt hat einerseits den Vorteil, die Bedeutung der sozialen Tätigkeiten des Schreibens und Bezeichnens, d. h. des Setzens von Begriffen, Diskursen oder des Sinns für Dinge zu betonen (Didry und Salais 1995). Andererseits verweist sie darauf, dass es, bei aller Distanz und allen Ressourcen, die die Kunst des Argumentierens mobilisieren kann, keineswegs gleichgültig ist, was über Qualitätsnormen geschrieben wird. Den Dingen bleibt immer ein latentes Vetorecht (selbst wenn dieser Horizont oft nicht definiert wird), das den sozialen, ökonomischen und natürlichen Realitäten eingeschrieben ist.

3.2 Die gekreuzte Dynamik von Qualitätsnormen und Qualitätskonventionen

Evelyne Serverin hat eine Definition der Qualitätsnorm vorgeschlagen, die der hier entwickelten sehr nahe kommt: Sie bezeichnet sie als „Zustandsmodell einer Sache" (Serverin 2003). Der besondere Beitrag dieser Definition besteht darin, dass sie die Rechtsnorm nicht als Vorschrift konzipiert, sondern als Modell (Jeammaud 1990).[15] In dieser Perspektive ist die Norm eine Urteilsreferenz: Mithilfe des Modells problematisieren und verstehen Richter die in einem konkreten Fall beobachtete Wirklichkeit. Bei der Betrachtung und Bewertung eines Falls

[15]Serverin und Jeammaud werden der Rechtsschule von Saint-Etienne zugerechnet.

gibt es immer mehrere einschlägige und zu berücksichtigende Rechtsnormen. Das Urteilen selbst besteht dann darin, die durch die Mobilisierung dieser Normen gewonnen Erkenntnisse innerhalb des rechtlichen Feldes zu gewichten und zu interpretieren. Das „Zustandsmodell einer Sache" stellt eine weder nur substantialistische noch ausschließlich prozedurale Definition der Qualitätsnorm dar, sondern verbindet beide Dimensionen. Als Modell kann die Norm nicht zu einer erschöpfenden Beschreibung der intrinsischen Eigenschaften einer Sache führen, sondern nur den Blick und die Informationsgewinnung in eine bestimmte Richtung lenken. Da sowohl die „Sache" als auch ihr Zustand für die Norm gleichermaßen interessant sind, kann sie von der produzierten Wirklichkeit und ihren materiellen Aspekten ebenfalls nicht absehen. Diese Definition ist dem Begriff des Dings (als vom Objekt unterschieden) sehr ähnlich, den wir im Postskriptum des vorliegenden Bandes einführen. Indem das Recht die Integration neuer Eigenschaften in das überprüfte Produkt fordert, beispielsweise vermittels Qualitätsnormen wie Respekt vor der öffentlichen Gesundheit oder Rücksichtnahme auf die Umwelt, richtet es sich dabei auch an das im Objekt präsente Ding. Für das fragliche Objekt wird auf eine Zustandsbeschreibung des in ihm enthaltenen Dings[16] abgezielt, die Eigenschaften erneut integriert, die in der Konzeption und Herstellung des Objekts weggelassen wurden.

Aufgrund ihrer Ambiguität zwischen Substanz und Verfahren führt die Qualitätsnorm eine Art Doppelleben: Beide Dimensionen weisen eine eigene Dynamik auf, obwohl sie miteinander verbunden sind, beide sind für die Realisierung des Produkts notwendig. Dass die Norm ein Leben gemäß der Figur der Institution und ein anderes gemäß der Figur der Konvention führt, wird in der Forschung jedoch oft vergessen. Letztlich geht es nämlich um die Integration der Norm in die Konvention – wobei man sich dies nicht als wortwörtliche Übertragung vorstellen darf: Vielmehr werden Spezifika des Produkts auf jeweils konkret angepasste und angemessene Weise berücksichtigt, ein Vorgang, der auf die Mobilisierung des praktischen Wissens der Akteure angewiesen ist.

Einerseits ist der erwartete Zustand einer Sache als Element eines rechtlichen Dispositivs in eine Norm oder ein Ensemble von Normen eingeschrieben, die

[16]Im Original „état de (la) chose". Dieser mehrdeutige Ausdruck bündelt einerseits allgemein die Zustandsbeschreibung (état de chose) des fraglichen Objekts, auf der anderen Seite aber auch konkret den Zustand des im Objekt enthaltenen und präsenten Dings (etat de la chose). Im Sinn der verwendeten Formel ist der konkrete Zustand des Dings-im-Objekt also Teil der Zustandsbeschreibung des Objekts (Anm. d. Übers.).

die Eigenschaften des Produkts beschreiben (z. B. bezüglich von Sicherheitsanforderungen oder des Ausschlusses von Fälschungen); meist handelt es sich um Richtlinien, die bei seiner Herstellung sowie seinem Vertrieb und Gebrauch beachtet werden müssen. Die Norm als Modell wird damit Teil eines Systems von Verfahren und Rechtsmitteln, die unbedingt zu berücksichtigen sind. Im Fall einer gerichtlichen Auseinandersetzung dient dieses Modell dazu, das Produkt zu beurteilen, dessen Qualität beanstandet wird. Nur in diesem letzten Fall werden die tatsächlichen Eigenschaften der Produkte (oder Dienstleistungen) vor dem Hintergrund derjenigen überprüft, die sie haben sollten. Im Gerichtsurteil wird das Modell also im Sinn eines normativen Maßstabs herangezogen.

Auf der anderen Seite trägt das Zustandsmodell einer Sache als Text, als in der Praxis gegenwärtige institutionelle Referenz dazu bei, den wechselseitigen Erwartungen in dem auf ein bestimmtes Produkt bezogenen Koordinationsprozess eine Form zu geben. Die ökonomischen Akteure (Unternehmen, Konsumenten usw.) müssen diese institutionelle Referenz im Auge behalten, da sie im Konfliktfall von ihr betroffen sind. In die koordinierenden Konventionen bezüglich der Produktqualität muss diese Referenz als Erkenntnisblitz auf die eine oder andere Weise integriert werden. Da die für ein bestimmtes Produkt institutionalisierten Qualitätsnormen qua textlicher Konstitution und Stabilisierung nicht unabhängig sind von den betreffenden Qualitätskonventionen, erhält man aus dieser doppelten Bewegung des Textes zum Blitz und des Blitzes zum Text eine Quelle dynamischer Interaktionen. Dieser Aspekt ist für die Analyse der Ausarbeitungsprozesse von Qualitätsnormen zentral.

3.3 Die Ausarbeitung von Qualitätsnormen

Sollte man sich damit begnügen, die Rolle der verschiedenen, an der Ausarbeitung der Qualitätsnorm beteiligten Parteien (z. B. Verbandsvertreter, wissenschaftliche und technische Experten, Juristen, Beamte der zuständigen Behörden, Vereine und Verbände usw.) zu beschreiben? Oder sollte darüber hinaus untersucht werden, welche Philosophie des Staates, welche Erwartungen bezüglich seiner Rolle und seiner Legitimität in diesen Ausarbeitungsprozessen am Werk sind? Natürlich müssen die Akteure analysiert werden, um die Art des Verhältnisses zwischen Qualitätskonventionen und professionellen Milieus einschätzen zu können. Aber nur die zweite Fragestellung kann die Besonderheiten des untersuchten Prozesses erhellen. Ohne diesen Aspekt bliebe im Übrigen auch die Natur der gegenwärtigen Auseinandersetzungen über die Marktregulierung, die Rolle der Norm sowie das Gewicht des Staates oder der Experten im Schatten verborgen (vgl. jedoch die Beiträge von Vera Hierholzer und Alessandro Stanziani in diesem Band).

Um diesen Zusammenhang zu verdeutlichen, können *grosso modo* zwei Normpraktiken unterschieden werden, auch wenn es sich in Wirklichkeit eher um eine flexible Kombinatorik handelt. Beide Praktiken entfalten zwei sehr unterschiedliche Philosophien öffentlichen Handelns und des Staates, eine ‚Konvention des abwesenden Staates' einerseits und eine ‚Konvention des situierten Staates' andererseits. Zugegeben, diese Zweiteilung ist sehr schematisch und müsste ausführlicher diskutiert werden als hier möglich ist.[17] Die erste Normpraxis reduziert die Konvention tendenziell auf ein an den Markt adressiertes Signal (d. h. ein Qualitätskennzeichen) und hebt sich kaum von den im ersten Abschnitt erwähnten wirtschaftswissenschaftlichen Traditionen ab. Die zweite stützt sich auf eine Theorie der Konvention als Verwirklichungsprozess. Sie ist eher in der Lage, die Innovationen und den Bruch zu verdeutlichen, der mit dem konventionenökonomischen Ansatz verknüpft ist.[18] Nur diese zweite Praxis scheint die Konventionen so beeinflussen zu können, dass diese die Zielstellungen der Norm in sich aufnehmen. Die Akteure empfinden sie dann nicht mehr als Zwang (wie die erste Normpraxis), sondern als Beteiligung an der Verwirklichung des Gemeinwohls. Das ist von wesentlicher Bedeutung etwa für den Kampf gegen die globale Erwärmung und ganz allgemein für den Umweltschutz. In unseren Gesellschaften geht es darum, von der vorherrschenden ‚Konvention des abwesenden Staates', der Stütze des Marktes, zu einer ‚Konvention des situierten Staates' zu gelangen, der auf dem Engagement aller für das Gemeinwohl basiert.

---

[17]Interessierte Leserinnen und Leser seien für eine umfassende Diskussion auf folgende Texte verwiesen: Kap. IV.1. der französischen Ausgabe von Salais und Storper (1993) bzw. Kap. III.10. der englischen Ausgabe von Storper und Salais (1997), sowie auf Salais (2015).

[18]Wir gehen hier nicht auf die ‚Konvention des äußeren Staates' ein, die in den in der vorstehenden Fußnote genannten Arbeiten als Gegenpol der ‚Konvention des abwesenden Staates' definiert wird. Dieser Konvention zufolge erwarten alle vom Staat, dass er allein die Normen definiert, die sie befolgen und anwenden müssen. In der Konsequenz würde sich niemand angehalten fühlen, sie zu beachten und würde nichts oder kaum etwas an seinem Verhalten ändern. Die Praxis der Freiheit konzentriert sich weiterhin auf opportunistische Ziele. In Europa wie im Rest der Welt ist die allgemeine Verbreitung einer neuen und unvorhergesehenen Hybridform zwischen äußerem und abwesendem Staat zu beobachten: die Planung des perfekten Marktes (Salais 2013).

3.3.1 Der abwesende Staat und die Norm als Zeichen

Dem Ansatz der ‚Konvention des abwesenden Staates' zufolge ist die Einrichtung einer Qualitätsnorm vor allem Sache der betroffenen Berufsverbände, auch wenn sie dabei von Experten oder Behördenvertretern unterstützt werden. Die Verantwortung für die Ausarbeitung der Norm und ihre Anwendung soll jedoch allein bei ihnen liegen und durch Verhaltenskodices oder eine Pädagogik „vorbildlicher Praxis" gewährleistet werden. Die Vertreter der Berufsverbände bringen zugunsten dieses Ansatzes das nicht ganz von der Hand zu weisende Argument vor, dass nur sie über Erfahrungen mit den Konventionen ihres Milieus verfügen. Der potenzielle Anreiz zu einer Einigung über gemeinsame Normen basiert auf dem Markt. Die unterschiedlichen Unternehmer etwa können darauf hoffen, aus der erwartbaren Stabilisierung der Konkurrenzregeln einen Gewinn zu ziehen: geringeres Dumpingrisiko innerhalb der Branche; schnelleres Wachstum des Marktes; Sicherheit der Investitionen. Der Staat interveniert nicht, sondern setzt ausschließlich negative Anreize – etwa der folgenden Art: „Wenn Ihr euch nicht selbst reguliert, wird ein Gesetz erlassen".

Dieser Ansatz geht von der Hypothese aus, dass die Akteure nur zu solchem strategischen Handeln fähig sind, das ihre Eigeninteressen maximiert. Diese Annahme macht seine Stärke, zugleich aber auch seine Schwäche aus. Denn derselbe Akteur, der eben noch aus eigenem Interesse einem Abkommen über gemeinsame Normen zugestimmt hat, wird nun die Beachtung dieser minimal (etwa durch Zertifizierung und ihre Rolle bei Schiedsgerichten und Konfliktlösungen) institutionalisierten Normen als *Zwang* betrachten, der das freie Spiel des Marktes behindert und seine eigene Handlungsfreiheit einschränkt. Er will vor allem den Käufer davon überzeugen, dass sein Produkt gut ist und er es kaufen muss. Um Rechtszwänge macht er sich keine Gedanken: Er muss nur wissen, wie man (mit) Normen umgeht, ohne sie allzu sichtbar zu verletzten.

In diesem Kontext nimmt die Qualitätsnorm tendenziell eher die Form eines Signals für den Markt an, als dass sie für die Bereitschaft steht, das Produkt gründlich zu überarbeiten. Das Produkt wird an der Oberfläche durch ein Zeichen „markiert": durch eine Marke, eine die Produktqualität attestierende Information, eine geschützte Bezeichnung, ein Label, zum Beispiel für Bio-Produkte usw. Natürlich setzt diese Markierung manchmal kollektiv etablierte Auflagen der Branchenverbände voraus. Die Hauptaufmerksamkeit gilt jedoch dem Zeichen, wobei die unterschwellige Überzeugung ausschlaggebend ist, dass der Konsument trotz seiner Kompetenzen als „Konsument" unfähig ist, die verschiedenen substanziellen Eigenschaften des Produkts zu unterscheiden. Daraus folgt ein untergründiges Abdriften in die Standardisierung, die heute auch Produkte bedroht, die auf spezifischem Wissen aufbauen. Davon zeugen etwa Arbeiten, die nur diese eine Zeichenkategorie nutzen (z. B. Ruffieux und Valceschini 1996 oder Valceschini und Mazé 2000).

Die Finanzkrise 2009/2010 belegt die Verbreitung der Norm als Zeichen weit über den Bereich der Konsumgüter hinaus. Die unkontrollierte Ausbreitung der Derivate, die die Krise mitverursacht hat, ist ein eindrückliches Beispiel. Die meisten Käufer, Banker und andere Finanzagenten, die man für Experten und Kenner hätte halten können, verstehen wenig oder gar nichts von diesen Finanzprodukten. Sie kaufen und verkaufen sie allein aufgrund der verlockenden Gewinnaussichten und der Reputation der Emittenden – und weil es alle so machen. Die mathematische Komplexität dieser Finanzprodukte gilt dabei als ein starker Ausweis für ihre – wissenschaftliche – Qualität. Aus der Krise haben die beteiligten Akteure daher auch keine Lehren bezüglich der Grenzen dieses Ansatzes gezogen und halten ihn weiterhin für angemessen.

3.3.2 Der situierte Staat und die Norm als Verwirklichungsprozess

Auch dem zweiten Ansatz zufolge stützt sich der Staat auf das Wissen der Verbandsakteure über Qualitätskonventionen. Damit sind die Ähnlichkeiten allerdings bereits erschöpft. In dieser Perspektive wird angenommen, dass Qualitätskonventionen und Qualitätsnormen ein wesentlich weiteres und bedeutenderes Feld abdecken als den Markt. Wenn Konventionen in der alltäglichen Koordination eine entscheidende Rolle spielen, dann kommt es für den situierten Staat darauf an, seine Normen in die Konventionen einzubauen. Es geht nicht darum, das Produkt nur mit einem Zeichen zu markieren. Vielmehr muss die Norm in das Produkt inkorporiert werden, in seine Zweckbestimmungen und Gebrauchsweisen ebenso eingehen wie in die Methoden, Technologien und Kapazitäten seiner Herstellung. Der situierte Staat versucht, die Möglichkeit der Inkorporierung dafür zu nutzen, in Wirtschaft und Gesellschaft Normen zu etablieren, die über den Markt hinaus das Gemeinwohl adressieren (Umweltschutz, soziale Normen, Arbeitsplatzqualität und ihre Verbesserung usw.). Sind sie erst einmal in Produkten inkorporiert, werden diese Normen alltägliches Leben und Verhalten ebenso steuern können wie Investitionen und Arbeitsweisen. An die Stelle einer mechanischen Ökonomie träte, in den Worten Amartya Sens, eine ethische Ökonomie (Sen 1988).

Dieser Ansatz läuft darauf hinaus, die ökonomische Rationalität in verschiedenen Bereichen um Gesichtspunkte des Gemeinwohls anzureichern. Das geschieht im Rahmen der ökonomischen Praxis und kollektiver Lernprozesse sowie durch Anreize, die im Inneren des Prozesses wirken. Über dieses Problem ist bisher wenig geforscht worden, obwohl eine Lösung angesichts der Herrschaft des Marktmodells ständig dringender wird. Eine Lösungsstrategie knüpft am Aushandlungsprozess der Norm an, den beteiligten Parteien, den Verfahren und der Situierung des Staates. (Eine Grundbedingung wäre natürlich, dass dieser in den Verhandlungen wirklich den Standpunkt des anzustrebenden Gemeinwohls vertritt.) Zwar ist klar, dass die Parteien des Verfahrens diejenigen sein müssen, die *de facto* an der Verwirklichung des Produkts beteiligt sind. In der Verhandlung muss das Gemeinwohl als Appell an alle Beteiligten wirken, die enge Perspektive ihrer Strategien und Interessen aufzugeben. Das scheint auf einer zu allgemeinen Ebene schwierig, wenn nicht unmöglich zu sein, da die Spielräume für strategische Manöver und Manipulationen zu groß sind. Auf einem zu niedrigen Niveau dagegen werden die allgemeinen Aspekte wahrscheinlich aus dem Blick geraten. Die Antwort auf die Frage nach der „richtigen" Ebene hängt also von vielen Faktoren ab (die Natur der Produkte, die Ausdehnung des Bereichs, für den die Normen gelten). Um sie zu finden, sollte davon ausgegangen werden, dass Gemeinwohlbezüge für die beteiligten Parteien umso wahrscheinlicher und konkreter werden, je konkreter auch der betrachtete Bereich und seine Probleme sind. Die Akteure werden vor dem Hintergrund ihrer eigenen Praxis eher einschätzen können, wie die Berücksichtigung von Gemeinwohlbezügen ihre Qualitätskonventionen verändern würde. Dasselbe würde vermutlich für die Chancen gelten, die ihnen die Integration von Gemeinwohlinteressen in ihre Praktiken böte – bezogen auf Markt, Wachstum, Rentabilität, Anerkennung, politische Legitimität, Reputation usw., je nachdem, welche Bewertungskriterien in ihrem speziellen Bereich angelegt würden. Die vorteilhafte Wirkung solcher Dynamiken bestünde darin, dass der Fortschritt sowohl der Produktrealisierungen als auch des kollektiven Vertrauens als positiver, dem Prozess immanenter Reiz und Verstärkungseffekt wirken würde.

4 Schluss

Die Bearbeitung der hier aufgeworfenen Fragen wird zweifellos zum besseren Verständnis der Qualitätsnormen und ihrer Einrichtung beitragen. Nur scheinbar haben wir uns dabei vom Problem der Qualität entfernt, denn in Wirklichkeit ist dieses heute mit Problemen des Wissens und des öffentlichen Handelns eng verknüpft. Die Herausforderungen eines situierten Staates legen unseres Erachtens eine Vertiefung und Aktualisierung der Subsidiaritätstheorien nahe (Millon-Delsol 1992) – ein Bereich, zu dem insbesondere die deutsche Tradition der politischen und sozialen Philosophie einiges beitragen könnte. Wann etwa erscheint ein Problem denjenigen konkret, die es lösen sollen? Wäre das an dem Punkt, an dem sich die Lehren der Akteure aus ihrer praktischen Erfahrung eines gegebenen Bereichs einerseits und andererseits das allgemeine und theoretische Wissen über das Gemeinwohl berühren, das sich auf diesen Bereich bezieht? An diesem Punkt sind jedenfalls wissenschaftliches Wissen und öffentliches Handeln miteinander verknüpft. Die Rationalität des subsidiären Staates impliziert, dass zuerst die Zwischenebene zu finden ist, auf der die Lösung eines kollektiven Problems am besten anzusiedeln ist, um anschließend das öffentliche Handeln organisieren und die Beteiligung bzw. den Beitrag der Akteure auf anderen Ebenen festlegen zu können. In dieser Konfiguration ist der Staat auf allen Ebenen gegenwärtig, auf der zentralen Ebene der politischen Festlegung eines zwar allgemeinen, aber dennoch angemessenen Rahmens für das Gemeinwohl ebenso wie auf den übrigen Zwischenebenen. Sein Ziel besteht nicht darin, das gesellschaftliche Leben dem Markt und seinen Kriterien zu überlassen – im Gegenteil. Der Vorrang des Gemeinwohls gegenüber dem Markt soll durchgesetzt werden, indem auf den verschiedenen Ebenen öffentliche Räume demokratischer Aushandlung erschlossen werden.

Aus dem Französischen übersetzt von Marcel Streng

Literatur

Akerlof, George A. 1970. The markets for „lemons“: Qualitative uncertainty and the market mechanism. *Quarterly Journal of Economics* 84 (3): 488–500.

Al Amoudi, Ismael, und Latsis John. 2014. The arbitrariness and normativity of social conventions. *The British journal of Sociology* 65 (2): 258–278.

Benjamin, Walter. 1983. *Das Passagenwerk.* Gesammelte Schriften, Bd. 1, 2. Frankfurt a. M.: Suhrkamp.

Bessy, Christian. 2017. La fin de l’économie. Note critique du livre de Jean Tirole 2016, L’économie du bien commun. *Revue française de socio-économie* 18:195–205.

Boltanski, Luc, und Laurent Thévenot. 1991. *De la justification. Les économies de la grandeur.* Paris: Gallimard.

Boltanski, Luc, und Laurent Thévenot. 1999. The sociology of critical capacity. *European Journal of Social Theory* 2 (3): 359–377.

Boltanski, Luc, und Laurent Thévenot. 2007. *Über die Rechtfertigung. Eine Soziologie der kritischen Urteilskraft.* Aus dem Franz. von Andreas Pfeuffer. Hamburg: Hamburger Edition.

Chamberlin, Edward H. 1962. *The theory of monopolistic competition: A reorientation of the theory of value.* Cambridge: Harvard University Press.

Chandler, Alfred D. 1977. *The visible hand. The managerial revolution in American Business.* Cambridge: Belknap Press.

Chatel, Elisabeth, und Dorothée Rivaud-Danset. 2006. L'économie des conventions: Une lecture critique à partir de la philosophie pragmatiste de John Dewey. *Revue de philosophie économique* 1 (13): 49–75.

Coase, Ronald H. 1937. The nature of the firm. *Economica* 4:386–405.

De Munck, Jean. 2008. Qu'est-ce qu'une capacité. In *La liberté au prisme des capacités. Amartya Sen au-delà du libéralisme*, Hrsg. Jean De Munck und Bénédicte Zimmermann, 21–49. Paris: Ecole des Hautes Etudes en Sciences Sociales.

Desrosières, Alain. 1993. *La politique des grands nombres. Histoire de la raison statistique*. Paris: La Découverte (dt. Desrosières, Alain. 2005. *Die Politik der großen Zahlen. Eine Geschichte der statistischen Denkweise*. Aus dem Franz. von Manfred Stern. Berlin: Springer).

Desrosières, Alain. 2011. The economics of conventions and statistics. The paradox of origins. *Historical Social Research (HSR)* 36 (4): 64–81.

Diaz-Bone, Rainer. 2018. *Die „Economie des conventions". Grundlagen und Entwicklungen der neuen französischen Wirtschaftssoziologie.* Wiesbaden: Springer VS (Erstveröffentlichung 2015).

Diaz-Bone, Rainer, und Laurent Thévenot. 2010. La sociologie des conventions. La théorie des conventions, élément central des nouvelles sciences sociales françaises. *Trivium* 5. https://journals.openedition.org/trivium/3626. Zugegriffen: 21. Jan. 2019.

Diaz-Bone, Rainer, und Robert Salais. 2011. Economics of convention and the history of economies. Towards a transdisciplinary approach in economic history. *Historical Social Research (HSR)* 36 (4): 7–39.

Didry, Claude, und Robert Salais. 1993. L'écriture des conventions du travail entre le métier et l'industrie, un moment critique: les conventions collectives de 1936–1937. In *Les conventions collectives de branche: déclin ou renouveau?* Hrsg. Annette Jobert, Jean-Daniel Reynaud, Jean Saglio, und Michelle Tallard, 77–94. Marseille: CEREQ. https://halshs.archives-ouvertes.fr/halshs-00582644. Zugegriffen: 28. Febr. 2019.

Didry, Claude, und Robert Salais. 1995. Troubles sur les produits d'Etat et écriture des conventions collectives de travail de 1936. In *L'inscription sociale du marché*, Hrsg. Annie Jacob und Hélène Vérin, 110–136. Paris: L'Harmattan. https://halshs.archives-ouvertes.fr/halshs-00582643. Zugegriffen: 28. Febr. 2019.

Dosse, François. 1995. *L'empire du sens. L'humanisation des sciences humaines*. Paris: La Découverte.

Dosse, François. 1998. *Empire of meaning: The humanization of the social sciences*. Aus dem Franz. von Hassan Mehely. Minneapolis: University of Minnesota Press.

Dupuy, Jean-Pierre, François Eymard-Duvernay, Olivier Favereau, André Orléan, Robert Salais, und Laurent Thévenot. 1989. *L'économie des conventions*. Paris: Presses de la Fondation nationale des sciences publiques (=Themenheft der Zeitschrift Revue économique 40[2]).

Eymard-Duvernay, François. 1989. Conventions de qualité et formes de coordination. *Revue économique* 40 (2): 329–359.

Jagd, Søren. 2007. Economics of conventions and new economic sociology. Mutual inspiration and dialogue. *Current Sociology* 55 (1): 75–91.

Jeammaud, Antoine. 1990. La règle de droit comme modèle. *Recueil Dalloz* 34:199–210.

Keynes, John Maynard. 1936. *Allgemeine Theorie der Beschäftigung, des Zinses und des Geldes*. Aus dem Amerik. von Fritz Waeger. München: Duncker & Humblot.

Kirat, Thierry, und Bruno Deffains, Hrsg. 2001. *Law and economics in civil law*. Oxford & Amsterdam: JAI Press & Elsevier.

Lancaster, Kelvin J. 1975. Socially optimal product differentiation. *American Economic Review* 65 (4): 567–585.

Latsis, John. 2005. Is there redemption for convention. *Cambridge Journal of Economics* 29:709–727.

Latsis, John. 2006. Convention and intersubjectivity: New developments in French economics. *Journal for the Theory of Social Behaviour* 36 (3): 255–277.

Le Jallé, Eléonore. 2009. La convention de David Hume à David Lewis: Du „sens général de l'intérêt commun" au „savoir commun". In *Normativités du sens commun*, Hrsg. Claude Gautier und Sandra Laugier, 95–107. Paris: PUF.

Lewis, David K. 1969. *Convention. A philosophical study*. Cambridge: Harvard University Press (dt. Lewis, David K. 1975. *Konventionen: Eine sprachphilosophische Abhandlung*. Aus dem Amerik. von Roland Posner und Detlef Wenzel. Berlin: de Gruyter).

Livet, Pierre. 1994. *La communauté virtuelle. Action et communication*. Paris: Editions de l'Eclat.

Millon-Delson, Chantal. 1992. *L'Etat subsidiaire*. Paris: PUF.

Orléan, André. 1999. *Le pouvoir de la finance*. Paris: Odile Jacob.

Quéré, Louis. 1993. A-t-on vraiment besoin de la notion de convention? *Réseaux* 62:19–42 (Engl.: Quéré, Louis [1995]. Do we really need the concept of convention? *Réseaux* 3 (2): 187–210. https://www.persee.fr/doc/reso_0969-9864_1995_num_3_2_3296. Zugegriffen: 28. Febr. 2019).

Ruffieux, Bernard, und Valceschini Egizio. 1996. Biens d'origine et compétence des consommateurs: Les enjeux de la normalisation dans l'agro-alimentaire. *Revue d'économie industrielle* 75:133–146.

Salais, Robert. 2003. Post-face. In *La qualité des produits en France (XVIIIe–XXe siècles)*, Hrsg. Alessandro Stanziani, 271–290. Paris: Belin.

Salais, Robert. 2006. Conventions (Économie des). In *Le dictionnaire des sciences humaines*, Hrsg. Sylvie Mesure und Patrick Savidan, 207–209. Paris: PUF.

Salais, Robert. 2008. Economics of convention: Its origins, contributions and transdisciplinary perspectives (Interview made by Rainer Diaz-Bone). *Economic Sociology. The European Electronic Newsletter* 9 (2): 6–12.

Salais, Robert. 2011. *Convention, sens commun et action publique*. Contribution au Colloque de Cerisy-la-Salle „Conventions, l'intersubjectif et le normatif" (September 2009). https://www.halshs.archives-ouvertes.fr/halshs-00577036. Zugegriffen: 28. Febr. 2019.

Salais, Robert. 2013. *Le viol de l'Europe. Enquête sur la disparition d'une idée*. Paris: PUF.

Salais, Robert. 2015. Revisiter la question de l'Etat à la lumière de la crise de l'Europe. Etat situé, Etat extérieur, Etat absent. *Revue française de socio-économie, Sonderheft* 2:245–262.

Salais, Robert, und Laurent Thévenot, Hrsg. 1986. *Le travail. Marchés, règles, conventions*. Paris: INSEE.

Salais, Robert, und Michael Storper. 1993. *Les mondes de production. Enquête sur l'identité économique de la France*. Paris: EHESS.

Sen, Amartya. 1988. *On ethics and economics*. London: Blackwell.

Sen, Amartya. 1993. Capability and well-being. In *The quality of life*, Hrsg. Amartya Sen und Martha Nussbaum, 30–52. Oxford: Clarendon.

Serverin, Evelyine. 2003. La sécurité des produits sur la scène juridique. In *La qualité des produits en France (XVIIIe–XXe siècles)*, Hrsg. Alessandro Stanziani, 241–269. Paris: Belin.

Stiglitz, Joseph. 1987. The causes and consequences of the dependence of price on quality. *Journal of Economic Literature* 25 (1): 1–48.

Stiglitz, Joseph. 2016. *The great divide: Unequal societies and what we can do about them*. New-York: Norton.

Storper, Michael, und Robert Salais. 1997. *Worlds of production. The action frameworks of the economy*. Cambridge: Harvard University Press.

Valceschini, Egizio, und Armelle Mazé. 2000. La politique de la qualité agro-alimentaire dans le contexte international. *Économie rurale* 258:30–41.

Wagner, Peter. 1994. Dispute, uncertainty and institution in recent French debates. *Journal of Political Philosophy* 2 (3): 270–289.

Williamson, Oliver E. 1975. *Markets and hierarchies: Analysis and antitrust implications. A study in the economics of internal organization*. New York: Free Press.

Teil III
Postskriptum

Das Produkt: Objekt und/oder Ding? Neue Dimensionen einer Pragmatik der Konventionen

Robert Salais

Inhaltsverzeichnis

Ich danke Christian Bessy, Ota De Leonardis, Rainer Diaz-Bone, Lisa Knoll, Augustin José Menéndez und Jean-Pierre Treuil für ihre zahlreichen Anregungen und Anmerkungen zu einer früheren Version dieses Textes. Die Verantwortung für diesen Text trägt selbstverständlich der Autor.

R. Salais (✉)
Ecole Normale Supérieure de Paris-Saclay, Paris, Frankreich
E-Mail: rsalais@wanadoo.fr

R. Salais et al. (Hrsg.), *Qualitätspolitiken und Konventionen,* Soziologie der Konventionen, https://doi.org/10.1007/978-3-658-26643-1_13

Aus den Beiträgen zum vorliegenden Band geht hervor, wie zentral Produktqualität für die Märkte und Produktionssysteme ist. Der Grund dafür ist das alles andere als marginale oder bloß technische Problem der Verständigung darüber, was, wie, mit wem und für wen produziert wird – mit anderen Worten: Der Grund ist das Produkt selbst, das die Basis sowohl der Organisation und Konfiguration der Märkte als auch der Produktion darstellt. Das Problem geht über die Ökonomie im engeren Sinn hinaus und umfasst Fragen, die in der Regel auch von der Soziologie, der Politik- oder der Rechtswissenschaft behandelt werden (etwa Fragen der kollektiven Beratung, des Übereinkommens, der rechtlichen Rahmung oder der öffentlichen Politiken). Zwischen den von den Akteuren hinsichtlich der Qualität zu lösenden, praktischen Problemen einerseits und den von den betreffenden Sozialwissenschaften vorgeschlagenen theoretischen Konzepten andererseits müssen komplexe Kopplungen hergestellt werden. Wenn überhaupt Lösungen gefunden werden, haben sie die Eigenschaft, in die Materialität der Produkte einzugehen und unsichtbar zu werden. Sie sind konstituierende Bestandteile dieser Materialität und dies nicht nur in ihrer Form, wie die Konventionenökonomie ausführlich dargelegt hat, sondern auch in ihrer Substanz. Das von François Eymard-Duvernay (1989) ausgearbeitete Konzept der Qualitätskonvention bezeichnet deshalb ein Forschungsfeld – oder besser: ein umfangreiches Spektrum an Forschungsfragen, die es heute für neue Realitäten zu öffnen gilt. Der Umweg über die Geschichte konkreter Emergenz- und Einigungsprozesse bezüglich der Qualität für eine Serie von Produkten belegt dies zur Genüge.

1 Einleitung

Wir haben uns für den Versuch entschieden, mit dem Ansatz der Konventionenökonomie Phänomene zu analysieren, die sich heute zwar vor aller Augen manifestieren, bisher jedoch kaum untersucht worden sind – Phänomene, die sich aus dem Umstand ergeben, dass die immer differenzierteren und ausgefeilteren Produkte, die wir herstellen und benutzen, uns nicht einfach selbstgenügsam zu Diensten sind, sondern negative und zerstörerische Effekte für die Umwelt und den Menschen haben, mithin hohe Kosten verursachen und die Zukunft des Planeten gefährden.[1] Immer öfter wird zum Beispiel mit Hinweis auf entsprechende Zahlen davor gewarnt, dass sich die Risiken einer Ökonomie des digitalen Wandels und der nachhaltigen Energien, die uns ja als ökologisches Modell für die Wirtschaft von Morgen präsentiert wird, als mindestens genauso, wenn nicht sogar als noch schädlicher und zerstörerischer erweisen könnten als die der Wirtschaft von heute – auf andere Weise zwar, aber doch verbunden mit höheren Kosten und größeren Schwierigkeiten. Diesem Verhängnis ist kaum zu entrinnen, denn je mehr wir versuchen, die von uns geschaffenen Objekte unseren Wünschen und Absichten zu unterwerfen, desto mehr emanzipieren sie sich von uns und zeitigen unvorhersehbare Effekte.

Dieser Beitrag ist ein Essay, der gegenüber diesen Problemen eine Öffnung versucht. So weist er wahrscheinlich die Schwächen eines Essays auf (skizzenhafte Überlegungen, die vertieft werden müssten), hat allerdings nicht notwendig auch seine Stärken (angemessene Formulierung von Forschungsperspektiven). Fünf untereinander verknüpfte Vorschläge gliedern den Text:

- Begriffliche Differenzierung zwischen Objekt und Ding sowie ihre „konventionelle“ Einheit: Jede Sache ist Objekt und Ding zugleich. Je nach Koordinierungsprozess, seinem Verlauf und seinen Charakteristika stellt sich diese Einheit in der einen oder der anderen Form dar.
- Zusätzlich zu den Konventionen, die auf der Äquivalenz der Situationen beruhen (im folgenden Konvention I genannt), werden Konventionen eingeführt, die auf die Identifizierung der Dinge gegründet sind (im folgenden Konvention II genannt).
- Das Objekt gehört zur Konvention I. Er gehorcht in allen Situationen demselben allgemeinen Prädikat. Beispiel: In den USA fahren Autofahrer auf der rechten Seite.
- Das Ding gehört zur Konvention II. Jedes Ding ist besonders. Koordinationen, die sich auf ein Ding beziehen oder sich auf ein Ding stützen, müssen dieses in allen Situationen und für alle Akteure, den es begegnet, eindeutig identifizieren.
- Als Stimme der Natur sind die Dinge dazu berufen, zu öffentlichen Dingen bzw. Angelegenheiten zu werden, sobald die Natur von Handlungen der Menschen betroffen ist.

---

[1]Bis auf umso bemerkenswertere Ausnahmen wie Claudette Lafaye und Laurent Thévenot (1993) und die These eines „grünen Gemeinwesens“, oder die Ausarbeitung einer ökologischen Konvention auf dem Weinmarkt (Diaz-Bone 2005, aufgenommen in Diaz-Bone 2018, S. 199).

Durch eine angemessene Kombination dieser Vorschläge kann es der Konventionenökonomie auf eigenständige Weise gelingen, ihr Forschungsfeld durch die Einbindung der Natur zu erweitern. Das versuchen wir zu zeigen, indem wir uns auf das Thema dieses Bandes konzentrieren: die Produktqualität.

In den Human- und Sozialwissenschaften wird im Gebrauch der Begriffe Objekt und Ding kein Unterschied gemacht. Das gilt bis heute nicht nur für die Konventionenökonomie, sondern auch für die Akteur-Netzwerk-Theorie (ANT) von Bruno Latour und Michel Callon. Seit Descartes wird das Objekt in eine Unterwerfungsbeziehung zum Menschen gestellt (wir lassen das fortan außer Acht, wenn wir den Begriff verwenden). Entweder wird es als Ressource für den Menschen betrachtet, über die er frei verfügen kann, als sein Werk, oder es ist ganz einfach außerhalb seines Wissens oder Handelns nicht existent. Heute ist diese Annahme jedoch nicht mehr haltbar, denn die „Objekte" emanzipieren sich von unserer Kontrolle und bringen unvorhersehbare Effekte hervor, die zerstörerisch oder voller vernachlässigter Potenziale sind. Sie drücken auf ihre Weise das „Ding" aus, das in ihnen steckt.

In Anlehnung an Konzepte von Aristoteles sowie des zeitgenössischen Pragmatismus schlagen wir vor, die Unterscheidung zwischen Objekt und Ding in die Konventionenökonomie einzuführen. Bisher hat die Konventionenökonomie die Allgemeinheit als gemeinsames Identifikationsprinzip auf Kosten der Besonderheit überschätzt, weil sie auf Äquivalenzoperationen zwischen singulären Situationen fokussiert war, die aus der Statistik hervorgegangen sind. Vor dem Hintergrund der Konzeption von Aristoteles bzw. der zeitgenössischen Pragmatiker könnte man auch sagen, dass sie dem Objekt (allgemein) auf Kosten des Dings (besonders) Priorität einräumte. Wir schlagen also vor, neben der auf Äquivalenz gegründeten Konvention (Konvention I) in die Konventionenökonomie eine zweite Konvention einzuführen, die auf der Identifizierung basiert (Konvention II). Kurz gesagt qualifiziert die Konvention I Gegenstände gemäß einem *Prinzip der Allgemeinheit* während die Konvention II Dinge gemäß einem *Prinzip der Besonderheit* identifiziert.[2]

Abb. 1 bietet einen Überblick über die Unterschiede zwischen Konvention I und Konvention II gemäß einer Reihe von Kriterien, die wir im Folgenden erläutern. Ihr Ausgangspunkt ist die Unterscheidung zwischen Objekt und Ding, die im

[2]Die hier beschriebenen Konventionen I und II dürfen auf keinen Fall mit den von Olivier Favereau (1986) definierten Konventionen 1 und 2 verwechselt werden. Bei Favereau beruht Konvention1 auf einer Mechanik gekreuzter Antizipationen nach Lewis; Konvention 2 gehört zur Ordnung der Bräuche und Traditionen nach Max Weber oder Michael Piore.

	Konvention I	Konvention II
Identifikation	Äquivalenz zwischen Situationen, gemäß einem allgemeinen Prädikat	Trans-Identifikation des besonderen Dings, von einer Situation und von einem Akteur zum anderen
	de dicto	*de re*
Handlungsprinzip der Konvention	Qualifiziert Objekte, gemäß einem Prinzip der Allgemeinheit	Identifiziert Dinge, gemäß einem Prinzip der Besonderheit
Verhältnis Natur–Mensch	dem Sujekt unterworfenes Objekt	dem Menschen autonom gegenüberstehendes Ding
Bestimmung des Sinns (Bedeutung und Richtung) in der Situation	Personen stehen für sich selbst wechselseitig im Fokus Logik der Interpretation und gekreuzten Antizipationen	Fokussierung der Besonderheit des Dings Erkenntnislogik
Sinngehalt	Ohne Sinngehalt	Mit Sinngehalt
Orientierung der Konvention	Aufstieg in die Allgemeinheit Orientierung auf eine gemeinsam geteilte Rechtfertigung	Abstieg in die Besonderheit Orientierung auf eine gemeinsam geteilte Erklärung
Bestimmtheit	Funktionelle Bestimmtheit des Objekts	Unbestimmtheit des Dings
Suche nach dem Erkennbaren	Das Erkennbare des Objekts ist ausgehend von seinen funktionalen und technischen Spezifikationen bereits bekannt	Das Erkennbare des Dings ist unendlich Pragmatische Ermittlung des Erkennbaren zu gegebenem Zeitpunkt und Ort
Erkenntnismodus	Individuelle Entdeckung der Hinweise, die vom Objekt zum allgemeinen Prädikat führen	Beratung zwischen Akteuren und Fürsprechern der Dinge
Zweck	Überprüfung des *common knowledge*	Bildung eines gemeinsinnigen Wissens

Abb. 1 Merkmale der Konventionen I und II im Vergleich. (Quelle: eigene Darstellung)

Anschluss an jene Schriften Aristoteles' ausgearbeitet werden kann, die unmittelbar oder indirekt den *pragmata* (*pragma* im Singular, Griechisch für Ding) gewidmet sind. Das Wort bildet die Wurzel des Pragmatismus, einer philosophischen Strömung, zu der unter anderem William James, Charles Sanders Peirce und John Dewey zählen. Daraus ergibt sich die Annäherung, die im Folgenden zwischen den Konzepten Aristoteles' und der Pragmatiker versucht wird (besonders ihrer jeweiligen Konzeptionen der Erkenntnismodi bezüglich der Dinge).

Die Unterscheidung zwischen Objekt und Ding ist in der zeitgenössischen Philosophie nicht neu. So hat etwa Heidegger das Konzept des Dings reaktualisiert und dabei dasjenige des Objekts disqualifiziert. Dies ist bei Latour und seiner Schule auf Kritik gestoßen, die für den Gebrauch des zweiten Begriffs eintreten. Der wechselseitige Irrtum dieser beiden Ansätze besteht darin, von einem Dualismus zwischen Objekt und Ding auszugehen, d. h. anzunehmen, dass das eine im Gegensatz zum anderen stehe, und folglich als Basis ihres Ansatzes entweder das eine oder das andere Konzept wählen zu müssen. Die Konventionenökonomie kann beide Ansätze gleichzeitig integrieren und zwar dadurch, dass sie sich für Konventionen der Koordination und ihre Pluralität interessiert. Ein und dieselbe Sache ist für Akteure Objekt, wenn diese sich auf eine Konvention I stützen (Äquivalenz und Aufstieg in die Allgemeinheit); sie wird für die Akteure zum Ding, wenn sie sich auf eine Konvention II stützen (Identifizierung und Abstieg in die Besonderheit). Die Sache kann von einem Zustand in den anderen übergehen, vom Objekt zum Ding werden, und umgekehrt, oder einen Mischzustand annehmen.

In dieser Sichtweise erscheinen die Konventionen der Produktqualität als emergente und zeiträumlich wandelbare Kompromisse zwischen Konventionen I und Konventionen II.

Im ersten Teil dieses Beitrags versuche ich die Notwendigkeit zu begründen, die Unterscheidung zwischen Objekt und Ding in die Konventionenökonomie einzuführen. Im Anschluss an Aristoteles werden wir zunächst genauer sehen, inwiefern das Ding kein Objekt ist. Das von Laurent Thévenot (1994) untersuchte Beispiel des Kinderwagens erlaubt es uns, die Unterscheidung konkreter zu fassen, was zu einigen Fragen bezüglich der Formalisierung führt, die Luc Boltanski und Laurent Thévenot in *Über die Rechtfertigung* (2006) vorgenommen haben.

Der zweite Teil widmet sich der Definition und Charakterisierung der Konvention II. Die aristotelische Konzeptualisierung des Dings *(pragma)* wird vertieft. Der Begriff Pragmatismus geht auf das griechische Wort *pragma* zurück und steht demnach mit der Behandlung der Dinge in Verbindung. Der Bogen zu den Konventionen wird dadurch gespannt, dass die Unterscheidung zwischen Objekt und Ding mit einer weiteren verbunden wird, die bereits in den Arbeiten von David Lewis auftaucht, nämliche derjenigen zwischen Äquivalenz und Identifizierung. Diese Verknüpfung führt weiter zur Hypothese zweier Typen von Konventionen: Der eine Typ beruht auf der Äquivalenz zwischen Situationen, die auf einem allgemeinen Prädikat basiert; der zweite Typ gründet auf einer Trans-Identifizierung zwischen Situationen, die auf der Besonderheit des Dings basiert. Die Einführung einer Konvention II veranschaulichen wir mit dem Beispiel des Salzcracker-Extruders, einer Maschine aus dem Bereich der

Lebensmittelindustrie. Der Salzcracker-Extruder kann ohne Rückgriff auf eine Konvention I auf dem Markt zirkulieren, weil jedes Exemplar eine eigene Identität und Biografie besitzt. Das ist jedoch nicht für alle Produkte der Fall. Am Gegenbeispiel des industriell hergestellten *Pesto* zeigen wir, wie eine Konvention vom zweiten Typ simuliert wird, um seinen Status als standardisiertes Objekt zu verbergen.

Schließlich fragen wir im abschließenden dritten Teil, wie eine Politik der Produktqualität aussähe, die sich auf die Dinge stützte. Die Natur erhebt ihre Stimme ausgehend von den Dingen und nicht von den Objekten, wie das Beispiel eines Pinienwaldes zeigt, in dem man der Natur und ihren Eigenschaften freien Lauf gelassen hat. Um den Bedarf an Unterhalt, Erneuerung und Weiterentwicklung der Natur ebenso in die Produkte selbst integrieren zu können wie die Folgeschäden, die ihre Reduzierung auf den Status eines Objekts hervorruft, müssen die Dinge (in dem Sinn, den wir ihnen hier geben) zum Vorschein gebracht werden, die in ihnen stecken – und zwar dadurch, dass den Konventionen vom zweiten Typ Priorität eingeräumt wird. Doch die Integration der Konventionen des zweiten Typs impliziert auch eine neue Konzeption des Politischen, der Erkenntnismodi hinsichtlich der Eigenschaften der Dinge sowie ihrer Berücksichtigung im Lebenszyklus der Produkte, ihrer Geburt wie ihres Ablebens. Vor diesem Hintergrund versuchen wir eine Form der Synthese zwischen den aristotelischen und pragmatischen Erkenntnistheorien und diskutieren Stärken und Schwächen der Akteur-Netzwerk-Theorie. Latour (1999) hat die Einrichtung eines „Parlaments der Dinge“ vorgeschlagen, um diesen vermittels einer Reihe von Fürsprechern eine Stimme zu geben, die im Verlauf der Ausarbeitung öffentlicher Politiken gehört werden soll. Wir umreißen kurz, wie dies in Bezug auf den konventionenökonomischen Ansatz aussehen könnte. Da diese Entwicklung nicht spontan eintreten kann, werfen wir einen Blick auf die spezifischen Handlungsmodi eines Staates, der die Antezedenz der Konventionen gegenüber den Institutionen zwar respektierte, sich aber auch in der Lage erwiese, dem Prozess eine Richtung zu geben.

2 Von der Notwendigkeit, sich den Dingen zu widmen

Der Begriff des Objekts ist untrennbar mit dem des Subjekts verbunden. In der westlichen Tradition steht das Objekt in einem Unterwerfungsverhältnis zum Subjekt, das es nach seinem Belieben schafft und benutzt. Diese Konzeption hat eine lange Geschichte, in deren feine Verästelungen wir hier nicht einsteigen können. Für uns „Moderne“[3] ist Descartes ihr wichtigster Schöpfer und Bezugspunkt. Er räumt der Subjektivität den zentralen Platz ein. Indem Descartes das Ego zur Sphäre der Gewissheit macht, zieht er gleichzeitig die Autonomie der Dinge in Zweifel. Was wir von einem Ding erfassen, ist nur unsere Vorstellung und nicht sein sinnliches Dasein. Wir werden sehen, dass diese Konzeption noch sehr viel älter ist. Denn ob der Mensch das Maß aller Dinge ist oder nicht, ist eine Frage, die bereits in der klassischen griechischen Philosophie diskutiert wurde. Zudem ist das allgemein gültige Modell des Objekts heute das Handelsobjekt, mithin das in Serienproduktion zum günstigsten Preis hergestellte Produkt.

Der Begriff des Dings verweist dagegen auf die unbestimmte Gesamtheit der natürlichen Eigenschaften, die ein Objekt aufweist. Gewiss behält das Objekt einerseits zwar die Eigenschaften der natürlichen Dinge, aus denen es hervorgegangen ist, ausgebeutet wird jedoch nur ein Teil dieser Eigenschaften. Das führt wiederum dazu, dass ihnen keinerlei eigener Wert beigemessen, sich nicht um ihre Reproduktion gekümmert und so die Zerstörung der ihnen innewohnenden Potenziale riskiert wird, die sich in Zukunft als für den Menschen und die Natur wesentlich herausstellen könnten. Auf der anderen Seite transzendiert das Ding das Objekt, enthält es aber gleichzeitig auch in sich. Sich auf ein Ding zu stützen, verpflichtet im Verlauf des Handelns zu einer Aktualisierung des Wertes und der zukunftsweisenden Potenziale des Dings. Ist ein auf einem solchen Verständnis des Dings beruhender Zugang zu den Produkten – sei es in ihrer Konzeption, ihrer Produktion oder ihrem Gebrauch – in der Lage, diese Tendenz umzukehren und der physischen, lebendigen Natur all ihren Wert – inklusive Erneuerung und Entwicklung – zuzugestehen?

2.1 Die Unterscheidung zwischen Objekt und Ding

Im Anschluss an Aristoteles (wir kommen darauf in Abschn. 3.1 zurück) ist unsere Prämisse, dass ein Produkt auch dann noch ein Ding ist, wenn es sich um ein vom Menschen geschaffenes Objekt handelt. Entwurf, Produktion und Gebrauch irgendeines Objekts zwingen deshalb beinahe zu dem Versuch, seine Eigenschaften zu erkennen, um sich auf sie stützen und aus ihnen Vorteile ziehen zu können. Worauf diese Aktivitäten in ihrer Entfaltung stoßen könnten, ist das

[3]Ein Lieblingsausdruck Bruno Latours, der indes die Unterscheidung zwischen Objekt und Ding verfehlt (siehe unten, Abschn. 3 und 4).

Ding. In unseren heutigen Ökonomien suchen und zielen sie jedoch nur auf das Objekt und dies umso mehr, als dieses heute – als Profitgrundlage des Kapitals – immer stärker auf das *Handels*objekt reduziert wird.

2.1.1 Die Unterwerfung des Objekts

Problematisch ist dabei hauptsächlich die spezifische Eigenschaft des Objekts, das Ding zu negieren, aus dem es extrahiert und von dem es abgetrennt worden ist. Reduktion und Trennung abstrahieren von der materiellen Dimension des Dings und negieren es auf diese Weise. Das Ding wird damit formbar gehalten, vor allem aber der Allgemeinheit unterworfen und als Objekt in die Lage versetzt, vollkommen befreit von jeglicher Bindung auf dem Markt zu zirkulieren. Das zeigen die wesentlichen Operationen, von denen die Konventionenökonomie ausgeht, um der Koordination der Menschen untereinander Rechnung zu tragen – die Suche nach Äquivalenz in singulären Situationen und die Qualifizierung der Dinge. Für die Akteure bedeutet dies, sie im Hinblick darauf zu qualifizieren, sich auf sie zu stützen. Dass diese Operationen grundlegend sind, wird in folgendem Zitat von Laurent Thévenot sehr gut zusammengefasst:

> „Die gemeinsame Zusammenhänge stiftenden Forminvestitionen implizieren sowohl eine *Qualifizierung* der Personen, die die Suche nach politischer und sozialer Äquivalenz sichern, als auch eine *Qualifizierung* der Dinge, die geeignet sind, die Behandlung der Menschen als solche mit Mitteln auszustatten." (Thévenot 1994, S. 80; Herv. R.S.)

Da sie das Objekt und nicht das Ding als Ausgangspunkt nimmt, tendiert die Forschung zur Unterschätzung des Tautologierisikos, das insofern gegeben ist, als der Begriff des Objekts, der an sich in der Allgemeinheit auflösbar ist, bereits die Evidenz der Operationen der Äquivalenz und Qualifikation voraussetzt. Wie groß ist also, mit anderen Worten, die Reichweite und der Gültigkeitsbereich von Schlüsselkonzepten wie den Äquivalenzkonventionen oder den Qualitätskonventionen? Sind sie spezifisch genug für den Fall, dass Dinge betrachtet werden und nicht Objekte?

2.1.2 Die Autonomie des Dings

Denn ein (jedes) Ding ist anders. Es führt eine eigene Existenz, weist eine eigenständige Entwicklung auf, die jedem hoffnungsfrohen Versuch der Bestimmung und Unterwerfung entgeht. Der aristotelischen Konzeption zufolge steht das Ding dem Menschen kontinuierlich entgegen, leistet es ihm fortwährend Widerstand, auch wenn es als „Objekt" produziert worden ist. Dieser Widerstand gründet in seiner Besonderheit, es lässt sich nicht auf eine allgemeine Kategorie reduzieren. Aristoteles unterstreicht in diesem Sinn: „Das Ding ist nicht nur, was dem denkenden Menschen entgegensteht, sondern auch das, was für sich selbst steht. Die Dinge sind wie die Menschensubjekte, d. h. sie besitzen an sich etwas, um eigenständig fortzubestehen." (Romeyer Dherbey 1983, S. 10)[4] Dieser Ansatz entspricht auf erstaunliche Weise der aktuellen Wirklichkeit. Forschungen im Bereich der Ökologie und der Umwelt sowie in den Naturwissenschaften allgemein weisen darauf hin, dass dem tatsächlich so ist, betrachtet man nur die Emergenz neuer Pflanzen, mutierender Bakterien, von Krankheiten, die gegen chemische und medizinische Behandlung resistent sind. Neue Eigenschaften werden entdeckt, Eigenschaften, die man zu kennen glaubte, werden in einem neuen Rahmen anders interpretiert usw. Aber auch noch in einer ganz anderen Richtung entstehen Dinge, auf die die Definition von Aristoteles zutrifft, denken wir nur an das Internet der Dinge, die Integration von Software in Produkte, an künstliche Intelligenz und Robotik: Dies sind Potenziale einer Existenz und einer Entwicklung, die ihren Erfindern, Produzenten und Benutzern entgehen. Je mehr beherrschte Objekte der Menschen schafft, desto mehr entgehen ihm die in ihnen steckenden Dinge.

Von der Prämisse einer Autonomie der Dinge gegenüber dem Menschen auszugehen, ist zweifellos ein vielversprechender Weg, um die Natur in den Angelegenheiten des Menschen wirklich berücksichtigen zu können.

2.1.3 Auf der Suche nach dem Erkennbaren

Wie Aristoteles hervorhebt, ist das für die menschlichen Aktivitäten notwendige Wissen durch das beschränkt, was von einem gegebenen Ding zu einem bestimmten Zeitpunkt an einem bestimmten Ort erkennbar ist. D. h., dass zu einem bestimmten Zeitpunkt an einem bestimmten Ort das Ding selbst das Erkennbare sowie sein Ausmaß und seine Natur bestimmt – und nicht der Mensch. Natürlich wird er große Anstrengungen bei dem Versuch, bei dem

[4]Aristoteles' Position erinnert an die immer noch aktuellen Debatten über den Realismus in der Physik. Reicht es aus, ein allgemeines mathematische Modell zu bauen und sich damit zufriedenzugeben, dass es zu allen Ergebnissen passt, die sich aus Experimenten und Beobachtungen ergeben haben, ob es einer Weltwirklichkeit entspricht oder nicht? Oder muss man sich im Gegenteil bemühen, sich einer dem Beobachter äußerlichen Realität, von der er freilich selbst ein Teil ist, „anzunähern"? Obwohl diese Realität unerreichbar ist, soll sie der ultimative Test für die Gültigkeit der wissenschaftlichen Entdeckungen sein? Diese Anmerkung verdanke ich Jean-Pierre Treuil. Zu den von der Quantenphysik aufgeworfenen Problemen siehe Bricmont (2007).

widersetzlichen Ding Ansatzpunkte zu finden, um in den Griff zu bekommen, was er an ihm sucht und benötigt. Befindet er sich in einer Welt der Objekte, muss er jedoch sehr viel weniger wissen als erkennbar wäre,[5] da ihn dann nur die kurzfristig nützlichen Eigenschaften interessieren, mit denen er ein fertig formatiertes, marktfähiges und seinen Profit steigerndes Objekt herstellen kann. Lebt der Mensch dagegen in einer Welt der Dinge, muss er indes nach dem Erkennbaren des Dings suchen. Dieses Erkennbare, sein Umfang und der Modus der Suche sind die zentralen Themen des Wissens, dessen er bedarf, um effizient handeln zu können. Er muss in diesem Fall Aristoteles zufolge „die wahre Aussage" suchen, d. h. „eine Aussage, die sich adäquat auf das Reale bezieht." (Romeyer Dherbey 1983, S. 16).

Bei einer solchen Suche spielt notwendigerweise die unbekannte Distanz zwischen den Dingen und dem eine Rolle, was über sie ausgesagt werden kann. In einem stets raumzeitlich *situierten* Aufeinandertreffen zwischen Ding und Mensch hat deshalb für Aristoteles – in einer verblüffenden Umkehr unserer heutigen Überzeugungen – *immer das Ding das letzte Wort.* Angesichts der oben genannten Beispiele werden wir beginnen müssen uns einzugestehen, dass dies heute genauso wahr ist wie früher. Die Konzeptualisierung der Tätigkeiten des Erkennens, der Produktion und des Gebrauchs muss deshalb – ob es sich um natürliche Dinge handelt oder um Artefakte – zumindest davon ausgehen, dass zwischen der Bedeutung und der Legitimität der Standpunkte der Dinge einerseits und derjenigen der Menschen andererseits (sowie ihrer jeweiligen Entwicklung) Gleichheit besteht.

Ganz allgemein (Rambaud 2015, S. 2) betrachten wir zunächst nicht menschliche Entitäten als Dinge: individuelle physische Entitäten wie Produkte, Pflanzen, Tiere, Stoffe; kollektive physische Entitäten wie Felder, Wälder, Ökosysteme, sowie abstraktere, umfassendere Entitäten wie das Klima, die Biodiversität usw. Wir werden weiter unten (Abschn. 3.1) sehen, dass Aristoteles die Definition des Dings von materiellen Objekten auf das Feld der menschlichen Unternehmungen ausweitet, d. h. auf die gemeinsamen Angelegenheiten oder öffentlichen Dinge. Diese Ausweitung unterstreicht, dass die nicht-menschlichen Entitäten den Menschen und ihren kollektiven, gemeinsamen Angelegenheiten ihre Existenz und gewissermaßen ihre Forderungen enthüllen und auf diese Weise zu öffentlichen Dingen werden.

[5]Bzw., was oft vorkommt, nur einen Teil des bereits Bekannten zu nehmen, weil er bei einem Objekt mit dem Rest nichts anfangen kann.

Um hier abzuschließen und Missverständnissen vorzubeugen, sei daran erinnert, dass Objekt und Ding zwei unterschiedliche Begriffe sind, die sich auf den jeweils unterschiedlichen Status ein und derselben Sache (um einen neutralen Terminus zu benutzen) beziehen. Eine Sache kann sowohl Ding als auch Objekt sein, enthält sie doch stets beide in sich. Im Verlauf ihres Lebens kann sie ihren Status ändern. Die Zuschreibung eines der beiden Status oder der Übergang von einem zum anderen hängen von der Konfiguration und der Dynamik der Situation ab, in der sie sich befindet. Es handelt sich dabei keineswegs um eine Qualifikation im kognitiven Sinne des Begriffs. Diese Zuschreibung gehört vielmehr zum beobachteten Prozess. Sie ist in unserem Sinn konventionell, da Menschen in der Situation präsent sind. Doch nicht nur sie können Zuschreibungen vornehmen, auch die Dinge vermögen dies zu tun.

2.2 Laurent Thévenot und der Kinderwagen: Objekt oder Ding – und in welcher Phase des Lebenswegs?

Laurent Thévenot gehört zur kleinen Zahl jener Forscher, die intuitiv ahnten, dass die Dinge das Potenzial haben, die Konventionenökonomie ernsthaft zu irritieren. Auch Nicolas Dodier, Christian Bessy und Francis Chateauraynaud sind hier (unter anderen) zu nennen.[6] Wie alle Beiträge zum Themenheft „Les objets dans l'action" der Zeitschrift *Raison pratiques* (Conein et al. 1993) stellt Laurent Thévenot zwar die Objekte in eine vollkommen menschliche Welt, in der von den Objekten erwartet wird, dass sie dem Menschen dienen, mit ihm kooperieren, sich für den Erfolg der menschlichen Unternehmungen engagieren. Es macht allerdings keinen Sinn zu behaupten, ein Objekt engagiere sich oder kooperiere! Es ist eben kein menschliches Wesen. Wenn es sich „engagiert", dann deshalb, weil es mit dieser Funktion versehen oder genau dafür programmiert wurde. Doch diese Funktion betrifft nur einen – bisweilen anekdotischen – Teilaspekt der vielen aus den physischen Eigenschaften des Dings hervorgegangenen Existenzweisen. Auch fast sie den Werdegang eines Dings während seiner gesamten Existenz nicht kaum angemessen zusammen. Das gilt ebenfalls für seine Geschichte in der *longue durée,* wie etwa Anne-Françoise Garçon am Beispiel des Stahls zeigt (in diesem Band), dessen Konzepte sich im Verlauf der Jahrhunderte ebenso beträchtlich geändert haben wie das Erkennbare.

---

[6]Vor allem im Nachwort zur zweiten Auflage ihres Buches *Experts et faussaires. Pour une sociologie de la perception* (Bessy und Chateauraynaud 2014).

Sollte man es dabei bewenden belassen? Obwohl die Differenz zwischen Ding und Objekt sowie ihre Artikulation und Bedeutung in Laurent Thévenots Text zwar nicht gedacht werden, sind sie doch in ihm angelegt. Ich möchte das nutzen, um ihre Charakterisierung voranzutreiben. Denn was sagt Laurent Thévenot über den Kinderwagen und seine Avatare? Er stellt einen Prozess dar, der nichts anderes ist als die Emergenz einer Qualitätskonvention im Moment der Schöpfung und der Integration einer Norm:

> „Wir folgen dem Ding nicht nur auf seinem Lebensweg (Konzeption, Modell, Herstellung, Kauf, Ausleihe bzw. Verleih an einen Verwandten oder eine nahestehende Person), sondern auch hinsichtlich der vielfältigen Ängste und Befürchtungen, die sein Begreifen prägen: angefangen bei den öffentlichsten Qualifikationen, die sich auf Sicherheitsgesetze oder -normen beziehen über Marken und den Markt bis hin zu den am meisten personalisierten Gebrauchsweisen. Wir haben die Gesamtheit der Akteure betrachtet die auf die eine oder andere Weise mit diesem Ding zu tun haben: Hersteller, Verbraucherschutzverbände, Versuchslabore, Zertifizierungsorgane, Sicherheitsausschüsse, Betrugsdezernate, Normierungskomitees auf französischer oder europäischer Ebene." (Thévenot 1994, S. 80)

Anders als in seinem mit Luc Boltanski verfassten Buch „De la justification" (1991; dt. Übersetzung 2007) und seiner Formalisierung der Wertordnungen (in der Reihenfolge der Vorstellung im Text: Wertordnung des Handels, industrielle, staatsbürgerliche, häusliche Wertordnungen, Wertordnung der öffentlichen Meinung, Wertordnung der Inspiration), geht es Laurent Thévenot hier darum, die Existenz eines Regimes des vertrauten Umgangs mit Dingen zu belegen (in seinen späteren Arbeiten auch Regime der Nähe genannt).[7] Dieser Ansatz ist insofern originell, als er sich im Unterschied zu den Wertordnungen auf die Qualifizierung der Dinge stützt, die nicht von „allgemeinen Evaluierungs- und Koordinierungsrahmen" abhängt (Thévenot 1994, S. 79).

Inszeniert wird eine strenge Opposition zwischen auf der einen Seite einem Ensemble an Wertordnungen und Gemeinwesen (und ihrer Modalitäten des Streits und der Rechtfertigung), die sich auf das Allgemeine stützen, und einem Regime des vertrauten Umgangs auf der anderen Seite, das sich auf das Besondere stützt. Aber befragt er nicht erstere bezüglich der Angemessenheit ihrer Berücksichtigung des Realen? Wäre es nicht von Vorteil, die Merkmale dieses Regimes in die allgemeinere Charakterisierung der Gemeinwesen selbst zu integrieren?

[7] Das Regime der Nähe fügte Thévenot in einer Vielzahl von Formen des Engagements im Handeln ein. Wir werden hier darauf nicht mehr zurückkommen (siehe z. B. Thévenot 2007).

Laurent Thévenot charakterisiert dieses Regime des vertrauten Umgangs als wechselseitige Anpassung der Dinge und der Personen aneinander, die *de facto* den Rahmen der Normierung letzterer überschreitet. Diese Vertrautheit ist kein Lernprozess in dem Sinn, dass es darum ginge, sich die Gebrauchsregeln für ein Objekt anzueignen. Sie nimmt ihren Ausgang vielmehr von

„Anhaltspunkten, von visuellen, auditiven, taktilen Indizien… Diese Indizien sind oft personalisiert; sie koinzidieren nicht mit den Anhaltspunkten, die in Funktionsregeln oder Verwendungsvorschriften explizit gemacht werden." […] „Die Dynamik der Anpassung, die diese Umtriebigkeit im Nahbereich impliziert, unterscheidet sich klar von einer Behandlung, die auf ein allgemeines Urteil und eine Rechtfertigung gerichtet ist, die die Koordinierung mit anonymen Dritten begünstigt." (Thévenot 1994, S. 81)

In dieser Beschreibung ist die Vertrautheit in Wirklichkeit ein Überfluten des Objekts durch das in ihm steckende Ding. Sie beschränkt sich tatsächlich nicht auf die Entdeckung von nicht vorgesehenen Gebrauchsweisen, sondern produziert auch charakteristische Effekte in den Prüfungsoperationen der Labore, in denen untersucht wird, ob der normierte Kinderwagen tatsächlich alle Vorschriften erfüllt.

Diese Operationen beschränken sich nicht nur drauf, den Wahrheitsgehalt der Informationen zu prüfen, die dem Verbraucher in der Gebrauchsanweisung gegeben werden (ihre diskursive Wahrhaftigkeit gewissermaßen). Es handelt sich um echte „Realitätstests", um Gebrauchstests unter realen Bedingungen (diesen versuchen sie jedenfalls so nah wie möglich zu kommen). Welche Eigenschaften hat der Kinderwagen in Gebrauchssituationen – zumindest in solchen, auf die sich die vertraglich und gesetzlich festgelegten Garantien konzentrieren? An dieser Stelle kontrastiert Laurent Thévenot die Prüfungen in wissenschaftlichen Laboren („Herausfiltern der Eigenschaften, die leicht an Naturgesetze geknüpft und folglich an klassische Messinstrumente werden können, die sich an der Gültigkeit dieser Gesetze orientieren") mit denjenigen, die für die Kinderwagen konkret durchgeführt werden müssen:

„Die Eigenschaften hängen davon ab, wie Ereignisse im Register des Handelns betrachtet werden: Der Test muss über die gute Führung des Dings urteilen. Um diese Eigenschaften von den Umständen des Gebrauchs zu lösen, müssen ins Labor Naturkräfte und Menschen in dem Messvorgang angemessenen Formen einbestellt werden, was dazu führt, dass der kanonische Katalog der registrierten wissenschaftlichen Eigenschaften über die Maßen ausgeweitet wird. So ist beispielsweise die Aufgabe, die Widerstandsfähigkeit gegen salzigen Nebel vom Verhalten an der Küste abzugrenzen, besonders schwierig umzusetzen, da die Eigenschaft in einer Situation verankert und unter den meisten anderen Umständen unmöglich auszumachen ist. Doch die Einbestellung von Menschen ist noch problematischer […]." (Thévenot 1994, S. 80 f.)

Es stellt sich mit anderen Worten heraus, dass der Kinderwagen sich als Ding (das für sich steht, dem Menschen gegenüber) einem Urteil in der Ordnung des Allgemeinen entzieht. Seinen Eigenschaften kann man sich nur über ein Urteil in der Ordnung des Besonderen, Situierten, d. h. in der Situation Erfassten annähern, wobei die Situation durch Charakteristiken gekennzeichnet ist, die sich spontan als stichhaltig erweisen.

2.3 *Über die Rechtfertigung:* Aufstieg in die Allgemeinheit oder Abstieg in die Besonderheit

Die Schlussfolgerung geht noch weiter und stellt meines Erachtens die in *Über die Rechtfertigung* ausgearbeitete Formalisierung teilweise infrage.

Bezieht sich, erstens, der Streit im Fall eines Unfalls auf den Kinderwagen als Objekt oder als Ding? Wenn dabei über das Objekt geurteilt wird, kann sich die Rechtfertigung gemäß der Axiomatik der Formalisierung auf ein allgemeines Urteil stützen. Wenn dagegen in dem Prozess das Ding auftaucht, muss die Rechtfertigung, um angenommen zu werden, von einem Urteil im Besonderen abhängen. Um ein Beispiel aus diesem Band (vgl. den Beitrag von Jakob Vogel) zu verwenden: Wenn in einer Fabrik, in der Kalisalze in Düngemittel umgewandelt werden, ein Unfall geschieht, muss nicht nur das Kalisalz als Objekt geprüft werden (entspricht seine chemische Zusammensetzung den ausgewiesenen Spezifikationen?), sondern auch herausgefunden werden, aus welchem Bergwerk das Ding (Mineral) stammt, wann es von wem und auf welche Weise gefördert worden ist usw. In Allgemeinheit aufzusteigen oder in Besonderheit abzusteigen, um eine Übereinkunft finden, ist so eine Schlüsselfrage in jedem Streit und, mehr noch, in jeder kollektiven Beratung. Die wechselnde Antwort ist ebenfalls situiert und ihr Format (allgemein oder besonders) kann nicht vorausgesetzt werden. Ohne Wort für Wort so formuliert zu sein, steht die Frage im Zentrum von Aristoteles' Überlegungen. Bei ihm ist sie mit der Konzeption des Gemeinwesens verknüpft, die allerdings stark von derjenigen abweicht, mit der in *Über die Rechtfertigung* gearbeitet wird (siehe Abschn. 4.3).

Zweitens begünstigt die Charakterisierung der Wertordnungen über die Maßen die Allgemeinheit zum Nachteil der Besonderheit. Sie hat gewissermaßen die cartesianischen Grundlagen noch nicht vollkommen aufgegeben. Dass die Wertordnungen des Handels und der Industrie vom Prinzip der Allgemeinheit abhängen, ist unstrittig. Ihre Forminvestitionen gründen auf der Ablösung der Produkte von den Personen, die sie hergestellt oder früher besessen haben, und das erlaubt ihnen die Zirkulation in Handelsräumen, die so ausgedehnt sind wie jeweils gewünscht. Diese Ablehnung wird meist über die Standardisierung der technischen Objekte (Maschinen, besonders auch Stoffe) und der Arbeitsorganisation sowie durch modulare Variationen des Produkts erreicht, mit der versucht wird, einen Kompromiss zwischen Berücksichtigung der Diversität der Nachfrage auf der einen und Standardisierung auf der anderen Seite zu finden.[8] Diese Produkte haben die Form des Objekts, da sie jedem Kontrollsystem, in das sie nicht zuletzt eingefasst sind, um mit Unordnung umgehen zu können, vollständig unterworfen und auf es reduzierbar sind.

2.3.1 Über die von der Besonderheit abhängenden Wertordnungen

Sich für die Allgemeinheit zu entscheiden, um diesem Umstand Rechnung zu tragen, ist dagegen hinsichtlich der staatsbürgerlichen, häuslichen sowie die Wertordnung der Inspiration eher diskutabel.[9] Für die häusliche Wertordnung und die Wertordnung der Inspiration beruht die gemeinsame Evaluation auf der Formierung einer Gemeinschaft, die aus Produzenten (oder Urhebern), Benutzern (oder Sammlern) sowie all jenen gebildet wird, die im Umfeld ihre Kreise ziehen (für das Gemeinwesen der Inspiration etwa die Galerien, die Kritiker, die Käufer der Museen, die Auktionatoren). Es handelt sich weniger um eine Gemeinschaft im substanziellen Sinn als um ein Kollektiv von Personen, das um die Arbeit oder ein Werk entsteht und sich entwickelt, und dessen Zusammensetzung sich von einem Werk zum nächsten ändert. Alle Personen haben untereinander Verbindungen und teilen ein Spezialwissen, das für außerhalb der Gemeinschaft stehende Personen meist nicht verständlich ist. Dieses Wissen kann nicht als allgemeiner Diskurs geschrieben werden, der – vor allem in seinen idiosynkratischsten Aspekten – zu allen sprechen würde. Nur diejenigen, die es praktizieren und mit ihm Erfahrungen haben, verfügen über dieses Wissen. Im Gegensatz zur Formalisierung, die in *Über die Rechtfertigung* analysiert und von Laurent Thévenot in seinem hier diskutierten Text aufgenommen wird, kann dieses Wissen nicht als solches zirkulieren (außer unter ganz bestimmten Bedingungen, auf die wir in Abschn. 3.3 eingehen). Dieser auf die Kumulation von Erfahrungssituationen gegründete Zugang zum Wissen ist jedoch in keiner Weise lokal begrenzt. Er produziert Kenntnisse, die sich für das Handeln und die kollektive

[8]Siehe die Charakterisierung der Handelswelt in Salais und Storper (1993, S. 42–55) sowie in Thévenot (2011) als von Standards regiert, die nur einer beschränkten Zahl an Möglichkeiten Zugang gewähren.

[9]Die Wertordnung der öffentlichen Meinung lassen wir hier beiseite.

Beratung ebenso als gültig erweisen wie das allgemeine Wissen, jedoch um den Preis einer Aufmerksamkeit für die Besonderheiten des Kontextes, mit dem man konfrontiert ist.[10] In Wahrheit gehören diese Wertordnungen zum von Laurent Thévenot konzipierten Regime des vertrauten Umgangs bzw. zu den in *Les mondes de production* beschriebenen interpersonellen und immateriellen Welten, also zur Besonderheit. Sie gehören mithin zur Konvention II, die in Abb. 1 zusammengefasst ist und die wir weiter unten eingehend behandeln (siehe Abschn. 3.2). Wir nähern uns hier aus einer anderen Richtung den Ausführungen von Christian Bessy und Francis Chateauraynaud über die Authentizitätsregime der Kunstwerke, die auf der Aufmerksamkeit für die Dinge, ihren Werdegang und ihre Prüfsituationen beruhen (siehe besonders das Nachwort „L'attention aux choses" in Bessy und Chateauraynaud 2014, S. 433–499).

Tatsächlich lassen die von diesen interpersonellen und immateriellen Wertordnungen und Welten produzierten Objekte dem Ausdruck der in ihnen steckenden *Dinge* aufgrund der Vermittlung der Menschen – bzw. Dank eines Dialogs mit ihnen – größeren Raum. Denn die Herstellung des Produkts in diesen Wertordnungen und Welten muss sich zwischen Kontingenzen, Ungewissheiten, aber auch „Anreizen" zurechtfinden, die sich aus der singulären Situation der Stoffe und Werkzeuge ergeben.

Das trifft etwa auf die Arbeit eines Handwerkers oder das Werk eines Künstlers zu, die sich mit der Integration und dem Einfügen von Singularitäten beschäftigen. Deshalb tragen die Produkte Potenziale und Überraschungen in sich. Das Produkt verfügt mit seinen Mängeln, Fehlern, Überraschungen und Überschüssen, die es gegenüber dem ursprünglichen Schema als singulär ausweisen, über eine Autonomie und eine in ihrem Umfang unbekannte Reserve an *Erkennbarem.* Man ja weiß ja z. B., dass Leserinnen und Leser in einem Forschungsartikel oder einem Buch Bedeutungen und Denkhorizonte entdecken, von denen der Autor nicht die geringste Idee hatte. Manche Künstlerinnen und Künstler wie etwa die japanischen Keramiker legen es während des Brennvorgangs darauf an, die grundlegend zufällige Entstehung von Fehlern im produzierten Stück zu begünstigen und ihm so ein Mehr an Schönheit und Wert verleihen. Eine in den Pyrenäen lebende und arbeitende Keramikerin zeigte uns vor einiger Zeit die raue und stark vernarbte Oberfläche eines ihrer Werke. Mit ihren Vorsprüngen, Riefen und ihrer starken Ausstrahlung erinnert es mich, sagte sie, an die schroffen Felsen des Cirque de Troumouse, die ich gut kenne. Sie wollte

[10] Zum notwendigen Differenzierungsvermögen siehe Abschn. 2.1.

damit nicht sagen, dass sie die Felsformation kopieren wollte, vielmehr stellte sie nachträglich einen Einfluss ihrer Umgebung auf ihr keramisches Werk fest, der ihr vorher so nicht bewusst gewesen war. Die immaterielle Welt ist *per definitionem* darauf aus, das im Ding verbliebene Erkennbare hervortreten zu lassen.

Für die häusliche Wertordnung und die Wertordnung der Inspiration wie für die interpersonelle und die immaterielle Welt liegt der Wert zwar hauptsächlich im Ding und seinen Potenzialen, aber auch im Objekt und seiner Unterwerfung unter den Markt. Das Ding unterliegt je nach Status, den es in diesem oder jenem Moment seines Lebens innehat, dem Wandel nicht nur des Wertes, sondern auch des Werttypen. Der Übergang zur Allgemeinheit des Handels versteht sich dabei nicht von selbst. Die Operation des Übergangs zur Wertordnung des Handels, d. h. die Negierung dessen, was an Dinglichkeit in den Produkten, die aus dem Ding hervorgegangen sind, vorhanden ist, muss für sich selbst untersucht werden. Überlegungen zu Vertrauen und Reputation reichen an dieser Stelle nicht aus, denn das so zur Ware gewordene Ding ist nichts anderes als eine Fälschung, ein Wiedergänger, mit anderen Worten: ein „totes" Objekt, das weder Wert noch Sinn hat (siehe unten Abschn. 3.3 das Beispiel der Nahrungsmittelprodukte).

Wir nehmen an, dass sich bezüglich der staatsbürgerlichen Wertordnung dieselben Schwierigkeiten ergeben. Neben dem Problem, dass der Staat in diesem Modell fehlt, ist die staatsbürgerliche Wertordnung trotzdem mit Dispositiven der Entscheidung, der Auswahl, des Qualitätsurteils und der kollektiven Beratung ausgestattet. Diese Dispositive müssen als Orte der Spannung zwischen dem Objekt und dem Ding bezüglich des Status der Verwirklichung und Umsetzung betrachtet werden. Das Objekt bezieht seine sprachlichen Rechtfertigungen (Aufstieg in die Allgemeinheit) aus Erwartungen bezüglich des Beitrags zum Gemeinwohl (oder Gemeinnutzen), etwa zur Beschäftigung bzw. zum Arbeitsmarkt oder zur Kommunalentwicklung. Das in ihnen enthaltene Ding tritt bei der Prüfung schwacher Besonderheit in einem Projektvorschlag plötzlich zutage. Würde man es wagen, das Projekt trotzdem umzusetzen, bestünde die Gefahr, dass es an diesen viel zu oft versteckten Schwächen scheitert. Es würde nämlich sich herausstellen, dass es einer Interessenlogik folgt, die mit staatsbürgerlicher Orientierung am Gemeinwohl nichts zu tun haben. Die Umweltschutzverbände kennen dieses Problem sehr genau. Die Sprache der Rechtfertigung durch Gemeinnützigkeit vermag oft genug, die unablässigen Angriffe auf die Umwelt zu verschleiern. Um dies kenntlich zu machen, bedarf es einer Befragung aus der Perspektive des Dings, die auf konkrete Details eingeht und sich nicht auf das Objekt beschränkt.

Umgekehrt findet man in alltäglichen Handelsgeschäften Übergänge vom Handelsobjekt zum besonderen Ding. So zeigt etwa Anna Schneider (2016), wie in einem großen, auf Standardmodeprodukte spezialisierten Kaufhaus die Angestellten und die Kundinnen und Kunden es schaffen, aus einem in China hergestellten T-Shirt, um das es bei dem Kauf geht, das Ding hervortreten zu lassen. Als eine Kundin ein T-Shirt anprobiert, findet sie, dass es ihr sehr gut steht (und die Angestellte stimmt zu). Wie die Nutzerinnen und Nutzer von Kinderwagen, von denen Laurent Thévenot schreibt, entdeckt die Kundin an diesem T-Shirt bei der Anprobe physische Eigenschaften (Anblick, Haptik, Form), die ihm allein zu eigen sind und ihm seinen Wert verleihen. Das T-Shirt hat also den Realitätstest für Dinge bestanden, von dem wir weiter oben gesprochen haben, was es ihm erlaubt seinen industriellen in einen interpersonellen Status zu ändern.

An diesem Punkt unserer Diskussion halten wir fest, dass die Konventionenökonomie in den meisten ihrer Arbeiten dazu tendiert, sich auf den Objektstatus des Produkts bzw. generell der Dinge zu konzentrieren. Auch wenn sie mit den sozialen Operationen, die Dinge als Objekte qualifizieren, ein neues und wichtiges Feld erschließt, hat sie doch die cartesianische Referenz auf die rationalistische Unterwerfung des Dings unter den Menschen noch nicht aufgegeben. Um sie in dieser Hinsicht weiterzuentwickeln, schlagen wir vor, dass sie die aristotelische Konzeption des Dings übernimmt. Wäre es nicht ein Fortschritt in dieser Richtung, zwei mögliche Status für die Dinge im Handeln auf derselben Ebene verhandeln zu können – den kartesianischen Status des Objekts auf der einen und den aristotelischen Status des Dings auf der anderen Seite? Auf diese Weise könnte der Weg für den Umgang mit neuen Realitäten frei gemacht werden, in denen sich einerseits das Ding gegenüber dem Menschen verselbstständigt und auf andererseits die Reduzierung des Dings auf den Status des Objekts zunehmende Beschädigungen der Natur und folglich des Menschen nach sich zieht.[11]

3 Auf der Suche nach Konvention II

Es gibt folglich zwei große Modalitäten der Koordinationskonvention und nicht nur eine: zum einen diejenige, die von einer Bevölkerung der Welt mit cartesianischen Objekten ausgeht (Konvention I); und zum anderen diejenige, die sie

[11] Es gibt spektakuläre Beispiele für die Beschädigungen der Natur und der Menschen in der Ökonomie des digitalen Wandels und der nachhaltigen Energien. Diese verbraucht in steigendem Maß seltene Erden, deren bekannte Reserven gering und begrenzt sind, deren Abbau die Natur und das Leben derjenigen zerstört, die dort arbeiten, und deren Recycling technisch extrem aufwendig und kostspielig ist (Pitron 2018).

als von aristotelischen Dingen bevölkert sieht (Konvention II); hinzu kommen in der Wirklichkeit verschiedene Arrangements zwischen beiden Konventionstypen. Bevor ich darauf näher eingehe, ist ein Umweg über Aristoteles und seinen Begriff des Dings notwendig, auch wenn ich weder philosophische Ambitionen hege noch eigentlich dafür kompetent bin.

Die Ausarbeitung der Konvention II führt über eine vertiefte Auseinandersetzung mit der aristotelischen Konzeption des Dings. Anschließend müssen die Begriffe Äquivalenz und Identifizierung unterschieden werden, wobei wir uns zunächst auf den einschlägigen Beitrag von David Lewis stützen und die Unterscheidung anschließend an einem Beispiel veranschaulichen, dem Salzcracker-Extruder. Schließlich kommen wir auf die für ihre Marktgängigkeit notwendige Ausstattung der von Konvention II abhängenden Dinge zurück. Dabei werde ich feststellen, dass der Marketingdiskurs die Identität eines Dings oft in die Travestie einer einfachen Rechtfertigung des Objekts verwandelt, durch die ersteres in „betrügerischer Absicht" durch letzteres ersetzt wird.

3.1 Die Dinge bei Aristoteles

Im Folgenden stütze ich mich auf das hervorragende Buch von Gilbert Romeyer Dherbey (1983). Es erinnert (oder erklärt, je nachdem, wer es liest, diesen Sachverhalt) zunächst daran, dass das griechische (bzw. altgriechische) Wort für „Ding" *pragma* lautet (im Plural: *ta pragmata*). Das führt uns zum Begriff des Pragmatismus, der so gewissermaßen in einem engen Verhältnis zu den Dingen des aristotelischen Zeitalters stünde (siehe unten, Abschn. 3).

Da es um antike Philosophie geht, sind einige Vorbehalte angebracht. Der Begriff *pragma* bezeichnet bei Aristoteles keineswegs das Ding im zeitgenössischen Sinn eines materiellen Objekts. Er bezieht sich auf das Feld sowohl der menschlichen Unternehmungen, in dem Dinge nur einen Teil ausmachen, als auch der politischen Unternehmungen, die gemeinsamen Angelegenheiten oder öffentlichen Dinge *(koina pragmata)*. Daraus folgt, dass Aristoteles weder den Menschen und das Ding noch den Diskurs *(logos)* und die Wirklichkeit der Dinge zueinander in Gegensatz bringt. Er denkt über ihre Vermittlung nach und geht dabei vom Primat des Dings aus, wie er es versteht – wir würden heute sagen: Er geht vom „Realen" aus. Sein „Realismus" ist jedoch weder kartesianisch noch positivistisch. Für Aristoteles sind die Dinge gegenüber dem menschlichen Denken präexistent. Selbst wenn wir Menschen immer mehr Objekte herstellen, sind wir dennoch von Angesicht zu Angesicht mit den Dingen konfrontiert. Selbst als formatierte Objekte existieren sie vor jedem Gedanken.

Das Paradox besteht darin, dass die Dinge Omnipräsenz und Unauffälligkeit in sich vereinen. Aristoteles zufolge bedarf es einer spezifischen Erkenntnisweise, um sie erscheinen zu lassen.

> „Unter dem Gesichtspunkt der Erkenntnis des Realen gehört das Wahre nicht einfach deshalb zum Wissen, weil es ein Gedankeninhalt ist, sondern weil es Inhalt eines besonderen Gedankens ist, der in seiner Struktur der Struktur des Dings außerhalb des Denkens angemessen ist. Die Dinge sind die Trittsteine der Wahrheit. Auf dem Weg zur Wahrheit gehört die Initiative den Dingen." (Romeyer Dherbey 1983, S. 15)

> „Das Wahre ist im Ding verwurzelt und jede Bewegung des Wissens ist darauf gerichtet, es hervorzuholen. Die Erkenntnis gibt nicht den Dingen ihre Wahrheit, sondern empfängt sie von ihnen." (Ebd., S. 20)

3.1.1 Die Öffnung gegenüber den Dingen

Aristoteles' Ansatz ist für uns heute überraschend, er weckt eine gewisse Skepsis. Wir sollten uns vor abwegigen Interpretationen hüten, wenn wir ihn für aktuelle Debatten fruchtbar machen wollen. Das Problem ist nicht, dass die Wahrheit im Ding schon gegeben ist und dass es uns zukommt, sie zu enthüllen, ja, sie ihm zu entreißen. In Begriffen des Erkennens formuliert, sagt Aristoteles, dass die Bewegung des Erkennens nicht von einer vorgängigen Modellierung ausgeht, sondern von einer Öffnung des Denkens gegenüber den Dingen, d. h. dem, was sie konkret zu sagen haben. Es handelt sich um eine gehaltvolle, reiche Konzeption des Konkreten, deren Spezifik darin besteht, dass eine gelungene sprachliche Äußerung einen Weg zum Begreifen des potenziell universellen Wissens über das Ding öffnet, das es enthält. Will der Mensch die Botschaft der Dinge – Aristoteles nennt sie Wahrheit – verstehen, darf er sich ihnen nicht *entgegenstellen,* sondern muss sich ihnen im Gegenteil *öffnen.*[12] Dies impliziert notwendig eine unablässige und unabschließbare Bewegung hin zu dem, was von jedem Ding zu einem bestimmten Zeitpunkt an einem bestimmten Ort *erkennbar* ist; eine Bewegung hin zu dem, was es uns zu bieten hat, von dem wir allerdings keine Ahnung haben, ja, von dem wir vielleicht nie wissen werden; eine Bewegung, die sich im Lauf der Zeit und je nach Ort verändert und sich mit unseren Annahmen

---

[12]Oder, wie der Maler Bonnard in einem Kommentar zu einem seiner Gemälde sagte: „Dieser Olivenbaum hat mich dazu gezwungen, ihn zu malen" – ein Zeichen dafür, dass zwischen ihm und dem Olivenbaum etwas vor sich ging. Zitat in der ARTE-Sendung *Pierre Bonnard, les couleurs de l'intime,* ausgestrahlt am Sonntag, 02.07.2017, 18h05.

über das Erkennbare entwickelt. Hans-Georg Gadamer formuliert dies auf bewundernswerte Weise in der Perspektive einer anderen Lektüre Aristoteles', nämlich derjenigen der Kritik der universalistischen Konzeption des Guten bei Platon. Für Gadamer (und Aristoteles) gibt es das Gute nur als konkretes Gutes was die Frage nach dem Gemeinschaftlichen der Suche nach diesem Guten nicht ausschließt. Es geht um ein praktisches Urteil bezüglich der besten Praxis unter mehreren möglichen, um zu erreichen, was Gadamer „rechte Einsicht" nennt, als Voraussetzung für das angestrebte Ziel des „rechten Lebens":

> „Das menschliche Gute ist etwas, was in der menschlichen Praxis begegnet, und es ist nicht ohne die konkrete Situation bestimmbar, in der etwas einem anderen vorgezogen wird. Das allein, und nicht ein kontrafaktisches Einverständnis, ist die kritische Erfahrung des Guten. Es muss bis in die Konkretion der Situation durchgearbeitet sein." (Gadamer 1993 [1971], S. 275, zitiert in Cattin 2002, S. 78)

Bezogen auf den von Aristoteles bevorzugten Erkenntnismodus folgt daraus, dass das angestrebte Gute die Wahrheit jedes Dings ist. Wir werden weiter unten sehen, dass man einen zwar anders formulierten, aber doch ganz ähnlichen Ansatz bei den Pragmatikern findet, besonders bei Charles S. Peirce.

3.1.2 Besonderheit des Dings und kollektive Beratung

Der Diskurs, der Gebrauch der Sprache, steht also dem Erkennen des Dings nicht entgegen. Er ist sogar unabdingbar, möchte man sich ihnen annähern. Doch Aristoteles misstraut dem allgemeinen Diskurs, denn für ihn bedeutet Sein immer ‚Etwas' (ein Ding) sein, wobei dieses „Etwas" (Ding) hier für Besonderheit steht, nicht für Singularität. Dieser Punkt ist unbedingt zu beachten.

Das Singuläre ist für Aristoteles die schlichte Wiederholung der Besonderheit des Dings. Zwei Exemplare einer gleichen Pflanze, nehmen wir z. B. eine Iris, unterscheiden sich in einer unendlichen Menge an Details und sind in diesem Sinn singulär. Dennoch handelt es sich um zwei Exemplare derselben Besonderheit, die der Iris, die wir zu erkennen lernen. Eine Iris ist indes keine Rose. Nur die Besonderheit hat für die Erkenntnis einen Wert.[13] Sie zeigt sich für Aristoteles

[13]Es handelt sich hier um eine Klassifikationslogik. Aristoteles hat sich für die Klassifikation der Pflanzen interessiert. Seit der Renaissance sind die Unterscheidung zwischen Individuum, Art und Geschlecht sowie die Suche nach Ordnungskriterien die großen Probleme der Botanik. Zur Geschichte der Repräsentation der natürlichen Ordnung siehe James Larson (1971). Zur Verbindung von Klassifikation und Besonderheit siehe auch den Beitrag von Dominique Margairaz in diesem Band.

bei der Prüfung eines bestimmten Dings nicht nur als das notwendig, sondern auch als das stichhaltig Erkennbare, um sich seiner Realität anzunähern. Der Diskurs hat also die größte Chance, die Wahrheit auszudrücken – genauer: sich ihr anzunähern, wenn er sich gegenüber dem Besonderen öffnet.

Dass das der Behandlung des Problems angemessene Besonderheitsniveau ist jedoch nicht von vornherein gegeben. Auch in diesem Fall muss man in die Besonderheit absteigen. Wade Davis (1996, S. 345–349) berichtet vom Missgeschick eines berühmten amerikanischen Ethnobotanikers, Richard Evans Schultes, Spezialist unter anderem für den Kautschukbaum, der während des Zweiten Weltkriegs nach Amazonien reiste, um dort die Möglichkeiten zu prüfen, eine Kautschukproduktion zu entwickeln. Als er die Amazonasvölker befragte, fand er zahlreiche, ihm bekannte Arten des Kautschukbaums – bis auf eine, in der die Amazonier allerdings drei verschiedene sahen, die sie mit Leichtigkeit auf große Distanz ausmachten, selbst andere Stämme der Region. Er selbst erkannte lediglich eine einzige Art (Davis 1996, S. 345–349).

Das Ding im aristotelischen Sinn kann, anders als das cartesianische Objekt, in der Gesellschaft weder gedacht noch ‚praktiziert' werden, ohne in den Mittelpunkt einer kollektiven Beratung gerückt zu werden. Für Aristoteles handelt es sich um eine Beratung besonderen Typs. Es geht nicht um einen Dialog im Sinne Platons (oder im heutigen Sinn), in dem rein sprachliche und begriffliche Argumente ausgetauscht werden (Romeyer Dherbey 1983, S. 22). Vielmehr kritisiert Aristoteles dieses Modell für seine anthropologische Verzerrung, die dazu tendiere, die Welt der Natur auszuschalten.

> „Die Lösung eines Problems auf intellektuellem Weg kann auf der Ebene des Konzepts zufriedenstellend sein und die gestellte Frage beantworten, ohne jedoch die Schwierigkeit auszuräumen, die sich durch die reale Situation ergibt; eine solche Lösung ist folglich ‚unzureichend im Hinblick auf das Ding, d. h. die Wahrheit'." (Ebd., S. 34).

Wie der Dialog ist die Beratung als solche ein diskursiver Austausch, mit dem wesentlichen Unterschied allerdings, dass sich der Gebrauch der Sprache in der Beratung auf die gemeinsame Restitution dessen richtet, was es an „Realem" im betreffenden Ding gibt, d. h. auf die Entdeckung des an jenen Eigenschaften Erkennbaren, die die Besonderheit dieses Dings ausmachen. Mit einer bekannten Redewendung kann man sagen, dass es darum geht, „den Dingen auf den Grund zu gehen".

Es versteht sich, dass die Suche nach den einschlägigen Eigenschaften für die Beschreibung der Besonderheit eines Dings endlos ist. Man muss versuchen, sich so gut wie möglich einem Ziel anzunähern, und gleichzeitig akzeptieren, dass es unzugänglich und beweglich ist. Kommen wir noch einmal auf das Beispiel der Iris zurück. Soll man sich bei der Suche auf das beschränken, was die verschiedenen „Iris-Individuen" als Individuum gemeinsam haben? Sollte man die Suche im Gegenteil ausweiten auf die geophysischen bzw. historischen Kennzeichen der Situationen jedes einzelnen Iris-Individuums (d. h. sein Habitat, sein Ökosystem ...)? Oder sollte man auf halbem Weg abbrechen und sich auf das typische Habitat oder Ökosystem der Art Iris (oder einer spezifischen Unterart) konzentrieren? Die Antwort lautet: Das hängt davon ab, welche Frage man stellt, welche Handlung man unternehmen möchte, von den Akteuren, die sich beraten... Diese Antwort kommt der Position der Pragmatiker sehr nahe.

3.1.3 Der Mensch ist nicht das Maß aller Dinge

Aristoteles setzte sich seinerzeit kritisch mit den Sophisten auseinander, einer philosophischen Schule, die den Ansatz Descartes' in gewisser Weise vorwegnahm, demzufolge das Ding ein dem Subjekt – dem Menschen – unterworfenes Objekt ist. Die Sophisten vertraten die Theorie des Menschen als Maß aller Dinge. Für Protagoras, einen der von Aristoteles attackierten Sophisten, war das Ding kein Subjekt (d. h. mit Autonomie ausgestattet),

> „sondern vielmehr unterworfen; Untertan der Verordnung des Menschen, die es bemisst, d. h. meistert; die Dinge sind, was der Mensch will, d. h. letzten Endes dies oder das, alles und nichts; die Realität ist hier weniger aus Dingen als aus einem gewissen Etwas zusammengesetzt, das man auf verschiedene Arten auftauchen und Form annehmen lässt." (Ebd., S. 65)

Für Aristoteles hingegen bezieht sich das Denken auf ein bereits existierendes Ding; der erkennende Mensch interveniert in eine bereits gegebene und vor ihn gestellte Welt (Ebd., S. 61). Und er interpretiert die Formel „der Mensch, das Maß aller Dinge" als Bestätigung einer diametral entgegengesetzten Position. Die Welt ist reduziert auf ihre Wahrnehmung, ja sogar auf ihre Vorstellung durch das Subjekt. Schein und Wirklichkeit fallen zusammen.

Die Konsequenz dieser Position ist das Auseinanderfallen der Dinge und ihre Auflösung innerhalb ihrer Phänomenalität. Im Verschwinden jeder Grundlage für Zwangsläufigkeit zeigt sich eine Art Ding-Eklipse. Wenn das Ding auf seine divergierenden Aspekte reduziert wird, löst es sich auf und kann sich nicht mehr in seiner eigenen Form durchsetzen: Der Mensch allein wird zum Richter über ein willkürlich gesetztes Reales (Ebd., S. 60). Nun ist für Aristoteles nicht nur der Mensch nicht das Maß aller Dinge, sondern, im Gegenteil, jedes Ding das

Maß des Wissens, das der Mensch von ihm hat (Ebd., S. 66). Aristoteles übt hier gleichsam *avant la lettre* radikale Kritik an der Reduktion des Dings auf das cartesianische Objekt. Das hat auch Folgen für die Konventionenökonomie und ihre Entscheidung für einen auf Äquivalenz bezogenen Konventionsbegriff. Wenn es für ein und dieselbe Sache eine Pluralität von Äquivalenzklassen gemäß dem Typ der Koordination gibt, wird das Ding in verschiedenen Formen erfasst. Es löst sich gleichsam in verschiedenen, divergierenden, bestenfalls unartikuliert nebeneinanderstehenden Teilerscheinungen auf.

3.2 Die Konvention II: Äquivalenz versus Identifizierung

Die der Äquivalenz eingeräumte Priorität hat zu einer Überschätzung der Allgemeinheit gegenüber der Besonderheit geführt. In den Formen der Koordination, der Wertordnungen, der Gemeinwesen und der Welten (um hier die Grammatik der Konventionen zu zitieren) werden ausschließlich die Objekte betrachtet, nicht die Dinge. Wie Paul Ricœur zum Wesen der Sache bei Aristoteles anmerkt, ist sie nicht nur das Wesen eines beliebigen Dings, sondern auch das Wesen *in* einem beliebigen Ding; auf diese Weise entgeht sie „dem Unglück der Allgemeinheit" (Ebd., S. 90).[14]

Kehren wir noch einmal zu David Lewis und den in seinem Buch *Convention* (1969) enthaltenen Hinweisen zurück, bevor wir die Konvention II am Beispiel des Salzcracker-Extruders veranschaulichen.

3.2.1 Zurück zu David Lewis

In der Einleitung zu diesem Band haben wir die Qualität eines Produkts (als Ensemble von Eigenschaften, Kriterien oder Spezifikationen) als Emergenz eines kollektiven Prozesses der *gemeinschaftlichen Identifizierung* betrachtet. Im Anschluss an Aristoteles stellt sich nun folgende Frage: Bezieht sich diese gemeinschaftliche *Identifizierung* auf die *Identität* des Dings in seiner

[14]Zitat ohne Angabe der Quelle, die ich nicht habe verifizieren können. Als Schüler Ricœurs hat Romeyer Dherbey sicher an Vorlesungen teilgenommen, die dieser in den 1970er Jahren an der Sorbonne hielt (und zuvor 1953–1954 an der Universität Strasbourg gehalten hatte; siehe Ricœur 1971). Das Zitat könnte aus Notizen stammen, die Romeyer Dherbey während dieser Vorlesungen angefertigt hat.

Besonderheit und seiner Lage (oder nicht)? Wenn das zutrifft, wird die Erkenntnis der besonderen Identität des Dings für das Gelingen der Koordination unabdingbar (Konvention II). Falls es nicht zutrifft, ändert die Identifizierung ihre Natur; sie ist dann nichts anderes als Äquivalenz und beschränkt sich auf das Auffinden eines Prinzips der Allgemeinheit innerhalb der Situation (Konvention I) und das Ding verschwindet zugunsten des Objekts aus der Formalisierung der Qualitätskonventionen.[15] Folglich gibt es zwei Identifizierungsmodi der Qualität, je nachdem, ob es sich um ein Objekt oder um ein Ding handelt.

3.2.2 Das Beispiel von David Lewis

David Lewis erläuterte diesen Zusammenhang an folgendem Beispiel. Man ist in seinem Auto unterwegs und begegnet einem anderen Wagen, der vom Polizeichef der Stadt gesteuert wird; dieser ist ein notorischer Alkoholiker, worüber die Einwohner der Stadt im Bild sind. Für seine Analyse bedient sich David Lewis einer sehr alten Tradition der Modallogik und unterscheidet zwischen zwei Prinzipien der Erfassung der Koordinationssituation (und keineswegs zwischen zwei Äquivalenzmodi, wie fälschlicherweise in Salais 1999 behauptet wird): einem Prinzip der Abstraktion *(de dicto)* und einem Prinzip der konkreten Identifizierung *(de re)* (Lewis 1969, S. 65–68).

Das erste Prinzip *(de dicto)* stellt eine Äquivalenz zwischen Situationen her, die es erlaubt, in Allgemeinheit aufzusteigen und sich dort zu halten. Alle möglichen Welten, in denen sich eine solche Situation einstellen könnte, gehorchen demselben allgemeinen Prädikat „die Autofahrer des Landes, in dem ich mich aufhalte, fahren rechts". Es würde vollkommen ausreichen, aus den Augenwinkeln wahrzunehmen, dass uns ein Auto bzw. ein Objekt oder eine Sache entgegenkommt, ohne wirklich prüfen zu können, ob sich darin ein Fahrer befindet. Der andere Fahrer macht es genauso und alles geht gut.[16]

Das zweite Prinzip ist hingegen ein Prinzip der Identifizierung des unseren Weg kreuzenden Dings *(de re)*. Es gilt genau dann, wenn es sich bei dem entgegenkommenden Fahrer um den alkoholkranken Sheriff der Stadt handelt. Es ist

---

[15]Damit habe ich mich ansatzweise in zwei Beiträgen beschäftigt, indirekt im Jahr 1993 in einer Erläuterung des Begriffs der Konvention bei Lewis und seine Beziehung zu den möglichen Welten, sowie 1999 in einer Anwendung der Qualitätskonvention auf Nahrungsmittelprodukte.

[16]Die Prüfung, ob es einen Fahrer gibt, wird in dem Moment problematisch, wenn fahrerlose Autos auftauchen, die sich unter anderem genau dadurch auszeichnen, dass sie ohne Fahrer auskommen.

gut, das zu wissen, damit man wachsam sein und sich an die kleinste sprunghafte Anwandlung des Sheriffs anpassen kann. Es handelt sich um ein Identifizierungsprinzip, bei dessen Anwendung man sich in die Eigenschaften des Dings (hier: des Menschen, der einem gegenübertritt) und sein Verhalten vertiefen muss, um zu wissen, wie man sich am besten verhält. Es geht um ein Prinzip der ‚Trans-Identifizierung' zwischen Situationen, das dabei hilft, jenes „Segment" des Ensembles möglicher Welten auszumachen, in dem man handeln müssen wird. Der Zugang zu diesen Welten ist allerdings nicht von vornherein garantiert. Er ist nur hypothetisch gegeben (auf welcher Ebene der „Konkretheit" soll man sich im Übrigen bewegen?), denn in der Praxis hat das Ding das letzte Wort (im Beispiel der Sheriff). Es ist in diesem Fall kein beherrschbares und unterworfenes Objekt. Anders gesagt, erfordert die Identifizierung im Unterschied zur Äquivalenz anhaltende Aufmerksamkeit für das besondere Ding, sie muss immer wieder geweckt werden, profitiert dabei aber von früheren Zusammentreffen. Sie erfordert Differenzierungsvermögen, einen Erkenntnismodus, der typischerweise von Aristoteles entwickelt wird, um „sich den Dingen zu öffnen", denen man begegnet. Hier liegt also eine Konvention II vor.

Die beiden Konventionstypen beruhen folglich nicht auf den gleichen Grundlagen. Äquivalenz bedeutet „gleicher Wert"; der Begriff ist statisch. Die Identifizierung dagegen ist dynamisch. Das Ding kann im Verlauf der Zeit, seiner Lebensphasen und seiner Zustände seinen Wert und sogar seinen Werttyp verändern, was der erforderlichen Aufmerksamkeit für die Dinge eine zusätzliche Dimension hinzufügt.

Der erste Konventionstyp weicht einer konkreten Analyse der Situationen aus, um Äquivalenz herzustellen und so schnell wie möglich auf die Ebene der Allgemeinheit des Objekts aufzusteigen; der zweite legt hingegen durch die wiederholte Öffnung des Geistes (und der Sinne) für das Besondere einen gewissen Weg zurück, ‚trans-identifiziert' jedes Ding von einer Situation zur anderen und achtet dabei durchgängig ihre Besonderheit. Wir treffen hier auf eine von Rainer Diaz-Bone (2016, S. 54–57) vorgeschlagene Unterscheidung zwischen Konventionen ohne Sinngehalt und Konventionen mit Sinngehalt.[17] Konvention II beruht auf

[17]Ausgehend von Alain Desrosières (1995) spricht Rainer Diaz-Bone zu dem die zwischen dieser Unterscheidung und dem Gebrauch der Kategorien und Klassifikationen herzustellenden Verbindung an. Diese existieren nicht nur, um Äquivalenzen zu schaffen. Sie müssen auch Besonderheiten und ihre einschlägigen Kontexte erfassen, ein Problem, an das die Sozialwissenschaften glücklicherweise von den Botanikern erinnert werden (siehe oben, S. 17).

der Aufmerksamkeit für die Dinge und dem Differenzierungsvermögen bezüglich des besonderen Sinns der Situation (anders gesagt, ihr Sinngehalt), um handeln zu können. Konvention I erfordert dagegen nur ein mechanisches Erfassen des Objekts, bei dem das anzuwendende allgemeine Prädikat gleichsam automatisch erscheint; es gibt keinerlei Suche nach Sinn. Konvention I ist deshalb ohne Sinngehalt.

In der Konvention II („Trans-Identifizierung" des Dings in seiner Besonderheit) ist das Ding im Fokus der Koordination. Jeder konzentriert seine Aufmerksamkeit auf das Ding und öffnet sich den Besonderheiten, die es bietet, um so zu einer Übereinkunft über seine Qualität zu gelangen. In der Konvention II (Anwendung eines allgemeinen Prädikats) stehen dagegen die beteiligten Personen für einander im Fokus. Sie haben weder die Möglichkeit noch die Fähigkeit, die Realität des Dings zu testen. Sie konzentrieren ihre Aufmerksamkeit auf die anderen, darauf, was sie sagen oder tun, um feststellen zu können, ob sie dasselbe allgemeine Prädikat anwenden. Dadurch treten sie in eine Logik nicht der Erkenntnis, sondern der wechselseitig aufeinander bezogenen Interpretation und Antizipation ein.

Wir müssen allerdings auf einen bedauerlichen Mangel des Ansatzes von David Lewis hinweisen. Bei Lewis findet die Dichte des Dings, d. h. die Unbestimmtheit seiner Eigenschaften, keine Beachtung, weshalb er auch den Potenzialen des Dings keine Rechnung trägt.

3.2.3 Mein Beispiel: der Salzcracker-Extruder

Beispiele für den allgemeinen Erkenntnismodus zu geben, der sich auf Konvention I stützt, ist überflüssig. Es genügt, irgendein Standard- und Serienprodukt zu betrachten, ein Automodell etwa, um zu wissen, dass jedes gebaute Exemplar lediglich die Anwendung eines Modells ist. (Die Verwendung des Modellbegriffs in der Automobilindustrie spricht im Übrigen für sich).

Mit der Konvention II werden die Leserinnen und Leser allerdings weniger vertraut sein. In den 1990er Jahren bin ich in einer Unternehmensmonografie auf sie gestoßen, ohne damals allerdings die Tragweite dieses Moments zu erfassen.[18] Es ging um ein mittelständisches Unternehmen, das aus der Restrukturierung

[18]Beobachtungen während des Kolloquiums „L'acier en France, produits et marchés, de la fin du 18eme siècle à nos jours", das vom dritten bis 5. Oktober 2002 in Le Creusot (Loire) stattfand und von der Académie François Bourdon veranstaltet wurde.

und dem stückweisen Verkauf von *Creusot-Loire* hervorgegangen ist.[19] Die Firma stellte – und stellt immer noch – eine große Bandbreite an Extrudern für die Lebensmittelindustrie her. Ein Extruder ist eine Maschine, die Rohstoffe in verschieden geformte, fertige Produkte transformiert. Solche Extruder gibt es in verschiedenen Bereichen; im vorliegenden Fall dienten die Maschinen der Herstellung kleiner Salzcracker als Beilagen zum Aperitif. Im Geschäft der Aperitif-Cracker beruht der Wettbewerb auf der Variation der Stofflichkeit (Konsistenz, Aussehen, Geschmack) und der Formen. Wie zahlreiche andere Anlagen werden diese Maschinen ausgehend von einem Grunddesign in kleiner Stückzahl bzw. als Sonderanfertigungen gebaut. Sie werden in einem Diskussionsprozess an die Anforderungen der Kunden angepasst, in dessen Verlauf einerseits die besonderen Spezifikationen des Produkts, das der Kunde herstellt, und andererseits die technischen Möglichkeiten des Maschinenherstellers konvergieren müssen, ohne dass dabei die Kosten und der Preis aus dem Blick geraten. Diese Möglichkeiten und Spezifikation begegnen sich – wenn sie sich denn begegnen – nur in einem beschränkten Ausschnitt der möglichen Welten, den es zu entdecken gilt, um zu einer für beide Seiten zufriedenstellenden Übereinkunft zu (vgl. Salais 1993).

Mein Gesprächspartner war der Finanzdirektor der Firma. Ich staunte nicht schlecht, als ich bemerkte, dass er die Biografie jeder einzelnen vom Unternehmen hergestellten Maschine kannte: Er wusste nicht nur, an wen sie als erstes verkauft, sondern auch, an welche anderen Unternehmen der Branche sie anschließend weiterverkauft worden waren, und an welchem Ort der Welt und bei wem sie sich nun gerade befanden. Er konnte mündlich den in der Zeit und in der ganzen Welt zurückgelegten Weg jeder einzelnen Maschine hersagen, eine Kompetenz, ja eine Betroffenheit,[20] die man bei einem Finanzdirektor nicht erwartet. Für das Unternehmen ging es um den Bedarf an Wartungs- bzw. Anpassungsarbeiten, die bei den Maschinen im Verlauf ihres Betriebs auftraten. Sie sicherten auf Dauer Aufträge (das ist ein gemeinsames Kennzeichen der Unternehmen, die Anlagen

[19]Es handelt sich um das Unternehmen Clextral. Für eine Beschreibung der Geschichte und der Aktivitäten dieses Unternehmens siehe Ausgabe Nr. 19 (Oktober 2010) der Unternehmenszeitschrift *Clextrusion,* sowie die *Paris Innovation Review* vom 10. November 2015. Ich danke Denis Woronoff dafür, mich auf den richtigen Weg gebracht zu haben.

[20]Denis Laborde, mit dem ich eine Zeit lang am Centre Marc Bloch in Berlin ein Büro geteilt habe und dem ich für den Hinweis danke, hat vorgeschlagen, den von dem englischen concern stammenden Begriff concernement zu verwenden. An sich nicht übersetzbar, bezeichnet er eine Mischung aus Aufmerksamkeit, Interesse, Sorge und Verantwortungsgefühl.

produzieren, so etwa auch im Flugzeugbau: Flugzeuge, Motoren und Ersatzteile). Mit anderen Worten: Das Unternehmen nahm eine ‚Trans-Identifizierung' jeder Maschine vor und bediente sich sowohl in ihrem eigenen Handeln als auch hinsichtlich der Beziehungen mit ihren Klienten und Lieferanten einer Konvention II.

3.2.4 Die Biografie der Dinge

Durch diese Operation wird jede Maschine mit dem ausgestattet, was man in der Welt des Designs – oder ganz allgemein in der Welt der Kreativindustrie – ein „book" nennt. Ein „book" ist die auf Papier dokumentierte oder im Internet nachlesbare Chronik der von einer Fachfrau oder einem Fachmann ausgeführten Arbeiten und Aufträge mit allen einschlägigen, notwendigen Details; das „book" legen sie bei Bewerbungen auf Ausschreibungen auf dem Markt vor, es dient ihnen als Beleg für ihre Kompetenz, es legitimiert gleichsam ihre Reaktion auf das Angebot. Dabei handelt es sich nicht um ein Register. Das „book" der Maschine ist vor allem eine Rezension der „realen" Realitätstests, die sie (das Ding) erfolgreich bestanden hat. Künftige Nutzerinnen und Nutzer haben so, falls gewünscht, einen Nachweis ihrer Qualität in der Hand.

Was heißt das für unseren Extruder? Er hat eindeutig den Status eines Dings in unserem Sinn und nicht den eines Objekts. Auf der einen Seite verfügt er über eine Identität, die mehr ist als eine bloße Identifizierung, denn im Verlauf seines Lebens verdichten sich seine besonderen, konkreten Charakteristika – mit einem Wort: wird seine Biografie verfasst. Diese ist insofern stichhaltig, dass sie die notwendigen Informationen enthält, um die Bedürfnisse des Extruders zu (er)kennen, insbesondere hinsichtlich seiner Wartung, Anpassung und Modernisierung. Auf der anderen Seite konnte diese Biografie vom Unternehmen nur verfasst werden, weil sie sich „dem öffnete, was ihr die Maschine sagte", um hier Aristoteles zu paraphrasieren, und nicht etwa dadurch, dass sie sie in der Allgemeinheit auflöste. Wann spricht der Extruder und worüber? Dann etwa, wenn die Maschine einen Bedarf anmeldet, speziell also bei Realitätstests wie den Wartungsarbeiten, dem Transfer zu einem anderen Nutzer, einer Verbesserungsforderung, der Entdeckung einer Schwachstelle usw. Jeder Austausch ist Gelegenheit für eine Neuordnung und Verbesserung des Wissens. Es handelt sich um eine Tauschbeziehung zwischen menschlichen und nicht-menschlichen Wesen und nicht um ein Herrschaftsverhältnis zwischen dem menschlichen Wesen (dem Subjekt) und dem nicht-menschlichen Wesen (Objekt).

3.2.5 Mit seiner Identität auf Reisen gehen

Im Beispiel Laurent Thévenots impliziert die von den schlauen und erfindungsreichen Nutzerinnen und Nutzer vorgenommene Überführung des Kinderwagens vom Status des Objekts in den Status des Dings, dass sie in der Betrachtung des Kinderwagens von einer Konvention I zu einer Konvention II übergehen, d. h. von der Allgemeinheit des Objekts zur Besonderheit des Dings. Die Nutzerinnen und Nutzer treten also in eine nicht bloß instrumentelle Austauschbeziehung mit diesem Ding ein, sondern öffnen sich dem, was er ihnen zu sagen haben könnte. Aber damit der Kinderwagen ihnen etwas sagen kann, müssen sie ihm die richtigen Fragen stellen – Fragen, auf die er mit Ja, Nein oder Je Nachdem antworten kann. Dafür sind sie gezwungen, ihre Anforderungen in der Sprache des Dings formulieren und präzisieren zu können, einer Sprache, die das Ding durch seine materielle und funktionelle Struktur spricht.

Anstatt von Erfahrung oder Vertrautheit als Quelle des Wissens zu sprechen, muss man sich vielmehr für die ‚Trans-Identifikation' im Lauf der Zeit und der konkreten Situationen interessieren, in denen man sich auf das Objekt bezogen hat (auf das Ding, das es enthält). Sie ist zugleich Leitfaden und Fokus dieser Wissenskonstitution, auf sie läuft die Chronik des Eintauchens in heterogene Gebrauchssituationen hinaus (in den Straßen, Kaufhäusern, Treppenhäusern, Autos, Bussen, die voller zu transportierender Dinge sind oder nicht…); dank dieser „Trans-Identifizierung" sammeln die Benutzerinnen und Benutzer – ohne es freilich zu wissen oder danach zu suchen – Eindrücke, Empfindungen, Intuitionen über die vielfältigen Segmente möglicher Welten, die ihnen Zugang zu einer angemessenen Praxis verschaffen. Die Erfahrungen dieses Zugangs statten sie mit der Fähigkeit aus, dem Ding die richtige Frage zu stellen.

Die sowohl in einem Spezialwissen als auch an einem Ort verankerte Maschine reist im Raum des Welthandels, ohne jedoch ihre Verbindungen zum Ort und zur Gemeinschaft seiner Produktion zu verlieren. Sie selbst und andere haben ihr dafür eine Identität konstituiert (ein „book", ein Stammblatt gewissermaßen, wie auch immer sein Name lautet), die es ihr einerseits zu reisen und andererseits zu tun erlaubt, wozu sie fähig ist. Laurent Thévenot bleibt auf diesem Gebiet, das er der häuslichen Wertordnung zuordnet, ambivalent:

> „Die Wertordnung, die wir häuslich genannt haben, erlaubt es […], ein Vertrauensurteil in den Raum jenseits des Raums der Vertrautheit zu transportieren und eine Reputation zu verallgemeinern… Personalisiert, an Personen geknüpft, operieren die in dieser Ordnung in Wert gesetzten Dinge als Garanten oder Unterpfand und müssen deshalb eine lokale und zeitliche Verankerung nachweisen." (Thévenot 1994, S. 78)

Allzu oft dient die Reputation allerdings nicht als Garantie, sondern als Falschgeld. Sie verschleiert den Umstand, dass das verkaufte Objekt nur dem Namen nach ein Ding ist. Das Vertrauen wird vom Verstand manipuliert. Zwar enthält das

Besondere das Allgemeine als potenziell mögliche Abstraktion, doch umgekehrt ist das nicht der Fall. Dieser „Transport“ des Besonderen zum Allgemeinen erlaubt die Manipulation des Ersteren. Das Objekt entleert das Ding seines Inhalts und usurpiert gleichsam seinen Platz.

3.3 Auf dem Weg zum Markt: vom Ding zum Objekt. Das Beispiel der Lebensmittelprodukte

Der Extruder ist zwar ein spezieller, aber sehr interessanter Fall, da er mit Identität und Pass ausgestattet ist, um auf dem Markt zirkulieren zu können, dabei jedoch ein Ding bleibt. In der Regel haben die meisten Dinge diese Ausstattung nicht. Damit ihnen diese Zirkulation auf dem Markt gelingt, müssen sie vielmehr in Objekte umgewandelt (man könnte sagen: degradiert) werden. Dabei verändern sie sich, und dies nicht nur in ihrer Form, sondern auch in ihrer materiellen Substanz. An die Stelle des Dings tritt ein Objekt, ein Vorgang, der jedoch diskursiv gerechtfertigt und verschleiert wird. Dabei werden die Eigenschaften des Dings heraufbeschworen, die dem Objekt durch der Konvention II eigentümliche Realitätsprüfungen attestiert werden. Das Problem dabei ist, dass das Objekt, das anstelle des Dings auf die Reise geht, von einem Realitätstest gemäß Konvention I abhängt (Formulierung eines allgemeinen Prädikats). Diese Frage ist besonders für die einfachen, wenig aufwendigen Produkte zentral, die aus der interpersonellen Welt bzw. der häuslichen oder staatsbürgerlichen Wertordnung sowie der Wertordnung der Inspiration hervorgegangen sind.

3.3.1 Zwei Typen der Realitätsprüfung

Das *Institut National de Recherche Agronomique* (INRA), das seit dem Zweiten Weltkrieg die Modernisierung der französischen Landwirtschaft steuert, hatte in den 1990er Jahren ein Forschungsprogramm über Lebensmittelprodukte ins Leben gerufen, an dem mehrere „Konventionalisten“, darunter auch ich, beteiligt waren (Sylvander et al. 1999) und das sich Qualitätskonzepten widmete. Zu der Zeit wurden in Frankreich Labels wie AOC (Appellation d'origine controlée) oder IGP (indication géographique protégée) entwickelt und Akteure aus der Landwirtschaft und der Lebensmittelindustrie starteten eine Offensive, um der Legitimität und dem Wert dieser Labels auf europäischer Ebene zur Anerkennung zu verhelfen. Diese Labels liefen nämlich der Logik der europäischen Wettbewerbsregeln zuwider, die sich auf Preise und Kosten stützten, weshalb sie a priori als Beeinträchtigungen des freien, reinen und vollkommenen Wettbewerbs betrachtet wurden. Auch ging es in den Debatten der INRA-Forschungsgruppe um die Unterscheidung zwischen zwei verschiedenen Auffassungen von Qualität.

In der ersten Auffassung ging es um messbare Merkmale der wissenschaftlichen Parameter von Qualität, auf die sich die Realitätsprüfungen bezogen. Hierbei handelt sich es um Konvention I. Ihr entsprechen gesundheitspolitische und Hygienevorschiften – die einzigen Werte übrigens, die von der europäischen Kommission berücksichtigt werden, weil sie es erlauben, im Wettbewerb auf dem Markt Chancengleichheit aufrechtzuerhalten. Qualität gehört hier zum Register einer Konformitätserwartung bezüglich der Lebensmittelsicherheit, die zum Gegenstand von europäischen Regelungen gemacht werden kann (und gemacht wurde), an die sich alle europäischen Erzeuger halten müssen. Für viele Produkte hat die europäische Kommission eine Liste der Varietäten angelegt, die die Marktfreigabe erhalten (ein stark umstrittenes Beispiel ist das Saatgut). Die Produkte, um die es hier geht, sind ganz offensichtlich Objekte. Sie müssen allgemeinheitsfähig sein, um von der Kommission auf dem Markt zugelassen zu werden. Das obligatorische Etikett muss die chemische Zusammensetzung sowie die Konformität mit den Vorschriften der Hygiene und der Lebensmittelsicherheit ausweisen.

Die zweite diskutierte Auffassung von Qualität betraf die Identität, die ‚Persönlichkeit' von Spezialitäten oder typischen Produkten – bzw. von „Typizitäts-Produkten", wie sie bei der INRA bezeichnet wurden. Dabei handelte – und handelt – es sich um von Konvention II abhängende Dinge, bei denen es darum geht, ihre Besonderheit anzuerkennen und zu schützen. Damit ihre „Typizität" anerkannt werden kann, wird sie mit Realitätsprüfungen ganz eigener Art getestet. Diese Produkte verleihen nach einer Untersuchung durch spezielle Kommissionen das Recht auf ein Label, z. B. IGP und auf eine öffentliche Verordnung. Diese Verordnung, ein technisches Reglement, präzisiert nach einer Beschreibung des Produkts die Produktionsbedingungen, die ein Erzeuger einhalten muss, um zur Verwendung des Labels berechtigt zu sein. Diese beziehen sich auf den Ort (eine genau abgegrenzte geographische Zone, ein „terroir"), auf die verwendeten Rohstoffe (für Schinken zum Beispiel möglichst die lokal vorherrschende Schweinerasse, ihre Nahrung, Aufzuchtbedingungen und das Mindestalter bei der Schlachtung), auf die Produktionstechniken, die so wenig automatisiert sein müssen wie möglich und sich auf das traditionelle Handwerk vor Ort beziehen, auf die Vermarktung (zum Beispiel müssen ein Rohschinken oder ein Wein eine Mindestzeit gereift sein, bevor sie verkauft werden dürfen), die Zubereitung und die Etikettierung. Diese Bedingungen werden vorher mit den betroffenen Erzeugern, ihren Verbänden und den lokalen Behörden abgesprochen.

Neben der Überprüfung des Herkunftsortes und des *savoir-faire* der Hersteller mobilisieren die Prüfungen sensorische Fähigkeiten (Geschmacks-, Geruchs-, Tast- und Sehsinn, Gehör) sowohl der Hersteller als auch der Konsumenten. Von Fachleuten werden – auch für die Konsumenten – Verkostungen veranstaltet, von Fachzeitschriften, Fachbüchern, Internetseiten und Messen Empfehlungen ausgesprochen, um das Differenzierungsvermögen der Konsumenten zu fördern und wenn möglich zu verbessern. Auf den Märkten in Frankreich bieten Winzer und Käser ihre Weine und Käse vor jedem Verkauf zum Verkosten an. Es handelt sich hier also um Realitätsprüfungen des Realen und nicht um diskursive Rechtfertigungen. Der Verbraucher wird eines eigenständigen, sinnlichen Urteils über die Besonderheit des Produkts für fähig gehalten.

3.3.2 Der Übergang vom „Realen" des Dings zur Rechtfertigung des Objekts

Der Markteintritt der sogenannten „typischen“ Produkte erfordert, dass die Realitätsprüfung am realen Ding in eine diskursive – begriffliche oder bildliche – Rechtfertigung des Objekts transformiert wird, das an seine Stelle tritt. Auf dem Etikett des Produkts werden das „terroirs“, die Herstellungsweise, die Tradition usw. erwähnt. Der große Unterschied besteht darin, dass die Verbraucher nur zur diskursiven Rechtfertigung des Objekts Zugang haben und nicht zu Wirklichkeit des Dings. Es handelt sich um einen Verlust des Sinnlichkeit; der Produkttrickserei werden Tür und Tor geöffnet (siehe den Beitrag von Philippe Minard in diesem Band).

Nehmen wir das Beispiel des *Pesto* wie es in Ligurien Tag für Tag in großer Menge hergestellt und mit Pasta verzehrt wird. (Ich hatte Gelegenheit, es vor Ort zu probieren.) Dem ursprünglichen Rezept gemäß muss Presto unbedingt aus ligurischem Basilikum (AOP), ligurischem Olivenöl (IGP), Knoblauch, Pinienkernen und toskanischem Pecorino hergestellt werden; bei der Zubereitung verfügen alle über ihr eigenes Geheimnis. Kaufen Sie nun *Pesto* außerhalb Italiens. Es wird in den meisten Ländern qua Label als italienisches Produkt bezeichnet und ist mit der Aura der italienischen Küche versehen. Lesen Sie sorgfältig die auf dem Etikett angegebenen Inhaltsstoffe – zum Beispiel das von Panzani auf dem europäischen Markt verkaufte *Pesto* (im Folgenden schreiben wir alle Zutaten kursiv, die nicht im Originalrezept auftauchen, wobei wir die Frage der Herkunftsbezeichnungen beiseitelassen). Auf dem Etikett als „made in Italy“ ausgewiesen, enthält es 37 % frisches Basilikum (ohne geschützte Herkunftsbezeichnung), 26 % *Sonnenblumenöl,* 2,6 % italienischen Käse (Pecorino *romano, grana padano*), je 2 % Glukosesirup, Kartoffelflocken, Salz, Olivenöl „vierge extra" (ohne IGP), je 0,3 % *Cashewmehl* und Pinienkerne, *Aromen, Säure und Antioxidantien.* Grob gesagt handelt es sich also um ein Gemisch aus (allerdings frischem) Basilikum und Sonnenblumenöl! Das Unternehmen (das sicher nicht das einzige ist) verkauft unter dem Deckmantel des Dings im Ausland mit niedrigen Kosten und großem Profit ein industriell hergestelltes Produkt.[21] Da die Zollkontrollen auf dem europäischen Markt und anderswo auf ein striktes Minimum reduziert sind und den nicht-italienischen Verbraucherinnen und Verbrauchern Geschmack, Konsistenz und Aussehen des echten *Pesto* weitgehend unbekannt sind, steht dem nichts im Weg. Es ist gut möglich, dass die winzigen Mengen an Olivenöl (2 %) und Pinienkernen (0,3 %) – immerhin Grundzutaten des Originalrezeptes – nur deshalb beigefügt werden, um sich gegen Klagen wegen betrügerischer Werbung bzw. Warenfälschung zu wappnen.

4 Schlussfolgerungen und Ausblick: Qualitätspolitik in einem neuen Entwicklungsmodell

Heute besteht Gewissheit über eine Entwicklung, die wir uns vor dreißig Jahren, als die Forschung zur Konventionenökonomie begann, nicht hätten ausmalen können: Das Auftauchen der Dinge – oder allgemeiner: der Natur – als Partner bei der Herausbildung und Implementierung von Qualitätskonvention. Dies irritiert nicht nur die Theorielandschaft, sondern auch das Feld des Politischen im weitesten Sinn. Neue Qualitäten müssen ausgearbeitet werden, die uns nach und nach auf ein neues Entwicklungsmodell einschwören. Sie stehen dabei sogar im Mittelpunkt, denn aufgrund der Unmenge an Produkten, die von der in den Konzeptionen und Praktiken der Ökonomie und der öffentlichen Politiken anzustrebenden Ablösung der Objekte durch Dinge betroffen sind, ist die Emergenz neuer Qualitäten unabdingbar. Das Erscheinen der Dinge als Partner der Qualitätskonventionen für Produkte, in die erstere inkorporiert oder an denen sie beteiligt sind, zwingt zu einer kollektiven Suche nach der Gesamtheit der erkennbaren Eigenschaften jedes einzelnen Dings. Wie wir sehen werden, wird sich diese Suche auf eine kollektive Beratung stützen müssen, in der die getrennten

[21]Die Werbekampagne kommt ohne Zwischentöne aus: „Entdecken Sie das Basilikum-Pesto von Panzani! Sein Geheimnis? Extra frisches, in Italien geerntetes und zubereitetes Basilikum, eine Auswahl schmackhafter italienischer Käse und immer ohne Farbstoffe."

Wissensbestände über das Ding zusammengeführt werden. Auf diese Weise wird die Emergenz von Konventionen II ermöglicht.

Der Übergang vom „Vorher“ zum „Nachher“ führt zu massiver Unsicherheit und folglich zu systematischen und anhaltenden Zweifeln darüber, was es genau von den Forderungen nach Erhaltung der Natur, nach Wiederherstellung ihrer Integrität, aber auch Weiterentwicklung angesichts der gewaltigen Fülle ihrer konkreten Manifestationen zu berücksichtigen gilt. Der Einstieg in dieses neue Modell wird sich weder spontan, noch durch die schlichte Übereinstimmung der Gutwilligen ergeben. Das lehrt jedenfalls die Geschichte, falls es einer Lektion noch bedürfte.[22]

Auf gesellschaftlicher Ebene geht es um nicht weniger, als die vorherrschenden Objekt-Produkte durch Ding-Produkte abzulösen. D. h. es müssen Produkte entworfen, verkauft und genutzt werden, die in sich und ihrer Umgebung Eigenschaften und Hilfestellungen entfalten, die einerseits die Entwicklung der Natur und des Menschen fördern und andererseits ihre Ausbeutung und Beschädigung so gut wie möglich vermeiden. Es geht also darum, sowohl die Potenziale der Dinge zu schützen als auch die von den Objekten ausgelösten Zerstörungen zu unterbinden.

4.1 Von den Objekt-Produkten zu den Ding-Produkten: das Beispiel des Pinienwalds

Nehmen wir zum Beispiel die Übergangserfahrung eines Pinienwalds. Die im Südwesten Frankreichs zwischen Bordeaux und Bayonne an der Atlantikküste gelegene Landschaft der *Landes* widmet sich, nach den Standards schneller Erträge und kurzfristiger Kapitalgewinne, der Massenproduktion von Pinien. Die INRA hat seit dem Zweiten Weltkrieg umfangreiche Programme zur Selektion der Pinien und zu geeigneten Anbaumethoden entwickelt, um die Bäume mit dem geradesten, höchsten und schnellsten Wuchs sowie größten Stammdurchmesser zu identifizieren und zu fördern. Die Pflanzungen sind so angelegt, dass sie den Einsatz großer Schnitt- und Zugmaschinen für rasche Baumfällungen zulassen und die Wiederaufforstung mit jungen Pflanzen erleichtern.

[22]Jared Diamond veranschaulicht dies in seinem Buch *Collapse. How Societies Chose to Fail or Succeed* (2005) am Untergang von Zivilisationen aufgrund der durch menschliche Aktivitäten verursachten Erschöpfung der natürlichen Ressourcen.

Auch wegen der beständigen Waldbrandgefahr pflanzt man die Pinien in Reihen auf langen Parzellen, die durch Pisten getrennt sind, damit die Löschfahrzeuge der Feuerwehr manövrieren können. Es handelt sich mit anderen Worten um die Umsetzung eines auf Konvention I basierenden Kompromisses zwischen der Welt der Industrie und der Welt des Handels, um eine exemplarische Transformation der Natur in ein vom Menschen beherrschtes Objekt.

Dieses Modell befindet sich heute jedoch in einer anhaltenden Krise. Die Selektion hat zu einer drastischen Verringerung der genetischen Vielfalt geführt, die Pinien reagieren sehr sensibel auf den Befall mit allen möglichen Schädlingen. Die Nähe des Ozeans und die stürmischen Wetterlagen verursachen heftige Winde, die zwischen die Baumreihen fahren und ihre volle Wucht entfalten können, da sie auf keinerlei Hindernis stoßen. Sie fällen Pinien, verwüsten die Pflanzungen und reduzieren ihren Handelswert auf Null, während gleichzeitig die Kosten für chemische Schutzmittel steigen.[23]

Einige Produzenten suchen deshalb nach einem Ausweg aus diesem Modell. Eines der gelungenen Experimente ist für uns von großem Interesse (Hazera 2015; vgl. zur Region insgesamt Miard 2011). In der Praxis handelt es sich darum, die Pinien und ihre Wälder als Dinge in unserem Sinn zu behandeln: Auf der einen Seite wird den Pinien zur Förderung ihrer Entwicklung die *freie* Entfaltung ihrer natürlichen Widerstandsfähigkeit gegenüber Parasiten und Sturmwinden ermöglicht; auf der anderen Seite wird die Entstehung eines diversifizierten Ökosystems zugelassen, in dem die Pinien mit anderen Bäumen (Eichen), Pflanzen, Pilze usw. *kooperieren* und so für eine höhere Produktivität und bessere Qualität der Pinien sorgen. Der Natur ihren Lauf zu lassen stellt sich in diesem Fall also als das effizientere ökologische und ökonomische Modell heraus.

> „In der konventionellen Forstwirtschaft umfasst die erneute Kultivierung einer Parzelle, deren gesamte Produktion geerntet worden ist, folgende Operationen: Entfernung der Baumstümpfe und Wurzeln, Buschrodung, Brachperiode, erneute Buschrodung, Pflügen, Planzung junger, in Baumschulen erworbener Pinien (deren Wurzeln mechanisch beschnitten werden)… All diese Operationen und die dabei entstehenden (ökologischen und ökonomischen) Kosten sind unnötig, wenn man der natürlichen Regeneration ihren Lauf lässt. Zudem begünstigt unter den Bedingungen natürlicher Regeneration die Dichte der jungen Sämlinge ihr Höhenwachstum, garantiert Stämme von schöner Länge […].“ (Hazera 2015, S. 8)

[23]So hat etwa der Orkan Klaus 2009 einen erheblichen Teil der Pflanzungen vernichtet.

„[In einer] dritten Parzelle […] hat bereits eine wuchernde, diversifizierte natürliche Regeneration stattgefunden. Diese Parzelle […] veranschaulicht auf exemplarische Weise, wie *unregelmäßige* Baumbesiedlung (d. h. die Besiedlung mit Bäumen unterschiedlichen Alters und verschiedener Höhe: große, mittlere, kleine, Sämlinge…) aussehen kann. Diverse Arten wachsen hier gleichzeitig: Nadelbäume, Laubbäume, Sträucher wie der Faulbaum oder Weißdorn. Die gesamte Lichtenergie, die auf die Parzelle fällt, wird genutzt, um pflanzliche Materie zu produzieren. Diese sehr hohe ursprüngliche Produktivität wird sich zwar nicht durch kurzfristige Gewinne in klingender Münze auszahlen, sondern nur langsam, langfristig bezahlt machen, da sie organisches Material liefert, das den Boden regeneriert. Bäume, die eines natürlichen Todes sterben […], fördern die Zersetzung im Boden, sind Humusquellen und tragen zum Recycling der unerlässlichen mineralischen Ionen bei. Wenn man die Bilanz einer Plantage erstellt, gibt es keinen Grund, die ökologischen Gewinne nicht zu berücksichtigen, selbst wenn sie schwierig zu quantifizieren und sich zeitlich versetzt einstellen. Auf einer auf diese Weise kultivierten Parzelle sichern Bäume unterschiedlichen Alters ein zeitlich gestaffeltes Einkommen. Die Ernte „reifer“ Bäume begünstigt das Wachstum etwas jüngerer Bäume: Auf diese Weise beginnt ein kontinuierlicher Zyklus.“ (Hazera 2015, S. 10)

4.2 Internationale Organisationen, Staaten, unangepasste Märkte

Die Staaten und internationalen Organisationen sind einer Politik der Normen im engeren Sinn zugetan, verstanden als Ensemble zu erreichender Kennziffern (oder einzuhaltender Schwellenwerte). Auch wenn eine solche Politik durchaus zu Ergebnissen führt, woran etwa das Beispiel des Kinderwagens erinnert (siehe Abschn. 2.1), behandelt sie das Problem nur häppchenweise und unzusammenhängend, in der Form heterogener, mit der einzuhaltenden Norm verknüpfter Teilaspekte. Die Normen werden von den internationalen Unternehmen relativ oft manipuliert oder umgangen; das vollständige Wissen über die Prozesse, mit deren Hilfe sie zu den von ihnen bekanntgegebenen Ergebnissen gekommen sind, behalten sie für sich.[24] Eine solche Politik hat im Übrigen eine Kehrseite:

[24]Was sie an Informationen veröffentlichen, ist recht weit vom notwendig Erkennbaren entfernt, um in nicht wenigen Themen ein begründetes Urteil fällen zu können. Zudem beteiligen sie sich an bzw. beeinflussen sie die Festsetzung der Norm. Juristen, die auf die Information über die unschädlichen Nebenwirkungen von Medikamenten, ihre juristische Definition, ihre Beachtung durch den Markt und ihre Umsetzung spezialisiert sind, ist die Tatsache durchaus bewusst, dass sie kaum Zugang zu den benötigten Informationen über den Produktionsprozess der publizierten Daten haben (Noiville und Remondet 2014).

Sie begünstigt die Konzentration und leistet dem Verschwinden kleiner und mittelständischer Unternehmen Vorschub, die nicht in der Lage sind, die durch die Umsetzung dieser politischen Maßnahmen verursachten Kosten zu tragen. Kurz: Sie perpetuiert das produktivistische Industriemodell, das es im Gegenteil zu schwächen gilt. Angesichts der Notwendigkeit, die Unterschrift einer Mehrheit der Länder zu gewinnen, gestatten internationale Abkommen so oft mannigfache Ausnahmen und Manöver in technischen Details, beschränken sie sich so oft in wesentlichen Bereichen auf eine freiwillige, nicht verpflichtende Mitgliedschaft, dass sie jegliche Wirksamkeit verlieren.

Das Interesse der Ökonomie als Disziplin an der Erhaltung der Natur und ihrer Ressourcen für zukünftige Generationen ist nicht neu. So hebt Arthur C. Pigou in seinem 1921 erschienen Werk *Economics of Welfare* hervor:

> „It is the clear duty of Government, which is the trustee for unborn generations as well as for its present citizens, to watch over, and if need be, by legislative enactment, to defend the exhaustible natural resources of the country from rash and reckless spoliation. How far it should itself, either out of taxes, or out of State loans, or by the device of guaranteed interest, press resources into undertakings from which the business community, if left to itself, would hold aloof, is a more difficult problem. Plainly, if we assume adequate competence on the part of governments, there is a valid case for some artificial encouragement to investment, particularly to investments the return from which will only begin after the lapse of many years.“ (zitiert nach Krutilla 1967, S. 777)

In wenigen Zeilen nimmt Pigou hier das unauflösbare Dilemma vorweg, dem die Ökonomie in ihrem vorherrschenden Trend verhaftet bleibt, wenn es um die Rücksichtnahme auf die Natur geht. Wie John Krutilla bereits 1967 gezeigt hat, kann man hinsichtlich der „conservation“ der Natur weder auf die Effizienz des Marktes noch auf den Staat zählen. Es wird zwar eingeräumt, dass die Dinge einen *Existenzwert*[25] besitzen, doch wie ist er zu definieren, anzusetzen und zu nutzen? Das Problem ist lange, etwa von der Weltbank, ignoriert und stattdessen davon ausgegangen worden, dass der technologische Fortschritt die Verringerung der natürlichen Ressourcen aufwiege und es möglich sei, eine allgemeine monetäre Äquivalenz zwischen Gewinnen und Verlusten herzustellen, die Technologie

[25]Krutilla benutzt diesen Begriff zwar nicht, ist aber, wie Alexandre Rambaud meint, in seinem gesamten Text präsent.

und Ausbeutung der Natur verursachen. Dies läuft darauf hinaus, die Besonderheit als Eigenschaft unserer Welt zu negieren.

Im Rahmen des neoklassischen Marktdenkens hat Krutilla über den Umweg des ökonomischen Konzepts des Optionswerts eine Schätzung des Existenzwerts der Dinge vorgenommen. Der Wert der Option – die Natur so erhalten, wie sie ist, wegen der Wohlfahrtsgewinne (für den Verbraucher) oder des Profits (für den Unternehmer), der künftig zu erwarten wäre, wenn man nicht ab sofort in ihre Ausbeutung investiert – bemisst sich am aktualisierten Differenzial der Wohlfahrt oder des Profits, das diese Option bietet. Dieser Ansatz kann jedoch die Schwierigkeiten und Probleme nicht überwinden, die sich für den Markt und den Staat aus der Antizipation einer qua definitionem unendlichen Langfristigkeit, aus der Unumkehrbarkeit der quantitativen und qualitativen Schäden, die durch die Ausbeutung entstanden sind (insbesondere die Verringerung der Biodiversität) sowie aus dem Wachstum der Verbrauchernachfrage nach geschützter natürlicher Umwelt, usw. ergeben. Krutilla schließt daraus, dass eine Berechnung des Optionswerts weder für private noch für öffentliche Investoren möglich ist.

4.3 Eine andere Konzeption des Gemeinwesens und des Politischen

Damit ist die Frage nach den Institutionen aufgeworfen. Wir fassen darunter all das, was zur kollektiven Dimension der menschlichen Aktivitäten gehört: die öffentlichen Politiken, die Verantwortlichkeiten und Engagements der verschiedenen Akteure, die Definition der kollektiven Ziele und der Mittel zu ihrer Erreichung, ihre öffentliche Auswertung, die politische Praxis. Befassen sich die Institutionen also mit den Herrschaftsbeziehungen zwischen Objekten und menschlichen Subjekten, während sie alles andere außen vor, d. h. gleichsam brachliegen lassen? Oder befassen sie sich mit den *face to face*-Beziehungen zwischen Dingen und Menschen ohne Unterschied in der Anschauung? In letzterem Fall müsste das gesamte Leben des Objekts als Ding erfasst werden, sei es vor, nach oder während der Phase seiner Reduzierung auf den Objektstatus. Wir gehen davon aus, dass die gegenwärtigen Institutionen massiv auf Konventionen I beruhen. Wie wären sie geartet, wenn sie sich stattdessen auf Konvention II stützen würden, die sich auf Dinge konzentriert? Hier geht es nicht um die Suche nach politischen Rezepten, sondern um die Konzeption eines Gemeinwesens und eines Politischen, das wir zum Leben erwecken (werden) müssen.

4.3.1 Das Gemeinwesen bei Aristoteles

Wir müssen kurz (viel zu kurz) auf den Begriff des Gemeinwesens bei Aristoteles eingehen, wie er ihn als Beobachter seiner Zeit konzipierte. Dieser ist nämlich untrennbar mit seiner Konzeption des Politischen verbunden, die sich ausgehend von der Demokratie und vom Bürger entwickelt. Für Aristoteles ist das Politische ein Dispositiv, das die kollektive Beratung über die Dinge in ihrer Besonderheit ermöglicht und wirksam macht –was nicht bedeutet, dass es sie auch realisierbar macht. Das Politische impliziert die Suche nach einer angemessenen Artikulation zwischen dem Allgemeinen und dem Besonderen, bei der die Betonung auf Letzterem liegt.

Wir Zeitgenossen – und speziell die Ökonomen und Soziologen unter uns – sind es gewohnt, in Mikro-Makro-Gegensätzen zu denken, wobei Mikro für das Kleine, Lokale, Vernachlässigbare und Makro für das Große, Globale, Wesentliche steht. Wir haben sie vollständig verinnerlicht. Im Hinblick auf das Politische verstellt uns diese Denkweise den Weg, da sie eine verstümmelte Konzeption der Repräsentation entfaltet. Denn was bedeutet Repräsentation? Die Wahl von (oder Entscheidung über) Vertreterinnen und Vertreter, die uns anschließend auf globaler Ebene mit unseren Interessen, Werten und Ideologien in kollektiven Entscheidungsprozessen repräsentieren? Oder die Aufgabe, auf der Ebene der zu treffenden kollektiven Entscheidungen das zu *re-präsentieren,* worüber konkret zu diskutieren, zu beraten und zu entscheiden ist? (Salais 2008). Die Aufgabe der Repräsentation erfordert einerseits die Suche nach Vermittlung zwischen den konkreten Daten über das bei der Entscheidung auf dem Spiel stehende Reale und andererseits ein Verfahren, das so weit wie möglich garantiert, dass sich die Entscheidung auf die Grundlage dieser Daten bezieht. In diesem Sinn geht es darum, die stichhaltigen Tatsachen auf der Ebene der Entscheidungsfindung *von neuem* in angemessener Form zu *präsentieren* (zu re-präsentieren). Das ist das zentrale Thema des Politischen – vielleicht das einzige. Aristoteles hatte das verstanden und Athen versuchte es in seinem goldenen Zeitalter (vom fünften bis zum vierten Jahrhundert vor Christus) umzusetzen.

Dem Bürger des griechischen Gemeinwesens oblag die Sorge für die öffentlichen Angelegenheiten. Genauer gesagt bestand seine Verantwortung darin, *die öffentlichen Dinge öffentlich zu machen,* mit anderen Worten, sie lebendig werden zu lassen. Sie sind nämlich kein Zustand, sondern eine Bewegung, eine kollektive, endlos immer wieder aufgenommene Pragmatik, die sich nicht auf das Ding im Allgemeinen, sondern auf die zu diskutierenden Dinge in ihren Besonderheiten bezieht.

Die öffentlich gemachten Dinge erscheinen zwischen den Zeilen in verschiedenen Abschnitten des Referenzwerks von Gustave Glotz, *La cité greque.*

Zur Versammlung ging jeder freiwillig und „brachte in einem kleinen Lederschlauch etwas zu trinken, ein Stück Brot, zwei Zwiebeln und drei Oliven“ mit.[26] Die Versammlung *(Ecclesia)* fand auf dem Pnyx statt, einem Hügel in Athen, auf dem eine halbkreisförmige Anlage von 6000 m^2 errichtet worden war, der 25.000 stehenden Personen und 18.000 auf Bänken sitzenden Zuhörern Platz bot. Bürger wurde man in Athen mit Erreichen der Volljährigkeit (18 Jahre), indem man ein feierliches Gelöbnis ablegte; es war kein stillschweigender und vager Vertrag. Man bekam Pflichten auferlegt, bevor man Rechte hatte (Aristoteles 1891, 42,1, zitiert von Glotz 1988, S. 144 f.). Zu letzteren zählte das jedem Bürger eingeräumte Recht auf Gesetzesvorschläge und das Recht auf Änderungsanträge. Die Wahrnehmung dieser Rechte unterlag in der Praxis starken Zwängen. Die Versammlung verbot sich, irgendwelche Vorschläge anzunehmen, ohne sie den Beratungen im Rat (Exekutivgremium) vorgelegt zu haben und verabschiedete Dekrete erst in zweiter Lesung. Der Missbrauch der Rechte wurde streng bestraft: Verurteilung für Illegalität, nach drei Verurteilungen Verlust des Rechts, auch den geringsten Vorschlag zu unterbreiten, Strafzahlungen. Trotz aller damals geäußerten Kritik unterstreicht Glotz, darin Aristoteles folgend:

> „Die Politik war [für den gemeinen Bürger, R.S.] eine regelmäßige Beschäftigung, eine allgegenwärtige Pflicht […]. Jeder lernte das Handwerk des Bürgers in der Praxis […]. Indem man den Debatten auf dem Pnyx folgte, konnte man sich über die kleinen und großen Angelegenheiten auf dem Laufenden halten, die verschiedenen Meinungen abwägen und alle Tatsachen weisen darauf hin, dass die Athener geistreich genug waren, sich nicht allzu oft vom Ruhm der Eloquenz blenden zu lassen.“ (Aristoteles 1874, 3, 1, 5, zitiert nach Glotz 1988, S. 187)

Aristoteles übte scharfe Kritik an der Realität der demokratischen Praktiken, die in der Tat alles andere als perfekt waren[27]; seine Aufmerksamkeit galt jedoch dem Gebrauch der politischen Sprache. Der Bürger musste lernen, sich auszudrücken und Reden in der Versammlung zu halten, wobei er sich so nah wie möglich dem

[26]Aristophanes in *Die Versammlung der Frauen,* dem Chor zufolge: „Nein, als der tapfere Myronides Archont war, hätte sich niemand getraut, um gegen Geld die Verwaltung der Stadt zu übernehmen. Jeder kam, brachte etwas zu trinken in einem kleinen Lederschlauch, ein Stück Brot, zwei Zwiebeln und drei Oliven. Aber heute versucht man, einen Triobolus zu verdienen, wenn man für die Stadt arbeitet: man ist mit dem Gips verschwenderisch.“ (Aristophanes 1897, zitiert nach Glotz 1988, S. 167).

[27]Im 5. Jahrhundert vor Christus lebten in Athen 40.000 Bürger; das Quorum für Beschlussfassungen durch „das vollständig anwesende Volk“ lag jedoch bei 6000.

annähern sollte, was die Dinge an Einschlägigem für die zu treffende kollektive Entscheidung zu sagen hatten. Für Aristoteles waren die Sitzungen einer demokratischen Versammlung auf der globalen Ebene des Gemeinwesens keine virtuellen Räume des Aufstiegs in die Allgemeinheit und des Streits, in deren Verlauf sich Rechtfertigung und gütliche Einigung vermischten. Sie sollten Orte der richtigen Artikulation zwischen Abstieg in die Besonderheit und Aufstieg in die Allgemeinheit sein, dergestalt, dass sich die Debatte in eine kollektive Suche nach der Wahrheit einschrieb, anders gesagt, eine Erklärung (im wissenschaftlichen Sinn des Wortes) der getroffenen Entscheidung und nicht eine einfache Rechtfertigung (im politischen Sinn des Wortes).

Aristoteles suchte nach Verfahren, die die Diversität in den veröffentlichten Angelegenheiten akzeptierten und aus sich heraus kollektive Entscheidungen hervorbrachten, die den der Wirklichkeit der Dinge angemessen waren. An dieser Stelle knüpfen wir an den für uns wichtigen Beitrag der Pragmatiker an.

4.3.2 Die Untersuchung als Prüfung der Dinge

Die Untersuchung des Realen ist gleichermaßen ein Konzept wie eine Schlüsselmethodologie des Pragmatismus. Den Sozial- und Humanwissenschaften ist die Praxis der Untersuchung geläufig: eine Fragestellung, eine zu untersuchende Population und eine Methode. Die Pragmatiker verstehen darunter etwas anderes. Sie sehen in der Untersuchung eine grundlegende menschliche Tätigkeit, die für jede und jeden von uns den Wissenserwerb, das Handeln sowie ihre Dynamik regelt.

Unter den Pionieren der pragmatischen Philosophie (Charles Sanders Peirce 1839–1914, William James 1842–1910, John Dewey 1859–1952) ermöglicht Peirce mit seinen Konzepten am ehesten einen Brückenschlag zur aristotelischen Philosophie.[28] In der Frage der Untersuchung unterscheidet er sich sowohl von James als auch von Dewey. James geht nicht von der Untersuchung, sondern von der Empfindung[29] und der Erfahrung aus, die wir als Individuen mit

[28]Peirce ist gewissermaßen der Erfinder der des Pragmatismus (vgl. Peirce 1905); in einer Reihe von in den 1870er Jahren veröffentlichten Aufsätzen legte er den Grundstein dieser Philosoph (vgl. Peirce 2014). Seine Arbeiten waren zu seinen Lebzeiten wenig bekannt und erfuhren erst später Anerkennung (Ayer in James 1975, S. VII).

[29]Bedeutsam scheint, dass James zu Peirce' Definition des Pragmatismus noch Präzisierungen hinzufügte, die dort nicht auftauchen, obwohl er mit Peirce befreundet war und seine Arbeiten kannte (Ergänzungen im Folgenden kursiv): „[…] we need only to consider what conceivable effects of a practical kind the object may involve – *what sensations we expect from it, and what reactions we must prepare*." (James 1975, S. 29, zitiert nach Ayer 1975, S. XVI).

dem Objekt machen. A. J. Ayer hebt in seiner Einführung in James' Werk hervor: „A particular weakness in James's position is his insistence on cashing every concept in terms of one's own experience, with the result that he is […] faced with the problem of establishing some community of meaning" (Ayer in James 1975, S. XVIII). Es ist einer der zentralen Punkte der Konventionenökonomie, dass Konventionen auf wechselseitigen Vorwegnahmen basieren, die von der Annahme eines gemeinsamen Sinnbezugs (oder mehrerer, miteinander kompatibler Sinnbezüge) zwischen den Personen bezüglich der unternommenen Handlung und der benutzten Sprache ausgehen.[30] Peirce dagegen versucht weder, alles auf die Ebene der Empfindung zu bringen, noch wie James die Bedeutung der Urteile (über das Reale) an die individuelle Erfahrung derjenigen zu knüpfen, die sie interpretieren (ebd., S. XIX). Seine Position in Auseinandersetzung mit James präzisierend, bekräftigt Peirce, dass die Bedeutung eines Konzepts „lies in the manner in which it could conceivably modify purposive action and in this alone" (Peirce 1934, S. 534). Auch wenn sich das zweckgerichtete Handeln in vielen Fällen auf einen Beobachtungsprozess beschränkt, betrachtet Peirce diesen als offen und potenziell für jede und jeden von uns durchführbar (Ayer in James 1975, S. XIX). Die Beobachtung ist für Peirce ein Ergebnis der Untersuchung, deren Realisierung allen offensteht und deren Resultat – auch das konkreteste – von allen verstanden wird. Wenn sie in der Erfahrung auch eine Stütze finden mag, ist die Handlungspragmatik bei Peirce *prospektiv* und der zu unternehmenden Handlung zugewandt; die Handlungspragmatik, die James entwirft, ist dagegen *retrospektiv* und auf die vorherige Erfahrung gegründet. Bei Peirce zielt die Untersuchung auf ein Wissen, das zum *Alltagssinn* wird (in Begriffen der Konventionenökonomie heißt das: fähig, Konventionen zu begründen). Bei James erlaubt die Erfahrung an erster Stelle eine *angemessene, individuelle Reaktion.*

Peirce arbeitet sein Konzept der Untersuchung und ihrer Praxis ausgehend vom Feld der wissenschaftlichen Untersuchung aus. Wie Aristoteles stellt er an die mit der politischen Entscheidung verbundene Untersuchung hohe Ansprüche, allerdings nicht, weil sie ausschließlich Wissenschaftlerinnen und Wissenschaftlern vorbehalten sein soll, sondern weil dieser Modus der Untersuchung die „alltägliche" Untersuchung der anderen sozialen Gruppen inspirieren und weiterentwickeln soll. Peirce und Dewey teilen die selbe Leidenschaft für die Untersuchung und die Analogie zwischen den zwei genannten Untersuchungsformen,

[30] Insbesondere David Lewis Buch *Convention* ist zum großen Teil den sprachlichen Konventionen gewidmet.

doch Peirce geht in der Vereinheitlichung der „alltäglichen“ und der wissenschaftlichen Untersuchung weiter (Chatel 1996, S. 5 ff.).

Bei Dewey dient die alltägliche Untersuchung der Lösung von „Problemen des Gebrauchs und des Genusses der Objekte, Aktivitäten sowie materiellen und ideologischen Produkte der Welt, in der die Individuen leben.“ (Dewey [1938] 1967, S. 122, zitiert nach Chatel 1996, S. 5). Sie zielt auf ein praktisches Wissen ab, das Alltagsprobleme löst und nicht immer in Worte zu fassen ist. Die wissenschaftliche Untersuchung hat für ihn dagegen allgemeines Wissen zum Ziel, sie ist mit den Alltagsproblemen nur indirekt verknüpft. Sie bezweckt vielmehr das Herauslösen des Beobachtungsprozesses aus seinem singulären Charakter und dies durch ihre kontrollierte Durchführung. Mir scheint, dass Dewey dadurch, dass er die Alltagsuntersuchung „unterhalb“ der wissenschaftlichen Untersuchung ansiedelt, nicht genügend Anstrengungen unternimmt, das Allgemeine mit dem Singulären bzw. das Wissenschaftliche mit dem Alltäglichen um die Besonderheit speziell der öffentlichen oder öffentlich zu machenden Dinge herum zu artikulieren. Um diese Einschätzung zu differenzieren, müsste man die Art und Weise betrachten, in der Dewey die Vertretung einer öffentlichen Angelegenheit mit der dynamischen Formierung eines „Publikums“ um diese Angelegenheit verknüpft. Kommt diese Formierung durch einen Aufstieg in die Allgemeinheit (Mobilisierung durch und mit einem allgemeinen Diskurs), durch einen Abstieg in die Besonderheit (gemeinsame Produktion eines Wissens über die infrage stehende öffentliche Angelegenheit und ihrer „konkreten“ einschlägigen Merkmale) oder durch eine Mischung aus beiden zustande? *Um zu re-präsentieren, was sich präsentiert,* darf man das Alltägliche und das Wissenschaftliche nicht gegeneinander ausspielen, denn als Bürger verknüpfen wir „den Gebrauch und den Genuss der Objekte, Aktivitäten und Produkte“ mit der weitergehenden Sorge um das Leben im Gemeinwesen. Unser singuläres, individuelles Wissen ist also für die Vorbereitung der und die Beteiligung an kollektiven Entscheidungen von Wert. Die Frage ist, mit welcher Methode dieser Wert gewürdigt werden kann.

Peirce entwickelt eine umfassende Konzeption der Untersuchung, die das Alltägliche und das Wissenschaftliche nicht voneinander trennt. Die Untersuchung geht von bestehenden „Überzeugungen“ aus, d. h. von Propositionen bezüglich der Wirklichkeit, die zum Zeitpunkt und am Ort der Untersuchung fixiert und vor kollektivem Zweifel geschützt sind. Diese Überzeugungen sind nicht vom Himmel gefallen. Es handelt sich eher um den je aktuellen, für gültig gehaltenen Stand des Wissens über das in Frage stehende Reale. Die Untersuchung stellt diese Überzeugungen mithilfe der Dinge und von Überlegungen auf die Probe, die von bereits bekannten Fakten ausgehen, um zum Unbekannten zu gelangen. Sie unterzieht die Hypothesen der Kritik einer „kontrollierten Überprüfung“

(d. h. mithilfe einer jetzt wissenschaftlichen Experimentalanordnung). Von dieser Überprüfung wird die Möglichkeit einer Überraschung erwartet, d. h. eines unerwarteten Ergebnisses. In diesem Fall mündet die Überprüfung in eine Revision der Überzeugungen im Sinn einer besseren Anpassung an das Reale. Die Schlüsselkompetenz des Menschen besteht für Peirce in der „Macht, [wahre] Schlussfolgerungen aus [wahren] Prämissen abzuleiten." (Bazzoli 1995, S. 10). Einübung und Entwicklung dieser Fähigkeit beruhen auf der Wiederholung der Untersuchung (nach ihrer Modifizierung aufgrund der Ergebnisse der vorherigen), auf ihrer raumzeitlichen Situiertheit, auf ihrer Dynamik (Erfahrung, im Sinn des Auf-die-Probe-stellens, als Werden), auf ihrem Kontinuismus (Einheit von Begreifen und Wahrnehmen). Es ist genau dieser Widerstand des Realen, der es erlaubt voranzuschreiten, ohne das Ergebnis vorwegzunehmen. Er bringt uns zu Bewusstsein, dass wir es mit einer Unbestimmtheit der Welt zu tun haben. Angesichts dieser Lage gilt die Hauptsorge der offenzuhaltenden Suchbewegung. Wie bei Aristoteles wird dabei eine Erklärung gesucht, keine Rechtfertigung.

4.4 Das Erkennbare der Dinge und die kollektive Beratung

Das Auftauchen der Dinge als Partner der Qualitätskonventionen führt dazu, dass die Stimme der Natur, vermittels der Forderungen der Dinge, fortan Teil derjenigen Gesamtheit an Stimmen ist, die im Prozess der Emergenz dieser Konventionen gehört werden müssen. Die Stimme der Natur wird neue Gesichtspunkte und ihr eigene Kenntnisse mitbringen; sie wird auf das zurückwirken, was die bisher ausschließlich berücksichtigten Stimmen zu sagen haben, indem sie sie dazu zwingt, ihre Gesichtspunkte und Kenntnisse aufzunehmen.

Uns scheint die Hypothese vernünftig, dass Peirces Vorschlag eines „vollständigen Begriffs des Objekts als derjenige aller seiner wahrnehmbaren praktischen Effekte" ein möglicher Zugang zu dem ist, was Aristoteles das „Erkennbare des Dings" nennt. Beide hängen von der Implementierung einer Konvention II ab, dem Erlangen eines gemeinsinnigen Wissens über das Ding[31]: weil Untersuchung der Kritik im öffentlichen Raum ausgesetzt wird (Peirce und auch Dewey);

[31]Und nicht ein common knowledge (CK), eine Art Zauberstab, der die unendliche Reihe der wechselseitigen Antizipationen zwischen denn Akteuren auflöst. Bei Aristoteles wie bei Peirce und Dewey wird das Wissen unter den Beteiligten durch die Trans-Identifizierung des Dings von einer Situation zu anderen und von einer Erfahrung zur anderen konstruiert.

wegen der kollektiven Beratung, durch welche die Bürger in einer angemessenen Kombination aus Abstieg in die Besonderheit und Aufstieg in die Allgemeinheit zu einer Übereinkunft über die öffentliche Sache, ihre Wirklichkeit bzw. ihre gemeinsame Identifizierung (Aristoteles) gelangen.

Aufgrund der Kombination aristotelischer und pragmatischer Theoreme können wir festhalten, dass das in der die Emergenz der Qualitätskonventionen vorbereitenden Untersuchung angepeilte Erkennbare sich auf *alles konzentriert, was auf solider Grundlage zum Zeitpunkt und am Ort der Untersuchung festzustellen ist,* sowohl bezüglich der Dinge in ihrem je aktuellen Zustand als auch hinsichtlich dessen, was sie künftig werden können. Wir denken heute, dass dies eine Aufgabe der Wissenschaftlerinnen und Wissenschaftler ist. Gewiss müssen sie – neben vielen anderen – an der Untersuchung beteiligt sein. Um dem Erkennbaren so nahe wie möglich kommen zu können (dieses „so nahe wie möglich" bleibt ungewiss, d. h. mit Zweifeln behaftet), erfordert es jedoch die Beteiligung all jener, die mit dem Ding zu tun haben, über es entscheiden, anders gesagt: all jener, die sich ihm nähren und praktisch mit ihm umgehen, auf welche Weise auch immer. Das Erkennbare soll sich schließlich, der von uns oben umrissenen Methodologie gemäß, im Lauf der Zeit weiterentwickeln und verändern. Und schließlich hängt die Evolution dessen, was gewusst werden kann, *in fine* vom Ding selbst ab. Die Untersuchung kann in Richtung auf das „Reale" – das Wahre im Sinne Aristoteles' – nur vorankommen, wenn sie aufzunehmen vermag, was die Dinge ihr mitteilen können.

Diese Untersuchung kann deshalb nur *deliberativ* im Sinn der Pragmatiker sein. Ihr Ziel ist die Versammlung und Kombination aller partiellen, da unter spezifischen (lokalen, praktischen oder allgemeinen) Gesichtspunkten entstandenen Wissensbestände über das „Reale" des Dings zu einem „gemeinsinnigen Wissen", dass die Beteiligten über die Eigenschaften des Dings teilen. Aus diesem gemeinsamen Wissen kann eine Qualitätskonvention hervorgehen. Offen bleibt indes noch die Frage nach dem Prozess dieser Emergenz.

In seiner Dissertation über die Berücksichtigung der Umwelt in der unternehmerischen Bilanzbuchhaltung spricht Alexandre Rambaud (2015, S. 205) von einer relationalen Untersuchung, die für die Gesamtheit der Beziehungen unternommen werden sollte, welche das Ding mit dem heterogenen Ensemble aus Menschen, Dingen und umfassenderen Entitäten unterhält, eines Ensembles, dass er „Relationenknoten" nennt. Ebenfalls am Beispiel eines Waldes versucht er, dessen spezifischen Relationenknoten zu entwirren.

> „Dieser Wald ist der Schnittpunkt einer Inhaltsrelation mit den Bäumen und einer ganzen gegebenen Biodiversität; einer Habitatrelation mit bestimmten Pflanzen- und Tierarten, die in ihm zusammenleben; einer Produktionsrelation mit den

> Forstbetrieben, einer spirituellen Relation mit einigen lokalen Gemeinschaften, einer sozialen Relation mit denselben Gemeinschaften […].“ (Rambaud 2015, S. 540).[32] „Jede Relation wäre demnach ein spezifischer und differenzierter Zugang zu seiner Realität als Erfahrung.“ (ebd., S. 530)

Aufgrund seiner Überlegungen fordert Rambaud von dem Unternehmen, „seine Interaktionen [mit nicht-menschlichen Entitäten] in der Erfassung seiner Aktivitäten und ihrer Konsequenzen sichtbar zu machen“ (ebd., S. 2). Diese relationale Untersuchung trägt demnach viele Züge der deliberativen Untersuchung, von der wir sprechen.

4.5 Parlament der „Dinge" oder der „Objekte"?

Alexandre Rambaud greift mit seinem relationalen Ansatz Bruno Latours Idee eines „Parlaments der Dinge“ (Latour 1999) auf. Er betrachtet dieses Parlament als Institutionalisierung des Wesens der Dinge („instituiertes Wesen“), als den Ort, an dem sie bezüglich der sie betreffenden Entscheidungen ihre Stimme erheben und gehört werden können (Rambaud 2015, S. 544). Die Idee ist verführerisch, denn sie leitet uns bis zu einem gewissen Punkt zu Aristoteles und seiner Konzeption des Daseins des Dings als autonome, dem Menschen gegenüber gestellte Existenz zurück. Allerdings gilt es zu fragen, was Bruno Latour damit genau meint: Bezieht er sich auf Dinge oder Objekte? Diese Klärung ist wichtig. Denn nur die Dinge sind fähig, sich dem Menschen gegenüber zu halten, während die Objekte dem Menschen als seine Schöpfungen unterworfen sind und deshalb nicht autonom für sich sprechen können. Die Frage ist demnach: Sieht Latour das im Objekt verbliebene Ding oder nicht?

4.5.1 Das „Parlament der Dinge" in der Version von Alexandre Rambaud

Rambauds Idee ist, dass die nicht-menschlichen Entitäten ein solches Parlament haben sollten. In dem genannten Beispiel des Forstbetriebs würde der Wald über eine solche Instanz verfügen, ein Ort, an dem die den Wald konstituierenden

---

[32]Zu dieser Liste sind hinzufügen einerseits die Gruppe derjenigen, die aus welchem Grund auch immer, einen Überfluss an Wohlfahrt aus der Existenz und der Praxis dieses Waldes ziehen, andererseits die wissenschaftliche Gemeinschaft, die den Wald erforscht, auch dort mit vielen unterschiedlichen Interessen und zahlreichen Disziplinen.

Dinge gegenüber dem Unternehmen ihre Bedürfnisse bezüglich der Wiedereinführung oder der Aufrechterhaltung ihrer durch die Ausbeutung beeinträchtigten Integrität äußern können. In dieser Arena würden die verschiedenen lebendigen oder nicht-lebendigen Akteure ihre Sorgen und Bedürfnisse bezüglich des Waldes „auf der Grundlage ihrer vielfältigen Beziehungen und nicht einer substantiellen fiktiven und unbeweglichen Identität" (ebd., S. 549) formulieren, d. h. Sorgen äußern, die Ausgangspunkte von Kontroversen und politischen Verhandlungen wären (denn nicht alles wird möglich sein, insbesondere dann, wenn es sich um schwierig oder nicht erneuerbare Ressourcen handelt). Da die Dinge nicht sprechen, bräuchten sie menschliche Fürsprecher.

Doch ist diese schöne Idee auch umsetzbar? In einem konventionenökonomischen Rahmen würde es darum gehen, die Dinge an der Konstitution des gemeinsinnigen Wissens zu beteiligen, das zur Erhaltung und sogar Weiterentwicklung dieses Waldes notwendig ist. Die Konstitution dieses Wissens ist notwendig, um einerseits der Kungelei der Interessen zu entgehen und zum anderen eine zwar in der Entwicklung befindliche, aber von allen akzeptierte Wissensgrundlage zu finden (Salais 2009). Diese kann sich nur in einem Prozess der Ausarbeitung einer Konvention II ergeben, der alle Betroffenen mit einbezieht, d. h. aus der kollektiven Suche nach den Besonderheiten, Eigenschaften, Lebensperspektiven dieses Waldes, die zugleich seine Identität ausmachen. Diese ist keine Substanz, sondern produziert, mehrstimmig und erweiterbar. Eine Übereinkunft über diese Identität zu finden wäre die Verantwortung und Aufgabe der Ding-Parlamente. Dabei müssen zwei Bedingungen zwingend erfüllt werden. Auf der einen Seite muss es den Beteiligten gelingen, „denselben" Wald auf der Grundlage der besonderen Beziehungen zu identifizieren, die sie jeweils mit ihm unterhalten. *Denselben* Wald in dem Sinn, dass jede beteiligte Partei ihn sowohl als ihren als auch als den der anderen anerkennt, selbst wenn jeder zu Beginn von seiner eigenen Kenntnis (und Anerkennung) ausgeht. Auf der anderen Seite müssen die beteiligten Parteien den Wald *ausgehend von dem identifizieren, was er ihnen zu sagen versucht,* nicht davon, was jede Partei für ihr eigenes Interesse hält. Alle müssen sich bemühen, ausgehend von ihrer Erfahrung das ausfindig zu machen, was sie über das wissen (ohne es zu wissen), was der Wald ihnen über sich selbst sagt, (seine Forderungen in gewissem Sinn), das, was ihm zufolge dafür notwendig wäre, dass er seine Existenz auf dem aktuellen Stand erhält oder seine Fähigkeiten weiterentwickelt. Es geht darum, auf diskursive und reflexive Weise Wissen hervorzubringen. Dazu müssten solche Parlamente Beratungsinstanzen sein, ja, mehr noch: Sie müssen Orte sein, an denen der Anstoß zu deliberativen Untersuchungen über die betreffenden Dinge gegeben wird. Es bliebe das Problem, die Methoden zu definieren, nach der so viele Stimmen beraten können.

4.5.2 Eine ungünstige Konfusion zwischen Ding und Objekt bei Latour

In der Kontroverse, die Latour und seine Anhänger *post mortem* mit Heidegger ausgetragen haben (etwa in Latour 2005b und Harman 2005),[33] ist dessen Unterscheidung zwischen Objekt und Ding offenbar verworfen worden. Diese Unterscheidung taucht bei Heidegger vergleichsweise früh mit der Analyse der Fehlfunktionen eines Werkzeugs auf. Diese überzeuge ihn davon, so Harman, dass wir im Alltag Objekte als etwas Gegebenes hinnehmen, „by silently relying on them as we direct our attention elsewhere. […] In Heideggers terminology, objects are not present-at-hand (vorhanden) but ready-to-hand (zuhanden)" (Harman 2005, S. 268). In Heideggers eigenen Worten:

> „Werkzeug stellt sich als beschädigt heraus, das Material als ungeeignet. Zeug ist hierbei in jedem Falle zuhanden. Was aber die Unverwendbarkeit entdeckt, ist nicht das hinsehende Feststellen von Eigenschaften, sondern die Umsicht des gebrauchenden Umgangs. In solchem Entdecken der Unverwendbarkeit fällt das Zeug auf. Das Auffallen gibt das zuhandene Zeug in einer gewissen Unzuhandenheit. Darin liegt aber: das Unbrauchbare liegt nur da –, es zeigt sich als Zeugding, das so und so aussieht und in seiner Zuhandenheit als so aussehendes ständig auch vorhanden war. Die pure Vorhandenheit meldet sich am Zeug, um sich jedoch wieder in die Zuhandenheit des besorgten, d. h. des in der Wiederinstandsetzung Befindlichen, zurückzuziehen. Diese Vorhandenheit des Unbrauchbaren entbehrt noch nicht schlechthin jeder Zuhandenheit, das so vorhandene Zeug ist noch nicht ein nur irgendwo vorkommendes Ding. Die Beschädigung des Zeugs ist noch nicht eine bloße Dingveränderung, ein lediglich vorkommender Wechsel von Eigenschaften an einem Vorhandenen." (Heidegger 1977, S. 73)

Die Objekte verschwinden aus unserem Blick, „in favor of some larger context or ulterior purpose by which they are dominated" (Harman 2005, S. 268). Es fehlt ihnen im Unterschied zu den Dingen und den menschlichen Wesen an jener „rumbling depth of being" (ebd., S. 269).

Heidegger hatte sich also für das Konzept des Dings entschieden. Das folgende Zitat fasst zusammen, welchen Sinn und Ort Heidegger ihm zuschreibt: „Der Mensch ist als jener zu begreifen, der immer schon die Dinge überspringt, aber so, daß dieses Überspringen nur möglich ist, indem die Dinge begegnen und

[33]Beide haben die Einleitung bzw. einen Beitrag zu dem von Bruno Latour und Peter Weibel (2005) herausgegebenen Band *Making things public. Atmospheres of Democracy* verfasst.

gerade sie selbst bleiben.“ (Heidegger 1964 [1984], S. 246) In meinen Augen kommt Heidegger hier Aristoteles’ Definition der Dinge als den Menschen autonom gegenüberstehende Existenzen nahe. Heideggers Überspringen der Dinge kann als Erkenntnisfähigkeit des Menschen verstanden werden, aber diese kann sich nur entfalten, wenn uns die Dinge entgegenkommen, ein Entgegenkommen, beim sich in ihrem Erscheinen ihr Sein enthüllt. Verständlich wird auch, dass das Überspringen und das Entgegenkommen ihr Ziel nur dank des wechselseitigen Respekts zwischen Mensch und Ding erreichen. Das Objekt, das nur ein dem Menschen zuhandenes Werkzeug ist, hat für Heidegger diese Eigenschaften nicht. Wie Harman anmerkt, entfaltet sich das Leben der Dinge bei Heidegger „far beyond any human perception of them“ (Harman 2005, S. 270). Am Beispiel eines Krugs erläutert Heidegger: „Das Dinghafte des Dinges beruht jedoch weder darin, daß es vorgestellter Gegenstand ist, noch läßt es sich überhaupt von der Gegenständlichkeit des Gegenstandes aus bestimmen. Der Krug bleibt Gefäß, ob wir ihn vorstellen oder nicht.“ (Heidegger 1954, S. 164)

Bruno Latour hätte von Heidegger die Unterscheidung zwischen Ding und Objekt übernehmen, dabei alles Metaphysische beiseitelassen und sie, wie wir es hier tun, Aristoteles’ Auffassung des Dings annähern können. Da Latour und seine Anhänger die Unterscheidung jedoch als Fehler abtaten, haben sie ihre Analyse und alle (freilich bemerkenswerten und bestechenden) Interpretationen dem unglücklichen Konzept des Objekts aufgebürdet. Bei ihnen trägt das Objekt wahllos alles, angefangen von seiner Äquivalenz mit dem Menschen in der Akteur-Netzwerk-Theorie bis zur Verfügung über eine eigene *agency* (Latour 2005a, S. 63–86). Der Irrtum besteht darin, Objekt und Ding als Dualität zu betrachten und dabei von einer Inkompatibilität zwischen beiden Begriffen auszugehen, was eine Entscheidung für einen der beiden erzwingt. Die Stärke des konventionenökonomischen Ansatzes besteht demgegenüber darin, anzuerkennen, dass man sich eben nicht für eine der beiden Seiten entscheiden muss, da ein und dieselbe Sache sowohl Objekt als auch Ding sein kann, oder erst Ding und dann Objekt und umgekehrt, wobei das Objekt bei bestimmten Koordinationen erscheint (Konvention I), das Ding bei anderen (Konvention II).

Dass Bruno Latour diesen Punkt nicht gesehen hat, scheint auch auf einem fehlenden Verständnis für den Sinn und die Etymologie von Gegenstand und Ding im Deutschen zu beruhen. „Gegenstand“, im Französischen meist mit *objet* übersetzt, bedeutet „was entgegensteht“. Das Wort bezieht sich nicht wie *objet* im Französischen auf ein Subjekt *(sujet),* von dem es beherrscht wird. Der Gegenstand verhält sich vielmehr wie das Ding. Auf der anderen Seite lässt sich auch die Symmetrie zwischen Ding und Parlament nur schwer vertreten. Heidegger weist darauf hin, dass das Wort Ding vom mittelsächsischen *Dinc* abstammt (Romeyer Dherbey 1983, S. 32). Dieses Wort bezeichnete bei den germanischen Völkern die Volksversammlung sowie das, was dort zur Debatte stand, und im weitesten Sinn die kollektive Beratung bezüglich eines Streitgegenstands. Das Wort hat sich weiterentwickelt zur Bezeichnung des Dings, es bezeichnet heute das, was in einer Versammlung besprochen wird, eine gemeinsame Angelegenheit oder Sache. Es gibt eine absteigende Bewegung in der Sprachgeschichte des Deutschen, von der kollektiven Versammlung zu den Dingen, die in ihrer Besonderheit besprochen werden. Das französische Wort *parlement* folgt einem anderen Weg, bleibt aber dem Diskurs und dem Allgemeinen verhaftet. Aus dem Verb *parler* und dem Suffix *-ment* zusammengesetzt, hat das Wort nacheinander ein Gespräch, die Handlung des Sprechens, eine Äußerung, etwas Gesagtes und zur Zeit der anglo-normannischen Könige eine beratende Versammlung bezeichnet (http://fr.wiktionary.org/wiki/parlement). Die französische Sprachgeschichte verläuft also ohne Umweg über die Dinge, d. h. über das, worüber diskutiert wird, vom gesprochenen Wort zum Parlament.

Ohne die Idee der Beratung verwerfen zu wollen, lässt dies doch an der Zweckmäßigkeit der Form „Parlament" zweifeln, wenn dort Objekte, d. h. als unbeseelt qualifizierte Wesen versammelt werden sollen. Ein Parlament der „Dinge" sollte dagegen zumindest „echte" Dinge versammeln. Anstelle der Objekt-Form sollten Dinge eine Stimme haben. Im Namen der Kohle beispielsweise sollten dort der Kohlenstaub oder das Kohlendioxid eine Bühne bekommen; im Namen der Handys und Smartphones die nicht erneuerbaren und umweltschädlichen seltenen Erden; usw. Sie sollten Fürsprecher haben, deren Mandat darin bestünde, diese Dinge in der kollektiven Beratung erscheinen zu lassen, die Entwicklung von Konventionen der Produktqualität für Kohle und Smartphones in die Richtung einer möglichst geringen Nutzung dieser Stoffe bzw. zum Stopp ihres Gebrauchs und ihrer Produktion zu lenken. Produkt für Produkt müssten die Stimme der Dinge und die Rolle ihrer Fürsprecher dank solcher „Parlamente" dazu dienen, die Innovation vom Labor über den Staat bis zum Unternehmen in die „richtige" Richtung zu orientieren. In diesem konkreten Einwirken auf die Produkte der menschlichen Aktivität könnte sich eine „Dingpolitik" inkarnieren.[34] Das würde jedoch eine angemessene Intervention des Staates implizieren.

[34]Mit einem ganz anderen Sinn versieht Latour die *Dingpolitik* (vgl. Latour 2005b, S. 14).

4.6 Fähiger Staat und Natur. Abschließende Fragen

Verschiedene Arbeiten haben auf die Vorgängigkeit der Konventionen gegenüber den Institutionen hingewiesen (Diaz-Bone und Salais Hrsg. 2011; Diaz-Bone 2012). Damit eine Institution „hält" und wirksam ist, muss sie auf Konventionen zwischen Akteuren (oder Personen) basieren. Konventionen wiederum sind stabil, weil sie sich auf gegenseitige Erwartungen stützen; Institutionen sind, trotz des Anscheins, nicht an sich stabil. Im vorliegenden Fall geht es darum, das Entwicklungsmodell dadurch zu ändern, dass die Dinge und ihre Besonderheiten in die Emergenz neuer Qualitätskonventionen integriert werden. Welcher Typ Institution wäre in der Lage, diese Emergenz zu fördern? Die Antwort ist in den Gründungsprinzipien des Staates zu suchen.

Der *fähige* Staat ist ein paradoxer Staat. Er soll den Unternehmen, Märkten, Verbrauchern und den Bürgern die *Richtung* weisen, die sie in ihren täglichen, strategisch auf die Qualitätskonventionen bezogenen Handlungen einschlagen sollen: Sie sollen die – wirksame – Teilhabe der Natur in all ihren Instanzen und konkreten Manifestationen akzeptieren und sie sogar auf das Beste fördern. Der Staat darf dies aber weder an ihrer Stelle tun noch Vorschriften von oben herab erlassen, etwa in Form von Vorschriften.

Diese Art von Staat wird in der Literatur beschrieben, auch wenn seine Natur manchmal schwer zu verstehen ist, ein Staat, der das Subsidiaritätsprinzip anwendet und die Michael Storper und ich in einem Beispiel „situierter Staat" genannt haben (Salais und Storper 1993; Storper und Salais 1997; Salais 2015). Wir vermuteten im Zusammenhang mit dem Problem der Innovation (der Produkte und Verfahren), dass die Natur nicht im herkömmlichen Sinn Politik macht, etwa über Probleme diskutiert, sondern die Ökonomie, ihre Praxis, ihre Theorie des Marktes, der Produktion, der Finanzen, der Arbeit, des Managements in der Tiefe reformieren würde … Ein solcher Staat würde den Zweck, die Natur am Wandel der Qualitätskonventionen für Produkte zu beteiligen, derjenigen Handlungsebene anvertrauen, die die entsprechenden Kenntnisse und notwendigen Fähigkeiten hätte. Das könnte die Ebene des Unternehmens oder der Branche, die lokale, regionale und/oder nationale bzw. europäische Ebene sein. Dingparlamente auf diesen Ebenen könnten ein angemessener Rahmen sein, um das Engagement der Akteure in der gewünschten Richtung zu fördern. Die betreffenden Akteure dieser Parlamente, deren Beratungsmodus wir weiter oben zu umreißen versucht haben, wären Fürsprecher der Dinge; hinzu kämen, gemäß noch zu definierender Beziehungsformen, die ökonomischen, sozialen Akteure sowie Gebietskörperschaften. Hätte man hier nicht einen Schlüssel zur tief greifenden Transformation des Begriffs des ökonomischen, sozialen und Umweltkomitees in Frankreich? Man könnte auf den verschiedenen einschlägigen Ebenen Ausschüsse bilden und ihnen den Auftrag – und warum eigentlich nicht, in angemessener Formen, auch Macht? – erteilen, in verschiedenen Bereichen die Stimme der Natur in der Entscheidung über Produkte, Innovationen, Investitionen und Finanzierungen aufzuwerten und zu berücksichtigen. Das setzt jedoch Rechte, Mittel und Ressourcen voraus. Und wäre es in Deutschland nicht möglich, eine institutionelle Architektur zu schaffen, die denselben Auftrag hätte und sich von den Projekten zur Wirtschaftsverfassung inspirieren ließe, die Hugo Sinzheimer in der Weimarer Republik ausgearbeitet hat? (Sinzheimer 1976, S. 356–372). Deren Auftrag war es Sinzheimer zufolge, die Stimmen der Arbeit in den Betrieben, dem Bezirk und der Nation aufzuwerten und zur Geltung zu bringen. Diese neue Architektur wäre das Grundgerüst einer *ökologischen Verfassung,* die die Stimmen der Natur ernstnehmen und ihnen in den kollektiven Entscheidungsprozessen Gehör verschaffen würde.

Ein letzter, vermutlich umso unverantwortlicherer Gedanke, als es im Bereich der Konventionenökonomie kaum auf öffentliches und Verfassungsrecht spezialisierte Juristen gibt. Könnte man nicht, um den Staat zu befähigen, dieses ehrgeizige Ziel in Angriff zu nehmen, die Sache so betrachten, dass diese erneuerten Strukturen neben den drei bestehenden Gewalten einer demokratischen Verfassung den Beginn einer vierten – ökologischen – Gewalt (der Gewalt der Natur) bilden?

Aus dem Französischen übersetzt von Marcel Streng

Literatur

Aristophane. 1897. Les Ekklèsiazouses ou l'Assemblée des Femmes. In *Théâtre complet d'Aristophane,* Hrsg. Alphonse Lemerre. Aus d. Altgriech. von Eugène Talbot, Bd. 2, 349–421. https://fr.wikisource.org/wiki/. Zugegriffen: 6. Juni 2018.

Aristote. 1874. *Politique*. Aus d. Altgriech. von J. Barthélémy-Saint-Hilaire. Paris: Librairie Philosophique de Ladrange. http://www.documentacatholicaomnia.eu/03d/-384_-322,_Aristoteles. Zugegriffen: 6. Juni 2018.

Aristote. 1891. *La constitution d'Athènes*. Aus d. Altgriech. von B. Haussoullier. Bibliothèque des Hautes Etudes 89. Paris: Emile Bouillon Edition. http://gallica.bnf.fr/ark:/12148/bpt6k33065w. Zugegriffen: 6. Juni 2018.

Bazzoli, Laure. 1995. *Lecture de „La logique de la science"*. Revue philosophique 1878–1879. Paris: Séminaire de lecture de l'IEPE 31 mars.

Bessy, Christian, und Francis Chateauraynaud. 2014. *Experts et faussaires. Pour une sociologie de la perception*. Paris: Editions PETRA.

Boltanski, Luc, und Laurent Thévenot. 2006. *De la justification. Les économies de la grandeur*. Paris: Gallimard.

Bricmont, Jean. 2007. *La mécanique quantique pour non physiciens*. Université Catholique de Louvain: Louvain la Neuve (Belgique). https://www.mathematik.uni-muenchen.de/~bohmmech/BohmHome/files/2007_bricmont-mq1new.pdf. Zugegriffen: 6. Juni 2018.

Cattin, Emmanuel. 2002. L'herméneutique comme philosophie pratique. Aristote dans Gadamer. *Philosophie* 73 (2): 73–86.

Chatel, Elisabeth. 1996. *Expérience et connaissance chez Dewey*. Paris: Séminaire de lecture de l'IEPE.

Conein, Bernard, Nicolas Dodier, und Laurent Thévenot. 1993. *Les objets dans l'action. De la maison au laboratoire*. Raisons pratiques, Bd. 4. Paris: Editions de l'EHESS.

Davis, Wade. 1996. *One river. Explorations and discoveries in the amazon rain forest*. New York: Simon and Schuster Paperbacks.

Desrosières, Alain. 1995. Classer et mesurer: Les deux faces de l'argument statistique. *Réseaux* 13:11–29.

Dewey, John. 1938. *Logic – The theory of inquiry*. New York: Holt, Rinehart and Winston.

Diamond, Jared. 2005. *Collapse. How societies chose to fail or to succeed*. New York: Viking Press.

Diaz-Bone, Rainer. 2005. Strukturen der Weinwelt und der Weinerfahrung. *Sociologia Internationalis* 43 (1/2): 25–57.

Diaz-Bone, Rainer. 2012. Elaborating the conceptual difference between conventions and institutions. *Historical Social Research* 37 (4): 64–75.

Diaz-Bone, Rainer. 2016. Convention theory, classification and quantification. *Historical Social Research, Special Issue: Conventions and Quantification – Transdisciplinarity Perspectives on Statistics and Classifications* 41 (2): 48–71.

Diaz-Bone, Rainer. 2018. *Die „Economie des conventions". Grundlagen und Entwicklungen der neuen Französischen Wirtschaftssoziologie*, 2. Aufl. Wiesbaden: Springer VS.

Diaz-Bone, Rainer, und Robert Salais. 2011. Economics of convention and the history of economies. Towards a transdisciplinary approach in economic history. *Historical Social Research, Special issue: Conventions and Institutions from a Historical Perspective* 36 (4): 7–39.

Eymard-Duvernay, François. 1989. Conventions de qualité et formes de coordination. *Revue économique* 40 (2): 329–360.

Favereau, Olivier. 1986. La formalisation du rôle des conventions dans l'allocation des ressources. In *Le travail, marchés, règles, conventions*, Hrsg. Robert Salais und Laurent Thévenot, 249–267. Paris: INSEE-Economica.

Gadamer, Hans-Georg. 1982 [1971]. Réplique à „Herméneutique et critique de l'idéologie". In *L'Art de comprendre: Herméneutique et tradition philosophique*, Hrsg. Hans-Georg Gadamer. Ecrits 1, 123–143, 147–174. Paris: Aubier (dt.: ders. 1993 [1971]. *Replik zu Hermeneutik und Ideologiekritik.* In Hermeneutik II, Hrsg. Hans-Georg Gadamer. Wahrheit und Methode, 251–275. Tübingen: Mohr).

Glotz, Gustave. 1988. *La cité grecque*. Paris: Albin Michel (Erstveröffentlichung 1928).

Harman, Graham. 2005. Heidegger on objects and things. In *Making things public. Atmospheres of democracy*, Hrsg. Bruno Latour und Peter Weibel, 268–271. Cambridge: MIT Press.

Hazera, Jacques. 2015. Une gestion naturelle de la forêt. www.ecocitoyensdubassindarcachon.org/pages/la-foret-naturelle.htm. Zugegriffen: 6. Juni 2018.

Heidegger, Martin. 1954. Das Ding. In *Vorträge und Aufsätze*, Hrsg. Martin Heidegger, 163–181. Günther Neske: Pfullingen.

Heidegger, Martin. 1977. *Sein und Zeit*, 14., durchges. Aufl. Tübingen: Niemeyer.

Heidegger, Martin. 1984. Die Frage nach dem Ding: Zu Kants Lehre von den transzendentalen Grundsätzen. In *Gesamtausgabe*, Hrsg. Peter Jaeger. Abt. 2, Vorlesungen 1923–1944, Bd. 41. Frankfurt a. M.: Vittorio Klostermann (Erstveröffentlichung 1935/1936).

James, William. 1975. *Pragmatism and the meaning of truth*. Mit einer Einleitung von A. J. Ayer, VII–XXX. Cambridge: Harvard University Press.

Kessous, Emmanuel. 1997. *Le marché et la sécurité. La prévention des risques et la normalisation des qualités dans le marché unique européen*. Thèse en sciences économiques. Paris: EHESS.

Krutilla, John. 1967. Conservation reconsidered. *The American Economic Review* 57 (4): 777–786.

Lafaye, Claudette, und Laurent Thévenot. 1993. Une justification écologique? Conflits dans l'aménagement de la nature. *Revue Sociologique* 34 (4): 495–524.

Larson, James. 1971. *Reason and experience. The representation of natural order in the work of Carl von Linné*. Berkeley: University of California Press.

Latour, Bruno. 1999. *Politiques de la nature. Comment faire entrer les sciences en démocratie*. Paris: La Découverte.

Latour, Bruno. 2005a. *Reassembling the social. An introduction to actor-network theory*. Oxford: Oxford University Press.

Latour, Bruno. 2005b. From Realpolitik to Dingpolitik or How to Make Things Public. In *Making things public. Atmospheres of democracy*, Hrsg. Bruno Latour und Peter Weibel, 14–41. Cambridge: MIT Press.

Latour, Bruno, und Peter Weibel, Hrsg. 2005. *Making things public. Atmospheres of democracy*. Cambridge: MIT Press.

Lewis, David K. 1969. *Convention. A philosphical study*. Cambridge: Harvard University Press.

Miard, Guy-Jean. 2011. *Agriculture et sylviculture naturelle dans les Landes de Gascogne. Une approche par le discours*. Mémoire de Master II (science politique) Forêt et développement durable. Bordeaux: Université Montesquieu Bordeaux IV. http://666.trash.tripes.free.fr/memoire.pdf. Zugegriffen: 6. Juni 2018.

Noiville, Christine, und Martin Remondet. 2014. Jusqu'où doit aller la transparence de l'expertise scientifique? La question de l'accès aux „données brutes" des industriels. *Cahiers Droit, Sciences et Technologies, Special issue „Statistiques et Normes"* 4:127–143.

Peirce, Charles S. 1905. Issues of pragmaticism. *The Monist* 15 (4): 481–499.

Peirce, Charles S. 1934. *Collected papers*. Hrsg. v. Charles Hartshone und Paul Weiss. Cambridge: Harvard University Press.

Peirce, Charles S. 2014. *Illustrations of the logic of science: 1. The fixation of belief; 2. How to make our ideas clear*. Hrsg. v. Cornelis de Waal. Chicago: Open Court Publishing (Erstveröffentlichung 1877/1878).

Pitron, Guillaume. 2018. *La guerre des métaux rares. La face cachée de la transition énergétique et numérique*. Paris: Les liens qui libèrent.

Rambaud, Alexandre. 2015. *La valeur de l'existence en comptabilité: Pourquoi et comment l'entreprise peut-elle (p)rendre compte des entités environnementales pour „elles-mêmes"*. Thèse (Gestion – Management). Paris: Université de Paris-Dauphine.

Ricœur, Paul. 1971. *Etre, essence et substance chez Platon et Aristote*. Paris: Centre de Documentation Universitaire de la Sorbonne.

Romeyer Dherbey, Gilbert. 1983. *Des choses mêmes. La pensée du réel chez Aristote*. Lausanne: L'Age d'Homme.

Salais, Robert. 1993. Convention et mondes possibles. *Réseaux* 11 (62): 131–135.

Salais, Robert. 1999. Conventions économiques et politique de qualité: Vers une conception pragmatique et plurielle de l'action publique. In *The socio-economics of origin labelled products in agri food supply chains: Spatial, institutional and coordination aspects. Proceedings of the 67th EAAE seminar*, Hrsg. Bertil Sylvander, Dominique Barjolle, und Filippo Arfini, 32–43. Le Mans: INRA.

Salais, Robert. 2008. Capacités, bases informationnelles et démocratie déliberative. Le contre-exemple de l'action publique européenne. In *La liberté au prisme des capacités. Amartya Sen au-delà du libéralisme*, Hrsg. Jean De Munck und Bénédicte Zimmermann, 297–325. Paris: Editions de l'EHESS.

Salais, Robert. 2009. *Deliberative democracy and its informational basis. What lessons from the capability approach*. SASE Conférence Paris 2009. https://halshs.archives-ouvertes.fr/halshs-00429598. Zugegriffen: 6. Juni 2018.

Salais, Robert. 2015. Revisiter la question de l'Etat à la lumière de la crise de l'Europe. Etat situé, Etat extérieur, Etat absent. *Revue française de socio-économie, Sonderheft* 2:245–262.

Salais, Robert, und Michael Storper. 1993. *Les mondes de production. Enquête sur l'identité de la France*. Paris: Editions de l'EHESS.

Schneider, Anna. 2016. *Handling the clash between production & consumption: A situated view on front-line service workers' competencies in interactive service*. München: Hampp.

Sinzheimer, Hugo. 1976. *Arbeitsrecht und Rechtssoziologie: Gesammelte Aufsätze und Reden*. Frankfurt a. M.: Europäische Verlagsanstalt.

Storper, Michael, und Robert Salais. 1997. *Worlds of production. The action frameworks of the economy*. Cambridge: Harvard University Press.

Sylvander, Bertil, Dominique Barjolle, und Filippo Arfini, Hrsg. 1999. *The socio-economics of origin labelled products in agri food supply chains: Spatial, institutional and coordination aspects. Proceedings of the 67th EAAE Seminar*. Le Mans: INRA.

Thévenot, Laurent. 1994. Objets en société ou suivre les choses dans tous leurs états. *Alliage. Culture, sciences et technique* 20–21:74–87.

Thévenot, Laurent. 2007. The plurality of cognitive formats and engagements: Moving from the familiar to the public. *European Journal of Social Theory* 10 (3): 409–423.

Thévenot, Laurent. 2011. Conventions for measuring and questioning policies. The case of 50 years of policy evaluations through a statistical survey. *Historical Social Research* 36 (4): 192–217 (= Special Issue „Economics of convention and the history of economies. Towards a transdisciplinary approach in economic history“, Hrsg. Rainer Diaz-Bone und Robert Salais).